Gran Diccionario de los
SUEÑOS

Gran Diccionario de los
SUEÑOS

Martha Clarke

Más de 1400 entradas

Claves para comprender el significado
de miles de sueños

Estudio del mundo onírico • Tipos de sueños • Sueños célebres
La Cábala • Test de sueños

Gran Diccionario de los Sueños
© Martha Clarke, 2000, 2003

Redacción y textos adicionales:
Martha Clarke, Ignasi Gaya, Sergio Álvarez, Maria Leach, Mario M. Pérez-Ruiz
Rodolfo Román, Claudia Ponte.

Diseño de cubierta: P&M

Imágenes seleccionadas por equipo Océano Ambar.
Documentación de las imágenes en la pág. final de este libro.

© Editorial Océano, S.L., 2002 - Grupo Océano
Milanesat, 21-23 – 08017 Barcelona
Tel.: 93 280 20 20* – Fax: 93 203 17 91
www.oceano.com

2.ª edición, revisada y ampliada

ISBN: 84-7556-189-6
Depósito Legal: B-20762-XLVI
Impreso en EE. UU. - Printed in the U.S.A.
00152033

Índice

Nota editorial

Antes de empezar

Hemos elaborado este diccionario como un mapa de navegación que ayude al lector a desentrañar los valiosos mensajes de los sueños. En la primera parte se hace un recorrido a través de las diferentes aproximaciones que existen sobre el mundo de los sueños, lo que ayuda a comprender los múltiples significados que encierran y también la importancia de singularizarlos siempre. No sólo es conveniente personalizar el mensaje, también conviene establecer las circunstancias en las que se produce. El mismo sueño, en la misma persona, puede tener un sentido diferente según el momento o las vivencias personales. Por eso es conveniente valorar la importancia de cada interpretación con especial cuidado, tanto en los detalles como de forma global.

El libro que ofrecemos contiene instrumentos para iniciar un camino de descubrimiento, de forma que cada persona pueda encontrar su propia interpretación a lo soñado. Pese a que, como afirmaba Jung «los seres humanos comparten un amplio espectro de símbolos y arquetipos», el significado concreto de cada sueño puede ser muy distinto según las circunstancias personales del sujeto. Por tanto, ya sea en solitario o con la ayuda de un especialista, cada uno debe asumir la tarea de descifrar lo que se oculta tras sus episodios nocturnos.

Para ello nada mejor que coger un poco de práctica con los temas concretos de la segunda parte donde, en forma de diccionario, se explican muchísimos temas del mundo onírico que pueden ser relacionados entre sí, lo que da lugar a miles de combinaciones e interpretaciones. Esperamos, pues, haber aportado abundantes pistas para que la aventura de soñar sea todavía más intensa y enriquecedora.

Felices sueños.

Prólogo

¿Cómo soñó Julio Verne con su magnífico Nautilus?¿Cómo recorrrió las profundidades de una tierra habitada por otras civilizaciones, recorrida por dinosaurios, aves y plantas antidiluvianas? ¿Cómo diseñó Leonardo DaVinci la primera bicicleta de la historia conocida? ¿Cómo predijo máquinas voladoras? Sus visiones no pertenecen a los hemisferios izquierdo y derecho del cerebro, sino que conectaron con otra *organización cerebral* con sede en el alma.

El esfuerzo por entender las incógnitas de la vida, con el lenguaje y las limitaciones físicas y morales que condicionan el pensamiento humano, mueve a «buscar», en las ascensiones místicas del sueño, las facultades superiores que harán madurar la mente más allá de la adolescencia.

Las actividades del «cerebro superior» funcionan sin descanso, incluso determinan nuestro destino. Vivencia maravillosa es la clarividencia que conduce a otros mundos; en conexión con lo invisible, en palabras de R. Taylor, «Los poetas llaman a estos enormes poderes 'cadena dorada', a causa de su conexión entre sí y de su naturaleza incorruptible. Se arraigan en este principio supremo como los árboles a la tierra, que tienen una energía distinta en sí mismos a la vez que dan energía a su propia causa».

Para andar, coches en lugar de nuestras piernas; para mirar, gafas en lugar de nuestros ojos; calculadoras en lugar de nuestra mente; teléfonos móviles atrofiando la antigua telepatía... ¿Sustituiremos nuestos sueños por videograbaciones dirigidas a nuestra mente? ¿Se insertarán anuncios en ellas? El sueño nos garantiza una realidad fenoménica; un cordón umbilical nos une sin artificios a las pasiones de la naturaleza, se desatan las artes, y en el mal obrar nos invaden las pesadillas que –si no reflexionamos y rectificamos– remorderán nuestra conciencia.

El ser humano visita a sus antepasados en palabras de Pitágoras y Sócrates. Y con respecto a la Mentempsicosis, los vicios cambian a los hombres convirtiéndolos en bestias. La virtud, en cambio, les hace parecerse al dios que nos habita, podemos parecernos a uno o a otro, pues estos dos «seres» forman parte de nuestra naturaleza. Pero a su vez, recobrar nuestra integridad infantil es recuperar la salud, «estado de perfección, inocencia y luz», en los *Versos dorados* de Pitágoras. Esta autocrítica, este autopsicoanálisis freudiano del siglo IV a.C., en tiempos de los «antiguos misterios», evaluarán el propio comportamiento:

«Nunca duermas antes de revisar mentalmente las acciones de día.

¿Dónde he hecho mal? ¿Que he hecho? ¿Que he dejado por hacer?

Examínate a ti mismo.

Si has hecho mal, repróchate; si has hecho bien, regocíjate.»

El sueño se evocaba con cánticos, músicas , inciensos olorosos, leche, miel y anacardos para realizar el viaje al mundo de los dioses. Con una conciencia limpia por equipaje, que de regreso permita recordar sin remordimientos nuestra aventura: el cuarenta por ciento de nuestra vida pasamos cuentas de lo sucedido, del pobre comportamiento que cimentará la mayor de las veces un futuro estúpido y por ignorancia merecido.

¿No es la pompa, el flagelo del imsomnio? Con esas sencillas propuestas, ¿podemos conseguir que nuestra inteligencia se mueva con la del universo? De manera que nuestra mente sea, en palabras de Filon de Alejandría, «poseída e inspirada por Dios, capaz de prever y pronosticar el futuro».

Posidonio diría: «Los dioses mismos conversan con los que duermen»; y en su tratado de la adivinación Cicerón nos habla de tres tipos de sueños: los enviados por Dios, los enviados por los ángeles y los que vive el alma por si misma. «La vida es breve y el arte es grande», diría. O Hipócrates: «Quien conoce la dimensión de los sueños profundiza en ella sin falsedad y excava en ella como en un pozo».

Dejando atrás el peso de los sentidos, podemos adentarnos en las regiones inexploradas que nos habitan, descifrando el significado de la historia vivida mientras dormimos. Sus símbolos, al ser comprendidos, nos llenarán de conocimiento y sabiduría. Se reunen infinidad de libros escritos en esa nuestra biblioteca invisible interior. Y nos inunda de felicidad entender los signos, desentrañar las escrituras, los colores, las firmas, la temporalidad ajena a la tierra. Cronometrados por un eje de otra dimensión, cada noche nos trasladamos a un universo paralelo al alcance de todos. Todos podemos servirnos de ese mundo, sólo hace falta una actitud responsable e inteligente; allí puede olerse el azahar, el aceite de oliva, inciensos, fresas... y al despertar comenzaremos la recolección de los frutos, que no es otra que unir las piezas de un gran rompecabezas.

Este diccionario sin duda nos ayudará a descifrar ese extraño jeroglífico que son los sueños, compendio de realidades y dimensiones de nosotros mismos.

Mario M. Pérez Ruíz

PRIMERA PARTE

Comprender los sueños

Introducción

¿Por qué nos fascinan los sueños? ¿A quién no le gustaría comprender su verdadero significado y cuál es el mensaje personal que encierran? El sueño es un estado diferenciado de conciencia en el que todo es posible; al soñar cambiamos la realidad cotidiana por un mundo de posibilidades ilimitadas y está al alcance de todas las personas.

El interés por los sueños ha existido siempre, pero en las últimas décadas han aparecido nuevas formas de estudiarlos con resultados interesantes: a la aproximación científica clásica se unen remotos conocimientos sobre el papel de los sueños y su interpretación tradicional. Se profundiza en el análisis de los símbolos oníricos y de los arquetipos; a las consideraciones de la neurología se le añaden explicaciones relacionadas con estados modificados de conciencia; el estudio de los procesos del sueño se completa con una visión *holística*, integradora. Y, en definitiva, se conocen mucho mejor sus posibilidades, en su mayoría beneficiosas y favorecedoras del autoconocimiento. En resumen, puesto que los sueños forman parte de la existencia humana y nos acompañan toda la vida, vale la pena conocer mejor el potencial que guardan.

A los sueños se les ha dado diferentes grados de relevancia a lo largo de la historia. Cada cultura los ha valorado y considerado de forma diferente y han sido objeto de numerosas interpretaciones e hipótesis; se han considerado como mensajes divinos o premoni-

La obra de Magritte está cargada de símbolos oníricos referentes al inconsciente humano.
«La condición humana»
(René Magritte, 1935)

ciones de acontecimientos, o como representaciones del pecado o señales del inconsciente. Sin embargo, esta onírica porción de nuestra cotidianidad sigue conservando, incluso hoy, buena parte de su misterio.

Normalmente, un adulto suele dormir ocho horas diarias, es decir, una tercera parte de su vida, una proporción nada desdeñable. Una persona de setenta años, por ejemplo, ha estado durmiendo veintisiete. Y de esos veintisiete, ha dedicado cinco años enteros a soñar. En resumidas cuentas, estamos hablando de periodos vitales lo suficientemente extensos como para prestarles la atención que merecen.

Aunque no lo recordemos, siempre soñamos

Pese a que no estamos soñando durante todo el tiempo que dormimos, a lo largo de la noche atravesamos varios ciclos del sueño, como veremos más adelante. Por otra parte, algunas personas olvidan totalmente lo que han soñado y afirman que no sueñan nunca; otras recuerdan sus sueños casi por entero; la mayoría recordamos unos cuantos elementos y ocasionalmente conservamos un recuerdo muy detallado de algún sueño que, por alguna razón, nos impresiona particularmente o nos parece especialmente importante. Y casi todos tenemos la sensación de que ciertos sueños tienen algo interesante que decirnos.

Los sueños no tienen por qué ser proféticos, aunque algunos pueden serlo y las premoniciones existen. No tienen por qué advertirnos de una próxima enfermedad, pero en algún caso lo hacen. No estan relacionados necesariamente con los problemas o preocupaciones de nuestra vida cotidiana, pero con frecuencia lo están. Y sin embargo, casi todos tenemos la impresión de que nuestros sueños tienen un significado, y nos gustaría saber cuál es.

El interés por el significado de los sueños ha sobrevivido mucho más allá de la época en que se pensaba que eran mensajes divinos. La obra de Freud, Jung y otros ha hecho del análisis de los sueños una parte importante de la psicoterapia y de la comprensión del inconsciente. No hay duda, por tanto, de que podemos enriquecernos y conocernos mejor si recordamos y examinamos nuestros sueños y si aprendemos, en definitiva, a descubrir lo que para nosotros pueden significar.

Una parte del arte abstracto está relacionada con imágenes del mundo de los sueños.

A veces, recordar un sueño agradable es como recibir un regalo. ¡Qué placer da despertarse y poder reconstruir, con mayor o menor precisión, la historia que nuestra mente ha fabricado a su libre albedrío! Si, en cambio, hemos tenido una pesadilla, recordar-

Desde mensajes divinos hasta representaciones del pecado, los sueños han sido objeto de numerosas interpretaciones a lo largo de la historia. «Sueños», grabado del siglo XVI.

la será el primer paso para empezar a liberar la tensión acumulada y probablemente nos aportará indicios sobre algún aspecto cotidiano que nos preocupa o que no marcha del todo bien. El universo de los sueños va más allá del simple hecho de dormir, soñar, despertarse, y recordar o no lo soñado, sin más, porque guarda una fuente valiosísima de información sobre nosotros mismos. Aunque el marco donde se originan los sueños no pueda explicarse desde una perspectiva racional, es una forma diferente –y mucho más fiable de lo que parece– de acceder al conocimiento de las personas.

A pesar de los avances científicos y tecnológicos, todavía existen en el cerebro muchos enigmas por desvelar. Aún hoy sigue prácticamente sin respuesta el mismo paquete de preguntas esenciales que los seres humanos nos formulamos desde el origen.

Por alguna extraña razón –o puede que sea intuición– queremos creer que la vida es algo más que nacer, crecer, alimentarse, disfrutar de un bienestar personal más o menos sofisticado y, luego, morir. Necesitamos buscarle un sentido, un significado de carácter más profundo. Las personas poseen una increíble capacidad de adaptación y pueden resistir ante las condiciones más adversas, pero son incapaces de seguir adelante sin un sentido o motivación.

Hallar un sentido único a la vida es, por supuesto, algo complicado, ya que no existe una sola definición aplicable para todos; las implicaciones cambian según las personas, las sociedades, las reli-

El universo de los sueños va más allá del simple hecho de dormir, pues guarda una valiosa fuente de información sobre nosotros mismos.

Danae es fecundada por Zeus, transformado en lluvia dorada, en un momento de ensoñación. «Danae» (Gustav Klimt, 1907)

giones. Además, no es posible explicarlo de forma racional o científica y, sin embargo, ahí está, revoloteando en nuestra mente; como sucede cuando se cuestiona la existencia de Dios: desde un plano empírico nadie ha podido probarla, pero tampoco aún nadie ha sido capaz de desestimarla.

Unas dosis de misterio

De todas formas aparece un sentimiento generalizado en los seres humanos: es la sensación, en mayor o menor medida, de que debe haber algo por encima de la razón, más allá de la pura percepción sensorial y física del mundo. En el periplo vital de cada persona y su descubrimiento de lo desconocido puede aparecer la religión, el conocimiento intelectual, el trabajo, la solidaridad, etc. En la búsqueda espiritual aparecen otros elementos, entre los cuales los sueños son una buena «materia prima».

Independientemente de la relación que tengamos con lo espiritual, se encuentra en un terreno en donde no llegan la razón y los sentidos... y ahí están también los sueños. Quizá por eso se hayan considerado mensajes divinos durante siglos; no se puede afirmar que lo sean, pero tampoco puede negarse tan fácilmente. Lo que sabemos seguro es que los sueños nos llevan a un plano de la realidad *diferente,* donde el funcionamiento de las cosas es otro y está fuera de nuestro control y sentido común. Asombrosamente, en este plano *extraño* de las cosas, seguimos sintiendo sensaciones, tan leves o tan intensas, como las que experimentamos cuando estamos despiertos.

Sea como sea, esta presencia de los senderos del mundo interior en la vida personal tiene una importancia bien distinta según sean las diferentes culturas y grupos sociales; en unas viene a ocupar casi toda la vida cotidiana, mientras que en otras, como en la mayoría de las del mundo contemporáneo occidental, la actividad frenética y la necesidad de inmediatez no dejan demasiado espacio ni tiempo para la reflexión.

De una u otra forma, y a través de imágenes simbólicas, los sueños reflejan nuestra necesidad vital de encontrar un sentido único a la vida.

Ahora bien, ¿es posible predecir el futuro a través de la lectura de un sueño? Pese a que todavía queda mucho por descubrir acerca del poder y las capacidades de la mente humana, existen suficientes evidencias que lo confirman. Según el sentido común, o según determinadas formas racionales de pensamiento, no es fácil aceptar o comprender. Sin embargo no podemos cerrar los ojos ante la evidencia: existen otras formas de percepción de la realidad que traspasan nuestros límites espacio-temporales. Y también existe una manera de prever los acontecimientos *antes* de que tengan lugar

En los sueños laten connotaciones con otros elementos como las premoniciones, la precognición o la clarividencia.
Más allá de la mente racional, existen mecanismos de prever acontecimientos antes de que se produzcan en la vida real, y los sueños son buena prueba de ello.

dentro de nuestra noción ordinaria de tiempo, más allá del mundo y la mente racionales. Lo que sucede es que todavía no sabemos cómo y por qué eso es así.

El potencial de la mente humana es tal que también puede ocurrir que alguien reproduzca de forma exacta situaciones que ha visto en sueños. Finalmente, habrá quien crea –y estará en su derecho– que los sueños premonitorios son fruto de una simple coincidencia. Tal vez todos posean un poco de verdad...

En todo caso, lo que es seguro es que prestar atención a los sueños ayuda mucho a la hora de entendernos a nosotros mismos, pues nos acerca al origen de nuestros deseos, culpas o miedos. Veámoslo un poco más de cerca.

1. ¿Para qué sirven los sueños?

«Confiad en los sueños, pues en ellos está oculto el pórtico de la eternidad.»

Khalil Gibran

Los sueños y su finalidad

Los sueños pueden considerarse como películas caseras que cada persona produce en respuesta a sus vivencias cotidianas. Estas *películas* tienen como objeto esclarecer ciertas situaciones y brindar apoyo a la persona. Con el conocimiento adecuado, pueden convertirse en una especie de guía espiritual, ya que los pensamientos oníricos constituyen una ventana al inconsciente donde, a menudo, se almacenan sentimientos ocultos y necesidades reprimidas sin que las personas tengan conciencia de ello.

Aun así, hay gente que cuestiona la importancia de los sueños. Algunos científicos, por ejemplo, consideran que su contenido es una simple mezcla sin sentido de las múltiples señales eléctricas que recibe el cerebro. Otros, en cambio, hallan todo tipo de mensajes hasta en los sueños más sencillos, con lo que se alejan totalmente de la realidad cotidiana en favor de su actividad onírica.

Ambos extremos no son aconsejables. Es indudable que cada sueño es un viaje a lo desconocido pero, al mismo tiempo, los avances de la psicología moderna han permitido que comprendamos buena parte de su estructura. Una de las conclusiones que se desprende del estudio de los sueños lo confirma: los sueños pueden representar una ayuda impagable para la imaginación, pero también, y sobre todo, a la hora de resolver problemas. Sólo hay que saber escucharlos, porque su contenido suele guardar relación directa con los retos emocionales a los que nos enfrentamos.

Con el conocimiento adecuado, los sueños pueden convertirse en una útil guía espiritual, ya que constituyen una ventana al inconsciente donde, a menudo, se almacenan sentimientos ocultos y necesidades reprimidas sin que seamos muy conscientes de ello.

Cada sueño es un viaje a lo desconocido con un mensaje personal implícito. Aunque es el contenido del episodio el que marca nuestro estado anímico, soñar en blanco y negro hace referencia a una posible falta de entusiasmo o nostalgia por el pasado. Estos sueños son una invitación a que vivamos con más intensidad y gocemos del presente. Fotograma del film «Viaje a la Luna», (Méliès, 1902)

En los sueños, las relaciones con los demás son un tema recurrente. La gente que aparece en nuestros sueños, sobre todo los desconocidos, representa facetas de nosotros mismos que el inconsciente nos está revelando.

Se sabe que, en períodos de crisis, nuestra producción onírica aumenta significativamente, tanto en cantidad como en intensidad. ¿Hay que considerar este «superávit» positivo? Sí, siempre que uno se esfuerce en recordar e interpretar los sueños que haya vivido, ya que, como veremos más adelante, su potencial terapéutico no es nada desdeñable.

Por ejemplo, si un matrimonio o una pareja atraviesa una fase crítica, recordar y analizar los sueños suele ayudar a comprender las reacciones inconscientes que han dado lugar a esta situación. En otras palabras, los sueños son un excelente instrumento para llegar al fondo de los conflictos emocionales. El conocimiento de las causas es un paso esencial para la solución del problema, independientemente del curso que éste tome.

El psicólogo inglés David Fontana, cuyos libros han sido traducidos a una veintena de idiomas, lo dice con claridad: «Al escuchar los sueños de mis pacientes en las terapias, he observado como, a menudo, éstos pueden conducirnos a la raíz de un problema psicológico con mucha más rapidez que otros métodos». Aunque tampoco debemos engañarnos: los sueños son un misterio que rara vez se logra descifrar *del todo*. Pero si un cierto nivel de interpretación ayuda a comprendernos mejor, ¿qué más podemos pedir? Desde un punto de vista práctico, nuestro propio material onírico puede sernos de gran utilidad.

Escritores tan conocidos como Robert Louis Stevenson, William Blake, Edgard Allan Poe o Woody Allen dieron o han dado fe de ello, reconociendo que parte de sus obras se había inspirado en sueños. Este mismo origen tuvieron los descubrimientos de Albert Einstein, o de Niels Bohr (padre de la física atómica moderna), entre otros célebres científicos. De todas formas, estos ejemplos tampoco deben llevarnos a confusión: ningún sueño puede decirnos sobre el camino a seguir mediante imágenes simbólicas que, luego, el intelecto deberá descifrar.

Prosperidad, precognición y pronósticos

Además, a tenor de algunos casos documentados, incluso podemos beneficiarnos materialmente de ellos. Existen pruebas de que algunas personas que tenían sueños premonitorios lograron embolsarse importantes sumas de dinero gracias a las habilidades pronosticadoras de sus «duendes» oníricos. El caso más espectacular tuvo lugar en la década de los cincuenta, cuando un inglés llamado Harold Horwood ganó un considerable número de premios apostando a los caballos. Sus sueños le transmitían pistas para que apostara por el caballo vencedor de la carrera. Desgraciadamente, este tipo de premoniciones no está al alcance de todo el mundo. Sin embargo, cualquier persona tiene la oportunidad de descubrir a través de sus sueños el tesoro más grande al que se puede aspirar: el conocimiento de uno mismo.

Todos hemos tenido alguna vez la sensación de haber perdido el control de nuestra vida. Podemos sentir que los demás deciden por nosotros o que, en definitiva, somos víctimas de las circunstan-

Nuestros «paisajes oníricos» contienen una valiosa información sobre nuestros deseos e inquietudes; pero también pueden cumplir una función pronosticadora y hacer referencia a algún aspecto de nuestro futuro. Según una antigua tradición, soñar con estrellas augura prosperidad y riqueza espiritual. «Noche estrellada», (Van Gogh,1889)

cias. Sin embargo, un gran número de psicólogos no está de acuerdo con esto. Es decir, consideran que los acontecimientos cotidianos no son coincidencias, sino hechos significativos que reflejan el estado interior del individuo.

Sueños y pensamientos

Según estos expertos, la suerte es una entelequia, algo que no existe, ya que lo que consideramos fruto de la coincidencia no es otra cosa que las manifestaciones naturales de nuestros pensamientos y actitudes. Somos básicamente creadores, y no receptores pasivos o víctimas de los sucesos que se desatan en nuestra vida.

Un ejemplo que ilustra perfectamente esta idea es el del anciano que se dedicaba a lanzar piedrecitas al mar. Un día alguien le preguntó si no le aburría ese sencillo juego. El viejo lanzador de guijarros miró fijamente a su interlocutor y le dio una respuesta que jamás olvidaría: «Mis pequeñas piedras son más importantes de lo que parecen, puesto que provocan repercusiones. Ayudarán a crear olas que, tarde o temprano, llegarán al otro lado del océano».

¿Qué tiene que ver todo esto con los sueños? Muy sencillo: como acabamos de ver, nosotros somos los únicos responsables de nuestras experiencias cotidianas, por mucho que nos cueste asumirlo. Por eso no debería ser tan difícil tomar el mando de nuestra propia vida; sólo hay que saber escuchar los mensajes que afloran en nuestro interior, es decir, nuestros pensamientos oníricos, de los cuales, al fin y al cabo, somos los autores.

Visualizaciones

«En el fondo del lago de nuestros pensamientos hay una joya...»

De esta forma, gracias a los sueños, nuestras dos existencias –consciente e inconsciente– pueden trabajar conjuntamente para que nuestra vida sea más creativa y, en definitiva, más libre. Una parte importante de la cuestión está en conocer y comprender mejor los procesos del pensamiento. Una de las visualizaciones más hermosas y utilizadas en el yoga nos lo recuerda con elocuencia:

«En el fondo del lago de nuestros pensamientos hay una joya. Para que pueda brillar con el reflejo de la luz del sol (lo divino) conviene que el agua (los pensamientos), siempre igual y siempre diferente, sea pura y cristalina y esté en calma, libre de oleaje (excitación). Si nuestra agua está turbia o encrespada los demás no podrán ver esa joya, nuestra luz interior...»

Pero no es tan sencillo: muchas veces cuesta vislumbrar el nexo que une la vigilia con el sueño, entre lo que creemos que somos y lo que nuestras fantasías oníricas dicen de nosotros. En cualquier caso, si nuestra búsqueda es apasionada, y a la vez paciente, cons-

Según Jung todos necesitamos una mansión, aunque sólo a través de los sueños podemos vislumbrar sus habitaciones, jardines y aposentos.

Las habitaciones de nuestros sueños reflejan aspectos desconocidos de nuestra personalidad.

tante y consciente, redundará en el descubrimiento de nuestro verdadero Yo. Así que en la interpretación de los sueños conviene partir de la base de que encierran un mensaje concebido por y para nosotros mismos (aunque no de forma consciente). Es importante aprender a *escucharlos* (más adelante se describen algunas técnicas para ello) a la hora de deshilvanar su significado y extraer enseñanzas que enriquezcan nuestra vida cotidiana.

De este modo, cuando tengamos que tomar alguna decisión importante, podremos despejar nuestras dudas mediante un criterio coherente con nuestros deseos más íntimos. Algo que, a pesar de que pueda parecer de sentido común, no es muy frecuente en nuestros días, ya que la mayoría de personas toma decisiones por azar, por costumbre o por capricho.

El significado y efecto psíquico de algunas deidades del budismo tibetano podría relacionarse con el de los monstruos que tanto gustan hoy en día a los niños.

Los sueños permiten dar rienda suelta a la creatividad y liberarnos de las preocupaciones, dando lugar, en ocasiones, a imágenes irreales imposibles en la vida de vigilia.

Se trata, en pocas palabras, de encontrar a través de los sueños la verdadera identidad y reconocer las heridas, temores y alegrías de cada uno. No hay que olvidar que el inconsciente, aunque esté oculto, es una parte esencial de nuestra personalidad. Los sueños, como vía directa a esta zona tan poco conocida de nosotros mismos, son fundamentales para la comprensión integral del Yo. Su contenido simbólico nos permite recuperar sentimientos reprimidos y nos proporciona un mapa revelador de las relaciones que nos rodean.

Pesadillas que nos ponen a prueba

A veces los mensajes que nos transmiten no son nada agradables y toman forma de pesadillas. No obstante, aunque resulte duro aceptarlo, estas pesadillas son señales valiosas para detectar los aspectos de nuestra vida que no están en armonía con nuestro Yo más profundo y, por consiguiente, necesitan nuestra urgente intervención. Las pesadillas son una prueba de que el autodescubrimiento no siempre es placentero. A veces es necesario experimentar el dolor para percibir lo que uno realmente es y desea.

Por otro lado, los sueños permiten dar rienda suelta a la creatividad porque, cuando dormimos, nos vemos liberados de las preocupaciones del día a día. Por lo tanto, aunque no te consideres una persona creativa, debes tener en cuenta que todas las escenas, símbolos y personajes que aparecen en tus pensamientos oníricos han sido creados única y exclusivamente por ti mismo.

Por eso suele ser muy útil registrar los sueños en un cuaderno (más adelante explicamos cómo) para, posteriormente, analizarlos y aplicar sus enseñanzas a la vida cotidiana; lo cual no deja de ser

paradójico: el ser humano despierta a su realidad más íntima precisamente cuando está dormido.

Carl Gustav Jung, que dedicó toda su vida al estudio de los sueños, formulaba este símil: «Las personas habitamos en una mansión de la que solamente conocemos los sótanos». Sólo cuando nuestra conciencia está dormida conseguimos vislumbrar algunas de las habitaciones de nuestra magnífica casa: habitaciones que pueden ser polvorientas e inhóspitas y que nos llenan de terror y ansiedad; o bien habitaciones magníficas en las cuales desearíamos permanecer para siempre.

Dado que unas y otras nos pertenecen, parece razonable que utilicemos todos nuestros recursos para conocerlas. Los sueños, en este sentido, son una herramienta fundamental.

Cómo recordar los sueños

A estas alturas, es probable que pienses: «De acuerdo, los sueños son muy importantes, pero yo no los puedo utilizar porque, sencillamente, no los recuerdo». No pasa nada, existen técnicas para potenciar la memoria de los pensamientos oníricos. Técnicas que, aplicadas de la manera adecuada, nos permitirán recordar los sueños de forma sorprendente.

El uso de estos métodos es indispensable en la mayoría de los casos, ya que las personas, cuando despiertan, tienden a olvidar por completo lo soñado. ¿Por qué? Porque, de acuerdo con las hipótesis de Sigmund Freud, en nuestro interior habita una especie de censor interno que intenta evitar que nuestra actividad onírica se

A veces el mensaje de los sueños se torna desagradable y toma forma de pesadillas...

*Relajarse en la cama y repasar
los acontecimientos del día ayuda
a liberar la mente y propiciar
nuestra creatividad onírica.*

*Los ejercicios de yoga, como
la postura savasana, favorecen
la relajación, el sueño reparador
y un estado de ánimo
favorable a ello.*

convierta en material consciente. Sin embargo, podemos burlar este *censor* con la ayuda de algunos trucos. El más drástico consiste en despertarse bruscamente cuando la fase más profunda del sueño (fase REM) está a punto de finalizar, de modo que podamos escribir con rapidez en un cuaderno todo lo que se ha proyectado en el teatro de nuestra mente. Este despertar repentino tomará desprevenido a nuestro censor, impidiéndole hacer su trabajo. El mejor momento para poner el despertador es al cabo de 4, 5, 6 o algo más de 7 horas después de habernos dormido.

Si consideras que tu grado de motivación no es suficiente para levantarte a media noche y registrar tus sueños, existen alternativas que te permitirán dormir de un tirón y, luego, recordar con bastante precisión lo que has soñado.

Para empezar, puede ser muy útil adquirir una serie de hábitos antes de irse a dormir, como dejar transcurrir un par de horas entre la cena y el momento de acostarse. Asimismo, los expertos recomiendan evitar las comidas que provoquen gases (legumbres como las judías, vegetales crudos, etc.) y los alimentos ricos en grasas.

También hay que tener en cuenta que, además del té y del café, el tabaco y el alcohol alteran el ciclo del sueño y privan al cuerpo de un descanso profundo (el efecto nocivo de reacción que tienen sobre el organismo un par de copas por la noche no desaparece hasta al cabo de unas cuatro horas).

Lo que sí es aconsejable es beber agua o zumos, o un yogur, después de cenar (más de un par de horas después), antes de acostarse. Sobre todo por dos motivos: porque los líquidos facilitan cierta depuración corporal y porque –lo más interesante para nuestro propósito– eso nos obligará a levantarnos a mitad de la noche. Lo cual, como hemos dicho, tomará desprevenido al censor interno y nos permitirá recordar los sueños con más facilidad.

Relajación

Es importante rodearnos de un ambiente que estimule la actividad onírica. Debemos sentirnos a gusto en nuestra habitación y en nuestra cama. Cuanta menos ropa usemos para dormir, mejor. Practicar técnicas de relajación, escuchar música tranquila o tomar un baño caliente unos minutos antes de meternos en la cama también nos ayudará a aliviar el estrés, de modo que gocemos de un sueño profundo y reparador.

Existen buenos libros de relajación en el mercado, tanto de training autógeno como yóguica; entre los más prácticos recomendamos *Relajación para gente muy ocupada*, de Shia Green, publicado en esta misma editorial. No obstante, la verdadera clave reside en concentrarnos para recordar los sueños. Repasa, al acostarte, los acontecimientos del día que más te hayan impresionado. De esta manera, aumentarás la probabilidad de soñar con los temas que más te preocupan o te interesan.

Recuerda que lo mejor es escribir las palabras clave de lo soñado justo al despertar. Conviene tener el cuaderno sobre la mesita de noche, y reconstruir el sueño durante el día.

Bien, supongamos que ahora ya te has dormido. ¿Qué debes hacer para recordar los sueños? Primero, procura despertarte de forma natural, sin estímulos externos. Si no es posible, utiliza un despertador lo más silencioso posible y que carezca de radio. Una vez despierto, quédate unos instantes en la cama con los ojos cerrados, y trata de retener los sueños en la memoria mientras realizas una suave transición hacia la vigilia. Aprovecha ese momento para rememorar las imágenes que hayas soñado. El último período onírico de la noche suele ser el más prolongado y es justamente en estos instantes cuando es más probable que recuerdes lo soñado.

El cuaderno de sueños

A continuación, escribe en un cuaderno (que habrás dejado al lado de la cama) lo que tu mente haya podido retener. Por mucho que tus sueños te parezcan absurdos, intrascendentes, o aunque sólo consigas recordar breves fragmentos de los mismos. Éste no es el momento de hacer valoraciones ni interpretaciones. Se trata, simplemente, de registrar todo lo que pase por tu cabeza con el máximo detalle. Dada la fragilidad de la memoria, al principio bastará con escribir las palabras clave que resuman el contenido del material onírico. Esas palabras son lo que te permitirán reconstruir el sueño en otro momento del día, si no dispones de mucho tiempo a

Mientras soñamos existe una especie de cierre de seguridad que nos inhibe del movimiento. Por este motivo, durante la fase REM, los sonámbulos no caminan. Esto les protege de incluir el movimiento en sus sueños y quizá lastimarse. Fotograma de la película española «Carne de fieras» (1936)

Cómo determinar el tema de los sueños

Los pensamientos oníricos son una fuente de inspiración. Anotarlos y analizarlos detenidamente facilita un proceso de autodescubrimiento. «El bello mundo» (René Magritte, 1962)

esa hora de la mañana. Lo ideal sería que, poco a poco, el cuaderno se convierta en un diario o agenda que permita estudiar, analizar y comparar toda una serie de sueños. A través del registro de una sucesión de episodios podemos detectar qué personajes, situaciones y temas se repiten. Es algo que suele escapar a primera vista. Un detalle importante: los especialistas recomiendan fechar y titular cada sueño, ya que ello ayuda a recordarlos en lecturas posteriores.

También es interesante completar estas anotaciones con observaciones complementarias: qué sentimientos nos ha producido, qué aspectos nos han llamado más la atención del sueño, qué colores predominaban, etc. Un esquema o dibujo de alguna de las imágenes más significativas también puede ayudarnos a desentrañar su significado. Por último, deberíamos escribir una primera interpretación personal del sueño en particular. Para ello, la segunda parte de este libro ofrece una serie de pautas que pueden sernos muy útiles.

Como hemos visto, existe una serie de técnicas para recordar los sueños. Éste es el primer paso para extraer toda su sabiduría. Ahora bien, puesto que los pensamientos oníricos son una fuente de inspiración para resolver los problemas que nos preocupan, ¿no sería fantástico elegir, antes de ir a dormir, el tema de nuestros sueños? En lugar de esperar a que los sueños acudan a nosotros espontáneamente, se trata de hacer que se centren en los aspectos de nuestra vida que nos interesan.

Imaginemos que alguien no está muy satisfecho con su trabajo. Le gustaría desempeñar otro tipo de actividad, pero teme perder la seguridad laboral que disfruta. Por otro lado, constata que ya no es tan joven, por lo que debería arriesgarse para conseguir lo que realmente desea. Y no sabe qué debe hacer. Necesita una luz, una señal, una inspiración. En definitiva, necesita un sueño. Pero no un sueño cualquiera, sino un sueño que se centre de veras en su problema y le dé respuestas.

Sin embargo, si te limitas a «consultar con la almohada» sin más, seguramente no obtendrás los resultados deseados. Cabe la posibilidad de que tengas suerte y sueñes con lo que te interesa, pero lo más probable es que aparezca cualquier otra cosa. Si realmente estamos dispuestos a profundizar en aquello que más íntimamente nos preocupa, podemos conducir los sueños para que nos den respuestas concretas. Al igual que con las técnicas para recordar los sueños, el procedimiento es simple: se trata de que, antes de ir a dormir, nos

Escribir un cuaderno de sueños

Ten siempre cerca de la cama un cuaderno y un bolígrafo para escribir los sueños justo en el momento de despertar. No olvides anotar siempre la fecha de cada uno. ¿Qué detalles debes incluir en este tipo de diario? Todos los que recuerdes, cuantos más, mejor.

• Anota los acontecimientos que se produzcan en tu sueño por orden. Quizá no te parezca importante cuando éstos aparecen de forma inconexa. Sin embargo, al analizarlo se puede establecer una relación cronológica entre los distintos elementos.

• ¿Qué personajes aparecían en el sueño? ¿Faltaba alguien importante? Si alguno de ellos te ha recordado a un conocido, apúntalo. No confíes demasiado en tu memoria.

• Si aparece algún escenario que te resulta familiar, analiza las diferencias con respecto al mundo real. ¿Estaban las puertas/ventanas en el mismo lugar? ¿Eran del mismo color y medida? Y así sucesivamente. Esto es especialmente importante si deseas seguir la técnica de los sueños lúcidos.

• Apunta también todas las diferencias que encuentres entre las personas conocidas del sueño y las de la vida real.

• Registra los personajes no humanos que aparecían en el sueño, así como los objetos que se comportaban como si estuvieran animados.

• Toma nota especialmente de las escenas, temas o personajes recurrentes. ¿Ocurren/actúan siempre exactamente igual?

• Escribe todos los colores que recuerdes.

• Apunta todas tus reacciones emocionales: si te sientes feliz, asustado, nervioso...

No dejes que interfiera ninguna teoría sobre lo que significan los sueños. Correrías el riesgo de pasar por alto detalles que en realidad pueden ser muy significativos.

Por último, no confíes en tu memoria. Pasado un tiempo, no recordarás en absoluto haber tenido algunos de los sueños escritos. Por muy claros que te parezcan en ese momento, anótalos.

Los sueños son «señales», mensajes de nuestro inconsciente, cuyo estudio e interpretación contribuye a resolver los problemas que nos preocupan.

concentremos en el tema que nos interesa. Además, justo antes de acostarnos, lo mejor es escribir en el cuaderno las vivencias y emociones que más nos hayan impactado durante el día.

Una vez anotadas las impresiones y el tema a soñar, nos centraremos en el asunto que nos inquieta. Se piensa en ello detenidamente; se plantean preguntas y alternativas, se «escuchan» las propias emociones. Conviene que en el cuaderno de sueños puedan quedar reflejadas todas las dudas posibles. De esta manera es más probable obtener luego una respuesta.

Para que una respuesta sea efectiva, la pregunta ha de estar bien definida. La exposición del problema ha de resumir en una sola frase la idea fundamental. Una vez hayamos reflexionado sobre el problema, es el momento de acostarse. Pero los «deberes», aún no habrán terminado. Antes de dormirnos hemos de concentrarnos en la pregunta concreta. Hay que olvidar todo lo demás, incluso los detalles. Sólo hay que «visualizar» y repetir la pregunta , sin pensar en nada más, hasta caer dormido.

El sueño nocturno nos pondrá en contacto con el nivel más profundo del ser, cosa que permite afrontar los problemas desde una perspectiva más amplia. Y los sueños inducidos suelen ser más fáciles de recordar que el resto de la actividad onírica.

2. ¿Por qué soñamos?
Fisiología del sueño

«Todo lo que es serio nos viene durante la noche.»

CICERÓN

¿Qué sucede cuando dormimos?

¿Por qué dormimos? La respuesta no es tan sencilla como parece. Dormimos para que nuestro cuerpo pueda descansar, pensaremos a priori. Sin embargo, la ciencia aún no ha podido aportar pruebas concretas de que la función del sueño consista en recuperar físicamente el cuerpo. Eso sí, los experimentos realizados con ratas han demostrado que, si se priva de dormir a estos animales, mueren.

Pero la naturaleza humana no es tan simple como la de las ratas. Todo el mundo conoce a personas que apenas duermen. El caso más extremo, publicado en algunas revistas científicas, es el de un hombre que afirmaba no haber vuelto a dormir después de contraer una grave enfermedad. De la misma manera, algunos individuos muy desarrollados espiritualmente tienen la capacidad de permanecer conscientes durante toda la noche. No nos referimos al estudiante que en época de exámenes toma mucho café o estimulantes para permanecer despierto más de 24 horas seguidas. Hablamos más bien de personas que, a través de la meditación profunda, pueden alcanzar importantes niveles de relajación.

Se sabe que la ansiedad y la falta de concentración aumentan de forma considerable después de una o dos noches sin dormir. Una de las teorías relacionadas con el sueño afirma que dormimos para conservar nuestra energía. Sin embargo, otra sugiere que reposamos para conservar nuestras provisiones de alimento, puesto que, cuando perdemos la conciencia, reprimimos el mecanismo del

Cuando soñamos entramos en un mundo maravilloso que escapa a las leyes de la lógica espacial o temporal. «El príncipe encantado» (Maxfield Parrish, 1934)

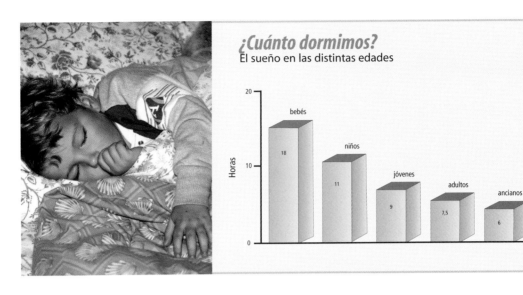

¿Cuánto dormimos?
El sueño en las distintas edades

Horas

20

10

0

bebés
18

niños
11

jóvenes
9

adultos
7,5

ancianos
6

Una persona tiene a lo largo de su existencia un promedio de 300.000 sueños. A medida que envejecemos, tanto el tiempo que pasamos durmiendo como el que soñamos van decreciendo de manera progesiva.

Los recién nacidos duermen durante casi todo el día, alternando horas de sueño con pequeños despertares. Al año de vida, duermen menos veces pero durante más tiempo: tienen ciclos de 90 minutos de sueño seguidos por otros 90 minutos de vigilia. Gradualmente, el niño dormirá por la noche y apenas durante el día. A los 9 años, la mayoría necesita entre 9 y 12 horas diarias de sueño.

El promedio para un adulto es de 7 a 8 horas y media. Pero a partir de los 70 años, volvemos a las fases de sueño de la infancia y dormimos menos horas de forma continuada.

hambre. Hay argumentos que incluso apuntan a que hemos dormido desde tiempos ancestrales porque, de esta forma, parecemos un manjar menos suculento para los depredadores nocturnos (cuando dormimos, nuestro cuerpo se asemeja al de un cadáver).

Teorías, pues, para todos los gustos, que no nos deben hacer olvidar lo fundamental: para casi todos, dormir es una experiencia placentera y relajante que suele durar entre seis y ocho horas cada noche. Una experiencia que, por otra parte, es imprescindible para «recargar las baterías» de nuestro organismo.

No es casual que hayamos elegido la noche para dormir. En la oscuridad, nuestra visión se reduce, el mundo se nos vuelve extraño y, en consecuencia, nuestra imaginación se dispara. Por eso nuestra mente insiste en seguir ocupada con imágenes (es decir, sueños). Durante la noche, los ojos *no nos sirven*, pero tenemos tal necesidad de crear imágenes nocturnas que, si en alguna ocasión nos privan de dormir, durante las noches siguientes incrementamos nuestra producción de sueños, ya que pasamos más tiempo en la fase REM (período de nuestro sueño en el que los pensamientos oníricos aumentan su actividad), como ha sido demostrado. Así que parece muy evidente que necesitamos los sueños para vivir.

Algunas civilizaciones antiguas creían que dormir servía, sobre todo, para poder soñar. Estaban convencidos de que la actividad onírica no era una consecuencia del sueño, sino su razón de ser. Algunos científicos, sin embargo, no comparten las teorías de nuestros antepasados a la hora de establecer las hipótesis que, según ellos, determinan los motivos por los cuales soñamos. Existe una corriente científica que afirma que los pensamientos oníricos son una simple actividad neurofisiológica que acompaña al sueño. Según esta teoría, cuando soñamos generamos señales espontáneas que estimulan los canales sensoriales de la mente. El cerebro transforma estas señales en imágenes visuales e induce al soñador a creer que está viviendo experiencias reales.

Hasta aquí, perfecto. Pero, ¿por qué los sueños tienen un contenido narrativo tan interesante? ¿Por qué muchas veces se expresan en lenguaje metafórico? ¿Por qué narran historias que, en definitiva, nos afectan directamente? No hay una respuesta concluyente y, menos aún, científica, para estas preguntas.

Otras teorías sugieren que los sueños sirven para eliminar los datos sobrantes de la memoria, debido a que no podemos almacenar todas las cosas que nos suceden durante el día. Según esa tesis, por la noche borramos los «archivos» que no utilizamos, exactamente igual que un ordenador. La mente dormida experimenta el proceso de borrado en forma de sueños, lo cual explicaría por qué son tan difíciles de recordar. Las limitaciones de esta teoría son evidentes cuando se tiene en cuenta que, en ocasiones, los pensa-

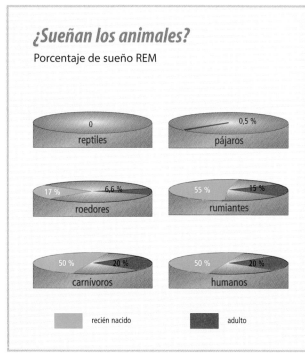

¿Sueñan los animales?
Porcentaje de sueño REM

- reptiles: 0
- pájaros: 0,5 %
- roedores: 17 % / 6,6 %
- rumiantes: 55 % / 15 %
- carnívoros: 50 % / 20 %
- humanos: 50 % / 20 %

recién nacido   adulto

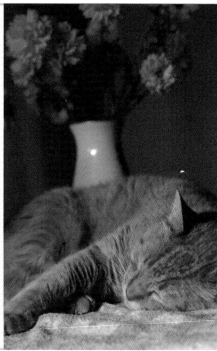

mientos oníricos funcionan de forma creativa (van más allá de la información que les damos). Poco tiene que ver con la función meramente «higiénica» que les atribuye la mencionada corriente científica. A menudo, los sueños no eliminan los restos inservibles de las experiencias cotidianas, al contrario: les dan una forma llamativa para que, cuando despertemos, podamos reflexionar a fondo sobre el sentido de nuestras vivencias.

Las fases del sueño

A pesar de que cuando dormimos no nos damos cuenta de ello, lo cierto es que nuestro sueño pasa, durante la noche, por cuatro fases diferentes. Cada una de ellas se distingue del resto por su nivel de profundidad. Es decir: cuando estamos en la fase 1, el sueño no es muy profundo; en cambio, durante la fase 4, esta intensidad alcanza su grado máximo.

Así, cuando nos vamos a dormir, entramos en un período en el que nos vamos alejando del mundo exterior paulatinamente. Poco a poco, nuestro sueño se hace cada vez más profundo, hasta que, finalmente (fase 4), la respiración se vuelve lenta y regular, al tiempo que la actividad cardíaca disminuye su ritmo y la temperatura corporal desciende. Entonces, el metabolismo del cuerpo reduce sensiblemente su actividad.

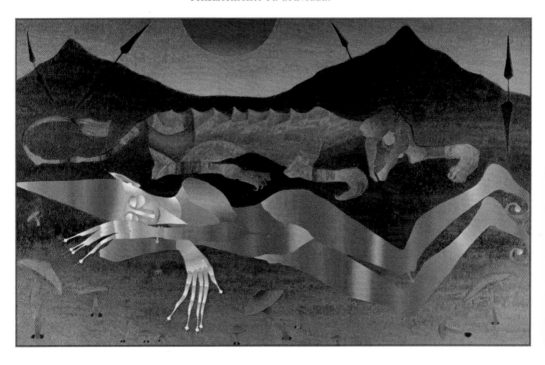

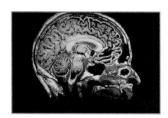

Ciertas áreas del cerebro se asocian con las distintas funciones y habilidades humanas, traduciendo los estímulos sensoriales externos en un cuadro bien organizado del mundo. En los sueños, esos mismos estímulos dan lugar a reacciones distintas. Si una persona dormida escucha un sonido o entra en contacto con un objeto repulsivo, es probable que antes de despertarse, integre ese estímulo en su sueño.

La fase REM

Cuando dormimos, nos vamos alejando paulatinamente del mundo exterior. El sueño se hace cada vez más profundo hasta que la respiración se vuelve lenta y regular, la actividad cardíaca disminuye y la temperatura corporal desciende.
«El somni» (Joan Ponç)

Más o menos una hora y media después de habernos dormido, nuestro organismo ya ha superado las cuatro fases mencionadas. Es entonces cuando retrocedemos y volvemos a pasar por todos los niveles hasta volver a reiniciar la fase 1. Todo ello comporta un nuevo aumento del ritmo respiratorio y cardíaco. Paralelamente, las ondas cerebrales vuelven a registrar una actividad parecida a la que exhiben cuando recuperamos la conciencia. Estamos, por lo tanto, en un momento de transición, tal como demuestra el hecho de que, llegados a este punto, el cuerpo suele cambiar de posición.

Todo indica, pues, que cualquier ruido podría despertarnos. Pero no es así, ya que nuestro tono muscular se reduce y, por tanto, es ahora cuando resulta más difícil que recuperemos la conciencia. Al mismo tiempo, nuestros ojos se empiezan a mover detrás de los párpados (de arriba abajo y de un lado a otro). Este fenómeno ocular, que cualquier persona puede constatar a simple vista, se conoce como fase REM, siglas que, en inglés, significan «rapid eye movement» (movimiento rápido de ojos).

La fase REM es particularmente importante para los que se interesan por los sueños. Según indican todos los estudios, durante esta breve etapa (de cinco a diez minutos) acostumbramos a gestar nuestra actividad onírica más intensa. En alguno de estos trabajos, realizado en *laboratorio de sueños*, se ha constatado que ocho de cada diez individuos relatan sueños muy vivos cuando son despertados al final de su fase REM. Unos períodos que, por cierto, se alternan durante la noche con lo que podríamos denominar fases NO-REM, es decir, con las etapas en las que no se registra movimiento ocular alguno.

¿Cuántas veces alcanzamos el período REM durante la noche? Se estima que cada ciclo suele repetirse de cuatro a siete veces. A medida que pasan las horas, las fases son cada vez más largas. De esta manera, la última etapa REM de la noche puede durar de veinte a cuarenta minutos. Por término medio, un adulto disfruta de una hora y media de sueño REM cada noche, aunque, en el caso de las personas mayores, esta duración apenas alcanza la hora y cuarto. Los bebés, por otro lado, permanecen en la fase REM durante el 60% del tiempo que dedican a dormir.

De todas maneras, no hay que confundirse: no todos los sueños se producen durante este período. También se ha demostrado que las personas generan imágenes en otras etapas. No obstante, son sueños de diferente calidad, ya que, durante las fases NO-REM,

Las imágenes oníricas producidas en la fase de mayor intensidad (REM) son más difíciles de recordar. Un método para retenerlas en nuestra mente consiste en despertarse justo después de cada fase REM.

nuestra actividad onírica sólo suele generar pensamientos indefinidos, sensaciones vagas, etc. Nada que ver, por tanto, con el contenido emocional que caracteriza a los sueños que se gestan en el período REM.

Como hemos comentado en los primeros capítulos, los que pretendan extraer lecturas de sus sueños tienen que hacer, previamente, el esfuerzo de recordarlos. Si queremos que esta tarea sea efectiva al cien por cien, podemos seguir un procedimiento que, si bien es incómodo, prácticamente no falla nunca: despertarnos justo después de cada fase REM. Quien quiera probar este método tan sólo tiene que programar su despertador (sin música ni radio) para que suene a las cuatro, cinco, seis o siete horas y media de haberse dormido. Podéis dar por sentado que, si uno se despierta justo después de alguna de las fases REM por las que atraviesa su organismo cada noche, gozará de recuerdos muy vívidos.

Éste es el procedimiento que se sigue en los laboratorios de sueños, donde la actividad onírica se estudia mediante el registro encefalográfico de la actividad eléctrica del cerebro.

Las personas en estudio –que se ofrecen voluntarias– duermen conectados a dispositivos que miden sus reacciones fisiológicas (ondas cerebrales, ritmo cardíaco, presión de la sangre, actividad muscular, movimiento de los ojos, etc.).

En algunos momentos de la noche, estas reacciones indican que, si se les despierta, van a poder relatar lo que han soñado. Porque, tal como comentamos, la fase en la que se producen los sueños con más intensidad (fase REM) se caracteriza por una reacción física observable a simple vista: el rápido movimiento de los ojos del soñante.

Con este método, los laboratorios de sueños pueden recoger pruebas muy precisas de que los sujetos están soñando. Y dado que las imágenes oníricas resultan difíciles de recordar, las técnicas de laboratorio han supuesto un gran avance para la investigación de los sueños. Algunos expertos afirman que, gracias a los avances científicos de la segunda mitad del siglo xx, hemos aprendido más de los procesos oníricos en los últimos cincuenta años que en toda la historia de la humanidad.

Imágenes hipnagógicas: entre la vigilia y el sueño

Como hemos visto, a lo largo de la noche, nuestro sueño se divide en cuatro períodos bien diferenciados. Pero, ¿qué sucede justo antes de sumergirnos en la primera de estas fases? ¿Estamos aún despiertos? No exactamente. En los momentos en los que nuestra mente se debate entre la vigilia y el sueño, empezamos a perder contacto con el mundo que nos rodea sin que los cambios fisiológicos característicos del sueño se hagan aún patentes.

Este punto intermedio ha sido denominado por los psicólogos como «estado hipnagógico». Se trata de un período en el que, a pesar de que no estamos dormidos, nuestro cerebro genera imágenes que, a veces, pueden ser de gran belleza. En cierta manera estas imágenes rivalizan con las que aparecen en los sueños. Sin

¿Qué soñamos?

Un amplio estudio realizado en Francia sobre la temática de los sueños arrojó estos resultados:

• Relaciones de pareja (18%)
• La casa, especialmente la de la infancia (15%)
• Agresores, ladrones, perseguidores, etc. (10%)
• Perder el tren; equipajes embarazosos (8%)
• Agua, pozos y túneles; accidentes de tráfico (6%)
• Niños y bebés olvidados (5%)
• Serpientes, fuego, escaleras (5%)
• Animales negativos: arañas, cucarachas, ratas, etc. (4%)
• Ropa o falta de ropa; es decir, desnudez (3%)
• Pérdida de dientes y otras situaciones alarmantes (2%)

Las imágenes hipnagógicas, de gran belleza visual, se desvanecen como burbujas cuando nos despertamos y apenas las recordamos.

Salvador Dalí, pintor de sueños.

embargo, el estado hipnagógico no puede considerarse como una etapa propiamente onírica. Entre otras cosas, porque las escenas que se vislumbran en esta fase nada tienen que ver con los episodios de argumento más o menos coherente que caracterizan los sueños.

Del estado hipnagógico se derivan imágenes más bien inconexas que apenas guardan relación entre sí y que además, a diferencia de los sueños, no están vinculadas con nuestras experiencias cotidianas. Este fenómeno no sólo se produce antes de dormirnos, sino también en los momentos previos al despertar, aunque aún no estemos suficientemente conscientes como para darnos cuenta.

En ocasiones, justo antes de dormirnos, también experimentamos una sensación curiosa de estar flotando o volando, o que podemos captar escenas muy nítidas, que llegan con una claridad comparable a las experiencias visuales *reales*. Este tipo de imágenes, como los sueños, se desvanecen como burbujas cuando despertamos y apenas las recordamos, lo cual es una lástima, ya que su belleza no permanece en nuestra mente. En cualquier caso, a diferencia de los pensamientos oníricos, el estado hipnagógico sirve de poco para conocer los mensajes que el inconsciente nos quiere transmitir y tenemos que valorarlas más por su belleza objetiva que por su contenido trascendental.

Para recordarlas conviene no perder la conciencia durante su aparición. Es decir, que hay que observar el proceso en el que se desarrolla el estado hipnagógico sin dormirnos. Parece fácil pero no lo es, porque se trata de sumergirnos en el sueño mientras la mente vigila los acontecimientos que se están proyectando en su interior. Con un poco de suerte, podremos ver algunos de los maravillosos «cuadros» de nuestro museo particular.

Todo esto lo sabían de sobra los artistas surrealistas que tanto impactaron al mundo durante los años 20 y 30. Así, el pintor Salvador Dalí, amante fervoroso de las escenas hipnagógicas, recurría a lo que se conoce como «el sueño del monje». Se acostaba con una gran llave de hierro en la mano. Con el primer sueño, la llave caía al suelo y se despertaba sobresaltado. En su cabeza recordaba las imágenes hipnagógicas que, posteriormente, trasladaba a los lienzos de forma magistral.

Si tienes dificultades para retener el estado hipnagógico, procura centrar la atención en un punto concreto. Por ejemplo, en el punto del «tercer ojo» de los yoguis (es decir, entre los dos ojos), en la región del corazón, o en la coronilla. Estas tres posiciones son, según la filosofía del yoga, los centros de energía sutil, no física, del cuerpo humano. Se trata de tener un lugar donde dirigir la mente. Otro truco para mantener la atención sin esfuerzo consiste en pensar de forma abstracta en el nombre del objeto que desea ver, lo cual no significa que tenga que «crear» la imagen; sólo hay que inducir su aparición aprovechando el estado hipnagógico. Entrenarnos a través de la meditación suele ser muy útil y beneficioso.

En ocasiones, las escenas hipnagógicas no resultan tan agradables como uno quisiera, pero hay que afrontarlas porque así se potencia la propia capacidad de control. Si persisten, procura seguir el consejo anterior. Es decir, piensa de forma abstracta en el nombre de aquello que sí deseas ver, resistiendo la tentación de construir una forma determinada desde la mente consciente.

La principal ventaja de los estados hipnagógicos es que nos acercan, de modo progresivo, a nuestro Yo profundo... y todo ello ayuda a comprender y sacar mayor provecho de los sueños.

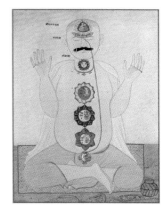

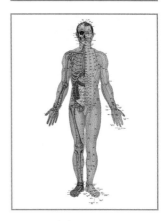

Los siete «chakras», o centros sutiles de energía de la medicina ayurvédica hindú (1). Los nadis según la tradición tibetana (2). Los meridianos de la Medicina tradicional china (3).

3. Diferentes tipos de sueños

> «La interpretación de los sueños es la vía real para llegar al conocimiento del alma.»
>
> SIGMUND FREUD

Mensajes claros y personalizados

Antes de lanzarnos a descubrir los mensajes ocultos que se filtran en los sueños y que aparecen en el diccionario de la segunda parte, conviene tener en cuenta que no todos los pensamientos oníricos pueden analizarse con un mismo patrón. Por este motivo, los psicólogos y analistas distinguen tres clases de sueños:

Sueños de reajuste
Sueños de satisfacción
Sueños premonitorios

En la interpretación de sueños se trabaja sobre la base de que un mismo tema puede tener significados muy diferentes según las circunstancias y el momento personal de cada soñador. Por eso este diccionario ofrece abundantes explicaciones (psicológicas y esotéricas) desde puntos de vista bien diferenciados, pero cuya frontera a veces se difumina. La intención es mostrar el crisol de posibilidades de descubrimiento y acierto si se afina en sensibilidad y perspicacia en cada interpretación.

Pero volvamos a este capítulo, en el que a modo de ejemplo hemos recopilado una serie de temas recurrentes y una mención a los sueños eróticos, otra vía por la que el inconsciente ofrece mucha información susceptible de ser analizada. Aunque éstos pertenecen al grupo de los sueños de satisfacción, sus particularidades los hace merecedores de una explicación aparte.

Un mismo tema puede tener significados muy diferentes según las circunstancias y el momento personal de cada soñador.

Sueños de reajuste

En este tipo de sueños, las imágenes oníricas están provocadas por causas meramente *físicas*. Los sueños de reajuste pueden ser de origen interno, es decir, generados por el organismo (debido a factores tan diversos como una mala digestión o dolor de cabeza), o por un origen externo (calor, ruidos, el roce de las sábanas contra nuestro cuerpo, etc.). Un ejemplo típico de sueño de reajuste de origen externo sería el que experimentaría una persona que, debido al peso de las mantas, sueña que está transportando una carga muy pesada.

¿De dónde surgen este tipo de imágenes? Es muy sencillo: al cerrar los ojos, tenemos la sensación de quedar aislados del mundo, ya que nuestra conciencia del mundo exterior, va muy ligada a las percepciones visuales. No obstante, los otros sentidos siguen en contacto con el mundo exterior. Por consiguiente, a pesar de que cuando nos dormimos dejamos aparentemente de tener conciencia, esa información sigue llegando al cerebro (por eso, los ruidos fuertes nos despiertan). Ésta es la razón que nos lleva a preferir los lugares oscuros y silenciosos para dormir.

Sin embargo, no siempre podemos dominar nuestro entorno. Así, cuando se producen situaciones que escapan a nuestro control (como el sonido de una sirena, un descenso de la temperatura ambiente, etc.), estas impresiones sensoriales se integran en nuestros sueños tomando formas sorprendentes.

Sueños premonitorios

Abraham Lincoln, presidente de los EE UU, soñó su propia muerte, asesinado.

En estos episodios oníricos se sueña con algo que se hará realidad en un futuro. En la mayoría de los casos, este tipo de sueños son negativos, ya que suelen advertir de algún peligro próximo. Como ejemplo paradigmático de premonición, podemos señalar la que tuvo Abraham Lincoln, presidente de los Estados Unidos, en 1865. Pocos días antes de ser asesinado, Lincoln vislumbró su propia muerte en uno de sus sueños. A pesar de que el caso del mítico presidente estadounidense indique lo contrario, hay que subrayar que soñar con la muerte no implica necesariamente que se avecine un acontecimiento trágico.

En los sueños, la muerte puede significar muchas cosas distintas; algunos psicólogos, por ejemplo, la interpretan como un símbolo que marca el final de un ciclo de la vida. De ahí, insistimos, la importancia de personalizar los sueños.

Sea como sea, las premoniciones suelen ir revestidas de un simbolismo difícil de descifrar, puesto que no se refieren a experiencias pasadas. Son mensajes que tratan de advertirnos de los peligros a los que nos enfrentamos en el plano físico o emocional. Por esta razón, las culturas orientales siempre les han concedido gran valor, tal como veremos más adelante.

Sueños de satisfacción

Los sueños de satisfacción constituyen la base en la que se apoyan las principales teorías de interpretación onírica. Se trata de aquellas imágenes en las que concretamos los deseos que no podemos satisfacer durante la vigilia. Por lo tanto, este inmenso cajón de sastre incluye, desde los sueños eróticos, hasta las pesadillas más terribles. En algunos casos, un determinado sueño de satisfacción puede repetirse durante años. Esto significa que el inconsciente de esta persona le está advirtiendo de la importancia de alguna cuestión que tal vez quiere silenciar. En la parte del libro dedicada a la interpretación se hace referencia a este tipo de sueños.

Sueños sexuales

Hay ·sueños que tienen la capacidad de excitarnos, intrigarnos, estremecernos, avergonzarnos... Son aquellos que nunca, o casi nunca, compartimos con los demás. Se trata de los sueños eróticos y, por lo general, nada tienen que ver con la conducta sexual y

Los sueños sexuales no necesariamente son el resultado de una tension sexual acumulada, que reclama un alivio, más bien suelen remitir a conflictos internos y a necesidades ocultas; o a un deseo de disfrutar más libremente del sexo.

«Los sueños manifiestan los deseos que nuestra conciencia no expresa.»

Sigmund Freud

Los sueños contienen una valiosa información sobre nosotros mismos. Pero, a menudo, su significado se aleja de lo que aparentan.

social que llevamos a cabo en estado de vigilia. Los sueños eróticos aúnan otras múltiples sensaciones que, en la vida consciente, probablemente no relacionaríamos con las inmediatas al sexo. Así éstos, pudiendo ser violentos, apasionados, perversos, románticos, etc., en el fondo suelen remitir a conflictos internos y a necesidades emocionales ocultas. Por ello, pertenecen al grupo de los sueños de satisfacción.

En ocasiones, revelan miedo a la intimidad o previenen contra determinadas relaciones. En otras, dibujan situaciones y comportamientos que no podríamos realizar normalmente. El sueño representa todo esto mediante símbolos o a través de un fuerte carácter sexual. Sus temas y su lenguaje, habitualmente oscuros, pueden causarnos dudas y confusiones porque, como también sucede con el resto de los sueños, cada individuo tiene sus símbolos particulares. Su interpretación, por tanto, deberá llevarse a cabo según la situación en la que se encuentre cada uno.

Los sueños son vías de escape para los impulsos sexuales que reprimen las convenciones sociales, ya que, en los sueños eróticos, todo parece estar permitido, pues son el transporte idóneo para que salgan a la luz nuestras aficiones emocionales más secretas. Para Sigmund Freud, los sueños manifiestan los deseos que no expresa

En ocasiones, los sueños eróticos dibujan situaciones y comportamientos que no podríamos realizar en nuestra vida de vigilia, ya sea por convenciones sociales o por nuestras creencias internas. Así, estos sueños sexuales actúan como vías de escape para los impulsos reprimidos.

nuestra conciencia, eso es todo. Por eso está muy bien prestarles atención, porque albergan información valiosa sobre nosotros mismos. No obstante, a menudo su significado se aleja de lo que aparentan. Tan pronto simbolizan las tensiones de nuestra vida cotidiana, como el fruto de querer pasar un rato agradable.

Sueños y fantasías eróticas

Los sueños eróticos también están relacionados con el desarrollo físico y emocional de cada persona. Durante la pubertad, por ejemplo, este tipo de sueños es algo muy corriente. Otros, de carácter desagradable, tienen relación con algún episodio de abuso o acoso sexual. De todas formas, casi todo el mundo ha tenido alguna vez sueños eróticos, pues son, a fin de cuentas, fenómenos naturales que forman parte de nuestro día a día.

Merecen que les dediquemos un esfuerzo. Por ejemplo descubriendo cuándo hacen referencia a cuestiones sexuales y cuándo a otros aspectos, porque los sueños eróticos a menudo traen consigo preciosas pistas acerca de la intimidad con la pareja. Es probable que, si hay algo que no marcha como debería, también indiquen el camino a seguir para su resolución. No debería existir diferencia alguna entre los sueños eróticos de hombres y mujeres, sino entre los de las personas. Sin embargo, diversos estudios realizados en

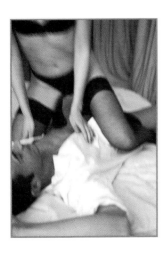

Mientras los hombres sueñan con mujeres anónimas y fogosas que sucumben a sus fantasías, las mujeres suelen incluir en sus episodios eróticos a hombres conocidos.

Estados Unidos han demostrado lo contrario. Mientras las mujeres suelen tener sueños eróticos con alguien conocido, que van desde la excitación hasta el coito, los hombres sueñan con mujeres anónimas y fogosas que sucumben ante sus fantasías. Evidentemente, esto no siempre es así, pero lo que sí es innegable es que la relación personal es un aspecto muy valorado por la psicología femenina. La masculina, en cambio, se decanta por el placer y la dominación.

La educación recibida, el sexismo latente en el subconsciente colectivo, y el que transmiten los medios de comunicación, son factores que los sueños no pueden pasar por alto. Ellos son los que provocan que, incluso mujeres decididas y fuertes en la vida consciente, se sientan más vulnerables durante los sueños. Por fortuna, las costumbres van cambiando y, cada vez, la disimilitud entre los sueños eróticos masculinos y femeninos es menor.

Finalmente, los sueños eróticos, como todos los sueños, pueden esconder temores, ansiedades y necesidades que se reprimen a diario debido a situaciones paralizantes o inhibidoras, o por falta de tiempo para encarar el problema. Con su interpretación, podemos hallar muchas claves al respecto para comprender mejor nuestras emociones.

Sueños de dualidad: masculino-femenino

Los sueños de dualidad son aquellos que hacen referencia a nuestra doble vertiente: masculina y femenina. Estos sueños traducen la unión de nuestros dos principios: *animus* y *anima,* dos nociones definidas por Jung, que aparecen incesantemente en los sueños. La mayoría de estos episodios oníricos se caracterizan por la negación o el rechazo que sentimos por una de estas dos partes de nuestro ser —y lo que cada una de ellas representa— creando una tensión o conflicto interior que puede llegar hasta el estallido de la personalidad. Para que reencontremos nuestro equilibrio, el sueño trata de hacernos comprender cómo y por qué hemos olvidado la otra vertiente de nosotros mismos.

De esta manera, cuando un hombre sueña que es una mujer, el mensaje no necesariamente le está mostrando un conflicto de identidad o de tipo sexual; lo más probable es que se trate de una carencia del lado más intuitivo y sensible de su personalidad. De igual modo, cuando una mujer que se ve a sí misma en sueños como un hombre, su inconsciente puede estar apelando a su lado más enérgico y racional, que quizá tiene olvidado.

Los sueños en los que sentimos el lado izquierdo (femenino) o derecho (masculino) de nuestro cuerpo dañado o inmovilizado (por ejemplo, un brazo o una pierna) nos advierten de que estamos reprimiendo o negando nuestro desarrollo masculino o femenino. Nos cuesta asumir nuestra dualidad y rechazamos esa vertiente que no sabemos cómo expresar.

Sueños de casas

El gran onirólogo de la Antigüedad, Artemidoro de Éfeso (siglo II d.C.) afirmaba: «La casa somos nosotros»; y las investigaciones más recientes en materia onírica así lo confirman. Los edificios de nuestros sueños son un reflejo de nuestra personalidad. Por eso es necesario prestar atención a todos los detalles que aparecen, pues nos dan pistas muy fiables de nuestros deseos, temores, inquietudes... Cada lugar y elemento de la casa hace referencia a un aspecto personal; así, la cocina representa nuestro apetito espiritual o intelectual; el horno es el lugar alquímico por excelencia de la transformación; el sótano, representa el amontonamiento de riquezas; el dormitorio, el de las dificultades conyugales, etc.

Sin embargo, los sueños en los que aparecen distintas habitaciones pueden también referirse a diferentes áreas de la vida real. Si, por ejemplo, nos encontramos guisando en la cocina, tal vez haga referencia a algún plan que estamos «cocinando» en nuestra vida de vigilia. Si nos hallamos en un sótano oscuro encerrados, quizá nos sintamos culpables por algo y creamos que merecemos un castigo. Estar tumbados en una cama o recostados en un sofá, también puede ser una señal de que necesitamos reposar de nuestra agotadora rutina diaria.

Cuando las puertas de nuestra casa onírica están firmemente cerradas o tapiadas con ladrillos, o en las puertas de las habitacio-

Los edificios de nuestros sueños son un reflejo de nuestra personalidad.
«The Splash» (David Hockney, 1966)

47

Una habitación agradable y ordenada refleja orden mental y serenidad espiritual. Si no tiene ventanas, es señal de aislamiento, miedos e inseguridad.
«La habitación» (Van Gogh, 1889)

nes cuelgan carteles prohibiendo la entrada, deberíamos preguntarnos qué es lo que está bloqueando nuestra evolución en la vida real: quizá se trate de un elemento de nuestra propia personalidad o alguna inhibición básica.

Muchas personas sueñan que descubren habitaciones nuevas en casas que conocen muy bien. Por lo general, esto señala aspectos de su personalidad que desconocen, pero que están a punto de salir a flote; pero también puede indicar que están preparadas para un nuevo reto o desafío intelectual.

Los sentimientos que afloran cuando nos hallamos en el interior de un edificio onírico son muy significativos. Si actuamos con valentía y curiosidad explorando cada indreto de la casa, significa que no nos asusta lo que podamos descubrir de nuestra propia personalidad, actuamos con seguridad y afrontamos los problemas con confianza. En cambio, si sentimos miedo es señal de inhibición e inseguridad.

Pesadillas y sueños angustiosos

Las pesadillas son sueños aterradores que acostumbran a dejar huella en nuestra mente al despertar. Suelen producirse durante la fase REM y, en ocasiones, son tan angustiosos que incluso nos despiertan y nos atormentan durante unos minutos. El miedo suele acompañarse, entonces, de sudores fríos, sequedad de boca, palpitaciones... y la sensación de haber vivido una situación terrible.

En ocasiones, acontecimientos traumáticos que nos suceden en la vida de vigilia (un accidente, un atraco, un ataque sexual...) nos visitan también en sueños. Nuestra mente necesita liberar la tensión que el suceso le ha provocado y lo hace cuando nuestro cons-

Las pesadillas son una prueba de que el autodescubrimiento no siempre es placentero. Enfrentarnos a nuestros «monstruos» puede darnos las claves para conocernos mejor.
«El grito» (Edvard Munch, 1893)

ciente descansa. A medida que pasa el tiempo, estos sueños acostumbran a desvanecerse. Si persisten, tal vez se deba a un trauma mayor no superado que requiera ayuda profesional o por lo menos, la comprensión de un amigo que nos escuche; hablar de ello, será el primer paso para superarlo.

Muchas culturas compartían la creencia de que las pesadillas no eran más que la visita de espíritus malignos que atacaban a sus víctimas mientras dormían con pensamientos terroríficos. Algunas investigaciones en materia onírica afirman que estos sueños aterradores y angustiosos son más comunes en la infancia, y que si persisten a lo largo de la vida adulta suelen reflejar algún problema no resuelto profundamente enraizado.

La investigación en los laboratorios del sueño ha demostrado que, muchas veces, las pesadillas se desencadenan como consecuencia de un ruido repentino, que actúa como detonante de una imagen onírica angustiosa. Por eso se recomienda el uso de tapones en los oídos a las personas que sufren pesadillas de forma frecuente.

Sueños de preocupación

Los sueños en los que nos sentimos preocupados por algo son mucho más frecuentes que las pesadillas y, en ocasiones, la presión por la cuestión que no acabamos de resolver en el sueño nos despierta. Una vez despiertos, nuestra preocupación onírica puede parecernos trivial en comparación con nuestros problemas reales, sin embargo, no debemos ignorar la importancia de estos sueños, pues su análisis nos revelará áreas de nuestras vidas en las que nos sentimos poco seguros o a las que prestamos poca atención.

Los sueños de preocupación reflejan dudas y temores inconscientes sobre hechos y acontecimientos de nuestra vida, que se han archivado en nuestras mentes, pero desvanecido de nuestra conciencia. Se trata de preocupaciones menores a las que no hemos dado importancia de forma consciente, pero que nuestro inconsciente ha recogido.

Según Freud, los sueños que generan ansiedad o preocupación son el resultado del intento de reprimir una emoción o un deseo, normalmente sexual. Freud también subrayaba la importancia de descubrir la fuente de dicha preocupación en nuestra vida de vigilia, ya que estas preocupaciones no atendidas pueden degenerar en traumas.

Para analizar este tipo de sueños debemos prestar atención a todos los elementos que aparecen en el episodio, ya que de forma simbólica nos están dando pistas de aquello que nos preocupa.

Los sueños de preocupación reflejan dudas y temores inconscientes sobre acontecimientos de nuestra vida que se han archivado en nuestras mentes, pero desvanecido de nuestra conciencia.

Los sueños de ángeles acostumbran a ser mensajes de exploración interior. En algunos episodios oníricos se muestran como guías espirituales y protectores de nuestra persona que tratan de mostrarnos un camino.

Sueños de exploración interior: bebés olvidados y ángeles

Las viñetas de «Little Nemo» (Winsor McCay, 1905) acababan siempre con la imagen de Nemo cayéndose de la cama. Sus increíbles historias giraban siempre en torno a sus fascinantes sueños.

Los sueños en los que aparecen bebés olvidados y ángeles son muy comunes y significativos en cuanto a nuestra evolución personal y espiritual. Pero, ¿qué significa ese bebé que reclama su sustento a gritos? Representa simbólicamente el germen espiritual que hay en nosotros y que dejamos languidecer por no alimentarlo. Es el germen sagrado, el Yo divino, «el niño filosofal» como dicen los alquimistas. Se nos ha confiado y debemos ayudarlo a desarrollarse.

En cuanto a los sueños de ángeles o entidades espirituales acostumbran a ser mensajes de exploración interior. Veamos varios ejemplos recogidos en una «oficina de sueños»:

«Estoy en la más completa oscuridad. Me rodean el silencio y el vacío. De repente, aparece un cuerpo blanco y liso, formas puras, casi irreales. Los rasgos de la cara están borrados. Un óvalo puro, el cuerpo esbelto, sin determinación precisa de sexo. Solamente hay la impresión de una dulzura extrema y una profunda armonía; pero este personaje me inspira un desamparo tal, que parece una llamada de auxilio. Lo rodeo con mis brazos y quiero salvarlo a toda costa».

Se trata de un sueño de protección, de contacto con el mundo invisible. En este episodio onírico, se reconoce el carácter andrógino del ser angélico. Esta fabulosa visión no es otra cosa que su ángel que le muestra su padecimiento pues se encuentra en la oscuridad.

En otros sueños, los ángeles se presentan como guías espirituales y protectores de nuestra persona:

«Había muerto en una carroza dorada adornada con terciopelo de color azul cielo; a mi derecha, un ángel femenino, todo de blanco, me sonreía... Sostenía delante de mí las riendas de dos caballos blancos mientras se abría ante nosotros un camino infinito iluminado por el sol».

Sueños de viajes

Una de las experiencias oníricas más placenteras y estimulantes es viajar a algún país lejano y despertarse con la sensación de haber regresado de unas apasionantes vacaciones. Sin duda, puede tratarse de un profundo anhelo de viajar que no hemos encontrado ocasión de satisfacer; pero, también pueden extraerse otras interesantes lecturas.

En ocasiones, recordamos con precisión detalles de lugares y ambientes en los que no hemos estado nunca. Esto puede deberse a fotografías, películas o reportajes televisivos que hemos visto y que nuestro inconsciente ha retenido por algún motivo especial.

Estos viajes coinciden, a veces, con momentos de la vida real en los que estamos a punto de empezar algo nuevo (un cambio de trabajo, de residencia...). Así como el paisaje del sueño y los sentimientos pueden resumir nuetras emociones en la vida real con respecto a ese cambio, las circunstancias del viaje son también reveladoras. Si se trata de un viaje accidentado en el que nos cuesta llegar a nuestro destino (porque perdemos los billetes o las maletas, o se nos avería el coche...), el sueño tal vez nos esté animando a considerar los pros y contras de la situación, y nos esté advirtiendo de los obstáculos que nos encontraremos en el camino. Quizá no estemos preparados psicológicamente para asumir el cambio.

Por otra parte, los sueños en los que nos dirigimos a lugares exóticos y remotos nos advierten de que nuestro estilo de vida es claustrofóbico y reprimido, y que necesitamos cambiar o ampliar nuestros horizontes.

El medio de transporte que utilizamos para desplazarnos es también muy significativo. Si viajamos en avión, por ejemplo, deberíamos preguntarnos si tenemos los pies bien asentados en la tierra o, por el contrario, nos sentimos más a gusto «en las nubes». El escapismo en la vida real suele aparecer de forma simbólica en los sueños de viajes. Los trenes son símbolo de nuevas y excitantes oportunidades; perder el tren o dejarlo escapar es un claro símbolo de nuestro miedo a los cambios –y a la inseguridad que ello conlleva. La estación, lugar de partida, es el lugar simbólico de la transformación. El apuro de no tener billete o dinero para comprarlo tiene relación con algún tipo de insuficiencia. Sin embargo, si conseguimos llegar al destino pese a todo, el sueño está reflejando que disponemos de un cierto grado de autosatisfacción.

Los trenes son símbolos de nuevas y excitantes oportunidades. Perder o dejar escapar un tren es una clara alusión al miedo que nos producen los cambios.

4. Creatividad, psicodelia y chamanismo

«Si un artesano estuviese seguro de soñar todas las noches, durante doce horas, que es rey, sería casi tan feliz como un rey que soñase todas las noches, durante doce horas, que es un artesano.»

PASCAL

El surrealismo y los sueños

André Breton publicó *Los Manifiestos del Surrealismo* en 1924. Se trataba de un documento revolucionario que proponía una nueva forma de entender el mundo e interpretar la realidad: la vida, el arte, y los procesos creativos, podían enfocarse de otro modo.

Para Breton, los sistemas de poder, los prejuicios morales y las normas sociales suponían barreras para el individuo. Del mismo modo, rechazaba las censuras autoimpuestas por uno mismo en el comportamiento cotidiano y, sobre todo, en la actividad artística.

El apoyo fundamental de las tesis de Breton fueron los estudios de Freud sobre el psicoanálisis y la interpretación de los sueños, cuya publicación había tenido lugar poco antes que la de su manifiesto. Los estudios de Freud se dieron en un contexto histórico en que el principal telón de fondo era el controvertido paso del siglo XIX al XX. Junto con ellos, la exploración del Yo no consciente sirvió de herramienta e inspiración a movimientos artísticos como el Dada o el Surrealismo, tan revolucionarios en su momento. La mayoría surgió después de haber vivido el horror de la Primera Guerra Mundial, durante los primeros años del siglo XX.

La exploración del Yo consciente sirvió de herramienta e inspiración a movimientos artísticos muy revolucionarios durante el siglo XX, como el Dada o el Surrealismo, con autores tan emblemáticos como Dalí o Delvaux.
«La entrada en la ciudad» (Paul Delvaux, 1940)

Entre la élite intelectual europea, se respiraba por aquellos tiempos un clima de descontento y decepción a causa de los resultados hacia los que llevaban el materialismo y la excesiva confianza en la ciencia y la razón. La humanidad decaía. Por este motivo, las mentes creadoras pronto quisieron alejarse de los mecanismos establecidos y buscaron un respiro en aquellos lugares más apartados del discurso racional. Con el fin de evitar el desastre, era preciso buscar fuentes nuevas y puras.

Curiosamente éstas se encontraban dentro del propio individuo, en lo más profundo de su personalidad, y podían ser la clave del cambio. Estos creadores, pues, descubrieron el lado irracional de la existencia: el inconsciente.

«Creo en la futura armonización de estos dos estados, aparentemente contradictorios, que son el sueño y la realidad, en una especie de realidad absoluta, en una sobrerealidad, o subrealidad, si así se le puede llamar. Esta es la conquista que pretendo, en la certeza de jamás conseguirla, pero demasiado olvidadizo de la perspectiva de la muerte para privarme de anticipar un poco los goces de tal posesión».

ANDRÉ BRETON, *Manifiesto surrealista*

Para acceder al inconsciente, los surrealistas, siguiendo la pista de los dadaístas, realizaron una serie de prácticas en las que la mente humana era sometida a estados alterados de conciencia. Sin embargo, estos mecanismos no siempre llevaban a los participantes a un verdadero estado de trance. En ocasiones sólo aumentaba su agresividad, convirtiéndolos en seres violentos. En cambio, los sueños resultaron ser un recurso mucho más inocuo y al alcance de todos. Además no presentaban ningún peligro o efecto secundario. La exploración estaba servida.

Psicodelia

El Surrealismo se consideró uno de los avances más importantes en el universo onírico. Portada del disco Elegy del grupo Nice. (Hipgnosis, 1971)

A juzgar por la trascendencia que el Surrealismo tuvo en el arte, la política y la vida del siglo XX, es considerado como uno de los avances más importantes y emblemáticos en el universo de los sueños. De todas formas, aquella experiencia no era tan nueva. En las culturas primitivas, otras civilizaciones y talentos creadores existen sobrados testimonios y muestras artísticas que procuran expresar de alguna forma las llamadas «experiencias cumbre», tan relacionadas con lo que se conoce como «otras realidades» y que vamos a ver más adelante.

Detengámonos un momento en una tarde de abril de 1943 en los laboratorios de la compañía farmacéutica Sandoz, en Basilea, Suiza. El investigador Albert Hoffman (que ya había encontrado interesantes aplicaciones en algunas sustancias ergóticas) estaba trabajando con una serie de derivados del ácido lisérgico. Por azar su piel absorbió una pequeñísima cantidad de un dietil amida de la serie de frascos de pruebas (el marcado como 25°), provocándole un suave efecto alucinógeno. Era el primer «trip» de LSD de la historia. Tras una serie de pruebas e investigaciones, en 1947 se publicaban oficialmente los resultados (Stoll, Universidad de Zurich) y hasta la década de los años sesenta el acceso a este importante hallazgo estuvo sólo al alcance de investigadores e instituciones.

Ácido lisérgico

El LSD se popularizó en Occidente cuando lo hizo en EE UU, en parte gracias al nacimiento de los movimientos pacifistas y contraculturales, pero sobre todo por el fenómeno de acceso masivo a la comunicación por parte de una mayoría de personas en las sociedades desarrolladas.

Paralelamente apareció un debate sobre el empleo y posible legalización de determinadas sustancias psicoactivas que todavía hoy sigue abierto. Se considera, por ejemplo, incomprensible la legalización del tabaco y la prohibición del cannabis, fruto de convenios internacionales promovidos y férreamente dirigidos por políticos estadounidenses. La aparición de otras sustancias psicoactivas, tanto nuevas como tradicionales, y los muy diversos efectos que producen, no ayuda a establecer conclusiones definitivas a los gobiernos, temerosos y conservadores en extremo en este terreno.

Los efectos del ácido lisérgico o LSD van más allá de los de un alucinógeno tradicional y no son fáciles de comentar, si bien quienes han «viajado» coinciden en describir un aumento de la sensibilidad y alteraciones en la percepción sensitiva. Otros lo relacionan con experiencias místicas de auténtica «comunión».

El arte pop de finales de los sesenta estuvo claramente influido por el consumo de LSD y de otros alucinógenos, tal y como podemos apreciar en los carteles musicales de aquella época. De izquierda a derecha: «Blowing in the mind» (1967), «Middle Earth Club» (1968) y «5th Dimension Club» (1967).

El LSD también contribuye, al igual que otros alucinógenos, al replanteamiento del concepto de la realidad tal como lo conocemos habitualmente. Por otra parte, el abanico de alucinaciones es muy amplio y puede oscilar desde la máxima expresión de la belleza hasta el descenso al más siniestro de los infiernos, pero contiene sensaciones y percepciones que podemos emparentar con el mundo de los sueños. Se ha llegado a escribir: «El mundo del siglo XX sólo ha conocido dos fenómenos, uno terrible y el otro esperanzador: la bomba atómica y el LSD».

Los chamanes

El antropólogo Carlos Castaneda había estudiado el chamanismo con notables trabajos de campo. Fruto de su experiencia fue la saga de libros que publicó a partir de los años setenta y hasta su muerte. Castaneda empleó gran parte de su vida en recopilar las enseñanzas de su maestro, un brujo yaqui mexicano llamado don Juan Matus. Junto a él convivió durante una larguísima temporada y, gracias al aleccionamiento recibido, pronto desarrolló la afición y práctica necesarias para convertirse él mismo en un nagual, o brujo.

Para Castaneda, el trabajo de interpretación de los sueños no podía abordarse desde un punto de vista racional. Consideraba que

Las culturas primitivas plasmaban en el arte las imágenes oníricas y las experiencias «cumbre», conseguidas a través del cáctus peyote (Lophophora williamsii). Los chamanes, y muchos artistas, utilizaban, a menudo, el peyote como medio de inspiración y para experimentar «viajes astrales». Pintura de la cultura tradicional huichol.

Castaneda consideraba los sueños como una puerta abierta a zonas desconocidas, cuya revelación podía ser maravillosa o terrible. «Bond of union» (M.C. Escher, 1956)

los sueños eran una puerta abierta a zonas que desconocemos, cuya revelación se nos podía descubrir desde maravillosa hasta terrible. También en este caso resulta complicado explicar la trayectoria de este antropólogo desde un punto de vista empírico, ya que en ningún momento sus estudios apelan a la razón. Pero sí vale la pena tener en cuenta el valor de su obra, repleta de experiencias y aprendizaje de un inestimable interés.

Las enseñanzas de don Juan, *Una realidad aparte* o *El arte de ensoñar* son libros basados en las horas que Castaneda pasó de aprendiz junto al maestro don Juan. Están escritos en forma de diálogo socrático y van desentrañando los mundos ocultos del universo onírico. Castaneda recalca la necesidad de ingerir hongos y plantas alucinógenas. Algo parecido a lo que sucedía con las prácticas surrealistas, en las que la mente humana era sometida a estados alterados de conciencia para acceder a lo que algunos llaman el inconsciente. En este aspecto, el peyote o el toloache facilitaban el acceso a este tipo de condición mental en el que se conseguía una percepción distinta de la realidad. Sin embargo, más adelante, tras el aprendizaje, Castaneda aseguró haberse equivocado. Determinó que el uso de alucinógenos sólo era una vía más para alcanzar las enseñanzas de su maestro. Otra, era el sueño.

Ensoñación

Una vez establecida la materia de los sueños como vía de exploración, la dividió en dos estadios: el ordinario y el de la ensoñación. El primero hace referencia a la actividad onírica común en cualquier persona, cualquier noche. La ensoñación, en cambio, sería comparable al sueño lúcido, cuando el soñador es consciente de que está soñando y tiene la capacidad de intervenir voluntariamente en los acontecimientos que suceden en la escena onírica. Castaneda acabó convirtiéndose en nagual gracias al paso fundamental que dio al iniciarse en la ensoñación.

Por medio de sofisticadas técnicas, el soñador tiene plena potestad sobre sus ensoñaciones. A medida que va adquiriendo mayor control sobre ellas, se aleja cada vez más del mundo consciente y alcanza estados más profundos. Según Castaneda, se deben traspasar varias compuertas antes de poder dominar absolutamente las ensoñaciones. Una vez traspasadas, éstas se convierten en vehículos para llevarnos a otras realidades. La concepción del universo de un nagual, a cuyo linaje pertenece don Juan, es que éste está compuesto por capas, como las cebollas. Su número es infinito, y cada una remite a una realidad distinta.

Durante la ensoñación, somos consciente de estar soñando y tenemos la capacidad de intervenir voluntariamente en los acontecimientos de la escena onírica. «Philippino Food», comic de Ed Badajos (1971)

Nuestra percepción racional y consciente sólo es capaz de entrever una de ellas, es decir, se queda con una manera única de entender el mundo. Sin embargo, el acceso al resto de capas es posible si logramos cambiar o mover nuestro punto de encaje (aquello que se mantiene fijo dentro de cada individuo y que le lleva a un determinado sistema de percibir la realidad).

Don Juan aseguraba que nacemos con un punto de encaje fijo y que, a partir de los procesos de educación y socialización –de la mano de nuestros educadores y de nosotros mismos– se unen los esfuerzos para que todo lo que percibimos encaje dentro del mismo sistema.

Al final nos adiestramos tanto que acabamos fiándonos más del sistema que de lo que realmente son capaces de captar nuestros sentidos.

Debido al halo de misterio que rodea al chamanismo, el trabajo de Castaneda a menudo resulta complejo y difícil de entender, sobre todo porque, como ya hemos dicho antes, no se explica bajo un rigor científico. Las prácticas de don Juan se basaban, justamente, en conseguir todo lo contrario: desaprender lo aprendido racionalmente y, así, entrar en otros mundos diferentes. Es un pez que se muerde la cola. Pese a esto, no disminuye la fascinación que producen los relatos de Castaneda. Al revés, su obra sigue conservando un altísimo atractivo.

Al fin y al cabo, lo más importante es que sus experiencias sobre la incursión en mundos ajenos a la realidad consciente se suman a las numerosas manifestaciones que han tenido lugar a través de la historia en busca de otros niveles de percepción.

Creatividad

Tras esta pequeña mirada al mundo de los sueños y la otra realidad volvamos a su relación con lo creativo. Los sueños poseen toda la información que albergan nuestros procesos intelectuales, emocionales, cinéticos, instintivos y sexuales. Por eso se consideran como una auténtica fuente de creatividad, llegándose a comparar al inconsciente con el mitológico papel de las musas. Gracias a ello cada persona posee su propio recinto de pensamientos.

Quien tiene una intensa actividad mental e intelectual mientras está despierto, ¿potencia su actividad e intensidad onírica? Sí, y existen evidencias de ello (y al revés sucede exactamente lo mis-

Los sueños han sido fuente de inspiración y creatividad para muchos artistas, músicos, escritores...
Arriba: «Wish you were here», título de esta imagen y tema musical dedicado a Syd Barret en un disco de Pink Floyd. *Hipgnosis (1975)*

mo). Por eso, cuanto menos separamos los sueños de la realidad, más maravilloso se vuelve el resultado creativo y más apasionado el proceso de creación... Algo que Bretón, en definitiva, ya debía saber cuando escribió el manifiesto surrealista ya comentado.

Sueños célebres

El filósofo griego Platón (siglo V a.C.) ya mantenía la moderna opinión de que los sueños muestran nuestra verdadera naturaleza. Creer en los sueños y en su potencial era un distintivo de los griegos cultos e inteligentes.

A lo largo de la historia, encontramos un sinfín de sueños que se han hecho célebres, ya sea por el reconocimiento social que gozaban sus durmientes en el momento, o porque ellos mismos han dotado a sus soñadores de fama gracias a la sabiduría o la profecía de sus mensajes. Así, tanto unos como otros, han acabado repercutiendo, a su manera, en el transcurso y desarrollo de la humanidad.

Ya en la Biblia, muchos relatos tratan la materia onírica. Por un lado, están los sueños que utiliza Dios para transmitir su voluntad. Los escogidos se comunican con Él, obteniendo pronósticos y revelaciones que marcarán el futuro de su entorno. Por otro, se pone de manifiesto la valiosísima información que éstos pueden albergar. En dicho sentido, uno de los sueños bíblicos más conocidos, mencionado anteriormente, es el del faraón egipcio que vislumbra cómo siete vacas hermosas e imponentes son devoradas por otras siete flacas y malolientes. Seguidamente, siete espigas lozanas y llenas de vida son absorbidas por siete flacas y debiluchas. José, hijo de Israel, interpretó estos símbolos como siete años de gran abundancia para Egipto, con otros siete después de mucha escasez y hambre. En consecuencia, se pudieron prevenir los tiempos desfavorables y evitar el desastre que, de otro modo, hubiera acaecido.

Como en la Biblia, historias de la mitología griega cuentan con este tipo de sueños. El héroe Ulises, por ejemplo, poseía la capacidad de adelantarse a los advenimientos reales porque, mientras dormía, recibía los sabios avisos de la diosa Atenea.

De hecho, creer en los sueños y en su potencial era un distintivo de los griegos cultos e inteligentes. Los reyes de la Antigua Grecia solían tener sus propios traductores e intérpretes oníricos.

Y es que los sueños han jugado un gran papel en el desarrollo histórico de la humanidad, cambiando la vida a mucha gente de forma radical. A continuación, ofrecemos algunos de los casos más emblemáticos, cuyo estudio ha constituido una prueba más del increíble poder de este universo oculto y misterioso.

Alemania, 1890. El insigne científico **Friedrich August Kekulé** se dispone a dar una conferencia a los no menos célebres miembros de la Sociedad Química Alemana. Kekulé es objeto de

Algunos autores convirtieron sus episodios oníricos en inspiración y tema de sus obras. Tal es el caso del escritor Lewis Carrol que reflejó en «Alicia en el país de las maravillas» parte de su material onírico; o del director Luis Buñuel, cuya obra se caractiza por el empleo de elementos surrealistas, como en esta famosa secuencia del film «Un perro andaluz» (1928)

todos los honores, pues nadie olvida que, 25 años atrás, este hombre fue capaz de descubrir la estructura molecular del benceno., hallazgo que marcó el punto de partida de la química moderna.

Kekulé empieza a hablar. Quiere explicar, por fin, cómo realizó su hazaña. Los asistentes escuchan atentamente; todo el mundo presta atención al hombre del estrado. Y, de repente, estalla una gran sorpresa. Kekulé, el gran científico, afirma sin rubor que su famosa teoría fue concebida... ¡en sueños!: «Estaba escribiendo, pero me daba cuenta de que mi mente estaba en otra parte. Volví mi silla hacia la chimenea y me quedé medio dormido. Los átomos empezaron a describir cabriolas ante mis ojos (...) Se formaron largas hileras de átomos, todas en movimiento, enroscándose y retorciéndose como serpientes. Y, de pronto, ¿qué era eso? Una serpiente se mordía su propia cola. Como sacudido por un rayo me desperté; pasé el resto de la noche trabajando». Sobra añadir que aquel trabajo culminó con gran éxito.

Este ejemplo muestra que la creatividad, como los sueños, está profundamente asentada en el inconsciente. Muchos científicos y artistas se han dado cuenta del fenómeno, pero no hace falta ser un genio para advertir que, a veces, cuando uno se queda bloqueado buscando la solución a un problema, ésta finalmente aparece, sin previo aviso, un tiempo después. Todo indica, pues, que el inconsciente sigue trabajando mientras el consciente descansa.

Lo más curioso de todo es que nunca sabemos cuál será el resultado de la creatividad que se nos manifiesta en los sueños. Por eso, cuando a los escritores se les pregunta por qué los personajes de sus novelas se comportan de esta o aquella manera, responden muchas veces algo así como: «Porque ellos así lo han decidido». Es decir, hablan de sus creaciones como si hubieran adquirido vida propia y los escritores apenas las pudieran controlar.

En otras ocasiones han sido los propios sueños los que se han convertido en inspiración y tema de trabajo para los creadores, como ha sucedido con «Alicia en el país de las maravillas», de Lewis Carrol, «Ojos de perro azul», o «Me alquilo para soñar», de Gabriel García Márquez, o «Un perro andaluz», de Luis Buñuel, entre muchos otros.

Algunos músicos también han recibido inspiración onírica. El caso de **Tartini**, un compositor italiano del siglo XVIII es paradigmático en este sentido. Tartini contaba que se le había aparecido el diablo en sueños para interpretar, en su violín, una sonata que, según él, jamás hubiera sido capaz de componer. Cuando se des-

Fotograma de una de las versiones cinematográficas de «El extraño caso del Dr. Jekyll y Mr. Hyde» de Robert Louis Stevenson.

pertó, intentó desesperadamente recordar la melodía soñada. Fue un esfuerzo vano. No obstante, acabó escribiendo una obra en la que el diablo ejercía de protagonista destacado. Tartini no tuvo dudas en afirmar que aquella había sido la mejor pieza que había creado. El fenómeno de la inspiración musical (Mozart, por ejemplo, aseguraba «escuchar» primero sus célebres obras) es objeto de periódicos estudios, más o menos relacionados con los sueños.

Robert Louis Stevenson, autor de la celebérrima novela *El extraño caso del Dr. Jekyll y Mr. Hyde*, decía que su trabajo creativo era desempeñado por lo que él denominaba los «pequeños habitantes» de sus sueños.

En sus propias palabras, son «conexiones cercanas más allá de la duda del soñador. ¡Dios los bendiga!, ya que realizan la mitad de mi trabajo mientras estoy profundamente dormido (...) Toda mi ficción publicada es el producto del trabajo de algún 'duendecillo benévolo', de algún colaborador invisible que trabaja sin ayuda de nadie, a quien mantengo encerrado en un desván trasero, mientras yo recibo todas las alabanzas».

Existe un rasgo común apreciable en muchas grandes creaciones fruto de un sueño, y es que también parecen ser el resultado del intenso esfuerzo intelectual realizado durante las horas de vigilia. Lo importante, con todo, es que la actividad onírica ha ido más allá, dando lugar a soluciones que parecían inalcanzables.

Muchas grandes creaciones fruto de un sueño son también el resultado de un intenso esfuerzo intelectual realizado durante horas de vigilia. Lo importante es que la actividad onírica ha ido más allá del simple hecho de soñar y ha dado lugar a ideas o soluciones que parecían inalcanzables.

En el arte, el tema del sueño también ha inspirado numerosas creaciones, algunas de corte romántico como la obra del pintor simbolista escocés John Duncan «The sleeping princess».

Uno de los caminos hacia la independencia de la India nació de un sueño de Gandhi.

Fotograma de la película «El gran dictador» (1940) en la que Charlie Chaplin parodia a Hitler.

¿Se puede trabajar de forma consciente para que los sueños nos ayuden a resolver problemas de forma creativa? Sí, pero para ello debemos impedir que nuestro pensamiento se obsesione con el tema en cuestión. Un enfoque basado en la curiosidad, o en un punto de vista lúdico, dará mejor resultado.

El **Mahatma Gandhi** practicaba el arte de la meditación, pero también solía emplear sus pensamientos oníricos para recibir inspiración espiritual y creativa. Gracias a sus sueños, Gandhi logró idear una respuesta no violenta al Decreto Rowlett de Inglaterra, que aplastaba cruelmente toda agitación pública que aspirase a la liberación de la India. Como es sabido, una de las manifestaciones más importantes de las doctrinas pacifistas de Gandhi fue la huelga de masas como arma de desobediencia civil.

El Mahatma, después de haber meditado durante semanas, encontró la solución a sus dudas en un sueño y la resupuesta no violenta ante aquel decreto fue uno de los pasos que finalmente condujeron a la independencia del país.

Sus «musas» oníricas le sugirieron que, durante veinticuatro horas, el pueblo indio suspendiese sus actividades y pasase el día ayunando y orando. Gandhi llevó sus sueños a la práctica, organizando una serie de huelgas que, en 1919, se convirtieron en determinantes en la lucha de la India por el derecho a su autodeterminación. De esta manera, los sueños del Mahatma contribuyeron decisivamente a cambiar el destino del subcontinente.

A la vista de los hechos, el mítico Gandhi probablemente hubiera suscrito las palabras de Voltaire sobre los sueños: «He conocido abogados que han hecho alegatos en sus sueños, matemáticos que han resuelto problemas y poetas que han compuesto versos. Yo mismo he hecho algunos que son muy aceptables. En el sueño se presentan ideas constructivas».

Durante la Primera Guerra Mundial, **Hitler**, con 28 años, era un cabo más de la infantería alemana que luchaba en el frente francés. Una noche, durmiendo en una trinchera, soñó que era sepultado por una avalancha de tierra y hierro fundido y que la boca se le llenaba de inmundicia. Podía, incluso, sentir el terrible dolor de sus heridas. Alarmado por la escena, se despertó y salió rápidamente de la trinchera. Justo en ese momento cayó una bomba y todos sus compañeros de armas murieron bajo una montaña de suciedad, metal caliente y sangre. Hitler atribuyó este hecho a una «intervención divina». Por desgracia, esto acabó de convencerle de su invulnerabilidad, haciéndole creer que su destino estaba lleno de grandeza.

Alejandro Magno concedía una gran importancia a sus sueños, hasta el punto de tener un interpretador de sueños privado.

Durante el asedio a la ciudad fenicia de Tiro, en el año 332 a.C., **Alejandro Magno** siguió adelante con su propósito gracias a los sueños. Una noche, se le apareció un sátiro danzando sobre un escudo. Su interpretador de sueños privado, Aristandro, reconoció esta imagen como un ingenioso juego de palabras: «satyros» –sátiro en Griego–- podía estar haciendo referencia a «sa Tyros», cuyo significado era «Tiro es tuyo». Aristandro, en consecuencia, recomendó a Alejandro Magno que continuara con su campaña. De esta manera, Tiro se convirtió en una más de sus conquistas.

Este ejemplo se adelantó en su tiempo a la teoría freudiana que asegura que el inconsciente es muy bromista y que puede convertir los sueños en juegos de palabras bastante capciosos. La verdad es que la codificación oculta que ofrecen los acertijos y las adivinanzas resulta muy útil en este sentido: pueden expresar los impulsos reprimidos del soñante y, además, traspasar cualquier censura que imponga la consciencia.

Charles Dickens tuvo también un extraño sueño profético en el que aparecía una mujer cubierta con un chal rojo dándole la espalda. De repente, ésta se volvía hacía él y le decía que era la Señorita Napier. Aunque la imagen resultaba nítida y evidente, no parecía tener ningún sentido. Sin embargo, la noche posterior, Charles Dickens realizó una lectura literaria y, cuando acabó el acto, algunos de sus amigos fueron a felicitarle y a presentarle a alguien que deseaba conocerle en persona... se trataba de la Señorita Napier.

Constantino el Grande (312-337) fue el primer emperador cristiano y, gracias a los sueños, ejerció una gran influencia en el desarrollo de la Iglesia. Durante una estancia en Alemania, tuvo varias visiones oníricas en las que se le aparecía Jesucristo en una cruz que contenía la siguiente inscripción: «Con este signo, vencerás». Constantino dedujo que debía utilizar la cruz como un símbolo de protección ante sus enemigos. A partir de este sueño, ordenó que hubiera más tolerancia hacia los cristianos y potenció la conversión de los romanos a esta fe.

Según los testimonios que ha dejado la historia, **Dante Alighieri** obtuvo la inspiración de su obra maestra *La Divina Comedia* mientras soñaba, la noche de un Viernes Santo. Cuando murió en 1321, se perdió parte de este manuscrito, su mejor creación. Los hijos del poeta italiano registraron de arriba a bajo toda la casa para encontrarlo pero, al final, se dieron por vencidos pensando que se trataba de una tarea imposible. No obstante, meses después, uno de sus hijos, Jacoppo, soñó con su padre vestido de blanco y rodeado de una luz tenue. El espectro onírico le estaba señalando un rincón de la casa que no había sido registrado: el lugar donde se hallaba el manuscrito extraviado de *La Divina Comedia*.

Elias Howe debe su mayor genialidad –la máquina de coser– a los sueños. Este inventor llevaba mucho tiempo estancado con un modelo de trabajo, cuya solución idónea no lograba averiguar.

Una noche, soñó que el rey de una tribu salvaje le ordenaba crear una máquina similar pero, cuando nuestro protagonista le contestaba que no era capaz, todo el pueblo, armado con lanzas, se abalanzaba sobre él para matarle. Justo antes del fatídico momento de su muerte onírica, Howe reparó en que cada lanza tenía un agujero en la punta. Esa era la clave que le faltaba para que su máquina de coser fuera comercialmente perfecta.

Mucha de la inspiración del famoso novelista **Graham Greene** provenía de sus sueños. Por lo visto, las escenas oníricas de Greene también solían contener mensajes proféticos y, según relata su diario personal, predijo el hundimiento del Titanic con tan sólo cinco años de edad. Como él, se conocen otros diecinueve casos de personas que experimentaron premoniciones relacionadas con la tragedia de 1912. Por ejemplo, el empresario londinense J. Connon Middleton tenía reservado un billete para el transatlántico con un mes de adelanto. Sin embargo, en el último momento, lo vendió porque había soñado durante dos noches seguidas que el Titanic se

Mucha de la inspiración del novelista Graham Greene provenía de sus sueños. Fotograma de «El tercer hombre», película de Orson Welles basada en la novela de Graham Greene.

encontraba en medio del océano con la quilla al aire y, alrededor, flotaban sus pasajeros y equipajes. Dicho testimonio fue escrito por J. Connon ante notario tres días antes del naufragio, incluyendo el comprobante de la reserva y el de la cancelación. Algunos de sus amigos firmaron este documento para poder corroborarlo después.

Se cree que **Juana de Arco** luchó contra los invasores de Francia porque obedeció las órdenes divinas de sus sueños. De joven, se encontraba un día en el campo y oyó una voz que le decía: «Hija de la Iglesia, ve, marcha». Miró a su alrededor y no vio a nadie. La escena se repitió en diversas ocasiones hasta que se le apareció el Arcángel San Miguel vestido de soldado y le dijo: «No temas, el Señor te tiene reservada una gran misión para liberar al pueblo». Todo le había parecido un sueño… y puede que, efectivamente, lo fuera. Poco después, le visitaron dos elegantes señoras (Santa Margarita y Santa Catalina) quienes le aconsejaron seguir las indicaciones oníricas que había recibido: su deber era salvar a su gente de la esclavitud de los ingleses.

Con diecinueve siglos de antelación, el emperador romano **Julio César** ya hizo gala de las teorías de Freud. Por lo visto, la noche antes de conducir sus tropas a través del río Rubicón para atacar Roma, tuvo un sueño en el que se veía a sí mismo acostado al lado de su madre. Julio César lo interpretó como si, en un futuro, fuera a estar junto a su «madre Roma», de este modo, la invasión iba a resultar exitosa. Y así lo confirmó luego la historia.

Se conocen al menos veinte casos de personas que experimentaron premoniciones oníricas relacionadas con el hundimiento del Titanic en 1912. Fotograma de «Titanic» (James Cameron, 1997)

El famoso actor Kirk Douglas tuvo un extraño sueño en el que aparecía un túnel de luz mientras se debatía entre la vida y la muerte en un hospital. Al despertar relató ese episodio onírico como una experiencia divina de acercamiento a Dios.

La actriz Marilyn Monroe tenía ya de niña sueños que vaticinaban la gran admiración de la que fue objeto a nivel mundial.

Sin embargo, su trayectoria y su carrera fracasaron más tarde por no hacer caso a un segundo sueño premonitorio que tuvo su esposa Calpurnia, quien le advirtió que tuviera cuidado durante el mes de marzo. Desoyendo este consejo, César fue asesinado en el senado por los republicanos el quince de marzo del año 44 a.C.

En 1991, la estrella de cine **Kirk Douglas** sufrió un accidente de helicóptero del que resultó gravemente herido. Mientras se debatía entre la vida y la muerte en el hospital, Douglas tuvo un extraño sueño en el que sintió que su cuerpo perdía peso y quedaba suspendido en el aire. Para él, entonces, ya no existía el concepto de tiempo y podía ver unas luces de espléndidos colores. Según relató después, al despertar, aquella sensación onírica era como estar en el más glorioso túnel de la vida, muy cerca de Dios. Esta experiencia cambió rotundamente el carácter del actor quien, desde su recuperación, empezó a vivir de manera más agradecida.

El que fuera presidente de los Estados Unidos **Lyndon Baines Johnson** tuvo múltiples pesadillas a lo largo de su mandato (1963-1969). Mientras la guerra en Vietnam iba en aumento, una noche soñó que estaba nadando por un río de aguas rápidas y que no podía llegar a la orilla por más que lo intentara. Cambió la dirección para ver si podía alcanzar la orilla del otro lado, pero ésta también estaba fuera de su alcance. Tras estas imágenes, Johnson se dio cuenta de que ellas representaban a la perfección el aprieto profesional que le deparaba la realidad: vivía atrapado en una situación política imposible. El sueño, por tanto, albergaba la respuesta que él necesitaba escuchar y, al finalizar su cargo, decidió no presentarse de nuevo a las elecciones.

La noche anterior a su decapitación, la reina **Mª Antonieta**, esposa de Luis XVI, soñó con un sol rojo y brillante en lo alto de una columna. De repente, el sol desaparecía por el horizonte mientras la columna se partía en dos y se rompía contra el suelo. A posteriori, este sueño se explicó como un símbolo del fin de la monarquía.

Marilyn Monroe tenía de niña un sueño muy repetitivo: entraba en una Catedral donde una multitud de feligreses miraba hacia el altar. Al aparecer ella, sin embargo, todos se giraban para contemplarla: ella era la diosa que esperaban, y Marilyn debía caminar de puntillas para no pisar las cabezas de la gente. La interpretación onírica considera que este sueño fue un signo profético del triunfo de Marilyn y de la admiración que iba a suscitar a nivel mundial.

En la década de 1850, el autor de *Las aventuras de Huckleberry Finn* trabajó durante cuatro años junto a su hermano Henry como

De izquierda a derecha: Mark Twain, Napoleón Bonaparte, Paul McCartney y John Lennon (dos de los componentes del grupo musical Los Beatles). Cuatro ejemplos de personas célebres cuyos sueños cambiaron el rumbo de su destino.

piloto de un barco de vapor en el río Misisipí. Una noche, **Mark Twain** soñó que sacaban del agua el cuerpo sin vida de su hermano. Seguidamente, éste era introducido en un ataúd de metal apoyado sobre dos sillas y, encima, tenía un ramo de flores blancas con una roja en el medio. Semanas después, le notificaron que las calderas del barco en el que viajaba Henry Twain habían estallado cerca de Memphis. Los cadáveres de toda la tripulación tuvieron ataúdes de madera, sólo el de su hermano se colocó en uno de metal. Cuando el escritor se acercó a ver el cuerpo, reparó en que no había nada sobre su pecho. Momentos después, asombrosamente, entró una mujer en la estancia y dejó sobre el difunto un ramo de flores blancas… que, en el centro, tenía una rosa roja.

Napoleón Bonaparte solía anotar todos sus sueños. De hecho, utilizaba claves y señales para planear las campañas militares. Antes de la batalla de Waterloo, se cree que tuvo una visión onírica en la que un gato negro corría entre dos ejércitos opuestos. Mientras esto ocurría, sus propios soldados eran derrotados. El dieciocho de julio de 1815, Napoleón fue finalmente vencido en Waterloo por las fuerzas británicas, holandesas, belgas y alemanas, cuyo mando corría a cargo del Duque de Wellington.

El físico **Niels Bohr** trataba de comprender la naturaleza del átomo cuando, una noche, soñó con un sol compuesto por gases ardientes rodeado de diversos planetas, todo ello unido por finísimas líneas. Al despertar, se dio cuenta de que ésa era precisamente la solución al problema que llevaba buscando durante tanto tiempo. En consecuencia, explicó al mundo la estructura del átomo y proclamó el nacimiento de la física atómica. De un modo similar, la teoría de la Relatividad de Albert Einstein fue inspirada en una serie de sueños que tuvo el genio en 1905, entre los meses de abril y junio.

El ex integrante de Los Beatles, **Paul McCartney**, confesó en el programa de televisión de Larry King (CNN) que el tema *Yesterday* provenía de un sueño. El cantante relató que se despertó un día con la melodía en la cabeza sin saber de dónde la había sacado. Curiosamente, ésta se convirtió en su canción más famosa.

Parece ser que al también ex Beatle **John Lennon** le pasó lo mismo, pues compuso «Imagine» después de haber escuchado su composición musical durante un sueño.

Los sueños ayudaron a **San Francisco de Asís** a la hora de reafirmar su voto de pobreza y de establecer la congregación de los monjes franciscanos. Respecto a este último hecho, cuentan las crónicas que San Francisco, una noche, escuchó la voz de Jesús en sueños: «Ve y arregla esa casa», y así se propuso fundar su propia orden. Para conseguirlo, debía acudir a una crítica entrevista con el Papa Inocencio III, quien tenía el poder de dar, o no, el beneplácito a sus ideas. San Francisco, justo antes, soñó con un gran árbol, de ramas muy anchas. Durante la escena onírica, cuanto más observaba el árbol, más crecía en altura el santo. Tanto, que al final acabó estando al mismo nivel. Cuando tocó sus ramas, el árbol le hizo una reverencia. Al despertar, San Francisco interpretó este sueño como una señal de que el Papa aceptaría sus propuestas. Y así fue.

Lo más curioso de todo es que el propio Papa Inocencio III también había tenido, con anterioridad, un sueño bastante revelador: la Iglesia Luterana se estaba cayendo y la sostenían Santo Domingo y San Francisco de Asís. Al despertar, el Papa decidió autorizar la fundación de ambas congregaciones.

El filósofo griego **Sócrates**, muy poco antes de morir, le explicó a su discípulo Critón un sueño que había tenido. Le contó que una bella dama le llamaba por su nombre y le recitaba unos versos de Homero: «Dentro de tres días veréis los campos». Y, como el sueño profetizaba, a los tres días el jugo de cicuta sentenció su muerte.

Un día, antes de reinar en Egipto, el aún príncipe **Tutmosis IV** se encontraba cazando por su tierra y, rendido por el ejercicio, decidió echarse a los pies de la Esfinge de Gizeh. Pasado un rato, se durmió y tuvo un sueño en el que aparecía el dios solar prometiéndole alcanzar el poder a cambio de quitar la arena que cubría al monumento sobre el que descansaba. Así lo hizo, y Tutmosis IV fue elevado a la realeza, cuyo trono no le correspondía por nacimiento. Su reinado fue largo y fructífero, tal como le había pronosticado el sueño.

Según las crónicas, San Francisco de Asís recibió en sueños un encargo divino de Jesús para que fundara su propia orden.

Imagen del film «Hermano Sol, hermana Luna» (Franco Zefirelli, 1973), basada en la vida de San Francisco de Asís.

5. Interpretación, adivinación y predicción

«Soñé que era una mariposa.
Pero ahora no sé si era un hombre
que soñaba que era una mariposa, o si soy
una mariposa que sueña ser un hombre.»

CHUANG TSE

**Adivinar el futuro
a través de los sueños**

Rider Haggard era un novelista que, a principios del siglo xx, consiguió cierta popularidad. Pero el hecho de que Haggard se dedicara a la literatura no tiene, en este caso, ninguna importancia. Si traemos aquí a este personaje es porque Haggard tuvo, en 1904, una pesadilla que merece la pena explicar. En uno de sus sueños, el novelista vio como su perro perdiguero, Bob, yacía sobre la maleza de la orilla de un río. El perro trataba de decirle alguna cosa a Haggard pero, al no poder hacerlo, éste tuvo la impresión de que le comunicaba que se estaba muriendo.

Cuando Haggard despertó, descubrió que Bob no se hallaba en su sitio habitual. Temiendo lo peor, rápidamente organizó la búsqueda del perro. Al igual que en las imágenes que había creado el inconsciente del novelista, Bob apareció muerto en la orilla de un río cercano.

Este hecho verídico ilustra que, a veces, en los sueños suceden cosas extraordinarias. Probablemente conozcas a alguien que haya percibido, mientras dormía, un acontecimiento antes de que sucediese realmente, o quizá te haya pasado a ti mismo. Pero, ¿cómo se explica? No hay respuesta científica, pero los hechos son los hechos. Y éstos indican que numerosas personas han visto o han experimentado directamente percepciones extrasensoriales. Eso, sin contar con las pruebas –con interesantísimos resultados– que realizan profesionales especializados en laboratorios.

Los sueños pueden contener mensajes premonitorios sobre nuestro futuro en forma de símbolos.
Las puertas oníricas son señales de las oportunidades que se abren o cierran en nuestras vidas.

A estas alturas, es razonable afirmar que existe un pequeño número de personas que, a través de los sueños, obtiene conocimientos por medios desconocidos hasta ahora. En la mayoría de las ocasiones, estos conocimientos guardan relación directa con sucesos que ocurrirán en el futuro. En otras palabras, los individuos que experimentan premoniciones asisten a hechos que tienen lugar *después* de que hayan sido soñados. Evidentemente, en muchos casos, estos sueños no son más que suposiciones afortunadas. El subconsciente del soñador, al tener acceso a los recuerdos olvidados conscientemente, es capaz de producir pensamientos oníricos que pueden parecer premonitorios pero que, de hecho, no lo son.

No obstante, en otras ocasiones no es así, como vemos con el sueño de Rider Haggard. No existe una teoría que pueda explicar un fenómeno de estas características, pero sí se sabe que las percepciones extrasensoriales que se manifiestan en los sueños son en forma de telepatía (comunicación directa de impresiones de la mente de una persona a la de otra, o tal vez de cierta forma de energía de un ser vivo a otro) y de premoniciones (conocimiento de un hecho futuro que no puede deducirse racionalmente).

Pruebas sobre sueños y telepatía

Uno de los ensayos de laboratorio más habituales sobre sueños de índole telepática consiste en observar el sueño de un voluntario durante unas cuantas noches. Cada vez que entra en la fase REM (algo fácilmente comprobable por los investigadores, dado que el soñador empieza a mover los ojos de modo ostensible) se le pide a otra persona, que está en otra habitación, que se concentre en una fotografía seleccionada al azar cuyo contenido es desconocido, tanto para este último individuo, como para el voluntario que está durmiendo. Al final de cada ciclo REM, se despierta al soñador y se le pide que relate sus pensamientos oníricos. Tal como han demostrado estas pruebas, en muchas ocasiones, los sueños del voluntario tienen relación directa con la imagen en la que se ha concentrado el otro colaborador.

De las profecías a la física cuántica

En lo que hace referencia a los sueños premonitorios, una de las pocas conclusiones a las que se ha llegado indica que los desastres y accidentes son un tema recurrente en las percepciones extrasensoriales de esta naturaleza. Los sucesos trágicos, además, suelen estar relacionados con personas cercanas al sujeto que sueña.

Por otra parte se sabe, por ejemplo, que la mayoría de animales son capaces de predecir los terremotos.

No debería ser, por tanto, tan sorprendente comprobar que existen personas que, sin información previa de la enfermedad o peligro que se cierne sobre sus seres queridos, son capaces de conocer estas desgracias por anticipado. Algunos investigadores se están empezando a preguntar si el hecho de que los sueños premonitorios sólo aparezcan muy de vez en cuando es fruto de su carácter

Aunque el carácter profético de cada sueño depende del soñador, existen algunas creencias generales relativas a algunos símbolos. Por ejemplo, ver nuestro reflejo en un charco predice rápidas ganancias; caerse en uno, contratiempos; y saltar por encima, fin de disgustos. «Puddle» (M.C. Escher, 1952)

excepcional, o si, de lo contrario, esta fugacidad evidencia que los seres humanos apenas logramos recordar una mínima parte de nuestros sueños.

Para promover este tipo de experiencias, el único recurso es interpretar los sueños de forma seria y continuada, siguiendo las técnicas que explicamos en el libro. Es importante relacionar los sueños entre sí, conectándolos con nuestras vivencias e interpretando sus símbolos. Todo ello permite plantear los problemas que queremos resolver y que, posteriormente, podremos solucionar a través de los sueños. Si, fruto de este trabajo, logramos respuestas, éstas se habrán convertido en nuestras «profecías personales». Ahora bien, ¿se puede pensar en otro tipo de profecías?

El lado esotérico

Ante todo: es un largo camino, es sobre algo intangible, y es algo sobre lo que conviene ser prudentes, pacientes y muy constantes. Al ser un mundo invisible estamos ante un terreno poco perceptible en estados ordinarios de conciencia y sobre el que conviene

Experimentos de percepción extrasensorial

1. Resolución de acertijos
Pídele a un amigo que te plantee un acertijo que no puedas resolver en condiciones normales. Por ejemplo, dile que esconda algún objeto tuyo (algo que sea especial para ti y que desees recuperar) en un lugar donde nunca lo buscarías, o bien que haga un dibujo o escriba algo en un papel, cerrándolo a continuación en un sobre que se guardará en un lugar seguro. Cada noche, cuando estés a punto de dormirte, trata de retener el acertijo en la mente y pídele al sueño que te facilite la solución. Hazlo durante unas cuantas noches y, sobre todo, no seas impaciente.

2. Sueños sincrónicos
Intenta soñar lo mismo que tu pareja o que un amigo. Podéis, por ejemplo, acordar encontraros en el sueño en un lugar determinado. Las publicaciones sobre estos fenómenos cuentan numerosos casos de éxito mediante esta técnica, aunque, debido a su naturaleza imprevisible, es posible que funcione la primera noche y que no vuelva a ocurrir en semanas.

3. Psicometría del sueño
Se trata de recoger información sobre un objeto del que no se sabe nada. Sostén el objeto con tus manos antes de acostarte y tenlo presente mientras te vas durmiendo. Puedes practicar el mismo ejercicio, por ejemplo, con la fotografía de alguien a quien no conoces. A algunas personas les ayuda tener el objeto o fotografía bajo la almohada. Por la mañana anota lo que hayas soñado, por muy irrelevante que pueda parecerte; luego estudia su significado con los métodos habituales.

actuar con cuidado antes de producir disparates. No es posible acercarse a él con lógica. Recordemos a este respecto las palabras del gran místico Juan de la Cruz: «Para ir a donde no se sabe, hay que ir por donde no se sabe». En este caso lo más sensato es *aceptar*, percibir lo que venga, dejando a la razón de lado. Tiempo hay, siempre después, tras la experiencia vivida, de analizar cómo son las cosas y qué sucedió realmente.

Todas esas reflexiones están relacionadas con el mundo astral, con fenómenos paranormales, con estados de trance y de mediumnidad, con la materialización de energías o la explicación –racional– y los porqués de determinados fenómenos. Es el lado esotérico de los sueños. Baste pensar que, sólo hace unas pocas décadas, la aproximación de nuestros abuelos al fenómeno del cuerpo humano era como «una gran máquina», mientras que hoy puede decirse sin rubor que es como «un holograma de luz».

Cualquier persona puede aceptar hoy en día que existió una sabiduría original, primigenia, eco de una época áurea y cuyos restos perduraron en forma de pequeños destellos en antiguas culturas. El poeta lo dejó escrito: «Él rompió el espejo de la Verdad en millones de diminutos pedacitos, y nos regala dos en nuestras pupilas». Pero como cantaba John lennon: «Living is easy with eyes closed...»

El paso al *logos,* al proceso de pensamiento tal como hoy lo vivimos, borró la magia, destruyó el milagro. Y en los veinte últimos siglos que los humanos hemos ido documentando el fenómeno materialista ha sido increíblemente creciente.

El método científico es potente y la ciencia está esforzándose por romper determinadas barreras. Además, la antigua arrogancia de los científicos está cambiando hacia posturas mucho más abiertas. Pero en este caso, insistimos, sólo un lento y paciente estudio de ambos puntos de vista puede ayudar en la obtención de resultados, sea a través de la física cuántica o de un largo viaje de *psiconauta* a los *registros akásicos.*

El estudio de los sueños, ¿una profesión?

El retorno al origen exige una cosmovisión de mayor rigor y estudio. Una relectura a las obras de grandes esotéricos, como René Guénon, Withall Perry o Frithjof Shuon, permite redescubrir no sólo las respuestas que el mundo simbólico ofrece –y que están ahí, al alcance de todos–, sino también la importancia de recobrar esa sabiduría perdida en un camino de conocimiento y desarrollo personal relacionado con los sueños. Y desde luego, el serio combate librado con los psicologistas a cuenta de temas como el «inconsciente» o el «subconsciente».

Para nuestro propósito no importaría tanto el origen de las visiones de los grandes profetas. Si ayunaron mucho, recibieron una

La figura del durmiente ha sido reflejada en múltiples ocasiones, a lo largo de la historia, en el arte. «La gitana dormida» (Henry Rousseau, 1897)

«El sueño de Mahoma» sobre una yegua medio humana representa el viaje al centro del mundo, a las profundidades del infierno y a las siete esferas celestiales.

Interpretación

revelación divina o conocían los secretos de algunas plantas o sustancias alucinógenas (¿como la que se aloja en la papada de algunos sapos?) O si «todo fue un sueño».

Hay que respetar que aquellos antiguos profetas aquietasen su mente repitiendo un mantra o rezando un rosario, o que entrasen en trance con danzas adecuadas. Lo que importa es el ahora: antes de querer interpretar sueños hemos de mantener un compromiso íntimo y personal ante el fenómeno y seguir un camino serio.

Los médicos estudian y practican durante años antes de intervenir directamente con pacientes, ¿no es así? Pues la persona que desee profundizar en este terreno (tanto si es psicólogo o terapeuta formado, como si no) deberá estudiar mucho, de forma interdisciplinar y continuadamente durante toda su vida. Y sólo cuando la práctica —en sí mismo primero, con otras personas después— le muestre una sólida preparación básica, podrá pensar en ampliar sus conocimientos a otros. No es cosa de juegos. Los demás pueden necesitar ayuda seriamente y no fuegos de artificio. Recuerda: estudio, estudio y estudio y la inspiración necesaria llegará.

Existe una forma diferente de percibir la realidad, en donde los ojos no son necesarios, ni tampoco se precisa la noción espacio-temporal que normalmente utilizamos. ¿Es posible entrar en ella? Por supuesto, pero resulta más fácil si lo hacemos en esas llamadas experiencias «cumbre» (otros estados de conciencia, experiencia extática), de reposo consciente (meditando con un alto grado de profundidad) o de reposo inconsciente (soñando). Este tipo de percepciones puede tomar forma a través de los sueños para que, después, podamos comprenderlas e interpretarlas desde el plano tridimensional o terrenal.

Casi todos hemos soñado alguna vez que éramos, paralelamente, protagonistas y observadores de nuestro propio sueño. Igualmente, hemos soñado estar en un lugar que, sin saber cómo, se ha transformado en otro por arte de magia. En ocasiones, se nos pueden cruzar personajes y escenarios. Así, un viejo amigo puede ser alguien que jamás hemos visto antes, o un lugar que nos resulta familiar podemos no haberlo visitado nunca.

Despistada la conciencia, nuestra personalidad muestra su estadio más profundo y, casi siempre, desde esta nueva perspectiva, observa nuestros asuntos cotidianos con mucha más objetividad y franqueza. Contrariamente a los estados de vigilia, en cuanto la conciencia baja la guardia y empezamos a soñar, el inconsciente

«Un poquito después de la muerte»
(Vicente Pascual Rodrigo, 1989).
Los espacios, colores, objetos,
personajes, acontecimientos...
de nuestros sueños son obra de
nuestro inconsciente selectivo.

simboliza y expresa a su manera aquello que nos preocupa en mayor medida.

¿Y qué o quién suele provocarnos más dolores de cabeza? Sin duda, nosotros mismos. Se ha podido determinar que la mayoría de personajes que vemos en sueños no son otra cosa que representaciones de nosotros o de nuestra personalidad. Se trata de partes de nuestra vida que sólo podemos ver *con los ojos cerrados*. A este tipo de imágenes se les llama proyecciones. Más adelante volveremos a ellas.

También podemos soñar con personas habituales en nuestro entorno diario, o con personajes que han tenido una influencia más o menos decisiva sobre nuestra vida –aunque sea a un nivel inconsciente. A lo mejor alguien que nos marcó en la niñez o en la adolescencia. La mente, a veces, trae de nuevo a colación estos personajes para resaltar algún aspecto de las relaciones mantenidas con ellos, ya sea positivo o negativo.

Recordemos que los expertos consideran que cada soñador es el único y último responsable de fabricar sus sueños; nada de lo que en ellos aparece puede ser casual. De forma minuciosa y selectiva, nuestro inconsciente controla todos los elementos que contiene un sueño. Así, los espacios, colores, objetos, personajes, acontecimientos, e incluso diálogos (todo lo que decimos o escuchamos) es obra suya. Este inconsciente tiene mucho cuidado en escoger las sensaciones (placenteras o desagradables) y los sentimientos (alegría, tristeza, miedo, plenitud, incomodidad, angustia...) que experimentamos en ese mundo tan irrealmente real que resulta de los sueños.

Conciencia pura

¿Felices sueños, conciencia pura? Nada es seguro, pero sobre la conciencia el poeta taoísta del siglo XVI Huanchu Daoren escribió: «La sustancia de la mente es la sustancia del cielo. Un pensamiento feliz es una estrella de buen augurio o una nube de felicidad. Un pensamiento de cólera es una tormenta de truenos o un violento aguacero. Un pensamiento amable es una brisa gentil o un dulce rocío. Un pensamiento severo es un fiero sol o una helada de otoño. ¿Cuáles de estas cosas puede eliminarse? Déjalas pasar a medida que surjan, abierto y sin resistirte, y tu mente se fundirá con el vasto cielo. Si puedes procurarte alguna tranquilidad en medio de las prisas, has de aferrarte a ella previamente cuando estás tranquilo.

Si quieres atrapar algo de calma en medio de la barahúnta, has de conseguir antes el dominio de la quietud. De otro modo, cualquiera puede ser influenciado por las situaciones y sobrepasado por el curso de los acontecimientos».

El mejor intérprete, uno mismo

Gracias a un análisis exhaustivo y despreocupado de cada una de estas misteriosas piezas, buscando lo que representa su significado en nuestras vidas, podremos comprender que los sueños están para comunicar cosas. En definitiva, todo aquello que nuestro estado consciente no puede, o no desea, ver.

Cuando un arquitecto diseña una casa ¿quién sabrá mejor que él cómo son sus cimientos? ¿Quién mejor que él conocerá sus dimensiones y los materiales que se han utilizado en su construcción? Con la actividad onírica pasa exactamente lo mismo. Los sueños brotan de la mente de cada persona. Los creamos nosotros mismos. Así que nadie mejor que nosotros para desentrañar su significado. Cada uno debe saber qué es lo que quería comunicarse a sí mismo, ya que, como hemos visto, los sueños aparecen para mostrar algo que la persona aún no ha captado plenamente. No importa si, posteriormente, cuando estés despierto, olvidas parte de tus pensamientos inconscientes. Una buena interpretación puede ayudarte a desvelar lo que éstos te querían transmitir.

Para analizar nuestra actividad onírica, lo único que necesitamos es curiosidad y voluntad para hacernos preguntas. Los sueños suelen ser ricos en matices, y el verdadero mensaje, muchas veces, no aparece en el primer nivel de interpretación. Hazte todas las preguntas que creas necesarias, como si fueras un extraterrestre que acaba de aterrizar en el planeta.

Siempre es más sencillo interpretar los sueños cuando estas preguntas nos las hace un especialista. Aún así, no hay que olvidar que las respuestas son patrimonio exclusivo de la persona que sueña.

Los sueños brotan de la mente de cada persona. Así que nadie mejor que uno mismo para desentrañar su significado.
«La tentación de San Antonio» (Salvador Dalí, 1946)

Los diccionarios de sueños, como el que tienes en las manos, ayudan a desbrozar el camino y a dilucidar posibles respuestas, pero la respuesta última sólo tú la tienes.

Ante todo, hay que ser consciente de que casi todos los sueños conciernen, directamente, a nuestra persona. Salvo en raras excepciones, solemos ver personas, cosas y acontecimientos que retratan algún aspecto de nosotros mismos, bien sea de forma subjetiva (cada personaje representa un aspecto de la personalidad del soñador) u objetiva (los personajes tienen entidad propia).

Proyecciones

Cuando se ven en los demás aspectos de nuestra personalidad que no aceptamos (cuando nuestro censor interno está relajado, es decir cuando soñamos), se llama proyección. Las proyecciones, por lo tanto, permiten que expresemos sentimientos que no podemos mostrar conscientemente.

Otra característica de la mayoría de los sueños es que utilizan imágenes recogidas de sucesos recientes. Asimismo, a pesar de que los sueños de cada persona son intransferibles, algunas de sus imágenes tienen significados similares para muchos individuos. Esto no significa que todos los sueños puedan interpretarse a partir de un catálogo de símbolos universales, como el que aparece en el presente diccionario.

Como hemos dicho, cada persona produce sus propias imágenes, así que, en última instancia, nadie más que ella tiene la clave de su mensaje. Sin embargo, no hay que subestimar el papel de la cultura en nuestro inconsciente, ya que, gracias al carácter universal de algunos símbolos, éstos pueden poner de manifiesto aspectos directamente relacionados con nuestra propia vida.

Las proyecciones oníricas nos permiten expresar sentimientos que nos cuesta mostrar de forma consciente.

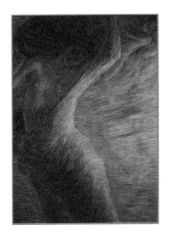

Un ejemplo: el perro puede considerarse el compañero más fiel del ser humano, ya que simboliza la amistad y la fidelidad. Sin embargo, si el soñador ha sufrido alguna experiencia desagradable relacionada con un perro, es muy probable que la presencia de perros en sus sueños no transmita en absoluto los mencionados sentimientos de lealtad.

¿Debemos, por ello, rechazar de pleno cualquier interpretación general basada en símbolos universales? No, ni mucho menos. Un diccionario exhaustivo, como éste, puede servirte de guía para completar la interpretación personal de tus imágenes oníricas. A fin de cuentas, la mayor parte de ellas se valen de metáforas simbólicas para transmitir su mensaje. Las pesadillas y los sueños recurrentes son, en ese sentido, el último recurso del inconsciente para

Las pesadillas y los sueños recurrentes son un recurso del inconsciente para mostrarnos algo que todavía no hemos comprendido de forma consciente.

comunicar al soñador algo que todavía no ha comprendido o reconocido.

Del simbolismo al Tarot

A veces, sin embargo, tiene una interpretación literal, más que simbólica. Así, por ejemplo, las escenas en las que aparecemos muy cansados nos pueden estar avisando que quizá tendríamos que moderar nuestro ritmo de vida.

¿Cómo interpretar cada sueño? Si dejamos en este caso de lado a los profesionales de la psicología, podemos recordar que una de las técnicas es similar a la que siguen los que conocen bien los secretos del Tarot. En efecto, la llamada «máquina de imaginar» ofrece potentes y conmovedores resortes si se saben leer las «respuestas». Cada carta es un icono cuyos arcanos muestran un sentido claro y simple, pero que *en relación* con el resto de naipes de la tirada sugiere cada vez más y más respuestas e ideas vinculadas entre sí que conforman nuestra realidad. ¿Quién no lo ha experimentado alguna vez?

Pues bien, en los sueños sucede lo mismo; cada sueño puede ser como un naipe, que puede relacionarse con otros hechos o sucesos personales «en relación a». Tan sencillo como eso, sólo que es entonces cuando comienza la aventura...

6. Freud y el psicoanálisis

«El sueño es la expresión, e incluso el cumplimiento, de un deseo rechazado.»

SIGMUND FREUD

Un poco de historia

La mayoría de las civilizaciones ha considerado los pensamientos oníricos como una importante fuente de conocimiento. En la antigüedad se utilizaban, básicamente, dos métodos de interpretación. El primero consistía en extrapolar el sueño a un acontecimiento real. Es el caso de la interpretación del sueño de un faraón egipcio en el que aparecían siete vacas gordas y siete flacas. Era un augurio que pronosticaba siete años fértiles y siete años de pobreza.

El segundo método consistía en analizar cada imagen onírica como una señal separada del resto. Evidentemente, estos signos tenían su propio significado simbólico.

A partir de aquí, cada pueblo realizaba sus interpretaciones basándose en creencias particulares. Los babilonios, por ejemplo, creían que los sueños positivos eran enviados por los dioses y, los negativos, por los demonios. Los sirios, en cambio, estaban convencidos de que los sueños eran presagios. Por ello, interpretaban las pesadillas como mensajes de advertencia de los oráculos.

Más tarde, los egipcios establecieron unas directrices de interpretación que influyeron poderosamente en numerosas civilizaciones posteriores. Los habitantes del antiguo Egipto creían que los sueños podían interpretarse como un juego de opuestos. Es decir, un sueño feliz presagiaba infelicidad, mientras que uno desgraciado auguraba dicha. Los análisis de los egipcios también se basaban en la búsqueda de similitud entre palabras. Si el término que designa-

Freud llegó a la conclusión de que los sueños expresan nuestra agresividad, los deseos reprimidos y los miedos ocultos.
En términos psicológicos, las escaleras simbolizan la vía de contacto entre nuestro verdadero Yo y el Ego.
«Shaft Nº6» (H. R. Giger, 1966)

Para Freud, los sueños son las imágenes que fabrica el inconsciente, libre de la censura y los juicios negativos de la razón.

La Biblia está llena de sueños divinos enviados para aleccionar a sus fieles. Estos ejemplos los encontramos en los escritos de santos como San Clemente, San Agustín o San Juan Crisóstomo. San Jerónimo, en cambio, alteró esta creencia. Turbado por sueños que parecían ir en contra de la moral cristiana, afirmó que procedían del demonio.
La Iglesia se pronunció declarando que los sueños no venían de Dios y que debían ignorarse.

ba al objeto soñado tenía un sonido fonético similar a la palabra que designaba a otro, significaba que el sueño apuntaba a ese segundo elemento. Algo parecido a la actividad de desplazamiento, descrita por Freud en *La interpretación de los sueños*, como vamos a ver en este capítulo.

La expansión de la cultura griega marcó un punto y aparte en la interpretación de los sueños. Los helenos, a diferencia de los egipcios, los sirios y los babilonios, no daban a los sueños connotaciones divinas. Consideraban que los orígenes y, por tanto, las claves de la actividad onírica, se hallaban en el interior de cada persona y no en los mensajes de los dioses. Aristóteles afirmaba que, si los sueños fueran mensajes divinos, sólo podrían ser enviados a personas sabias, capaces de hacer buen uso de ellos. Los griegos utilizaron la actividad onírica como terapia para curar enfermedades, pues consideraban que los sueños podían tener repercusiones en el estado físico de las personas.

En el siglo II a.C., el sofista romano Artemidoro llegó a la conclusión de que los acontecimientos soñados debían verse como la prolongación de las actividades diarias. Esta teoría permitió que el estudio de los sueños experimentara un gran avance. Las obras de Artemidoro tuvieron gran importancia en los siglos posteriores e influyeron en la interpretación de la actividad onírica hasta la revolución que encabezó Freud a las puertas del siglo XX.

La expansión del cristianismo y la iglesia católica no fue muy positiva para el estudio de los sueños. A pesar de que, en los inicios, Dios hablaba a los hombres a través de los sueños, con el paso del tiempo esta idea fue perdiendo vigencia. La Iglesia se erigió como única depositaria de los mensajes divinos, por lo que era un grave pecado buscar en los sueños otra vía de expresión de la palabra de Dios. Por esta razón, los sueños fueron despreciados durante siglos y siglos. Santo Tomás de Aquino recomendaba ignorarlos completamente y Martín Lutero aseguraba que la actividad onírica sólo servía para ilustrar nuestros pecados.

Sin embargo, en el siglo XV, la aparición de la imprenta revolucionó la manera de aproximarse al conocimiento y permitió el acceso a la información de forma creciente. Se imprimieron toda clase de diccionarios de sueños, basados en los sistemas de interpretación de Artemidoro, que fueron ampliamente divulgados. Sin importar las inconsistencias o la falta de rigor de aquellas publicaciones, por primera vez surgió la posibilidad de que cada persona fuera intérprete de sus propios sueños. Ello, sumado al interés que la actividad onírica despertó en filósofos como Fitche, cimentó las bases de la interpretación de sueños en la psicología moderna.

El padre del psicoanálisis

Sigmund Freud (1865-1939) es el nombre más conocido en la psicología moderna. Después de él, ya nada sería igual en la cultura occidental. Entre otras cosas, porque consiguió elevar el estatus de los sueños a una importante materia de estudio científico.

Freud se dedicó, en primera instancia, a la neurología. Sin embargo, pronto abandonó el estudio de la fisiología del cerebro para dedicarse a la psicología. Aunque su condición de judío dentro del ambiente académico vienés no resultaba demasiado favorable, Freud supo salvar los obstáculos sociales y convertirse en un personaje mundialmente reconocido, cuyas teorías provocaron sonados escándalos. A partir de la intuición de que la actividad onírica puede darnos pistas sobre nuestro estado de salud mental, empezó a tirar del hilo hasta llegar a la conclusión de que los sueños expresan nuestra agresividad y nuestros deseos reprimidos, así como también los miedos que nos habitan.

Con sus propuestas innovadoras, Freud realizó una gran aportación al conocimiento de nuestro inconsciente, pues consideraba que todas las personas nacen con fuertes impulsos instintivos que, inicialmente, operan en un nivel no consciente. Estos impulsos, que se manifiestan a través de la autoafirmación, la agresividad, la excitación sexual, etc., son reprimidos desde la más tierna infancia, cuando se enseña al niño a ajustarse a las normas sociales de los mayores. Por esta razón, los adultos no somos capaces de liberar sin reservas nuestra emotividad más primaria y la convertimos en un flujo de energía que busca, desesperadamente, un canal de expresión. Ese canal son los sueños, son las imágenes que fabrica el inconsciente, libre de la censura y los juicios negativos de la razón.

Sigmund Freud, descubridor del psicoanálisis

Durante la época en que Freud escribió *La interpretación de los sueños*, entre 1895 y 1899, su método del psicoanálisis se consolidó definitivamente en el mundo y enseguida obtuvo un amplio reconocimiento. La libre asociación de ideas era una de sus herramientas. Esta técnica consistía en proponer una palabra o una idea, a partir de la cual se provocaba una cadena de asociaciones que permitían recuperar recuerdos olvidados o emociones reprimidas.

Además, Freud también había descubierto que la conducta de las obsesiones y los delirios patológicos era muy similar a la de los sueños. Tanto unos como otros, resultaban igualmente extraños a la conciencia normal. En estado de vigilia, nadie podía dar cuenta

El objetivo del psicoanálisis aplicado a la interpretación de los sueños era liberar al inconsciente de la represión que ejerce la conciencia.
«Pallas Athenea»
(Gustav Klimt, 1898)

de ellos. Por eso, decidió que la técnica de la libre asociación, que tanto le había servido para la psicoterapia, podía ser útil para la interpretación de los sueños. Gracias a este descubrimiento, Freud empezó un análisis que tenía como punto de partida la recolección de datos, ideas o emociones, en apariencia inconexas, pero que presentaban elementos comunes entre sí.

De este modo, el camino del análisis y la interpretación de los sueños pretendía hacer el recorrido contrario al que realiza el inconsciente cuando elabora los sueños y escenas oníricas. Algo complejísimo y de gran esfuerzo. El objetivo era que el inconsciente se liberara de la represión que ejerce la conciencia para atravesar todas las barreras de juicio y de crítica que impone la razón. Así, se conseguía que el individuo expresara sus sentimientos más profundos de forma desinhibida.

Al analizar una escena onírica, podemos encontrarnos con elementos que no tengan nada que ver unos con otros. Para explicar este hecho, Freud comparaba la formación de una escena onírica con la pintura. Citaba el ejemplo del pintor que representa en un cuadro a todos los poetas reunidos en el Parnaso. Ello no significa que los poetas hayan estado juntos en la misma montaña y, sin embargo, existe una coherencia lógica de simultaneidad. El sueño se vale del mismo sistema de puesta en escena para ser representado. Para que esto resulte comprensible, Freud divide los contenidos de los sueños en dos grupos:

El primero encierra el contenido manifiesto, y reproduce los elementos tal y como han sido registrados en la memoria.

El segundo es el contenido latente, la serie de hilos que conectan los elementos en los sueños, disociados según nuestro parecer.

El inconsciente

Con frecuencia se compara la mente humana con un iceberg: sólo vislumbramos la pequeña parte que sobresale del agua, es decir, la mente consciente. Todo lo que permanece oculto bajo las aguas sería el inconsciente. Cuando dormimos, el pensamiento consciente queda en estado de letargo y el inconsciente toma el control de los sueños. Los psicólogos consideran la psique humana a tres niveles:

- **Consciente:** lo que pensamos en el momento actual.
- **Preconsciente:** información que guardamos en la memoria de la que podemos disponer en cualquier momento.
- **Inconsciente:** material olvidado o reprimido que se almacena en algún lugar de nuestra mente e influye en nuestra conducta, aunque no podamos acceder a él libremente.

En ocasiones el elemento más impreciso, superfluo o incomprensible de la escena onírica representa una idea latente de gran importancia en la realidad consciente.

La toma de contacto con este último grupo de contenidos sólo es posible mediante el análisis.

Tras este análisis, y la conclusión de que los sueños son fruto de nuestro estado no consciente, Freud identifica cuatro actividades desarrolladas por el inconsciente para elaborarlos. Éstas son:

- condensación
- desplazamiento
- disposición visual del material onírico
- organización de los elementos.

Cuando un elemento onírico puede relacionarse, por diferentes vías, con muchas situaciones de la vida real a lo largo del tiempo, se le llama **condensación**. Este fenómeno se descubre a través del análisis y hace referencia a aquella escena onírica que condensa, ella sola, distintas vivencias.

Los sueños, a veces, permutan la intensidad de las ideas y representaciones. Es decir, pueden dar relevancia a aquello que no la tiene en estado de plena conciencia y viceversa. Este **desplazamiento** de prioridades, según Freud, es el método más inteligente y efectivo que utilizan los sueños para ocultar su contenido pues, normalmente, el análisis posterior demuestra que ése elemento –que parecía impreciso o superfluo en la escena onírica– representa una idea latente de gran importancia en la realidad consciente.

La actividad de la **disposición visual del material onírico** hace referencia al mecanismo que utiliza el inconsciente para transformar pensamientos, emociones, sentimientos, y sensaciones en imágenes. Ya que los contenidos son, casi siempre, situaciones visuales, se trata de traducir un discurso en representaciones mentalmente gráficas.

Asociación libre

Esta técnica utilizada por Freud y Jung consiste en tomar un elemento importante del sueño –con un fuerte contenido emocional o simbólico– y a partir de éste encadenar distintas asociaciones para hacer aflorar emociones reprimidas, recuerdos olvidados o incluso sueños del pasado que tuvieron gran significación.

Imaginemos, por ejemplo, que has soñado con una montaña. Retén en la mente la palabra montaña. ¿Qué asociación relacionas con este término o imagen? Retén ese nuevo concepto y repite la operación. Ves pasando de un concepto a otro y presta atención a todo lo que surja. A medida que profundizamos, la distancia entre el consciente y el inconsciente se hace cada vez más corta.

A diferencia de Freud, Jung no era partidario de alejarse demasiado del concepto original.

Una vez todo el material del sueño ha sido formado, se pone en marcha la actividad que organiza los elementos del sueño. Esta ordenación es necesaria para que el resultado de la composición onírica sea legible y el soñador pueda percibirlo.

Al observar estas actividades llevadas a cabo por el inconsciente puede verse que no es el sueño quien posee la capacidad creadora necesaria para desarrollar fantasías propias, se trata más bien del vehículo del material onírico presente, de antemano, en la mente del soñador. El sueño se limita, como ya hemos visto, a condensar estos ingredientes, a desplazarlos, a hacerlos aptos para la disposición visual y a organizarlos.

El sueño, por tanto, no se crea a sí mismo, sino que sería el pretexto gracias al cual se revela determinada información que nos vaga por la mente y que la conciencia, atada como está a la represión y a los juicios de valor, es incapaz de percibir. En ocasiones, esta información puede revelarnos cosas que ignorábamos por completo. Así, los sueños combinan dos funciones: permiten que los deseos prohibidos se expresen de manera encubierta y, al reconocer la verdadera naturaleza de estos deseos, permiten al soñante dormir tranquilo.

Uno de los aspectos más criticados de la obra de Freud es su insistencia en el simbolismo sexual de los sueños.
Para él, una serpiente, una maquinaria complicada o cualquier objeto apuntado eran siempre símbolos fálicos con una clara connotación sexual.

En cuanto a los sueños de carácter premonitorio, la tendencia popular del momento era otorgarles facultades adivinatorias. Freud, siguiendo el trayecto de sus teorías, realizó su propia observación al respecto: «Es interesante observar que la opinión popular está en lo cierto cuando considera el sueño como predicción del porvenir. En realidad, es el porvenir lo que el sueño nos muestra, más no el real, sino el que nosotros deseamos».

La obra de Freud tuvo continuidad, aunque con variaciones sustanciales en muchos otros psicólogos. El más destacado, e inicialmente alumno suyo, fue Carl Gustav Jung, quien consideraba, entre otras cosas, que los sueños acercaban la psique humana al concepto de totalidad. Vamos a ver un poco el enfoque de Jung en las páginas que siguen.

La teoría de Freud de que los sueños son mensajes cifrados del inconsciente ha sido el punto de partida de gran parte de los análisis modernos de los sueños.

7. Jung y los arquetipos

«El sueño es la autorrepresentación, espontánea
y simbólica, de la situación actual del inconsciente.»

CARL. G. JUNG

**Sueño y vida consciente,
una misma cosa**

Los estudios llevados a cabo a lo largo del siglo XX demostraron que sólo aprovechamos un porcentaje pequeñísimo de la capacidad que, en realidad, alberga nuestra mente. Entre los que creían en el potencial extraordinario de la mente humana, se destaca Carl Gustav Jung (1875-1961), el célebre discípulo de Sigmund Freud.

Jung consideraba que los sueños, además de poner de manifiesto nuestros problemas más íntimos, tienen la capacidad de desarrollar todo nuestro potencial como seres humanos.

Para Jung no existe diferencia alguna entre la actividad de soñar y vivir una vida consciente. Considera que es una expresión del individuo igual de importante y real que el resto de las que lleva acabo en estado de vigilia. Así, la interpretación de los sueños es de carácter personal e íntimo de cada uno y debe dirigirse por profesionales altamente cualificados. Y, aunque cree que el inconsciente se comunica mediante símbolos comunes para toda la humanidad, asegura que el significado último varía según los valores de cada individuo.

Jung también sostiene que el ser humano, para integrarse, hacerse fértil, y ser definitivamente feliz, debe completar su proceso de individualización. El fin de este proceso llega cuando su consciente e inconsciente se vuelven compatibles y son capaces de complementarse mutuamente. Sólo entonces logran vivir en paz el uno con el otro y las personas comienzan a sentirse bien.

La teoría de Freud de que los sueños son mensajes cifrados del inconsciente ha sido el punto de partida de gran parte de los análisis modernos de los sueños. «Yo y la aldea» (Marc Chagall, 1911)

La Era del Sueño

Los aborígenes australianos –una de las culturas más antiguas del mundo– creen que el mundo está lleno de signos espirituales. Dado que para este pueblo el dominio material está bajo una autoridad espiritual, sus miembros intentan vivir en armonía con ésta última. ¿Dónde se encuentra dicha autoridad? En el «todo». Es decir, en cualquier parte de la naturaleza. ¿Y cómo se expresa? A través de oráculos. Tanto es así que los aborígenes consideran que el mundo es un oráculo viviente.

En consecuencia, para este pueblo, todo –absolutamente todo, desde un animal hasta una nube– tiene un significado implícito concreto.

Ello, en cierta manera, pone en un mismo plano las creencias aborígenes y los sueños que protagonizan este diccionario. No en vano, a partir de la interpretación que se haga de unos y otros, tenemos la posibilidad de explorar los asuntos inconscientes que dominan nuestra vida, cosa que nos puede ayudar a convertirnos en creadores activos de nuestro destino.

En otras palabras, los sueños y los oráculos aborígenes tienen en común su potencial para hacernos avanzar desde una posición pasiva e indefensa hacia otra postura en la que gozamos de mayor control sobre nuestra vida.

Los aborígenes definen con la palabra Tjukurpa el «todo» al que aludíamos anteriormente. Un «todo» que representa la existencia misma, pasada, presente y futura, y que, a su vez, es la explicación de la existencia y de las leyes que la rigen. En definitiva, Tjukurpa engloba tanto los accidentes de la naturaleza como los hombres y sus acciones. Tjukurpa, pues, representa un tiempo mítico que algunos han definido con un concepto muy poético: la era del sueño. Sin embargo, no hay que confundirse: Tjukurpa no se refiere a las imágenes que se proyectan en nuestra mente mientras dormimos, sino a aquello que las tribus aborígenes recuperan cada vez que practican los rituales que recrean el origen del mundo. Hay que tener en cuenta que, para ellos, los animales, las plantas y las demás criaturas son sus antepasados, sus hermanos y sus padres. Si se les respeta, ofrecen protección y vías de contacto con lo espiritual, por lo que hacen de guía en la búsqueda de todas aquellas respuestas y alternativas vitales que se esconden en el interior de cada uno.

En cuanto a la interpretación de los sueños, Jung se aleja del método de la libre asociación que proponía Freud, pues considera que ésta, en ocasiones, puede desviar al intérprete del contenido real de su sueño. Teniendo en cuenta que los sueños son mensajes que envía el inconsciente, Jung rechaza todo cuanto pueda interferir con su significado puro. Sólo se centra en el contenido. Por esta razón, los símbolos juegan, en su trabajo, un papel fundamental.

El papel de los símbolos

Nadie ha *inventado* los símbolos, son productos naturales y espontáneos. Nadie los ha creado, ni llenado de significado. Sin embargo, tras siglos y siglos de espera, ellos mismos han sido asimilados por la humanidad como algo propio. Los símbolos provienen de tiempos muy antiguos. Se utilizan desde antes de que se tuviera conciencia de ellos y, ahora, forman parte de la *memoria* colectiva. A través de los siglos han cobrado valor y significación, representando mucho más de lo que expresan a primera vista, en el ámbito inmediato. Este doble o múltiple significado siempre ha generado polémica y los ha envuelto de misterio. De hecho, el significado de los símbolos varía según el contexto en que se analicen (lugar, condiciones sociales, edad de los individuos, etc.).

Cuando la mente explora el símbolo, por tanto, debe ir más allá de la razón, pues encontrará definiciones que no se pueden comprender desde una perspectiva racional. Una muestra que lo ejemplifica es el lenguaje que emplean las religiones. Lo divino, la idea de Dios, sólo se expresa a partir de símbolos. También las grandes preguntas y los problemas espirituales del hombre siguen valiéndose, desde que el mundo es mundo, de símbolos para manifestarse.

Los sueños simbolizan en imágenes acontecimientos que percibimos de forma consciente. Curiosamente, en estado de vigilia, también hacemos percepciones inconscientes. A veces, tenemos la sensación de haber visto cosas que creíamos olvidadas, o de haber oído ruidos y palabras que se han colado en nuestra mente, inadvertidas por la razón. Los deseos, impulsos, pensamientos, inducciones, deducciones y premisas que contienen los sueños pueden provenir, tanto de un marco racional, como de uno inconsciente.

Dos aproximaciones

Freud y Jung difieren al hablar del contenido de los sueños. Éste último asegura que no sólo abarcan recuerdos, también incluyen los embriones de futuras situaciones psíquicas. Esto lo respalda refiriéndose a los pensamientos nuevos que expresan los sueños, antes desconocidos por la conciencia. Para Jung, la capacidad onírica de

Carl Gustav Jung (1875-1961), discípulo de Freud, utilizó el análisis de los sueños para desarrollar sus teorías sobre los arquetipos y el inconsciente colectivo.

cada individuo sirve para compensar su organización psíquica y los desequilibrios de su personalidad, además de prevenir sobre peligros potenciales en la vida consciente.

Este concepto lo ilustra con algunos ejemplos, como el de la persona que sueña que vuela y luego cae. O con el de aquella otra que sueña muchas veces con una situación de riesgo que acaba con la muerte y, posteriormente, sin explicación alguna, acontece en la vida real. Asimismo, relata el caso de un hombre que, con frecuencia, soñaba que escalaba una montaña y que, en un punto del ascenso, caía al vacío y moría. Meses más tarde, ocurrió justo lo que el hombre había soñado. Murió escalando una cima. Jung asegura que, en estos casos, los sueños no son del todo premonitorios. Lo que ocurre es que las crisis personales se llevan a cabo de forma inconsciente y de manera paulatina.

Esos sueños son sólo avisos de una situación extrema que no podemos advertir conscientemente. El hecho de que las situaciones se reproduzcan en la vida real, tal y como se nos presentaron en sueños, ya demuestra de por sí que el propio individuo está buscando una salida definitiva a sus dificultades.

En las tesis de Jung, los estudios sobre mitología y culturas primitivas juegan un papel fundamental. Él aboga por un estado de civilización primaria, como los pueblos que tienen mayor contacto con la naturaleza y están más abiertos a sus instintos y a la emotividad de sus ideas. A diferencia del hombre occidental, los habitantes de estos pueblos interpretan sus obsesiones como manifestaciones de los espíritus y de los dioses. Por eso, su lenguaje onírico está cargado de simbolismos que las representan y que tienen tanta energía que es imposible no prestarles atención. La modernidad, en cambio, ha preferido enterrar a los dioses y depositar su única fe en la razón. Y, aún así, las obsesiones siguen siendo las mismas que las primitivas.

Arquetipos e inconsciente colectivo

Jung establece una diferenciación entre los símbolos naturales y los culturales. Los primeros son variaciones de arquetipos básicos, cuyas raíces pueden hallarse en imágenes de relatos muy antiguos. Los símbolos culturales, por otro lado, se emplean para expresar verdades eternas. A través del tiempo han sufrido transformaciones y un mayor o menor desarrollo consciente, pero, al final, se han convertido en imágenes colectivas aceptadas e integradas por las sociedades civilizadas. De aquí parte su concepto del inconsciente colectivo.

Jung, como se puede comprobar, defiende una evolución de la mente, consciente e inconsciente, igual que el darwinismo propuso la evolución de los seres vivos. Una cita del propio Jung en *El hombre y sus símbolos* ayuda a aclarar esta idea: «No suponemos que cada animal recién nacido crea sus propios instintos como una adquisición individual, y no debemos suponer que los individuos humanos inventan sus formas específicamente humanas, cada vez que nace uno. A semejanza de los instintos, los modelos de pensamiento colectivo de la mente humana son innatos y heredados. Funcionan, cuando surge la ocasión, con la misma forma aproximada en todos nosotros».

Las teorías de Jung están estrechamente relacionadas con una amplia tradición filosófica que se inicia con las ideas platónicas. Es decir, con el planteamiento de que, en esencia, la realidad está formada por preconcepciones innatas al ser humano, y no por aquello que captan nuestros sentidos. Un pensamiento también desarrollado por Kant, quien afirmaba que resulta imposible conocer la realidad, ya que nuestra estructura de conocimiento sólo nos permite vislumbrar representaciones de lo real, y lo no real en sí mismo.

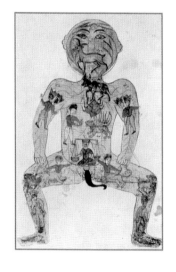

Para aquellos que se pregunten si pueden encontrar en los sueños una revelación sobre el sentido de la vida, la respuesta es sí. Muchas personas que, a priori, no exhiben gran interés por su dimensión espiritual, han descubierto en sus sueños alguna verdad fundamental y, en muchos casos, estas experiencias han contribuido a realizar y revitalizar su existencia.

Los sueños pueden suministrarnos algunas de las experiencias más bellas de nuestra vida. Si recordamos y valoramos este tipo de

¿Qué es un arquetipo?

En la teoría de los símbolos de Jung, aparece una pieza trascendental para su desarrollo: el arquetipo. Los arquetipos son elementos no individuales, no provienen de ninguna experiencia personal. Son pautas instintivas que tienen un carácter universal que se expresa a través de comportamientos e imágenes. Parecen formas aborígenes innatas, heredadas de generación en generación y que, por tanto, son comunes a individuos de todos los tiempos y de todas las culturas y civilizaciones. Sin embargo, a pesar de la universalidad de tales símbolos, Jung recalcó que la interpretación de sueños y símbolos depende en gran medida de las circunstancias de quien sueña y del estado de su mente. También es necesario aclarar que los arquetipos no son las imágenes o las diferentes representaciones de las cosas, sino las cosas en sí mismas. Por ejemplo, respecto a la figura del héroe, su significado es idéntico para cualquier ser humano corriente. Esto también sucede con la idea —antiquísima, pero aún vigente— de la muerte y la resurrección; o de la destrucción para el posterior renacimiento. O con la idea de lo divino, como recalcábamos en párrafos anteriores. Estos son arquetipos representados en símbolos.

Los sueños pueden suministrarnos algunas de las experiencias más bellas de nuestra vida.
«El Beso» (Gustav Klimt, 1907)

imágenes en su justa medida, los sueños trascendentales nos visitarán con más frecuencia para servirnos de guía y de inspiración.

En lo que a la interpretación de los sueños se refiere, Freud y Jung han sido los psicólogos más influyentes del pensamiento occidental. De todos modos, sería injusto omitir el trabajo de otros analistas que también han desarrollado teorías interesantes.

Fritz Perls y las proyecciones personales

Uno de ellos es Fritz Perls, cuyas teorías se basan en la idea de que el simbolismo característico de los sueños es fruto de la creación personal de cada uno de nosotros. Este psicoanalista estaba convencido de que, para interpretar los sueños, había que partir de la base de que todos los personajes, y objetos que aparecen en ellos, son proyecciones del individuo mismo. Algo como decir que todos los símbolos son representaciones de parcelas de nuestra personalidad que no somos capaces de reconocer en estado de plena conciencia.

Perls aseguraba, por otro lado, que los sueños estaban vinculados directamente a las experiencias acumuladas, y no a los impulsos instintivos innatos, tal como pensaba Freud. En ese caso, la acti-

Según Jung, el círculo es una imagen arquetipo que tiene importantes asociaciones con la idea de plenitud, totalidad y consumación.

vidad onírica sería similar al material que muchos escritores utilizan en sus obras, derivado de las propias vivencias que, posiblemente, hayan quedado inacabadas o pospuestas.

Quizá, lo más interesante del trabajo de Perls sea su sistema de interpretación de los sueños. Dado que, según su teoría, cada elemento simbólico representa una parte de la propia personalidad del soñador, él mismo es el único que tiene la verdadera capacidad para interpretar, adecuadamente, sus pensamientos oníricos. Por tanto, si una persona sueña que pasa el día en una casa de campo, sólo ella sabrá qué aspectos de su personalidad están representados en la chimenea que humea, en el labriego que no deja de murmurar o en el azadón que cuelga de la pared del establo.

Las ideas de Perls abrieron nuevas perspectivas en relación con las tesis de Freud y de Jung, puesto que, por primera vez en la historia de la psicología moderna, *se daba libertad al individuo para interpretar sus sueños en función de su propio lenguaje simbólico*. Pese a todo, es importante anotar que Perls no pretendía eliminar la figura del terapeuta, simplemente reconvirtió su papel en el de un asesor que aporta sugerencias pero que, en ningún caso, impone su criterio analítico.

El método de trabajo de Perls se centró en una serie de ejercicios que él denominaba «role-play» (juego de roles), y que puede ser puesto en práctica por cualquier persona. Consiste, fundamentalmente, en meditar con detenimiento sobre los personajes y los objetos más significativos de la escena onírica y tratar de encontrar su relación con los aspectos más escondidos de nuestra personalidad. Esta técnica resulta muy práctica para tomar conciencia de las imágenes de nuestros sueños, y saber por qué nos causan tal impacto en algunas ocasiones.

Existencialismo y emociones

Otro de los psicólogos que tomaron un camino diferente al recorrido por Freud y Jung es Medard Boss. Boss rechazaba la idea de que los sueños se expresaran en forma de símbolos, como había concluido Jung y negaba que tuvieran un contenido latente y otro manifiesto, como decía Freud. Boss era de la corriente existencialista y opinaba que cada persona elige lo que quiere ser. Estaba convencido de que los sueños son capaces de hacer aflorar el estado existencial del individuo. Pensaba que la única interpretación posible de los sueños era su lectura literal, tal como aparecían en la escena onírica, sin esperar sacar de ella un significado diferente. Este método resulta útil para los sueños que reproducen con exactitud situaciones de la vida real. Sin embargo, los estudios realizados por sus predecesores indican que hay sueños que precisan un análisis muy profundo para entender su significado. Si la interpretación se basa sólo en aquello que se presenta en la escena onírica, se corre el riesgo de pasar por alto los significados más importantes de un sueño.

¿Es necesario ser un especialista para interpretar nuestros sueños? Jung creía que sí, que era imprescindible, tal como lo escribió en *Dreams* (Princeton University Press, 1974): «Resulta imposible para cualquiera sin conocimientos de mitología, folklore, psicología de los primitivos y religión comparada, captar la esencia de los procesos oníricos». Además, Jung opinaba que una persona corriente no podía interpretar sus propios sueños porque éstos abordan parcelas del soñador que a él mismo le son desconocidas. Sus tesis, por tanto, no dan demasiadas esperanzas a los neófitos que, a pesar de carecer de elevados conocimientos, aspiran a entenderse mejor a través de los sueños.

No es cuestión de rebatir aquí las tesis de Jung, sin embargo, hemos visto que otros estudiosos en la materia presentan diferentes opiniones al respecto. Por un lado, la técnica de la libre asociación de Freud, en principio, puede ser practicada sin peligro alguno por personas no expertas en el asunto. Por otro, los psicólogos existencialistas consideran que los intérpretes de los sueños deben estudiar a fondo el contenido manifiesto de éstos, desechando cualquier construcción teórica referente a la naturaleza de la mente. Según Boss, Craig y otros, estas teorías no son, en absoluto, necesarias para la comprensión de los sueños.

Resulta imposible encontrar una respuesta definitiva cuando nos preguntamos a quién debemos creer. Una buena posibilidad es atender a nuestra propia lógica. Es evidente que el conocimiento especializado es de gran utilidad a la hora de un análisis profundo de nuestros pensamientos oníricos. Sería una necedad negar que el estudio de la historia de las religiones, la antropología, la psicología y la mitología de la humanidad enriquece la valoración de su contenido. Pero tampoco es aceptable pensar que una persona corriente no quiera disponer de todos los medios que estén a su alcance para conocerse a sí misma.

En cualquier caso, el misterio forma parte de la esencia de los sueños y, difícilmente, llegaremos a desvelar todo su significado. La psicología no es una ciencia exacta y en este terreno, muchas veces, dos y dos no son cuatro. Por tanto, lo que nos queda es guiarnos por aquello que nos resulte útil. Si un método de inter-

El misterio forma parte de la esencia de los sueños y, difícilmente, llegaremos a desvelar todo su significado. «House of Stairs» (M.C. Escher, 1951)

Acertar con la interpretación de nuestros sueños, nos hace sentir de un modo parecido al que experimentamos cuando descubrimos la solución al enigma que nos tenía en vilo.
«Dream Garden»
(Antoni Tàpies, 1949),

pretación concreto, sin divagaciones, nos ayuda a comprendernos mejor, éste será el camino correcto. El mismo Jung decía que, en psicología, la verdad debe equipararse con la utilidad.

Una opción es estar atentos a nuestras propias emociones y a las representaciones físicas que tienen en nosotros. Si acertamos con la interpretación, nos sentiremos de un modo parecido al que experimentamos cuando descubrimos la verdad del enigma que nos tenía en vilo. El mismo placentero hormigueo nos recorrerá el cuerpo. Aunque no tiene por qué ser así, ya que depende de cada persona y es muy difícil describir estas sensaciones, seguro que una interpretación correcta nos hará sentir de un modo característico: como una mezcla de conocimiento e ignorancia a la vez. Entonces, estaremos en lo cierto. A nosotros acudirá esa nueva información que ya poseíamos de manera latente.

También es posible que, en ocasiones, el análisis no lleve a ningún lugar que el soñador reconozca como suyo. Hay sueños que cuesta mucho interpretar. Quizás sea bueno dejar pasar unos días para que lleguemos a un análisis más objetivo. Con la distancia de los días, podremos alejarnos más de los elementos que más nos han impresionado del sueño y captar su esencia. Aunque sea de un modo parcial, casi siempre, a través de los sueños, podemos obtener datos acerca de nosotros mismos que resultan útiles para conocernos mejor. A veces, la interpretación de un sueño parece estar aguardando a que tengan lugar ciertos acontecimientos en la vida diaria para manifestarse.

8. «Lucid dreaming»

«En la vigilia, el sueño gana imperceptiblemente al sujeto
y engendra un olvido, o bien un recuerdo, cuyo contorno
se transfiere a un plano de la conciencia que no puede acogerlo.
Pero si se transfiere a un plano adecuado de la conciencia,
donde ésta y el alma entran en simbiosis, se convierte
en un elemento de creación en el proceso de la vida personal.»

María Zambrano

**La técnica del
«sueño lúcido»**

A grandes rasgos, este tipo de sueños es el que permite al soñador participar conscientemente en ellos. Es decir, darse cuenta de repente de que está soñando y de que puede utilizar los elementos de la escena onírica a su antojo y provecho. En este aspecto, los sueños lúcidos potencian mucho la creatividad; pues resulta la ocasión idónea para inventar, concebir y formar sin ningún tipo de límites, ni restricciones. El plato fuerte de estos sueños, también son las propiedades curativas que ofrecen. La vida de cualquier individuo puede mejorar durmiendo, pues, al tomar contacto directo con el material del inconsciente, resulta más fácil descubrirse a uno mismo y progresar interiormente.

Pero, ¿qué es un sueño lúcido? Quizá lo hayas experimentado alguna vez. Estás durmiendo y tu mente entra en un sueño en el que un desconocido, por poner un ejemplo, te exige a gritos que te vayas de tu propia casa. Lo inverosímil de la situación hace que, de repente, te digas a sí mismo: «Esto es sólo un sueño».

Los expertos definen este fenómeno como «actividad onírica prelúcida». Pero esta situación puede manifestarse de una forma mucho más evidente. En este caso, uno no sólo sabe que está soñando, sino que, además, puede emplear su conciencia para cambiar el desarrollo del sueño del modo que elija. En el ejemplo anterior, podríamos preguntarle al desconocido quién es o por qué nos echa de nuestra propia casa.

*La vida de cualquier individuo
puede mejorar durmiendo, pues,
al tomar contacto directo con el
material del inconsciente, resulta
más fácil descubrirse y progresar
interiormente.*
«Flaming June»
(Frederic Leighton, 1895)

Los sueños lúcidos son muy estimulantes. Sobre todo, porque permiten al soñador controlar sus reacciones dentro del episodio onírico, incluso si se trata de una pesadilla.

Hay que decir, sin embargo, que la lucidez onírica no es nada habitual, a pesar de que se han realizado encuestas en las que el setenta por ciento de la gente afirma haber tenido algún sueño de este tipo en alguna ocasión. Es posible que muchos de estos entrevistados confundieran las imágenes lúcidas con las prelúcidas, por lo que sólo tuvieron una vaga sensación de estar soñando.

Mantener la conciencia despierta durante mucho tiempo mientras navegamos por nuestros océanos oníricos resulta complicado. Cuando se tienen sueños lúcidos, lo normal es que uno acabe despertando en breve o, en el caso contrario, regrese rápidamente al estado inconsciente. La lucidez sólo es intermitente. Además, una vez hemos tenido un sueño de estas características, pueden transcurrir varios años antes de experimentar otro similar. Este carácter excepcional es lo que hace que muchas personas consideren que los sueños lúcidos son los más estimulantes. Sobre todo, porque permiten al soñador controlar sus reacciones dentro del episodio, incluso si se trata de una pesadilla.

Por desgracia, aún no se sabe gran cosa sobre este tipo de procesos oníricos, aunque se cree que se producen con más frecuencia durante las primeras horas de la madrugada, pues este periodo facilita que el individuo se dé cuenta de que su mente está concibiendo un suceso improbable o directamente imposible (por ejemplo, verse levantando un avión a pulso).

¿Son beneficiosos los sueños lúcidos? Desde luego, ya que el individuo que los experimenta, al comprobar que su mente está consciente, contempla con satisfacción cómo su sensación de libertad aumenta de forma paralela al incremento de su autocontrol. En este sentido, algunos expertos van más allá y aseguran que cuando se ha aprendido a dominar los sucesos oníricos, resulta mucho más sencillo resolver los problemas cotidianos y enfrentarse a las ansiedades. Los sueños lúcidos, por tanto, pueden contribuir a nuestro crecimiento espiritual.

Por otro lado, su potencial puede ayudarnos a tratar adecuadamente las pesadillas más terroríficas. Así, la lucidez nos permite afrontar las imágenes amenazantes con el fin de entenderlas, y no con el propósito de aniquilarlas. Según algunos psicólogos como, por ejemplo, la reputada analista estadounidense Gayle Delaney, lo más adecuado para hacer frente a una pesadilla no pasa por convertir este sueño en algo agradable. Al contrario, los que sueñan de forma lúcida disponen de una opción más adecuada: preguntar directamente a los personajes oníricos que tanto les aterrorizan, qué es lo que quieren o qué representan. Esta experiencia no sólo puede ayudar a transformar las figuras malvadas en personajes amistosos, sino que también permite discernir qué partes de la personalidad del soñador están representadas por la imagen originalmente amenazadora. Con un buen entrenamiento, esto reportará seguridad y confianza al despertar.

Cómo comenzó todo

En los sueños lúcidos somos conscientes de que estamos soñando.
La sensación de que ha transcurrido el tiempo, en un sueño normal, es debido a los cambios repentinos de escenario.
En los sueños lúcidos, en cambio, el sentido crítico del soñador le hace preguntarse por el transcurso del tiempo que no ha vivido.

El término «sueño lúcido» lo acuñó Frederik Van Eden en 1898, usando la palabra «lúcido» en el sentido de «claridad mental». Así pues, podemos decir que un sueño lúcido es aquél en el que «el soñador se hace consciente de que está soñando». Esta definición, dada por la investigadora Celia Green en 1968, es la más aceptada en la actualidad por los expertos. De todos modos, el estudio de este suceso en el sueño se viene dando desde la antigua Grecia. En el siglo IV a.C., Aristóteles hace la primera referencia escrita al sueño lúcido en su *Tratado sobre sueños*: «Cuando uno está dormido, hay algo en la conciencia que pone de manifiesto que lo que allí se presenta no es mas que un sueño».

San Agustín, en el 415 d.C., utiliza el relato de un sueño lúcido para justificar la vida después de la muerte. Más adelante, en el siglo VII, el budismo tibetano estudia el yoga del sueño, en el que el

monje se entrena en el sueño lúcido como parte de su desarrollo espiritual. A pesar de estos precedentes, el estudio del sueño lúcido, tal y como lo entendemos hoy en día, no se presenta hasta el siglo XIX, de la mano del Marqués de Hervey Saint Denys. Este investigador publicó en 1867 el libro *Los sueños y cómo controlarlos*. En él demostraba que es posible aprender a soñar conscientemente. Este hecho le convierte en el fundador de la primera línea de estudio del sueño lúcido, aunque sus descubrimientos fueran puestos en duda por muchos investigadores posteriores.

Mucho más sistemática y objetiva que Saint Denys, fue la psicóloga inglesa Mary Arnold Foster (1861-1951). En su libro, *Studies in Dreams* (1921), describe técnicas de lucidez y control de sueños experimentadas por ella misma. Esta investigadora se interesó especialmente por el «aprendizaje de vuelo» en los sueños lúcidos, práctica que ella llevaba a cabo desde la infancia.

Otro aspecto muy importante de su trabajo fue su terapia de pesadillas. Aprendió a reconocer que sus sueños terroríficos eran «sólo sueños». Así, ayudó a muchos niños a superar sus pesadillas mediante el sueño lúcido, enseñándoles las técnicas para transformar el sueño desagradable en uno agradable. El hecho de que se mostrara crítica con muchas de las teorías freudianas, especialmente las de fingimiento y censura, hicieron que la genialidad de Mary Arnold Foster fuera relegada al olvido. Hasta varios años después, no se reconoció el justo valor de sus descubrimientos.

la meditación es un buen recurso para estimular la lucidez en los sueños.

A través de las técnicas del sueño lúcido podemos superar nuestras pesadillas transformándolas en sueños placenteros y agradables.

El sueño lúcido, hoy

Las investigaciones actuales sobre la lucidez han avanzado mucho en los últimos cincuenta años y han llevado a desestimar antiguas teorías. Tradicionalmente se pensaba que los sueños transcurrían en un momento, aunque ocurrieran en ellos largas historias. Sin embargo, tras estudiar en el laboratorio la vivencia subjetiva del soñador, en todos los casos el tiempo estimado del sueño lúcido era muy cercano al real (LaBerge, 1980-1985). La sensación de que ha transcurrido más tiempo se debe a los cambios repentinos de escenario que se dan durante los sueños. En 1982, un estudio de los psicólogos Stephen LaBerge y William Dement demostró que, en el sueño lúcido, se controlaba voluntariamente la respiración. Lo comprobaron con tres soñadores lúcidos, quienes podían respirar con rapidez o aguantar su respiración durante el experimento sin sufrir ninguna alteración en el sueño.

Por otro lado, uno de los temas más comunes del sueño lúcido es la actividad sexual. LaBerge, Greenleaf y Kiedzierski (1983) llevaron a cabo una práctica piloto sobre la respuesta fisiológica en los sueños lúcidos de carácter sexual. El protocolo experimental requería que el soñador lúcido hiciera señales oculares en los siguientes momentos: cuando entraba en lucidez, cuando empezaba la actividad sexual en el sueño, y cuando experimentaba el orgasmo. Los investigadores probaron que el cuerpo reacciona sexualmente igual, tanto si está despierto, como durante el sueño lúcido.

Las situaciones, personajes
u objetos que se presentan
en sueños, pero que son imposibles
en el mundo real, son precisamente
los que despiertan el sentido crítico
del soñador y le llevan a la lucidez.
«The meaning of life», Hipgnosis

La meditación es también un buen recurso para estimular la lucidez en los sueños. Antes de acostarte, elige un lugar tranquilo y siéntate en una silla recta o en el suelo con las piernas cruzadas. Baja los párpados de manera que sólo penetre en tus ojos una leve franja de luz, o ciérralos completamente si ello no te provoca somnolencia. A continuación, intenta relajarte durante unos cinco minutos (a medida que progreses en la práctica, puedes alargar las sesiones). Céntrate en un solo estímulo, fijando tu atención en un punto determinado. Cuando finalices el ejercicio, métete directamente en la cama, intentando no perder la relajación conseguida. La meditación te ayudará a concentrarte durante el sueño, lo que te permitirá reconocer las incongruencias que aparezcan en tus pensamientos oníricos. Este es el punto de partida para soñar lúcidamente.

Otro método para inducir esta clase de sueños consiste en proponerse llevar a cabo alguna tarea mientras dormimos. Al soñar, intentaremos realizar este trabajo, cosa que nos recordará que la actividad que estamos realizando (en el caso que finalmente soñemos con lo que nos propusimos) no es otra cosa que un sueño.

Una variante de esta técnica (también implica asumir una tarea) consiste en dejar un vaso de agua en el baño y comer algo muy salado antes de acostarse. Si sigues este método, lo más normal es que por la noche tengas sed pero, puesto que tu cuerpo se mostrará reticente a despertarse e ir al baño, el desplazamiento quedará incorporado a tu sueño. La conciencia de todo ello te hará ver que estás soñando.

¿Estoy soñando o no?

Cuando en la vida cotidiana aparece de forma repetitiva una persona, sentimiento o pensamiento, aumenta la probabilidad de que soñemos con ello. El contenido de los sueños siempre está muy influido por el contenido del día. Cuantas más veces realicemos una acción, más fácil será que ésta aparezca en sueños. Por tanto, si nos preguntamos «¿estoy soñando?» con frecuencia, al final nos haremos la pregunta en sueños. El problema surge cuando la sensación de realidad en el sueño es tan fuerte que nos engaña de nuevo. Por ello, resulta necesario repetir el test de realidad que mostramos más adelante.

La Dra. Consuelo Barea apunta que, sobre todo, hay dos técnicas apropiadas para la inducción del sueño lúcido por la noche. Se trata de la autosugestión y la entrada directa en el sueño sin pérdida de conciencia, proveniente del yoga tibetano.

La cantidad de veces que se repiten los estímulos en el sueño repercute mucho en su contenido. Con la calidad de estos estímulos, sin embargo, sucede lo mismo. Un acontecimiento que nos impresiona, que nos choca en gran medida, provocando en nosotros un fuerte impacto, es un tema más que susceptible de aparecer en nuestros sueños, aunque sólo ocurra una vez. La forma en que nos hablan o nos llega la información puede ser altamente sugestiva y entrar de forma directa en nuestro inconsciente.

La memoria prospectiva es una variante de esta capacidad. Consiste en darse una orden, olvidarla y cumplirla cuando llega el momento oportuno. Un ejemplo de esta memoria lo vemos en esas personas capaces de despertarse sin despertador a la hora que eligen. Cuando la orden de lucidez onírica se da con intensidad y fuerza, puede llegar de forma directa al inconsciente. Algunas personas son capaces de tener un sueño lúcido sólo oyendo hablar de él por primera vez; esto resulta interesante, pero es mucho más útil educar la propia memoria prospectiva, de manera que uno mismo sepa darse una orden de manera eficaz.

Entrenamiento

El proceso de entrenamiento del sueño lúcido requiere un aumento gradual de la experiencia onírica. Se puede avanzar de repente a un nivel mucho más alto de lucidez y control pero, si eso ocurre por casualidad, sin haber trabajado lo suficiente, no se conserva el logro para sueños posteriores. Los avances quedan fijados cuando

Cuando en la vida cotidiana aparece de forma repetitiva una persona, sentimiento o pensamiento, aumenta la probabilidad de que soñemos con ello; esto sucede porque el contenido de nuestros sueños está muy influido por el contenido de nuestro día de vigilia.
«El voyeur» (Carles Baró, 1996)

Practicar la lucidez onírica nos da las claves para descubrir todo aquello que nos preocupa y nos acecha en forma de pesadillas.

se trabaja la lucidez, persistiendo en las técnicas de inducción. Entonces, los logros se incorporan a nuestro repertorio onírico normal. De este modo, podremos conseguir que, en sueños no lúcidos, también actuemos de forma espontánea, siguiendo lo aprendido en la lucidez. Por ejemplo, si te entrenas en los sueños lúcidos para enfrentarte a un personaje onírico que te aterroriza, acabarás por responder con valentía de forma automática a este personaje, aunque no estés teniendo un sueño lúcido.

Esta práctica nos dará las claves para descubrir todo aquello que nos preocupa en la vida de vigilia y que sale representado en nuestros sueños de preocupación y pesadillas. Al irnos ejercitando en la lucidez onírica, aprenderemos a sacar el máximo partido a esta fuente de inspiración y creatividad.

En el recuadro mostramos los pasos a seguir para entrenarse en la práctica del sueño lúcido. La información proviene de los estudios de la Dra. Consuelo Barea que aparecen en su libro *El Sueño Lúcido*, publicado por esta misma editorial.

Cómo vivir «Sueños lúcidos»

1- Realización de técnicas de inducción. Se practica alguna de las técnicas anteriormente citadas con la intención de tener un sueño lúcido (por ejemplo, la autosugestión). Puedes realizarla durante el día, al irte a dormir por la noche, o por la mañana, antes de una posible siesta matinal.

2- Aumento gradual del nivel de extrañeza onírica.
   - Nivel 0. Ninguna extrañeza ante el signo onírico
   - Nivel 1. Extrañeza puntual sin buscar explicación
   - Nivel 2. Extrañeza y búsqueda superficial de explicación
   - Nivel 3. Lucidez: «Estoy soñando»
El objetivo es llegar al nivel tres mediante la práctica de las técnicas anteriores.

3- Test de realidad. Llegados, como mínimo, al nivel 1, hay que acostumbrarse a practicar un test de realidad en el sueño. Éste puede ser visual, de leyes físicas o temporal. Se trata de que te cuestiones, por un momento, la realidad o coherencia de aquello que estás viendo o que

está sucediendo, según tu noción del tiempo y el espacio. Si encuentras algo raro en la valoración de alguno de estos factores, saltará una señal de alarma dentro de ti.

4- Prolongación de la lucidez. Alcanzada la lucidez, hay que procurar alargarla al máximo para sacar cuanta más información mejor. La vía a seguir es el diálogo interno con los personajes de la escena onírica y con los pensamientos que tengas dentro del sueño.

5- Control. Cuando hace un rato que se ha obtenido la lucidez y parece que va a continuar, se puede empezar a entrenar el control:
   - Orientación espacio-temporal
   - Cambio de la propia conducta
   - Cambio de escenario, personajes, acontecimientos...

6- Entrar y salir de un sueño. Tras el logro de todos los pasos anteriores, llegaremos a momentos oníricos que querremos recordar. Para ello, debemos aprender a despertarnos dentro del sueño.

9. La Cábala: los sueños en la tradición hebrea

Una remota sabiduría

Durante siglos, la tradición cabalística ha permanecido estrechamente ligada a la cultura hebrea, gracias a la cual se ha mantenido viva hasta nuestros días. Sin embargo, aunque el judaísmo ha sido una de las principales matrices de su desarrollo; las fuentes arcaicas más significativas de la Cábala proceden también de las antiguas culturas de Egipto, Caldea, Persia e incluso Grecia.

La Cábala es un método simple y preciso que investiga y define la posición del ser humano en el universo; enseña de qué trata el mundo espiritual y cómo se puede establecer contacto con los estados superiores. Su sabiduría explica por qué existe el hombre, por qué nace, por qué vive, cuál es su propósito, de dónde viene y adónde va cuando completa su vida. En definitiva, la Cábala se ocupa de buscar el significado interno y oculto de las cosas, entre ellas, también las que transmiten los sueños y todo lo que está enigmáticamente relacionado con ellos.

Desde siempre, los cabalistas han creído que la acción de dormir y la de soñar juegan un papel fundamental en nuestras vidas, que son una contribución directa para nuestra salud física y emocional. De acuerdo con su concepción bella y divina del cuerpo humano, el misticismo judío considera que dormir –como comer o beber– tiene una gran intención espiritual; mientras dormimos reforzamos la resistencia de nuestro cuerpo y somos capaces de percibir influencias elevadas.

Los cabalistas asocian los sueños al símbolo central de su tradición: el Árbol de la Vida.
«Árbol de la vida»
(Gustav Klimt, 1909)

Para los cabalistas, mientras dormimos nuestra mente se encuentra más receptiva a la creatividad y nuestra consciencia se cierra para dejar entrar a la inspiración divina.

«Un sueño no interpretado es como una carta sin abrir»

Según los maestros jasídicos, mantener un descanso satisfactorio es necesario para una existencia armoniosa; determinados momentos tienen que servirnos para darnos un respiro y conservar nuestros poderes interiores en buenas condiciones. Prescindiendo del descanso nocturno, además castigamos nuestra integridad física.

Hoy en día, casi hemos olvidado cómo dormir y ha aumentado el uso de sedantes y pastillas para conseguirlo. Para los cabalistas, ello denota un evidente desequilibrio interior. Sin embargo, una de las prácticas más comunes y antiguas de la Cábala es rezar a media noche. Su origen se remonta a la Edad Media y su método ha favorecido a muchos de los adeptos de la tradición esotérica judía. Justo a las doce de la noche y tras varias horas de sueño, comienza la meditación a través de cantos e himnos, profundizando en los misterios que narran los libros sagrados.

Una de las ventajas de esta técnica es el silencio que gozamos a esas horas. Además, está comprobado que nuestra creatividad y rendimiento aumentan considerablemente tras los periodos de siesta o descanso. Sin embargo, la práctica del rezo a media noche no debe llevarse a cabo si nos sentimos fatigados o tenemos que forzar demasiado nuestra mente; en ambos casos es mejor dejarla para otra ocasión y dedicarse a reposar.

Uno de los libros cabalísticos por excelencia es el *Zohar* o *Libro del Esplendor*, cuyas líneas destacan la importancia de los sueños, situándolos al nivel de nuestros estados conscientes. Del mismo modo, manifiesta que la interpretación de un sueño es casi más valiosa que el sueño en sí; por tanto, existen una serie de pautas a seguir a la hora de descifrar nuestros mensajes oníricos que más adelante veremos brevemente.

El *Zohar* dice que «un sueño no interpretado es como una carta sin abrir». En vez de ignorarlos o desecharlos por irrelevantes en la vida real, debemos afrontar honestamente nuestros sueños. «Un sueño que no es recordado también puede no haber sido soñado». Así que es preciso tener muy en cuenta los mensajes oníricos que recibimos. Además, para los cabalistas los sueños no son algo etéreo o un cúmulo de experiencias inexplicables. Al revés, son el reflejo de nuestra mente en estado de vigilia. Las cosas que vamos discurriendo a lo largo de la jornada, por la noche, ocupan nuestros pensamientos oníricos y son precisamente ellos los que revelan nuestras verdaderas emociones cotidianas. De este modo, se convierten en una vía para descubrir la profundidad de nuestro ser.

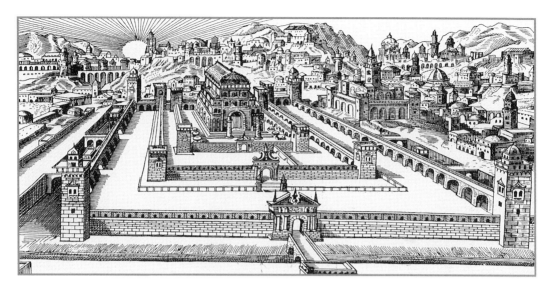

«El templo de Salomón» fue construido a partir de las medidas que Dios ofreció a David. Como este último tenía las manos manchadas de sangre, Salomón edificó un templo donde todos los materiales y la geometría tienen significado.
El cabalista no sólo contempla la ciudad dentro de los muros físicos, sino también en un plano metafísico y espiritual en el que aparecen siete visiones distintas de Jerusalén.

De acuerdo con el carácter cabalista –una curiosa mezcla entre raciocinio y poesía– los sueños deben ser interpretados a partir de unas reglas únicas: el mismo método sirve para cualquier ser humano, sin importar su condición.

La clave para dicha interpretación es comprender cada aspecto que conforma el sueño por separado. De un modo similar al de las teorías freudianas, la Cábala indica que, mientras dormimos, nuestra mente trabaja a partir de significados simbólicos. Las figuras que se nos aparecen representan de manera abstracta nuestras emociones y pensamientos más íntimos.

El *Zohar* interpreta bastantes símbolos oníricos. Por ejemplo, puntualiza que «todos los colores que vemos en sueños gozan de un buen presagio, a excepción del azul». En este sentido, la Cábala se adelantó en su día a la psicología actual afirmando que los colores guardan una estrecha relación con la profundidad de nuestros sentimientos. De hecho, se dice que la gente que sueña «en color», y lo recuerda, está más en contacto con su mundo interior. Igualmente, como observa el *Zohar*, los colores oscuros se asocian con la tristeza.

Desde la perspectiva de los cabalistas, los sueños se asocian al símbolo central de su tradición: el Árbol de la Vida. Si nos remitimos a las descripciones del *Sefer Yetzirah* o *Libro de la Creación*, texto místico de más de mil quinientos años de antigüedad, el Árbol de la Vida comprende diez fuerzas independientes, pero relacionadas entre sí, llamadas Sefirot (en singular: Sefirah); ellas subyacen en todos los aspectos del cosmos y provienen de Dios.

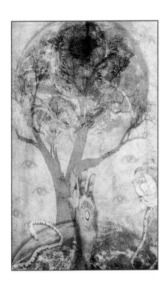

El Árbol de la Vida según la Cábala
se divide en cinco niveles: El primero
y más alto es Keter (Corona).
En un nivel inferior, a derecha y a
izquierda respectivamente, se
encuentran Hokhmah (Sabiduría)
y Binah (Comprensión), y justo
en el medio Daat (Conocimiento).
El nivel siguiente se compone de
Hesed (Compasión) y Geburah
(Juicio) y, en el medio de ambos,
un poco más abajo, Tiferet (Belleza).
En la tercera tríada está Netzach
(Victoria) a la derecha, Hod
(Gloria) a la izquierda y Yesod
(Fundamento) en medio.

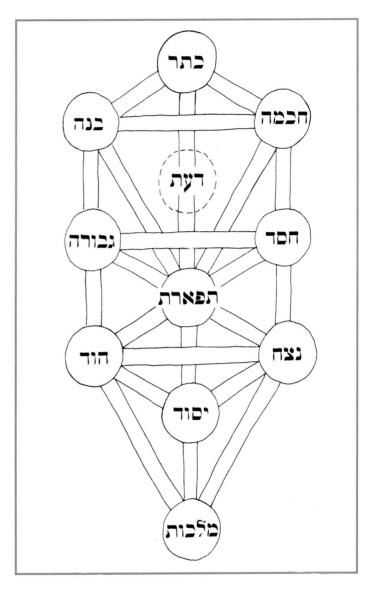

El término Sefirah, que no tiene homólogo en ninguna otra lengua, deriva de la palabra hebrea «contar» o «numerar». *El Libro de la Creación* constata: «Sólo diez Sefirot: diez y no nueve, diez y no once. Comprensibles con sabiduría y sabios con comprensión».

En la mayoría de sistemas cabalísticos cada Sefirot se vincula a un gran surtido de atributos y símbolos, además de un color, una nota musical, y un lugar dentro del cuerpo humano específicos. Por lo general, la estructura del Árbol de la Vida se divide en cinco niveles:

Los cinco niveles oníricos del Arbol de la Vida

El primero y más alto es Keter (Corona), la mayor de las fuerzas, el principal poder generador del universo. En un nivel inferior, a derecha y a izquierda respectivamente, se encuentran Hokhmah (Sabiduría) y Binah (Comprensión), que se corresponden con las cualidades de la inteligencia activa y receptiva. Todos ellos forman una tríada de cualidades que, justo en el medio, posee un recipiente de energía conocido como Daat (Conocimiento). A menudo, este último es considerado un intermediario que los une, o la síntesis del conjunto de sus atributos.

El nivel siguiente se compone de la segunda tríada sagrada del Árbol de la Vida: a la derecha, está Hesed (Compasión), a la izquierda, Geburah (Juicio) y, en el medio de ambos, un poco más abajo, Tiferet (Belleza). Los atributos de Compasión y Juicio son necesarios para mantener el equilibrio del universo; la belleza, por otro lado, es la esfera vital de la energía –descrita como la mayor presencia que podemos vislumbrar de Dios en el plano terrenal.

En la tercera tríada está Netzach (Victoria) a la derecha, Hod (Gloria) a la izquierda y Yesod (Fundamento) en medio. Normalmente, Yesod se define como el poder generativo del universo material; en cambio, los otros dos Sefirot no poseen definiciones tan concretas. Una de las existentes dice que Netzach se refiere al fluir de la energía física –como la euforia corporal que se desata al correr, saltar o reír– y Hod tiene que ver con la contención de esta energía, incluyendo la negación y ascetismo del propio cuerpo.

Finalmente, encontramos el Sefirah que completa la estructura: Malkut (Reino). Esta esencia suele simbolizar el campo de la naturaleza y la humanidad, además de relacionarse con Shekinah, la figura femenina de la Deidad. Según las antiguas enseñanzas de los místicos judíos, cada vez que actuamos con la intención y la devoción correctas, convocamos la presencia divina a nuestro alrededor.

Los cabalistas también identifican treinta y dos «caminos» o situaciones vitales (como el éxtasis, el desafío, la obstrucción y la armonía) que van conectando con cada Sefirah. Curiosamente, aunque no se trata de una mera coincidencia, el número treinta y dos es la cifra exacta que se alcanza si se suman las veintidós letras del alfabeto hebreo con los diez Sefirot. A partir del valor numérico de las palabras hebreas (cada letra posee un número asociado a ella), se deduce un símbolo onírico dominante y la característica psicológica que conlleva (la corona, por ejemplo, representa la sabiduría). Así se puede conectar cada sueño a una de las treinta y dos situaciones vitales mencionadas.

El candelabro judío o «Menorah», fabricado de una sola pieza de oro, es para la Cábala tanto un objeto de contemplación como de culto, y simboliza el Mundo Divino de la Emanación.

Seis pasos para la exploración de nuestros sueños

Siguiendo estos seis pasos de la Cábala podremos analizar fácilmente nuestros propios sueños:

1. Ten siempre una libreta y un bolígrafo al lado de la cama. De este modo, independientemente del momento en el que te despiertes, podrás apuntar tu sueño, y volver a dormirte. Por mucho que el sueño te fascine, no te engañes pensando que a la mañana siguiente lo recordarás.

2. Anota el sueño de la manera más específica posible. Aunque algo parezca trivial a primera vista, con el tiempo, puede convertirse en una referencia esencial.
A medida que vayamos creando nuestra propia base de datos onírica nos daremos cuenta de que ciertos temas e imágenes se repiten con asiduidad, y ello tiene especial importancia en relación a nuestra vida cotidiana.

3. Describe los sueños en presente y asegúrate de que incluyes la emoción que has experimentado. Los sentimientos que nos provocan las escenas oníricas resultan determinantes para la lectura de los sueños. Por tanto, si explicas que vas caminado por la calle y, de repente, te encuentras con un muro, añade también qué sentiste al verlo en tu camino.

4. Una vez descrito el sueño, haz una lista de los símbolos que aparecen en él (montaña, volar, amor, hornear...); y anota al lado el impacto emocional que tuvieron en ti (utiliza una escala del uno al cinco; 1 = emoción mínima, 5 = emoción intensa).

5. Empieza por el símbolo que posea mayor carga emocional y búscalo en la lista de interpretación cabalística que incluimos al final de este capítulo.
Cada símbolo se presenta con una triple descripción: su significado particular, su significado respecto a las fuerzas del Árbol de la Vida y el consejo que ofrece para la vida ordinaria. Todo ello nos ayudará a elucidar el misterio onírico y a actuar basándonos en él.

6. Reflexiona durante algunos minutos sobre lo que has aprendido de la interpretación cabalística de tus símbolos oníricos. Seguidamente, piensa en un solo mensaje concreto y definido del sueño. Consérvalo en la mente y continúa con tus actividades habituales a partir de esas ideas y propósitos nuevos.

El Zohar o Libro del Esplendor recomienda dar salida a nuestros sueños compartiéndolos con aquellas personas que puedan ayudarnos a dilucidar los mensajes oníricos.

Compartir los sueños

La estrella de David o doble triángulo es llamado por los cabalistas «Sello de Salomón» y simboliza la armonía de los elementos opuestos, la sabiduría sobrehumana y el gobierno por gracia divina.

Cuando un sueño encaja con una interpretación determinada, se convierte en un trampolín orientado hacia la consecución de nustros planes. Según el misticismo judío, vivimos en una esfera de acción, y lo que hacemos es lo más importante dentro de la vida terrenal. Una vez comprendidos nuestros sueños, necesitamos actuar a partir de ellos, llevar su mensaje a nuestra rutina, planes y objetivos cotidianos. Una forma de poner en práctica todo esto, es anotando lo que hacemos día a día en un cuaderno y observando nuestra evolución. También podemos solicitar ayuda y consejo a las personas cercanas que nos acompañan en nuestro viaje vital.

A la hora de compartir nuestros sueños debemos ser selectivos. Para los cabalistas, los asuntos de la materia onírica no se pueden discutir con cualquiera; ya que los extraños o compañeros casuales podrían distorsionar o confundir la importancia de los mensajes. El *Zohar* advierte que sólo debemos revelar los sueños a nuestras amistades verdaderas, pero también habla de la importancia de dar salida a los sueños y de no enterrarlos en nuestro interior: «Cuando alguien ha tenido un sueño, tiene que descargarlo ante sus amigos».

Existe una antigua práctica cabalística, conocida como el «ayuno del sueño», que se practica tras las experiencias oníricas que auguran desventajas. Como el mal presagio no es irrevocable, se recomienda ayunar y meditar el día después para que la persona recupere su equilibrio interior, cuya inestabilidad ha provocado la ansiedad onírica; esto nos ayudará a sintonizar mejor con nuestros sentimientos ocultos. Normalmente, en estos casos, cuando el so-ñante termina su jornada de ayuno y meditación, se reúne con tres buenos amigos. Entonces, recita en voz alta frases esperanzadoras de las Escrituras, para atraer vibraciones positivas a su consciencia.

La Cábala también explica que deben tomarse muy en serio los sueños que hablan sobre enfermedad, muerte o destrucción, porque están haciendo referencia a los conflictos emocionales que sufrimos en nuestro interior, y que podemos entender y solucionar con una correcta interpretación de nuestros episodios oníricos. Según el *Libro del Resplandor*, «un hombre no es advertido en un sueño sin causa». Del mismo modo, los avances en investigación onírica y científica actuales demuestran que, a menudo, nuestros sueños advierten el estado de nuestra salud antes incluso que los médicos.

La «Incubación onírica»: Cómo obtener consejo de los sueños

La Cábala también nos enseña a preguntar a nuestros sueños para obtener consejo de ellos: antes de meternos en la cama, debemos escribir –de la manera más concreta y breve posible–, una pregunta que resuma nuestra inquietud o dilema. Inmediatamente después y durante algunos minutos, deberemos concentrarnos en ella y pedir a nuestro sueño que nos proporcione una respuesta. Esto se llama «incubación onírica» y ya se utilizaba en la Antigua Grecia y entre las comunidades de los indios norteamericanos.

También se emplea hoy en algunas consultas psicológicas. Recuérdese que la contestación que buscamos no tiene porqué llegar la misma noche, puede que lo veamos todo más claro en otro sueño, al cabo de unos días.

El *Zohar* también dice: «No hay sueño que no se entremezcle con algún asunto falso, convirtiéndose en una combinación de verdad y falsedad». En este libro no haremos referencia a los supuestos «mensajes del espacio exterior» que pudieran darse en sueños. No porque no existan (aunque en una proporción pequeñísima), sino porque su esclarecimiento exigiría otro libro como éste.

Para los cabalistas, los sueños son el origen del conocimiento paranormal. Según el *Zohar*, «un sueño es más preciso que una visión y puede explicar lo que ésta esconde». Mientras dormimos nuestra mente está mucho más receptiva a la creatividad y nuestra consciencia se cierra para dejar entrar a la inspiración divina. Ocurre cuando estamos lo suficientemente abiertos a ella y hemos dejado de ofuscarnos con dudas y deseos de la vida cotidiana.

El factor que determina el poder visionario de los sueños es el estado de nuestra mente durante la vigilia. La tradición mística judía conecta la percepción onírica extrasensorial con nuestro estado emocional, sobre todo con nuestro grado de satisfacción, calma, lucidez y compasión. Porque cuanto más serenos nos encontremos por dentro, y menos nos preocupen las fantasías infundadas, así como la inquietud y la ansiedad, antes lograremos sueños «elevados» de conocimiento: nuestras habilidades psíquicas se harán evidentes.

Freud y Jung también tuvieron en cuenta la capacidad clarividente de los sueños en sus investigaciones. La Cábala, pues, guarda un contacto directo con la psicología moderna.

Lo que está claro es que, tras los sueños se esconde mucha información. Los cabalistas siempre han visto en las experiencias oníricas una gran fuente de entendimiento. Como dice el *Zohar*: «Por la noche, todas las cosas regresan a sus raíces y orígenes».

La tradición mística judía conecta la percepción onírica extrasensorial con nuestro estado emocional y afirma que cuanto más serenos nos encontremos por dentro, y menos nos afecten la inquietud y la ansiedad, antes lograremos sueños «elevados» de conocimiento y nuestras habilidades psíquicas se harán evidentes.

Pequeño diccionario de sueños de la Cábala

ABISMO. Peligro relacionado con una situación emocional intensa. Debemos ser cautos a la hora de relacionarnos con los demás en circunstancias de mucha emotividad.

ACADEMIA. Denota conocimiento, en especial de naturaleza filosófica y metafísica. El estudio profundo favorecerá al soñante.

ÁGUILA. Imaginación y creatividad. Si vuela muy alto representa una mayor emergencia de estas cualidades; un nido de águila es un lugar seguro para potenciarlas.

ALFABETO HEBREO. Cada una de las veintidós letras tiene un significado específico. En sueños, indican comunicación elevada.

ANCIANO Sabiduría perenne, en especial la religiosa. El soñante debe buscar esa cualidad en su vida.

ÁNGEL. Una característica elevada, como la amabilidad, la compasión o la curación, se halla en la vida del soñante. El encuentro directo con un ángel indica que debemos reforzar dicha cualidad.

ÁRBOL. Vida y conocimiento espiritual. . Un árbol en flor también representa el éxito merecido; desnudo, denota falta de logros.

ARCO IRIS. Protección y seguridad divinas. Símbolo esperanzador y alentador para la vida del soñante.

ATAÚD, TUMBA o CEMENTERIO. Algo ha muerto en la vida del soñante. Todo irá bien si lo acepta y sigue adelante con fortaleza.

AURORA, AMANECER. Un nuevo comienzo, puede que una relación o un empleo.

AUTOPISTA, CARRETERA. Simboliza el camino o el viaje vital. Si está transitada, significa que el soñante goza de relaciones estrechas con los demás. De lo contrario, denota soledad.

BAILAR. Alegría y diversión en la vida del soñante.

BEBÉ. Algo nace; posiblemente, una relación.

BESO. Sabor del alma trascendental. De manera consciente o no, experimentamos dicha condición en algún aspecto de la vida.

BOCA. El habla humana y su capacidad para crear armonía o conflicto. El soñante debería prestar atención al efecto que causan sus palabras. Una boca herida simboliza falta de habilidades comunicativas.

BODA. Compromiso espiritual, quizá relacionado con un campo de estudio, con la formación, o con un esfuerzo a largo plazo.

BRAZO. Fuerza y proeza. El soñante tiene poder en una situación particular. Si el brazo aparece herido, simboliza que ese poder se debilita.

CABRA. Gran habilidad de superación y resistencia. El soñante necesita desarrollar otras cualidades elevadas como la imaginación o la sensibilidad estética.

CADÁVER. Algo ha muerto y se está deteriorando en nuestra vida. Debemos determinar qué es y actuar inmediatamente para «enterrarlo».

CAER. El soñante está cayendo en un nivel inferior de consciencia y siente emociones negativas como la rabia, el orgullo, o el miedo. Sin excepciones, es un símbolo negativo.

CAMPO VERDE. La vida del soñante está llena de vitalidad y buenos propósitos.

CANTAR. Gratitud. La acción de cantar, ya sea el soñante u otras personas, significa que se da a conocer algo que se agradece y que es motivo de celebración.

CARTA SIN ABRIR. El soñante no ha escuchado un mensaje de suma importancia. Es necesario que preste atención inmediata a cualquier comunicación que reciba en su vida presente.

CEGUERA. El soñante no puede, o no quiere, ver la verdad sobre un asunto de su vida. Los sueños en los que estamos rodeados de oscuridad tienen el mismo significado.

CIELO. El mundo espiritual: lo intangible, puro, sutil y místico de la vida. Un cielo despejado significa claridad; si está nublado, quiere decir que hay confusión.

COJERA. Incapacidad para resolver una situación determinada, provocada por nosotros mismos, o por circunstancia externas.

COMETA. Un gran cambio va a llegar a la vida del soñante. Será beneficioso, pero puede comportar una pérdida repentina de algo, un trastorno, o un giro inesperado.

COPA o CÁLIZ. Bendición divina; muy positiva si es de oro o plata. Si está rota, significa que la bendición será rechazada.

CORDERO. Sumisión y dulzura. Un pastor dirigiendo su rebaño señala que estamos teniendo especial cuidado y mano izquierda con una situación determinada.

CRUCERO. Crecimiento espiritual superior y transformación. Si el barco se mueve con calma sobre aguas plácidas, el soñante casi no encontrará agitación en su vida. Las olas turbulentas, en cambio, presagian tensión.

CUEVA. Sitio donde refugiarse ante una situación amenazante o estresante.

DAGA o ARMA. Violencia personal. Denota que el soñante está furioso y guarda dentro de sí sentimientos de agresividad.

DEMONIO. Simboliza las bajas pasiones como los celos, el resentimiento o la venganza. El soñante debe apartarlas de su vida lo antes posible.

DESIERTO. Aridez espiritual en algún aspecto de la vida del soñante. Una manera de evitarlo es buscando la manera de lograr más productividad y riqueza espiritual.

DESPERTARSE. El soñante está recuperando claridad, perspicacia y energía personal para llevar a cabo algún asunto de su vida.

DIENTES. Vitalidad física. Perder los dientes advierte sobre la salud del soñante.

DORMIR Ignorancia, pasividad y retirada. En su interpretación más positiva, representa la espera sin prisa. Caer dormido simboliza pérdida de consciencia y perspicacia.

DRAGÓN o MONSTRUO. Fuerzas demoníacas o espiritualmente negativas, como la magia negra o la malevolencia. El soñante debe esquivar cualquier asunto en su vida que esté relacionado con dichos aspectos.

ECO. Todo lo que hacemos resuena y tiene repercusión en los mundos ocultos. Los sueños de este tipo nos recuerdan dicha verdad espiritual.

ENFERMEDAD. El soñante carece de equilibrio en su vida y, pronto, puede experimentar un desorden físico o emocional.

ESCALERA. Desarrollo del carácter y crecimiento personal.

ESTANCARSE EN EL AGUA. Bloqueo de la vitalidad, sobre todo en el sentido espiritual.

ESTRELLA BRILLANTE. Divinidad. Proximidad de acontecimientos favorables y buena suerte.

ESTUDIO. Adquisición de conocimiento, sobre todo, espiritual. Es un sueño positivo que indica que el durmiente está desarrollándose interiormente.

FIRMAMENTO. Orden divino en el universo que se traslada a la vida del soñante.

FUEGO Juicio divino de las imperfecciones y malos actos del soñante. El fuego también indica necesidad de una limpieza moral exhaustiva y una autopurificación.

FUENTE. Buen estado emocional, vitalidad. Cuanta más agua surja, mayor capacidad del soñante para expresar emociones positivas, como la gratitud y la compasión.

FUNERAL. Algo ha muerto en la vida del soñante: un empleo, una relación o, incluso, una importante creencia.

GACELA. Decisión precisa y elegante que el soñante debe tomar. Símbolo muy positivo.

GENITALES. Capacidad generadora, potente creatividad del soñante.

GIGANTE. Egolatría, orgullo y arrogancia. El soñante o alguien cercano a él se están comportando de forma poco generosa.

HACER EL AMOR. Éxtasis del alma cuando se refiere a una unión con Dios.

HAMBRE. Privación física o emocional. El soñante siente alguna necesidad corporal o sentimental no satisfecha.

HORIZONTE. Futuro cercano. Un horizonte deslumbrante representa buena suerte; oscuro, en cambio, indica problemas.

HUERTO. Viveza en la actitud y las creencias Revela una excelente perspectiva y crecimiento espiritual.

JOYA. Iluminación divina. Cuanto más bella o brillante sea, mayor será la espiritualidad que resplandecerá en nuestra vida.

LÁMPARA. Conocimiento espiritual y sabiduría. El *Zohar* habla de una lámpara de oscuridad, que se asocia al mal y a la discordia.

LEÓN. Coraje y fuerza espiritual. Tradicionalmente, el león también representa al pueblo judío. La imagen del león rozando a sus cachorros con el hocico indica que transmitimos coraje a los demás.

LIBRO o PERGAMINO. El conocimiento está cercano.

LUNA. Ensueño, intuición y receptividad en el alma del soñante. Tradicionalmente, está relacionada con los aspectos ocultos del alma, como la imaginación y la creatividad. Igualmente, se asocia con la feminidad.

LUZ. Divinidad, santidad y sabiduría. Este es un símbolo superior.

MAÑANA. Estado espiritual de satisfacción y alegría. También se asocia con el placer físico, el bienestar y la curación.

MAR CON OLEAJE. Orgullo y arrogancia. Este sueño indica que el soñante debe cultivar su humildad.

MERCADO. Sustento de la existencia humana. Indica nuestra preocupación por cómo ganarnos la vida.

MONTAÑA. Lugar de inspiración divina y revelación. Indica que el soñante necesita encontrar dicho lugar en su vida.

NIÑO. Representa la inocencia y la ingenuidad, las ganas de aprenden que beneficia el desarrollo intelectual. Señala la importancia que el soñante confiere a esta virtud.

NOCHE. Juicio y cualidades sombrías. La noche suele asociarse con las fuerzas demoníacas y con la negatividad emocional. La MEDIA NOCHE, sin embargo, representa un tiempo de estudio místico y contemplación.

OASIS. Lugar de rejuvenecimiento y reaprovisionamiento. Indica el término de la sensación de esterilidad espiritual en la vida del soñante. Es un símbolo positivo.

OJO. Un ojo humano representa que el soñante posee un discernimiento acertado sobre algún asunto o situación. Si el ojo está herido o ciego, significa lo contrario.

OSCURIDAD. Ausencia de la divinidad y santidad. Ignorancia. Cuanta más oscuridad aparezca en el sueño, menos iluminación espiritual tendrá el durmiente.

PALACIO. Morada de lo divino. El soñante debería buscar más conscientemente el lado sagrado de su vida cotidiana.

PALOMA. Paz en general; resolución pacífica de una situación en particular.

PECES. Abundancia y bendición material en la vida del soñante. El dinero, los inmuebles u otras posesiones del soñante se verán incrementados.

PELO. Virilidad y sexualidad. Si es grueso y voluptuoso denota sensualidad; todo lo contrario, si lo perdemos. Peinarse es señal de vanidad.

PERDERSE. El soñante se ha extraviado, se ha desviado de la misión de su alma y de su propósito en la vida. Debemos recuperar la orientación espiritual, por encima de todo.

PIERNA. Resistencia; en especial en los viajes a pie. Significa que el soñante tiene la fuerza necesaria para resolver con éxito una situación problemática.

PLANETAS. Fuerzas sutiles y ocultas en la vida del soñante. Tradicionalmente, la visión de este símbolo era astrológica y se creía que ejercía una influencia concreta en nuestras experiencias diarias.

POLVO. Humildad ante la grandeza de Dios. Se asocia con el destino. Nos recuerda que debemos cultivar las cualidades de deferencia y sumisión.

PUENTE. Transición de una situación o de un punto de vista a otro. El soñante está experimentando un cambio positivo en su vida o en su actitud.

PUERTA. Una barrera que puede superarse mediante la voluntad. Las puertas cerradas simbolizan que el soñante carece de la actitud correcta para entrar de una manera efectiva en una situación determinada.

REINA. Amor divino y compasión. Su presencia onírica, confirma la importancia de dichas características en la vida del soñante.

REY. Poder y juicio divinos. Enfatiza la importancia de las cualidades mencionadas en la vida del soñante.

RÍO, RIACHUELO. La espiritualidad vital está fluyendo correctamente. Pronto llegará un cambio positivo, una gran experiencia.

SALVAJE. Ausencia de civilización. Lugar de poder y de peligro potencial.

SED. Deseo espiritual. Representa que el soñante no está recibiendo la satisfacción espiritual que anhela.

SERPIENTE. Decepción y malevolencia, disfrazada de sinceridad y atención. Advierte al soñante de que hay alguien o algo potencialmente peligroso en su vida.

SOL. Voluntad e intención. El amanecer representa el nacimiento de algo nuevo en la vida del soñante. La puesta de sol indica que algún asunto termina. Tradicionalmente está también asociado a la masculinidad y a sus rasgos más característicos, como la tozudez —tanto en sentido positivo, como negativo.

SORDERA El soñante está ignorando los buenos consejos de una amistad o de un ser querido. Indica que no queremos oír una verdad que se nos comunica en la vida real.

TIERRA El mundo es un medio de vida, donde todas las criaturas deben luchar por su existencia. Indica que el soñante tiene demasiadas preocupaciones mundanas.

TOCAR UN INSTRUMENTO MUSICAL. Exaltación y placer espiritual; también, experimentación de lo sagrado a través de una actividad estética.

TORTUGA. Buena suerte en la vida del soñante.

TREPAR. El soñante está buscando una mayor satisfacción en su vida. Esta imagen es muy positiva y significa crecimiento interior y avance.

TRONO. Manifestación física de lo divino. Indica que el soñante debería ser más consciente del lado sagrado de su cuerpo.

TROPEZAR Impaciencia y demasiada prisa en asuntos cotidianos. Se necesitan calma y equilibrio para evitar la posibilidad de una caída seria.

VELA. Es el alma humana. Una vela que brilla representa un alma fuerte; una que se apaga poco a poco, indica debilidad de carácter.

VIAJE. El camino presente del soñante. Si el escenario del sueño resulta extraño, se trata de una situación o reto nuevos. La presencia de compañeros es un buen signo; su ausencia, en cambio, denota aislamiento.

VIENTO FUERTE. La fuerza del cambio. Soñar con este elemento significa que la vida del soñante va a sufrir una metamorfosis total. Los huracanes indican que dicho cambio será muy salvaje.

VOLAR. Liberación de las preocupaciones mundanas. También significa que el soñante debería usar su imaginación para experimentar una mayor sensación de libertad frente a los problemas triviales.

10. Análisis e interpretación

«Si un hombre atravesara el Paraíso en un sueño
y le dieran una flor como prueba de que había estado ahí,
si al despertar encontrara esa flor en su mano...
¿entonces qué?»

Samuel Taylor Coleridge

**Una mitología a la medida,
una simbología personalizada**

Como generadores de mensajes, los sueños tienen su propio lenguaje simbólico. Un lenguaje trabajoso de comprender, tanto por su más o menos aparente irracionalidad como por las dificultades de iluminar *rincones oscuros* (por muy coloreados o brillantes que se nos aparezcan). Y ya sea por cuestiones objetivas como subjetivas; tanto si somos el propio protagonista como –precisamente– por no serlo.

¿Por qué esas dificultades? ¿Por qué ese interés en lograr descifrarlos? Algunos expertos apuntan que probablemente se deba a «la naturaleza compleja, emotiva y vectorial del símbolo». Y también a que «simboliza la aventura individual y es una de las expresiones más libres o impúdicas de nosotros mismos».

Se asegura, incluso, que los sueños cumplen una función tan vital que la muerte o la demencia pueden sancionar una falta total de sueños. Además, sirven como válvula de escape a los impulsos reprimidos durante el día, hacen emerger asuntos o problemas sin resolver o sugieren soluciones representándolas.

Su función selectiva, como las elecciones de la memoria, alivia la vida consciente y, a menudo, ayuda a establecer una especie de **equilibrio compensatorio**. Una de las tareas de los terapeutas o los intérpretes de sueños es precisamente descubrir todo ello y trabajar con tales connotaciones, de forma que se busca la relación entre la situación consciente vivida y las imágenes de su sueño.

El sueño simboliza una aventura individual y es una de las expresiones más libres e impúdicas de nosotros mismos.

El sueño es uno de los mejores elementos de información que existe sobre nuestro estado psíquico. Soñar imágenes borrosas o poco nítidas indica la incapacidad del soñador para entender y descifrar lo que ocurre a su alrededor.

A veces la separación entre sueño y realidad puede tomar tintes enfermizos y revelar desmesuras. La *compensación* se produce, según Freud, «de forma horizontal y al mismo plano que la sexualidad», mientras que para Jung dicho reequilibrio se da en la verticalidad, «como si éste fuera un velero entre la vela y la quilla».

El sueño es uno de los mejores elementos de información que existe sobre nuestro estado psíquico, pues nos ofrece una imagen instantánea de nuestra situación existencial en tiempo presente a través de símbolos vivos. Para el soñador se trata de una imagen –a menudo insospechada– de él y de su *sí-mismo*. Ahora bien, al mismo tiempo toda esa información está *velada*, de forma muy similar a la de un símbolo, con otras imágenes y temas.

Durante el sueño los procesos de identificación fluyen sin control. La persona se identificará con otro ser, hombre o mujer, animal o planta, vehículo o planeta. Un análisis serio de los sueños obliga a discernir con precisión esas identificaciones y despejarlas, descubriendo causas y fines, y ayudando al soñador a regresar al camino de su propia identidad. El sueño activa los procesos de individualización y contribuye a formar y expresar la totalidad de la persona.

ANÁLISIS DE LOS SUEÑOS

Para estudiar y comprender los sueños, en Occidente nos basamos en el **análisis** y la **interpretación**. El análisis de los símbolos oníricos descansa en un triple examen:

- El **contenido** del sueño (las imágenes y su dramaturgia).
- La **estructura** del sueño (un conjunto de determinadas relaciones en distintas imágenes).
- El **sentido** del sueño (su orientación, finalidad e intención).

El contenido

Procede de cinco tipos de operaciones espontáneas:

1) *Elaboración de datos* de lo inconsciente para transformarlos en imágenes.
2) *Condensación en una imagen* o en una sucesión de imágenes.
3) *Desplazamiento de la afectividad* (transferencia) a esas imágenes de sustitución, por la vía de la identificación, del rechazo o de la sublimación.
4) *Dramatización* de este conjunto de imágenes y de cargas afectivas en una porción de vida más o menos intensa.
5) *Simbolización* que esconde tras las imágenes del sueño otras realidades distintas de las directamente figuradas.

El análisis onírico deberá encontrar el contenido latente de semejantes expresiones psíquicas que dejan veladas necesidades, coerciones, pulsiones, ambivalencias, conflictos o aspiraciones enterradas en las profundidades del alma. Junto a esas expresiones y su dinámica aparece también su **tonalidad**, es decir, la carga emotiva y ansiosa que nos afecta.

La estructura

Establecer la estructura de un sueño suele ser una tarea compleja porque fantasmagorias diversas pueden recubrir estructuras idénticas (ajustadas según el mismo esquema profundo) e igualmente pueden aparecer imágenes semejantes en estructuras diferentes. Para facilitar el estudio ha sido concebida una estructura en forma de drama en cuatro actos:

1) **Exposición** y personajes, lugar geográfico. Época, decorados.
2) **Acción** y drama que allí se anuncian.
3) **Peripecia** del drama.
4) **Evolución** del drama hasta su resolución, distensión, indicación, o conclusión.

Una de las dificultades para el estudio de la estructura del sueño es que se debe explorar a **distintos planos**, que a su vez no están exentos de interferencias entre ellos. En lo más profundo aparecerán cuestiones comunes que simbolizan temores o angustias tan básicos y compartidos como la supervivencia, la muerte, el dolor, la soledad o la locura. O también sobre la complejidad del mundo y las dificultades de adaptación, o sobre el sentido o el destino de la existencia, en los que los sueños (¡además!) también intervienen e interfieren.

En medio de este universo simbólico aparecen con cierta claridad algunas relaciones, como la que se da entre ascensión y luz o entre la integración y el calor.

En todo caso, los estudiosos aseguran que, intuiciones aparte, existe suficiente información como para formar un código de esquemas con el que explorar el simbolismo onírico de forma bastante científica.

El sentido

Se considera que todo sueño posee un sentido, y por tanto éste puede buscarse «hacia atrás», en la causa de dicho sueño (es el método freudiano o retrospectivo); o bien «hacia adelante», indagando sobre la intención realizadora del sueño (es el método junguiano o prospectivo).

INTERPRETACIÓN
DE LOS SUEÑOS

Freud aseguraba que «la interpretación de los sueños es la vía real para llegar al conocimiento del alma». Hoy parece exagerado, aunque sí es una herramienta muy importante de autoconocimiento individual, y su dramaturgia, espontánea e incontrolada, «escapa a la responsabilidad del sujeto». Como si existiera realmente fuera de la propia imaginación, con el sentimiento de identidad disuelto y las perspectivas y percepciones de la realidad transformadas.

Los etnólogos han sacado plenamente a la luz los secretos de los sueños: «El soñador va a buscar todos los accesorios de sus sueños en la vasta panoplia de representaciones colectivas que su civilización le proporciona, lo que hace que esté siempre abierta la puerta entre las dos mitades de la vida del hombre, que se hagan intercambios incesantes entre el sueño y el mito, entre las ficciones individuales y las coerciones sociales, que lo cultural penetre lo psíquico y que lo psíquico se inscriba en lo cultural» (Roger Bastide).

La interpretación del sueño, como el desciframiento del símbolo, no responden sólo a una curiosidad de la mente. Elevan a un grado superior las relaciones entre lo consciente y lo inconsciente y mejoran sus redes de comunicación.

Aunque sólo fuera en este sentido, y en el plano del psiquismo más convencional, el análisis onírico o simbólico es una de las vías de intergración de la personalidad. Alguien más lúcido y equilibrado tiende a sustituir a quien está cuarteado entre sus deseos, sus aspiraciones y sus dudas, y que no se comprende a sí mismo. «La síntesis de la actividad psíquica consciente y la actividad psíquica inconsciente constituye la esencia misma del trabajo mental del creador» (C. A. Meier).

«la interpretación de los sueños es la vía real para llegar al conocimiento del alma».

Sigmund Freud

Los recursos

En la interpretación es importante y muy útil conocer el universo simbólico y mitológico de las diferentes culturas, antiguas y actuales porque todos esos elementos, artísticos o religiosos, son fundamentalmente los mismos que los del mundo de los sueños. Pero conviene recordar que todas esas imágenes y valores simbólicos están en simbiosis en un medio psíquico, que también es portador (a su vez, él también) de símbolos, lo que obliga a ordenar y sintetizar todos esos elementos si se quiere establecer una interpretación seria. Se ha de tener en cuenta además que:

1) **El soñador está en el corazón de su sueño.** «Se sueña por nosotros y a través de nosotros; el sueño es el teatro en el que el soñador es a la vez actor, escenario, apuntador, productor, autor, público y crítico» (Jung).

2) **El soñador está en el corazón de una historia.** La interpretación de los símbolos oníricos exige que cada elemento del análisis se remita a un contexto, se aclare por asociaciones espontáneas e incluso se amplifique, como se hace en una película.

Para una interpretación seria es importante conocer el universo simbólico de las diferentes culturas, antiguas y actuales. Así como el simbolismo psíquico personal de cada soñador.

«El sueño es el teatro en el que el soñador es a la vez actor, escenario, apuntador, productor, autor, público y crítico» (Jung). «Tenedores en la espalda» (Hipgnosis, 1982)

Existen dos recursos muy útiles:

Las asociaciones. Al soñador se le invita a expresar espontáneamente todo lo que evocan en él las imágenes, los colores, los gestos, las palabras de su sueño, tanto aisladamente como en grupo. De esta forma se manifiestan lazos latentes o nudos emotivos insospechados, pero de cara a una interpretación del sueño en sentido estricto no suelen ser demasiado fiables.

La amplificación. Se trata de dar al sueño analizado el máximo de resonancia; ampliarlo para «verlo» mejor, tal como si viéramos una proyección ampliada de la arquitectura de un cristal de nieve o de las vetas de un mármol.

Esta amplificación para penetrar en los secretos del sueño puede protagonizarla el propio soñador, de forma mínimamente dirigida, pero también puede llevarla a cabo el intérprete, basándose en el tesoro de los recursos etnológicos, mitológicos o simbólicos de las ciencias humanas. Tales recursos, procedentes tanto del folklore como de tradiciones religiosas, permiten colocar el contenido del sueño en relación con el patrimonio psíquico y humano en general.

Terapia con sueños

La **oniroterapia**, o práctica terapéutica de **soñar despierto** ha generado el «onirodrama», técnica que consiste en un ensueño dirigido, a partir de una imagen o un tema sugeridos por el terapeuta o el intérprete especialista en sueños. Generalmente se proponen temas extraídos de los símbolos de ascenso y descenso. Como dice André Virel:

«Utiliza la facultad que tiene el ser humano en estado de hipovigilia, de vivir un universo arcaico, cuya existencia ni siquiera sospecha cuando está en el estado de vigilia y del que el sueño nocturno no da más que una idea muy infiel y deshilvanada.

La técnica entraña un primer tiempo de relajación científicamente conducida, que determina la aparición de ondas alfa. El sujeto recibe la consigna de verbalizar paso a paso las imágenes que se le aparecen o lo que siente. La experiencia muestra que tales estados son vividos, es decir, que la persona tiene un Yo corporal imaginario que actúa sobre un mundo fantasmal sobre el que proyecta las estructuras de su Yo arcaico. Es una de las maneras que existen de ver aparecer, en alguien menos predispuesto a la fantasía, secuencias de imágenes y situaciones que pueden superponerse a los datos de la mitología o psicosociología de los estadios más primitivos de la humanidad».

Clasificación de los sueños

He aquí una sencilla clasificación, pensada para facilitar su estudio:

- **Sueño profético** o didáctico. Advertencia más o menos disfrazada sobre un acontecimiento crítico, pasado, presente o futuro; el origen de estos sueños se atribuye a menudo a una fuerza de tipo celeste.

- **Sueño iniciático**. El del chamán, como se describe en el libro budista tibetano del Bardo Thödol, cargado de eficacia mágica y destinado a introducir en otro mundo por un conocimiento y un viaje imaginarios.

- **Sueño telepático**. El que pone en comunicación con el pensamiento o sentimientos de personas o grupos alejados.

- **Sueño visionario**. Transporta a un mundo *imaginal* (H. Corbin), cuya plena consciencia se ha perdido en Occidente, excepto entre escasísimos testimonios de tipo místico. Se descarta en este caso el presagio: se trata de una *visión*.

- **Presentimiento**. El sueño de presentimiento hace barruntar una posibilidad entre mil.

En los sueños visionarios nos transportamos a un mundo imaginal, casi místico.

- **Sueño mitológico**. Versión o reproducción de algún gran arquetipo; refleja alguna angustia fundamental o universal.

11. Vivir los sueños

«–Ahora el rey está soñando. ¿Con quién sueña? ¿Lo sabes?
–Nadie lo sabe.
–Sueña contigo. Y si dejara de soñar, ¿qué sería de ti?
–No lo sé.
–Desaparecerías. Eres una figura de un sueño. Si se despertara
ese rey te apagarías como una vela.»

LEWIS CARROLL, A TRAVÉS DEL ESPEJO

El lado espiritual

Hemos repasado a vista de pájaro planteamientos muy diversos que, en diferentes épocas y culturas, han venido sirviendo a la humanidad para acercarse al mundo de los sueños y tratar de comprender su sentido y su significado. Antes de terminar este pequeño recorrido nos detendremos por un momento en el lado espiritual. Hay quienes consideran que los sueños tienden a guiarnos hacia la profundidad de nuestro ser, donde podemos beber de la fuente de la espiritualidad sincera. El fin de esta fuente no es el de *descubrirnos*, sino el de recordar quiénes somos y por qué.

Hemos comentado y analizado diferentes facetas de los sueños. Su explicación más o menos científica, los estudios sobre su misterioso carácter, y la increíble capacidad que poseen para darnos una visión diferente de nuestro interior. Para acabar esta primera parte hemos creído oportuno incluir, de manera brevísima, unos apuntes sobre la relación que tienen algunos de nuestros sueños con el sentido último de la vida, ya sea porque aprendemos algo que enriquece nuestra alma o porque completan nuestro conocimiento.

Según la cultura del antiguo Egipto, los dioses crearon los sueños para indicar senderos a los hombres cuando no saben o no pueden ver el porvenir.

Para los indios norteamericanos, el sueño es el signo último y decisivo de la experiencia. Los sueños están en el origen de las liturgias: fundan la elección de sacerdotes y dan la calidad del chamán;

Algunos sueños tienden a guiarnos hacia la profundidad de nuestro ser, donde podemos beber de la fuente de la espiritualidad sincera.

de ellos se deduce la ciencia médica, el nombre que se dará a los hijos y los tabúes. Los sueños ordenan las guerras, las partidas de caza, las condenas a muerte y la ayuda aportar. Sólo los sueños penetran la oscuridad escatológica. El sueño, según confirma la tradición, es el sello de la legalidad y de la autoridad.

Para los bantú del Kasai (Congo), ciertos sueños son referidos por las almas mientras se separan del cuerpo mientras duermen y van a charlas con las almas de los muertos. Estos sueños tienen un carácter premonitorio que concierne a la persona o pueden constituir verdaderos mensajes de los muertos a los vivos, interesando pues al conjunto de la comunidad.

Sueños y meditación

Para muchos pueblos, el sueño es un vehículo del espíritu que resuelve conflictos interiores. Además, pacifica y da esperanza y vitalidad a quien sueña, expresando una fuerte unión con lo sagrado.

La tradición cultural de Oriente se relaciona de otro modo con el mundo onírico. Por ejemplo, en las enseñanzas de los yoguis, como Sri Chimnoy, se propone la práctica de la meditación como el medio más adecuado para ensanchar los horizontes de nuestra consciencia y, por tanto, aumentar la calidad de nuestra relación con los sueños.

La técnica para meditar que proponemos es sencilla, pero debe ser constante y tomarse con seriedad. La mejor hora para meditar es pronto por la mañana (a las tres, cuatro o cinco de la madrugada). Después de una ducha, debemos sentarnos o tumbarnos y concentrarnos en el ombligo. En ningún momento hemos de pensar en nuestros sueños. A continuación, hay que imaginarse una rueda en el ombligo, que va girando a gran velocidad durante media hora. Luego, hay que dormir alrededor de cuarenta minutos. Si la meditación ha sido firme y proviene de los más profundo del corazón, los sueños serán divinos, dinámicos, bellos, conmovedores y repletos de color. Tratarán sobre ángeles o deidades, sobre nuestra vida espiritual, o sobre cosas inspiradoras.

Otra posibilidad es meditar unos diez minutos antes de acostarse. Lo que está claro es que mientras experimentamos estas *emociones divinas* a nuestra consciencia se le abren las puertas a mundos o planos superiores.

Como paso previo para meditar es aconsejable relajarse, para lo cual existen unas cuantas técnicas muy útiles y sencillas, como el entrenamiento autógeno. Recomendamos el libro «Relajación para gente muy ocupada», de Shia Green, publicado en esta misma edi-

Para empezar a meditar bastará con elegir una postura cómoda y controlar la mente, evitando cualquier pensamiento que nos distraiga.

torial. En él se describen también diversas técnicas para meditar: dejando la mente en blanco, con la mente concentrada en la propia respiración, con la mente concentrada en un objeto... Hemos elegido esta última, que es muy fácil de aprender y practicar.

Meditar con la mente concentrada en un objeto

Ante todo hay que elegir un lugar tranquilo, en el que podamos estar quietos y en silencio entre 15 y 30 minutos como mínimo. Elegiremos también una postura en la que nos sintamos cómodos, por ejemplo sentados; no tenemos por qué pretender ser santones en el Himalaya, sentados en la perfecta postura del loto, con algunas semanas de ayuno y a punto de lograr la iluminación. En este caso bastará con controlar la mente y evitar cualquier pensamiento que nos distraiga. ¿Parece fácil? Probadlo...

1) Colocaremos una flor, una vela, o un objeto agradable enfrente, a cierta distancia (algo más de un metro puede estar bien). se trata de concentrar toda la atención en el objeto elegido mientras tomamos conciencia de la propia respiración. Ni siquiera hay que forzar la respiración, sino observar cómo sube y baja la caja torácica sin intentar controlarla.

2) Nos concentramos en el objeto. Si aparecen por la mente algunos pensamientos, nada de luchar contra ellos, hay que dejarlos fluir sin dejar de concentrarnos en el objeto ni un solo instante. Observaremos sus detalles y cerraremos lentamente los ojos hasta que la imagen desaparece. Si al cerrar los ojos no se ve con claridad el objeto de la meditación, repetiremos el proceso.

3) Con los ojos ya abiertos, se realizan unas respiraciones profundas y lentas antes de empezar a mover lentamente el cuerpo para abandonar la meditación.

La leyenda del «atrapasueños»

Para todos los indios de América del Norte, el sueño es la señal más importante de la experiencia y que determina la elección de los sacerdotes y la calidad del chamán u hombre de conocimiento. El sueño determina la autoridad.

Los «dream catcher» o «atrapasueños» son hermosas *ruedas de sanación* elaboradas artesanalmente que se suelen regalar a los amantes o a los amigos, o con motivo de un nacimiento o de una celebración. Según la leyenda, sirven para que las pesadillas queden atrapadas en la red y se disuelvan.

Hace mucho tiempo, cuando el mundo era joven, un anciano chamán de los Lokota tuvo una visión mientras se encontraba en la cima de una gran montaña. En su visión, Iktomi, el Gran Bromista y Maestro del Conocimiento, se le apareció bajo la forma de una araña y le habló en la lengua sagrada. Mientras le hablaba, la araña cogió del sauce más viejo un aro que tenía plumas, pelo de caballo, cuentas y ofrendas, y empezó a tejer una telaraña en su interior.

Iktomi le habló de los ciclos de la vida, de cómo iniciamos la vida como bebés, caminamos a través de la infancia hasta ser adultos y, después, ancianos, momento en el que de nuevo debemos ser

En las culturas antiguas próximas a la Naturaleza, como las de los indios norteamericanos, suelen emplearse «herramientas de protección» como los «dreamcatcher» o atrapasueños.

Según los ancianos indios norteamericanos el atrapasueños sostiene el destino del futuro de cada persona.

tratados como bebés, completando el círculo. «Pero en cada etapa de la vida», continuó diciendo Iktomi mientras tejía la telaraña, «existen muchas fuerzas, algunas buenas y otras malas. Si escuchas las buenas, te guiarán hacia la dirección correcta. Pero si escuchas las fuerzas malignas, te harán daño y te guiarán hacia la dirección equivocada. De este modo, las fuerzas pueden ayudar o interferir en la armonía de la Naturaleza». Mientras la araña hablaba, continuaba tejiendo la red hacia el centro del aro.

Cuando Iktomi terminó de hablar, entregó al anciano chamán de los Lokota la telaraña que había tejido y le dijo: «Esta red es un círculo perfecto con un agujero en su centro. Empléala para ayudar a tu pueblo a conseguir sus metas haciendo buen uso de sus ideas, sueños y visiones. Si tienes confianza en el Gran Espíritu, la red atrapará las buenas ideas mientras que las negativas se colarán por el agujero».

El anciano chamán comunicó la visión a su pueblo y, aún hoy, muchas tribus indias cuelgan un atrapasueños sobre su cama para que proteja sus sueños y visiones.

Las fuerzas buenas son atrapadas en la red y enviadas junto a las personas, mientras que el mal surgido en sus sueños se cuela a través del agujero y deja de formar parte de sus vidas.

Cómo hacer un «atrapasueños»

Si estás interesado en hacer un atrapasueños necesitarás:

- 1 anillo de madera de 20 centímetros de diámetro (puedes comprarlo en las tiendas de artes plásticas o de manualidades);
- 2 metros de hilo de bordar de tres cabos;
- 1 aguja fina (debe pasar por las cuentas) pero de cabeza ancha.

Para decorar: Cuentas de cristal o madera; plumas; conchas marinas o coral; hojas secas de distintos colores; flores secas o de seda; trocitos de madera; lazos; etc.

• Divide el anillo de madera en ocho partes iguales y señálalas con un lápiz.

• Hila la aguja y ata con firmeza el hilo en el punto 1. Asegúrate siempre que el hilo permanece tenso.

• Introduce dos cuentas y pasa el hilo por el punto 2 en el sentido de las agujas del reloj. Inserta la aguja en la segunda cuenta, de forma que el extremo del hilo pase por el interior de la misma (figura 1). Repite esta operación a lo largo del anillo de madera hasta finalizar el punto 8.

Figura 1

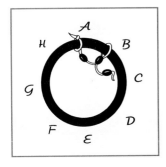

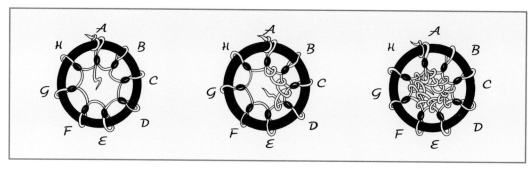

Figura 2   Figura 3   Figura 4

• A continuación, pasa la aguja por el interior de la primera cuenta y desliza el hilo de nuevo por el punto 1 y la primera cuenta (figura 2).

• Siguiendo el mismo sentido horario anterior, pasa la aguja entre la primera y la segunda cuenta, trazando así un lazo sobre el hilo. Después pasa la aguja entre la segunda y la tercera cuenta. Sigue trazando estos lazos hasta alcanzar el punto 8.

• Una vez el primer anillo de hilo este finalizado, repite los mismos pasos anteriores hasta trazar un segundo anillo en su interior (figura 3).

• Continúa trazando anillos de hilo cada vez más pequeños.

Bajo estas líneas, «Mystic dream», cuadro de Dwarbankind. A la derecha, una «cometa atrapasueños»

• Cuando el atrapasueños esté completo, observarás un círculo perfecto en el centro. Ata la cuerda con un último lazo (figura 4) y deja que cuelgue unos 30 centímetros para que puedas introducir en ella las cuentas, plumas, etc., mediante lazos y nudos.

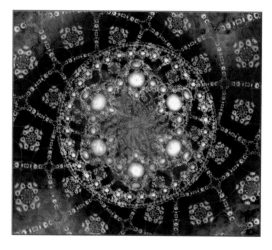

Una almohada para favorecer el sueño

Estas almohadas reducen el estrés y ayudan a conciliar el sueño. Se necesita:
- 2 piezas de tela suave de fibra natural, (de 65 x 30 cm., aprox.)
- 2 piezas de muselina para el saquito de plantas medicinales;
- aguja e hilo.

para el relleno: algodón, kapok (tejido natural impermeable).

plantas medicinales: manzanilla, lavanda y pétalos de rosas a partes iguales; unas gotas de aceite esencial de lavanda.

• Pon todas las hierbas en un recipiente y añade una o dos gotas del aceite esencial. Remueve bien.

• Cose las dos piezas de muselina para el saquito de hierbas, dejando un lado abierto. Introduce las plantas medicinles y vuelve a coser hasta que quede completamente cerrado.

• Cose las dos piezas de tela para la almohada con su cara externa hacia dentro (tal y como se indica en la figura 1), dejando un lado abierto para introducir el relleno.

• Da la vuelta a la tela y rellena con el material impermeable. Introduce el saquito de hierbas en el centro de la almohada, acaba de rellenar y cósela hasta que quede bien cerrada.

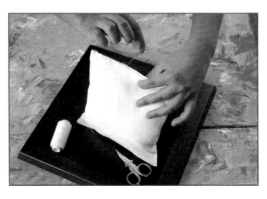

El test de los sueños

¿Cuál es tu grado de lucidez onírica? ¿Eres un soñador distante, realista o lúcido? Con este test podrás descubrir cómo te relacionas con tus sueños y el grado de implicación que tomas en ellos.

1. ¿Sueles recordar tus sueños?
   a) Prácticamente nunca.
   b) Sólo algún sueño que me ha impresionado.
   c) Con bastante frecuencia.

2. ¿Qué retienes de estos episodios?
   a) Alguna imagen aislada.
   b) Escenas concretas, no siempre definidas.
   c) Recuerdo bastantes detalles de lo que ha sucedido.

3. ¿Cómo son las imágenes?
   a) Siempre en blanco y negro.
   b) En unas ocasiones en blanco y negro, y en otras en color.
   c) Siempre en color.

4. ¿Quién las protagoniza?
   a) Terceras personas.
   b) A veces soy el observador y a veces el protagonista.
   c) Casi siempre soy el protagonista del episodio.

5. ¿Tienes conciencia de lo que estás haciendo?
   a) No, el sueño dicta mis movimientos.
   b) Sólo en momentos muy concretos.
   c) Sí, soy consciente de mis actos.

6. ¿Son los escenarios de los episodios muy detallados?
   a) No, son vagos e indeterminados.
   b) Reconozco los lugares, pero no aprecio los detalles.
   c) Sí, exactamente como la vida real.

7. ¿Adviertes elementos extraños o incoherentes?
a) No, mientras sueño, todo me parece normal.
b) Detecto algunas incoherencias: puertas o ventanas que no están en su sitio, personas que cambian de papel, distorsión de las medidas y perspectivas, etc.
c) Sí, con lo cual me doy cuenta de que estoy soñando.

8. ¿Tienes poder de decisión para cambiar el curso del sueño?
a) Nunca.
b) En ciertos momentos –por ejemplo, en el punto álgido de una pesadilla– soy capaz de interrumpir el episodio.
c) Sí, a veces tengo autonomía para decidir mis movimientos dentro del sueño.

9. ¿Sueñas a veces que te despiertas, para comprobar posteriormente que seguías durmiendo?
a) Nunca.
b) Alguna vez.
c) A menudo.

10. ¿Consigues determinar el tema del sueño?
a) Nunca.
b) En muy pocas ocasiones.
c) Sí, cuando estoy muy interesado en algo concreto.

> Puntuación: A: 0 puntos   B: 1 punto   C: 2 puntos

Menos de 10 puntos
Tu relación con los sueños es distante. Experimentas los episodios como si fueran sensaciones o imágenes borrosas. Para profundizar en tus viajes oníricos puede serte de gran ayuda escribir un diario.

De 10 a 20 puntos
Eres un soñador «realista». Las escenas de tus sueños son bastante sólidas, aunque no llegan a la lucidez. Si deseas mejorar la calidad de los sueños, puedes recurrir a la meditación antes de acostarte.

Más de 20 puntos
Eres potencialmente un soñador lúcido. Tienes un grado de conciencia importante en el curso de los episodios, por lo que puedes viajar por ellos casi a voluntad. Asimismo, eres susceptible de tener sueños premonitorios o de comunicarte con otras personas en sueños.

SEGUNDA PARTE

Conocer los sueños
Los sueños de la A a la Z

La interpretación de los sueños. Cómo usar esta guía

Mensajes subjetivos

Como comentábamos en la primera parte, este diccionario no puede, simplemente, tomarse al pie de la letra. Los sueños de cada uno son completamente individuales, de manera que un libro no puede decirnos qué sentido tiene un determinado sueño o símbolo para nosotros. La interpretación hay que hacerla por uno mismo; y es ésta la actitud que pretende estimular este manual, cuyo objetivo es convertirse en un útil punto de partida orientativo.

Los factores que influyen en la interpretación de nuestros sueños son aspectos como el contexto cotidiano, los recuerdos del pasado, las aspiraciones, los miedos, las preocupaciones, el carácter... Y es que, aunque muchas cosas coinciden con la experiencia colectiva, el lenguaje de los sueños de cada uno es particular e intransferible. De este modo, cualquier elemento diferencial, por pequeño que sea, puede cambiar la lectura final del sueño o, por lo menos, matizarla notablemente. El significado onírico que ofrecemos de cada símbolo servirá de ayuda para orientar nuestra interpretación y descifrar lo que nuestro inconsciente trata de decirnos.

Para que el análisis sea más sencillo, hemos incluido también algunas interpretaciones de sueños particulares, en los que hemos tenido en cuenta no sólo los elementos del episodio onírico, sino también, el momento concreto que atravesaba el soñante –sus miedos, sus preocupaciones, las circunstancias externas que le rodeaban en el momento de producirse el sueño, etc.

Para analizar correctamente tu sueño, en primer lugar, debes tomar nota del elemento más significativo que aparece en él; puede ser un objeto, una historia, un personaje... Con frecuencia, sabrás instintivamente en qué centrarte. Sin embargo, si después de reflexionar, no encuentras sentido a ese elemento, cambia de objetivo.

El lenguaje onírico de cada uno es particular e intransferible. El contexto cotidiano, los recuerdos, las aspiraciones, los miedos, las preocupaciones, el carácter... son factores que influyen en la interpretación de nuestros sueños.

El lenguaje de tus sueños

Cuando descubras el elemento más importante de un sueño, busca en la parte alfabética de este libro su significado. Ten en cuenta que la atmósfera es, con frecuencia, tan esencial como el tema: si por ejemplo sueñas que has perdido una maleta y la estás buscando sin éxito, es posible que el elemento de pérdida y la idea de búsqueda sean tan importantes como el hecho de que sea una maleta –y no otro objeto– el que aperece en tu episodio onírico. Las sensaciones que nos produzca dicho sueño serán también muy significativas: ¿Nos sentimos angustiados? ¿Perdidos? O, por el contrario, ¿mantenemos la calma en todo momento?

También hay que distinguir, desde el inicio, aquello que está relacionado con los acontecimientos recientes (grabados en nuestra memoria inmediata) de aquella información más destacable. Lo que nos haya sucedido el día anterior, o lo que estemos preparando para el siguiente, puede aparecer reflejado en nuestros sueños y, en consecuencia, despistarnos. De este modo, los casos que ligan hechos próximos no suelen tener un significado más allá del literal.

Por último, es recomendable hablar de nuestros sueños con personas cercanas que sean intuitivas, pues su opinión puede abrirnos, definitivamente, las puertas del sueño. A menudo, una visión más objetiva puede descubrirnos cosas sobre nosotros de las que ni siquiera somos conscientes.

Dos interpretaciones: psicología y esoterismo

La interpretación de los sueños favorecerá nuestro autoconocimiento y entenderemos mejor el estado psicológico en el que nos encontramos. Por supuesto, no existe sólo una forma de interpretación correcta para todo el mundo. Dependiendo de cada soñador y de sus circunstancias la lectura avanzará por un camino u otro. Con la ayuda de los símbolos más comunes, empezaremos a descubrir el mensaje que nuestro inconsciente quiere transmitirnos.

A continuación, ofrecemos un amplio listado de entradas, junto con el significado y simbolismo a los que remiten. Observarás que algunas palabras incluyen, además de la explicación psicológica (■) común, otra más enigmática: el punto de vista esotérico (❖).

Por un lado, el significado psicológico de las figuras parte de las teorías de Freud y Jung (expuestas en la primera parte del libro), teniendo también en cuenta otros avances oníricos realizados en psicología. Por otro, el significado esotérico proviene de la tradición y creencias de las civilizaciones antiguas. Se trata de los augurios que guardan los viejos libros sobre sueños: las premoniciones y supersticiones al respecto que hemos podido encontrar.

A

Ábaco ■ Representa un esfuerzo mental para desarrollar actividades intelectuales. Por otro lado, es un elemento que indica la necesidad de contar, de poner en orden, o de repasar las cuentas. Puede considerarse como el deseo de hacer un inventario de posesiones, tanto materiales como espirituales.

Abad ■ La figura del monje o del abad se asocia a la del sabio. Aparece en momentos de duda y puede significar la necesidad de acudir a una persona dispuesta y con capacidad para escuchar, entender y orientar al soñador, quien no puede resolver el problema por sí mismo. ❖ Antiguas tradiciones aseguran que soñar con un abad significa que una enfermedad está cercana o que alguien está tramando una conspiración. Soñar con una abadesa, en cambio, denota buenas amistades.

Abadía ■ Todos los edificios religiosos que aparecen en los sueños pueden interpretarse, más o menos, de la misma forma. La abadía simboliza dudas o inquietudes en el campo intelectual, moral o espiritual de nuestra vida que están a punto de emerger. ‖ Cuando un edificio aparece en un sueño también suele representar al propio soñador, a su cuerpo, o a los distintos niveles de su mente. Una abadía es un lugar sagrado y poco fastuoso, como nuestro verdadero Yo. ‖ Si la abadía que aparece es antigua, es aconsejable consultar las viejas historias de la tradición celta y de los primeros cristianos. Los valiosos conocimientos que transmiten favorecerán nuestro despertar espiritual.

❖ Pese a que casi todas las creencias aseguran que soñar con una abadía es un buen presagio, existen algunas supersticiones distintas al respecto. Cuando una mujer joven tiene este sueño, predice enfermedad. Y, si la abadía está en ruinas, significa que nuestros planes fracasarán. No obstante, si el camino para acceder a ella está bloqueado, estaremos a salvo de una penosa equivocación.

Abandono ■ Este sueño guarda relación con dejar algo atrás y con la apertura de nuevos horizontes. En muchas ocasiones, la sensación de abandono va ligada a la de huida, lo que indica cobardía ante una situación determinada. En cambio, si el abandono produce un sentimiento de alegría, es señal de que hay esperanzas de futuro. ‖ Soñar que nos abandonan, por lo general, augura problemas y dificultades; significa que nos sentimos descuidados o desatendidos emocionalmente. Puede ser debido a algún resentimiento que guardamos desde la infancia. Normalmente, refleja una necesidad de autoexpresión o de comprensión frente a los demás. ‖ Si la persona que deja es la madre, estos problemas podrían ser de índole material; en cambio, si quien abandona es el padre, suele significar falta de voluntad para conseguir nuestros objetivos. Podemos, también, estar buscando consejo acerca de un aspecto de nuestra vida o a alguien con autoridad que nos muestre el camino a seguir. En contrapartida, si es nuestra pareja quien nos dice adiós, deberemos afrontar todo tipo de problemas generados por nuestra culpa. Cuando el abandonado es el protagonista, el sueño indica inseguridad, causada por el deseo de poseer a la persona que le está volviendo la espalda. ‖ Por último, si somos nosotros quienes abandonamos a alguien o algo, el inconsciente nos está empujando a cambiar de ambientes o costumbres, ya que nos sentimos atados a unos principios o a un entorno determinado. ‖ Cuando se tiene este tipo de sueño tras la muerte de algún ser querido, significa que estamos empezando a recuperarnos del dolor y a aceptar nuestros sentimientos de furia, depresión, miedo o incluso abandono.

❖ Si se abandona algo desagradable, obtendremos buenas noticias económicas. Cuando se abandona a alguien a quien apreciamos, los tiempos venideros serán agitados. ‖ En el caso de que seamos nosotros los abandonados, la reconciliación no tardará mucho en llegar.

Abanico ■ Soñar que nos abanicamos para darnos aire significa que deseamos iniciar nuevas actividades. En cambio, si lo usamos para taparnos el rostro, el abanico indica que nuestras relaciones no se caracterizan, precisamente, por la sinceridad; incluso puede denotar que nos mentimos a nosotros mismos. ‖ En muchos casos, soñar con abanicos es un signo de infidelidad, intriga e incluso frivolidad. Por otra parte, hay que tener en cuenta que el personaje que maneja el abanico en el sueño suele llevar la iniciativa en el mundo real.

Abatimiento ■ Cuando se asocia a una actitud pasiva o pesimista, el abatimiento indica algún tipo de frustración o cansancio. En cambio, cuando esta sensación está vinculada al optimismo, denota la posibilidad de obtener logros importantes. En este caso, el sueño nos está transmitiendo la necesidad de ser más constantes.

Abdomen ■ La causa de este sueño puede ser fisiológica: una gastritis o una mala digestión. Desde el punto de vista emocional, significa algo que no se puede soportar más y que deseamos alejar de nosotros. ‖ Su interpretación varía según el tamaño del abdomen. Así, si es abultado, muestra que el sujeto es consciente de sus obligaciones personales o sociales; si es liso, es sinónimo de pérdidas y problemas económicos; si va en aumento, es porque las cargas se hacen mayores día a día y no se ve la manera de acabar con ellas; y si está arrugado, augura una traición. ‖ Si el abdomen sangra existe la posibilidad de un accidente o tragedia en la familia; y si es el de un niño podría producirse un contagio en breve. ‖ También se le atribuyen connotaciones sexuales. En una mujer, teniendo en cuenta esta última indicación, predice ansias de maternidad.

❖ Según el folclore tradicional, soñar con el propio abdomen es signo de que llegarán cosas buenas por las que tendremos que esforzarnos. Asimismo, presagia una infidelidad. La figura del abdomen desgastado advierte posibles mentiras.

Abedul ■ El abedul siempre ha sido considerado árbol sagrado en Europa oriental y Asia central. En la Antigüedad, se creía que su presencia ahuyentaba a los malos espíritus. Además, se utilizaba como un canal de comunicación entre los dioses y los hombres. Cuando aparece en sueños, el abedul representa el inicio de proyectos importantes. La forma de su tronco, recto o torcido, puede indicar si los asuntos a emprender están bien o mal encaminados.

Abejas ■ Debido a su trabajo como productoras de miel, las abejas simbolizan, desde los tiempos del Antiguo Egipto, valores como la laboriosidad y la riqueza. Soñar con abejas, pues, suele ser un signo de prosperidad. Concretamente, si soñamos que fabrican miel o que recogen polen, existen muchas posibilidades de que obtengamos éxitos materiales a corto plazo. Las asociaciones y el trabajo en equipo nos serán beneficiosos y rentables. ‖ Ver abejas laboriosas en sueños también puede hacer referencia a nuestro actual ritmo de trabajo; quizá no estemos consiguiendo buenos resultados en función del tiempo y la energía que empleamos. ‖ Por otro lado, ver abejas en una flor anuncia que un nuevo amor llegará a nuestra vida.

❖ Soñar con abejas es considerado un buen augurio de salud, fuerza, abundancia y prosperidad. Por lo general, una sola abeja promete noviazgos e hijos; muchas, negocios propicios; si están trabajando, buenas esperanzas, y si están en enjambre, ganancias abundantes. Sin embargo, no todos los sueños relacionados con abejas son positivos. Si soñamos que nos pican, podríamos ser objeto de calumnia; mientras que, si soñamos que matamos una abeja, no podremos evitar caer en la ruina. ‖ Una superstición popular muy difundida recomienda no ahuyentar nunca las abejas, sino al contrario, dejar abiertas las ventanas para que entren en casa. De esta manera, estaremos a salvo de los enemigos.

Abertura ■ La abertura de algo simboliza la llegada de una nueva influencia en nuestra vida. Quizá pronto nos sintamos muy inspirados o con nuevas ideas. ‖ Dependiendo del contexto, puede simbolizar una puerta abierta que nos ofrece la posibilidad de entrar o salir de una situación determinada o cambiarla. Puede expresar: salir de una condición de encierro, entrar en una situación deseada o dejar atrás cosas y personas gratas. En este sentido, también es bueno preguntarse si nos dejamos influir por lo verdaderamente espiritual o si, por el contrario, optamos siempre por la salida fácil.

❖ Si la abertura es la de una puerta, nos avisa que nuestros enemigos nos calumniarán.

Abeto ■ Ver un abeto en nuestros pensamientos oníricos es una buena señal. Este árbol se identifica con la paz y la felicidad, por lo que su presencia augura buenos momentos en las relaciones personales y sociales. Si, además, vemos encima del abeto un sol o una luna, entonces tendremos el amor y la fortuna asegurados.

❖ Este árbol, que entra cada Navidad en nuestros hogares cargado, según las tradición nórdica, de bolas y cintas de colores, visto en sueños, promete éxito seguro y amigos sinceros y leales.

Abismo ■ La mayoría de pueblos primitivos entendían como ABISMO diversas zonas de profundidad marina o terrestre. Entre los celtas, el abismo se situaba en el interior de las montañas; en Irlanda y Japón, se ubicaba en el fondo del mar y de los lagos; y entre los pueblos mediterráneos, éste se hallaba más allá del horizonte. ‖ Cada uno tiene sus problemas y su propio abismo cotidiano (en el que caemos de vez en cuando, víctimas de la ansiedad). Las situaciones conflictivas, si no se atajan pronto, pueden convertirse en algo «abismal». Así, este sueño representa que estamos al borde de algo, pero nos da miedo dar el paso decisivo. Es importante descubrir en qué consiste ese miedo y por qué nos sentimos tan mal. ‖ Cuando el abismo es oscuro, es probable que simbolice nuestro Yo desconocido. Si, además, estamos ansiosos, seguramente no nos agradará descubrir lo que tienen que decirnos nuestros sentimientos y temores ocultos. ‖ Los sueños sobre abismos suelen ir acompañados de una sensación de vértigo. Un vértigo que puede ser físico, si estamos tendidos en el borde de la cama; emocional, por una falta de control de nuestros sentimientos respecto a otras personas; existencial, debido a la ausencia de metas que den sentido a nuestra vida; o un vértigo relacionado directamente con nuestras circunstancias, tal vez porque necesitamos tomar una decisión sin saber cuál de las opciones es la más adecuada. En este último caso, lo aconsejable es concederse el tiempo suficiente para elegir bien y evitar así cualquier tipo de precipitación.

❖ Por lo general, un abismo pronostica dificultades financieras. Hay que ser muy cauto con los tratos que se barajan durante los días siguientes al sueño. Para las

antiguas creencias, este sueño presagia problemas amorosos, laborales o de salud. Se recomienda ser precavido.

Abluciones ■ Las abluciones (consistentes en el ritual de bañarse en agua limpia) son símbolo de purificación. Antiguamente, se consideraba que esta práctica ayudaba a eliminar los demonios interiores. ‖ En el campo onírico, las abluciones son síntoma de que gozamos de mucha vitalidad para llevar a cabo negocios en los que se requiere espíritu emprendedor. Eso sí, si el agua está turbia, es signo de que, a pesar de nuestras buenas intenciones, habrá que superar adversidades de todo tipo.

Abofetear ■ Una bofetada siempre indica una reacción drástica. Puede interpretarse como un aviso del inconsciente para que rectifiquemos en un juicio o en una actitud. Quizá sea el momento oportuno para hacer un alto en el camino y recapacitar. También puede ser aviso de que padecemos alguna enfermedad de la cual aún no presentamos síntomas.

Abogado ■ Soñar con juicios en los que aparecen abogados o recurrir a uno de estos profesionales para resolver un problema es sinónimo de inseguridad. Los pensamientos oníricos de este tipo indican falta de confianza ante una situación, ya que hay aspectos de la misma que no vislumbramos con claridad. Es cuestión, pues, de reconsiderar nuestros planes y la forma de llevarlos a la práctica. Si en el sueño el abogado resuelve felizmente los problemas, existen grandes posibilidades de encontrar ayuda para lograr nuestros propósitos.

Abono ■ Abonar un campo indica que la persona está utilizando sus mejores recursos para alcanzar los objetivos que se ha marcado. Apunta a una situación que, a largo plazo, acabará beneficiando al soñador.

Abordar ■ Este tipo de sueño avisa de la necesidad de cambiar nuestro estilo de vida o creencias morales. Si somos víctimas de un abordaje significa que, a pesar de que deseamos experimentar un cambio profundo (nuestra existencia no nos satisface), no somos capaces de llevarlo a cabo. Cuando la sensación que produce este ataque es agradable, conviene estar atentos a las propuestas que nos hagan o a nuestras propias intuiciones. En cambio, si los sentimientos son desagradables, habrá que evitar precipitarse a la hora de tomar iniciativas en la vida real. ‖ También puede darse la circunstancia de que seamos nosotros quienes abordemos a alguien. En caso de culminar con éxito esta operación, todo indica que ha llegado el momento de realizar cambios.

Aborto ■ Un aborto (propio o ajeno) significa que una situación que preocupa al soñador no llegará a buen término de la forma que la está enfocando. Es aconsejable, pues, cambiar de táctica, elaborar nuevos proyectos sobre bases más firmes y replantear las cosas sin fiarse de las apariencias. No en vano, los abortos son sinónimo de planes frustrados.
❖ Indica liberación, final de una pena, cargas que no pesarán sobre el soñador.

Abrazo ■ Soñar que nos abrazan puede indicar necesidad de afecto y comprensión. Si la sensación es agradable, hay que deducir que debemos mostrar nuestros sentimientos a otra persona. En caso de que el abrazo lo recibamos de nuestro padre, significa que nos aceptamos tal como somos y que, por fin, hemos conseguido el reconocimiento que queríamos. ‖ En cambio, si buscamos el abrazo, todo apunta a que nos hace falta amor y protección. En este supuesto serían, con toda probabilidad, la madre o la abuela del protagonista las que aparecerían en las imágenes oníricas. ‖ Los sueños en los que aparecen abrazos no siempre tienen una lectura positiva. Así, si éstos van acompañados de una sensación desagradable, ello podría sugerir sospecha o falta de sinceridad hacia la persona con la que entrelazamos nuestro cuerpo. No hay que olvidar que nuestra cultura relaciona el famoso abrazo de Judas a Jesucristo con la alta traición.
❖ Un abrazo por parte de extraños es señal de negocios prósperos. Por parte de extranjeros anuncia un viaje inminente; de un amigo indica desánimo; de un familiar, engaños y estafas; y de un difunto, malas noticias.

Abrevadero ■ Que algún animal sacie su sed en un abrevadero es sinónimo de tranquilidad y anuncio de buenas noticias, concretamente de tipo económico. Por el contrario, si el abrevadero estuviera seco quiere decir que estamos a punto de sufrir pérdidas de nuestro capital. ‖ En caso de que seamos nosotros mismos los que bebamos de él, deberemos deducir que éste no es el mejor lugar para calmar nuestra sed y habrá que cambiar los métodos que utilizamos para cubrir nuestras necesidades en la vida real. Ello indica, por lo tanto, que debemos buscar otras fuentes más adecuadas de las que poder beber.
❖ Según la tradición, soñar con un abrevadero es presagio de una herencia cercana. Si aparece sucio, indica

el nacimiento próximo de un hijo; si está seco, misterios que se aclararán; y si están bebiendo caballos, alegrías futuras.

Abrigo ■ Los sueños en los que los abrigos son protagonistas tienen varias interpretaciones. Por ejemplo, despojarse del abrigo simboliza la necesidad de quitarse de encima lo superfluo, de sincerarse, de eliminar las normas de comportamiento que nos están limitando. Ponerse un abrigo, en cambio, significa que nos alejamos de lo esencial, de nuestro auténtico Yo (el abrigo, en este caso, realizaría la misma función que un disfraz). En este último supuesto, hay que matizar que, si la sensación de llevar el abrigo es agradable, implica confianza en nosotros mismos y capacidad para afrontar con éxito cualquier contrariedad. ‖ Por último, llevar puesto el abrigo de otro puede advertirnos de que dependemos excesivamente de su propietario (en muchos casos, se trata de la madre).

Abrir ■ Soñar que se abre una puerta, una ventana o cualquier otra cosa, simboliza curiosidad por descubrir lo que se esconde en nuestro propio interior. Nos advierte del deseo de ir más allá de la realidad cotidiana en la que nos movemos habitualmente.

Abrochar ■ Esta es la acción de cerrarse, de protegerse. Puede ser indicativo de que el medio exterior resulta hostil y el soñador necesita resguardarse. No obstante, también puede interpretarse como el rechazo a nuevas posibilidades que ofrece el entorno.

Absceso ■ Puede ser la causa de una molestia física real. Esto es lo primero que se debe descartar. En otros casos, los abscesos son siempre algo indeseable. El hecho de que aparezcan en sueños puede ser señal de que hay algo en nosotros mismos que nos incomoda y nos desagrada. También puede interpretarse como un aviso de problemas que se avecinan o situaciones que deben madurar para quedar resueltas definitivamente.
❖ Presagia riqueza para amigos y familiares. En cambio, para el soñador, es señal de problemas de salud referentes al propio sueño.

Absolución ■ Soñar que somos absueltos (por una persona, un tribunal o cualquier otra institución, ya sea religiosa o seglar) augura que los demás mejorarán su actitud hacia nosotros. Incluso puede darse el caso de que nos absolvamos nosotros mismos. No hay que olvidar que muchas personas perciben que el juez más severo se halla en su interior.

Abstención ■ Soñar que estamos delante de grandes cantidades de comida o bebida, pero que jamás llegamos a probarlas, es indicativo de una situación de abstinencia. Suele ser un sueño recurrente, sobre todo, en períodos de régimen o en personas que intentan superar algún tipo de adicción. Representa el enorme esfuerzo que el soñante está realizando para cumplir su meta. En ocasiones, un ex fumador sueña que tiene un cigarrillo en la mano y, sin saber cómo, ya se ha fumado la mitad. Casi siempre, el sueño termina de forma violenta. El soñador despierta aterrorizado, sintiendo que todo su esfuerzo se ha perdido. Este tipo de sueños parecen señales del inconsciente, con el fin de que el individuo no se fíe de su seguridad y permanezca alerta si no quiere caer de nuevo en dicho vicio.

Abuelos ■ Los abuelos representan la experiencia, el pasado, la sabiduría que se ha mantenido fuerte con el paso del tiempo. Simbolizan, por lo tanto, las normas sociales aprendidas. ‖ En caso de que los sueños en los que éstos aparezcan nos proporcionen sensaciones agradables, será señal de que tenemos que buscar serenidad y calma antes de precipitarnos, atendiendo a vivencias pasadas. Si estas imágenes, en cambio, no resultan muy reconfortantes, habrá que interpretar todo lo contrario. Es decir, que nos encontramos demasiado anclados en el pasado y que ello limita nuestras posibilidades de desarrollo personal.
❖ Todas las tradiciones coinciden en que los abuelos son un símbolo de seguridad y sabiduría.

Abundancia ■ Como sucede con algunos símbolos, la interpretación de la abundancia es contraria a lo que manifiesta. Soñar con riquezas materiales resulta de lo más agradable y placentero, pero este tipo de imágenes oníricas hay que tomarlas con la debida precaución. La posesión temporal nos puede llevar a pensar que es definitiva y que, por lo tanto, durará siempre. Pero ello, como es sabido, no es así, y nuestra cultura lo tiene perfectamente asumido desde que José explicara que había tenido un sueño en el que aparecían siete vacas gordas y siete flacas (la parábola simboliza la alternancia de la prosperidad y la pobreza). ‖ En definitiva, un sueño de esta clase nos puede estar recordando que no debemos acomodarnos a una situación determinada de abundancia, ya que la posibilidad de que esta última se transforme en época de escasez resulta del todo factible.
❖ Este sueño prevé una falsa seguridad, una abundancia exterior que en realidad encierra tan sólo miseria. En el caso de que tal fortuna esté compartida con un amigo, se trata de un feliz presagio de consecución, satisfacción y alegría.

Acacia ■ Es un árbol de gran importancia simbólica. Tanto en el Antiguo Egipto como en la religión cristiana, tiene un carácter espiritual relacionado con la inmortalidad del alma. Según el suceso del sueño, ver o estar cerca de una acacia florida representa un momento de sosiego y de crecimiento espiritual. Por otro lado, si la acacia se deshoja, puede indicar temor a la vejez o estar experimentando una sensación de pérdida.
❖ Sugiere fuerza interior. La persona que sueña con una acacia no se dejará abatir por la adversidad y en breve recibirá buenas noticias.

Academia ■ Siempre que el soñador no esté en edad escolar, la academia sugiere frustración por aquellos proyectos no realizados, así como la necesidad de aprender materias pendientes de las personas del entorno. ‖ Soñar que se es propietario de una academia muestra que, aunque se adquirirán conocimientos en la vida real, éstos no serán bien asimilados ni se aplicarán de la manera correcta.

Acampada ■ Verse en una acampada significa que nuestros proyectos son provisionales, por lo que tendremos que analizarlos a fondo para saber cómo dirigirlos hacia la meta deseada.

Acantilado >Ver Abismo

Acanto ■ Es una planta de flores delicadas y espinas. En la Edad Media, era considerada un símbolo de dolor y pecado. En sueños, indica una situación que resulta agradable y difícil a la vez. Otra interpretación posible es el triunfo obtenido después de un gran esfuerzo.

Acaparar ■ Hace referencia a una situación de inconformismo o de insatisfacción respecto a los propios bienes, al entorno o a las personas que nos rodean.

Acariciar ■ Soñar que acariciamos a alguien muestra que quizá no estamos tratando a las personas que nos rodean como se merecen. ‖ Si somos nosotros quienes recibimos las caricias de los demás, entonces es que no tenemos en la vida real todo el afecto que necesitamos.

Accidente ■ A pesar de que algunos estudios han comprobado que algunas personas tienen sueños premonitorios que, en muchos casos, vaticinan catástrofes o accidentes, nuestra actividad onírica es a menudo una manifestación de nuestros temores y ansiedades secretas. Por lo tanto, los sueños en los que se producen accidentes no hay que tomarlos, necesariamente, al pie de la letra, ya que acostumbran a poner de relieve una situación conflictiva en la que estamos inmersos. Así, si somos víctimas de un accidente, quizá hay algo en nuestra vida real que no marcha como debería o estamos asumiendo demasiados riesgos. A veces es necesario repasar nuestra existencia e intentar mejorar los errores que cometemos. ‖ Cuando se trata de un accidente de coche o tren, el siniestro denota que nuestros juicios son precipitados, lo que puede presagiar futuras discusiones. En cambio, si soñamos con una catástrofe aérea, el inconsciente nos está transmitiendo un claro símbolo de irracionalidad (el soñador se niega a ver la realidad tal como es). ‖ Si se está conduciendo a gran velocidad, a lo mejor el sueño trata de decirnos que nos lo tomemos todo con más calma y no nos precipitemos. Cuando la víctima del accidente es otra persona, debemos buscar la respuesta dentro de nuestros sentimientos. Quizá la envidia o el odio que le profesamos encuentra en los sueños su única vía de escape. ‖ En caso de que se trate de un accidente casero, la situación conflictiva no se halla muy lejos del entorno cotidiano de la persona. ‖ Por último, las catástrofes causadas por elementos naturales como el fuego o el agua (incendios, inundaciones, terremotos), suelen guardar relación con un hecho que nos ha impresionado recientemente.

❖ Se recomienda tener cuidado durante las veinticuatro horas posteriores al sueño. Según algunas tradiciones oníricas, los accidentes en el mar pertenecen a asuntos de amor. En tierra, simbolizan problemas de negocios. Ser testigo de un accidente denota cobardía; socorrer al accidentado, traición de un amigo. ‖ Según la tradición gitana, este sueño constituye una advertencia para evitar posibles ocasiones en las que el accidente soñado pueda hacerse realidad.

Acechar ■ Ser acechado revela una vida llena de inseguridad y de peligro; probablemente, por adversarios que desean hacernos fracasar utilizando todos los medios posibles. ‖ Si somos nosotros quienes acechamos, ello implica desconfianza hacia los demás para la resolución de un problema que nos afecta.

Aceite ■ El aceite puede dar lugar a diferentes interpretaciones. Por ejemplo, si se encuentra en medio de nuestro camino, indica un impedimento. En consecuencia, tendremos que ser precavidos para no «resbalar» en las situaciones en las que nos hallamos inmersos. Si, en cambio, somos ungidos con esta sustancia quiere decir que hemos recibido un conocimiento excepcional que nos capacita para aquello que designan las circunstancias del sueño. ‖ Los aceites también se usan en los masajes y perfumes para cuidar y mejorar nuestra piel, de manera que puede hacer referencia a la sensualidad.

❖ La creencia tradicional dice que si un hombre sueña que es comerciante de aceite se hará muy rico. Sin embargo, nunca será afortunado en el amor.

Aceitunas ■ Compartir este fruto con otros es símbolo de paz y amistad. La presencia de aceitunas casi siempre denota un ambiente sencillo y afable. Por ello, soñar que se está comiendo este alimento con un grupo de amigos predice resultados favorables en los negocios y en las relaciones personales.

Acera ■ La acera es una zona de seguridad. Si subimos a una acera en sueños, puede simbolizar un ascenso en nuestro trabajo. No obstante, este símbolo también puede significar lo contrario de lo que parece manifestar a primera vista. Por este motivo, si en sueños paseamos por una acera, debemos desconfiar de la supuesta seguridad que a priori poseemos, pues, pronto podríamos atravesar una etapa de dificultades. ‖ Por otra parte, bajar de la acera indica que estamos a punto de perder nuestra posición actual. Si obramos con rapidez, aún tendremos tiempo para rectificar.

Acero ■ Duro, resistente, inflexible, este metal asume en el sueño el papel simbólico de la perseverancia y la resistencia a la hora de afrontar dificultades. En general, las imágenes en las que aparece el acero suelen ser positivas para el soñador, ya que denotan triunfo y consecución de metas.

❖ Soñar que tocamos acero promete seguridad en la vida; fundirlo revela perseverancia; romperlo promete victoria sobre poderosos adversarios; venderlo es un presagio de herencia; intentar doblarlo sin conseguirlo, desconfianza del soñador de vencer cualquier prueba.

Acertijo ■ Los acertijos son desafíos que ponen a prueba la inteligencia y la agudeza mental. Si soñamos con algún acertijo, es probable que tengamos que enfrentarnos a una situación en la que deberemos hacer gala de estas dos cualidades.

Acicalarse ■ El maquillaje suele simbolizar falsedad en las relaciones humanas. Por lo tanto, cuando las personas que aparecen en nuestros sueños se acicalan, hay que relacionar estas imágenes con el engaño y la mentira. Lo mismo ocurre cuando nos maquillamos nosotros mismos. Falsear nuestra imagen puede evitar que, de momento, nos veamos en el trance de afrontar nuestras carencias. Pero, tarde o temprano, la máscara tendrá que desaparecer, ya que nuestro disfraz no podrá ocultar la realidad durante más tiempo.

Ácido ■ Esta sustancia corrosiva puede indicar relaciones complicadas e incluso peligrosas con el entorno. Así, se aconseja prudencia a la hora de relacionarse con los demás; un consejo podría ser interpretado como una crítica y volverse en contra nuestra.
❖ Si una mujer sueña con licores acidulados significa que pronto se verá inmersa en situaciones angustiosas.

Aclamación ■ Si somos aclamados pero no vemos el rostro de quienes lo hacen, quiere decir que estamos en peligro (la vanidad nos está perjudicando). En cambio, si las aclamaciones son escasas y distinguimos las caras de quienes nos elogian, el éxito será fugaz y sólo servirá para halagar nuestro ego.

Aclarar ■ Es un símbolo de limpieza material y espiritual. Se asocia con el anhelo de salir de la oscuridad y buscar la luz. En las imágenes oníricas, se puede representar de muchas maneras: encender una luz en una habitación oscura, limpiar la casa, los cristales del coche, etc. En todo caso, es un aviso de la necesidad que tiene el soñante de despejar el horizonte, de ver con claridad y emprender de nuevo el camino. Muestra una clara intención de crecimiento espiritual.

Acoger ■ Soñar que alguien nos acoge favorablemente significa que recibiremos la protección necesaria. Pero, si no somos bienvenidos, deberemos desconfiar de los consejos que recibamos en los próximos días.

Acordeón ■ Si en sueños interpretamos una melodía monótona con el acordeón, el inconsciente probablemente nos está advirtiendo de que nos quejamos demasiado, cosa que ahuyenta a quienes pueden ayudarnos. Si, por el contrario, escuchamos tocar este instrumento, significa que somos objeto de las quejas infundadas de otras personas.

Acoso ■ Sentirse perseguido por algo o alguien es señal de una inquietud intensa, cuya causa aún no ha sido descubierta por el soñante. Es posible que su sentido de culpa le esté alterando el sueño. Pero, también es posible que se vea en la necesidad de afrontar un problema que hasta ahora se ha negado a ver de forma consciente.

Acostarse ■ Los sueños en los que nos vemos acostados indican un período de incertidumbre o de espera ante problemas que no nos sentimos capaces de afrontar sin ayuda. ‖ Si estamos acostados a la intemperie, lo que nos hace sufrir no es más que una preocupación pasajera que carece de la gravedad que nos imaginamos. En caso de que una persona del mismo sexo comparta nuestra cama, esto reflejará, además de la mencionada incertidumbre, la preocupación por lo que puedan pensar los demás de nosotros. En cambio, si con quien estamos acostados es con una persona del sexo opuesto, todo apunta a que los problemas se solucionarán pronto.

Acreedor ■ Imaginar que nos exigen el pago de una deuda señala el uso incorrecto de nuestros bienes materiales o intelectuales, así como la sensación de estar perseguidos por problemas económicos en la vida real. Debemos ser más moderados a la hora de utilizar esos bienes para evitar futuras complicaciones.

Acróbata ■ El acróbata simboliza la inversión, es decir, la necesidad que se presenta en todas las crisis (personales, morales, colectivas, históricas) de darle la vuelta a la situación. Por todo ello, vernos a nosotros mismos, o a un acróbata, haciendo piruetas en sueños nos previene de que estamos entrando en una situación de inestabilidad, pues, este tipo de sueños implica riesgo. ‖ Si la sensación resulta desagradable al soñador, es de temer que el desequilibrio que atraviesa en la vida real acabe en perjuicio (por ejemplo, con pérdidas económicas). En estos casos, el desenlace del sueño se corresponderá con los acontecimientos futuros de la vigilia. Por el contrario, si las acrobacias con las que soñamos nos parecen agradables desde el punto de vista estético, probablemente saldremos fortalecidos de la situación conflictiva que nos preocupa. Y lo más importante, distinguiremos claramente nuestra auténtica orientación en la vida.
❖ La tradición popular atribuye al acróbata un valor de inversión, de situación que tiende a girarse: las adversidades se convierten en alegrías, y al revés, la felicidad se transforma en obstáculos.

Actor/actriz ■ Soñar que se representa un papel como actor o actriz indica que la persona no se siente a gusto con su personalidad y que, por tanto, necesita actuar o fingir para alcanzar el éxito. Adoptar la máscara del actor puede ser útil para no ser dañado por las agresiones de los otros, pero esta actitud, a menudo, oculta nuestra auténtica forma de ser. ‖ Soñar que hemos olvidado nuestro papel en una obra es señal de que nos cuesta adaptarnos a las situaciones cotidianas. En caso de que no seamos nosotros quienes estemos interpretando un papel, sino otras personas, tendremos que vigilar con los engaños; posiblemente, alguien de nuestro entorno está disimulando sus verdaderas intenciones.

Acuarela ■ Relacionada con el agua turbia y coloreada, la acuarela refleja que tenemos una percepción muy distorsionada de nosotros mismos, circunstancia que puede ser generada por una confusión emocional. Para salir del atolladero, conviene no complicarse la vida y actuar con más espontaneidad y sencillez.

Acuario ■ Como siempre, la correcta interpretación de este tipo de sueños depende de los detalles. Así, ver un acuario de agua clara con peces nadando en su interior, revela un estado de ánimo feliz y tranquilo. En cambio, si el agua está sucia o los peces se muestran nerviosos, la escena onírica nos podría dar pistas sobre nuestros impulsos reprimidos. Si los peces se hallan muertos en el acuario, es signo de vanas esperanzas y disgustos.

Acuchillar ■ Es una manera drástica de acabar con los problemas. Es posible que el soñante se esté enfrentado a problemas que no sabe cómo resolver. También es posible que tenga más miedo al éxito que al fracaso.

Acudir ■ La interpretación de este sueño puede llevar al soñante a darse cuenta de que hay asuntos o personas que reclaman su atención. Por otro lado, también indica el deseo de él mismo de ser atendido y reclamado por otros. Casi siempre se relaciona con una necesidad de afecto.

Acueducto ■ Si soñamos con un acueducto bien conservado o en uso, nos espera un futuro próspero y repleto de bienes de todo tipo. Si, en cambio, está inacabado o en mal estado puede ser signo de pobreza y de una época de dificultades.

Acumular ■ Esta clase de imágenes tiene un significado inverso. Así, si soñamos con acumular dinero, debemos tener cuidado, ya que se acercan pérdidas económicas. Si lo que reunimos son objetos, el episodio suele augurar incomodidades.

Acusar ■ Si en sueños nos acusan en público, lo más probable es que nos sintamos culpables por algún asunto de carácter ético o moral. Si ello se produce ante nuestra familia, será porque no somos suficientemente consecuentes. Si la acusación se produce en privado, tal vez arrastremos algún pequeño remordimiento.

Adán (y Eva) ■ Las figuras de Adán y Eva predicen que algún suceso memorable alejará nuestras esperanzas de éxito. Ver a los dos en el jardín significa que se combinarán la traición y la mala fe para desterrar a la fortuna.

Adelgazar ■ La simbología es similar a la de ACLARAR, en tanto que alude a la purificación, desechando todo aquello que sobra o que resulta negativo. También, según el caso, representa el deseo de perder peso. Un sueño en el que se adelgaza de manera drástica puede ser señal de alguna dolencia física.
❖ Verse a sí mismo muy delgado en sueños es un triste augurio de escándalos legales.

Adiós ■ Si alguien se despide de nosotros es señal de que hemos abandonado alguna actitud o costumbre negativa para nuestra vida. Este sueño indica que nos hemos liberado de algo que obstaculizaba nuestro progreso. En caso de que la sensación asociada a este adiós fuera desagradable, puede indicar un relajamiento de costumbres que quizá sea perjudicial. ‖ Si, por el contrario, somos nosotros quienes nos despedimos de otra persona es probable que, en breve, nos volvamos a reunir con ésta. ‖ El adiós puede ser también un signo de tranquilidad, cuando decimos adiós a aspectos molestos de nuestra vida; y de gran liberación, cuando se alejan de nosotros aquellos obstáculos que no nos dejaban avanzar.
❖ Según la mayoría de tradiciones, decir adiós es un triste presagio de separación conyugal y de muerte de un ser querido.

Adivinanza ■ Las adivinanzas suelen indicar desorientación y disgusto. Tratar de resolver adivinanzas denota una participación en alguna empresa que pondrá a prueba nuestra paciencia. Si nos vemos como participantes de un concurso de televisión, existe la posibilidad de que pronto tengamos que responder a cuestiones desagradables.

Adivino ■ Su figura se relaciona con la de ABAD, con la del SABIO, y con la del PODEROSO. Puede ser una llamada de atención del inconsciente, que reclama ayuda de alguien para salir de una dificultad. Si el adivino es el propio soñante, la imagen onírica muestra un momento de alta autoestima y de seguridad en uno mismo.

Admitir ■ Este sueño es un aviso que reclama la rectificación de actitudes, juicios o acciones del soñante en estado de vigilia. La mente del individuo no está satisfecha de sí misma y el inconsciente lo manifiesta de esta forma.

Adoptar ■ Si la persona que sueña no tiene hijos en la vida real (a pesar de desearlos), sus pensamientos oníricos simplemente reflejarán esta voluntad no realizada. De lo contrario, la adopción puede significar que estamos aceptando responsabilidades que no nos corresponden. Esta actitud hace que los demás nos admiren pero, lógicamente, nos dificulta la existencia. Por otro lado, dichas imágenes también se suelen relacionar con la esterilidad y la desconfianza en las propias capacidades. Por tanto, deberíamos confiar más en nosotros mismos e intentar desarrollar los aspectos creativos de nuestra personalidad.
❖ Soñar ser adoptado asegura un provechoso futuro, mientras que adoptar a un niño augura la acumulación de riquezas en edad madura, o una herencia si se trata de un pariente.

Adornos ■ Representan un exceso de atributos. Pero también, en una medida proporcionada, representan cuidado de la propia imagen o del lugar donde se habita. Hay que prestar mucha atención al contexto del sueño porque, puede ser indicativo tanto de vanidad o nobleza, como de austeridad o pérdida.

Aduana ■ Es un claro signo de que hemos concluido algún proceso o actividad y que nos disponemos a iniciar una nueva empresa. Es el momento de revisar las experiencias del pasado y empezar a sacar conclusiones para que la nueva etapa sea feliz y fructífera.

Adulterio ■ Soñar que estamos engañando a la pareja significa que nuestras relaciones personales no nos satisfacen del todo y que tenemos dificultades que pueden ir más allá de nuestro ámbito sentimental. A lo mejor estamos preocupados por nuestra sexualidad o deseamos algo que no nos conviene demasiado. ‖ El adulterio también puede reflejar la necesidad de superar ciertos prejuicios o represiones, por lo que resulta muy útil fijarse en las características de la persona con la que le somos infieles a nuestra pareja. Estos rasgos pondrán de manifiesto las necesidades actuales y, por

lo tanto, los motivos de la insatisfacción que ha originado este tipo de sueño. Igualmente, hay que decir que, durante los días previos a una boda, los novios acostumbran a experimentar sueños adúlteros. Así, a medida que se acerca la fecha del gran día, los futuros esposos suelen imaginar, mientras duermen, que mantienen relaciones sexuales con terceras personas. Estas escenas están directamente relacionadas con el temor y la ansiedad que produce en muchos individuos la inminencia de un compromiso como el del matrimonio.
❖ Cuando un hombre sueña que es adúltero, tendrá lugar una acción de tipo legal. Si es una mujer, perderá el cariño de su marido

Adversario ■ Enfrentarse con un adversario refleja temor y, a la vez, decisión para encarar los problemas o las limitaciones. Probablemente, esté representando un aspecto de nosotros que nos desagrada y que nos ha creado un conflicto interior. Es importante estar atentos a la manera en que se desarrolla el enfrentamiento, pues será un indicativo de cómo nos sentiremos en la vida real.
❖ Se dice que batir a un adversario en sueños trae mala fortuna, ya que significa que tenemos amigos maliciosos que acabarán haciéndonos daño en la vida real.

Adversidad ■ La adversidad significa que, en la vida real, necesitamos responder rápidamente a una situación o a un desafío. En términos oníricos, suele implicar un impulso creativo y energía positiva. También puede atribuirse a que estamos cansados y necesitamos recuperar fuerzas.

Afeitarse ■ Soñar con un afeitado significa que, en la vida real, nos esforzamos para resultar agradables a los demás.
❖ Rasurarse constituye el presagio onírico de una gran pérdida económica; afeitar a otro indica felicidad conyugal.

Afilador ■ El afilador saca filo a los cuchillos, prepara las armas para el combate. Su aparición en sueños puede interpretarse como el advenimiento de peleas y disputas. Pero también tiene un significado positivo, ya que denota seguridad y preparación para enfrentarse a situaciones difíciles.

Afonía ■ Cuando en sueños nos quedamos sin voz o hablamos tan bajito que los demás no nos escuchan, significa que estamos perdiendo nuestra capacidad de decidir y la seguridad en nosotros mismos.

Ágata ■ Soñar con una ágata es signo de que nos sentimos desamparados, por lo que buscamos que los demás nos ayuden a resolver ciertos problemas. ‖ Si en la vida real el soñador se dedica a las tareas agrícolas, entonces, esta piedra augura buenas cosechas.

Agenda ■ Una agenda simboliza una personalidad sumamente detallista. Si el soñador se ve a sí mismo usándola, entonces, es probable que se produzcan acontecimientos que cambien su vida. Por el contrario, perderla o romperla es signo de planes frustrados y de retrasos en los negocios.

Agonizar ■ Este sueño augura un cambio radical en la vida de quien lo experimenta. Así, si estamos enfermos y soñamos que agonizamos, lo más probable es que nos recuperemos en breve. En cambio, si estamos perfectamente sanos, es señal de que nos amenaza una enfermedad. En caso de que agonice otra persona, su actitud hacia nosotros dará un vuelco.
❖ Verse a uno mismo agonizando es para algunas claves signo de enfermedad, dolor, o pérdida de herencia. Y para otras, buen presagio de longevidad. Ver agonizar a un desconocido, indica beneficios inesperados.

Agresión ■ Las situaciones donde agredimos o somos agredidos por otros demuestran un momento difícil y un medio hostil que envuelve al soñante. Es posible que esté guardando en su interior opiniones negativas que teme expresar abiertamente.

Agricultor ■ La profesión de agricultor tiene un significado especial, ya que, por un lado, su trabajo consiste en extraer los frutos de la tierra (con la carga simbólica que ello representa), mientras que, por otro, su actividad se adapta a las cuatro estaciones del año, o sea, al orden cósmico que refleja el calendario. En términos estrictamente oníricos, soñar con temas relacionados con la agricultura refleja el cultivo de la personalidad y la actitud ante la vida. Soñar con un campo bien cuidado y fértil indica felicidad y alegría. En cambio, si el campo está seco y abandonado, nuestra dicha pende de un hilo a causa de nuestra dejadez.
❖ En la mística agraria prehistórica, su figura está anclada a uno de los principales ritos humanos: enterrar a los muertos. Así, como la semilla sepultada bajo tierra, el hombre espera que el fallecido vuelva a la vida con una nueva forma.

Agua ■ La psicología atribuye a los sueños de agua el deseo inconsciente de retorno al regazo materno. El agua simboliza la vida, los sentimientos, la fecundidad y la abundancia. Por ello, este tipo de sueños desempeña un papel importante, aunque los significados que se le atribuyen son variados. La calidad del agua, por tanto, revela nuestro estado emocional. Si el agua es clara, nuestros sentimientos son puros y pasamos por una etapa felizmente apacible. Pero, si es turbia, sufriremos complicaciones personales o de salud. Si se trata de agua en forma de grandes y rompedoras olas, puede que nos sintamos fuera de nuestro control. Si es un río, la paz o la rapidez con la que fluye manifestará la calma o aceleración de nuestras emociones. ‖ Asimismo, ver aguas sucias y estancadas revela falta de sinceridad en nuestros sentimientos. Si el agua proviene de un lago o de un riachuelo, es indicativo de pasividad emocional. De la misma manera, la lluvia fina suele ser símbolo de fecundidad, lo que augura éxito en nuestros proyectos. Las lluvias torrenciales, en cambio, anuncian deseos mal canalizados y disputas. (Ver Barco, Naufragio y Nave)
❖ El agua, según su estado, puede presagiar cosas muy distintas. Fresca denota fortuna y salud. Hirviendo, ira o enfermedad. Templada, molestias pasajeras. El agua turbia indica negocios con obstáculos. Las aguas estancadas y putrefactas, enfermedad o muerte. Corriente, buena suerte y excelente salud. El agua salada augura lágrimas. Mirar el agua asegura cerca un peligro salvado. Bañarse es señal de inocencia. Verterla, de litigio. ‖ Caminar por encima del agua es señal de triunfo. Verla manar, mejora de una situación angustiosa. El agua de una bañera significa vejez feliz.

Aguijón ■ Los aguijones, sean del insecto que sean, representan los pequeños disgustos de la vida diaria, aquellos que pueden desestabilizar al sujeto en el momento menos pensado. El pensamiento onírico aconseja, pues, la prudencia como la mejor forma de evitar que esas pequeñas disputas se conviertan en grandes problemas.

Águila ■ El águila es uno de los símbolos más universales que existen. Es un animal fuerte que pone de manifiesto nuestra robustez en el campo intelectual o espiritual. Esta ave indica que tenemos aspiraciones elevadas, normalmente de conquista, poder y dominio. El sueño será positivo si nos identificamos con el animal, y negativo cuando nos transmite temor o dolor. ‖ Si nos sentimos águilas y lo contemplamos todo desde las alturas, nuestros pensamientos oníricos estarán denotando sentimientos de liberación. Cuando a eso se le une la contemplación del águila volando solemnemente en lo alto del firmamento quiere decir que, en la vida real, estamos a punto de dejarlo todo por una meta o ideal. En cambio, si imaginamos un águila volando con una presa, se nos está advirtiendo de que una relación está a punto de convertirse directamente en enemistad. En caso de que el águila nos ataque, existe la posibilidad de que suframos una desgracia. ‖ La altitud del vuelo del ave es proporcional a la importancia que tengan los acontecimientos que se preparan. Del mismo modo, la rapidez del vuelo indica la velocidad con la que sucederán estos mismos hechos. ‖ Por último, si a un adolescente se le aparece en sueños un águila atacándole, ello podría simbolizar los problemas emocionales a los que se está enfrentando, así como su incapacidad para asumir las responsabilidades de un amor maduro.

❖ Al principio, se creía que las águilas eran las mensajeras del dios del sol. En este sentido, nuestra águila onírica puede ser la mensajera de nuestro inconsciente. ‖ Por otro lado, muchas historias mitológicas hacen referencia a este animal (el águila y el león; el águila y la serpiente). Se trata de psicologías opuestas: lo espiritual frente a lo animal; lo masculino frente a lo femenino; lo consciente a lo inconsciente; el pensamiento, al instinto… También se dice que soñar con un águila presagia fama y fortuna. Ver al águila calmada, y oírla hablar, es un sueño propicio. Muerta es señal de dificultad. Dispararle es siempre señal de pérdida. Encerrarla en una jaula, de una gran vergüenza familiar. Sacarla del nido, peligro o amenaza. Un águila blanca promete una herencia considerable.

Agujas ■ Las agujas simbolizan los pequeños dolores (angustias) que cada persona va encontrando en el camino de la vida. Cuando las agujas son de ganchillo, se refieren a aquellas intrigas que se generan a nuestras espaldas. Si aparecemos cosiendo o tejiendo, significa que necesitamos ser más activos o reparar el daño que podemos haberle causado a alguien. Si en el sueño nos pinchamos con una aguja, el dolor será el mismo que sentimos por aquellas pequeñeces que, en la vida real, nos preocupan o entristecen. En definitiva, un sueño de esta naturaleza podría recordarnos que tenemos capacidad para sacar partido de las dificultades, transformándolas en aprendizaje básico para la existencia.

❖ Generalmente, se asocia con la decepción. En muchas tradiciones, se cree que pronunciar la palabra «aguja» al despertarse por la mañana augura mala suerte.

Agujero ■ Por analogía, el agujero está relacionado con la vagina y la fecundidad. Soñar que nos caemos en un agujero indica que nuestra actitud no está siendo muy

AGUA

Lucía soñó: *«Estaba tomando el sol en una paradisíaca isla de arena finísima y aguas cristalinas. El sol calentaba mi cuerpo mientras escuchaba el suave murmullo de las olas. Me sentía realmente bien, confiada y feliz. De repente, vi cómo se acercaba una ola enorme y, sin darme tiempo a reaccionar, invadía toda la costa. El cielo se tornó negro y una fuerte tempestad cambió por completo el paisaje. En ese momento ya no había isla, ni arena, ni tierra firme y yo me encontraba flotando en el agua atemorizada. De repente recordé que no sabía nadar».*

Cuando Lucía tuvo este sueño acababa de iniciar una **relación amorosa** con un hombre del que llevaba mucho tiempo enamorada. El mar en calma y el paisaje idílico reflejaban su confianza y alegría inicial. Sin embargo, el agua inundando ferozmente la playa le estaba advirtiendo de que corría el riesgo de ahogarse por **exceso de entusiasmo**. Cualquier sueño en el que el agua esté estancada es una señal de peligro que indica que deberíamos dar más libertad a nuestras emociones. En el caso de Lucía, el mar fluyendo libremente –primero en suave oleaje y después en tempestad– es un indicio de que estaba dejando aflorar sus sentimientos.

Por analogía con el útero y el nacimiento, los sueños en los que aparece agua pueden tener relación con el sentimiento de estar preparándose para una nueva vida o con el deseo de cambiar viejos hábitos. La isla representa el **individualismo** de Lucía, su vida independiente y segura que se veía amenazada con la llegada del amor y el torrente desbordado de emociones que ello implicaba. La sensación de ahogarse anuncia un estado de **tensión emocional** ante una situación nueva.

positiva. Un sentimiento de vacío puede estar invadiéndonos hasta la tristeza más absoluta. Todo ello podría significar una etapa de involución o decadencia en nuestra escala de valores. El mensaje que este sueño trata de transmitir es que podemos sumergirnos en una depresión si nos dejamos llevar por estos planteamientos negativos. Se recomienda buscar nuevos intereses que nos hagan recuperarnos a nosotros mismos con confianza. ‖ Si los agujeros aparecen en la ropa, a lo mejor estamos demasiado preocupados por nuestra imagen externa.

❖ Los augurios de este sueño son desventajosos. Entablaremos amistad con gente sórdida y de poco fiar. Por otra parte, los agujeros en la ropa denotan deudas.

Ahogarse ■ Ahogarse no expresa otra cosa que un sentimiento de angustia que lleva tiempo prolongándose. Generalmente, la asfixia indica que estamos sobrecargados por un exceso de responsabilidades. Por lo tanto, puede interpretarse como un aviso de que deberíamos descansar o tomarnos unas cortas vacaciones, pues hemos llegado al límite de nuestras fuerzas. ‖ Si nos ahogamos en aguas peligrosas, puede que temamos ser absorbidos por la fuerza oculta de nuestro inconsciente. Como si estuviéramos entregándonos a él demasiado deprisa. En estos casos, es de gran ayuda hablar de estos miedos con una amistad para que nos devuelva el sentido de la realidad. Desde el punto de vista emocional, también es posible que tengamos miedo de hundirnos en nuestros problemas. Conviene asegurarse de que pisamos tierra firme antes de tomar ninguna gran decisión.

❖ Si, mientras nos ahogamos, alguien nos rescata, se considera un buen presagio para los negocios. Todo lo contrario si nadie viene en nuestra ayuda.

Ahorcado ■ Este tipo de sueño puede indicar el punto culminante de una depresión, a partir del cual las cosas cambian. El ahorcado comienza a valorar lo que tiene en lugar de lamentarse por lo que le falta.

❖ La interpretación adivinatoria de esta imagen onírica denota pérdida de los bienes, juicios injustos, herencia no lograda o infidelidad.

Aire ■ De los cuatro elementos, el aire y el fuego se consideran activos y masculinos, mientras que el agua y la tierra son pasivos y femeninos. En las cosmogonías elementales, a veces se da prioridad al fuego como origen de todas las cosas, pero la creencia en el aire como fundamento está más generalizada. En el ámbito onírico, el aire alude a la comunicación, a la razón, a la lógica y, sobre todo, a la imaginación. Soñar que estamos siendo transportados por los aires indica que empezamos a ver con claridad nuestros asuntos y que nos estamos distanciando de nuestros problemas. El aire, de hecho, nos ayuda a establecer un equilibrio entre las acciones y las emociones. ‖ Si el aire es frío, podría ser que estemos juzgando injustamente a alguien de nuestro entorno que nos aprecia. En cambio, si lo que soñamos es un aire húmedo (o vapor), quiere decir que no estamos pensando con lucidez y que, por lo tanto, nuestras decisiones pueden ser equivocadas. La brisa, por otro lado, es espíritu inspirador y fuerza que da vida.

❖ El aire limpio y claro es, desde la Antigüedad, un sereno augurio de prosperidad, alegría y suerte, también de amistad y reconciliación. Sin embargo, para algunos viejos libros de sueños, soñar con aire es sinónimo de que nuestras esperanzas se desvanecerán.

Aislante ■ Los sueños en los que el individuo se ve a sí mismo aislando algo, como también en los que parecen materiales aislantes, denotan una fuerte necesidad de protección. El soñante se siente agredido por el medio y busca una manera de defenderse.

Ajedrez ■ El ajedrez representa la reflexión y las estrategias que se emplean en la vida: los riesgos, la defensa, el ataque y los pequeños sacrificios necesarios para conseguir un logro de gran alcance. Por todo ello, soñar con este juego nos advierte de que debemos ser pacientes. El éxito está asegurado si no sucumbimos a la impaciencia.

Ajo ■ Como símbolo onírico, el ajo sugiere la necesidad de prescindir de las apariencias para hacer lo que consideramos más adecuado. No en vano, a pesar de su desagradable olor, el ajo es un alimento de grandes propiedades curativas.

❖ Es indicio de discusiones, aventuras y relaciones eróticas. Tocarlo promete buenos negocios, y oler fuertemente a ajo hace presentir secretos desvelados.

Ajuar ■ Ver un ajuar en sueños anuncia una boda en el entorno más próximo, así como el cumplimiento de los deseos secretos del durmiente. Por otro lado, comprar el ajuar denota que se puede confiar plenamente en la pareja y que los asuntos económicos no sufrirán grandes cambios.

Alarma ■ Igual que en la vida real, las alarmas que aparecen en sueños son avisos de peligro que hay que tener en cuenta para evitar situaciones desagradables; sobre todo si estas imágenes son frecuentes.

❖ Las alarmas oníricas pueden ser sirenas, pitidos, gritos o señales luminosas. En este último caso, si están situadas en una puerta o ventana, significa que personas de confianza podrían traicionarnos. Si somos nosotros mismos quienes damos la alarma, entonces debemos realizar nuestros proyectos lo antes posible, ya que quizá aparezcan situaciones que más adelante los alterarán.

Alas ■ Las alas simbolizan, desde tiempos inmemoriales, la espiritualidad, la imaginación y la libertad. Por eso, ya en la antigua Grecia, aparecieron en algunos animales fabulosos como Pegaso o las serpientes de Ceres. En cambio, según el simbolismo cristiano, las alas son el sol que siempre ilumina la inteligencia de los justos. ‖ En términos oníricos, las alas auguran éxito, consecución de objetivos y superación de dificultades. Por lo tanto, este tipo de imágenes debe animar a la persona a lanzarse a la acción (es hora de echar a volar). ‖ Por último, las alas son también un símbolo que aparece ante proyectos de grandes viajes. Dado que también representan la imaginación y el conocimiento, soñar con alas es un buen augurio ante las pruebas o los exámenes a los que nos tengamos que enfrentar.

Albergue ▪ El albergue es una imagen positiva; sobre todo, si está lleno de personas. Este hecho impulsa al durmiente a seguir adelante con sus proyectos con la mayor energía posible: incluso en los peores momentos, podrá contar con el apoyo necesario para alcanzar su meta. ‖ Ver un albergue vacío es, sin embargo, signo de infelicidad y malos negocios. Verse a uno mismo buscándolo, por otro lado, significa que necesitamos tiempo para reflexionar sobre nuestros asuntos.

Alcantarilla ▪ Las alcantarillas implican oscuridad y suciedad. Soñar con ellas, por tanto, augura discusiones y acciones censurables por parte de las personas de nuestro entorno. ‖ Si dentro de la alcantarilla aparecen objetos de valor, significa que alguien podría meternos en problemas por cuestionar que algo realmente nos pertenece.

Alcohol ▪ Su figura representa la unión de dos elementos opuestos: el agua y el fuego. La fuerza vital de los dos se complementa y produce un resultado explosivo. Es un elemento purificador, pero también es una vía para la embriaguez.

Aldea ▪ Una aldea denota, en general, deseos de paz y tranquilidad: queremos estrechar lazos con las personas del entorno y disfrutar de una vida familiar más reposada. Sin embargo, si la aldea está desierta, señala que el sujeto no sabe resolver sus problemas y debe buscar nuevas vías para llegar a buen fin. Si es pintoresca y soleada, entonces se trasluce una personalidad honesta y sencilla por parte del soñador. Si es abandonada por la ciudad, existe la posibilidad de una mejora profesional (pese a que, en estos momentos, el terreno laboral no es la primera preocupación en la vida del protagonista).

Alfabeto ▪ Recitar el alfabeto mientras dormimos apunta a la necesidad de poner en orden las ideas, pe-

ro también al desaprovechamiento de nuestras dotes en el pasado, por dejadez o indiferencia.

Alfombra ▪ Este elemento es mucho más importante para la cultura oriental que para la occidental. Representa la dicha y la tranquilidad, ya que simboliza el calor del hogar. Buenos augurios para las relaciones afectivas y sentimentales. El inconsciente busca confort y felicidad. Si en sueños vendemos alfombras, significa que pretendemos apartarnos de la rutina con el fin de lanzarnos a aventuras desconocidas.

Algas ▪ Las algas que aparecen en nuestros pensamientos oníricos pueden tener interpretaciones muy diversas. Si se recogen o, simplemente, se encuentran, el sujeto no está actuando con sensatez, por lo que debería reconsiderar su forma de actuar. Cuando son otros quienes las recolectan, significa que algunos de nuestros secretos serán hechos públicos por personas del entorno que quieren perjudicarnos. ‖ Soñar que se comen algas implica el acopio de fuerzas para hacer frente a las adversidades. Si sólo se prueban, desperdiciándolas, existe la posibilidad de que un negocio fracase.

Algodón ▪ Psicológicamente, el algodón representa la protección –a menudo excesiva– que nos proporcionan las personas que nos quieren.
❖ Según la forma en que éste aparezca, su significado adivinatorio variará. Así, verlo hilado augura éxito profesional; en balas, problemas familiares o en los negocios; y en rama, actuaciones hipócritas e incluso traiciones a nuestro alrededor. Si comemos algodón de azúcar, se prevé un viaje de placer a corto plazo. Los campos de algodón señalan épocas prósperas para los negocios. Su recolección dará riqueza y abundancia a los que se dedican a estas tareas agrícolas.

Alimentos ▪ En las escenas oníricas, el alimento representa las necesidades corporales y espirituales. Cobra especial importancia qué nos llevamos a la boca, es decir, de qué nos alimentamos. El tipo de alimento que le damos al cuerpo y al alma se convierte, a la larga, en nuestra materia vital. Rechazar alimentos en un sueño representa inconformismo ante elementos externos.

Alma ▪ Ver que el alma se aleja de nuestro cuerpo mientras dormimos alerta del peligro de perder nuestra identidad por intereses mezquinos. Si, por el contrario, nuestra alma no huye y es otra la que se introduce en nosotros, entonces se anuncia la llegada de un amigo al que hace tiempo que no veíamos. ‖ Discutir en sueños sobre la inmortalidad del espíritu señala que el sujeto pronto adquirirá nuevos conocimientos gracias a otras personas.

Almeja ■ Las almejas son un símbolo femenino estrechamente relacionado con la sexualidad y la fertilidad. Cuando una mujer sueña con almejas de forma habitual, quiere decir que tiene dificultades para vivir su sexualidad de forma adulta. Si las come junto a la persona amada, significa que disfrutará de su progreso y confianza; si las come sola, la prosperidad será de otro. Soñar con almejas también señala que habrá que tratar en breve con una persona testaruda, pero honrada.

Almendras ■ Si soñamos con almendras, significa que disfrutaremos de buenos momentos después de superar algunas dificultades. Sin embargo, si éstas son amargas, podríamos sufrir molestias de diversa índole que nos provocarán tristeza durante una temporada. Si este fruto seco aparece estropeado, sufriremos un gran desengaño en la obtención de nuestros deseos.

Almendro ■ Los almendros floridos anuncian la llegada de la primavera. Sus flores blancas son hermosas, pero, a la vez, delicadas y frágiles. El almendro se asocia con el sentimiento de renacimiento o de renovación. Pese a todo, la fragilidad de sus flores indica el temor de que los proyectos no sean duraderos.

Almohada ■ Asociada con la suavidad y el descanso en la vida real, la almohada representa en nuestros pensamientos oníricos la necesidad de seguridad y confianza. Cuando se utiliza para el reposo de la cabeza, señala la vivencia de una etapa sosegada y de relaciones gozosas con las personas del entorno. Una almohada sucia o rota deja entrever la mala disposición del protagonista para enfrentarse a los problemas cotidianos.
❖ Para una mujer joven, la confección de almohadas augura suerte y felicidad en el terreno sentimental.

Alquimia ■ Para Carl Jung, el arte de la alquimia era un sistema de símbolos. A través de ellos, se llevaba a cabo la transformación del individuo, cuya personalidad pasaba de un estado base (plomo) a otro espiritual (oro). Así, consideraba que los símbolos de la alquimia eran imágenes arquetípicas del inconsciente. Si tenemos este sueño, por tanto, es posible que experimentemos algún cambio interior.
❖ La alquimia era, en la Edad Media, lo que hoy es para nosotros la psicología. Su simbolismo aún se identifica con el progreso interior por medio del inconsciente.

Altar ■ Un altar puede sugerir recogimiento, adoración o exaltación para las personas más religiosas. Los altares también presagian bodas cercanas, aunque, si están derruidos, reflejan desolación y pérdida de valores morales. Desde un punto de vista religioso, el altar tiene diversos significados. Es un lugar para el sacrificio, así que el sueño puede referirse a un sacrificio que debemos hacer o a algo que hemos sacrificado por una buena causa. No siempre se trata de algo material. A veces, es necesario sacrificar el propio ego y expresar más nuestros verdaderos sentimientos. ‖ Un altar también es símbolo del matrimonio entre lo consciente y lo inconsciente. La unión de estos opuestos favorece la creación de una personalidad única y fuerte.
❖ Soñar que se está dentro de una iglesia es un mal presagio, pues advierte de errores y de síntomas de arrepentimiento. En el caso de que haya un sacerdote en el altar, previene de disputas y problemas domésticos o laborales. Sin embargo, si la iglesia se ve desde fuera, pronto llegarán la fortuna y la bendición.

Altura ■ Soñar con las alturas sin sentir vértigo significa que el soñador es valiente y se atreve a cualquier cosa que le propongan; es decir, su inconsciente le está diciendo que no es fácil que se asuste. ‖ Por el contrario, soñar que nos mareamos una vez en la cima, indica que todavía no estamos preparados para afrontar los asuntos que tenemos entre manos. A los que experimentan este tipo de sueños les conviene esperar un tiempo prudencial antes de embarcarse en determinados proyectos.

Amamantar ■ Amamantar un bebé o contemplar como otra persona le da el pecho augura prosperidad material. En caso de que quien produzca tales imágenes sea una mujer, puede revelar un posible embarazo.

Amanecer ■ Contemplar las primeras luces del día representa el triunfo sobre las dudas, pesares o turbaciones. Un amanecer indica el comienzo de un período de mayor felicidad en el que podremos dirigir nuestras acciones a voluntad. Este sueño señala esperanza y optimismo.
❖ En el antiguo Egipto, el amanecer se asociaba al día de año nuevo y al principio del mundo. Desde el comienzo de los tiempos, la humanidad ha rendido culto al sol creciente como un símbolo divino, de esperanza y renacimiento.

Amapola ■ Esta flor simboliza la serenidad y los placeres sencillos, sobre todo, después de una época llena de trabajos para el soñador. Sin embargo, también puede representar la llegada de una etapa de placeres efímeros y de posibles engaños por parte de las personas del entorno. En todo caso, verse oliendo una amapola evidencia el cansancio de luchar contra las desgracias y la necesidad de vivir momentos más agradables, aunque sean breves y superficiales.

Amarillo ■ El amarillo es el color de la intuición, la inteligencia, el pensamiento y la claridad mental. Este color ayuda a combatir la ansiedad, a la vez que despierta el talento creativo (a pesar de ello, el amarillo suele ser odiado por los actores y otros artistas).
❖ Soñarse vestido de amarillo promete futura felicidad proveniente de un suceso imprevisto. ‖ Según la tradición gitana, el amarillo indica una naturaleza solar capaz de discernir lo mejor de cada uno y de cada cosa.

Amarrar ■ Al amarrar cualquier cosa estamos exteriorizando el deseo de sujetar algo para que no se escape. En general, tratamos de atar a las personas de las cuales dependemos. A veces, también nos amarramos a nosotros mismos mediante represiones de todo tipo.

Ambulancia ■ La ambulancia es símbolo de auxilio, por lo que representa un buen augurio. Si el soñador ejerce, en la vida real, un oficio peligroso, el significado de la ambulancia no tiene carácter premonitorio, sino que simplemente advierte de la necesidad de trabajar con las máximas medidas de seguridad.

Amenaza ■ Si soñamos que amenazamos a alguien, puede significar que necesitamos imponernos en la vida real. No obstante, si los amenazados somos nosotros, debemos descubrir la causa de dicha situación. Algunos sueños poseen un clima tan inquietante que resulta difícil averiguar qué o quién los provoca. Lo más probable es que todo derive de los problemas que tenemos en nuestras relaciones. A lo mejor, estamos emocionalmente amenazados por nuestra pareja, por nuestros padres o por nuestro jefe. ‖ Por último, esos sentimientos que reprimimos habitualmente como el rencor, la rabia, el miedo o el erotismo, también pueden estar presionándonos para hacerse ver.
❖ Algunos oráculos consideran que el significado de este sueño es el opuesto al que sugiere. Así, todo el mundo se comportará con nosotros de una manera dulce y afable.

Ametralladora ■ Si nos vemos utilizando una ametralladora en nuestros sueños, significa que debemos responder con seguridad y rapidez a las situaciones que se vayan presentando en la vida real. Sin embargo, hay que procurar que esa agresividad no se vuelva en nuestra contra a la hora de relacionarnos con los demás. ‖ Si el arma se encasquilla o perdemos el control de ésta, nuestros planes fracasarán pese a los esfuerzos invertidos.

Amigo ■ Soñar con un amigo acostumbra a ser favorable para nuestros intereses. Por lo general, indica confianza y apoyo, además de esperanza y consuelo. La apariencia del amigo delatará el estado de nuestras relaciones. Así, verlo con buen aspecto indica que la amistad es sólida. En cambio, si está desmejorado, significa que la relación que mantenemos con él está en declive. Nunca está de más visitar a quien hemos visto en sueños. ‖ Este sueño también recomienda que estemos atentos, pues es posible que dicho amigo onírico represente una parte de nuestra personalidad que no aceptamos o tememos. Debemos hacer lo posible por integrarla en nuestro carácter y sacar lo mejor de ella.
❖ Soñar con un verdadero amigo presagia buenas noticias. Si nuestro amigo está en apuros, las noticias serán desventajosas.

Amor ■ Para una correcta interpretación del sueño deberemos primeramente considerar quién era la persona que nos amaba y, al mismo tiempo, quién era el objeto de nuestro amor. En general, el amor en sueños representa el deseo de alcanzar una relación idealizada y difícil de conseguir. Aunque también puede ser un recordatorio para que prestemos mayor atención a nuestra pareja y no descuidemos su amor.
❖ Desde el punto de vista onírico, soñar que somos amados y dichosos augura penurias. En cambio, soñar que somos desgraciados o rechazados suele conllevar, días de felicidad.

Amputación ■ Soñar que tenemos un miembro amputado representa incapacidad para llevar a cabo alguna de las actividades que, normalmente, desarrollamos con éste. Tras todo ello, se oculta un temor que deberíamos intentar superar.

Amuleto ■ Muestra que el soñador cree en el azar, en la fortuna y, por lo tanto, en la mala suerte. Esta imagen también indica que, en el momento, nos domina un «espíritu infantil», así que es mejor no tomar decisiones prácticas de peso. En cambio, es una buena ocasión para el juego y la fantasía. El amuleto también es un símbolo que muestra deseos de controlar o manipular algo o a alguien.

Anciano >Ver ABUELO

Ancla ■ El ancla transmite fuerza estabilizadora. Suele aparecer cuando necesitamos seguridad o una influencia decisiva en nuestra vida. Por otro lado, también tiene connotaciones negativas, ya que puede representar algo que nos está agarrando y coartando nuestra libertad. A lo mejor, en este sentido, nos sentimos atados a una relación o a un problema. Soñar que echamos el ancla es un aviso de que debemos detenernos a meditar. Y si la arriamos es que ya ha llegado la hora de ponerse en marcha. || Según la interpretación freudiana, soñar con un ancla indica que estamos encadenados a la figura materna (el mar sería la madre).
❖ Las viejas supersticiones aseguran que, si una mujer tiene este sueño, uno de sus hijos se hará marinero. Además, se dice que aporta suerte al marinero que sueña con ella. Para el resto, denota un cambio de residencia o viajes al extranjero. Habitualmente, los presagios al respecto siempre son buenos pero, si el ancla aparece escondida bajo el agua, expresa decepción.

Andar ■ Si caminamos en sueños, quiere decir que estamos dispuestos a afrontar nuestras vivencias presentes y futuras. Este tipo de sueños nos recuerda que somos personas de acción y que, por lo tanto, cuando algo nos preocupa, es mejor tomar una decisión que darle vueltas al asunto.

Ángel ■ Desde siempre, los ángeles han sido considerados mensajeros de Dios. En términos psicológicos, este sueño podría ser un mensaje de aquellas partes de nuestro interior que quieren guiarnos hacia la satisfacción y la felicidad. || Los ángeles también simbolizan lo invisible, las fuerzas ocultas. Soñar con ellos, en este caso, indica que hemos emprendido una nueva andadura en el curso de nuestra evolución personal. Así, nos advierten de que tenemos grandes oportunidades para realizarnos y que no debemos desaprovecharlas.
Si la apariencia del ángel es siniestra, debemos tomarlo como algo que no marcha bien en la vida real. Es importante tomar nota de ello y aplicarnos para solucionarlo. || Por último, soñar con el ángel de la muerte no es un mal presagio. Lo más probable es que se trate de nuestra propia ansiedad buscando una vía de expresión.
❖ El ángel onírico presagia suerte en el amor, en las relaciones y en las amistades. Cuando hay más de uno, significa que recibiremos una herencia; cuando entra en nuestra casa, tendremos buena salud.

Anillo ■ Como todas las figuras redondas y cerradas, el anillo simboliza la continuidad y la totalidad. Por ello, sirve como emblema del matrimonio y, además, representa el lazo de unión a una determinada filiación, grupo o sociedad. También proporciona seguridad y poder por el respaldo que simboliza. || La presencia de un anillo en nuestros sueños augura un compromiso o una declaración de amor, así como la consolidación de una sociedad. Eso sí, lo que en sueños le suceda al anillo, podría también ocurrirle a aquello que representa. De esta manera, una alianza rota presagia divorcio o separación; perder un anillo augura disputas con la persona que nos lo dio; ponérselo a otra persona denota el deseo de ejercer dominio sobre ella, etc. || Los anillos, además de lo dicho, denotan lealtad hacia nuestros propios principios e ideales. También, pueden referirse a un juramento o una promesa. Por último, siendo el anillo el símbolo de la eternidad, sin principio ni final, representa nuestro verdadero Yo.
❖ La condición del presagio varía si nos dan el anillo o si, por el contrario, lo perdemos. En el primer caso, los augurios son buenos. En el segundo, a nosotros acudirán los problemas. Cuando encontramos el anillo por casualidad, quiere decir que pronto tendremos un nuevo amigo o un nuevo amante. Por último, determinadas tradiciones aseguran que soñar que nos dan un anillo significa la ruptura de una promesa.

Animales ■ Los animales suelen representar, en general, las cualidades o defectos con que tradicionalmente se les asocia. Así, podríamos decir que el perro representa la lealtad; la paloma, la paz; la tortuga, la longevidad; el tigre, el poder; etc. Sin embargo, al igual que en el resto de entradas del presente diccionario, siempre hay que tener en cuenta las circunstancias personales del soñador. Si, por ejemplo, éste ha sido mordido por un perro, su inconsciente difícilmente asociará la figura del can a la fidelidad. || Por otro lado, los animales hacen referencia a nuestro instinto más primario y a nuestros deseos básicos. El sueño puede estar llamándonos la atención acerca de algún aspecto de nuestra naturaleza que reprimimos o infravaloramos. En cualquier caso, nos está advirtiendo de que debemos procurar ser más espontáneos y menos racionales. || Si soñamos que nos comemos un animal, quiere decir que estamos asimilando sabiduría natural. Si luchamos contra él, es que estamos teniendo problemas con nuestra parte oculta, rechazada por la consciencia. Si el animal está vigilando un tesoro, entonces las pasiones materiales están impidiendo que nos realicemos espiritualmente.

❖ Su significado varía si se trata de animales domésticos o salvajes. Mientras que el animal salvaje es indicio de enemigos secretos y problemas profesionales; el doméstico anuncia el regreso de amigos ausentes y reconciliación. Poseerlos, alimentarlos y cuidarlos, en especial si se trata de rumiantes, indica abundancia y buenos negocios. Aquéllos dotados de cuernos auguran felicidad.

Ansiedad ■ Nadie ha descubierto aún la función que tienen los sueños en nuestra vida. Algunos científicos creen que dormimos para poder soñar, porque los sueños ponen en orden todas nuestras emociones. Diversos experimentos ya han demostrado que la gente a la que se le priva de dormir presenta grandes desórdenes emocionales (por ejemplo, una ansiedad desmesurada). Los sueños, por tanto, nos devuelven el equilibrio psicológico. ‖ Es muy habitual tener sueños que expresen la ansiedad y las emociones que no podemos canalizar en la vida real. Según Freud, denotan la agresividad y el resentimiento reprimidos. Muchos de ellos, de hecho, provienen de la etapa infantil. Así, donde aparezca esta ansiedad onírica, es recomendable buscar los sentimientos ocultos que, realmente, la provocan. ❖ Hay creencias que aseguran que los sueños de ansiedad indican justo lo contrario, es decir, que no falta mucho para que se solucionen nuestras preocupaciones. Y es que, en cierto sentido, a medida que expresamos nuestros miedos en los sueños, nos acercamos más a su disipación.

Antena ■ Por medio de una antena, podremos aumentar el número de nuestras percepciones. De este modo, si soñamos con este elemento, todo indica que debemos estar atentos a informaciones que nos pueden ser muy útiles.

Antepasado >Ver Abuelo

Antorcha ■ Llevar una antorcha encendida indica el deseo del protagonista de compartir la luz, es decir, su alegría y vitalidad. En cambio, si la antorcha está apagada, el sueño nos comunica que nuestra capacidad para entusiasmarnos no se encuentra, precisamente, en su mejor momento.

Anzuelo ■ Claro símbolo de desilusión, traición o engaño.

Apetito ■ Existe la posibilidad de que el sueño se refiera a que nos hemos ido a la cama con hambre; pero los

ÁNGEL

Ruth soñó: *«Era de noche. Estaba en la terraza de mi casa cuando vi llegar volando a un ángel. Era muy guapo, medía más de dos metros, de complexión fuerte y largos rizos rubios. Como único vestido lucía una larga túnica transparente que dejaba adivinar un cuerpo musculoso y fibrado. Me quedé impresionada por su presencia y en ese momento sentí un profundo amor. Nunca había tenido esa sensación en un sueño. Se mantenía suspendido en el aire, mirándome y sonriendo; y entonces me dijo: "Ruth, ábreme la puerta. Quiero entrar en tu casa". Me desperté con un hormigueo en la barriga muy agradable.»*

Los ángeles oníricos son, a menudo, portadores de mensajes divinos. Durante más de dos años, Ruth había mantenido las puertas de su corazón cerradas. Había sufrido un **desengaño amoroso** y no se mostraba nada receptiva para volverse a enamorar. En el momento del sueño, Jose había aparecido en su vida, y con él todo un torrente de sensaciones románticas. Sin embargo, ella se mostraba dura y despreciativa con él. Le gustaba mucho, pero tenía **miedo a enamorarse**.

El ángel, pidiéndole permiso para entrar en su casa representaba a su inconsciente, deseoso de dar entrada nuevamente al amor. Enamorarnos en sueños es un reflejo de nuestro deseo de alcanzar una **relación profunda y sincera**.

sueños que se refieren al apetito siempre pueden sugerir una necesidad de más amor y afecto o una necesidad de expresar nuestras emociones. En cualquier caso, soñar que tenemos apetito evidencia ganas de vivir y un importante caudal de energía. ❖ Tener un gran apetito, es señal de alejamiento de amigos y familiares. No tenerlo, presupone la llegada de una mala noticia.

Apuesta ■ Apostar en sueños significa que se está dispuesto a asumir riesgos. La causa puede provenir de una situación en la vida real. Quizá estamos dispuestos a apostar a ciegas por un camino en el futuro. En este caso, se recomienda sopesar los elementos que implican dicha circunstancia y tomar, con calma, la opción que nos parezca mejor. ‖ En cuanto a las apuestas lúdicas, existe gente que ha creído en el poder premonitorio de los sueños y ha actuado en la realidad según lo que éstos le dictaban. Ello no quiere decir que se tenga que depender única y exclusivamente del azar onírico, pues sin duda podrían sufrirse importantes pérdidas económicas.

❖ El significado de esta imagen debe invertirse. Si soñamos que ganamos una apuesta, perderemos; y viceversa.

Apuñalar ■ Si en sueños apuñalamos a alguien, significa que debemos resolver un conflicto afectivo que se ha dilatado durante demasiado tiempo y que, en consecuencia, ha tomado unas proporciones exageradas. Por ello, si lo interpretamos correctamente, tenemos que aproximarnos con urgencia a la persona o a la emoción apuñalada con el fin de resolver de buena manera este problema. Para este caso, los sueños hacen bueno el refrán que afirma que, del amor al odio, sólo hay un paso. No en vano, resulta habitual que nuestras imágenes oníricas nos muestren escenas en las que agredimos a aquellas personas cuyo afecto más necesitamos.

Araña ■ En la araña convergen tres sentidos simbólicos distintos que, a veces, se superponen: el de la capacidad creadora (al tejer la araña su tela), el de la agresividad (al tener un instinto depredador) y el de la propia tela (como red espiral dotada de un centro). Dicho esto, soñar con una araña se interpreta de diversas maneras. En la mayoría de los casos, es un sueño negativo, ya que la tela que teje simboliza la trampa en la que nos estamos precipitando. También, representa la soledad, la incomunicación y las disputas. Por otro lado, si la araña ha tejido una hermosa tela que al contemplarla nos produce admiración, significa que las fuerzas del universo actuarán en nuestro favor. Es el momento de intervenir, ya que disponemos de todo nuestro potencial. ‖ Las arañas oníricas, además, pueden representar nuestros miedos. A lo mejor nos sentimos atrapados en una tela de decepción o de emociones agitadas. Sigmund Freud creía que las arañas eran las madres sobreprotectoras que consumen a sus hijos (víctimas inocentes) bajo un sentimiento de posesión (tela).

❖ La aracnofobia es un efecto instintivo de los hombres desde tiempos ancestrales, del tiempo en que las arañas venenosas eran algo común. El sueño no hace más que recapitular ese miedo para expresar que hay cosas de la vida real que nos entristecen. Otras supersticiones antiguas, sin embargo, consideran que soñar con arañas es un buen presagio.

Árbol ■ El árbol representa, en el sentido más amplio, la vida del cosmos: su densidad, crecimiento, prolifera-

ción, etc. En términos oníricos, es la plasmación de la propia personalidad. Así, el tipo de árbol y la condición en la que se encuentre indicarán el estado de nuestra mente y de nuestra espiritualidad. Si alguna de sus partes ha sufrido daño, también lo habrán sufrido algunos aspectos de nosotros. En este sentido, las ramas son nuestras funciones superiores; el tronco, nuestro rol social; y las raíces, los cimientos de nuestra forma de ser y de nuestro inconsciente. ‖ Un árbol frondoso y robusto, por tanto, simboliza seguridad y creatividad, así como protección material y espiritual. Pero, si el árbol está débil y sin hojas, significa que no vamos por buen camino y que carecemos de la suficiente experiencia para realizar lo que nos proponemos. ‖ Por otro lado, si soñamos que plantamos un árbol o que éste está en flor, es señal de fecundidad o madurez interior.

❖ Según la tradición, el árbol simboliza el tiempo: las raíces son el pasado y las ramas, el futuro. Quizá el sueño contenga una premonición o nuestras esperanzas y temores del futuro. En el caso de que nos veamos trepando a un árbol, seremos afortunados.

Arco iris ■ Es una imagen de esperanza y prosperidad. Tras una etapa de penumbra, el arco iris predice redención y buenas noticias. Pronto viviremos una época de paz y tranquilidad en la que nos sonreirá el éxito y nuestros deseos se harán realidad. ‖ También se asocia con la búsqueda del autoconocimiento. El arco iris simboliza un puente entre el cielo y la tierra, es decir, entre nuestro Yo terrenal y nuestro Yo iluminado o superior.

❖ Cuando el arco iris aparece brillante y colorido en nuestros sueños, los gitanos predicen un cambio ventajoso. Si su color es apagado, algo se deteriorará.

Ardilla ■ La ardilla simboliza la ligereza, la preocupación intrascendente y superficial. Se relaciona con la coquetería.

❖ Es presagio de sacrificio, aunque con exitoso final. Verla comer predice alegrías domésticas; capturarla denota en cambio peligros. Ser mordido por una ardilla indica discordias con la pareja o con el hijo.

Arena ■ Soñar con una playa de arena fina augura paz y sensualidad. Sugiere las caricias del mar, del amor y de la madre. Por el contrario, la arena del desierto representa la aridez y lleva aparejada la imagen de la muerte. ‖ Soñar que caminamos por la arena revela nuestro temor a no alcanzar las metas que nos hemos propuesto; mientras que, si encontramos arena en la comida o en la ropa, significa nerviosismo ante una situación inestable.

Arlequín ■ Un arlequín puede representar la dimensión grotesca de nuestra personalidad. Si el sueño resulta agradable, el inconsciente nos está sugiriendo que nos riamos de las preocupaciones, pues su gravedad es relativa. En cambio, si las imágenes oníricas nos son desagradables, estará indicando que nuestra actitud no es la más adecuada.

Arma ■ Poseer un arma denota inseguridad personal. No confiamos en nosotros mismos, ni en nuestras propias fuerzas para salir adelante. Si el arma onírica se llega a disparar, señala una marcada tendencia a resolver los problemas de forma agresiva. Aunque tenemos mucha energía, la estamos utilizando para fines negativos. El sueño nos invita a dejar de considerar la vida como una lucha constante. ‖ Las armas también expresan furia, resentimiento y conflictos. Cuando las usamos contra alguien conocido, significa que albergamos emociones como la ira o el rencor. Quizá no nos atrevemos a hablar claro con ese alguien. En el caso de que no le conozcamos, puede estar representando aspectos de nosotros mismos que nos desagradan: tenemos problemas internos que precisan resolverse. ‖ Las espadas, flechas, cuchillos, pistolas y dagas son, además, símbolos fálicos que denotan agresividad sexual masculina.

❖ Soñar con armas constituye una indicación de fiereza y honor. Sujetarlas en la mano es augurio de gloria y éxito. Fabricarlas, de convalecencia y recuperación de las fuerzas. Ver huir a alguien armado equivale a una probable victoria. Verlo avanzar, significa seguridad; el que sueña no tiene nada que temer. Un disparo de arma de fuego, prevé ganancias imprevistas.

Armadura ■ Si soñamos que llevamos puesta una armadura, debemos interpretarlo como la forma que tenemos de defendernos del exterior. Tememos que nos hieran y, por eso, nos protegemos ocultando nuestros sentimientos. Una armadura también puede simbolizar dureza y resistencia ante las adversidades. Esto no siempre es positivo, ya que, en estos casos, el soñador suele encerrarse demasiado en su coraza. Es probable que un individuo con armadura o escudado no tenga una interacción espontánea con la gente. En los sueños, ambas protecciones son símbolos que demuestran ansiedad. Debemos preguntarnos a nosotros mismos de qué nos queremos defender. La cuestión es que, si indagamos en nosotros, puede que descubramos que no hace falta ir tan resguardado. Con un poco de autoconfianza y seguridad podremos superarlo. ‖ En el caso de que la armadura haga referencia a algo a lo que nos

vamos a enfrentar en la vida real, significará que somos valientes y que estamos bien preparados.

❖ Si soñamos que llevamos una pesada armadura puesta significa que nos estamos tomando la vida demasiado en serio, sin disfrutarla. ‖ Los que creen en la reencarnación, lo interpretan como un vestigio de vidas anteriores. Si durante el sueño se revelan datos históricos, resultará interesante comprobar su autenticidad. A lo mejor, estamos recordando cosas de nuestro pasado más ancestral...

Armario ■ Un armario representa el lugar donde guardamos nuestros verdaderos sentimientos. Este sueño nos indica que tal vez sintamos la necesidad de ocultar algo. Seguramente no estamos afrontando los problemas como debiéramos. Si está oculto, su ubicación refleja dificultades en las relaciones con los demás. Y si está desordenado, significa que sufrimos problemas afectivos. En cambio, si se encuentra limpio, organizado y lleno de cosas hermosas, ello certifica la buena salud de nuestro espíritu y la posesión de una gran riqueza interior.

❖ La superstición onírica dice que soñar con un armario lleno presagia buena suerte; todo lo contrario, si está vacío.

Arrancar ■ Esta acción violenta refleja frustración o sentimientos reprimidos. Dependiendo de lo que arranquemos, podremos acercarnos al embrión del conflicto.

Arrastrar ■ Este sueño revela la existencia de algo que nos atrae y que es superior a nuestra voluntad, ya sea una pasión o un sentimiento negativo, tal vez como consecuencia de una pérdida. Es urgente que recuperemos nuestro centro porque, de lo contrario, correremos peligro.

Arrecife ■ Se asocia a los monstruos marinos. Se trata de un enemigo siniestro que nos sale al encuentro. Representa obstáculos insalvables que nos impiden el paso y nos llenan de temor. Denota, también, una situación de estancamiento. En este sentido, se relaciona con quedarse petrificado, incapaz de avanzar o crecer.

Arroyo ■ Un arroyo de aguas claras fluyendo es símbolo de alegría y satisfacción. En caso de soñar con este elemento, todo indica que nuestra parte afectiva está perfectamente equilibrada. No obstante, si sus aguas son turbias, posiblemente suframos conflictos emocionales. Un arroyo seco, en cambio, representa el recelo que arrastramos por algún desengaño.

Arroz ■ Soñar con arroz augura acontecimientos felices, pues este alimento es símbolo de fertilidad en numerosas culturas. Dichos acontecimientos pueden darse en cualquier ámbito: sentimental, laboral, familiar, etc.
❖ Comer arroz augura longevidad y abundancia; comprarlo, aumento del patrimonio; cocerlo, curación; recolectarlo, buena suerte.

Arrugas ■ Las arrugas significan que nuestro inconsciente nos habla de la experiencia adquirida a lo largo de nuestra vida. Para algunas personas, las arrugas también se vinculan al miedo a envejecer y a perder atractivo físico.
❖ Verse la cara surcada de arrugas predice dolor, muerte a temprana edad. Si las arrugas surcan el rostro de otra persona, constituyen para ella un buen signo.

Artista ■ Todas las personas, sin excepción, necesitamos ser amadas y reconocidas por los demás. Este sueño puede representar nuestro lado más creativo e intuitivo. A lo mejor, necesitamos expresarnos desde una perspectiva creativa. Para los que sueñan con ser artistas, esta ambición queda aún más patente. También puede indicarnos cómo sublimar las pasiones que no somos capaces de manifestar. ‖ Si estamos pintando un cuadro, éste puede representar la descripción que hacemos de nuestra situación en el momento. Así, pronto lo veremos todo más claro.
❖ Probablemente, necesitemos dar un repaso a nuestros planes con el fin de obtener reconocimiento. Si en el sueño hablamos sobre arte, quizá obtengamos un ascenso en el trabajo.

Ascensor ■ Los ascensores representan las subidas y bajadas en el escalafón social o profesional. Si el ascensor está vacío, señala que hemos perdido una oportunidad; mientras que, si está lleno, existe mucha gente que aspira a ocupar la misma plaza que nosotros. Si nos quedamos encerrados dentro, posiblemente quiere decir que nos negamos a evolucionar. ‖ En el caso de que el ascensor suba desde el sótano, significa que hay determinadas ideas en el sueño que provienen de nuestro inconsciente. El hecho de ascender indica la obtención de un punto de vista más elevado y objetivo. Seremos más racionales, pero no hay que olvidar nuestro instinto y nuestra intención en ningún momento.
❖ Las supersticiones modernas consideran que el augurio será bueno si el ascensor sube y malo si baja.

Asesinato ■ Cuando soñamos que asesinamos a alguien, estamos poniendo de manifiesto un grave conflicto entre nuestras aspiraciones y las normas morales que nos vemos obligados a cumplir. Este tipo de sueños debe analizarse muy cuidadosamente, ya que indica la necesidad de profundizar en nuestro interior para no llegar a una situación de violencia real. Si asesinamos en sueños a alguien que conocemos, probablemente escondamos algún tipo de resentimiento hacia aquella persona. Por otro lado, la persona asesinada también podría ser una faceta de nosotros mismos que intentamos reprimir o destruir. Si la víctima somos nosotros, quizá vivimos subyugados por nuestras emociones. Los propios instintos que negamos pueden estar buscando venganza.
❖ Algunos oráculos creen que este sueño presagia tristeza. Sin embargo, muchos otros dicen que el acto de asesinar a alguien curiosamente promete en sueños alegría inesperada, salida de una enfermedad o de un período desafortunado.

Asfixia ■ Una situación en la vida real nos está arrollando emocionalmente y no la podemos superar por nuestros propios medios. Del mismo modo, quizá la provoque la exigencia de la pareja o un padre sobreprotector. Todo esto impide nuestro crecimiento psicológico. Es muy importante que restablezcamos nuestro sentido de la identidad para volver a tener libertad de acción. (Ver AHOGARSE)
❖ La superstición onírica cree que este sueño anuncia tristeza y salud débil.

Asiento ■ A veces, en determinados sueños, tenemos la necesidad repentina de sentarnos y descansar, como si nos faltara el aire o nos fallaran las piernas. Ello, más que cansancio físico, pone de manifiesto cierto cansancio existencial. Quienes experimentan esta clase de sueños sienten que su vida se vuelve cada vez más monótona y cansina, y que poseen pocos alicientes para hacer más llevadera la rutina.

Asma >Ver AHOGARSE

Asno ■ Este animal augura, en general, dificultades y retrasos de todo tipo; sin embargo, dependiendo del aspecto que presente, el significado del sueño variará. Así, si está gordo y va cargado, augura éxito y ganancias materiales, mientras que, si está flaco, se producirá todo lo contrario. ‖ Ver un asno muerto es mala señal, ya que prevé, no sólo el fracaso de nuestras empresas, sino incluso la bancarrota y la miseria. Si éste nos persigue, quiere decir que en la vida real tenemos miedo de algo y que, seguramente, seremos víctimas de algún engaño o escándalo. Por último, montarnos sobre uno de estos animales señala que vamos por el buen camino para alcanzar nuestras metas, pese a que éstas tardarán en lograrse. Si el hecho de montar un asno se hace contra la propia voluntad, podría haber discusiones con personas cercanas.

Atajo ■ Los atajos manifiestan ansiedad por lograr objetivos. Éstos plantean dudas y obstáculos difíciles de superar pero, si el soñador es capaz de sortearlos, podrá alcanzar cualquier meta que se proponga.

Atar >Ver AMARRAR

Ataúd ■ Aunque a priori todo indique lo contrario, soñar con un ataúd es un buen augurio, pues representa el fin de un ciclo y el inicio de otro, así como la liberación de una situación opresiva. Ver en sueños un ataúd ocupado por una persona que no conocemos o no vemos, indica que estamos deshaciéndonos de cosas inútiles. Si conocemos al individuo en cuestión, este episodio puede revelar nuestra preocupación por su salud.
❖ La interpretación de este sueño varía según el personaje encerrado en el ataúd. Así, si es nuestra pareja augura fidelidad eterna; un niño, anuncia dolor sin esperanza; nuestra madre, enemigos capaces de perdonar las ofensas.

Aterrizaje ■ Soñar que aterrizamos con un avión indica que nuestros conflictos o fantasías empiezan a trasladarse al mundo real. Si no logramos aterrizar, es porque pensamos demasiado en los problemas que nos amenazan. Por otro lado, si nuestro avión logra aterrizar después de caer al vacío, ello sugiere que nos hallamos ante un conflicto de envergadura que podremos solucionar felizmente.

Atleta ■ Soñar que somos atletas indica que deberíamos ayudar más a nuestros semejantes sin esperar nada a cambio. Si el atleta onírico sufre un tropiezo, es posible que esté enviándonos una señal de alarma.

Atrapado ■ Este sueño, probablemente, esté expresando cómo nos sentimos en la vida real. A lo mejor creemos que estamos atrapados en el matrimonio, bajo la tutela de nuestros padres, o en un trabajo sin futuro. En este caso, necesitamos reformar algunos aspectos de nuestra situación. Por otro lado, quizá estemos atrapados en nuestro propio conservadurismo o tozudez. Si cambiamos nuestra manera de hacer las cosas, seguramente experimentaremos una mayor sensación de libertad.
❖ La tradición gitana dice que, si soñamos que un animal está atrapado en una red, debemos actuar con precaución. De lo contrario, nuestros planes fracasarán.

Atrás ■ Soñar que se anda hacia atrás significa que estamos retrocediendo en nuestra vida. Lo que buscamos cada vez está más alejado de nosotros. Puede que nos sintamos unos fracasados, incapaces de alcanzar nuestras metas. Gracias a la señal de alerta que nos da este sueño, debemos empezar a tomar medidas. Por otro lado, quizá manifiesta que lo mejor es retirarse. Hay veces que perdemos el tiempo luchando por algo que no vale la pena. Una buena opción es quedarse atrás momentáneamente, recuperar fuerzas y, luego, volver con más vigor e ímpetu.
❖ Algunas sociedades tribales consideran que es posible ahuyentar a los espíritus malignos mediante un cambio de rutina. Así, andar hacia atrás es una manera de confundirles. En términos oníricos, por tanto, denota que la fortuna está de camino.

Autobús ■ Como medio de transporte colectivo, el autobús simboliza la necesidad de compartir proyectos, ideas o pensamientos. Soñar con este vehículo indica que nos tendríamos que relacionar más a menudo con nuestros seres queridos, huyendo del aislamiento que nos amenaza. Por el contrario, si nos vemos como los únicos ocupantes de un autobús, significa que tenemos una gran timidez o egoísmo. Si se nos escapa, denota una esperanza de cambio frustrada o un deseo de salir de la situación actual, pero sin tener clara aún la nueva orientación.

Autopista ■ Viajar por una autopista en el transcurso de un sueño debe ser interpretado como una señal positiva. Esta imagen indica que disponemos de todos los medios necesarios para resolver nuestros problemas. Sin embargo, vayamos por donde vayamos, no nos libraremos de pagar el precio de nuestros errores. Debemos, por lo tanto, responder a los compromisos sin darles la espalda.

Autopsia ■ Una autopsia representa un deseo sincero de introspección personal. Este tipo de imágenes son una invitación a conocernos mejor, sacando el máximo partido de todas las experiencias. El hecho de que seamos nosotros u otras personas a quienes se practica la autopsia carece de importancia. En cualquier caso, el cadáver representa a la persona que sueña.

Autoridad ■ Los sueños en los que aparece la autoridad simbolizan el grado de represión del soñador. Casi siempre indican la existencia de un conflicto. (Ver APUÑALAR y ASESINAR)

Avalancha ■ Este tipo de sueño refleja los imprevistos que pueden surgir en el camino. Soñamos con avalanchas cuando tememos un desastre o fracaso. De una manera intuitiva, podemos haber descubierto una imperfección en nuestros planes que necesita ser reparada. Es recomendable intentar identificar el resto de imágenes que aparecen en el sueño para poder darles un sentido dentro de nuestro miedo. ∥ Si la avalancha es de tierra o piedras, sería conveniente que vigiláramos nuestras finanzas. Si, en cambio, esta avalancha es de nieve, significa que corremos el riesgo de sepultar las relaciones que mantenemos con nuestra pareja. Se avecina, pues, una auténtica tormenta pasional.

❖ Hay tradiciones que aseguran que este sueño trae muy buena suerte, sobre todo, si acabamos enterrados en la nieve. Augura beneficios y salud. En el caso de que veamos que son otros los que sufren la avalancha, indica un cambio de entorno.

Avaro ■ Los pensamientos oníricos en los que aparece un avaro son muy negativos, porque no sólo anuncian el abandono del protagonista por parte de sus seres queridos, sino también pobreza y enfermedad. Se aconseja prestar atención a la actitud que mantenemos con nuestro entorno para evitar caer en desgracia.

Ave ■ Gracias a la capacidad que tienen para volar, las aves siempre han hecho referencia a la libertad y a la espiritualidad. El vuelo a través del cielo ilimitado significa que algún aspecto de nuestra psique nos aporta plenitud, recuperación y equilibrio. Es el deseo del alma de ir más allá, de superarse. También puede simbolizar que queremos deshacernos de todo aquello que nos resulta banal. El inconsciente nos puede estar aportando soluciones para nuestra existencia. Si soñamos que liberamos a un ave, eso mismo estamos haciendo con nuestras emociones. ∥ Por otro lado, las aves indican el estado de nuestras relaciones. Las ladronas, como las urracas, denotan adulterio o cualquier otro tipo de amenaza. Las territoriales, como los mirlos, pueden expresar envidia. Finalmente, una bandada de aves representa nuestro deseo de formar parte de un grupo al que admiramos. (Ver ALAS)

❖ Desde hace siglos, soñar con aves es un buen presagio. Los albatros traen fortuna; los buitres advierten de chismes; los gallos que cantan anuncian buenas noticias; las palomas nos dicen que encontraremos una solución pacífica a nuestros problemas; el águila augura éxito en los negocios; los gansos expresan que pronto experimentaremos mejoras; los halcones presagian un futuro brillante; los búhos previenen de algunas decepciones; las cigüeñas pronostican problemas en la familia; y los pavos, por último, son portadores de mala suerte, a menos que en el sueño los matemos o nos los comamos.

Avenida ■ Cuanto más amplia sea la avenida del sueño, más satisfechos nos encontramos con nuestra vida. También puede indicar la rápida solución de un conflicto.

❖ Una avenida recta es símbolo de esperanza; anuncia prosperidad, nacimiento y amor duradero. Pero si es angulosa y con curvas, nos anuncia desilusión y amargura en algún aspecto de nuestra vida.

Averías ■ Según lo que se averíe, podremos saber el problema que tenemos en la vida real. Así, soñar con un televisor estropeado puede denotar la necesidad íntima de evadirse del hogar. Una avería del teléfono, en cambio, es señal de que necesitamos aislamiento.

Avestruz ■ El avestruz representa la negación de la realidad cuando ésta es desfavorable, ya que dicho animal, ante los problemas, esconde la cabeza en un hoyo. Este tipo de sueño nos advierte de que debemos ser más sinceros y afrontar las circunstancias de la vida aunque nos cueste trabajo.

Avión ■ Todos aquellos sueños en los que aparecen aeronaves (aviones, avionetas, naves espaciales, globos, etc.) simbolizan el deseo de superación, la ambición y la necesidad de elevarse. Así, ver un avión refleja que nos estamos mostrando superiores a nuestros problemas o que ansiamos un rápido ascenso en el ámbito profesional, social o espiritual. En cambio, si se estrella, significa que estamos utilizando un procedimiento incorrecto para progresar. ∥ Si imaginamos que volamos en un avión, es probable que nuestros anhelos sean utópicos y, por consiguiente, estén condenados al fracaso. ∥ Por otro lado, es probable que nos esté avisando de una marcha o un viaje inminente en nuestra vida. Esto puede incluir un nuevo trabajo, una nueva relación o una aventura. Aunque, a lo mejor, es el simple fruto de querer tomarse unas vacaciones. ∥ Cuando se sueña que el avión sufre un accidente, significa que somos muy ambiciosos y que nos hemos puesto metas demasiado altas. Desde un plano material o espiritual, esperamos de nosotros más de lo que deberíamos y no nos sentimos del todo capaces de lograr lo propuesto. (Ver ATERRIZAJE)

❖ Para las supersticiones modernas, este sueño quiere decir que pronto recibiremos dinero. Si nosotros somos los pilotos, entonces los negocios que tenemos entre manos serán exitosos. Si el avión se estrella, éstos fracasarán. ‖ La tradición gitana cree que soñar con un avión indica que debemos compartir nuestros proyectos con la familia y los parientes.

Avispas ■ Soñar que las avispas nos persiguen o pican sugiere la presencia de molestias, obstáculos o pesares en la vida real. Éstos no son demasiado importantes, pero sí muy dolorosos. Si las matamos, el sueño revela que estamos superando los mencionados problemas.

Ayuno ■ Si estamos ayunando en el sueño, significa que debemos abstenernos de ciertas cosas por nuestro propio bien. Tal vez los placeres terrenales estén poniendo en peligro nuestra salud física, emocional o espiritual. Por otra parte, un sueño de estas características también puede representar la paz interior y el deseo de meditar, de escuchar la voz profunda de la conciencia.

Azúcar ■ Agregar una gran cantidad de azúcar a una comida refleja una gran ansiedad, probablemente motivada por falta de cariño o de ternura. Este sueño indica una evidente necesidad de afecto y puede sugerir que nuestro estado emocional está algo resentido por acontecimientos recientes.

❖ El azúcar es para muchas tradiciones como la árabe presagio de engaños y mala fe. Sin embargo, comprarlo es indicio de felicidad y honor; venderlo promete éxito frente al peligro. Comerlo pronostica éxitos en los negocios pero no libra al soñante de adulterio y falsos amigos.

Azufre ■ Para muchos, el azufre tiene connotaciones maléficas, ya que esta sustancia suele asociarse al diablo. Si éste fuera nuestro caso, el sueño apuntaría a un sentimiento de culpabilidad. Pero, a su vez, el azufre es símbolo de purificación y de superación. Y, en ocasiones, también se asocia al amor, a la pasión, al erotismo y a la sabiduría.

Azul ■ Es el color que representa los ideales espirituales, la virtud, la verdad y la belleza. Simboliza nuestras emociones y sentimientos. Por ello, los sueños en los que predomine este color probablemente versarán sobre nuestra vida afectiva. Según Freud, el azul denota un buen equilibrio psíquico.

❖ El azul claro es señal de amistad, sentimientos puros y dulces, platónicos. El azul oscuro nos indica buena salud.

B

Bache ■ Un camino lleno de baches indica dificultades que se han de superar para llegar a buen término. Es importante analizar el contexto del sueño y los demás símbolos oníricos para saber a qué clase de situación nos enfrentamos.

Bacteria ■ Si en nuestros sueños aparecen bacterias, ello es sinónimo de alguna alteración, puesto que estos organismos microscópicos provocan cambios en el cuerpo humano. ‖ Las bacterias suelen anunciar que las relaciones sentimentales están alteradas y que no es el mejor momento para tomar decisiones importantes.

Bahía ■ Representa un lugar recogido y seguro. Puede ser un alivio en un momento de tormenta, pero también se puede interpretar como una situación de estancamiento, inmovilidad, cese de la actividad y del crecimiento.

Baile ■ Bailar en sueños refleja nuestra forma de movernos en el entorno cercano. Mediante el baile, podemos armonizar nuestras oposiciones internas, por lo que este tipo de sueños suele tener un marcado sentido afectivo. Dependiendo de cómo se desarrolle, sacaremos conclusiones aplicables a nuestras relaciones sexuales, afectivas, familiares, sociales o laborales. ‖ Así, si vemos un grupo de personas bailando, significa que deberíamos ser más generosos y vivir cada momento con intensidad, sin mantenernos al margen del mundo. ‖ Por el contrario, bailar alegremente indica que es-

tamos alegres por cómo nos van las cosas y que nos sentimos libres de cualquier influencia, También denota la posibilidad de que nuestra situación actual mejore. ‖ Bailar con la persona amada indica que nuestro amor es correspondido. Pero si el baile es de disfraces, el sueño es una advertencia de que debemos evitar ser hipócritas con nuestra pareja. ‖ Si vemos bailando a un hombre y a una mujer, puede mostrar la unión armónica de los lados masculino y femenino de nuestra personalidad.

❖ En un sueño, el baile puede ser un símbolo espiritual que exprese, por ejemplo, la danza de Shiva, el dios hindú del eterno fluir del tiempo, del poder de la creación y de la destrucción. ‖ Ver danzar a personas ancianas, asegura éxitos en las empresas; bailar en una boda, enfermedad; con familiares, suerte. También constituye un buen augurio para el prisionero, quien será liberado en breve.

Bajar ■ Apearse voluntariamente de un vehículo (o de un lugar elevado) puede significar el fin de una trayectoria o de una actividad. Se cierra, pues, una etapa en nuestra vida. ‖ Si la acción de bajar se realiza involuntariamente, quiere decir que estamos inmersos en una situación de deterioro difícil de solucionar.

Bala ■ Soñar con una bala de plomo revela que el sujeto está pasando por un momento delicado en la vida real y que, si no medita bien sus decisiones, puede verse metido en asuntos turbios.

Balanza ▪ Este instrumento simboliza la justicia, es decir, la equidad entre el castigo y la culpa. En términos oníricos, la balanza pone de manifiesto nuestro deseo de medir, sopesar, poner a prueba o juzgar algún aspecto de nuestra personalidad o nuestra vida. Si estamos valorando los pros y los contras de una situación, el sueño nos ayudará a tomar la decisión adecuada. ‖ Pesar algo importante o estar uno mismo en una balanza expresa que debemos ver las cosas desde un punto de vista más equilibrado, sin ser demasiado emocionales. Así, es mejor no precipitarse y reflexionar con calma antes de actuar. ‖ Por último, ver en sueños una balanza vacía indica problemas de autoafirmación.

❖ Desde la antigüedad, la balanza ha sido el símbolo de la justicia. Para los egipcios, era el instrumento en el que el dios Anubis pesaba el alma de los hombres. El sueño nos puede estar diciendo que se hará justicia con algún asunto. ‖ En cualquier caso, la balanza se asocia con ganancias, justicia y felicidad.

Balbucear ▪ Cuando nos vemos balbuceando en sueños, nuestro inconsciente nos está advirtiendo que debemos vigilar nuestras palabras. También es posible que estemos hablando despreocupadamente de cosas que no tenemos demasiado claras. ‖ Si el que balbucea es otro, denota una opinión peyorativa hacia esa persona o nuestra incapacidad para entender sus argumentos.

Balcón ▪ Este sueño indica las enormes posibilidades que nos reserva la vida. Sólo tenemos que asomarnos al balcón de nuestras ilusiones, ya que disponemos de todo lo necesario para alcanzar los objetivos que nos hemos marcado. ‖ Si, por el contrario, soñamos que nos caemos de un balcón, debemos tener cuidado en lo sucesivo, pues podríamos perder una gran oportunidad por precipitación o falta de previsión. ‖ Por último, si estamos en un balcón con otra persona, ello indica que lograremos mejorar nuestra situación actual, pero que debemos guardarnos de la envidia.

Ballena ▪ La ballena es un símbolo de fuerza gigantesca pero desinteresada, cuyo poder protector nos beneficiará. De esta manera, soñar que una ballena se aproxima a nosotros augura un gran acontecimiento que cambiará algún aspecto de nuestra vida, ya sea en el ámbito personal o profesional. ‖ Si caemos al mar y nos engulle una ballena, significa que estamos atravesando una situación difícil, pero de la que saldremos en breve. Indica un renacer positivo en algún aspecto de nuestra vida.

❖ Relacionado con el nacimiento, este cetáceo visto en sueños anuncia un alegre acontecimiento.

Balsa ▪ La balsa representa una tabla de salvación en una situación desesperada. Es un sueño de esperanza. El soñante tiene la posibilidad de salir adelante. Sin embargo, indica la necesidad de buscar apoyo.

Bambú ▪ Es una planta de importante contenido simbólico, tanto en Japón, como en algunas culturas primitivas de África y América. A lo largo de la historia, el bambú ha sido utilizado para alejar a los malos espíritus, para fabricar instrumentos musicales sagrados y como arma en las ceremonias religiosas en las que se practica el sacrificio. Su presencia en los sueños es señal de bienestar y de buenos augurios. ‖ Se relaciona con el éxito en los negocios y con la armonía del entorno.

Banca ▪ El banco representa nuestra reserva de recursos, riquezas y energía acumulada. Por ello, soñar que guardamos dinero, joyas o valores en un banco refleja una evidente necesidad de protección y seguridad para hacer frente a los problemas de la vida. En cambio, si sacamos dinero, significa que tendremos la fuerza y confianza suficientes para enfrentarnos a dichos problemas. ‖ Los bancos, y sobre todo las cajas fuertes, representan nuestro almacén interior, nuestro depósito de potencial psicológico. El inconsciente nos está indicando que empecemos a usar nuestras reservas de habilidad y energía; en definitiva, nuestro talento. ‖ Asimismo, el sueño puede tener un significado más literal. Es decir, que no debemos preocuparnos por la seguridad de nuestros bienes, ya que están bien guardados. ‖ Si soñamos que robamos un banco, a lo mejor estamos poniendo demasiado empeño en algo y corremos el riesgo de fracasar por falta de recursos.

❖ Si en el sueño ponemos dinero en el banco, pronto recibiremos ayuda económica. Si, por el contrario, vemos cofres vacíos, se augura fatalidad financiera.

Bandera ▪ Una importante característica de las banderas es que están colocadas en lo alto de una pértiga o asta. Esta elevación simboliza la exaltación, la victoria y la autoafirmación de una comunidad. Por estas razones, ver en sueños una bandera ondeando sugiere que necesitamos aliento para seguir adelante, un respaldo que nos dé seguridad. ‖ Si nos vemos transportando esta bandera hasta la cima de una montaña, significa que pronto alcanzaremos nuestros objetivos. Pero, si la perdemos o nos la roban, podríamos perder la posición que ostentamos. ‖ También tiene una interpretación sexual por la connotación fálica del asta; si la bandera cuelga floja de lo alto del mástil, puede ser un fuerte símbolo de inseguridad sexual, impotencia o frigidez.

Bandido ■ Desde el punto de vista simbólico, un bandido no es igual a un ladrón. Este último se caracteriza por robar los bienes ajenos, mientras que la figura del bandido (mitificado como el legendario personaje que vive en los bosques) tiene una lectura positiva, ya que encarna al justiciero que roba a los ricos para dárselo a los pobres. Así, el bandido acostumbra a representar una fuerza oculta que trata de restablecer la justicia en nuestro interior ante el exceso de normas o imposiciones que nos vemos obligados a asumir. ‖ La agresión onírica de bandidos revela en la soñadora un temor inconsciente a la propia sexualidad, advertida como demasiado inhibida, sofocada, o por el contrario, emergente o culpablemente insaciable.

❖ Es un típico sueño girado que augura lo contrario a lo que se sueña, es decir, seguridad y protección.

Banquete ■ Si la persona que tiene este sueño es religiosa, el banquete simboliza la necesidad de compartir los placeres espirituales con otros individuos. Por el contrario, si el soñador no es especialmente devoto, augura el inicio de nuevas relaciones, el encuentro con familiares o el establecimiento de nuevos contactos en el mundo laboral.

❖ Participar en un banquete hace temer una pérdida económica. En cambio, el banquete nupcial es promesa de prosperidad.

Baño ■ La inmersión en el agua toma su simbolismo de ésta (ver AGUA), aunque la acción de bañarse no sólo se asocia a la purificación. También representa el concepto de regeneración. Todo ello nos lleva a deducir que, si soñamos que tomamos un baño, deberíamos permitir que los sentimientos aflorasen libremente en nosotros para vivir de manera más armónica. ‖ Si el baño es agradable, indica que se está cerca de la mencionada armonía. En cambio, si el agua está demasiado caliente o fría es señal de que a veces nos falta honestidad. ‖ En caso de que no estemos a gusto con los propios sentimientos, darse un baño es como hacerse una limpieza psicológica. El agua figura nuestra naturaleza emocional y el acto simboliza querer deshacerse de viejas actitudes, de negatividad, de culpabilidad... ‖ Hay quien sugiere que, en este sueño, el agua del baño es como la del útero de nuestra madre. Nuestro deseo es el de volver a esa seguridad y calidez.

❖ Antes se creía que limpiarse con agua no sólo erradicaba la suciedad del cuerpo, sino también los pecados del alma. Ahora, en cambio, bañarse y limpiarse significa que expulsamos nuestra buena fortuna. ‖ Preparar un baño, en cambio, es augurio de una batalla ganada.

Barandilla ■ Es un símbolo de seguridad, ayuda y protección. Si aparece rota, indica inestabilidad y falta de aplomo a la hora de tomar decisiones importantes.

Barba ■ Soñar con afeitarse la barba puede significar que nos hallamos inmersos en una situación que requiere una acción directa y enérgica. Deberíamos, pues, ser más expeditivos con nuestras decisiones. ‖ Por el contrario, soñar con una barba larga y generosa es símbolo de sabiduría y creatividad. Si nos dejamos llevar por la intuición creativa, lograremos materializar nuestros propósitos. Cuanto más larga sea la barba, mayores serán nuestras posibilidades de éxito. ‖ La barba también simboliza el hombre primitivo y salvaje que llevamos dentro, nuestro lado sexual más indómito. Según Freud, los hombres que sueñan con el afeitado de su barba temen perder su autoconfianza en los asuntos sexuales. En cambio, cuando una mujer sueña que le crece barba, muestra su deseo de adoptar un rol más masculino; por ejemplo, en el puesto de trabajo. ‖ En el caso de que se nos aparezca un anciano de larga y grisácea barba, es señal de que nuestro inconsciente quiere transmitirnos sus consejos para obtener un mayor conocimiento y comprensión de las cosas.

❖ Una barba larga y fuerte denota honor y elocuencia; pero excesivamente larga es señal de pleitos y pérdidas. Corta augura litigios y desacuerdos familiares. ‖ En cuanto al color: una barba castaña denota males; roja, falsas amistades; rubia, éxito; negra, dolor; y dorada o plateada, riqueza.

Barco ■ Antiguamente, los barcos fueron objeto de culto en Mesopotamia, Creta y Egipto, ya que estas embarcaciones se asociaban a ciertas deidades. ‖ En términos oníricos, los barcos simbolizan la capacidad de comunicarnos con personas que, por su forma de pensar, sentir o vivir, se encuentran muy lejos de nosotros. ‖ Por ello, soñar que hacemos una travesía en barco anuncia el comienzo de una nueva etapa de nuestra vida o una nueva relación amorosa. Por el contrario, un barco que naufraga nos advierte del peligro de una ruptura sentimental. ‖ Los barcos también pueden representar una viaje a través de nuestras emociones. Según la condición y el estado del agua, cambia su significado. Si está agitada, quiere decir que nos sentimos tensos respecto a nuestros sentimientos. Si está calmada, funcionamos de un modo tranquilo. Y en el caso de que extraviemos el barco, quizá hayamos perdido una hermosa oportunidad. (Ver AGUA, NAVE y NAUFRAGIO)

❖ En la mitología, se dice que los barcos son el medio para ir de un mundo a otro. Teniendo en cuenta su simbolismo, este sueño manifiesta el paso entre etapas personales. Es posible que estemos llevando a cabo un cambio decisivo en nuestra vida.

Barnizar ■ Si en sueños nos vemos barnizando un mueble, una puerta o un objeto cualquiera, es señal de que hay algo que queremos guardar en secreto. Casi siempre se refiere a defectos, carencias o actitudes de las que no estamos orgullosos. Hay algo en nuestro interior que no terminamos de aceptar y, por eso, lo cubrimos con capas de barniz.

Barranco >Ver ABISMO

Barrer ■ Barrer en sueños equivale a deshacerse de antiguas ideas y actitudes. Hay que apartar aquello inservible para poder comenzar una nueva etapa vital. ‖ Soñar que se barre, además, tiene diversos significados en función del lugar en el que se hace. Si es la propia habitación, vaticina un buen fin para los proyectos amorosos; si es la casa, apunta la necesidad de actuar en un problema cotidiano; y si es un local, agotamiento por no poder asumir todo el trabajo. ‖ En el caso de que haga falta barrer y no lo llevemos a cabo, podríamos sufrir grandes disgustos en breve.

❖ Según una superstición, al barrer lo que sobra de nuestra casa, corremos el riesgo de barrer también la buena suerte. Así, estos sueños tienen connotaciones negativas.

Barrera ■ Al igual que los muros y las verjas, simboliza la imposibilidad de acceder a algo. La reiteración de esta imagen apunta a una incapacidad para avanzar por la vía emprendida. La zona a la que no podemos llegar por culpa de la barrera es la realidad superior que pretendemos alcanzar. ‖ Tal vez hay algo que se interfiere en tu camino para conseguir lo que realmente deseas en la vida.

Barril ■ Soñar con un barril, sea cual sea su contenido, anuncia prosperidad y abundancia.

Barro ■ El barro es producto de la mezcla de la tierra (es decir, lo concreto y sólido) con el agua (los sentimientos). De ahí que se relacione con todo lo biológico y naciente. ‖ Por todo ello, el barro se vincula a las apetencias físicas o materiales del protagonista. Así, soñar que nos revolcamos en el barro refleja nuestras ansias de vivir experiencias amorosas positivas. Sin embargo, también puede simbolizar la necesidad de ser más realistas y de mantener los pies en la tierra. ‖ El barro, como materia prima para la creatividad artística, sugiere la capacidad para hacer proyectos. Si en nuestros sueños aparece un barro líquido que ensucia las calles, los objetos o a nosotros mismos, significa que deberíamos revisar nuestros sentimientos y no dejarnos llevar por las bajas pasiones.

Bastón ■ Es un elemento de doble significado: como apoyo o como instrumento de castigo. En el primer caso, si el sueño en el que aparece el bastón resulta agradable, la imagen representa una amistad sólida y competente; si, por el contrario, tenemos una percepción desagradable del sueño (nos vemos débiles o cojeando), es señal de que nos falta seguridad para afrontar determinadas situaciones. ‖ Cuando el bastón aparece como arma, significa que en la vida real nos estamos comportando de forma despótica y estamos utilizando arbitrariamente nuestro poder. Si castigamos a un animal con un bastón, puede que tengamos problemas con nuestra propia naturaleza. Si es una persona, suele representar alguna parte de nosotros mismos que nos desagrada. ‖ Para la escuela freudiana, el bastón se identifica con la virilidad física. Para la junghiana, con la masculinidad psíquica.

❖ Según los antiguos maestros en materia onírica, los augurios de este sueño son negativos.

Basura ■ La basura es, en general, sinónimo de asuntos turbios y escándalos; sin embargo, también puede llegar a ser un buen augurio. Si no sentimos asco hacia ella, tendremos ganancias económicas; pero, si su olor es pestilente se vivirán malos momentos con las personas del entorno. ‖ Si una mujer sueña con basura, se le está avisando de una ruptura humillante con su pareja. ‖ En otras ocasiones, la basura simboliza todo aquello de lo que nos queremos deshacer porque nos impide progresar: rasgos de nuestro carácter, actitudes, miedos, recuerdos… Por otro lado, manifiesta un cargo que nos han encomendado y con el que no tenemos nada que ver.

❖ Algunas creencias dicen que este sueño presagia que nuestros deseos más salvajes se harán realidad.

Batalla ■ En una situación onírica, esta imagen siempre es señal de conflicto. Su interpretación depende del lugar que ocupa el soñador dentro de la escena: si es un observador, si participa, si gana, si pierde o si camina solo por un campo de batalla. El escenario donde tenga lugar la lucha se asocia con el entorno del soñante en la vida real. Además, hay que atender a los sentimientos de triunfo o derrota para entender el mensaje del inconsciente.

Baúl >Ver Armario

Bautizo ■ La presencia de un bautizo en sueños augura el comienzo de un amor o la transformación total de una relación. El sujeto del mismo nos indicará la naturaleza de este nuevo nacimiento. || Por otro lado, la persona o el bebé que está siendo bautizado también podemos ser nosotros mismos. Nuestro Yo superior está bendiciendo el escalón siguiente de nuestra vida: nuestras esperanzas y propósitos. En definitiva, se trata del renacer de nuestras actitudes y acercamiento a los demás. Lo viejo y negativo, en este aspecto, muere. Así, pronto obtendremos fortuna y satisfacciones. || El sueño, igualmente, tiene una interpretación espiritual cuando hace referencia a la renovación de nuestra fe en Dios.
❖ Si en el sueño bebemos el agua sagrada del bautismo, nos convertiremos en grandes y famosos cantantes.

Bazar ■ Indica desconcierto y confusión en cuanto a nuestros valores y a nuestra orientación en la vida.

Bebé ■ Soñar con un bebé significa que nos sentimos felices y vivos, con ganas de crear, pues representa algo nuevo en nuestras vidas que nos está llamando la atención. También denota que en nuestro interior están aflorando nuevas ideas o sentimientos. || Por otro lado, puede revelar un deseo profundo de volver a los orígenes y descubrir nuestra verdadera personalidad. En este sentido, simboliza la naturaleza pura e incorrupta de cada uno. Quizá el sueño manifieste que somos inocentes frente a una acusación que nos preocupa. || Si nos vemos convertidos en bebés, puede que refleje necesidad de cariño y protección. || Desde luego, este sueño también puede expresar los propios instintos paternales o maternales y las ganas de hacerlos realidad. (Ver Madre, Mujer y Pecho)
❖ Para nuestro asombro, la mayoría de antiguos libros sobre sueños no relacionan a los bebés con el embarazo. Por el contrario, si una mujer sueña que cuida a un niño, alguien en quien confía le decepcionará.

Bebida ■ En ocasiones, tener sed en sueños carece de significado simbólico alguno. Simplemente, puede su-

BARRER

Claudia: *«Barría enérgicamente mi casa; pero cuanto más barría, más polvo y suciedad salían de todos los rincones. Me esforzaba mucho y me pasaba todo el sueño con la escoba; pero por más que me empeñaba, no conseguía dejar el suelo limpio del todo. Me desperté agotada».*

Se trata de un sueño agotador que indica que actuamos desmotivados o que **malgastamos nuestra energía** con asuntos que no nos reportarán beneficios. Cuando Claudia tuvo este sueño estaba invirtiendo todo su esfuerzo en restaurar una antigua casa familiar que estaba en muy mal estado. A pesar de las recomendaciones del arquitecto y de sus hijos de tirarla y hacerla de nuevo, Claudia no tenía dinero para hacer una reforma tan costosa e invirtió todos sus ahorros en restaurarla superficialmente. Al cabo de unos meses, empezaron a salir grietas por todos lados y, ante el temor a un derrumbamiento, las obras se paralizaron.

ceder que experimentemos esta exigencia física y la hayamos incorporado a nuestros episodios oníricos. Pero, si descartamos esta opción, tener sed y beber agua suele significar que hemos saciado una necesidad acuciante. Si, en lugar de agua, bebemos vino o licores, ello es señal de alegría, entusiasmo y creatividad.
❖ Beber en un vaso de vidrio anuncia secretos desvelados. En un recipiente precioso, liberación de un peso y tranquilidad. Una bebida dulce augura felicidad, en cambio, amarga, leve malestar. Beber agua fresca señala la felicidad, pero caliente, anuncia una enfermedad incipiente.

Belleza ■ Si soñamos con alcanzar la belleza perfecta, estamos tratando de hacer realidad una quimera, una utopía. La belleza es un atributo pasajero, algo efímero.

Bellota ■ Este fruto es símbolo de prosperidad, de salud física y de bienestar espiritual. Su aparición en los sueños indica que el soñante atraviesa un momento afortunado de grandeza y fortaleza espiritual.
❖ Según la tradición gitana, la bellota indica en los sueños salud, vigor y ganancias materiales.

Besar ■ Besar simboliza un acercamiento a la persona que recibe este gesto afectivo. El sueño nos muestra el apego que sentimos por ella, tal vez se trate de una atracción reprimida en la vida real. || Igualmente, este tipo de sueños puede provenir del sentimiento de culpa que ha generado nuestra falta de cariño hacia alguien. || Aunque podría ser un sueño sexual, los besos, como ya hemos dicho, se identifican más con el amor y con nuestra manera de ofrecérselo a los demás. Sin embargo, también poseen otro tipo de connotaciones de carácter negativo, como sucede con el beso de la muerte o con el beso de la traición. En este sentido, el sueño nos está mostrando nuestros sentimientos más íntimos.

❖ Para la tradición gitana, los besos auguran que una disputa pronto llegará a su fin.

Biblioteca ■ Símbolo de nuestros conocimientos y experiencias, por lo que debemos prestar atención al aspecto que ofrece en nuestros sueños. Así, una biblioteca vacía quiere decir que tenemos que aprender para conseguir nuestros objetivos. Si la biblioteca es nuestra, sugiere la necesidad de recurrir a lo ya adquirido. Si es ajena, indica la conveniencia de informarnos o de estudiar más a fondo el tema que nos preocupa en la actualidad. || La biblioteca que se nos aparece en sueños también representa el mundo de ideas que hemos creado en nuestro interior. Si la gente de la biblioteca habla o tenemos dificultades para encontrar un libro concreto, el sueño apunta a que debemos concentrarnos más.

❖ Según algunas creencias, este sueño augura que decepcionaremos a nuestras amistades.

Bicicleta ■ Las bicicletas revelan la necesidad de relacionarnos con personas que se encuentran lejos de nosotros. Pero, a diferencia de otros medios de transporte, la energía que impulsa la bicicleta requiere nuestro esfuerzo. Por lo tanto, este sueño nos advierte de que sólo disponemos de nuestros propios recursos y que, en consecuencia, no hay que esperar la ayuda de nadie.

❖ Ir en bicicleta promete alegría, felicidad y seguridad en uno mismo.

Bifurcación ■ Un camino que se divide, una encrucijada, es un mensaje claro: hay que elegir, tomar un rumbo y encaminar las acciones hacia allí. El inconsciente nos dice que no puede aplazarse más el momento de tomar decisiones. Todo ello puede resultar duro y doloroso, pero hay que actuar pronto.

❖ Antiguamente, a los criminales se les colgaba en los cruces de caminos para que muchas personas pudieran observar las funestas consecuencias de cometer un delito. En un sentido onírico, la bifurcación representa el crimen, el castigo y la muerte. Sin embargo, muchos libros sobre sueños también dicen que alude a una importante decisión que se debe tomar.

Bigote ■ La presencia de una persona con bigote en nuestros sueños nos avisa de que no debemos fiarnos de ella. Si es un desconocido, la advertencia atañe a las propuestas de trabajo o proyectos que recibamos en breve. Pero, si somos nosotros quienes llevamos bigote (siempre que en la vida real no sea así), el sueño indica que nos estamos engañando a nosotros mismos.

❖ Ver largos bigotes anuncia suerte próxima; cortos, enfermedad; grises, serenidad.

Billar ■ Soñar con este juego tiene connotaciones negativas, ya que anuncia la llegada de problemas en los asuntos materiales e, incluso, el fracaso de los negocios. || Si la mesa de billar está preparada pero no juega nadie, algún amigo podría querer traicionarnos; y si quien juega es una mujer, habrá tensiones importantes en la pareja.

Billete ■ Un billete puede estar representando el comienzo de toda una serie de acontecimientos psicológicos; a lo mejor, nos hemos dado permiso para explorar nuestro inconsciente. || Igualmente, el billete simboliza que tenemos la aprobación para un nuevo proyecto. Sabemos la dirección que tiene que tomar nuestra vida. Si lo perdemos, quizá nos sintamos inseguros y confundidos acerca del lugar hacia el que avanzamos, o puede que no nos consideremos lo suficientemente preparados. || No obstante, dependiendo del tipo de billete con el que se sueñe, el sentido onírico variará: si es de banco, anuncia gastos imprevistos y pleitos por motivos económicos que seguramente se perderán; si es de lotería, peligro por dejar nuestros asuntos al azar; de tren, paciencia a la hora de escalar socialmente; y de teatro, voluntad de evasión ante la realidad cotidiana. || Verse viajando en clase turista con un billete de primera indica la sensación del soñador de estar ocupando un lugar social o laboral muy por debajo del que le corresponde.

❖ Recibiremos noticias que aclararán nuestra situación.

Bisonte ■ Simboliza prosperidad y abundancia. Se interpreta como el triunfo de haber conseguido una meta por la que se ha tenido que luchar largamente. || Cazar un bisonte equivale a conseguir, a la vez, alimento, abrigo y reconocimiento social.

Bisturí ■ El bisturí nos insta a actuar con precisión, decisión y firmeza para poner fin a una situación preocupante.

Bizcocho ■ El sentido de este sueño es, en general, la llegada de ganancias imprevistas. Elaborar un bizcocho muestra la voluntad del soñador de mejorar la calidad de sus amistades; y comerlo, el reencuentro con un ser querido no visto hace tiempo.

❖ Los bizcochos dulces auguran éxito en los negocios; y los elaborados con pasas, buenos momentos en las relaciones sociales.

Blanco ■ En sueños, el color blanco puede ser símbolo de vida o de muerte. En el primer caso, el blanco representa la pureza, la virginidad y la esperanza. Por otro lado, pintar de blanco la casa simboliza la necesidad de purificarnos y recuperar algo que hemos perdido. ‖ Soñar en blanco y negro indica estrechez de miras y falta de entusiasmo. Deberíamos intentar vivir con mayor intensidad.

Blasfemia ■ Indica rebeldía frente a imposiciones autoritarias, cuyo origen puede estar en otras personas o en nosotros mismos.

Blusa ■ Esta prenda simboliza la imagen que el soñador proyecta socialmente; por tanto, su estilo o estado dirán mucho acerca de cómo se ve ante los demás. Si está manchada o rota, inseguro e incomprendido; si es elegante, feliz en el entorno familiar; y si es de trabajo, laborioso y con expectativas de ascender a corto plazo. ‖ Para la mujer, la blusa tiene siempre un sentido negativo, ya que anuncia habladurías contra ella por parte de personas muy cercanas.

Boca ■ La boca se relaciona con la capacidad de comunicarnos con los demás, pero también con la capacidad de respirar, comer, beber y besar, es decir, de establecer cualquier relación con el exterior. ‖ Cuando hablamos, tenemos el poder de acariciar o golpear a nuestros interlocutores con nuestras palabras. Por ello, quizá el sueño nos esté recordando que no deberíamos haber dicho algo o que necesitamos expresar determinados sentimientos oralmente. ‖ De un modo similar, si soñamos que nos lavamos la boca o nos cepillamos los dientes, significa que nuestras palabras no se corresponden con nuestros verdaderos sentimientos. Si la boca es carnosa, ello indicará un deseo reprimido de mantener una relación afectiva. Por el contrario, cerrar la boca y no proferir palabra cuando otra persona nos habla, refleja una negativa a comunicarnos y un profundo rechazo hacia ésta. ‖ Para Freud, además de un símbolo sexual, la boca representa una inmadura fijación infantil por agredir verbalmente.

❖ Soñar con una gran boca presagia riquezas; con una pequeña, pobreza. Ver a alguien con la boca torcida o deformada augura una disputa familiar.

Boda ■ Soñar con la propia boda significa el deseo de unificar criterios, obtener concesiones o alianzas profesionales y encontrar aliados que respalden nuestros proyectos. Asimismo, indica la búsqueda de la armonía interior, de la comunicación con el Yo interno y la unión de dos aspectos de nuestra personalidad anteriormente conflictivos. ‖ Los sueños de bodas son recurrentes en las personas que están a punto de casarse. De hecho, algunos estudios indican que el cuarenta por ciento de toda la actividad onírica del período prenupcial contiene referencias –directas o disfrazadas– a la ceremonia del casamiento, al futuro cónyuge y al matrimonio en general. Es frecuente soñar con desastres que ocurren en las ceremonias, escenas de rechazo sexual, imágenes de infidelidad, etc. Pero estos sueños prenupciales no deben ser motivo de alarma ya que, por ejemplo, soñar con una aventura sexual puede revelar miedo al abandono; y aparecer desnudo en la propia boda, miedo a hacer un mal papel.

❖ No todos los antiguos libros de sueños coinciden en la interpretación de este símbolo. Por lo general, está visto como un buen presagio y como la premonición de un futuro matrimonio. ‖ Sin embargo, asistir a la boda de otro hace temer daños, pérdidas e infidelidad.

Bofetada ■ Cuando el que nos da una bofetada en sueños es alguien conocido, sugiere la necesidad de analizar la relación que mantenemos con esta persona. Las cosas no están muy claras y, por lo tanto, debemos sincerarnos con ella. Tenemos que impedir que la situación empeore y enmendar lo que se ha deteriorado. Si somos nosotros los que abofeteamos a alguien, lo que expresamos es una frustración de nuestros deseos.

Bolsillo ■ Sugiere la existencia de imprevistos en un asunto que ya dábamos por finalizado. Deberíamos revisar este tema para que llegue a buen fin. ‖ Un bolsillo roto es señal de falta de precisión en nuestros cálculos, cosa que puede generar muchas dificultades.

Bolso ■ El bolso representa los propios secretos y las cualidades psicológicas más íntimas que llevamos por la vida. Por ejemplo, si está lleno de trastos, manifestará que cargamos con preocupaciones. En este caso, los problemas los creamos nosotros mismos. En cambio, si está lleno de comida y objetos de valor, querrá decir que estamos incubando nuevas ideas y conocimientos.

‖ Dependiendo de lo que se haga con el bolso, el significado del sueño variará. Así, abrir el bolso y empezar a sacar su contenido, indica la necesidad de expresar nuestras vivencias o revelar confidencias íntimas. Pero, si lo perdemos, quiere decir que alguien ya las conoce; y si nos lo roban, alguien está intentando manipularnos. ‖ Del mismo modo, el bolso representa nuestras responsabilidades. Quizá, pudiéndolas compartir, nos hayamos impuesto demasiadas.

❖ La superstición onírica dice que los sueños en que aparecen bolsos de papel auguran mala suerte en los negocios. Los bolsos de tela, en cambio, cuanto más pesen, mayor será el éxito que acudirá a nosotros.

Bomba ■ Ser víctima de una bomba en un sueño es un claro aviso de que una situación que no dominamos puede estallar si no tomamos las medidas necesarias. Por ello, habrá que rectificar algunas de nuestras pautas de comportamiento. Si quien pone la bomba somos nosotros, quiere decir que estamos perdiendo el control y que nos negamos a aceptar responsabilidades. ‖ Por otro lado, este sueño también indica el estado en el que nos encontramos interiormente. Puede que, debido a algo que nos afecta, queramos explotar de rabia. Lo mismo ocurre con todos aquellos sentimientos y emociones que reprimimos. Si no los expresamos, acaban explotando un día u otro.

❖ La superstición onírica asegura que una discusión que nos acucia acabará felizmente.

Bomberos ■ Verlos apagando un fuego es una señal negativa, ya que augura un mal fin para nuestros proyectos; pero, si por el contrario, aparecen cuando el incendio ya ha sido sofocado, entonces se hace patente que todos nuestros males han acabado y que comienza un período provechoso.

❖ Cuando una mujer sueña con un bombero herido, hay posibilidades de que su pareja sufra una desgracia.

Bombones ■ Los pensamientos oníricos en los que comemos bombones anuncian placeres, pero también la necesidad de atender gastos causados por algunos caprichos superfluos. Si están rancios, deberemos ser cautos con nuestra salud, ya que hay grandes posibilidades de enfermar. ‖ Que nos regalen bombones es un aviso de que seremos adulados por alguien de quien desconocemos sus intenciones, por lo que habrá que estar atentos a sus movimientos; pero si, por el contrario, somos nosotros mismos quienes los elaboramos, entonces se hace patente la obtención de beneficios tras el trabajo duro.

❖ En general, los bombones son augurio de buenos negocios; pero recibirlos, indica engaños; y comprarlos, pequeños contratiempos.

Borracho ■ Verse bajo el influjo del alcohol es una clara señal de represión y ansias de evasión, de no querer ver la realidad. ‖ Aunque también presagia riqueza y salud, el tipo de bebida da lugar a distintas interpretaciones: si la borrachera es de vino, habrá éxitos en los negocios y en el amor; de agua, excesiva fantasía y mala suerte; y de licores fuertes, libertinaje. ‖ Sentirse borracho sin haber bebido alerta de compañías poco fiables alrededor del durmiente; y ver a otros en esa situación, acontecimientos tristes en un futuro cercano.

❖ Para los gitanos, ver a una persona ebria significa que pronto recibiremos una pequeña pero agradable sorpresa.

Borrar ■ Indica la necesidad de hacer un alto en el camino y comenzar de nuevo con energía renovada. Intención de rectificar. El camino es erróneo, los proyectos han salido mal. Se interpreta como un momento de cansancio y derrota.

Bosque ■ El bosque simboliza el inconsciente, las ansiedades, los instintos y las pasiones ocultas. Si va acompañado de una sensación de paz, plenitud o exuberancia, indica que estamos seguros de nosotros mismos y nos sentimos satisfechos de nuestra personalidad. Pero, si sentimos mucho miedo y angustia o nos perdemos en el bosque, es señal de temores, represiones y complejos. ‖ Por otro lado, los pájaros y animales que encontremos en el bosque representarán nuestros instintos y emociones. Finalmente, si soñamos que estamos en un bosque oscuro e intentamos hallar el camino de vuelta, denota que queremos dar un paso decisivo en nuestra vida.

❖ La trama de muchos cuentos infantiles –como el de Hansel y Gretel o Blancanieves– tiene lugar en el bosque. Como los sueños, estas historias simbolizan la exploración del inconsciente. ‖ Según una interpretación esotérica, perderse en un bosque es augurio de alteraciones; ocultarse en él, de desgracias inminentes; atravesarlo, promesa de herencia; pasearse, alegría. Un bosque talado, en cambio, es indicio de riqueza.

Bostezo ■ Imaginar que bostezamos en sueños evidencia desinterés por aquellos que nos rodean, con los problemas que ello provocará en nuestras relaciones. ‖ Por el contrario, ver que otros bostezan predice enfermedad y pobreza para nuestros seres queridos.

Botas ■ Soñar con botas es signo de poder o posesión. Las botas militares denotan dominio por medio de la fuerza y la violencia. Por su parte, las de montaña sugieren riesgo y esfuerzo. Las botas lujosas indican bienes materiales. Las de deporte, en cambio, comodidad y ligereza.

Botella ■ Sin querer, a veces embotellamos nuestras emociones, impidiendo que se expresen con libertad. Este sueño puede ser una invitación a ser más espontáneos y a no reprimir nuestros sentimientos. || Sin embargo, aquello que contenga la botella, ilustrará nuestra situación. Soñar con botellas llenas de agua es símbolo de prosperidad y alegría; si contienen licor, indica que nuestros sentimientos no son sinceros, se auguran incidentes desagradables con la persona amada; si es champán, necesitamos abrirnos socialmente; si es veneno, representa pensamientos malvados por nuestra parte; si es vino tinto, expresará nuestras pasiones; y si es leche, demuestra nuestra necesidad por obtener nuevas ideas. || Las botellas vacías indican desilusiones amorosas, enfermedad o contratiempos en nuestros proyectos. Puede que se hayan acabado nuestros recursos interiores y nos sintamos huecos. A pesar de las decepciones, debemos intentar recuperarnos y seguir adelante, los sueños quizá nos indiquen el camino para hacerlo.

Botones ■ Si soñamos que nos faltan botones en la ropa, significa que tendemos a descuidar nuestros asuntos y amistades. En cambio, si en sueños nos dedicamos a coserlos, ello denota esfuerzo por superar los errores.

Bóveda ■ Representa el inconsciente, así que, lo que encontremos dentro, puede ser de suma importancia para nosotros. Si la bóveda es una cripta, los cadáveres serán las partes de nuestra personalidad que ya no están activas o los asuntos que han sido relegados al reposo. Si la bóveda es un banco, simboliza oportunidades para la felicidad y el despliegue espiritual. Los tesoros que contenga serán nuestro potencial espiritual: la recompensa por haber explorado el inconsciente. || Por su forma, la bóveda también se asocia con el vientre materno. Su aparición en sueños, en este caso, señala la necesidad de sentirse protegido. || Hay que prestar atención al estado en que se encuentra la bóveda en la imagen onírica porque representa el entorno que rodea al soñante en la vida real. Si es alta e iluminada, indica bienestar; si es oscura y baja, encierro; si es ruinosa, pobreza material o espiritual.

BOSQUE

Ana soñó: «Iba de camino a la oficina por las mismas calles de siempre, pero el humo de la ciudad no me dejaba respirar y apenas podía ver por dónde caminaba. De repente me encontré rodeada de un frondoso bosque. Sabía que si seguía el sendero llegaría a mi destino, así que me propuse disfrutar del paisaje mientras paseaba confiada y feliz, con paso ligero. En el sueño podía identificar las distintas especies de árboles y flores, y los pájaros se acercaban a mí con alegres trinos. Me sentía llena de vitalidad. Me desperté con una sensación de paz muy agradable, como si hubiera disfrutado de unas reconfortantes vacaciones.»

Ana tuvo este sueño dos días antes de que le diagnosticaran una afección respiratoria crónica. Además de profético —el humo de la ciudad no le dejaba respirar—, el sueño de Ana le estaba advirtiendo de una **necesidad** para su organismo: aire sano y puro. El hecho de que caminara confiada y con paso seguro refleja la **fortaleza** de Ana y el hecho de que el problema se solucionaría fácilmente. Meses más tarde le concedieron un traslado a un pueblo de montaña con un clima muy apropiado para su salud.

❖ Un antiguo libro sobre sueños dice que, si un hombre sueña que camina bajo una bóveda de color negro, contraerá matrimonio con una mujer viuda y se convertirá en el esclavo de su crueldad.

Brazalete >Ver ANILLO

Brazos ■ Los brazos simbolizan la amistad y nuestra capacidad para relacionarnos con los demás. Vernos sin brazos delata un problema afectivo grave.

Brindis ■ Igual que en la vida real, brindar en sueños es sinónimo de alegría y celebración. Sin embargo, tras este júbilo, puede esconderse la hipocresía de quienes brindan con nosotros. Si son desconocidos, habrá que estar aún más alerta, ya que representan en la realidad a los más allegados de nuestro entorno.

Broma ■ Soñar que se hacen bromas a otras personas evidencia la excesiva seriedad de la vida del soñador y su necesidad de diversión; cuanto más graciosa sea la broma, más extremo será su estado. Sin embargo, si ésta pasa a ser molesta, puede que en el fondo esconda el deseo de aliviar las represiones dañando a los demás con bromas pesadas.

❖ Si la broma que se explica en el sueño es graciosa, los negocios irán viento en popa. Si no tiene comicidad alguna, éstos fracasarán.

Bronce ■ Este metal –como los objetos elaborados con él– anuncia un futuro estable y provechoso, si bien se accederá a él tras muchos esfuerzos. ‖ Cuando una mujer sueña con una estatua de bronce, revela que no conseguirá casarse con el hombre que ama; sin embargo, si la estatua cobra vida, vivirá una aventura fugaz, aunque muy apasionada. ‖ Las serpientes de bronce auguran intrigas a nuestro alrededor con el fin de traicionarnos; y los metales bañados en bronce, la falsa apariencia de alguien cercano.

Brújula ■ Nuestro inconsciente puede estar mostrándonos el camino, ya sea porque no nos gusta hacia dónde se dirige nuestra vida o porque necesitamos tiempo para reorientarnos. Este sueño manifiesta que el ofuscamiento que sentimos terminará pronto. ‖ Si en el sueño la brújula se desvía y la orientación es insegura, puede que debamos cambiar de rumbo. Quizá aparezcan otros elementos en el sueño sugiriéndonos alternativas de futuro.

❖ Para el feng shui, las ocho direcciones de la brújula simbolizan ocho cualidades distintas. El sur es la fama, la fortuna y el reconocimiento; el sudoeste, el matrimonio, la felicidad en el amor y las relaciones; el oeste, los niños y la creatividad; el noroeste, la gente caritativa, los mentores y las conexiones en red; el norte, el éxito profesional; el noreste, el conocimiento, el estudio y la introspección; el este, la familia, los ancianos, la gente con autoridad y la salud; y el sudeste, por último, la riqueza y la prosperidad.

Bruma ■ Vernos envueltos en bruma señala que quizá nuestra vida no es tan perfecta como creemos: podrían estar engañándonos sin darnos cuenta. Si la bruma, en cambio, se desvanece, ciertos problemas estarían llegando a su fin. ‖ Ver bruma en un paisaje, o sobre el mar, aconseja prudencia; y si cubre a otras personas, mala conciencia por querer sacar provecho de ellas.

Bruja ■ Originalmente, las brujas eran sacerdotisas que poseían poderes curativos y gran sabiduría. Con el cristianismo, las brujas empezaron a tener mala prensa, por eso, en los sueños, se les relaciona con la parte destructiva de nuestro inconsciente. Es decir, con aquellos sentimientos provocados por la represión de

nuestro verdadero Yo (mal humor, decepción, celos...). ‖ Para los niños y los adolescentes, este sueño revela los deseos no cumplidos, además de un temor a los aspectos desconocidos y misteriosos de la vida. Pero, para un adulto indica la posibilidad de que una persona cercana intente utilizarnos en beneficio suyo. ‖ En general, este sueño es una advertencia de que pronto aparecerán obstáculos y problemas en nuestro entorno, ya sea en el trabajo o en nuestras relaciones personales.

❖ Las brujas suelen presagiar enfermedades.

Buey ■ Por razones obvias, el buey es símbolo de sacrificio, sufrimiento, paciencia y trabajo. También indica seguridad, pero lentitud en las acciones, algo que puede tener connotaciones positivas y negativas.

❖ Símbolo de la fuerza física dócil sometida a la razón, el buey ocupaba en la antigua religión egipcia un lugar determinante: Apis, de aspecto bovino, era el dios de la fecundidad. ‖ Según la moderna interpretación esotérica, soñar con bueyes significa sentirse obediente; comerlo, pérdida y sufrimiento; hacerles pacer, felicidad; verlos uncidos al arado augura éxitos y ganancias; y arrastrando un carro, aparición de amigos influyentes y uniones profesionales.

Buhardilla ■ Soñar con esta habitación es un signo negativo, ya que se relaciona con la oscuridad y el miedo. Ver que se vive en una buhardilla, por tanto, denota una mala época en el terreno económico y falta de apoyo para acabar con ella.

❖ Soñar que estamos en una buhardilla aconseja tener cuidado; quien sueña corre un serio peligro.

Búho ■ El búho encarna la sabiduría que se obtiene del mundo nocturno, del inconsciente. Es una ave rapaz muy precisa, que sabe esperar antes de actuar. Tanto el búho como la lechuza, nos advierten de que debemos estar alerta y abrir bien los ojos, pues es posible que alguien intente engañarnos o nos prometa algo que no puede cumplir.

❖ La creencia más común dice que éste es un sueño melancólico que predice momentos tristes y pobreza. Algunas veces, incluso desgracias.

Buitre ■ A pesar de que pueda parecer sorprendente, el buitre es un símbolo que, a lo largo de la historia, siempre ha tenido connotaciones positivas. No en vano, muchos pueblos creían que, por nutrirse de cadáveres, el buitre posee una relación privilegiada con la madre naturaleza. Así pues, los parsis –seguidores de

Zoroastro– exponen a sus muertos en altas torres para que los buitres los devoren, a fin de facilitar su renacimiento. En la India, asimismo, el buitre aparece como símbolo de las fuerzas espirituales protectoras que sustituyen a los padres, siendo emblema de abnegación y consejo espiritual. ‖ En la cultura occidental, este ave tiene, en cambio, connotaciones negativas. La presencia de buitres en los sueños indica que, posiblemente, algunas personas están esperando a que nos equivoquemos para aprovecharse de la situación.

❖ Para los gitanos, los buitres oníricos advierten de que estamos rodeados de gente corrupta.

Burbuja ▪ Símbolo de lo efímero, las burbujas y las pompas de jabón hacen patente que el durmiente está inmerso en una fantasía o vive por encima de sus posibilidades, lo cual le acarreará grandes problemas. Debe, pues, ser más sensato consigo mismo y disfrutar de la realidad a la altura de sus posibilidades.

Burla ▪ Padecer en sueños las burlas de otras personas pone de manifiesto la sensación de que nos sentimos poco valorados, bien sea en el terreno laboral o en nuestra relación de pareja. ‖ Por otra parte, reírse de los demás evidencia falsa seguridad, además de temores ocultos. Así, si es de un anciano, refleja el miedo a envejecer; de un minusválido, a perder la autonomía; y de un homosexual, a que se descubran inclinaciones no asumidas.

Buscar ▪ Lo que buscamos en el sueño puede ser de carácter físico, emocional, intelectual o espiritual. Quizá se trata de una nueva solución para un problema. ‖ Si soñamos que estamos buscando a algún conocido, indica sentimientos de ansiedad respecto a la relación que tenemos con esa persona en la vida real. Es posible que queramos acabar con una separación afectiva. ‖ Resulta importante preguntarse si realmente vale la pena aquello que hemos estado buscando. En caso de que la respuesta sea negativa, el sueño refleja nuestra pérdida de ilusión y de esperanza.

❖ Este suele ser un sueño espiritual. Mitos como el del Rey Arturo en búsqueda del Santo Grial describen el proceso de transformación interior del ser.

C

Cabalgar ▪ Cabalgar en sueños simboliza la dualidad entre la mente y los instintos. Por consiguiente, el mensaje que nos transmite el inconsciente se relacionará con nuestro intelecto o, más frecuentemente, con nuestra actividad sexual. Así pues, si galopamos a rienda suelta significa que deberíamos dejar más libres nuestros sentidos. En función de si dominamos el caballo o éste se desboca, sabremos si somos capaces de tenerlos bajo control. (Ver CABALLO)

❖ La superstición onírica estima muy buenos presagios para este sueño, sobre todo, si alguien a quien amamos cabalga con nosotros.

Caballero ▪ El hombre sobre el caballo es el símbolo de las virtudes que han logrado dominar los instintos y las pasiones. Se interpreta como un sentimiento de triunfo y de orgullo. El soñante ha avanzado en el camino de su crecimiento espiritual.

❖ Ayudar al caballero a subir a la silla es promesa de felicidad. Pero en el caso de que desmonte, augura pérdida de un amigo. El caballero medieval es símbolo de intrigas amorosas.

Caballo ▪ El caballo ha sido siempre un animal mítico. Siglos atrás –especialmente en Inglaterra y Alemania– soñar con un caballo blanco se consideraba presagio de guerra. ‖ Según Jung, el caballo expresa el lado mágico del hombre, la intuición del inconsciente. Precisamente, de este carácter mágico se deriva la creencia de que sus herraduras traen buena suerte. A causa de su velocidad, los caballos también pueden encarnar el viento, el fuego y la luz. ‖ Soñar con caballos significa que podemos domar nuestras pasiones y que, por lo tanto, la voluntad tiene las riendas de nuestros actos. Si el caballo se desboca, significa que hemos perdido el control y nos dejamos arrastrar por nuestras pasiones. ‖ Si en el sueño estamos asustados indica que también tememos nuestros instintos más naturales. ‖ Los caballos, asimismo, son símbolos sexuales y, según Freud, representan aspectos terribles de la figura del padre. En definitiva, los caballos son las fuerzas salvajes de nuestra psique, cuya necesidad primordial es que las dominemos pero, a la vez, que no las reprimamos.

❖ En algunos mitos y cuentos de hadas, los caballos tienen la capacidad de hablar como los humanos. Si esto ocurre en el sueño, se trata de la voz de nuestro inconsciente comunicándose con nosotros. En los mitos griegos, los caballos estaban relacionados con Hades, el dios de lo subterráneo y de la muerte. Sin embargo, la profecía onírica más común dice que los caballos anuncian noticias de algún lugar lejano. Si en nuestro sueño alguien está poniéndole las herraduras, pronto nos sonreirá la mejor de las fortunas.

Cabaña ▪ Ver en sueños una cabaña refleja el deseo de vivir en contacto con la naturaleza. Augura un período de paz y tranquilidad. Pero, si la persona en cuestión es un adolescente, indica miedo a aceptar las responsabilidades. ‖ Soñar que nos refugiamos en una cabaña promete serenidad y alegría después del dolor.

❖ Esotéricamente la cabaña se asimila a la soledad, a la precariedad o a la miseria. En el bosque, señala cansancio y trabajo que conduce a una felicidad modesta.

Cabello ■ Aunque suele remitir a un sentimiento vanidoso, simboliza la fuerza superior de la voluntad y el conocimiento. Por dicho motivo, cuando nos vemos con el cabello largo y sano, la imagen indica que nos sentimos capaces de alcanzar el éxito. Por el contrario, soñar que se nos cae o que nos lo cortan refleja temor e inseguridad, y augura pérdida de prestigio y poder. Sin embargo, cortarse el pelo voluntariamente indica liberación, renuncia y sacrificio. ‖ En el caso de que nos afeiten la cabeza, significa que desechamos todo aquello terrenal para buscar la pureza del espíritu. Y respecto al sentimiento vanidoso mencionado, soñar que nos peinan el cabello expresa que estamos demasiado preocupados por nuestra imagen externa. ‖ Si en nuestro sueño llevamos el pelo suelto, a merced del viento, indica que necesitamos más libertad para expresar nuestros sentimientos. El vello corporal, por su parte, simboliza la fuerza primitiva e instintiva.
❖ Cortarse el cabello puede mostrar conformismo. En el pasado, se solía cortar el cabello a los presos, a los soldados y a los chicos que iban a la escuela. Cuando los Beatles se dejaron el cabello largo en la década de los sesenta, inconscientemente expresaban una revelación generacional.

Cabeza ■ La cabeza encarna el alma y la inteligencia. Es nuestro Yo consciente. Si nos vemos con la cabeza separada del cuerpo y la sensación es agradable, la imagen indica cambios en nuestra situación personal, que se traducen en un aumento de nuestro poder creativo. Cuando el sentimiento que nos produce es desagradable, el sueño puede manifestar doble personalidad. ‖ El psicoanálisis junghiano hace corresponder la cabeza con la parte más elevada del hombre; en cambio el freudiano la asimila al pene y reconoce en la decapitación una analogía con la castración.
❖ Si en nuestro sueño aparecemos con una cabeza de gran tamaño es señal de que recibiremos buenas noticias. En cambio, si es más pequeña y liviana indica servilismo y deshonor. Tener una cabeza distinta a la propia prevé un cambio de ideas; y tenerla girada hacia atrás, de vivienda.

Cabina ■ Una cabina es sinónimo de aislamiento, aunque este sentido se podrá matizar en función del tipo de cabina con la que se sueñe. Así, si es de teléfono, augura una llamada o visita inesperada; de fotografía,

reconocimiento en el terreno laboral; erótica, insatisfacción en la faceta sexual; y estética, infravaloración por parte del entorno. ‖ Cuanto más a disgusto se sienta el durmiente dentro de la cabina, peor será su situación en su círculo de amistades.

Cabra ■ La cabra salvaje transmite una idea de libertad y agilidad. El macho cabrío representa la potencia sexual. Algunos asocian este animal al diablo. Esto último, lógicamente, tiene connotaciones negativas: manifiesta que nos estamos juzgando y condenando a nosotros mismos.
❖ Este animal tiene una interpretación esotérica negativa en cualquier caso. Así, poseeer una cabra es anuncio de malestares; ordeñarla indica enfermedad familiar; degollarla, miseria. Las únicas excepciones a este aspecto negativo están representadas por la cabra blanca, que promete suerte, y por la posesión de un gran rebaño, indicador de riqueza.

Cacao ■ Soñar con cacao suele tener, en todas sus variantes, connotaciones positivas: si lo bebemos, anuncia un enamoramiento rápido e intenso; si lo comemos en tableta, felicidad; y si lo vemos en grano, ingresos económicos inesperados.

Cactus ■ El cactus es un signo negativo, ya que al igual que sus espinas, refleja los momentos dolorosos por los que el sujeto está pasando. Esto puede ser debido a que alguien nos pincha constantemente con sus comentarios o porque necesitamos autodefendernos de algún modo. ‖ Soñar con un cactus también evidencia penurias en el terreno laboral. Si está en flor, en cambio, anuncia que finalmente la valía del durmiente será reconocida y ascenderá en el trabajo.
❖ Para los mexicanos, el cactus es afrodisíaco, por tanto, presagia buenos momentos en el terreno sentimental.

Cachorro ■ Si no se tienen hijos, los cachorros manifiestan el deseo de tenerlos; y si ya se es padre, la preocupación por todo lo que les atañe. ‖ Si el cachorro está sano y bien formado, augura bienestar; pero, si está enfermo o sucio, plantea la posibilidad de que un hijo enferme.

Cadáver ■ Si en nuestros sueños aparece un cadáver, quiere decir que una situación se está corrompiendo, que hay algo que huele mal y amenaza con desestabilizarnos. El cadáver simboliza lo corrupto, aquellos malos pensamientos, odios y rencores que se deberían enterrar. Es por ello que los sueños en los que nos vemos convertidos en cadáveres simbolizan este deseo de finalizar una situación que nos preocupa.

Cadenas ■ Las cadenas simbolizan el orden lógico de los acontecimientos. En este sentido, el sueño nos invita a mirar el pasado para solucionar problemas presentes y futuros. ‖ Si soñamos que estamos encadenados, en cambio, es que alguna parte de nuestro interior se siente retenida. Debemos darle libertad para que pueda expresarse. Si es otra persona la que está encadenada, entonces tenemos que descubrir qué faceta de nuestro carácter representa. Del mismo modo, en el caso de que sea un animal, hay que pensar qué aspecto de nuestra naturaleza reprimimos. Si es un toro, será nuestra sexualidad; si es un perro, puede que sea nuestra furia; y si es un elefante mostrará nuestra incapacidad para hacer uso de nuestra fuerza y sabiduría.
❖ Soñar que estamos encadenados, augura que seremos víctimas de una injusticia.

Caer ■ Normalmente, los sueños en los que caemos son el resultado de «caer dormidos», provocados por causas fisiológicas. Sin embargo, en términos simbólicos, expresan una pérdida del equilibrio emocional o del autocontrol. A lo mejor tememos dejarnos llevar en la vida real. La ansiedad va muy ligada a este sueño. Refleja inseguridad, poca autoconfianza, miedo al fracaso o incapacidad para hacerse cargo de una situación. (Ver Abismo)
❖ Según las fuentes oníricas consultadas, soñar que caemos en el barro significa que alguien ha mentido acerca de nosotros. Otros sueños de este tipo auguran pérdidas económicas.

Café ■ Soñar que tomamos café es una señal positiva que suele generarse cuando el inconsciente percibe que estamos ante una circunstancia que exige mucha atención.
❖ El café en sueños es promesa de felicidad, suerte y éxito amoroso. Tostarlo es augurio de una grata sorpresa o una visita inesperada; beberlo presagia longevidad.

Caja ■ Cuando se abre una caja, sale a la luz aquello que fue escondido previamente. Así, este sueño puede ser un símbolo de exploración intelectual, pues estamos descubriendo el contenido de nuestra psique. Si lo que encontramos en la caja nos desagrada, es posible que se refiera a nuestros miedos o a lo que pretendemos ocultar de nosotros mismos. ‖ En caso de que se trate de una caja de caudales, lo que guardamos dentro será nuestra intimidad más preciada, posiblemente,

nuestras mejores cualidades. ‖ En el mito griego de la caja de Pandora, se representa la parte maligna de la mujer que aspira a poseerlo todo. El análisis psicológico-onírico de esta historia dice que representa el miedo que siente el hombre ante el lado oscuro y femenino de su naturaleza. También puede referirse a la manera en que el inconsciente proyecta los complejos y las actitudes negativas en la vida real.
❖ Si forzamos una caja fuerte con el fin de abrirla, los augurios dicen que no contraeremos matrimonio con quien amamos en la actualidad. Si está vacía, nos casaremos pronto; y si está llena, tarde.

Cajón ■ Su imagen es la de un lugar cerrado donde se guardan tesoros. Abrir un cajón y encontrarlo vacío indica decepción. Ver un cajón abierto es señal de que la mente está abierta y dispuesta. Llenarlo de objetos y cerrarlo, indica previsión. Vaciar su contenido es señal de mudanza y cambios (tanto físico como de pensamiento).

Calabaza ■ Su figura se asocia con la abundancia y la dicha doméstica. También es símbolo de curación y de sabiduría cotidiana. Hay que interpretar los demás símbolos del sueño para estar seguros de su significado. En cualquier caso, la calabaza es señal de buenos augurios.
❖ Comer calabazas es indicio de calma, tranquilidad y buenas noticias.

Calavera ■ Carl Jung decidió convertirse en psicólogo después de soñar que encontraba una calavera en el sótano de su casa. La calavera representaba su deseo por descubrir y mostrar los secretos de la mente. ‖ Soñar con una calavera también se refiere a la mortalidad y a nuestra contemplación espiritual sobre el principio y fin de la vida. Igualmente, puede expresar cosas que se acaban o todo aquello que no podemos alcanzar.
❖ Para el pueblo gitano, las calaveras son la sabiduría de sus antepasados. Beber de una significa compartir esos viejos conocimientos. En Irlanda simboliza la verdad, pues, se dice que, si un hombre hace un juramento con una calavera y está mintiendo, pronto morirá.

Calcetines ■ Son una prenda que guarda estrecha relación con el estado de bienestar o de incomodidad del individuo. Si aparecen rotos y sucios, son una señal de despilfarro: el soñante gasta más de lo que se puede permitir. Si están nuevos y limpios, indican una situación confortable y acomodada. Quitarse los calcetines se interpreta como la necesidad de un cambio que busca la manera de realizarse.

Cálculo ■ Realizar cálculos en sueños es síntoma de una gran preocupación por las cuestiones económicas. Cuando su resultado es positivo y no nos sentimos agobiados por el esfuerzo, refleja nuestro dominio de la situación. En caso contrario, será una advertencia para ser más cautos.

Caldo ■ En casi todas sus vertientes, el caldo es un signo positivo. Así, beberlo augura una relación feliz y duradera para los enamorados, apoyo incondicional de los amigos y armonía en el hogar. ‖ Un buen caldo anuncia la curación de los enfermos; pero uno de pésimo gusto significa que pasaremos por un mal momento. Por último, preparar caldo es sinónimo de seguridad en uno mismo e independencia.

Calendario ■ Éste es un sueño muy recurrente en enfermos terminales. El calendario nos permite situarnos con precisión en el curso de nuestra temporalidad, lo que nos permitirá adquirir cierto dominio sobre el vértigo que produce el paso del tiempo.
❖ Soñar con un calendario es promesa de amor, de fidelidad y de constancia.

CALENDARIO

análisis del sueño

Lidia soñó: *«Estaba sentada en una clase de mi antigua universidad escuchando una lección. No entendía que hacía allí, hacía años que me había licenciado; sin embargo, tomaba apuntes y procuraba estar muy atenta a las aclaraciones del profesor. De repente me fijé en un calendario que colgaba sobre la pizarra. Marcaba la fecha actual, pero sus hojas empezaron a desprenderse y a salir por la ventana una a una con una ráfaga de aire, hasta quedarse completamente desnudo. Sentí vértigo y la sensación de estar perdida.»*

El sueño intrigó a Lidia durante algún tiempo, hasta que comprendió que le estaba advirtiendo de que **no perdiera el tiempo** y se aplicara al máximo en sus responsabilidades, pues los años pasan rápidamente. Los sueños en los que el tiempo pasa volando, –y en este caso ocurre de forma literal: las hojas del calendario se van por la ventana– pueden aludir a un deseo de que los años no pasen y se eternice nuestro momento actual. En el caso de Lidia, también revelaba una **nostalgia** por el pasado y el deseo de volver a sus años de estudiante, cuando su única responsabilidad era estar atenta en las clases.

Calle ■ Las calles simbolizan el camino que sigue cada persona en la vida cotidiana. Los giros y las curvas que contienen son las dificultades que nos vamos encontrando. ‖ Si las calles son amplias y repletas de árboles, indica que tenemos una orientación muy definida y que estamos satisfechos con la misma. Cuanto más estrecha sea la calle, más escasos serán nuestros proyectos vitales. Si es un callejón, el sueño advierte claramente que deberíamos reconsiderar nuestras opciones y tomar otra dirección, pues este tipo de vía se asocia a la depresión y al desánimo. (Ver AVENIDA)
❖ Los antiguos libros sobre sueños auguran éxito si soñamos con calles bordeadas por árboles y flores.

Callos ■ Representan el trabajo duro y el esfuerzo. En muchas ocasiones pueden indicar pérdida de sensibilidad. Quizá es momento de prestar más atención a nuestra vida afectiva.

Calor ■ Soñar con un calor agobiante sugiere que disponemos de mucha energía aunque no la estemos utilizando adecuadamente. Este sueño puede indicar una tendencia a la agresividad y al conflicto. Nos menospreciamos y cargamos contra los demás las propias insatisfacciones. Si en el sueño nos quemamos y tenemos sensación de ardor, es señal de descontrol en nuestros instintos.

Calumnia ■ Ser calumniado en sueños alerta de que en la vida real podrían traicionarnos personas muy allegadas. ‖ Por otro lado, calumniar a otros evidencia una actuación irreflexiva que nos acarreará serios problemas.

Calvo ■ La calvicie –tanto propia como ajena– es siempre un mal augurio. Si soñamos que perdemos el cabello, puede que estemos demasiado preocupados por nuestro aspecto o por lo que los demás piensen de nosotros. A lo mejor, nos sentimos ansiosos e inseguros y no nos creemos con el suficiente poder para afrontar determinadas situaciones. ‖ Por otro lado, ver un hombre calvo señala la necesidad de estar alerta ante una posible estafa, así como la llegada de malas noticias sobre un pleito con escasas posibilidades de prosperar. Si quien lo sueña es una mujer joven, ésta deberá ser precavida con un pretendiente. ‖ Para un hombre, soñar con una mujer calva pone de manifiesto una tensa relación con su esposa. Si es él quien se queda calvo, expresa su preocupación por la propia virilidad. Por último, la calvicie en la frente significa que podríamos ser objeto de burla en nuestro grupo de amigos; en la parte posterior, pobreza segura si no somos más precavidos en los negocios.

❖ Tanto las culturas europeas como las americanas, consideran que quedarse calvo en un sueño es sinónimo de pérdidas económicas. Algunos poblados africanos, sin embargo, lo consideran un augurio muy prometedor.

Calzoncillos ■ Están estrechamente ligados a los deseos, los temores y las fantasías sexuales. Si el soñador es hombre, el estado de sus calzoncillos indica la relación que tiene con su sexualidad. || Aparecer en calzoncillos en un momento o en un lugar inadecuado, se interpreta como el miedo al ridículo, o el temor de no estar a la altura de las circunstancias que le rodean. || En general, la ropa interior representa nuestras actitudes y prejuicios ocultos. Según el color, tiene diversos significados. El rojo, por ejemplo, denota pasión y el amarillo, un temor secreto. Si la ropa interior está limpia indica buena conducta; en cambio, sucia o rasgada, puede manifestar que no estamos cómodos con nosotros mismos o con nuestra sexualidad.

❖ Los oráculos dicen que soñar que llevamos ropa interior presagia placeres robados que se volverán en nuestra contra.

Cama ■ En los sueños, la cama puede representar tanto un lugar de descanso como las relaciones íntimas. Estar tumbados en la cama significa que tenemos un exceso de actividad en nuestra vida real y que, por lo tanto, se impone un descanso. Deberíamos dedicarnos más tiempo a nosotros y a nuestros seres queridos. Pero, si la sensación que nos produce el sueño es desagradable, puede indicar que estamos incubando una enfermedad. || La cama también refleja las relaciones íntimas. Así, una cama mayor de lo habitual muestra una obsesión por el sexo; una cama pequeña, en cambio, es señal de una libido más bien baja.

Camaleón ■ Por su capacidad de cambiar de color para camuflarse, el camaleón apunta a traiciones de personas muy allegadas a nosotros. Así, por ejemplo, si un hombre sueña que su pareja lleva encima un camaleón, ello le alerta de su infidelidad. || En general, aconseja prudencia con aquellos en quienes hemos depositado nuestra confianza.

Cámara ■ En los sueños, las cámaras generalmente resprentan a uno mismo. La visión que se obtiene a través del objetivo probablemente es más imparcial que la visión que se obtiene a través del ojo. Así pues soñar que se fotografía algo o a alguien, seguramente indica un deseo de ver esa cosa o persona de una forma más objetiva y menos emocional de lo que se es capaz en la vida real. Representa nuestro deseo de enfocar bien una determinada persona o situación. Si la cámara no funciona bien o al revelar la fotografía, la imagen no sale, quizá se esté rehuyendo algún asunto en la vida real. || También puede remitir a nuestro deseo por revivir el pasado o conservarlo para siempre.

Camarero ■ Soñar con un camarero servicial es señal de que podemos contar con la ayuda de los amigos o con la de alguien inesperado; pero, si éste es grosero o desordenado, entonces, podríamos padecer el abuso y las calumnias de personas cercanas en las que confiábamos.

❖ Si soñamos que nos sirve un camarero en un hotel o en un restaurante, tendremos buena suerte. Si somos servidos en nuestra propia casa, en cambio, el augurio dice justo lo contrario.

Camello ■ Este animal es símbolo de la perseverancia, la frugalidad y la resistencia, así como también del fanatismo y de la esclavitud heroica. No es un sueño muy frecuente, aunque se trata de un magnífico augurio que señala la consecución de metas y empresas con el tesón y el trabajo bien hecho. (Ver ANIMALES)

❖ Augura importantes logros para el soñador.

Camilla ■ Anuncia enfermedades o accidentes. El sueño nos da pistas para que tomemos las precauciones adecuadas para evitar ambas circunstancias. || Vernos utilizando una camilla indica preocupaciones y desamparo moral.

Caminar >Ver ANDAR

Camino ■ El camino puede interpretarse como una invitación a que orientemos nuestra vida en un sentido positivo. Si queremos cambios, tendremos que actuar. (Ver ATAJO y AVENIDA)

❖ Un camino amplio y liso, asombrosamente, denota problemas emocionales. Uno rocoso y abrupto, en cambio, augura un matrimonio feliz.

Camión ■ Un camión nuevo y bien cuidado señala la posibilidad de recibir una herencia, si bien ésta será pequeña; pero, si por el contrario, está viejo y sucio, se producirán pérdidas económicas de importancia.

Camisa ■ La camisa, por estar en continuo contacto con la piel, indica una necesidad de comunicación y afecto. Por esta razón, soñar que llevamos una camisa rota significa que corremos el riesgo de sufrir alguna pérdida sentimental. || Por otro lado, esta prenda también manifiesta el modo en el que nos presentamos a los demás: nuestra imagen. Si está muy planchada y totalmente abotonada, mostrará nuestro conservadurismo, mientras que si está abierta y la llevamos por fuera, expresará nuestro espíritu libre y poco convencional.

❖ La tradición gitana considera que, cuanto más colorida sea la camisa de nuestro sueño, mejor será la suerte que obtendremos.

Campana ■ Es un anuncio o llamada al espíritu con motivo de alguna ocasión extraordinaria (la cual puede ser alegre o triste). Por su posición suspendida, participa del sentido místico de todos los objetos colgados entre el cielo y la tierra.

❖ Según algunas creencias, oír campanas en sueños es anuncio de una existencia feliz, una vejez serena, o un rápido matrimonio.

Campesino ■ La figura del campesino se asocia con el trabajo. Arar la tierra, sembrarla y recoger los frutos después de una dura labor. La faena que haga el campesino de la imagen onírica indica las circunstancias del soñante en un momento determinado. Si es la siembra, representa un tiempo de ocupación constante con miras a obtener beneficios en el futuro. Si está podando, indica la necesidad de eliminar lo superfluo y concentrarse sólo en lo que es relevante. Si es la cosecha, será el momento de recolectar los frutos que da el trabajo bien hecho.

Campo ■ La amplitud de un campo puede expresar nuestras ansias de libertad. Se trata de un lugar fértil, así que también simboliza la posibilidad de nuestro crecimiento personal. La tierra, en este caso, es la figura de la madre, cuya labor es la de representar nuestros instintos, de donde debe provenir el crecimiento. || Por otro lado, denota que queremos estar en contacto con la naturaleza. Cuando las dificultades cotidianas nos embargan, tomarse un respiro en el campo tiene grandes poderes terapéuticos. La naturaleza es capaz de alimentarnos y reconstituirnos interiormente.

❖ Según la tradición gitana, este sueño augura que tendremos mucho trabajo. Si el campo está lleno de malas hierbas, la recompensa será pequeña. Si está lleno de tréboles, pronto haremos nuevas y ricas amistades.

Cana ■ Las canas son símbolos de preocupaciones y de tiempos difíciles. Pueden revelar miedo al envejeci-

miento y a la soledad. También indican que el soñante se enfrenta a un problema cuya solución está fuera de sus posibilidades.

Canasta ■ Como símbolo del claustro materno, si una mujer sueña con una canasta en la que hay un bebé, ello apunta a un posible embarazo. Si la ve un hombre, es señal de que debe llevar adelante proyectos que tenía en mente. || Una canasta con flores indica alegrías en la pareja; con pan, problemas económicos; y con fruta en mal estado, litigios a largo plazo.

Cáncer ■ Soñar que se padece esta enfermedad, no tiene por qué ser un vaticinio (aunque si existen síntomas de malestar, no está de más un chequeo). El cáncer es un tumor, y el sueño podría significar que algún elemento no demasiado agradable está entrando a formar parte de nosotros o creciendo en exceso, por ejemplo, una obsesión creciente que puede afectar a la personalidad, e incluso a la salud. || Padecer un cáncer en sueños también indica que no canalizamos adecuadamente nuestras emociones, lo cual resulta destructivo y el sueño es un aviso de ello.

Canción ■ La música en general y las canciones en particular ayudan a soportar las penas con más entereza. Los sueños, en este caso, nos invitan a utilizar estos elementos para sublimar las desgracias y compartir las alegrías. || En el caso de que olvidemos la letra o desafinemos puede ser una advertencia para que no desestimemos las dificultades de una tarea que iniciaremos próximamente. || Por supuesto, lo que cantamos (ya sea algo con ritmo, triste, divertido...) es de gran importancia, ya que nos dará una pista muy fiable de nuestro estado anímico en la realidad. Si se trata de una canción que aprendimos en la infancia, tal vez haga referencia a un antiguo problema o inhibición. || Canturrear mientras dormimos es, en cambio, señal de aflicción; nuestro Yo interno trata de consolarnos arrullándonos con una suave melodía.

❖ Aunque en general las canciones son augurio de felicidad serena, escuchar a alguien cantando promete negocios seguros.

Candado ■ Es una invitación a la discreción, a ser fiel y prudentes con nuestras palabras. Aunque soñar con un candado también puede evidenciar incomunicación o aislamiento.

Candelabro ■ Es un símbolo de la luz espiritual. Los sueños en los que aparecen candelabros son una invitación a potenciar toda nuestra sensibilidad como medio de desarrollo personal.

Canela ■ Esta planta aromática se asocia con la sensualidad. Su presencia en los sueños indica que el soñante atraviesa un período en el cual su sexualidad cobra especial atención en su vida.

Cangrejo ■ Estos animales son un símbolo de indecisión y dudas debido al movimiento retrógrado que les caracteriza. Cuando protagonizan nuestros pensamientos oníricos, hay que interpretarlos como una advertencia: no podemos dejarnos llevar por los prejuicios, ya que ello nos impediría avanzar.
❖ Es el signo astrológico de Cáncer, acorazado y de corazón tierno, romántico y enamorado del pasado (de hecho, camina hacia atrás). ‖ Su aparición en sueños presagia disputas y separaciones, sobre todo si es rojo; negro indica retraso en los negocios.

Caníbal ■ A pesar de que en nuestra sociedad no se practica, todavía mantenemos rasgos primitivos cuando buscamos valores divinos en el exterior. No en vano, la costumbre de algunos pueblos de devorar a los extranjeros deriva de la creencia de que éstos son dioses, y que a través de esta práctica se puede alcanzar la divinidad. En consecuencia, este sueño nos dice que quizá prestamos demasiada atención a las referencias externas en lugar de hacerlo a nuestras propias pautas.

Canoa ■ Su simbología tiene mucho que ver con la de BARCO. Sin embargo, también puede interpretarse como una situación inestable que presenta peligros difíciles de superar. Además, es símbolo de condiciones provisionales que no ofrecen seguridad ni apoyo suficiente al soñante.

Cantar ■ El sueño está expresando nuestros sentimientos del momento. La naturaleza y la letra de la música nos darán mucha información sobre nosotros. (Ver CANCIÓN)
❖ Cantar puede ser un acto espiritual. Tagore decía: «Dios me respeta cuando trabajo, pero me ama cuando canto».

Cántaro ■ La imagen del cántaro alude a la sexualidad femenina. Su contenido simboliza todo lo que el amor puede ofrecer. Una cántaro lleno indica la disposición de la mujer para dar amor y afecto. Llenar el cántaro señala el deseo de amar a una mujer. Beber de

él, la necesidad de recibir amor. Si la imagen onírica es una mujer conocida que lleva un cántaro, puede interpretarse como una atracción secreta hacia ella.

Cantera ■ Las canteras son producto de la actividad del hombre. A lo mejor somos nosotros mismos quienes nos hemos metido en un agujero semejante y ahora no sabemos salir. ‖ Soñar con una cantera también revela el deseo de explorar el inconsciente (la tierra). Así, podemos ir descubriendo todos aquellos miedos que escondimos en el pasado y que ahora nos atrevemos a afrontar. ‖ En un sentido más social, la cantera puede representar nuestra preocupación por la buena conservación del medio ambiente.
❖ Una cantera de creta augura dificultades financieras que pueden solucionarse trabajando duro. La piedra de una cantera presagia un viaje.

Cansancio ■ La sensación de cansancio en sueños casi siempre es el reflejo literal de una situación en la vida real. Es importante tratar de recordar a qué se debía el cansancio en el sueño y, posteriormente, interpretar su simbolismo. Tal vez, nosotros aún no hayamos notado el verdadero motivo de la fatiga exagerada que sufrimos.

Caña ■ Las cañas son elementos frágiles y flexibles a la vez. Pueden señalar una situación de inseguridad o inestabilidad. Cortar cañas se interpreta como símbolo de longevidad. Una caña de azúcar indica un alto grado de sensualidad y placidez. Una caña de pescar es un medio para conseguir el sustento diario. Es importante analizar los demás símbolos oníricos para la correcta interpretación del sueño.

Cañón ■ Es un símbolo de batalla inminente. Si el soñador está armado con un cañón, su sueño puede tener dos interpretaciones distintas. Por un lado, que está suficientemente preparado para resolver un problema determinado. Por el otro, que desea acabar de forma violenta con una situación que no puede controlar. Si el cañón apunta al soñador, indica temor desmedido por una amenaza que no se puede evadir.
❖ El significado onírico del cañón es, por descontado, de guerra, rotura de equilibrios y asociaciones. En cambio, oírlo es señal de ruina.

Capa ■ Su imagen se relaciona con la de la cúpula (forma circular con una abertura en la parte superior); en este sentido, indica ascensión, superación y crecimiento espiritual. ‖ Además, señala la acción de cubrirse, denotando desconfianza y necesidad de amor. Si cubrimos a otro, indica deseo de sobreproteger a alguien. Perder la capa se interpreta como señal de inseguridad. Llevar una capa demasiado corta, miedo al ridículo o carencia de afecto. || Por último, expresa disimulo y secretismo. Puede que estemos ocultándole algo al mundo exterior.

❖ Si soñamos que llevamos una capa, se avecina un periodo de incertidumbre. Y si ésta tiene capucha, debemos estar alerta porque alguien en quien confiamos puede traicionarnos.

Caparazón ▪ El caparazón simboliza la fecundidad y el erotismo. No hay que olvidar que, por un lado, dos personajes femeninos de gran peso mitológico, como son Venus y Afrodita, nacieron en un caparazón; y que, por otro, en Argentina, éste representa los órganos genitales de la mujer. En consecuencia, este sueño permite hacer una lectura claramente erótica. || En otro sentido, el pesado caparazón de una tortuga puede expresar nuestro deseo de protección. Algo parecido ocurre con la cáscara de los huevos, cuya fragilidad denota que nuestros sentimientos son demasiado vulnerables.

❖ Los caparazones que aparecen en los sueños auguran que nos sucederá algo muy extraño.

Capucha ▪ La capucha que oculta el rostro proporciona invisibilidad. Representa el deseo de esconderse, de evadir una responsabilidad o un juicio negativo de las personas que nos rodean. Indica culpabilidad y vergüenza. Si se ve a otra persona llevando una capucha, es señal de desconfianza hacia ella.

Cápsula ▪ Puede ser indicativo de un deseo de evasión ante una situación desesperada. El soñante carece de herramientas para resolver sus propios problemas y necesita recurrir a una ayuda externa.

Caracol ▪ La imagen del caracol se relaciona con varios significados: la espiral ascendente, la sexualidad femenina y masculina, la noción de lentitud en el transcurso de las cosas y, también, la infidelidad. Pero ver un caracol en sueños puede interpretarse como indicio de introspección y retraimiento.

❖ Si en el sueño el caracol se alimenta de plantas y flores, anuncia la pérdida del empleo por negligencia o pereza; si muestra los cuernos, infidelidad; si permanece en el caparazón, simpatía por los personajes que aparecen en el episodio. Si, en cambio, avanza hacia el que sueña, hace temer retrasos en los negocios.

Caravana ▪ Soñar que formamos parte de una caravana es señal de un estado de mudanza física o espiritual. Indica una situación provisional, un proceso de cambio que necesita un tiempo prolongado para realizarse. Ver pasar una caravana, sin estar en ella, puede interpretarse como una situación de quietud en la que se experimenta el deseo reprimido de cambio.

Carbón ▪ El carbón simboliza la energía oculta que sólo se libera en contacto con el fuego. Este sueño es una invitación a continuar luchando, pues, a pesar de las adversidades, podemos dar rienda suelta a la energía, el calor o la luz que ya existía en nuestro interior.

❖ Ver carbón es señal de riqueza; comerlo, de males. Un carbón ardiente es augurio de amor, pero también de vergüenza y reproches relacionados con aspectos eróticos.

Cárcel ▪ Los sueños en los que aparece una cárcel o en los que nos sentimos encarcelados aluden a una limitación de nuestra energía y capacidad creadora. Denotan la necesidad de transformar nuestra rutina. || También están relacionados con los cambios que suceden en el exterior y que no podemos alcanzar desde nuestra prisión. Por esta razón, las imágenes de este tipo nos aconsejan reflexionar sobre las causas de nuestra reclusión. || Por último, estos sueños manifiestan aquellas actitudes y emociones que encarcelamos dentro de nosotros mismos y que es preciso liberar. Cuando vemos a alguien tras las rejas, es muy posible que simbolice aquella parte de nosotros que reprimimos.

❖ Las supersticiones más comunes dicen que, si tenemos este sueño, uno de nuestros mayores deseos se cumplirá. Otras, curiosamente, predicen matrimonio.

Cardo ▪ Esta flor, cuyos pétalos son espinas, simboliza la irritabilidad causada por malas experiencias; una actitud que puede provocar el alejamiento de nuestros seres queridos. Por otro lado, si nos regalan un cardo, esto evidencia que sufriremos el maltrato y el rechazo de los demás; e incluso, que podríamos ver naufragar nuestros negocios y acabar en la miseria.

❖ Ver un cardo indica contrariedad, discusiones y traición; plantarlo, dolor; y en consecuencia, arrancarlo, alegría; regalarlo expresa ingratitud; cogerlos, estupidez y pereza.

Carga ▪ Verse llevando una carga muy pesada es una clara señal de cansancio. El soñador se siente agobiado física, mental o emocionalmente. Su inconsciente le está advirtiendo que necesita reposo.

Carnaval ■ Esta palabra está asociada a la idea de orgía y al retorno temporal del caos primigenio para liberar las tensiones. Por ello, si la sensación que proporciona el sueño es de alegría, será señal de que deberíamos divertirnos más. El carnaval también sugiere la necesidad de compensar y equilibrar una vida demasiado ordenada.

Carne ■ Es un símbolo de pasión y de fuerza que tiene diferentes significados según la cultura o la religión a la que se pertenezca. El estado de la carne y la acción de comerla o de rechazarla serán condiciones determinantes para la correcta interpretación del sueño. Éste puede ser tanto positivo como negativo.

Carpintero ■ Para ejercer el oficio de carpintero, se necesitan buenas habilidades manuales, así como cierta sensibilidad artística. El sueño nos está diciendo que debemos potenciar estas cualidades para progresar.

Carrera ■ Si vamos siempre con prisas, este sueño puede ser una representación alegórica de nuestra vida. Además, revela la necesidad de compararse con los demás y la personalidad competitiva. Reduciendo la velocidad, es muy posible que consigamos más. La tortuga que avanza lentamente vence a la impulsiva liebre. También puede indicar que estemos corriendo demasiados riesgos o gastando excesiva energía.

❖ Si estamos corriendo o conduciendo un coche, el sueño señala que pronto recibiremos noticias. En el caso de que ganemos la carrera, éstas serán maravillosas.

Carro ■ Una de las principales analogías simbólicas de la humanidad es el carro con relación al ser humano. El conductor representa el Yo de la psicología junguiana; el carro, el cuerpo y el pensamiento; los caballos son las fuerzas vitales; y las riendas, la inteligencia y la voluntad. En este sentido, el significado global del sueño es el mismo que el que se deriva de COCHE. || Por otro lado, un carro representa el progreso lento, pero seguro. Si estamos rodeados de pioneros, puede mostrar el deseo de explorar nuestro inconsciente o adoptar un estilo de vida más excitante.

❖ Si conducimos el carro de otra persona, se augura pobreza. En cambio, si es nuestro, seremos ricos.

Carta ■ Este sueño evidencia el deseo de recibir noticias de alguien o de cambiar nuestra situación actual. Necesitamos una nueva oportunidad o un nuevo reto. Si al leerla experimentamos un sentimiento agradable, entonces tenemos nuestro futuro asegurado; si nos produce ansiedad, puede que indique que necesitamos tomarnos las cosas de manera más positiva. || Si la carta es de un amigo, precisamos apoyo; si es de una empresa o institución, anhelamos cambiar de trabajo; en cambio, si soñamos que no recibimos cartas, ello debe instarnos a ponernos en contacto con nuestros seres queridos. Podría ser que nos necesitaran. || La carta también podría provenir de nuestro inconsciente, quien intenta darnos un mensaje acerca de nuestro comportamiento o nuestras circunstancias. Es importante que le prestemos atención.

❖ Para algunas supersticiones, soñar con una carta presagia noticias inesperadas. Para otras, augura un matrimonio cercano.

Cartel ■ Un cartel que aparece en sueños suele ser un mensaje directo del inconsciente. Es importante saber si lo pudimos leer y si recordamos lo que estaba escrito o dibujado, pues allí se concentran las claves para la interpretación del sueño. En ocasiones, el inconsciente se vale de juegos de palabras y frases para decirnos algo. Si en lugar de palabras aparece una imagen, es necesario consultar su simbología. También son importantes los demás símbolos y el contexto de la escena onírica para la correcta interpretación del sueño.

Cartera >(Ver Bolso)

Casa ■ La casa simboliza la personalidad, la situación actual, así como las relaciones afectivas o laborales. Por ello, para conocer el significado de este sueño, debemos analizar todos sus aspectos. Así, el interior de la casa es nuestro organismo; el comedor y la cocina representan el aparato digestivo; el dormitorio, el descanso y la actividad sexual; el cuarto de baño, los riñones y la limpieza, tanto física como espiritual; los pisos altos, la mente; y la bodega o el sótano, el subconsciente. (Ver Cabaña, Caverna, Balcón y Sótano).

❖ Los nómadas gitanos consideran que los sueños en los que nos vemos obligados a abandonar nuestro hogar indican que nos espera una oportunidad favorable.

Cascada ■ Es señal de abundancia y vitalidad. Un flujo continuo de elementos que se renuevan. Indica sucesos que se desencadenan de forma sana y agradable. La vida del día a día transcurre alegre y sin monotonía. Sin embargo, el contexto del sueño y las condiciones de la cascada son determinantes para su interpretación. En este sentido, si en el sueño nos empujan a una cascada montados en un barco, significa que no controlamos nuestra excitación y nuestros sentimientos. Quizá hayamos pasado nuestro límite.

❖ Este sueño remite a dos interpretaciones tradicionales: seremos invitados a un lugar divertido o correrán rumores sobre nosotros.

Casco ■ En el simbolismo heráldico, el casco es un emblema de los pensamientos elevados. A su vez, llevar casco confiere invisibilidad, como ocurre con el sombrero o la caperuza. Soñar con este elemento denota necesidad de ocultarse y de protección.

Castaña ■ Es un fruto relacionado con el invierno y la escasez, por lo que sugiere la idea de previsión.

❖ Considerada antiguamente alimento adecuado para los difuntos, la castaña es representativa de larga vida, salud y protección. Algunas tradiciones nórdicas aconsejan llevar siempre una en el bolsillo, renovándola cada año como talismán de buena suerte y amuleto contra las enfermedades.

Castigo ■ A menudo, este sueño se debe a que tenemos remordimientos de conciencia por algo que ha sucedido o que hemos hecho. Seamos nosotros los castigados o quienes ejercemos el castigo sobre otros, siempre revela un sentimiento de culpa, derrota o rencor. ‖ También podemos estar castigándonos a nosotros mismos. Haber tenido experiencias traumáticas en la infancia puede hacer que alguien se autoculpabilice constantemente por sus actuaciones. En ese caso, el soñante debe liberarse de la presión social o paternal que le subyuga.

❖ El pueblo gitano cree que soñar que somos castigados delata la culpa que sentimos por haber descuidado nuestras relaciones personales.

Castillo ■ Por lo general, el castillo es el símbolo de la fuerza espiritual y de la vigilancia. Su análisis resulta complejo porque también deriva de CASA; y el hecho de hallarse emplazado en la cima de una colina, añade información complementaria. Además, su forma, aspecto y color, así como su apariencia sombría o luminosa, aportan los detalles últimos de su interpretación. Por todo ello, el significado de este sueño suele ser el de protección y trascendencia. La condición del castillo como fortaleza sólida permite la introspección, la creatividad y la contemplación espiritual. Mientras la casa representa el organismo, el castillo simboliza el alma. ‖ Soñar con un castillo también puede evidenciar una necesidad de aislamiento que, dependiendo del aspecto del mismo, podrá ser positiva o negativa. ‖ Ver el castillo desde fuera significa que aún nos queda camino por recorrer pero que, al final del mismo, alcanzaremos nuestra meta. En cambio, si soñamos que vivimos en su interior, próximamente obtendremos riqueza espiritual. ‖ Si el castillo resulta impenetrable, igual de difícil resulta llegar a conocer nuestro interior.

❖ Ver un castillo fortificado, significa protección y virtud; y si está cerrado, resistencia. Entrar en él, esperanza incierta o adversidad inesperada. Habitarlo augura riqueza. Asediarlo es señal de victoria sobre los enemigos, tanto físicos como espirituales.

Castración ■ En un hombre, denota temor por haber perdido la virilidad o por sentirse presionado sexualmente.

❖ El mito en el que Saturno castra a su progenitor representa el miedo a madurar y el deseo de suplantar a la figura paterna.

Catástrofe ■ Soñar con una catástrofe puede ser signo del inicio de una transformación psíquica. Una transformación que, como el resto de transformaciones, nace de la destrucción de un proceso anterior. ‖ Su elemento dominante (aire, fuego, agua, etc.) puede matizar el símbolo que el inconsciente nos quiere transmitir. Cuanto más intensa sea la catástrofe con la que soñemos, mayor será el cambio que se producirá.

Catedral >(Ver ABADÍA y CASTILLO)

Caverna ■ Sirve de base para ciertas identificaciones, como la medieval, en que la caverna aludía al corazón humano como «centro» espiritual. La caverna, en este caso, representa el inconsciente, nuestro mundo subjetivo, las experiencias y conocimientos acumulados con los años. Todo ello, nos permite alcanzar la madurez. Es un sueño muy frecuente en la adolescencia. Lo que suceda en el interior de la caverna revelará qué aspectos de nuestro ser están curtiéndose. ‖ En otras interpretaciones, la caverna representa el útero o la sexualidad femenina. Lo que encontremos dentro de ella será lo que el inconsciente haga nacer en nosotros: cualidades, ideas, actitudes, etc.

❖ Muchos dragones y monstruos de la mitología habitaban en cavernas guardando un gran tesoro. Ello simboliza que, antes de ganar la recompensa espiritual, es preciso combatir contra el miedo del inconsciente. ‖ La caverna también puede representar el recuerdo de una infancia traumática que ha sido desterrado de la memoria consciente.

Cazador ■ Algunas culturas asocian la caza con la insaciable incontinencia del hombre ante sus deseos. A su vez, los sueños de caza revelan un afán de evasión de los problemas y, al mismo tiempo, una voluntad de rebelión contra los mismos. En muchas ocasiones, la lectura que deberíamos hacer de esta imagen es que, en lugar de acometer contra algo, tenemos que acostumbrarnos a convivir con su presencia, pues de poco nos va a servir la agresividad que demostramos en el sueño. ‖ Si durante la caza matamos un animal, quizá estamos intentando destruir una parte instintiva de nuestra personalidad.

❖ Para la tradición popular onírica, cazar una liebre indica que tendremos problemas. Si es un zorro, un amigo nos decepcionará. En cambio, si es un ciervo, conquistaremos a quien amamos.

Cebolla ■ Este alimento simboliza la esencia humana oculta por capas que la envuelven. Soñar con cebollas, por tanto, nos indica que el camino para llegar al conocimiento de uno mismo puede ser duro y hacernos llorar. Si somos capaces de aprovechar cada etapa (es decir, si aprendemos lo que nos enseña cada capa de la cebolla) lograremos desarrollar nuestra personalidad de forma óptima.

Celos ■ Es muy probable que suframos este sentimiento en la vida real. El sueño manifiesta toda la codicia que guardamos dentro sin saberlo. Igualmente, a través del inconsciente, podemos haber reconocido tener celos de nuestra familia y amigos. Estos sueños suelen ser avisos.

❖ Los oráculos oníricos previenen, en este caso, de la gente con ganas de discutir y de la influencia oculta de algunos enemigos.

Cementerio ■ Este tipo de sueño nos invita a reflexionar sobre un estado terminal. En caso de que se repitiera mucho, podría revelar un miedo injustificado. (Ver Ahorcado y Cadáver)

Cenizas ■ Apagado el fuego, permanecen las cenizas. Quizá sintamos que todo lo bueno en nuestra vida ya ha tenido lugar y que no queda nada que valga la pena. Por otro lado, podemos estar enganchados al pasado o dándole vueltas a algo que terminó. Las cenizas pueden representar el fracaso de una relación o de un negocio. ‖ A menudo, también se identifican con la muerte y la disolución de los cuerpos. A ellas queda sometido todo lo que entra en contacto con el fuego de la vida. Para la tradición hindú, las cenizas son un símbolo de indestructibilidad. En un sueño, figuran la parte irreductible de nosotros.

❖ Las cenizas auguran desventajas: malas cosechas, negocios que no tienen éxito y niños que causan problemas a sus padres. Para los gitanos, sin embargo, este sueño significa que por fin dejaremos de lamentarnos por las oportunidades perdidas del pasado. ‖ En muchas sociedades tribales, además, las cenizas son símbolo de fertilidad y buena fortuna. En Inglaterra y Estados Unidos, de hecho, se cree que protegen de los espíritus malignos.

Centinela ■ Los sueños en los que aparecen centinelas o guardianes son un aviso de nuestra mente para que estemos alerta de posibles engaños por parte de terceras personas. También se recomienda prestar atención a los propios actos, pues se debe ser consecuente con los compromisos que se hayan contraído. (Ver Búho)

Cepillo ■ La utilidad de un cepillo es evidente: sirve para eliminar el polvo. Por lo tanto, soñar con este elemento refleja la necesidad de recuperar nuestros valores, ya que el inconsciente nos está recordando que algunos sentimientos superficiales están alterando nuestros principios. (Ver Barrer)

❖ Los cepillos y las escobas están rodeados de una gran superstición. Da mala suerte pisarlos y pueden «barrer» nuestra buena suerte. Por lo general, los presagios no resultan demasiado ventajosos. De todos modos, si soñamos que nos cepillamos el pelo, aparecerá en nuestras vidas un nuevo y excitante compañero de aventuras.

Cera ■ Es un elemento lleno de connotaciones mágicas. Su carácter maleable y su reacción con el calor simbolizan procesos de transformación. La interpretación depende, en gran medida, de lo que ocurra con la cera. Puede significar unión, pasión, curación de enfermedades, disposición para actividades creativas o sentimientos de pérdida y duelo.

❖ La interpretación queda notablemente influida por el color. Cera blanca augura matrimonio y buena salud; amarilla, engaños y posibilidad de tener que asistir a un funeral; roja, venta de inmuebles. Ver fundir cera es señal de pérdidas financieras y de luto.

Cerdo ■ Símbolo de los deseos impuros, de las bajas pasiones, de la suciedad, de la ignorancia, de la tozudez, de la glotonería y de la mala educación. También puede tener connotaciones sexuales lujuriosas. ‖ Si en el sueño el cerdo aparece cubierto de lodo, significa que nos dejamos llevar por los instintos más primarios. En cambio, si lo vemos limpio, puede interpretarse como un símbolo de pragmatismo y utilidad, ya que, como es bien sabido, todas las partes de este animal se aprovechan para la alimentación humana.

❖ Los cerdos han sido, durante mucho tiempo, el tema principal de las supersticiones desventajosas. Por ejemplo, entre los pescadores se cree que, si antes de trabajar alguien pronuncia la palabra «cerdo», la pesca será de baja calidad. Sin embargo, en los sueños, auguran muy buenas noticias o un golpe de suerte.

Cerezas ■ Su imagen se asocia con los deseos y los sentimientos más íntimos del individuo. Aunque tienen una carga importante de sensualidad, también se relacionan con fuertes anhelos materiales y espirituales.

❖ Casi siempre son indicios de bienestar físico y emocional. Tanto coger cerezas como comerlas es augurio de alegría, buenas noticias y nacimiento. Verlas caer señala un amor cercano. También constituye un buen presagio el árbol, que asegura felicidad.

Cero ■ El cero se representa con un círculo, cuyo significado es el de la totalidad del ser. Por otro lado, puede manifestar vacío vital.

❖ Soñar con la nada es sinónimo de desperdiciar nuestra energía. Es necesario actuar y cambiar de dirección. ‖ Escribir un cero en sueños predice incertidumbre y desasosiego.

Cerradura ■ Este sueño señala la existencia de un problema, un cambio de situación o un dilema. Si somos capaces de abrir la cerradura y seguir adelante, la respuesta será positiva, pero si no lo logramos, será negativa. En caso de que forcemos la cerradura, significa que intentaremos conseguir nuestros propósitos empleando cualquier estrategia, sea lícita o no. (Ver PUERTA y UMBRAL)

Cerrojo ■ Simboliza la voluntad de imponer nuestros criterios a toda costa, sean o no acertados.

Cerveza ■ Representa la recompensa después del duro trabajo. Este tipo de sueños invita a esforzarnos en nuestras actividades.

❖ Para los antiguos egipcios, beber cerveza era señal de alegría. En sueños augura éxito, festejos y ganancias.

Césped ■ Es un símbolo de esperanza. Si se trata de un campo de césped, nuestros propósitos tendrán muchas posibilidades de ser correspondidos.

Cesta ■ La cesta puede augurar riqueza en un sentido amplio. Si está vacía, indica pobreza material, emocional, intelectual o espiritual.

❖ Una cesta de fruta promete placeres amorosos; de flores, felicidad en el amor; una cesta llena de oro, abundancia y fecundidad; vacía, soledad y afectos no correspondidos; cerrada, secretos.

Chabola ■ Como imagen de una existencia pobre y fuera de las normas, la chabola evidencia los deseos de evasión del durmiente por no ser capaz de afrontar los problemas de la vida cotidiana. ‖ Sentirse alegre dentro de ésta significa que se acercan momentos difíciles de gran pesar; pero, si por el contrario, nos sentimos desgraciados, será un incentivo para redirigirnos y progresar.

Chal ■ El chal representa la ocultación de la personalidad. Soñar con él anuncia protección por parte de un amigo. Perderlo significa quedar desnudo ante los demás y ser víctima de sus habladurías.

Chaleco ■ Verse vistiendo un chaleco augura una buena posición social tras mucho trabajo. En cambio, si está sucio o roto significa que queremos alcanzar un nivel para el que aún no estamos preparados.

Champán ■ Una botella recién abierta de champán es un símbolo sexual que suele identificarse con la eyaculación. También puede referirse a una celebración o a un logro personal. La efervescencia de esta bebida denota creatividad en nuestro interior.

❖ Este sueño augura dificultades en los negocios. No obstante, si el sueño transcurre en una boda, anuncia un romance feliz.

Chaqueta ■ Esta prenda, símbolo de la propia personalidad, da lugar a múltiples interpretaciones. Si es nueva, anuncia creatividad intelectual; si está vieja o rota, la pérdida de una buena amistad; y si es de otra persona, la petición de ayuda a un amigo para resolver un problema. ‖ Llevar puesta una chaqueta militar denuncia la tendencia del soñador a ser autoritario e incluso intransigente; y si es de médico, la necesidad de confiar más en uno mismo. Por último, extraviarla anuncia pérdidas económicas por haber dejado los negocios en manos del azar.

Charco ■ Verse chapoteando en un charco señala el goce de aquellos placeres que, más tarde, nos traerán problemas. Por el contrario, esquivar uno sin mojarse indica capacidad para evitar los peligros manteniendo la calma. || Ver el propio reflejo en un charco predice rápidas ganancias económicas; caerse en uno, graves contratiempos; y salir de un charco tras haberse empapado, el fin de los disgustos.

Chatarra ■ Los desperdicios de metal simbolizan el fracaso de los proyectos materiales; por lo tanto, soñar que caminamos entre la chatarra denota conformismo por no atrevernos a llevar adelante planes que permitan nuestro progreso.

Cheque ■ Soñar con la extensión de un cheque a una tercera persona es una mala señal, ya que augura problemas económicos y deudas pendientes. || Recibir un cheque, en cambio, implica la llegada de una inesperada suma de dinero que ayudará a nuestra economía. Si nos lo gastamos, expresa probables derroches en la vida diaria.

Chicle ■ La goma de mascar es un símbolo erótico, por lo que soñar con ella señala deseos reprimidos que buscan saciarse. || Pisar el chicle que ha tirado otra persona evidencia nuestra dependencia hacia ella; y que pisen el nuestro, expresa el peligro de no recibir la ayuda de los demás por molestarlos continuamente con nuestras demandas.

Chimenea ■ Ver una chimenea sin fuego anuncia una época molesta en nuestra vida: podríamos vernos envueltos en pleitos y disputas por bienes económicos. En cambio, si está encendida, es sinónimo de paz en el hogar. || Si soñamos con una chimenea derruida, podría cernirse una desgracia sobre la familia; mientras que, si somos nosotros quienes la echamos abajo, existe el peligro de perder objetos materiales. Si está recubierta de hiedra, se vivirán momentos felices aunque efímeros; y si las cenizas son las protagonistas, entonces la tristeza será segura. Bajar por una chimenea predice tensiones con los amigos; pero, subir por ella, hace patente nuestra capacidad para huir de las habladurías.

Chino ■ Soñar con un chino presagia un viaje difícil pero necesario del que dependerá la culminación exitosa de nuestros proyectos. Si se cierra un trato con él, aumentará nuestro prestigio. La presencia de varios chinos, sin embargo, es indicio de que el negocio podría acabar en fracaso.

Chispa ■ Ver chispas en nuestros pensamientos oníricos anuncia la rápida mejora de las relaciones sociales y laborales. Sin embargo, también alerta de la posibilidad de que se incendie alguna de nuestras propiedades.

Chocar ■ Un choque con otra persona alerta de la posibilidad de llegar a ser odiados por nuestras ansias de progresar a cualquier precio. Si, por el contrario, alguien choca con nosotros, se producirán tensiones a nuestro alrededor y nos veremos envueltos en numerosas discusiones. || En caso de presenciar el choque entre dos vehículos, ello apunta a una previsible etapa de mala suerte para el durmiente.

Chocolate ■ Que en nuestros pensamientos oníricos aparezca chocolate augura prosperidad y serenidad, tanto propia como para nuestros allegados. Sin embargo, si está rancio, augura enfermedades o cualquier otro tipo de revés.

Chófer ■ Si quien conduce el automóvil es el propio durmiente, es señal de penas y contrariedades. Si, por el contrario, lo conduce otro existe la posibilidad de vivir una intensa relación amorosa.

Chuleta ■ Soñar con una chuleta cruda denota dificultades para lograr los objetivos marcados; pero, si está guisada, ayudaremos a otros a conseguirlos. || Ver comer una chuleta asada es un augurio de infortunios y traiciones. (Ver CARNE)

Chupete ■ Como símbolo de la infancia, el chupete evidencia inmadurez por parte del soñador, que desea volver a los años de despreocupación para no tener que enfrentarse a las pruebas de la vida.

Cicatrices ■ Las cicatrices simbolizan las imperfecciones morales y físicas, los sufrimientos y el rencor.

Ciclón ■ El ciclón siempre indica una fuerza externa que nos arrastra y que no podemos controlar. Su interpretación puede ser positiva si se trata de una energía que nos empuja a realizar un movimiento o una tarea que nos resulta demasiado difícil. No obstante, también puede ser una fuerza que nos conduce hacia el peligro en contra de nuestra voluntad. Para entender el mensaje de este sueño hay que estar muy atentos al sentimiento de bienestar o de angustia que genera en nosotros.

Ciego ■ Soñar que nos volvemos ciegos indica que nos encontramos incapacitados para juzgar o considerar un determinado hecho, negándonos a ver el lado certero. A lo mejor estamos rechazando algo de nuestra propia personalidad. Nunca hay que olvidar que la verdad nos aleja de la dolorosa esclavitud de la ignorancia, así que es mucho mejor abrir bien los ojos. ‖ Ayudar a un ciego, por otro lado, manifiesta la buena disposición para atender las necesidades de los demás.

❖ En la antigua Grecia, el vidente Tiresias era ciego. En este sentido, la ceguera onírica representa preferir la visión interior frente a la exterior. Por ello, simboliza la sabiduría y el autoconocimiento.

Cielo ▪ Simboliza nuestras aspiraciones, nuestros deseos más profundos, el sentido último de nuestros actos. No en vano, excepto en Egipto, el cielo se ha asociado siempre a lo masculino, a lo activo y al espíritu (la tierra, en cambio, se vincula a lo femenino y a lo pasivo). Si en sueños contemplamos el cielo a la luz del día es señal de apertura y claridad en nuestros propósitos. El cielo nocturno, a su vez, indica orden y equilibrio cuando está estrellado. ‖ Para Jung, al caer la noche, el cielo era el lugar más adecuado para que el hombre proyectara su inconsciente. El simbolismo de las constelaciones y los signos zodiacales, por tanto, son expresiones arquetípicas de su mundo interior.

❖ Muchas supersticiones oníricas coinciden en que soñar con un cielo azul presagia buena suerte. Si está nublado, todo lo contrario. ‖ Por otro lado, hay quien cree que la aparición onírica de un cielo de color rojo augura un desastre nacional.

Ciervo ▪ Debido a la semejanza de la cornamenta de este animal con las ramas arbóreas, suele vincularse simbólicamente al Árbol de la Vida. En virtud de sus grandes astas, también representa la elevación. Por estas razones, se identifica con la idea de nobleza. Su presencia en el sueño puede guardar relación con un ascenso profesional.

❖ La imagen onírica de este animal en el bosque hace prever beneficios. Un ciervo corriendo es un buen augurio para los negocios. Ciervos luchando entre sí denotan poderes obtenidos; verlos morir, bienestar; tener uno en el jardín, desventura. En cambio, un rebaño de ciervos augura buenas y numerosas amistades.

Cigüeña ▪ Símbolo de la fecundidad y la maternidad, una cigüeña volando en pareja augura felicidad familiar y nacimientos; si vuela sola, probable fracaso de nuestros proyectos; y si está muerta, buen fin tras una peligrosa amenaza.

Cima ▪ Indica las metas que el soñador se ha impuesto a sí mismo. Llegar a la cima es señal de sentirse seguro y satisfecho de los propios logros. Verla desde abajo representa el esfuerzo que hay que hacer para llegar a ella. Caer desde lo alto puede advertir que el soñante no se siente preparado para emprender el camino; o bien, que teme tanto al fracaso como al éxito de su empresa.

Cinturón ▪ Símbolo de la protección del propio cuerpo, es una alegoría de la virginidad. Además, como todas las figuras redondas y cerradas, el cinturón representa la continuidad y la plenitud. Por ello, sirve como emblema del matrimonio y, además, representa el lazo que nos une a una determinada filiación, grupo o sociedad. También proporciona seguridad y poder por el respaldo que simboliza. ‖ Sin embargo, este sueño puede ser también un aviso de molestias abdominales debidas a una posición nocturna inadecuada.

❖ Un cinturón bello y rico es, según los antiguos oráculos, un señal de buen suerte. Si está adornado con piedras preciosas, anuncia el nacimiento de un hijo. ‖ Un cinturón roto constituye un pésimo augurio para la vida de los hijos.

Ciprés ▪ Aunque tiene una larga vida, es el árbol de los cementerios. Su imagen tiene que ver con la muerte, pero también con la eternidad. Simboliza el paso del tiempo, el fallecimiento y el inicio de la perpetua existencia. Representa la transformación de la vida física (perecedera) a la vida espiritual, que dura para siempre. ‖ En la Edad media, estaba considerado una señal de bienvenida. Un peregrino que se sentía bien atendido en un monasterio, plantaba un ciprés en la entrada para que otros caminantes como él supieran que, en ese lugar, serían bien recibidos. Así, podemos decir que su simbología es muy compleja.

Círculo ▪ El círculo o disco es, con frecuencia, un emblema solar. También simboliza, en muchas ocasiones, el cielo, la perfección y la eternidad. Según Jung, el cuadrado representaba el estado pluralista del hombre que no ha alcanzado la unidad interior (perfección); mientras que, el círculo se correspondía con esta fase final. La relación del círculo y el cuadrado es muy frecuente en la morfología espiritual universal, especialmente en los mandalas de la India y el Tíbet, así como en los emblemas chinos (Yin y Yang). El círculo también representa la idea de protección, sobre todo cuando soñamos que estamos dentro de él.

❖ Para el pueblo chino, los círculos tienen un buen feng shui. Los presagios de este sueño, por tanto, son siempre ventajosos. ‖ Símbolo de victoria, un círculo de oro prevé sucesión de bienes; y de hierro, victoria sobre los enemigos.

Cirio ■ El cirio simboliza los esfuerzos que tenemos que hacer para conocer lo que nos rodea, el transcurrir del tiempo que se consume lentamente. Transmite una idea de pesadez, de lentitud.

❖ Un cirio encendido es anuncio de matrimonio o de nacimiento. Verlo arder lentamente indica buena salud; pero si se consume rápidamente augura enfermedad.

Cisne ■ Para algunos antropólogos, representa la mujer desnuda, por su elegancia, su cuerpo redondeado y sedoso y su blancura inmaculada. Por todo ello, la imagen del cisne se refiere, normalmente, a la culminación de un deseo. Soñar con cisnes también invita a reflexionar sobre la armonía y la serenidad de uno mismo.

❖ Debido al largo cuello que poseen los cisnes, este puede ser un sueño con connotaciones sexuales. En la mitología griega, Zeus seducía a Leda, la esposa del rey de Esparta, convirtiéndose en un cisne.

Ciudad ■ La ciudad simboliza la psique humana. Según esté representada en el sueño, indicará cómo están las cosas en nuestra mente. Si la ciudad nos ofrece un bello espectáculo, significa que la armonía reina en nuestro interior. En caso de que en ella haya ruidos y contaminación es un claro indicio de que nuestras ideas están alteradas por el caos interno que estamos sufriendo. ‖ Por otro lado, la ciudad puede representar todo aquello que nos rodea, incluyendo la familia y los amigos. Si en el sueño nos sentimos solos al entrar en ella, puede que así nos sintamos con nuestro rol social en la realidad. Si soñamos que está fortificada con murallas, expresará nuestra necesidad de protegernos frente al exterior; y en ruinas advierte sobre el descuido de las relaciones. Por último, perderse por la ciudad muestra nuestro propio extravío existencial.

❖ Las ciudades mitológicas suelen tener ocho puertas, de las cuales una está sellada. Cada puerta representa un cambio en nuestra vida; la octava es el viaje final, es decir, la muerte.

Clase ■ Este sueño puede ser una continuación de la actividad intelectual que llevamos a cabo durante el día y de la cual nos cuesta desconectar. Mientras dormimos, seguimos asimilando la información que hemos aprendido. ‖ Sin embargo, el sueño también nos puede estar diciendo que aburrimos a los demás porque, cuando nos dirigimos a ellos, parece que les este-

mos adoctrinando. En este caso, deberíamos cambiar nuestra forma de relacionarnos.

❖ Una rara y antigua superstición británica dice que, si soñamos que damos una clase de poesía, todos nuestros sueños se harán realidad.

Clavel ■ Esta flor simboliza el amor y la pasión. Si el clavel es rojo será un amor fogoso; si es blanco será una relación fiel y desinteresada; si es amarillo indica celos.

Clavo ■ Los clavos anuncian poca recompensa tras mucho trabajo. Sin embargo, si están nuevos y relucientes, significa que se dotará al durmiente de mejores medios para desempeñar su tarea. Si, por el contrario, están viejos, rotos u oxidados, entonces, indican enfermedades y malas relaciones afectivas con los demás. ‖ Trabajar con clavos anuncia la participación en una tarea que nos aportará grandes satisfacciones; encontrarlos, ver cumplidos nuestros deseos; y clavarlos, que seremos víctimas de las murmuraciones de alguien que nos menosprecia.

❖ Desde los romanos, el hierro ha sido considerado un metal sagrado. Soñar con un clavo de hierro oxidado augura muy buena fortuna.

Cocinar ■ Soñar con una cocina nos revelará, en primer lugar, los medios de los que disponemos actualmente. Todo dependerá de si la cocina está bien o mal equipada. Lo que ocurra en ella tendrá una correspondencia con nuestra vida en la actualidad. Si se quema la comida, ello quiere decir que, pese a nuestra buena voluntad, todavía nos queda mucho por aprender. ‖ Cocinar también simboliza el deseo de transformar la cruda realidad en algo más comestible. Por otro lado, si soñamos que cocinamos para otros, puede denotar nuestra intención de influir en ellos. A lo mejor queremos que la gente piense algo concreto o que dependa de nuestros cuidados.

❖ Se dice que este sueño augura múltiples visitas en el futuro por parte de nuestras amistades.

Cocina ■ La comida que preparamos en la cocina es el alimento espiritual que le ofrecemos a nuestro propio cuerpo.

❖ Si la cocina está limpia y ordenada, este sueño presagia armonía y entendimiento en la familia.

Coco ■ Esta fruta tropical es un signo muy positivo para los enamorados, ya que anuncia uniones rápidas y felices. ‖ Ver la cáscara vacía avisa del mal fin de nuestros proyectos por la traición de personas que creíamos amigas; y ver el fruto seco en la palmera, llanto por la muerte de un ser querido.

Cocodrilo ■ Por su agresividad y poder destructor, el cocodrilo ya significaba, según los habitantes del Antiguo Egipto, furia y maldad. Esta idea ha pervivido hasta nuestros días. Soñar con un cocodrilo, pues, representa las inclinaciones sombrías y agresivas del inconsciente: traiciones, envidias, rencores, etc.
❖ Augura una fuerte decepción por parte de nuestros mejores amigos.

Coche ■ Conducirlo representa tomar la iniciativa, conferir una nueva orientación a la vida. Si lo pilota otra persona, parece obvio que tenemos tendencia a dejar que nos dirijan terceras personas. || El coche también simboliza el cuerpo humano (al igual que el CA-RRO), por lo que se puede establecer un paralelismo entre el estado de ambos: un coche en malas condiciones es un aviso de que debemos cuidar nuestra salud. La manera de conducirlo, asimismo, es la forma que tenemos de controlarnos a nosotros mismos: si lo hacemos mal o sufrimos un accidente, el sueño nos advierte de que estamos cometiendo errores. || Para Freud, el coche representaba el progreso del psicoanálisis.
❖ Antiguamente, se decía que conducir un vehículo en sueños auguraba cambios en el hogar o en los negocios. Si el vehículo se avería, un amigo nos dará noticias problemáticas.

Cofre ■ Es el lugar íntimo donde se guardan los tesoros más preciados, cuya naturaleza puede ser material o espiritual. También se relaciona con el útero femenino y, por tanto, con la maternidad, la dependencia y la sobreprotección. Abrir un cofre indica descubrir secretos importantes. Que otra persona lo abra señala el temor a que nuestros secretos sean revelados. Encontrarlo vacío, decepción.

Cohete ■ Representa la alegría momentánea y pasajera. También la explosión de emociones descontroladas que nos embarga en determinadas situaciones. Quizá es el momento de relajarse y no dejarse llevar por la euforia.

Cojo ■ Soñar con una cojera significa que algo nos impide avanzar y conseguir aquello que queremos alcanzar; o bien, que nuestros planes sufrirán retrasos.

Cola ■ Si en el sueño nos crece una cola, representa nuestra naturaleza animal. Debido a que la cola está detrás de nosotros, también puede significar rechazo a alguna de nuestras facetas sexuales.
❖ Si le cortamos la cola a un animal, el sueño presagia que dejaremos de recibir cuidados y cariño.

Colador ■ Utilizar un colador en sueños revela la llegada de pleitos y problemas legales a causa de asuntos materiales. Si los agujeros son muy estrechos, estos asuntos nos serán favorables; pero, si por el contrario, son grandes, se acabará perdiendo todo lo que se había ganado. || Ver a otras personas utilizando un colador significa que, en la realidad, no nos aceptan tal como somos y que esta actitud nos hará sufrir.

Colina ■ Una elevación del terreno nos permite contemplar nuestro entorno con más claridad. Si nos vemos subiendo a una colina con entusiasmo, quiere decir que estamos mejorando nuestra situación laboral o social. || Contrariamente, también puede representar un obstáculo que debemos superar en la realidad. Dependiendo de lo que nos cueste subir la colina, significará la abundancia o escasez de recursos que poseemos para cumplir con nuestros propósitos.
❖ En este caso, las supersticiones populares coinciden con la interpretación psicológica.

Collar ■ Símbolo de la unión entre quien lo da y quien lo recibe, los sueños en los que aparece un collar predicen relaciones apasionadas en el terreno erótico, así como felicidad familiar. || Tener un collar anuncia riqueza, si bien ésta podría ser efímera, sobre todo si el sujeto deja sus negocios en manos del azar.
❖ Un collar de oro revela éxitos materiales; de zafiros, calumnias; de diamantes, profusión de enemigos; y de perlas, tensiones en la pareja.

Colmena ■ Debido a su estructura social bien organizada, la colmena simboliza la comunidad y el orden. Si nuestras visiones oníricas son agradables, quiere decir que nos sentimos apoyados por nuestra familia y amigos. || Sin embargo, si las abejas se muestran amenazadoras es señal de que la organización a la que pertenecemos nos está haciendo perder nuestra identidad. Estas imágenes deberían incitarnos a reflexionar sobre la necesidad de encontrar un tiempo para la soledad y la meditación.
❖ La superstición que existe entre la gente que habita en el campo dice que las abejas son criaturas muy sabias con un conocimiento especial del futuro. Los sueños que incluyen abejas o colmenas, por tanto, pueden contener pistas premonitorias sobre sucesos que pronto tendrán lugar.

Colores ■ Los colores que aparecen en los sueños expresan nuestros impulsos íntimos y, precisamente por ello, complementan su significado. A menudo, los psicólogos realizan a sus pacientes un test de colores para averiguar su estado emocional. Un experto en feng shui, igualmente, utiliza en su hogar el color que más atrae a la buena fortuna. ‖ Sin embargo, según el individuo, la interpretación de cada color varía, pues cada uno de nosotros posee sus asociaciones cromáticas personales. ‖ Los colores fundamentales son el AMARILLO, el AZUL y el ROJO. Todas las demás tonalidades son el resultado de la combinación de estos tres. Cada color, como veremos a continuación, posee su propia dualidad. Según la situación del soñante, el significado es uno u otro. El rojo es el color de la fuerza vital, representa la pasión y la sexualidad, aunque también puede denotar furia y sangre. El naranja es el refinamiento de las pasiones, suele asociarse con el equilibrio y lo curativo. El amarillo se relaciona con la inspiración artística, pero hay casos en los que señala cobardía. El verde es el color de la naturaleza que aporta esperanza y vida nueva, si bien a veces expresa celos y envidia. El azul es todo lo espiritual, implica armonía y (como el cielo) libertad; sin embargo, en ocasiones, representa sentimientos de tristeza. El morado es el color de la realeza y del conocimiento espiritual. El negro denota depresión e inconsciencia. Por último, el blanco simboliza la pureza.
❖ Para un médium, todo aquello viviente posee un aura (un campo de energía alrededor del cuerpo) de algún color. En este sentido, el significado onírico de los colores se relaciona con el valor espiritual al que se les asocia tradicionalmente. Así, el rojo es la sensualidad; el naranja, la limpieza; el amarillo, la inspiración; el verde, la recuperación; el azul, la curación; el morado, la clarividencia; el negro, la enfermedad; el marrón, la estabilidad; y el blanco, lo espiritual.

Columna ■ Una columna simboliza apoyo y firmeza. La imagen de las dos columnas, en cambio, representa los opuestos vitales y lo equilibrado: la pareja, el matrimonio, el sentimiento y la acción, el padre y la madre, etc. ‖ En términos oníricos, dos columnas son: la eterna estabilidad y el hueco por donde se accede a lo eterno. Si se derrumba una de ellas, significa que estamos perdiendo el equilibrio, ya sea por una enfermedad o porque hemos abandonado nuestras convicciones.
❖ La visión de una columna promete prestigio y amigos influyentes; de muchas (todas ellas alineadas), honores y poder. Ver como se rompe una columna indica pérdida de amigos, desgracia. Subirse asegura popularidad y renovación; caerse de ella, pérdida de amigos.

Columpio ■ El psicoanálisis tiende a relacionar el columpio con el autoerotismo, e interpreta el miedo al balanceo o el mareo que éste puede producir con inhibiciones infantiles.
❖ Soñar que nos balanceamos en él con nuestra pareja predice un matrimonio feliz y una familia numerosa; si lo hacemos solos denota egoísmo e infidelidad; y si su cadena está rota el nacimiento en breve de un hijo. ‖ Ver un columpio parado es indicio de alegría intensa pero breve.

Comer ■ Los sueños en los que se ingiere comida muchas veces tienen un origen puramente fisiológico (simplemente, tenemos hambre). Sin embargo, estas imágenes también pueden estar representando nuestra «voracidad» en materia intelectual, afectiva, profesional, etc. ‖ Así, si comemos algo que no nos gusta, significa que nuestra situación actual nos desagrada en cualquiera de los aspectos citados, y que nos mantene-

COLUMPIO

análisis del sueño

Joana soñó: *«Tenía diez años y me balanceaba en un columpio del parque. Mi padre empujaba de mí y yo me impulsaba hacia delante con fuerza, estirando las piernas. Con la punta del zapato casi podía tocar las nubes. Estaba feliz. Me sentía ligera y poderosa. De repente me giré y ya no vi a mi padre. Sentí miedo y vértigo. Lo llamé con todas mis fuerzas, pero él no apareció.»*

Joana tuvo este sueño dos días después de haber recibido una proposición de matrimonio. No acababa de decidirse. Conocía muy bien a su novio y estaba muy enamorada, pero la idea de casarse le hacía sentir muy adulta, a pesar de su juventud –sólo tenía 20 años–, y en consecuencia, **añorar su infancia**. El balanceo del columpio y el placer que le proporcionaba llegar muy alto está relacionado con su deseo de libertad; pero el hecho de que fuera su padre quien la empujaba y vigilaba de cerca para que no cayera, revela su inseguridad y su deseo de protección.

Vernos columpiándonos en sueños también se interpreta como un **símbolo de indecisión**; nuestros asuntos están en la cuerda floja y se balancean de un lado a otro sin que lleguen a aterrizar en ningún sitio. El inconsciente de Joana le estaba animando a que tomara las riendas de su vida y decidiera por sí misma, rompiendo lazos familiares –su padre desaparece del sueño– y asumiendo su madurez.

mos en ella única y exclusivamente porque somos incapaces de plantear nuevas alternativas. || Si soñamos que tragamos sin masticar algo que no nos gusta, indica que estamos ante un hecho desagradable al que no nos apetece enfrentarnos. Por el contrario, un atracón de comida nos advierte de que estamos saturados (física o mentalmente) y que deberíamos potenciar la comunicación con los demás. || Para Freud, la boca era una zona erógena primaria. Los sueños en los que comemos, por tanto, estaban muy relacionados con la sexualidad. Un atracón gastronómico, en este sentido, señala que somos demasiado benévolos en el terreno sexual. Pasar hambre, en cambio, denota la negación de nuestras necesidades sexuales. Si la atmósfera del sueño resulta placentera, refleja intimidad con los demás y buenas relaciones. De lo contrario, se relaciona con la frigidez y el mal estado de nuestros contactos sociales.

❖ Por lo general, advierte de una disputa o de una pérdida económica. Comer sal o manteca de cerdo significa que seremos objeto de una fuerte discusión.

Cometa ■ La visión onírica de un cometa o de una estrella fugaz expresa situaciones pasajeras y fugaces. Aplicado a las relaciones con las personas, el mensaje es claro: nuestras amistades o vínculos amorosos están presididos por la inestabilidad. || En el caso de una cometa infantil, hacerla volar significa que albergamos esperanzas idealistas. Esta asociación resulta muy lógica si recordamos las dificultades que teníamos para manejar con éxito una cometa cuando éramos niños. || Por otro lado, simboliza el deseo de liberarnos de los problemas y disfrutar de una vida con menos responsabilidades. Asimismo, el hecho de que la estemos agarrando mediante una cuerda, manifiesta nuestro anhelo por controlar nuestra existencia o por montar un negocio.

❖ El sueño de la cometa infantil augura salud. Si ésta se estrella o su cuerda se rompe, presagia problemas financieros.

Comida ■ La comida representa las cualidades que deseamos interiorizar o adoptar. Los diferentes tipos de comida, pues, tienen diversos significados. La fruta, por ejemplo, es la sensualidad, la recompensa recibida, o la abundancia. En caso de que se trate de una fruta amarga, ésta podría representar una influencia desfavorable en nuestra vida. La leche, por otro lado, es la amabilidad; el azúcar, las palabras dulces; y los congelados, las emociones que debemos despertar en nosotros. || A partir de la sensación que nos provoque ingerir cada tipo de comida acabaremos de averiguar el significado correcto del sueño.

❖ Desde los griegos, soñar con comida ha tenido connotaciones sexuales. A lo largo de la historia, los melocotones y otras frutas jugosas se han relacionado con lo lascivo y lujurioso; las granadas, con la fertilidad; la manzana, con el motivo de expulsión de Adán y Eva del paraíso; y el pan, con la sexualidad comedida y orientada a la reproducción. || Por otro lado, muchas culturas aún creen que soñar con comer carne implica adquirir las cualidades espirituales de dicho animal.

Competición ■ Participar en una competición con desconocidos señala pequeños gastos a causa de un viaje inesperado; con compañeros del trabajo, problemas para ascender laboralmente; y con familiares, fuertes discusiones que podrían acabar violentamente. || Ganar dinero apostando en una competición es un signo positivo: saldremos bien parados de cualquier problema; sin embargo, perderlo significa que tendremos que acatar las imposiciones de otros.

Concha ■ Se asocia con la sexualidad femenina y con la fertilidad. Tiene un alto contenido erótico y además está en relación con el agua marina, origen de la vida. Puede interpretarse como un deseo sexual reprimido, o como la intención, aún no revelada, de procrear.

❖ Su relación con Afrodita, diosa del amor, que emerge de los mares sobre una gran concha, hace que sea pronóstico de matrimonio y viajes por el mar. || Una concha llena promete éxito y alegrías; vacía indica, en cambio, pérdida de tiempo y de dinero.

Conejo ■ Debido a su gran fecundidad, se asocia a la sexualidad. Por un lado, es un símbolo de abundancia y generosidad. Por el otro, de timidez e inocencia. Si en nuestro sueño el conejo desaparece por un agujero, puede significar que intentamos escapar de un problema.

❖ Los presagios son ventajosos en caso de que los conejos oníricos corran por un campo de hierba verde. Si les vemos encerrados en conejeras, nuestra fortuna decaerá. Y si son conejillos muertos, se augura un desastre.

Consejo ■ Dar consejos anuncia una ruptura; recibirlos, recompensa y amigos fieles; pedirlo, triunfo seguro. Un consejo de familia es un triste augurio de luchas; de guerra, denota recuerdos penosos; de estado, asegura protección. (Ver ABUELO)

Construcción ■ Es una imagen que tiene connotaciones comunes a toda la humanidad. Construir algo en sueños indica la intención de emprender algo. El soñante está en circunstancias favorables y capacitado para comenzar nuevos proyectos. Ver una construcción sin terminar o en ruinas puede ser el reflejo de una situación indeseable en la vida real del soñante.

❖ Soñar que construimos algo con nuestras manos es, en general, augurio de abundancia y cambios rápidos. Sin embargo, según el tipo de construcción, el significado será distinto. Construir grandes edificios desvela grandiosos proyectos; casas pequeñas, molestias, pérdidas y enfermedades de amigos o familiares. Construir una tumba promete un amor fiel y eterno; en cambio, una iglesia o un altar indican peligro grave para el soñador.

Convento ■ El convento representa la necesidad de escapar de los conflictos de la vida. Este tipo de sueño revela inmadurez por parte del protagonista.

❖ Soñar con un convento promete un amor secreto. Verlo significa paz; y residir en él, vejez serena.

Copa ■ La copa, sobre todo cuando tiene forma de cáliz, se identifica tradicionalmente con el corazón humano, lo que también puede asociarse a otros símbolos como el amor, la revelación y la inmortalidad. En ocasiones, está considerada como un símbolo sexual femenino. ‖ Si la copa está llena de vino, el sueño tendrá un significado espiritual. Si brindamos con una persona, refleja nuestro deseo de compartir con ella el amor y la felicidad. (Ver BEBER)

❖ El sueño puede estar haciendo referencia al cáliz sagrado y a la búsqueda de alimento espiritual. Una copa también puede representar el amor y la sinceridad. En las cartas del Tarot, las copas simbolizan nuestra vida emocional. Los augurios al respecto suelen ser bastante buenos.

Coral ■ En su simbología se conjugan el significado del árbol, la sangre y el agua. Es señal de un tesoro escondido y de muchas dificultades y riesgos para conseguirlo. Verse buceando entre corales es un aviso de precaución. En Persia era señal de prosperidad y riqueza.

Coraza >Ver ARMADURA

Corazón ■ En el esquema vertical del cuerpo humano hay tres puntos fundamentales: el cerebro, el corazón y el sexo. El corazón es, así, el punto central. No es casualidad, por ello, que fuera la única víscera que los egipcios dejaban en el interior de sus momias. Simbólicamente, en este órgano se concentra la vida, el sentimiento y la sabiduría. Además, es un arquetipo anti-

quísimo del amor. ‖ El sueño, probablemente, está describiendo nuestra faceta emocional y cómo la enfocamos junto con nuestros sentimientos. Si el corazón ha sufrido algún daño, ha sido operado o herido de bala, significa que estamos pasando por un mal trago. En estos casos, el resto de elementos que aparecen en la escena onírica suelen contener consejos y recomendaciones que debemos seguir. Por último, si el corazón está en perfecto estado, es que nos sentimos muy bien en este sentido.

❖ En la India, el corazón es el símbolo del amor divino. También representa nuestras motivaciones más íntimas.

Corbata ■ Como prenda masculina, la corbata es símbolo de virilidad, pero también de esclavitud.

❖ Según una interpretación esotérica, la corbata es símbolo de deudas. Anudarla también puede revelar un deseo de escapar de normas demasiado rígidas.

Cordero ■ El cordero expresa pureza, inocencia y mansedumbre: nuestro verdadero Yo. Todos estos atributos son positivos. Pero, por otra parte, también puede representar la ignorancia y la ceguera.

❖ El sacrificio del cordero de Dios quita el pecado del mundo. En términos psicológicos, representa el deseo por obtener el perdón.

Corona ■ Ser coronado simboliza el triunfo y la superación. Si la corona con la que soñamos es de flores, anuncia placeres futuros; si es de azahar, matrimonio; de hiedra, amistad; de oro, dignidad; de olivo, sabiduría; y de espinas, sacrificio.

Correr ■ Soñar que corremos, sea cual sea la causa, sin alcanzar la meta, es señal de angustia y nerviosismo. Este sueño indica que deberíamos vigilar nuestra salud, tanto física como emocional. No obstante, si la sensación resulta agradable, correr augura éxitos. (Ver AHOGARSE)

Cortar ■ Cortar es romper y separar. Este sueño puede ser la representación alegórica de nuestras circunstancias en la realidad: quizá una relación rota o el final de un modo de comportamiento. (Ver BISTURÍ)

❖ Si nos cortan a nosotros, una amistad nos traicionará.

Cortina ■ Si soñamos que corremos unas cortinas para abrirlas, estamos preparados para descubrir aquello que ha estado escondido. Si las corremos para cerrarlas, deseamos ocultar o reprimir nuestros sentimientos.

❖ Este sueño augura que tendremos visitas que no serán de nuestro agrado. Se avecinan disputas.

Cosecha ■ Representa la riqueza y la alegría por recoger los frutos cultivados con esfuerzo durante tiempo. (Ver Agricultor)

Crecer ■ Si soñamos que algún objeto, planta, animal o persona crecen de forma desmesurada, su valor simbólico aumentará en proporción a las dimensiones que adquiera. En cambio, si los que crecemos somos nosotros, nuestra situación actual podría mejorar en breve.

Cremallera ■ Este sueño puede tener connotaciones sexuales. Una cremallera rota, por otro lado, puede simbolizar nuestra incapacidad para resolver un problema.
❖ Si soñamos con una cremallera rota, quiere decir que los demás ejercerán su dominio sobre nosotros.

Crimen >Ver Acuchillar

Cristal ■ Como las piedras preciosas, el cristal es símbolo del espíritu y del intelecto. También representa, por su transparencia, la sinceridad. En el sueño, el cristal puede ser nuestro Yo más puro y eterno. Si lo miramos detenidamente, quiere decir que estamos observando dentro de nosotros mismos para descubrir el verdadero destino que nos corresponde.
❖ Los cristales se relacionan con la paz, la armonía y los poderes curativos del espíritu. Soñar con ellos significa que ése es nuestro potencial oculto.

Cristo ■ Cada persona tiene sus asociaciones particulares con esta figura, dependiendo de su influencia religiosa. El símbolo de Cristo, como él mismo, representa la perfección del Yo, el martirio, el sufrimiento universal o la resurrección.
❖ Existen diversos caminos para llegar a la verdad espiritual, como también hay muchas religiones para llegar al dios de cada uno. Los sueños de este tipo nos los muestran.

Cruz ■ La cruz es un símbolo presente en todas las culturas, por ello, posee múltiples referencias. Existen muchos tipos y cada uno remite a su propio significado. Por ejemplo, la cruz griega (con los cuatro brazos de la misma longitud) expresa totalidad; los nativos americanos dibujaban cruces para representar la partición del universo. Para los cristianos, significa sufrimiento, martirio, muerte y sacrificio. || En general, podemos ver –en su representación más simple– la indicación de los cuatro puntos cardinales y la imagen del cuerpo humano con los brazos extendidos. En el primer caso, debemos interpretar este sueño como la necesidad de tomar una decisión respecto a algún tema que nos preocupa. En cambio, si vinculamos la cruz al cuerpo humano, este símbolo sugiere que tenemos que recuperar el equilibrio, amén de ser consecuentes con nosotros mismos.
❖ Desde un punto de vista místico, la cruz simboliza la división en cuatro de la naturaleza: cuatro estaciones, cuatro puntos cardinales, cuatro elementos… Antiguamente, la cruz figuraba el ideal corporal del hombre. También se le asociaba al poder de la vida arbórea.

Cruzar ■ Este sueño nos advierte de que aún debemos sortear algún obstáculo para conseguir el éxito en nuestros proyectos. Cuando se cruza una calle, el obstáculo es de orden social. Pero si es una barrera natural, el problema será, con toda probabilidad, de tipo interno.

Cuaderno ■ Los cuadernos escolares recuerdan al pasado y nos hacen sentir nostalgia de lo que ya no existe. || Si anotamos algo en él indica comprensión de la realidad, inteligencia y fortuna.

Cuadro ■ Soñar que pintamos o contemplamos un cuadro pone de manifiesto la necesidad que tenemos de escapar de la realidad. No en vano, el cuadro simboliza la imaginación. Por ello, su aspecto y belleza mostrarán nuestra forma de ser.

Cucaracha ■ Casi siempre son sueños negativos. Hay algo en nuestra casa, o en nuestro interior, que nos repugna y nos atemoriza. También indican desconfianza hacia personas muy cercanas. Por otro lado, pueden ser el aviso de una enfermedad que aún no ha sido diagnosticada.

Cuchara ■ La cuchara se interpreta como una promesa de bienestar y felicidad. Perderla indica temor a pasar penalidades; y compartirla, un buen momento afectivo, pero también el miedo a desvelar las parcelas más íntimas del soñante. || Por último, un cucharón puede señalar el deseo de generosidad hacia las personas de nuestro entorno.

Cuchillo ■ Símbolo asociado a las ideas de venganza y muerte, pero también a las de sacrificio. La brevedad de la hoja del cuchillo señala el carácter primario de quien lo maneja. De la misma manera, la longitud de la espada muestra la estatura espiritual de su poseedor. Si somos nosotros quienes lo manejamos contra algo o alguien, debemos indagar en nuestro interior qué nos preocupa o nos molesta tanto para recurrir a la violencia. || Los cuchichos también son considerados símbolos sexuales masculinos. (Ver PUÑAL)

❖ Se dice que soñar con un cuchillo de cocina reporta buena suerte. Cualquier otro tipo de cuchillo advierte de posibles peligros venideros.

Cuerda ■ Símbolo general de conexión y atadura, como la CADENA. En caso de que la cuerda nos ahogue, el sueño revela miedo a afrontar los problemas. De la misma manera, atar objetos o personas es señal de represión de sentimientos. La cuerda también puede simbolizar el deseo de elevarse espiritualmente o de escalar posiciones, tanto en el ámbito social como en el profesional.

Cuello ■ Representa la unión entre el cuerpo y el alma. Soñar que se tienen dolores de cuello puede ser una señal de que, en la realidad, se padece una dolencia física similar. De no ser así, es posible que el cuello dolorido simbolice un malestar espiritual por estar llevando un tipo de vida o una actividad que no se corresponde con los verdaderos deseos e inclinaciones del soñante.

❖ Cuanto más largo y sano es el cuello mayor prosperidad se augura. Lavarse el cuello promete buena salud.

Cuenta ■ Su simbología es similar a la del ÁBACO. Se interpreta como un aviso de precaución. Comúnmente se dice que se cuenta cuando hay poco. Así que puede ser indicativo de un momento de la vida en el que sentimos la necesidad de ser precavidos a la hora de gastar, o de entregar nuestros afectos.

Cuernos ■ Simbolizan la fuerza, la fertilidad y la paciencia si son de toro o vaca. Los cuernos de carnero representan la agresividad. Como es sabido, también se asocian al adulterio.

Cuero ■ Es un material noble que simboliza protección y bienestar. Casi siempre son sueños positivos, a menos que el soñante vea un cuero desgarrado y sucio, o que una preciada pieza de cuero desaparezca.

Cuerpo ■ El lado derecho representa la integridad y la racionalidad; el izquierdo, los instintos. Sin embargo, el cuerpo, en su conjunto, nos remite al ego. || Soñar que nuestro propio cuerpo está manchado indica problemas éticos y financieros. Si está hinchado, anuncia un incremento de riquezas; si es muy flaco, enfermedad o pérdidas económicas. Ver nuestro cuerpo en dos lugares a la vez, puede significar que estamos manteniendo relaciones afectivas con dos personas simultáneamente. || Para la escuela freudiana, los órganos con forma apuntada y todos los apéndices son imagen del pene; las cavidades y los orificios, de la vagina y del ano; y las secreciones, del esperma.

❖ En China, la parte superior del cuerpo está comparada con el cielo, y la inferior con la tierra; En la India, ver el propio cuerpo ensangrentado es augurio de longevidad, porque la sangre es símbolo de fuerza.

Cuervo ■ Por su color negro, se asocia a las ideas de principio (noche materna, tinieblas primigenias, etc.); por su vuelo, al mensajero elegido. || Antiguamente, se consideraba que el cuervo era el «recadero» de los dioses, lo que le reportó una gran significación cósmica. Con el tiempo, la mayoría de las personas asocia este pájaro a las ideas de desgracia y muerte. En términos oníricos, y teniendo en cuenta lo dicho, el cuervo puede ser el mensajero de nuestro inconsciente. Primero nos atemoriza, pero luego se descubre lleno de riqueza espiritual.

❖ Asociado a la brujería y a la profecía onírica, algunas supersticiones dicen que los sueños en los que aparecen cuervos presagian el futuro. || En el caso de que vuele por encima del soñador o sobre su casa se auguran peligros y malas noticias. || Soñar que una persona querida se transforma en cuervo hace temer grandes dolores.

Cuesta ■ Subir una cuesta es señal del esfuerzo que el soñante, en la vida real, está realizando o debe realizar para alcanzar una meta deseada. Gracias al contexto del sueño y la interpretación de los demás símbolos oníricos de la escena, entenderemos el mensaje que el inconsciente trata de transmitirnos.

Cueva >Ver CAVERNA

Culebra ■ Este tipo de serpiente sin veneno manifiesta que los problemas cotidianos, aunque de poca gravedad, pueden llegar a ser muy fastidiosos. Estos asuntos llegarán a su fin cuando nos veamos dar muerte a la culebra.

Cumbre ■ Señala una meta, un objetivo. Su importancia es proporcional a su altura. (Ver CIMA)

Cuna ■ Una cuna vacía es señal de nostalgia, inseguridad e insatisfacción con uno mismo. Por el contrario, mecer a un niño representa, sin lugar a dudas, felicidad conyugal.

❖ Símbolo del seno materno, la cuna promete en sueños un matrimonio inminente. Si en ella se encuentra un bebé, significa fecundidad.

Curación ■ Casi siempre son sueños positivos. Señalan que, después de pasar penalidades, las cosas vuelven a su cauce. Tendrá una significación especial la persona que nos esté curando, pues con su ayuda nos demuestra su apoyo incondicional.

❖ Una sensación de bienestar invadirá pronto la vida del soñante.

D

Dados ■ Representan el azar, lo que puede conllevar un sentido fatalista o de impotencia ante la vida. En cambio, si la presencia de los dados en nuestro sueño resulta agradable, el inconsciente nos está recomendando confiar en el destino.

❖ Jugar a los dados en sueños es, en general, augurio de cambio de fortuna y engaños. Ganar hace temer deudas, pérdida de bienes y litigios. Sin embargo, el número que nos salga en el juego (puede ser la combinación de dos dados) será determinante para interpretar el sueño. Así, el número uno denota traición; el dos, riqueza; el tres, sorpresas agradables; el cuatro, molestias; el cinco, aventura con un extraño; el seis, pérdida; el siete, escándalo; el ocho, castigo merecido; el nueve, matrimonio; el diez, bautismo; el once, muerte de un familiar; el doce anuncia una carta.

Daga ■ Representa un corte, una herida o una ruptura violenta, probablemente a traición. Puede producir dolor moral. (Ver Cuchillo y Puñal)

Damas ■ Los cuadros blancos y negros combinados simbolizan la confrontación de fuerzas en el campo de batalla de la vida. Por ello, según cómo juguemos a las damas, así nos comportaremos en la realidad. || Por lo general, esta lucha de antagonismos anuncia que no se van a producir grandes cambios en nuestros asuntos personales. Ganar la partida, no obstante, es siempre una buena señal porque sugiere el fin exitoso de una operación arriesgada.

Dardo >Ver Flecha

Dátiles ■ Soñar con dátiles en sus palmeras pronostica felicidad en el terreno afectivo; y comerlos, embarazo o próxima maternidad.

❖ En la antigua Grecia, las esposas comían dátiles durante el banquete nupcial porque su símbolo de sexualidad y fertilidad los hace augurio de abundancia y suerte. Una creencia árabe promete el nacimiento de un hijo aquel que sueñe con dátiles.

Decapitación ■ Soñar con nuestra propia decapitación indica que nunca llegamos a poner en práctica las ideas que se nos ocurren. Este sueño muestra que no actuamos con demasiada coherencia, debido a nuestra tendencia a dejarnos llevar por el primer impulso. (Ver Cabeza)

Decidir ■ Tomar una decisión en sueños evidencia nuestra incapacidad para hacerlo en la vida real y la tensión que ello nos provoca. Si es otra persona quien la toma, demuestra que solemos dejar nuestros asuntos en manos ajenas, por lo que a la larga podemos salir perjudicados.

Decorar ■ Decorar la propia casa indica el deseo de reconciliación con nosotros mismos o con personas de las que hemos estado alejados. Revela la intención de mirar hacia el interior, de recuperar afectos perdidos y sentirnos a gusto con lo que somos y con lo que tenemos.

Dedos ■ Simbolizan los seres queridos a los que nos sentimos unidos. Según el estado que presenten, podemos intuir la salud de estas personas. ‖ Asimismo, los dedos se relacionan con la gesticulación y la forma de expresarse. Por ello, ver unos dedos amenazadores indica que nuestras palabras y opiniones son demasiado agresivas y que pueden herir a los demás. En cambio, si los dedos acarician, los argumentos que empleemos seducirán y convencerán incluso a nuestros adversarios. ‖ En el caso de que nos señalen, implican autoculpabilidad. Si señalan hacia una dirección concreta, puede que nos estén mostrando el camino a seguir dentro de nuestra propia confusión existencial.

❖ Si nos cortan el dedo y éste sangra, el sueño augura buena fortuna. Si soñamos que tenemos un dedo de más, recibiremos una herencia.

Defecar ■ El acto de defecar en un sueño, por extraño que parezca, suele tener un significado muy positivo. Esta visión onírica expresa la necesidad de realizar una limpieza interior.

Deformidad ■ La deformidad refleja que albergamos sentimientos de repulsión hacia aspectos de nosotros mismos. Si algún miembro de nuestro cuerpo crece desmesuradamente, significa que éste tiene mucha importancia, por lo que habrá que analizar su significado concreto.

Delantal ■ El delantal es, generalmente, sinónimo de la obtención de los deseos más ocultos. Sin embargo, habrá que atender a sus características para descifrar todo su sentido. Así, si está limpio, esos deseos se conseguirán gracias a la buena suerte; si está roto o sucio, tras un trabajo duro; y si es blanco, mediante la ayuda de un amigo. ‖ Para una mujer, soñar con un delantal de cocina es señal de un matrimonio lleno de estrecheces y dificultades.

Delfín ■ Simboliza alegría, sinceridad y amor desinteresado. Soñar con estos animales indica la necesidad de relacionarnos más a menudo con nuestros allegados. Si tenemos hijos, deberíamos dedicarles más tiempo. En el caso de que el delfín entre y salga del agua continuamente, significa que se está estableciendo comunicación entre nuestra mente consciente y la inconsciente.

❖ Se predice un cambio de gobierno.

Delito ■ Un delito que cometemos nosotros mismos es señal de inconformismo ante las normas que nos impone el medio social. Muestra el deseo de rebelión pero, también, el sentimiento de culpa que ello conlleva. Si es otra persona quien comete el delito, indica nuestra desaprobación hacia sus actitudes o acciones.

Demonio ■ La aparición de la imagen del demonio en sueños (tenga, o no, cuernos y cola) indica que no debemos caer en la tentación de utilizar medios ilícitos para conseguir nuestros propósitos. Significa que estamos inmersos en una situación poco clara, encubierta, o que tenemos una doble intención. ‖ Además, el demonio puede personificar nuestros miedos, los deseos que reprimimos, o alguna mala conducta en la vida real. La mejor arma contra este último caso es hacer uso del amor y la honestidad.

❖ La figura de Satán aparece, tanto en la tradición judía, como en la islámica o la cristiana. Originalmente, representaba la fertilidad y los poderes de la naturaleza. Puede que nuestro inconsciente nos esté dando las claves (el abono) para nuestro crecimiento interior.

Dentífrico ■ Este sueño es positivo, puesto que anuncia la mejora de las relaciones afectivas. Habrá que atender, no obstante, al color de la pasta de dientes para acabar de matizar su significado. (Ver COLOR)

Dentista ■ La imagen del dentista se asocia a la idea del bienestar conseguido con sufrimiento. Nos vemos en la necesidad de recurrir a un tercero que nos ayude a salvar una situación difícil, aunque sabemos que esa intervención resultará dolorosa.

Depilar ■ Para una mujer, soñar con la depilación, tras un largo período de abandono de su imagen, denota la necesidad de hacerse cargo de asuntos pendientes. ‖ Para un hombre, en cambio, es clara señal de dolor y de ambigüedad sexual. ‖ Si nos depila otra persona, ello marca una tendencia a la comodidad e, incluso, al abuso de otros sujetos.

Derramar ■ Ver que algo se derrama es indicativo de riquezas mal aprovechadas. Puede representar la angustia por haber perdido el tiempo o por haber derrochado bienes que luego nos harán falta. En cualquier caso, revela un sentimiento de culpa por un comportamiento imprudente.

Derretir ■ Este sueño, a veces, se refiere a aquellos malos hábitos y actitudes que dejarán de serlo después de su desvanecimiento. Si es nieve lo que se derrite, puede mostrar que nuestra insensibilidad empieza a calentarse. A lo mejor, nos hemos comportado de una manera muy fría emocionalmente y ahora es el momento de cambiar. Del mismo modo, las circunstancias que nos mantenían paralizados en la vida real quizá comiencen a facilitarse.

❖ Según la superstición popular, soñar con oro que se derrite presagia tristeza; si es plata, problemas económicos; y si es hielo, una situación que vivimos se descontrolará.

Derribar ▪ Representa la superación de un gran obstáculo que no estábamos seguros de poder salvar.

Desabrochar ▪ Puede interpretarse como una señal de erotismo o de extrema timidez. También indica un relajamiento agradable de las relaciones tensas y la recuperación de la confianza en uno mismo, así como la de las personas que nos rodean.

Desahogar ▪ En ocasiones soñamos que lloramos a mares, que discutimos, o que revelamos una verdad oculta. Estos sueños indican que la mente ya no puede con tanta carga y necesita aliviarse de manera consciente. Es importante estar atentos a este tipo de sueños porque muestran una situación límite que debe resolverse de una forma serena. También pueden ser señales de una pérdida física o sentimental que el soñante no ha terminado de asimilar.

Desaparición ▪ Soñar con la desaparición de una persona o de un objeto denota represión, timidez, sentimientos de inferioridad y vergüenza. En definitiva: miedo. Especialmente, cuando lo que desaparece tiene una connotación de tipo sexual.

Descender ▪ El descenso puede tener una interpretación negativa. Puede ser un símbolo de fracaso, de desilusión o de frustración. Sin embargo, también puede representar que queremos entrar en un mundo desconocido. ‖ En términos oníricos, bajar a un sótano señala el deseo de conocer aspectos ocultos de nosotros mismos. Y llegar hasta el fondo de un pozo, asimismo, nos permitirá encontrar una verdad secreta y estar listos para salir de nuevo a la superficie. ‖ En general, este descenso suele ser a nuestro inconsciente, sobre todo si se trata de cavernas, pozos, tumbas y sótanos.

❖ Hay leyendas que aseguran que la antigua civilización de Creta construía templos en cavernas bajo el suelo. Ahí llevaban a cabo sus danzas, ceremonias y rituales. ‖ Desde el comienzo de los tiempos, el hecho de descender a lugares subterráneos ha simbolizado la búsqueda divina y espiritual del ser humano.

Desconocido ▪ Los sueños en los que aparecen individuos que jamás hemos visto, jugando un papel en la escena onírica, son, casi siempre, mensajes del inconsciente que se vale de ellos para representar aspectos de nuestra forma de ser. En ocasiones, se nos muestra una persona que se comporta tal como a nosotros nos gustaría. En otras, los desconocidos tienen características negativas que no son otra cosa que facetas de la propia personalidad con las que no estamos conformes o satisfechos.

❖ Si en sueños hablamos con un desconocido, significa que recibiremos noticias de algún lugar lejano. Según algunos oráculos, la interpretación de este sueño es la inversa, es decir, que nuestros amigos nos prestarán su ayuda.

Desenterrar ▪ Este sueño señala, en general, el advenimiento de una mala época que servirá para ponernos a prueba. Sin embargo, si lo que desenterramos es un objeto que nos resulta agradable, lo que se avecina son sorpresas positivas. ‖ Desenterrar una persona que está viva señala el alejamiento de un ser querido. Probablemente, a causa de una ruptura sentimental; pero, si la persona está muerta en la vida real, lo que evidencia es nostalgia por ella.

Desfiladero ▪ Sugiere un paso estrecho y arriesgado. Puede encerrar un sentimiento de inseguridad ante dificultades que, a primera vista, parecen insalvables.

Desgarrar ▪ Rasgarse las vestiduras es algo que en muchas religiones o culturas es símbolo de dolor o humillación. Este sueño presagia maledicencia y vejaciones. Si son los otros los que desgarran nuestras ropas, se trataría de una ofensa padecida por murmuraciones de nuestro entorno social.

Desgracia ▪ Imaginar que se cae en desgracia anuncia una época de problemas graves y el sufrimiento de humillaciones inferidas por personas cercanas. ‖ Cuando son otros los que caen en ella, el sujeto logrará esquivar las dificultades y obtener el éxito.

Deshojar ▪ Es un sueño que indica un momento propicio para el cambio y la renovación. La mente necesita dejar atrás viejas ataduras y emprender un camino nuevo. Puede interpretarse como el deseo de aprender cosas nuevas, de viajar y de ampliar los horizontes.

Descomposición ▪ Ver que algo se descompone o se pudre puede ser señal de que el soñante ha perdido interés por lo que hace en la vida real. Indica un momento propicio para dejar atrás un proyecto que no promete demasiado o que se ha malogrado por algún motivo. Es muy importante fijarse en qué es aquello que se descompone en el sueño, porque puede aludir al trabajo, a un negocio, un proyecto o una relación personal.

Descongelar ▪ Significa volver a la vida. Puede interpretarse como un momento en el que las condiciones son favorables para retomar relaciones o proyectos que estaban estancados o distantes. Es un sueño positivo porque indica el deseo de renovar las energías y seguir adelante.

Descoser ▪ Verse descosiendo algo puede advertir de una desilusión o decepción. También se interpreta como necesidad de enmienda. Hemos recorrido un camino equivocado y debemos volver atrás para comenzar de nuevo en la dirección correcta.

Descuido ▪ Cuando soñamos que hemos descuidado o perdido algo, podemos interpretarlo de dos maneras. Por un lado, puede ser un aviso de que realmente estamos desatendido algo importante; pero también puede ser una señal de la excesiva preocupación que sentimos por un determinado objeto, trabajo o persona. Haciendo un análisis detallado del sueño y de las circunstancias determinadas en la vida del soñante, éste sabrá cómo interpretar el mensaje que su inconsciente le transmite.

Desierto ▪ Representa la muerte, la aridez y la inexistencia. Si soñamos que nos encontramos en el desierto, sin agua y padeciendo el calor del sol, quiere decir que nos sentimos solos, faltos de amor y de motivación. Por lo tanto, debemos empezar dando a los demás para, así, poder recibir posteriormente. ‖ En cambio, si en el sueño nos envuelve una sensación agradable, anuncia que nos esperan posibilidades y proyectos creativos importantes. ‖ Por otro lado, el desierto siempre se ha contemplado como un lugar propicio para la revelación divina y la meditación. Ello es debido a que el desierto también puede definirse como «pura abstracción». (Ver Aire, Amarillo y Arena)

Desmayo ▪ Ya sea el protagonista u otras personas quienes lo sufren, desmayarse augura problemas serios en la familia y malas noticias sobre amigos ausentes. ‖ Para una mujer joven, soñar con un desvanecimiento es aviso de que su vida desordenada le comportará

grandes disgustos a la larga. El desmayo onírico denota en el hombre falta de apetito y de motivación.

Desnudez ▪ Este sueño tiene un sentido ambivalente. Por un lado, es símbolo de belleza física, pureza y divinidad (de hecho, diosas como Venus o Diana, siempre han sido pintadas desnudas); y refleja un deseo de libertad, sinceridad y superación. Por el otro, representa la lujuria o el exhibicionismo vanidoso. ‖ Si en el sueño sentimos angustia o vergüenza, significa que rechazamos nuestro propio cuerpo. ‖ En el caso de que veamos desnudas a otras personas, puede revelar tanto un deseo de conocer sus pensamientos ocultos, como una mera atracción sexual. ‖ Cuando nos descubrimos desnudos en público, denota ansiedad, miedo al ridículo, vulnerabilidad sentimental y poca autoconfianza. Tememos que los demás nos hagan daño si nos mostramos como somos o cometemos algún error. ‖ La desnudez, por último, también significa que sentimos nostalgia por la infancia perdida. Representa nuestro verdadero Yo, sin condiciones, ni imposiciones sociales.

❖ Antiguamente, las madres solían advertir a sus hijas que, si soñaban que estaban desnudas, pronto se enterarían de un gran escándalo. ‖ Según algunos oráculos, se augura que cometeremos un grave fallo en los asuntos de negocios, a menos que escuchemos los consejos de los demás. ‖ Para los gitanos, en cambio, este sueño aporta buena suerte, sobre todo si la escena onírica se desarrolla bajo un cielo estrellado. En general, el sueño también puede significar inocencia.

Despedida ▪ Siempre indica el deseo de realizar un cambio importante en la vida del soñante. Hay que atender al sentimiento que genera la despedida onírica. Puede ser agradable soltar viejas amarras y tomar un nuevo rumbo; o puede ser que la despedida sea dolorosa. ‖ Cuando nos decimos adiós en sueños, el inconsciente nos avisa de la necesidad de alejarnos de algo o alguien que nos hace daño pero que nos resistimos a abandonar.

Despertar ▪ Este sueño puede simbolizar un nuevo renacer en nuestra vida. Sin embargo, también puede significar que estamos a punto de experimentar un sueño lúcido. En este caso, nuestra conciencia se despierta dentro de la escena onírica y podemos formar parte de ella a nuestro antojo. Los sueños lúcidos pueden servirnos para aumentar nuestra creatividad o para resolver nuestros problemas psicológicos. Por ejemplo, si alguien nos está persiguiendo, tenemos la opción de darnos la vuelta y encarar el miedo que nos acecha.

Los nativos americanos aplican esta técnica desde hace siglos para favorecer el autoconocimiento.

❖ Soñar que estamos despiertos caminando por un bello paisaje denota que llegarán tiempos mejores tras un periodo difícil. Muchas personas cultivan la habilidad de despertarse dentro de los sueños para obtener información acerca del futuro. Un método para conseguir esto es imaginarse que nos hallamos en una máquina del tiempo. El sueño se adelantará en el calendario según le indiquemos y la mente recibirá las premoniciones pertinentes.

Destapar ▪ Ver que tiramos de una manta o que destapamos una olla puede interpretarse como la necesidad de poner claridad en asuntos oscuros, lo cual tendrá consecuencias positivas en nuestra vida. También indica curiosidad y deseo de aprender.

Desván ▪ El desván representa el inconsciente, el lugar en el que se deposita todo aquello que no utilizamos habitualmente. Puede indicar la necesidad de revisar nuestras creencias. (Ver CASA y CAVERNA)

Detective ▪ En la vida real, los detectives buscan verdades ocultas. Mientras dormimos, nosotros actuamos de la misma manera: intentamos resolver un problema y tratamos de enfocarlo sinceramente. A lo mejor percibimos que algo va mal o que alguien no ha sido del todo honesto con nosotros.

❖ Si somos falsamente acusados por un detective, el sueño presagia que la fortuna y el honor pronto estarán de nuestra parte.

Deudas ▪ Verse endeudado alerta de la necesidad de confiar más en las propias opiniones, ya que las ajenas sólo nos traerán preocupaciones. ‖ Contraerlas en sueños anuncia una época conflictiva en la que podríamos sufrir la traición de un amigo. Saldarlas, en cambio, es clara señal de un giro positivo de los acontecimientos.

Devorar ▪ Señala un alto grado de ansiedad por conseguir algo. Ver a otra persona devorar con avidez, indica que nos formamos un concepto negativo sobre ella. Ser devorado por una fiera se interpreta como el temor desmedido hacia una situación o un problema determinado que no sabemos cómo resolver.

Día ▪ Un día soleado es sinónimo de optimismo, de mejora de las condiciones de vida; no obstante, un cielo nublado implica mala suerte y pérdidas económicas. ‖ Soñar con las primeras horas del día pronostica empre-

DESNUDEZ

María soñó: *«Estaba en la oficina cuando me di cuenta de que no estaba del todo vestida. Había olvidado ponerme los pantalones y ¡no llevaba ropa interior! Traté de bajarme el jersey para cubrirme, pero era demasiado corto. Me sentía realmente mal, insegura e indefensa. Sin embargo, mis compañeros –todos ellos perfectamente vestidos–, no parecían darse cuenta de nada. En ese momento mi jefe me llamó para que acudiera a su despacho y ya no pude más; estallé a llorar como una niña pequeña. Al verme tan sofocada, Ana (una compañera) me ofreció una chaqueta para que me la anudara a la cintura, pero me advirtió: 'chica, no sé qué te pasa últimamente, pero andas con un despiste…' y continuó con su trabajo sin darle la menor importancia a mi situación. Entonces me desperté.»*

Casi todos hemos soñado alguna vez que estamos desnudos –o semivestidos– en un lugar público. Este sueño se suele relacionar con la **sexualidad** (con una insuficiencia sexual o una sensación de culpabilidad); pero también con el temor de «estar expuestos», de alguna forma, en nuestra vida privada o profesional. Sin embargo, según las circunstancias de cada uno, el significado varía. En el caso de María refleja su **vulnerabilidad** en el terreno laboral y el miedo a que los demás descubran en ella alguna deficiencia o incapacidad. En el sueño, los compañeros no parecen advertir su desnudez, o no le dan importancia, y ese es un elemento tranquilizador que indica que quizá María se estaba preocupando sin motivo. El hecho de no llevar pantalones y temer que una figura de autoridad –como es su jefe- la descubra, revela su **preocupación por sus éxitos** y capacidades profesionales, que podrían estar en tela de juicio.

sas exitosas y prosperidad en las relaciones sociales y afectivas; la tarde augura amistades profundas y duraderas; y el anochecer, esperanzas insatisfechas.

Diablo >Ver DEMONIO

Diamante ▪ Emblema de la luz y el resplandor. Como todas las piedras preciosas, participa del sentido general de los tesoros y riquezas, símbolos de los conocimientos morales e intelectuales. ‖ La psicología moderna atribuye al diamante el significado de personalidad completa y equilibrio psíquico. La persona que sueña con un diamante se haya en el camino de la perfección espiritual y moral. El diamante representa el Tao realizado.

❖ En términos oníricos, los diamantes indican soberanía, magnificencia, eternidad y gran valor ante la adversidad. Por ello, este tipo de imágenes augura prosperidad y éxito conseguidos a través del esfuerzo.

Dialecto ▪ Si nos encontramos entre personas que hablan un dialecto desconocido, el sueño señala la necesidad de sentirnos aceptados en un grupo al que no pertenecemos. Indica aislamiento y soledad. Si, por el contrario, somos capaces de hablar un dialecto distinto a nuestra lengua materna, se interpreta como un sentimiento de seguridad. Estamos para enfrentarnos a situaciones nuevas.

Diario ▪ El sueño revela nuestros deseos de estar bien informados e instruidos. Muestra nuestro miedo a quedar en ridículo en sociedad por no estar al día de lo que ocurre en la actualidad.

❖ Leer varios diarios o revistas denota un favorable sentido de los negocios y presagia éxitos. Destruirlos anuncia mentiras en nuestro entorno. Sin embargo, un diario también puede augurar matrimonio con una persona adinerada.

Dibujar ▪ El sueño puede estar diciéndonos que tenemos habilidades artísticas latentes que deberíamos expresar. Además, es el reflejo de dar salida a aquellas preocupaciones y problemas que deseamos resolver.

❖ Un extraña superstición asegura que, si una mujer hace un dibujo a lápiz y, luego, lo borra, su amante le será infiel.

Dibujo ▪ Representa nuestros planes. Cuanto más elevado sea su grado de belleza y precisión, mayores serán las posibilidades de éxito de nuestros proyectos.

Diccionario ▪ Soñar que se consulta un diccionario denota interés por la investigación, deseo de aprender y de realizar un mayor crecimiento espiritual. También puede interpretarse como el temor a no estar suficientemente preparados para llevar a cabo una labor determinada. (Ver Biblioteca)

Dientes ▪ Aunque podría estar alertándonos de un dolor físico del cual aún no somos conscientes, uno de los sueños más recurrentes y universales es aquél en el que se nos caen los dientes. Muchos psicólogos coinciden en afirmar que ello es un claro signo de temor e inseguridad. Suelen tener lugar durante la transición de una etapa vital a otra, reflejando nuestra preocupación por hacernos mayores o por nuestro atractivo sexual. En el fondo, nos estamos sintiendo igual de indefensos que cuando éramos niños y perdíamos la dentadura de leche. ‖ Los dientes, asimismo, representan nuestra capacidad de respuesta agresiva, tanto para la defensa como para el ataque. En esta interpretación deberemos fijarnos en el estado onírico de nuestros dientes (si están afilados, si se mueven...) ‖ Por otro lado, notar que nos crecen los dientes es un augurio de bonanza de todo tipo. Unos dientes sanos señalan una buena salud física y mental. En cambio, verlos sucios o en mal estado significa que alguien del entorno no está actuando adecuadamente. ‖ Una dentadura falsa denota exceso de importancia por a la apariencia externa.

❖ En una región de Sudán, si una mujer sonríe enseñando mucho los dientes, es un mal presagio. Simboliza las fauces de un animal salvaje que asustará al ganado. ‖ Para los brujos africanos, la caída onírica de los dientes augura prosperidad venidera. ‖ Sin embargo, según la tradición popular los dientes que se mueven señalan enfermedad o pérdida de afecto y quedarse sin ellos es augurio de dolor y muerte. En cambio, si el diente cae en la mano, el augurio se gira: el soñador tendrá un hijo o recibirá una buena noticia.

Dificultades ▪ Soñar con dificultades es un buen presagio, puesto que significa que podemos conseguir el éxito en nuestros proyectos mediante el esfuerzo y la superación personal.

Diluvio ▪ La ciencia ha confirmado la realidad histórica del diluvio universal; una catástrofe que destruye las formas pero no las fuerzas, posibilitando que surja de nuevo la vida. El diluvio simboliza el final de un período, pues, como toda lluvia, equivale a una purificación y una regeneración. En el fondo, esto implica la idea de renacimiento. ‖ En el terreno onírico, el diluvio anuncia el naufragio de nuestras emociones. Si estamos atravesando serios problemas sentimentales, indica que lo más aconsejable es que pongamos punto final a esa relación.

Dinero ▪ Simboliza todo aquello que deseamos íntimamente pero que reprimimos de tal forma que nuestra mente no se atreve ni a mencionar su nombre. Por todo ello, es frecuente que este tipo de sueños se refiera a amores ilícitos. ‖ Si ganamos dinero, es señal de que éste tiene más valor para nosotros de lo que nos pensábamos, pero también que nos hallamos en un período muy creativo. Por el contrario, soñar que alguien que conocemos nos roba una cantidad de dinero quiere decir que hemos exagerado nuestros sentimientos hacia esa persona en particular. ‖ Perder dinero, si va acompañado de una sensación angustiosa, revela el temor a extraviar algo que consideramos muy importante para nosotros. Si éste no nos llega para pagar las deudas, implica que estamos administrando mal nuestras energías. Finalmente, si lo acumulamos, denota egoísmo; si lo compartimos, generosidad.

❖ Antiguamente, se creía que encontrar o recibir dinero en sueños era señal de buena suerte. Para otras supersticiones, significa que pronto tendrá lugar un nacimiento.

Dinosaurio ▪ Es símbolo de cosas arcaicas, de estancamiento e inmovilidad. Quizás sea el momento oportuno para cambiar de actitud, para renovarse y adaptarse mejor a las circunstancias que envuelven la vida real del soñante.

Dintel ▪ Es la pieza que aguanta el muro sobre una abertura (puerta o ventana), por lo tanto, impide que el peso de la construcción caiga sobre nosotros. ‖ Si vemos un dintel fuerte y bien asentado, nos sentimos seguros respecto al entorno que nos rodea. Si el dintel presenta peligro de romperse, puede ser indicativo de nuestro temor a que factores externos nos ocasionen problemas que no podemos resolver por nuestros propios medios.

Dios ▪ Soñar con Dios resulta poco frecuente. Expresa el deseo de ligarnos a la parte más elemental de nosotros mismos y hacer aflorar nuestras virtudes. El carácter de este sueño puede ser muy espiritual. A veces, el inconsciente utiliza símbolos de antiguas tradiciones para expresar nuestros sentimientos acerca de la divinidad. ‖ Según el psicoanálisis, soñar con Dios significa búsqueda de consuelo o de respuestas a preguntas que se escapan de nuestro entendimiento. También representa la necesidad de protección, la búsqueda de la figura paterna y el deseo de regresar a la infancia.

❖ Aunque en la actualidad resultan bastante insólitos los sueños en los que aparece Dios, en la Antigüedad era muy común debido a la naturaleza de los dioses de entonces, semejantes a los humanos en cuanto a vicios, pasiones, disputas, amores… Para Artemidoro, una divinidad que sonríe asegura riquezas; y en cólera, catástrofe y pérdidas económicas o de salud. ‖ Según las claves más modernas, rezar en sueños augura solución a nuestros problemas.

Diploma ▪ Es el símbolo de la recompensa por una labor desempeñada con esmero. Obtener un diploma en sueños puede interpretarse, bien como la satisfacción por el deber cumplido, o bien, como la necesidad de reconocimiento y aprobación.

Discoteca ▪ Soñar que se está en el interior de una discoteca puede ser señal de un deseo de evasión y de superficialidad. (Ver BAILAR y MÚSICA)

Disfraz ▪ Soñar que nos disfrazamos indica que no nos sentimos a gusto con nuestra personalidad y que, por lo tanto, necesitamos actuar o fingir para tener éxito. Esta actitud puede ocultar nuestra auténtica identidad.

❖ Muchos mitos e historias infantiles hablan de personajes que llevan máscaras que no se pueden quitar. Esto demuestra que, a veces, es posible llegar a ser quien queremos pagando un alto precio: olvidando nuestro verdadero Yo.

Disminución ▪ Puede sugerir la amenaza de una pérdida de prestigio o posición social, así como la necesidad de afecto.

Disparo ▪ Si en un sueño se producen disparos, es una clara indicación de que debemos mantenernos alerta. Tenemos que ser cautos porque una circunstancia imprevista puede alterar nuestra vida cotidiana.

❖ Si en el sueño disfrutamos disparando, tendremos buena suerte. Si, por el contrario, estamos atemorizados, se auguran dificultades. ‖ Disparar a las estrellas es, universalmente, un sueño ventajoso y prometedor.

Disputa ▪ Este sueño suele producirse cuando albergamos un conflicto interior o tenemos que tomar una difícil decisión emocional. Como sucede con las disputas en la vida real, llegar a un acuerdo medio es la mejor solución. Nada es blanco o negro. ‖ Por otro lado, este sueño intenta expresar esas emociones que no demostramos normalmente. Si conocemos a la persona con la que estamos discutiendo, ella puede representar los aspectos de nuestra naturaleza que no aceptamos. Por el contrario, a lo mejor el significado es literal y estamos resentidos con dicha persona.

❖ La superstición dice que este sueño augura relaciones infelices en el amor y en los negocios.

Divorcio ▪ Soñar con un divorcio evidencia unas relaciones amorosas complicadas y nos insta a reflexionar con calma antes de tomar decisiones importantes. Este pensamiento onírico también puede reflejar una división interna entre la mente y el corazón. Si no los reconciliamos, podemos acabar sufriendo problemas de tipo psíquico. ‖ Por otra parte, los sueños que se generan tras una separación matrimonial no acostumbran a ser agradables. Frecuentemente, uno de los cónyuges (especialmente, el que ha sido abandonado) sueña con escenas que implican rechazo sexual o, directamente, traición. Por lo tanto, en las etapas iniciales del divorcio, los sueños y pesadillas dan la medida de nuestra desorientación y de los intensos sentimientos de dolor que padecemos.

❖ Para los oráculos oníricos, este sueño es una advertencia. Su consejo es que intentemos mejorar la atmósfera de nuestro entorno doméstico.

Dolor ■ Es posible que el dolor de los sueños sea debido a una causa fisiológica real. De no ser así, el dolor se interpreta como expiación o purificación. Hay que atravesar penalidades para conseguir un mayor crecimiento físico o espiritual. Igualmente, no está de más echar un vistazo a nuestra dieta, al ritmo de vida que llevamos y a nuestras emociones.

❖ Según algunos oráculos, este sueño manifiesta que un negocio sin importancia puede hacernos muy infelices. De todos modos, otras supersticiones aseguran que recibiremos una inesperada suma de dinero.

Domador ■ Si soñamos que ejercemos de domador de fieras es muy posible que estemos viviendo todo lo contrario. Es decir, nos podría estar indicando que nos sentimos dominados por ciertas situaciones que no nos permiten expresarnos. El sueño está confirmando nuestras ansias por tomar el mando y hacernos cargo de nuestra propia vida. ‖ Otras interpretaciones aseguran que, domar animales en sueños, denota que hemos aprendido a controlar nuestras emociones.

❖ El éxito nos sonreirá si soñamos que domamos a un león. Según algunos oráculos, este sueño también augura que contraeremos matrimonio con una persona inteligente.

Dormir ■ Vernos dormidos en sueños refleja una falta de atención en las actividades que llevamos a cabo durante la vigilia. Si en nuestro sueño nos cuesta mucho esfuerzo levantarnos, ello es una advertencia de que no estamos cumpliendo con los compromisos que hemos adquirido y que queremos huir de la realidad. ‖ Desde un punto de vista filosófico, este sueño representa la naturaleza del hombre: estar dormido es la ignorancia; despertarse equivaldría a comprender la realidad que nos rodea.

❖ En estos casos, se habla del concepto de «viaje astral». Significa que hemos abandonado nuestro cuerpo y lo estamos observando dormir sobre la cama.

Dragón ■ Se trata de una figura simbólica universal que se encuentra en la tradición de la mayoría de pueblos del mundo. Podemos decir que es una especie de resumen de todos los animales peligrosos, tanto reales como fantásticos. Por esta razón, el dragón representa al enemigo por excelencia. En consecuencia, la lucha contra él simboliza nuestro esfuerzo por superarnos y alcanzar nuestros proyectos vitales. Este sueño es muy frecuente en la infancia. ‖ En caso de que logremos vencer a nuestro dragón onírico, debemos interpretar esta victoria como la evidencia de que tenemos fuerza suficiente para desempeñar cualquier cargo que implique responsabilidad. ‖ Por otro lado, los dragones a veces vigilan la entrada de una cueva que contiene un tesoro. Esto hace referencia a los miedos que debemos superar para llegar a ser nuestro Yo verdadero. El dragón también podría estar guardando nuestra espiritualidad. ‖ Para Freud, esta figura es la faceta devoradora de la madre. Es la resistencia que impide al hombre desarrollar el aspecto femenino de su naturaleza.

❖ En China, el dragón representa la sabiduría de la mente y tiene un poder extraordinario, además de espiritualidad superior. Así, soñar con dragones resulta altamente prometedor.

Droga ■ Soñar que nos drogamos o que vemos drogas evidencia que buscamos evadirnos por medios peligrosos que acabarán por alejarnos de la familia y los amigos. Soñarlo a menudo alerta de la posibilidad de caer en este mundo.

Ducha ■ Este sueño representa la energía espiritual y la purificación. Por fin estamos limpios, lavados y empezamos de nuevo. Por el desagüe se van el dolor, la enfermedad y las preocupaciones.

❖ La ducha puede ser un símbolo de curación. Existe una técnica al respecto que todos podemos practicar: imaginémonos bajo un chorro de agua, que nos lava por fuera y por dentro. Seguidamente, nos llenamos de luz, desde los pies hasta la cabeza. Es muy posible que el sueño nos haya dado pistas para poder llevar a cabo nuestra propia autolimpieza. No está de más probarlo en la vida real.

Duelo ■ Los duelos son bastante frecuentes en el mundo de los sueños. Se trata de enfrentamientos verbales con un rival. En muchos casos, estas peleas dialécticas indican la existencia de conflictos sentimentales con la pareja o con un familiar cercano que pretende coartar nuestra libertad. ‖ También pueden expresar un conflicto interior propio, a lo mejor entre nuestros pensamientos conscientes y nuestros instintos inconscientes. En este sentido, tenemos que hallar una solución intermedia y no decantarnos hacia ningún extremo, las cosas siempre tienen varios matices. Hasta que no lo resolvamos, no obtendremos la paz.

❖ Muchos cuentos infantiles son ricos en simbología onírica e ilustran procesos psicológicos. Un ejemplo de ello son los personajes de Lewis Carroll: Tweedledum y Tweedledee, cuya función no es otra que la de representar las dobleces interiores que sufre un niño durante la infancia.

Dulces ■ Comer dulces o ver a alguien que los come anuncia sorpresas agradables, como ganancias imprevistas o un nuevo amor. ‖ Regalarlos predice la ayuda de los amigos en una mala época; y si nos los dan adulterados, la existencia de una falsa amistad que buscará nuestra ruina con maledicencias.

Dunas ■ Son un presagio de que aparecerán obstáculos a la hora de alcanzar las metas fijadas, por lo que se aconseja paciencia y astucia para esquivarlos. ‖ Acostarse entre dunas evidencia rendición ante los inconvenientes, así como claras pérdidas sentimentales o económicas.

E

Ébano ■ Es una madera valiosa con connotaciones mágicas y divinas. Trabajarlo es señal de nobleza, dedicación y laboriosidad. Talarlo indica rebelión y sentimientos de aislamiento y soledad.

❖ Soñar con muebles u otros objetos de ébano es un aviso de infortunios y peleas en el hogar.

Eclipse ■ Un eclipse señala obstáculos que nos impiden vislumbrar las cosas correctamente. Si el eclipse es de sol, el sueño puede indicar que nuestra razón está cegada por las dificultades; en cambio, si es de luna, lo que está bloqueado son nuestras emociones.

❖ Según la oniromancia, soñar con un eclipse indica malos augurios de enfermedad, muerte y pérdida.

Eco ■ Si nos vemos en sueños oyendo el eco de nuestros gritos, todo indica que deberíamos procurar no predicar, si no es con el ejemplo. De lo contrario, todas nuestras acciones –para bien o para mal– acabarán repercutiendo en nosotros de alguna manera.

❖ Soñar que se oye un eco, significa noticias del extranjero. Pero si es el propio soñador el que lo produce, es augurio de maledicencia.

Ecuación ■ En términos matemáticos, una ecuación es una igualdad que contiene incógnitas. Por tanto, verla en sueños puede significar enfrentamiento entre fuerzas equivalentes. También señala una situación que no es del todo clara. Indica problemas de difícil solución.

Edad ■ El poeta William Blake afirmaba que «el progreso es el castigo de Dios». El camino de la vida es una experiencia personal que a menudo implica la pérdida paulatina de los valores de la infancia. ‖ Los sueños relativos a la edad pueden tener varios sentidos diferentes. Soñar que somos más jóvenes indica la necesidad de revisar el pasado. Algún aspecto de la infancia y la adolescencia que no ha quedado resuelto está resurgiendo ahora. Sin embargo, si tenemos más edad de la real, todo indica que tratamos de adelantarnos a los acontecimientos. En este caso, el inconsciente nos está recordando que debemos vivir el día a día con intensidad, sin pensar demasiado en lo que vendrá.

❖ Soñar con personas de avanzada edad reporta buena suerte. Si los que envejecemos somos nosotros, se anuncia un fracaso. En caso de que sea un amigo el que envejece, el sueño advierte de que éste nos decepcionará. ‖ Soñar con gente joven, en cambio, es pronóstico de reconciliación familiar y momentos favorables para emprender nuevas empresas. Soñar que se vuelve a ser joven predice que haremos grandes esfuerzos para volver a tener las oportunidades que perdimos. Para una madre, ver a su hijo adulto otra vez como bebé o niño anuncia que sanarán viejas heridas y volverán a revivir las esperanzas de la juventud.

Edificar ■ Implica construcción y progreso. Si en el sueño nos dedicamos a edificar una casa, ello significará que estamos reconstruyendo nuestra vida y que tenemos, por tanto, nuevos proyectos en curso. ‖ Los edificios y casas que aparecen en los sueños son símbolos de nosotros mismos. Los pisos más altos son nuestro Yo consciente. Los más bajos, nuestra mente inconsciente. ‖ Si al bajar al sótano la sensación es desagradable o nos produce miedo, quiere decir que hay aspectos en los que nos sentimos frustrados. Una buena solución es desarrollar actividades y obtener nuevos conocimientos. ‖ La condición del edificio, asimismo, expresará cómo nos valoramos emocionalmente. Si está en ruinas, indica el sufrimiento por nuestra imagen. Debemos hacer cosas que nos hagan sentir mejor. Por otro lado, también podría referirse a nuestro estado físico.‖ Las diferentes partes del edificio, finalmente, pueden representar épocas vitales. Las habitaciones más modernas son nuestro lado actual y consciente. Las más antiguas, nuestro pasado inconsciente. (Ver CONSTRUCCIÓN)

❖ Los edificios pequeños presagian mala suerte; los grandes, cambios ventajosos en el futuro.

Edredón ■ Su imagen alude a la comodidad recogida. Puede interpretarse como la necesidad de afecto y protección. Un edredón que abriga demasiado es señal de agobio. Cubrir a otra persona con un edredón indica el cuidado excesivo que ofrecemos a alguien.

❖ Soñar con edredones predice circunstancias agradables y de comodidad. ‖ Para una joven este sueño significa que su sentido práctico y su rapidez de ingenio harán que un hombre se interese por ella y la quiera por esposa. Si el edredón está limpio pero tiene agujeros, conseguirá un marido que aprecie su valía pero no será el más adecuado.

Ejecución ■ Las interpretaciones de este sueño varían según seamos la víctima, el verdugo o un simple testigo. Si vemos una ejecución, es señal de que se aproxima una gran desgracia por culpa de otras personas; si somos la víctima, no sólo sufriremos pérdidas de cualquier índole, sino también enfermedades; y si somos los ejecutores, indica rebeldía ante las convenciones sociales. ‖ Soñar que se va a ser ejecutado y que se produce una salvación milagrosa significa que venceremos a nuestros enemigos y tendremos éxito en nuestros proyectos.

Ejercicio ■ Señala el deseo de ponerse en movimiento, de ejercitar el cuerpo y la mente, y entrenarnos para aquello que queremos conseguir. Quizá, en la vida real, estemos atravesando un momento de apatía y el inconsciente nos advierta así de la necesidad de ponerse en marcha de inmediato.

Ejército ■ Un ejército expresa que estamos intentando diluir nuestra responsabilidad en la comunidad a la que pertenecemos. ‖ Este tipo de imágenes también puede representar a nuestros colaboradores o amigos. Dependiendo del aspecto que ofrezca el ejército, sabremos hasta qué punto podemos confiar en ellos para que nos presten ayuda en caso de necesidad.

❖ Según la tradición gitana, ver un ejército victorioso, augura triunfo; derrotado, malas noticias.

Electricidad ■ Indica un flujo importante de energía que debe ser utilizada correctamente para no correr peligro. Es un sueño positivo cuando se refiere al dinamismo y al potencial energético que simboliza. No obstante, también puede ser el aviso del inconsciente sobre algún riesgo que el estado de vigilia no ha detectado todavía.

❖ Soñar con la electricidad indica, en general, cambios repentinos que no supondrán ni progreso ni placer. Si se recibe una descarga eléctrica habrá que hacer frente a un peligro deplorable. Ver un cable o alambre por el que pasa la corriente predice que nuestros rivales sabotearán nuestros planes.

Elefante ■ En el sentido más amplio y universal, el elefante es un símbolo de fuerza y potencia. En la Edad Media, este animal era el emblema de la sabiduría, la templanza, la eternidad, e incluso de la piedad. Sea como sea, si soñamos con un elefante, lo más probable es que las escenas oníricas sean positivas. ‖ Para Jung, el elefante representaba el ser. Si éste aparecía en actitud defensiva, denotaba la parte introvertida de nuestro Yo.

❖ El pueblo hindú posee un dios con cabeza de elefante llamado Ganesha que representa la fuerza divina que elimina los obstáculos. Del mismo modo, la interpretación onírica occidental siempre ha creído en los elefantes como un signo de muy buena suerte.

Elegancia ■ Vernos en sueños vestidos de manera especialmente elegante puede ser un indicio de que, en la vida real, hemos descuidado nuestro aspecto físico, o nuestro crecimiento intelectual. Ver a otras personas vestidas con elegancia manifiesta la distancia social o cultural que nos separa de ellas. Los sentimientos que esas personas generen en nosotros serán la clave para la correcta interpretación.

Elemento ■ Los elementos simbolizan la suma total del universo, incluyendo al hombre. Éste está dividido en la parte sólida (tierra), líquida (agua) y gaseosa (aire). Cada parte se transforma en las otras dos restantes mediante la energía (fuego). Las cualidades psicológicas del soñante pueden estar representadas en cada uno de estos elementos. Su equilibrio denota plenitud y entereza. (Ver AGUA, TIERRA, AIRE y FUEGO)

❖ En la astrología, los cuatro elementos son las cualidades esenciales del ser humano. La tierra es la fertilidad y la lealtad; el agua, la imaginación; el aire, la inteligencia; y el fuego, la ambición y la voluntad. || Los místicos creían en un quinto elemento que lo impregnaba todo. Se trataba de un estado fluido de existencia llamado éter. Hoy en día, muchos médiums creen que, gracias a él, son posibles los viajes astrales.

Elevación ■ Indica la acción de ascender para alcanzar un nivel superior, material o espiritual. Si la elevación es fluida y agradable, el soñante sabrá que se encuentra en las circunstancias adecuadas para alcanzar sus objetivos. Si, por el contrario, es penosa y difícil, señala las dificultades que deberá superar.

❖ Antiguamente, soñar con la elevación sin obstáculos ni tropiezos contaba con los mejores presagios.

Eludir ■ Cuando soñamos que eludimos una responsabilidad impuesta es señal de que, en la vida real, nos vemos acarreando responsabilidades demasiado pesadas. Si las circunstancias se han vuelto tan agobiantes, es posible que necesitemos una liberación o un descanso que el subconsciente nos proporciona mientras dormimos.

E-mail ■ Recibir un correo electrónico prevé cambios en los asuntos personales, así como la llegada de un amigo que se había mantenido alejado. Enviar uno advierte de la necesidad de estrechar relaciones con los demás, aún a riesgo de que algunas de ellas puedan fracasar. || Por último, no poder leer los e-mails refleja serias dificultades de comunicación con las personas del entorno.

Embarazo ■ Soñar con un embarazo puede expresar nuestros temores ante la posibilidad de una próxima paternidad. || Pero, además, también puede simbolizar todos aquellos recursos ocultos que poseemos en nuestro interior pero que no conocemos. Por este motivo, este sueño es una invitación al descubrimiento de uno mismo.

❖ Según algunas tradiciones populares, para una mujer, soñar que está embarazada denota que no será feliz con su marido y que sus hijos no serán muy agraciados. Para una mujer virgen este sueño pronostica es-

cándalo y adversidad. Sin embargo, si quien sueña está embarazada de verdad, el sueño pronostica un parto sin complicaciones y una rápida recuperación.

Embarcar ■ En cualquier caso, significa el deseo de emprender algo nuevo. Ya sea un viaje, una relación o un proyecto. Representa las intenciones y expectativas. La vida del soñante adquiere posibilidades distintas. (Ver BARCO)

Embellecer ■ Tiene que ver con aspectos de la propia personalidad que quizá necesiten un repaso. Según el contexto del sueño y los elementos que aparezcan en él, puede representar: la preocupación por el aspecto personal o una actitud engañosa hacia los demás.

Emboscada ■ Casi siempre indica temor a cambios inesperados que pueden tener consecuencias negativas en la vida del soñante. Denota inseguridad y prevención hacia el medio que le rodea y, también, incapacidad para controlar una situación determinada. Si el soñante es quien prepara la emboscada, el significado es el opuesto, señala confianza en sí mismo, tacto y astucia para moverse en situaciones de riesgo.

Embriaguez ■ Puede interpretarse como un sueño negativo, en tanto que implica la pérdida del control preciso sobre acciones y circunstancias. Pero, también, puede tener una interpretación positiva si representa una liberación de los esquemas y condiciones (sociales, morales, económicos, etc.) que rigen el mundo racional consciente. (Ver BORRACHO)

Embudo ■ Los embudos pueden poner de manifiesto la sensación de que alguien intenta aprovecharse de nosotros. Este sueño suele producirse cuando nuestras relaciones personales atraviesan un período de dificultades, especialmente cuando estos problemas los tenemos con nuestros superiores.

Embutidos ■ Su interpretación depende del contexto del sueño y de los demás elementos que aparezcan en él. Se relaciona con la simbología de la COMIDA o con la de DEVORAR, según sea el caso. También puede tener connotaciones sexuales representadas en su apariencia fálica. En esa medida, comerlo o rechazarlo es indicativo de la relación que tiene el soñante con su propia sexualidad.

Emociones ■ Según algunos psicólogos, soñamos para poder descargar y estabilizar nuestras emociones.

De lo contrario, al final explotaríamos. ‖ A veces, cuando soñamos, sentimos emociones muy fuertes, imposibles de experimentar en la vida real. Según Jung, éstas provienen de la parte menos desarrollada (la sombra) de nuestra psique.

❖ Algunas supersticiones recomiendan interpretar los sueños invirtiendo las emociones que nos han provocado. Si, por ejemplo, soñamos que estamos furiosos, querrá decir que pronto recibiremos buenas noticias.

Emperador ■ Simboliza el poder, la justicia y el rigor; el emperador marca un ascenso social y laboral. Sin embargo, si presenta mala disposición de ánimo, el sentido del sueño será el contrario. ‖ Los freudianos lo identifican con la figura paterna, severa y rigurosa. ‖ Si el emperador es de un país extranjero, habrá posibilidades de hacer un viaje que no aportará grandes beneficios. Por último, pleitear con una autoridad de este tipo denota preocupaciones en el terreno amoroso.

Empleo ■ La búsqueda de empleo en sueños pronostica cambios favorables en el terreno laboral. Ayudar a otra persona a buscarlo muestra que somos solidarios con los demás, aunque tal vez desatendamos nuestro propio progreso. ‖ Tener un empleo fijo y bien remunerado aconseja entablar relaciones más estrechas con el entorno e, incluso, pensar en un proyecto común con el ser amado.

❖ Soñar que trabajamos duramente vaticina que obtendremos el premio merecido a nuestro esfuerzo. Si en el sueño nos vemos sin empleo significa que pronto nos ofrecerán un buen contrato.

Empujar ■ El sentido del sueño cambia según el objeto empujado. Así, si se trata de algo pesado, será necesario anteponer los propios intereses a los abusos de los demás; pero, si son cosas ligeras, se hace evidente la tendencia al conformismo. ‖ Empujar a una persona pone de manifiesto nuestra mala conciencia por haber actuado de manera irresponsable.

Enamorado ■ Su interpretación suele ser literal. El sueño reproduce exactamente la misma situación que en la realidad. Resulta muy frecuente durante la adolescencia. Casi siempre refleja alegría, el despertar de nuevas sensaciones, inseguridad, necesidad de aprobación y miedo al abandono o al cambio de actitud por parte de la persona amada. (Ver AMOR)

Enano ■ Los enanos acostumbran a simbolizar valores como la minuciosidad, el trabajo esmerado, la constan-

cia, etc. Sin embargo, si en el sueño los enanos somos nosotros, el sentido varía totalmente. Este último caso señala una visión muy escueta de las cosas; tal vez estemos limitando el potencial que albergamos. Nuestra creatividad, por lo tanto, está siendo infrautilizada.

❖ El oro simboliza nuestro verdadero Yo y, como en el cuento de Blancanieves, los enanos lo extraen de la mina. Así, esta imagen también puede representar la búsqueda del autoconocimiento. ‖ Ver empequeñecidos a los amigos vaticina su buena salud y vivir, con ellos, grandes alegrías. ‖ Si en nuestro sueño aparecen enanos feos y malformados, el pronóstico es de desastre.

Encaje ■ Teniendo en cuenta que se trata de una labor realizada con cuidado y esmero, puede interpretarse como el deseo de recompensa a la paciencia. En general es un sueño positivo. Sin embargo, también puede ser el aviso de que ponemos demasiada atención en detalles sin importancia. ‖ Como símbolo bello y transparente asociado a determinadas prendas sexualmente provocativas este sueño también puede estar advirtiendo al soñante de su deseo de querer ser más sexy o de su preocupación por llamar la atención de su pareja de alguna manera.

Encina ■ Este robusto árbol simboliza la sabiduría y la fuerza, tanto física como moral. ‖ Es el árbol sagrado predilecto de los dioses porque, más que los otros, atrae los rayos de Zeus. Los celtas, que de él cogían el muérdago, le atribuían grandes poderes. Dios apareció ante Abraham en una rama de encina, para simbolizar así la estabilidad, la protección y la fortaleza.

❖ La encina frondosa y robusta hace prever longevidad, prosperidad y vejez feliz. Escalarla augura gran energía. Las ramas representan la fuerza y el coraje del que sueña. Si no tiene hojas, augura pérdida de bienes. Una encina abatida hace peligrar las finanzas del durmiente; podada, presagia infidelidad conyugal.

Encoger ■ Encogerse en sueños se interpreta como el temor a enfrentar la realidad o el deseo de empequeñecer hasta hacerse invisible y no tener que dar explicaciones a nadie. Miedo al fracaso o de adquirir compromisos que impliquen responsabilidad.

Encrucijada ■ Este sueño puede interpretarse literalmente. Es decir, nos advierte que deberemos elegir entre varios caminos o posibilidades para seguir avanzando en la vida. El inconsciente nos aconseja que no aplacemos más el momento de tomar decisiones. (Ver BIFURCACIÓN)

Enemigo ■ Los pensamientos oníricos en los que aparecemos luchando contra enemigos reflejan de una forma bastante literal nuestros problemas. De esta forma, si los vencemos, significa que hemos tomado la decisión de intervenir activamente en la vida real. En cambio, si sólo hablamos con ellos, el inconsciente nos está sugiriendo que resolvamos las cosas pacíficamente. ǁ Si el enemigo nos ataca y no combatimos, quiere decir que no sólo aceptamos la derrota sino que, además, tampoco nos esforzamos por cambiar la situación. (Ver Encrucijada)
❖ Soñar que tenemos enemigos significa que nuestros amigos son serviciales y atentos.

Enfermedad ■ Soñar con alguna enfermedad indica que, a pesar de no ser conscientes de ello, sufrimos problemas afectivos o, directamente, de salud. En este caso, el episodio no sólo manifiesta libremente nuestra reacción emocional ante esta situación, sino que, además, contiene importantes mensajes que pueden contribuir a nuestra curación. ǁ Hay que tener en cuenta, sin embargo, que cada dolencia genera sus propios sueños recurrentes. Por ejemplo, las personas a las que se ha diagnosticado una enfermedad terminal suelen soñar con relojes y otras referencias temporales, lo que significa que en su interior tienen una percepción aguda del tiempo que les queda de vida. ǁ En cambio, los que padecen cáncer, no es extraño que sueñen con escenas en las que aparecen coches que, de repente, pierden el control y se estrellan. Estas imágenes suelen representar el rápido incremento de las células cancerígenas. Los enfermos de cáncer, del mismo modo, también suelen soñar con temas relacionados con la contaminación o los envenenamientos. ǁ Sin embargo, es preciso apuntar que soñar con enfermedades resulta habitual, y el protagonista no tienen por qué padecer ningún mal. En estos casos, las percepciones oníricas simplemente pueden reflejar una necesidad de cariño.
❖ Si se tiene este tipo de sueños, la creencia africana recomienda visitar al curandero. En general, la gente supersticiosa considera que el significado de este sueño es el inverso. Por tanto, augura un largo período de buena salud.

Enfermera ■ Si en nuestros sueños aparece una enfermera, las interpretaciones pueden ir en dos direcciones distintas. Por un lado, esta imagen podría indicar que pronto recibiremos la ayuda de un amigo, especialmente si estamos deprimidos. Pero también puede considerarse como el anuncio de que tendremos que prestar nuestros servicios a alguien.

Engordar ■ A pesar de que, aparentemente, este sueño tiene connotaciones negativas, soñar que engordamos de forma desmesurada puede significar que nos sentimos con fuerzas para acometer grandes proyectos. Los sueños de este tipo también pueden reflejar un impulso íntimo mal encauzado o una atracción o repulsión no aceptada de manera consciente. Sin contar con el posible temor del soñante a ganar peso.

Engranaje ■ Los engranajes de un sistema mecánico suelen representar las condiciones del soñante para resolver sus propios asuntos en la vida real. La interpretación depende del estado de los engranajes y de la facilidad o la dificultad con que se acoplen y se muevan.

Enredo ■ Si el enredo de nuestro sueño es físico –nos enredamos entre arbustos o entre la maleza– el sueño nos advierte de que algún problema podría complicarse y darnos algún dolor de cabeza. La forma en la que el soñante hace frente a la situación e intenta liberarse del enredo resume su actitud hacia los hechos que ocurren en su vida.
❖ Cuando el enredo es de tipo personal y nos vemos envueltos en una situación de malentendidos con personas de nuestro entorno, el sueño augura buenas relaciones personales y ambiente de buena comunicación y entendimiento.

Ensalada ■ Soñar con una ensalada es negativo, ya que pronostica el empeoramiento de las relaciones con el entorno, así como enfermedades.
❖ Comerla muestra que la vida familiar se verá afectada por disputas a causa de asuntos económicos. Para una mujer enamorada, soñar que está preparando una ensalada es señal de que su pareja será inconstante y pendenciero.

Ensayo ■ Este sueño nos está recomendando que pensemos antes de actuar. Debemos poner en orden nuestros pensamientos, repasarlos y no precipitarnos. El papel que el soñante representa en el ensayo es muy significativo, ya que puede estar aconsejándole cómo actuar. El resto del reparto, así como el director, nos ayudarán a relacionar el sueño con la vida real.

Ensordecer ■ Puede ser la manifestación de una dolencia física del oído. En caso contrario, es un aviso del inconsciente que señala una actitud negativa hacia las personas que nos rodean. También se interpreta como un símbolo de aislamiento. Retrata la imposibilidad de comunicarse de forma sana con los demás.

Entierro ■ A pesar de que soñar con nuestro propio entierro es realmente desagradable, el significado que se oculta tras esta imagen es positivo. Indica que debemos alejarnos del pasado y mirar hacia el futuro. ‖ Si, en contrapartida, soñamos con un entierro ajeno, ello anuncia que, probablemente, en nuestra vida se va a producir un cambio radical. Algo ha llegado a su fin y tenemos que olvidarlo; es decir, enterrarlo. ‖ Cuando se trata del entierro de un ser querido, revela que no debemos aferrarnos a nuestras pertenencias. ‖ Soñar que somos enterrados vivos nos advierte de un error que estamos a punto de cometer y que nuestros oponentes aprovecharán para perjudicarnos. Si nos salvamos de la sepultura, nuestro esfuerzo corregirá con el tiempo el percance. (Ver CEMENTERIO y MUERTE)

Entrañas ■ Ver entrañas humanas es un mal presagio, ya que anuncia grandes adversidades. Si son nuestras, viviremos problemas que no sabremos solucionar, y la consiguiente angustia hará aún más difícil la toma de decisiones. Si son devoradas por animales salvajes, las relaciones familiares que sean conflictivas acabarán por romperse. Si son de un conocido, denota que seremos capaces de utilizar cualquier medio para alcanzar nuestros objetivos; y, si son de un familiar, puede augurar la muerte de éste en breve. ‖ Soñar con entrañas de animales señala la derrota de los adversarios; pero si son de ave, anuncia placer y felicidad en todos los ámbitos.

Entrelazar ■ El mensaje pone de manifiesto la necesidad de establecer una unión estrecha con alguna persona o actividad. (ver ATAR)

Envenenar ■ Soñar que se envenena a alguien es síntoma de una vida repleta de tensiones y conflictos con las personas del entorno. Debemos intentar una comunicación más sosegada con ellos. ‖ Ser envenenado en sueños alerta, en cambio, de la llegada de malas noticias referentes a un pariente que se encuentra en dificultades. ‖ Si nos envenenamos a nosotros mismos, expresa que en la vida real estamos llevando a cabo algo que es perjudicial para nosotros.

Envolver ■ Soñar que envolvemos algún objeto refleja nuestro deseo de ocultar algo; normalmente, algún aspecto de nuestra personalidad que está reprimido. El grado de opacidad de la envoltura indicará si este rechazo es profundo o no. El acto de desenvolver, en cambio, denota lo contrario; significa que estamos empezando a abrirnos.

❖ Recibir en sueños un paquete envuelto está considerado un presagio afortunado. Desenvolverlo, por el contrario, aporta mala suerte.

Epilepsia ■ Esta enfermedad expresa que el durmiente tendrá que afrontar una época de gran tensión en su vida, por lo que se le aconseja hacerlo con el máximo sosiego y racionalidad: sólo así podrá alcanzar sus objetivos.

Epitafio ■ Soñar con un epitafio anuncia la llegada de malas noticias referentes a un ser querido; probablemente se trate de una muerte o enfermedad grave. ‖ También puede evidenciar aflicción por retrasos en el cobro de un premio o herencia.

Equipaje ■ Nuestro equipaje simbólico no es otra cosa que el material que consideramos imprescindible para «viajar» por la vida. Por esta razón, perder el equipaje evidencia el temor a no conseguir realizar aquello que uno se propone, ya sea por falta de medios, conocimientos o capacidad. Si es demasiado pesado y apenas podemos moverlo, indica que necesitamos soltar lastre y revisar nuestros valores. ‖ Si le damos nuestro equipaje a otra persona, puede expresar nuestro deseo por deshacernos de determinadas responsabilidades.

❖ A veces cargamos con demasiadas posesiones materiales, deseos, preocupaciones y necesidades. Este peso no hace sino retrasar nuestro progreso espiritual. Cuanto menor sea este equipaje, más nos complacerá nuestro viaje vital.

Equipo ■ Si soñamos que trabajamos en equipo, o bien, que formamos parte de un conjunto deportivo, el inconsciente nos está transmitiendo la necesidad de ser más sociables en el terreno laboral. Por ello, si estas imágenes coincidieran con un ofrecimiento para participar en un negocio, el sueño, a priori, nos estaría animando a formar parte de este proyecto.

Erizo ■ Es un aviso de que podemos toparnos con problemas o asuntos espinosos. Este sueño suele sugerir que no tomemos decisiones de forma precipitada.

❖ La imagen onírica del erizo hace temer juicios mal resueltos y engaños en la relaciones personales.

Ermitaño ■ Soñar con un ermitaño augura estudio, trabajo paciente y adquisición de conocimientos, siempre, eso sí, que aparezca en un ambiente claro y soleado. Por el contrario, la visión del ermitaño en un lugar oscuro o tenebroso anuncia un trabajo laborioso y aburrido.

❖ Soñar que un ermitaño nos da cobijo denota generosidad hacia amigos y enemigos

Escalera ■ Las ideas esenciales que se derivan de la imagen de una escalera son: ascensión, gradación y comunicación entre los diversos niveles de la verticalidad. || Los sueños en los que aparecen escaleras son muy frecuentes y tienen una gran carga simbólica. Si subimos por ellas, su significado obedece a la necesidad de ascender en la vida, ya sea en el ámbito personal o en el profesional. Sugiere que, aunque lo que tratamos de conseguir nos cueste esfuerzo, al final, lograremos nuestra recompensa. También indica un deseo de elevación espiritual o social, una tentativa de alacanzar la luz de la conciencia y no salir de ella. || Si, por el contrario, nos vemos bajando por una escalera, ello revela un alejamiento de nuestro objetivo o de nuestras responsabilidades. Pero también un deseo de excavar en el inconsciente. Un escalón que falta denuncia fracturas psíquicas. || En particular, la escalera de caracol indica procesos mentales tortuosos; el peso de la vida. || La historia bíblica de la escalera de Jacob simboliza la comunicación entre este mundo y el espiritual. En términos psicológicos, sería la vía de contacto entre nuestro verdadero Yo y el Ego. (Ver BAJAR y SUBIR)
❖ Cualquier escalera, pero especialmente la de mármol, representa en sueños un estado de alegría y aprovechamiento de la vida. Según el simbolismo invertido, subirla predice ruina; pero si seguimos un criterio de analogía, es indicio de felicidad. Descenderla revela la existencia de tesoros. Caerse equivale a pérdida de fortuna, riesgo o fracaso.

Escapar ■ Este sueño, que suele producirse con bastante frecuencia, guarda relación con dejar algo atrás y con la apertura de nuevos horizontes. En muchas ocasiones, indica que no nos atrevemos a afrontar una situación determinada en la que debemos encarar algún problema. En cambio, si esta huida nos produce un sentimiento de alegría, es señal de que existen esperanzas para el futuro y para nuestro crecimiento psicológico.
❖ Según los oráculos, un hombre que sueña que escapa del peligro pronto tendrá que afrontar un problema de gran magnitud.

Escaparate ■ El escaparate simboliza la forma en la que pasamos por la vida, muchas veces sin encontrarnos a nosotros mismos. Puede apuntar a la pérdida de parte de nuestra identidad. Este sueño revela la angustia de no saber hacia dónde dirigirnos.

ENTIERRO

José soñó: «*Estaba sentado frente a un ataúd negro, rodeado de personas desconocidas que lloraban y se lamentaban por la muerte de… no sabía quién. No sentía pena, ni dolor, pero me angustiaba el hecho de no saber a quién estábamos velando, aún así no me atrevía a preguntar. De repente, me di cuenta de que el ataúd estaba abierto y que sólo tenía que levantarme de la silla para poder ver su interior. Mi sorpresa fue enorme cuando me vi a mi mismo disfrazado de payaso con una estúpida mueca en la cara.*»

Los sueños de muerte **anuncian cambios** y el fin de una etapa. Antes de tener este sueño José era una persona muy bromista… ¡demasiado! Sus amigos y compañeros de trabajo siempre le estaban recriminando sus bromas pesadas y de mal gusto; sin embargo, él no parecía dispuesto a cambiar. José tardó algunos días en entender el **mensaje de su sueño**; unos meses antes, una amiga suya lo había pasado muy mal a causa de una de sus bromas. El sueño le estaba anunciando un cambio de actitud, y le estaba advirtiendo de lo siguiente: «Si no quieres perder todas tus amistades y acabar rodeado de desconocidos –como en el sueño– debes enterrar tu lado más bromista». Después de esto, entendió que debía dar paso a un José más serio y formal y que, desde luego, no era justo que otros lo pasaran mal por culpa de su actitud.

Escarabajo ■ Ver escarabajos en nuestros pensamientos oníricos es una buena señal: augura felicidad y buena suerte en todos los planos, así que señala un buen momento para iniciar negocios y estrechar relaciones personales. || Matar a uno de estos insectos, por tanto, alerta de una desgracia que podría caer sobre nosotros.

Escenario ■ En caso de que nuestro sueño tenga lugar en un escenario, ello indica que estamos viviendo algunas experiencias sin sentir que forman parte de nuestra realidad. Si en estas imágenes oníricas nos vemos actuando, significa que estamos representando un papel. Por todo ello, el inconsciente nos está sugiriendo que quizá es hora de asumir nuestras responsabilidades, ya que, por lo visto, tratamos de pasar por el mundo de puntillas.

Esclavitud ■ Si soñamos que nos tienen retenidos, puede que estemos controlando demasiado algunos aspectos de nuestra vida psicológica. A lo mejor, estamos impidiendo nuestra autoexpresión o nos sentimos prisioneros de las circunstancias. Asimismo, podemos estar rechazando nuestro potencial oculto o nuestros verdaderos sentimientos. La causa puede ser la de tener que afrontar un nuevo puesto de trabajo, el matrimonio, el nacimiento de un hijo... En cualquier caso, son cosas que, de una manera u otra, coartan nuestra libertad. || Por otro lado, quizá necesitemos demostrar que dominamos a los demás, sobre todo a nuestros parientes y amigos. Les obligamos a actuar según nuestra voluntad. Está claro que, por este camino, nunca se llega a la felicidad.

❖ Soñar que estamos atados expresa que cosecharemos amor en nuestra vida.

Escoba ▪ Soñar que estamos barriendo con una escoba puede indicar la necesidad de eliminar todo lo que nos perturba, ya sea en el trabajo, en las relaciones con los demás, o en nosotros mismos. El mensaje del sueño es evidente: esconder la «basura» debajo de la alfombra no es ninguna solución. Hay que reflexionar para afrontar los problemas de cada uno. (Ver BARRER)

Escorpión ▪ Es el octavo signo del zodíaco. Apunta a un peligro de muerte, algo que no es de extrañar teniendo en cuenta que la picadura de un escorpión resulta mortal en muchas ocasiones. Si soñamos que nos pica, es señal de que hay un conflicto interno que nos está envenenando la existencia. También puede mostrar que nuestra forma de dirigirnos a los demás resulta sumamente hiriente. || A nivel psicológico también significa peligros y amenazas para el inconsciente.

❖ Sinónimo de veneno y de acciones silenciosas y letales, el escorpión ha pasado a la tradición oniromántica, ya desde la Antigüedad, como presagio de enemistad, engaño y traición.

Escribir ▪ El sueño puede estar revelando nuestros sentimientos más profundos y lo que de verdad pensamos sobre una determinada situación. La persona a la que se dirige nuestro escrito, en este caso, será la naturaleza de aquello que deseamos expresar. Si en el sueño es otro el que escribe, quizá sea un aspecto de nuestro verdadero Yo que quiere llamar nuestra atención. El contenido del escrito puede revelar valiosos mensajes de nuestro inconsciente.

❖ La tradición mística, en este caso, recalca la importancia del silencio de las palabras. || Soñar con escribir presagia buenas noticias de parientes y amigos. Si en el sueño escribimos con dificultad o dolor, presagia acusaciones injustas.

Escuela ▪ Regresar a la escuela a la que acudíamos en nuestra infancia refleja la necesidad de valorar más lo que tenemos (en este caso, los conocimientos acumulados). Es una vuelta atrás, a los tiempos pasados, pero que puede ayudar a comprender el presente. || No en vano, soñar con la propia escuela puede significar que nos estamos comportando de forma infantil. Por esta razón, el inconsciente nos está devolviendo a esa época, pues nos quiere recordar que debemos superar esa etapa si queremos mirar hacia adelante y evolucionar en la vida. La escuela, en definitiva, nos insta a aprender y aceptar las lecciones de la vida. || Si en la escuela aparece un profesor, éste representa nuestra propia autocensura y autocontrol de los impulsos. En el caso de que nos regañe, indica que tenemos sentimientos de culpabilidad, que nos consideramos inferiores al resto o que nuestras malas acciones saldrán a la luz. Si el profesor nos felicita, quiere decir que confiamos en nosotros y en nuestras posibilidades.

❖ Si somos los maestros de la escuela, el sueño presagia buena fortuna. Si somos alumnos, sufriremos un contratiempo en los negocios; éste empeorará si, en el sueño, olvidamos la lección.

Escultura ▪ Soñar que estamos esculpiendo una figura revela un claro deseo de dirigir o educar a alguien. También puede indicar la necesidad de entablar relaciones con nuestros semejantes basadas en la proporción, el equilibrio y, en definitiva, la belleza.

Escupir ▪ Quizá necesitemos deshacernos de algo, o creemos que es hora de hacerse un lavado espiritual. La acción de escupir también puede esconder furia y desprecio.

❖ Soñar con escupir pronostica el triste final de empresas aparentemente buenas. Ver escupir a otros predice disgusto y desavenencias. || Las personas más supersticiosas creen que, tras un sueño que augura mala suerte, escupiendo tres veces al despertar, el presagio desaparecerá.

Esfera ▪ Símbolo de la totalidad. La esfera se identifica con el globo que, por analogía con los cuerpos celestes, se considera una alegoría del mundo. (Ver CÍRCULO)

Esmeralda ▪ Como señal onírica, la esmeralda simboliza el conocimiento supremo, adquirido por la contemplación de los ciclos de la naturaleza y de la vida misma. Sugiere la observación atenta de los fenómenos naturales y las lecciones que se pueden extraer de éstos.

❖ Piedra de Mercurio (emblema de la comunicación con el más allá) pero sobre todo de Venus (amor y arte), la esmeralda constituye un potente talismán de amor que aumenta la libido, acelera el parto y protege la vista. ‖ En la Antigüedad, esta piedra preciosa predecía una gran alegría; según la tradición esotérica más actual, la esmeralda es augurio de una larga espera.

Espada ◾ La espada ha recibido una veneración especial por parte de muchos pueblos. En general, representa el valor, el poder y la justicia, muy especialmente en la tradición cristiana, cuando sólo podían usarla los caballeros. Paralelamente, la espada también es un símbolo espiritual. ‖ Su presencia en los sueños indica que deberíamos procurar comportarnos de acuerdo con los atributos que se vinculan a este arma. Sólo así conseguiremos el triunfo. ‖ Por otra parte, los sueños en los que aparecen espadas también pueden tener connotaciones de tipo sexual, dado que éstas se consideran símbolos fálicos. En consecuencia, si nos vemos luchando con una espada, ello puede indicar nuestros deseos sexuales.
❖ Es el símbolo de la verdad. Es la consciencia que se libera de la parte inconsciente de la mente. Este proceso de individualización suele aparecer en muchos mitos y leyendas, cuando el héroe combate a los dragones y demonios con su espada.

Espalda ◾ La espalda simboliza la fuerza física y la resistencia. No obstante, si se encuentra curvada, refleja debilidad de carácter o insatisfacción emocional. ‖ Según otras interpretaciones, la espalda es el lugar donde guardamos nuestros secretos o aquellos aspectos de nuestra personalidad de los que no queremos ni oír hablar. Si, en este caso, el sueño nos produce una sensación desagradable, puede que los rasgos que hayamos escondido en nuestra espalda contengan buenas dosis de culpabilidad, vergüenza, miedo o disgusto.
❖ Tradicionalmente, se decía que la maldad está a nuestras espaldas. Por eso, para ahuyentarla, mucha gente supersticiosa arroja por encima de su hombro izquierdo la sal que se ha derramado. ‖ El sueño, asimismo, puede apuntar a una situación problemática que hemos superado, a algo que hemos dejado a nuestras espaldas.

Espárrago ◾ Su forma fálica lo convierte en un indudable símbolo del órgano sexual masculino.
❖ Ver espárragos fuera de la tierra es promesa de prosperidad; cultivarlos, es sinónimo de felicidad futura; y comerlos, augura alegría doméstica.

Espejo ◾ Símbolo de la imaginación y de la conciencia. El espejo reproduce los reflejos del mundo visible. Por ello, este instrumento nos permite vislumbrar nuestra verdadera personalidad, o bien, aquello que nos ocultamos. ‖ En general, los sueños de espejos muestran una falta de comunicación de la persona con su mundo interior. ‖ Si el espejo nos deja ver una imagen positiva de nosotros mismos, ello sugiere que estamos satisfechos con nuestro carácter y situación. En caso contrario, el sueño evidencia temor a descubrir deseos inconfesables. ‖ Por último, si estamos frente a un espejo con los ojos cerrados, indica que no estamos dispuestos a afrontar la realidad. ‖ Claramente alusivo al narcisismo, el espejo es para Freud emblema de engreimiento. La escuela junghiana, en cambio, encuentra en él un síntoma de introspección, una necesidad de regresar a la verdadera esencia de uno y alcanzar el inconsciente salvando la fachada que se tiende a mostrar a los demás.
❖ Un espejo roto es presagio de luto y dolor. Romperlo con las propias manos denota la incapacidad de reconocer los propios errores.

Espiga ◾ La espiga representa el crecimiento, la fertilidad, la madurez y la sabiduría. Por lo general, este símbolo se asocia a la luz solar. (Ver Sol)

Espina ◾ El psicoanálisis freudiano identifica las espinas con los eventos dolorosos de la vida sexual; el junguiano, con las desilusiones sentimentales. ‖ La espina también representa el dolor siempre ligado al placer: «no hay rosas sin espinas». ‖ Este sueño también puede estar originado por dolores reumáticos nocturnos o picaduras de insectos. (Ver Erizo)
❖ Soñar con espinas anuncia peleas y litigios con vecinos. Pincharse con ellas presagia peligros concernientes, especialmente, al dinero y a la profesión.

Espiral ◾ Una espiral de crecimiento ascendente puede representar avances y progreso. Si desciende, en cambio, expresa desesperación y fracaso.
❖ Según la tradición mística china del feng shui, las espirales son símbolos prometedores que estimulan la salud, la riqueza y la felicidad. Además, si la energía de la vida (la energía Chi), se mueve en espiral es que nada puede ir mejor.

Esposa ◾ Este sueño podría hacer referencia a la esposa real del soñante o a determinadas cualidades femeninas. Los estudios de Freud sugieren que el trato que se produzca con ella puede esconder reminiscencias de la relación que teníamos con nuestra madre durante la infancia.

❖ Soñar con un hombre soltero caminando junto a una mujer que dice ser su esposa augura noticias inesperadas.

Espuma ■ La espuma sube tan rápidamente como se desvanece. En caso de que hayamos iniciado una relación sentimental, este sueño podría indicar que desconfiamos de la solidez de ésta.

Estación ■ Es un lugar de paso que simboliza las múltiples opciones que tenemos en la vida. Está relacionado con los viajes y con los proyectos existenciales. Si es una estación de tren, la rectitud de los raíles nos llevará directos a cumplir nuestros propósitos. ‖ Una estación, además, es un lugar público, así que puede estar manifestando nuestro rol social. Si está vacía y la recorremos sin saber adónde nos dirigimos, refleja nuestra falta de determinación con respecto a una decisión que debemos tomar en breve. (Ver AUTOBÚS, AVENIDA, AVIÓN, BARCO y ENCRUCIJADA)

❖ El sueño se considera afortunado si nos encontramos a alguien que conocemos en la estación. Ello demuestra que nos ayudarán en nuestras empresas, ejerciendo en nosotros una influencia beneficiosa. Además, este sueño puede significar noticias venideras.

Estaciones ■ Las estaciones corresponden simbólicamente a las edades de la humanidad: la primavera corresponde a la infancia; el verano, a la juventud; el otoño, a la madurez, y el invierno, a la vejez y la esterilidad. ‖ Si soñamos que las estaciones del año se suceden, ello indica que necesitamos vivir cada cosa a su tiempo. De lo contrario, habría que analizar su significado de forma separada. ‖ Las estaciones pueden representar el estado de nuestra mente y las condiciones psicológicas y materiales que en ella prevalecen. Esta simbología nos recuerda que todo es variable y renovable. (Ver INVIERNO, OTOÑO, PRIMAVERA y VERANO)

❖ Desde la antigüedad, la salida del sol, los solsticios y las estaciones se han relacionado con las fases vitales del hombre. Además, las estaciones también se asocian a los cuatro elementos: la tierra desnuda es el invierno; la lluvia es la primavera; el calor y el fuego son el verano; y el aire, los vientos otoñales.

Estandarte >Ver BANDERA

Estantes ■ Verlos repletos augura grandes oportunidades de incrementar nuestros bienes, ya sean materiales o espirituales. Soñarlos vacíos, en cambio, nos advierte de que sufriremos pérdidas o frustraciones.

Estatua ■ La imagen de una estatua o un busto suele simbolizar la necesidad de idealizar algo o a alguien. Si ponemos a una persona sobre un pedestal, refleja la lejanía y la falta de recursos para conseguir nuestros propósitos.

❖ Si la estatua cobra vida en el sueño, quiere decir que recuperaremos una amistad que se ha roto. Algunos oráculos, además, dicen que los escultores resultan presagios prometedores. Si vemos a uno trabajando en un sueño, o soñamos que nosotros lo somos, nuestra fortuna mejorará.

Este ■ El sol sale por el este. Esta dirección representa un nuevo amanecer o renacimiento. También puede significar nuestro interés por la filosofía y la sabiduría espiritual de las culturas del Este.

❖ Si tenemos este sueño, las viejas supersticiones oníricas auguran que nuestros planes se cancelarán.

Estiércol ■ El estiércol es un abono que se emplea para enriquecer la tierra de cultivo. Este sueño, por lo tanto, nos recuerda que poseemos mucha creatividad y que debemos utilizarla al máximo. Ello no significa que no haya dificultades en el camino (olor desagradable) antes de conseguir el tan anhelado triunfo. ‖ Como los excrementos en general, el estiércol indica abundancia porque se asimila a la riqueza y al oro (ver EXCREMENTOS)

❖ Para el granjero soñar con estiércol es un buen presagio. En cambio, si sueña que duerme encima de él es augurio de deshonor y miseria.

Estómago ■ En términos oníricos, soñar con el estómago puede tener un origen fisiológico. De no ser así, esta imagen suele guardar relación con nuestra negativa a «digerir» los acontecimientos que nos perturban. El mensaje del sueño es claro: debemos tomarnos las cosas con más filosofía. (ver COMER y CASA)

Estornudo ■ El estornudo representa la llegada de algo inesperado, por lo que soñar con él denota que recibiremos una sorpresa que modificará nuestros planes. ‖ Si se estornuda con dificultad, viviremos una gran decepción; pero si no nos cuesta, la buena suerte será segura. Ver a otros estornudar prevé visitas familiares tediosas.

Estrangular ■ Si nos estrangulan a nosotros, a lo mejor hay algo en nuestra vida que nos restringe emocionalmente. Si somos nosotros los que estrangulamos a alguien, es probable que sea la manera de mostrar nuestras frustraciones hacia aquella persona. Asimismo, esa persona puede ser un aspecto de nosotros mismos que no dejamos aflorar.

❖ La tradición asegura que, si pedimos un deseo tras haber tenido este sueño, nuestra petición acabará cumpliéndose.

Estrella ▪ Como fulgor en la oscuridad, la estrella es símbolo del espíritu. Ésta representa una posibilidad sólo reservada al elegido (en los ritos de Mitra, por ejemplo, se dice: «Soy una estrella que camina con vosotros y brilla desde lo más hondo»). La estrella de cinco puntas es la más usual. En el sistema jeroglífico egipcio, significa «elevación hacia el principio». ‖ En consecuencia, soñar con estrellas simboliza los ideales y esperanzas. No obstante, si imaginamos que caen rápidamente o que están muy pálidas, señalan, más bien, una desgracia próxima.

❖ Antiguamente se creía que, cuando una gran persona fallecía, ésta se convertía en estrella. Soñar con estrellas, por tanto, implicaba que espíritus sabios guiaban al durmiente.

Examen ▪ Revela falta de confianza y temor al fracaso respecto a la situación que se está viviendo. La conciencia de esta incertidumbre indica que deberíamos creer más en nuestros propios recursos. ‖ Los exámenes son experiencias muy estresantes que nos obligan a enfrentarnos a ellas a corto plazo. Si soñamos que suspendemos un examen, llegamos tarde o no hemos estudiado suficiente, quiere decir que aún no estamos preparados para los retos de la vida real. Se recomienda esfuerzo al máximo y olvidar nuestros miedos.

❖ Las dos interpretaciones esotéricas que existen sobre este sueño resultan opuestas. La primera asegura que aprobar un examen presagia éxito en la vida. Y si lo suspendemos, fracaso. La segunda interpretación, en cambio, predice todo lo contrario.

Excrementos ▪ A pesar de lo que pueda parecer, los excrementos en los sueños se asocian al dinero y la riqueza. Su manipulación indica el deseo de mejorar y superarse. ‖ El acto de defecar, además, simboliza la eliminación de todo lo perjudicial y lo sobrante, excepto en los casos en los que se realice con dificultad (estreñimiento). En este último supuesto, el sueño refleja avaricia y tozudez. (Ver ESTIÉRCOL y DEFECAR)

❖ Pisar un excremento de perro en sueños augura suerte inesperada en los negocios.

Extranjero ▪ Soñar con un país extranjero refleja cambios en nuestra vida laboral o social. Si el sueño resulta desagradable y nos sentimos ansiosos, querrá decir que aún no estamos preparados para estos cambios. Si, por el contrario, nos excita descubrir algo nuevo, el sueño refleja nuestro placer a la hora de afrontar oportunidades distintas a las que ya tenemos. ‖ Al estar relacionado con los viajes y los proyectos, el extranjero también simboliza las múltiples opciones que tenemos en la vida. ‖ En el caso de que el extranjero sea una persona, puede estar representando un aspecto de nosotros con el que no nos identificamos. A lo mejor, estamos descuidando sentimientos importantes o talentos ocultos.

❖ Si soñamos con un país extranjero, el sueño manifiesta que, con paciencia, nuestros deseos se harán realidad. Por otro lado, un hombre extranjero de carácter afable presagia buena suerte.

Extraterrestre ▪ Denota el encuentro con una parte de nosotros que nos resulta extraña o incomprensible. Puede que la sintamos hostil o enemiga. Lo primero que tenemos que hacer es averiguar de qué se trata y por qué la rechazamos así. Quizá, últimamente, nos hayamos estado comportando de una manera que no es la habitual. Es un error no aceptar este hecho. Lo que al principio nos parece aterrorizador, con el tiempo, puede convertirse en una gran ayuda para encaminarnos. ‖ Asimismo, el extraterrestre podemos ser nosotros mismos. La causa puede ser un suceso reciente, como la entrada en un trabajo distinto. Habituarse a un entorno nuevo, a menudo, nos hace sentir como verdaderos marcianos.

❖ Muchos creen que los extraterrestres son un producto más de la modernidad, así que no existen interpretaciones tradicionales sobre este sueño.

F

Fábrica ■ En los sueños, una fábrica es algo así como un termómetro laboral. Por esta razón, si soñamos que trabajamos en una factoría, nuestra posición en el trabajo posiblemente mejorará. || En cambio, si la fábrica está vacía o abandonada, existen bastantes probabilidades de que tengamos problemas laborales e, incluso, podríamos perder nuestro empleo.

Fábula ■ Si somos los protagonistas de una fábula, ello puede simbolizar un deseo de aventura, de dar un giro a la rutina cotidiana. El sueño sugiere que dejemos volar la imaginación sin perder el sentido de la realidad.
❖ Soñar con leer o contar fábulas anuncia tareas placenteras e inclinación literaria. En sueños, la fábula promete alegría. Para los jóvenes significa esperanza y uniones románticas; para los ancianos, plácida vejez.

Fachada ■ Si la casa es el reflejo del alma, la fachada representa la imagen que proyectamos y nuestra manera de llevarnos con las personas del entorno. || Una fachada en buen estado es indicio de que estamos satisfechos con nuestras relaciones. De la misma manera, si está en ruinas indica que la imagen que ofrecemos exteriormente es pobre y no nos satisface. Si la fachada no concuerda con el interior de la casa, el sueño señala la falta de correspondencia entre lo que somos y lo que mostramos.

Factura ■ Una factura no es una buena señal, ya que predice problemas económicos imprevistos e, incluso,

ruina en los negocios. Por otro lado, señala también la posibilidad de vernos metidos en pleitos judiciales para no perder ciertas propiedades.

Faisán ■ Se le relaciona con el gallo, por lo que ambos simbolismos resultan similares (el gallo representa, en cierto modo, la vigilancia). En China, el faisán es una alegoría de la luz y del día. En términos oníricos, soñar con un faisán puede ser una invitación a observar cuidadosamente nuestro entorno. (Ver GALLO)

Falda ■ El sentido de este sueño depende del sexo del protagonista. Para un hombre, ver una falda denota su interés por una mujer; si es corta o ajustada, la necesidad de prudencia con ciertas compañías; si es larga o ancha, un exceso de moralidad; y si la viste, habladurías y humillación pública. || Cuando es una mujer quien sueña con faldas, significa que pronto recibirá una visita inesperada; si ésta es bonita, el éxito será seguro en sus relaciones amorosas; si es muy corta, deberá guardarse de las malas compañías; y, si es excesivamente larga, sufrirá las habladurías de conocidos.

Falo ■ Además de la sexualidad masculina, el falo representa la fuerza vital creadora. Es un símbolo de energía y de poder. Ver un falo en sueños indica un momento de alta creatividad. || Si una mujer se ve a sí misma provista de falo, el sueño indica que desea desarrollar su lado masculino. Del mismo modo, si un hombre sueña con una mujer desconocida que tiene falo, es posible que sienta la necesidad de destacar su lado femenino.

❖ El falo es la representación de todo lo masculino, luminoso y Yang. Símbolo de fecundidad, regeneración, poder e inmortalidad, para muchas razas y tribus, el falo es el símbolo de culto más común. Las antiguas pinturas de las cavernas halladas en Australia, Senegal, Níger, Francia, China, Japón e India, contienen dibujos de los aparatos reproductores humanos. Son la prueba del poder de este símbolo. Igualmente, los romanos empleaban hechizos fálicos para ahuyentar a los espíritus malignos. El dios Priapus, además, se representaba como un gran falo con cara humana. || Otros pueblos mexicanos adoraban a una serpiente alada y los hindúes todavía rinden tributo a Shiva, un emblema fálico. Por otro lado, la divinidad favorita en China es Shoulao, el dios de la longevidad. Tiene una cabeza calva enorme y alargada, como un falo. || Para algunas tradiciones, soñar con el propio falo es augurio de riqueza pasajera, porque crece y se retrae. También puede denotar proyectos secretos, pobreza y cautiverio.

Falsificación ■ Soñar que se lleva a cabo una falsificación anuncia graves problemas de los que nos costará huir. Además, seremos desairados por nuestros amigos, los cuales se negarán a brindarnos ayuda.

Familia ■ Soñar con nuestra familia indica la necesidad de una vuelta a lo esencial, a una parte de nosotros mismos de la que hemos estado huyendo. Si nos peleamos con ella, significa que estamos arrastrando conflictos internos que repercuten en nuestra vida. En cambio, si la relación es buena, quiere decir que buscamos la armonía.

Famoso ■ Las personas que aparecen en los sueños pueden ser aspectos de nosotros mismos de los que no somos conscientes. El personaje famoso en cuestión suele albergar todo aquello que nos gustaría ser. En este caso, debemos preguntarnos qué cualidades simboliza ese personaje para nosotros. A menudo, son rasgos que necesitamos incorporar en nuestro comportamiento y en nuestra vida. || Si soñamos que los famosos somos nosotros, quizá estemos demandando reconocimiento por nuestros logros o necesitemos la admiración de la gente que nos rodea.

Fango ■ El fango tiene dos interpretaciones opuestas. Por un lado, simboliza lo sucio e indeseable en el terreno moral y material. Soñar que se camina por un terreno fangoso señala las dificultades que atraviesa el soñante en la vida real. Si le da miedo mancharse, indica temor a verse envuelto en asuntos que le resultan desagradables o turbios. || Por otro lado, en el barro se conjugan la tierra y el agua. Es un material suave y maleable, apto para la fabricación de utensilios domésticos y para el desarrollo de actividades creativas. La interpretación del sueño depende del contexto de la escena onírica, de los sucesos que en ella se desenvuelvan y, sobre todo, de las sensaciones y sentimientos que generen al soñante (gratos o desagradables).

Fantasma ■ Los fantasmas que pululan por la casa indican que tendemos a alterar la realidad a nuestro antojo. Los sueños de este tipo apuntan a una falta de sentido práctico respecto a la situación que estamos viviendo. || Según otras interpretaciones, los fantasmas representan aquello que tememos de nosotros mismos y somos incapaces de aceptar. Se aconseja enfrentarse a esos miedos pues, a menudo, no somos sino nosotros mismos quienes provocamos que tengan una imagen tan terrorífica, evocadora de estados de angustia. || En muchos casos, los fantasmas representan las fuerzas que rechazamos de nuestro mundo interior.

❖ Soñar con un fantasma blanco de bello rostro, prevé consuelo y amor para el soñante. En cambio, negro y sucio augura dolor y traición. Ser perseguido por un fantasma expresa aflicción y penas.

Fardo ■ Cargar con un fardo recuerda al durmiente que, en la vida real, soporta grandes responsabilidades o tensiones. Cuando el fardo nos pertenece, ello evidencia una ligazón excesiva a los bienes materiales. || Por el contrario, mirar a otros cargar con fardos demuestra egoísmo y comodidad.

Farmacia ■ Por lo general, ver en sueños una farmacia es señal de un mal momento que sólo acabará con la toma de decisiones difíciles. || Si el farmacéutico es el propio soñador, deberá decidirse con la ayuda de personas de su confianza; si es el propietario de la farmacia, evidencia el temor a enfermar; y, si es un cliente, tendrá que afrontar sucesos inesperados.

Faro ■ Anuncia una ayuda, una luz que guía, y el inicio de un nuevo ciclo vital. Nos salva del tormentoso viaje a través del inconsciente. Es un sueño positivo porque simboliza un renacimiento. || También puede ser debido a que hayamos conocido a alguien que nos ha servido de esperanza y nos ha descubierto algo importante. || Por su forma fálica, el freudismo lo identifica con el órgano masculino.

❖ Para un marino, ver un faro pronostica buena mar y un viaje próspero. Para el enfermo, rápida recuperación y salud duradera. Dejar de ver el faro en medio de una tormenta o por malas condiciones indica reveses en el momento en el que parecía que todo se arreglaba.

Fauces ▪ Es un sueño que denota temor y agresividad. Verse delante de las fauces de una fiera indica miedo a una situación que está fuera de control. Puede interpretarse como un aviso de alarma, como una llamada del inconsciente a ser precavido.

Fealdad ▪ Esta característica denota siempre algo negativo: por un lado, vernos feos implica disgusto con el propio físico o con las capacidades intelectuales. Asimismo, evidencia la huella que han dejado en nosotros las malas experiencias. Por otro, ver feos a los demás indica que alguien querrá traicionarnos y que debemos ir con mucho cuidado.
❖ El cuento de hadas «La bella y la bestia» ilustra el tema de la belleza interior. No debemos juzgar las cosas basándonos en su apariencia. Igualmente, lo que en principio nos atemoriza de nosotros mismos, puede estar escondiendo nuestro verdadero y hermoso Yo.

Fecha ▪ Cuando en nuestros sueños aparece una fecha, es importante que la anotemos. Puede estar relacionada con un suceso de importancia en nuestra vida.

Ferretería ▪ Encontrarnos en una ferretería anuncia la llegada de medios para alcanzar las metas propuestas. Por ello, cuanto mejor provista esté, antes alcanzaremos nuestros objetivos. Si en el sueño vemos un ferretero, es señal de que buscamos el consejo de alguien más experto y maduro.

Festín ▪ Refleja nuestra necesidad emocional de darnos un banquete. Nuestro apetito puede ser tanto de alimentos como sexual. Debemos buscar ese desequilibrio vital que procura repararse. ‖ Por otro lado, podemos estar siendo demasiado indulgentes con nosotros mismos, o querer engullir todo aquello material. Es importante darse cuenta de cuáles son los límites de nuestros propios deseos.
❖ Mientras disfrutemos en el sueño, todo va bien. Si, por el contrario, el festín nos sienta mal o lo rechazamos, pronto experimentaremos decepciones.

Fiebre ▪ Soñar que tenemos fiebre indica que, a pesar de que no seamos conscientes de ello, estamos sufriendo problemas afectivos o de salud. En este último caso,

el sueño puede contener importantes mensajes que contribuirán a la curación.

Fiesta ▪ Acudir a una fiesta durante un sueño indica que la frivolidad con la que nos enfrentamos a ciertas situaciones puede resultarnos perjudicial. Si somos nosotros quienes organizamos la fiesta, ello podría significar que estamos en disposición de encontrar los instrumentos necesarios para elaborar nuestros proyectos. Por otro lado, la fiesta puede manifestar los placeres de la vida y, especialmente, la interacción social. A lo mejor nos favorece disfrutar de la compañía de los demás. La naturaleza de la fiesta también es probable que esconda nuestros deseos y temores ocultos. Una fiesta agradable indica autoconfianza. Si es desagradable, expresa nuestra inseguridad ante actos sociales. Si es muy formal, representará nuestro entorno laboral. Por último, si se trata de una orgía, denota frustraciones sexuales.
❖ A menos que el carácter de la fiesta sea excepcional, la interpretación tradicional dice que este sueño indica disputas futuras.

Fila ▪ Estar en una fila de espera tiene varias interpretaciones. Por un lado, es señal de impaciencia. Por otro, indica la incomodidad que genera verse dentro un grupo de personas anónimas sin destacar en absoluto en él. En ese caso, el sueño refleja nuestro deseo de diferenciarnos de los demás. Esto puede interpretarse, bien como un complejo de inferioridad, o bien como un deseo de superación.

Filmación ▪ Si el sueño se desarrolla como una película de la que somos protagonistas, podrán extraerse conclusiones diferentes según su género: si se trata de un drama, un asunto desgraciado nos deprimirá; si es una comedia, en cambio, viviremos sorpresas agradables. ‖ Dirigir una filmación implica un celo excesivo por controlar todo lo que sucede a nuestro alrededor.

Fin ▪ Este sueño es literal. En consecuencia, ver el final de una situación revela el deseo del soñante de formalizar una relación o de acabar con algo que le perjudica desde hace tiempo. Todo dependerá de si lo que termina en el sueño guarda alguna relación con nuestra vida cotidiana. En caso de que no tenga un sentido evidente, indica que debemos abrirnos al mundo y comunicarnos con los demás.

Firma ▪ La firma es símbolo de compromiso. Firmar un documento señala la necesidad de afianzar una situación indefinida. No firmarlo indica inseguridad y temor al compromiso. Querer firmar y no conseguirlo puede interpretarse como un sentimiento de insatisfacción respecto a las propias capacidades intelectuales.

Flagelación ■ Algunas personas son muy severas consigo mismas, por lo que tienden a soñar con escenas de flagelación. Ello representa los reproches que se autoinfringen. ‖ A través de la flagelación, nos castigamos por lo que nuestro «juez interno» considera que hemos hecho mal. Además, este mecanismo también desvía la atención de algún otro dolor o incertidumbre. En resumen, el sueño revela que en nosotros existe algún aspecto negativo que deberíamos cambiar.

Flauta ■ Escuchar su música indica que hemos tomado el camino acertado. El sonido de la flauta tiene la capacidad de encantarnos y hacernos olvidar nuestros deseos. Si en el sueño tocamos este instrumento, quiere decir que nuestro poder de persuasión nos ayudará a llevar adelante nuestros proyectos. Por lo tanto, éste es un buen momento para la puesta en marcha de iniciativas colectivas en las que tengamos un papel destacado. ‖ En cambio, si el soñador es quien sigue la música, ello apunta a un exceso de credulidad y a una falta de espíritu crítico.

Flecha ■ Soñar que lanzamos una flecha sugiere que debemos ser precisos en nuestros objetivos. Si damos en el blanco, significa que lograremos nuestras metas. En cambio, disparar una flecha hacia lo alto es señal de grandes esperanzas y proyectos, los cuales corren el riesgo de echarse a perder por exceso de ambición. ‖ Un psicólogo freudiano, en cambio, interpretaría esta imagen como un claro símbolo sexual masculino.

❖ Una antigua fuente onírica medieval dice que este sueño presagia viajes, entretenimiento y celebraciones. Soñar que una flecha nos atraviesa significa que tenemos un enemigo secreto. Un flecha rota augura decepción en el amor o en los negocios.

Flores ■ Cada flor tiene su propio significado pero se puede decir que, en general, simbolizan la alegría y la belleza fugaz, así como el amor y la felicidad. Por lo tanto, soñar que contemplamos flores puede augurar el inicio de una nueva relación sentimental. Si recogemos una, esta relación tiene posibilidades de ser correspondida; en cambio, si durante el sueño nos limitamos a olerlas, probablemente seremos nosotros quienes acabemos renunciando a dicha relación. ‖ En el supuesto de que podamos reconocer el color de la flor que apa-

rece en el sueño, la interpretación variará según el significado de cada color.

❖ Las enseñanzas de Buda dicen que cada persona atraviesa por las mismas fases que una flor. Podemos estar en el fango del deseo o erigirnos y abrirnos gradualmente hacia la luz.

Flotar ■ Para flotar, tenemos que relajarnos y aceptar el apoyo del agua. En términos psicológicos, este sueño significa que hemos aceptado nuestro lado femenino y que nos dejamos llevar por él. ‖ Flotar implica aceptación; es el momento de dejar los problemas, las preocupaciones y las restricciones y disfrutar de nuestra verdadera forma de ser.

❖ Este sueño augura un gran éxito. Pero, si nos cuesta mantenernos a flote, éste se retrasará.

Foca ■ Visualizar una foca en sueños apunta a la soledad afectiva, fruto de la inmadurez o la inexperiencia.

Fondo ■ La interpretación de este sueño se relaciona con la de DESCENDER. Llegar al fondo de algo implica haber bajado a niveles inferiores, pero también haber alcanzado la verdad escondida de las cosas y estar listo para el ascenso. ‖ Su significado se relaciona con el de AGUA si, para ver o para llegar hasta el fondo, hay que sumergirse en ella. Dependiendo de si el agua es turbia o cristalina, la interpretación será diferente.

Fortaleza >Ver CASTILLO

Fortuna ■ Soñar que poseemos una fortuna tiene un significado positivo, pero manifiesta ambición y orgullo. Estos sentimientos, si no son desmedidos, pueden favorecer nuestros planes, pero si son excesivos, nos pueden perjudicar.

❖ En caso de que alguien nos ofrezca una fortuna, puede que tengamos un golpe de suerte. Sin embargo, esta prosperidad será caprichosa y arbitraria, sin garantías de continuidad.

Foso ■ Caminar por la orilla de un foso indica el temor a encontrarse en una situación peligrosa y fuera de control. Puede interpretarse como un aviso de cautela para el soñante ante las dificultades que presenten sus circunstancias del momento. Caer en él indica haber perdido el dominio sobre nuestros asuntos. Lanzarse deliberadamente es señal de arrojo y valor ante lo desconocido.

❖ Soñar con un foso es, en general, un mal augurio. Presagia peligros, desgracias y un matrimonio infeliz.

Fotografías ■ Soñar que se revisan viejas fotografías denota una vinculación muy fuerte con el pasado, además de una actitud pesimista ante la vida. En cambio, retratar a una persona evidencia sentimientos positivos hacia ella. Si nos vemos retratados, el sueño puede tener la misma interpretación que la de ESPEJO. ‖ La fotografía, por otro lado, puede estar representando nuestros pensamientos o ideas. Quizá nos alerta de algo que requiere nuestra atención. El contenido de la fotografía puede decirnos de qué se trata.

❖ La superstición onírica dice que este sueño advierte de que albergamos falsas esperanzas acerca de algo. También puede significar decepciones amorosas, sobre todo si en la fotografía aparece nuestra imagen.

Fracaso ■ La causa de temer al fracaso puede provenir de nuestra infancia, cuando nos asustaban los castigos o que alguien dejara de querernos. En general, el fracaso es un tema muy recurrente en sueños, que tiene diversas expresiones oníricas. A veces nos estancamos en lo que hacemos mal en vez de enfocar nuestra vida hacia aquello que sí sabemos hacer.

❖ En el pasado, este sueño tenía un significado inverso, pues auguraba éxitos. Igualmente, soñar con éxitos, auguraba fracaso.

Fraude ■ Quizá nos sentimos engañados porque no nos han dado el reconocimiento que merecíamos. Por otro lado, podemos haber sido nosotros los que hayamos cometido el fraude, sobre todo si no hemos sido sinceros con nuestros sentimientos o nos hemos aprovechado de alguien en la vida real.

❖ Si soñamos que desenmascaramos un fraude o atrapamos a un ladrón la suerte nos será propicia.

Frente ■ La frente simboliza el carácter y el valor de la persona. El aspecto que tenga la frente del individuo con el que soñemos nos puede dar pistas sobre su forma de ser. Así, por ejemplo, una frente amplia es signo de inteligencia y, además, indica que se trata de una persona seria en la que podemos confiar.

Fresas ■ Las fresas simbolizan la sensualidad femenina. Comer fresas augura el inicio de una relación afectiva. La pasión y el deseo son las claves que se expresan a través de estas frutas. ‖ Si en el curso del sueño no llegamos a probar este manjar, parece evidente que nos estamos reprimiendo. Debemos tener en cuenta que los deseos sexuales insatisfechos no desaparecen y, por esta razón, el inconsciente nos envía mensajes que recuerdan la existencia de una carga erótica inhibida.

Frigidez ■ Además de poder representar un problema sexual real, este sueño también refleja un sentimiento de temor, fracaso o decepción que no tiene por qué estar relacionado con la sexualidad. El conjunto de elementos de la escena onírica aportará claves importantes para saber qué es lo que genera dicha sensación tan desafortunada.

Frío ■ Si nuestro sueño no es, simplemente, un reflejo físico (quizá no estemos bien arropados y sintamos frío mientras dormimos), esta sensación onírica expresa una necesidad de amor y calor humano por parte del soñante. ‖ Si esta sensación de frío no nos desagrada, y por el contrario, nos estimula y refresca, expresa nuestro deseo de estar solos y desconectar.

❖ Augura felicidad y cariño próximo.

Frontera ■ Es un claro signo de que hemos concluido algún proceso o actividad y que nos disponemos a iniciar una nueva empresa. Es, pues, el momento de revisar las experiencias del pasado y de empezar a sacar conclusiones –sin dejar asuntos pendientes– para que la nueva etapa sea fructífera y feliz.

Frustración ■ Algunos sueños reflejan grandes frustraciones. Por ejemplo: perder un tren, no ser capaces de leer un mensaje, buscar algo en vano, fracasar a la hora de convencer a alguien... A lo mejor, creemos que nuestra vida no va por el camino que deseamos o nos sentimos furiosos ante la tozudez de la gente. Es muy importante que descubramos qué nos frustra tanto en la vida real para poder afrontar las cosas de una manera más efectiva.

❖ La superstición onírica dice que las frustraciones significan todo lo contrario: auguran éxito rotundo en nuestros planes.

Fruta ■ Las frutas suelen revelar un deseo o apetito, ya sea afectivo, sensual, económico o espiritual. En los sueños, éstas auguran abundancia, prosperidad y placeres terrenales. ‖ Si la fruta estuviera ácida o verde, aún tardaremos en disfrutar de dicha prosperidad; si tiene gusanos o está podrida, todo apunta a que estamos errando nuestro camino, ya que el sueño anuncia que alcanzaremos los placeres cuando ya no podamos disfrutarlos.

❖ Al igual que sucede con las flores, cada fruta tiene una interpretación onírica específica. Por ejemplo, la uva indica prosperidad; la sandía, fertilidad; la ciruela, inmortalidad, etc. ‖ Recoger fruta madura es un feliz presagio de abundancia y bienes de todas clases.

Fuego ■ Soñar con fuego indica que nuestras reservas de entusiasmo y energía están en crisis. Quizá en nuestra vida real estamos haciendo frente a alguna situación que nos pone a prueba; si el fuego nos calienta y es bien recibido, tal vez nos esté animando a plantearnos las dificultades más positivamente. La presencia onírica del fuego bien puede suponer un estímulo para continuar por el camino emprendido. Si estamos encendiendo un fuego, puede tratarse de una indicación de que debemos empezar algún proyecto. || Avanzar entre llamas sin quemarse denota firmeza y capacidad para superar los obstáculos, así como un ardiente deseo por alcanzar la meta. || Por último, si soñamos que se quema un bosque o una casa, nuestra situación actual está acercándose a un límite peligroso. (Ver Hoguera, Quemaduras, Rojo y Soplar) || Jung decía que el fuego representa el proceso de cambio psicológico. Los alquimistas empleaban el fuego para convertir el metal simple en oro, por eso es el símbolo de la transformación interior. Este elemento puede purgar la corrupción del pasado y dar luz y verdad espiritual. Es la llama eterna en el templo del alma.

❖ En los sueños, el fuego refleja nuestros sentimientos de amor y odio, las fuerzas de creación y destrucción. De este modo, un fuego pequeño y bien encendido indica el deseo de tener un amor o amistad duradera. Además, augura éxito, salud y felicidad. Un fuego que produce demasiado humo, en cambio, anuncia traiciones y conflictos. Si las llamas nos amenazan, es que tememos enfrentarnos a un problema o proyecto; pero, si nos abrasan, estamos desperdiciando o empleando mal nuestra energía y esfuerzos.

Fuente ■ En el paraíso terrenal, cuatro ríos parten del centro, es decir, del mismo pie del Árbol de la Vida, y se separan según las cuatro direcciones marcadas por los puntos cardinales. En consecuencia, surgen de una misma fuente, que simboliza el centro y el origen de cualquier actividad. || Jung asimilaba la fuente al origen de la vida interior y de la energía espiritual. También la relacionaba con el «país de la infancia», en el cual se reciben los dictados del inconsciente, y señalaba que la necesidad de la fuente surge principalmente cuando los impulsos vitales están inhibidos. || En términos oníricos, los sueños en los que aparecen fuentes ponen de relieve un deseo de regeneración y purificación. || Por otra parte, el aspecto que ofrezcan sus aguas nos revelará el estado de las relaciones afectivas que mantengamos. Así, si bebemos de una fuente de agua clara, indica que saciaremos nuestras necesidades físicas, espirituales o afectivas y que lograremos el éxi-to. Pero, si la fuente está seca o sus aguas están turbias, nuestro amor se está marchitando. (Ver Agua).

❖ Este sueño predice un período feliz y satisfactorio cercano. Si la fuente está seca, en cambio, augura problemas.

Fuerza ■ Simboliza la capacidad de la persona para llevar a cabo con éxito las tareas que, en un principio, no creía poder realizar. Los sueños hacen aflorar el auténtico potencial que se encuentra en el fondo de la psique, a menudo enterrado bajo una gruesa capa de prejuicios o justificaciones que nos impiden hacer aquello que en el fondo deseamos.

Fuga ■ La fuga señala un deseo de evasión, si es el propio soñante quien escapa. Es posible que, en la vida real, se vea llevando una responsabilidad demasiado pesada o que no se sienta capaz de resolver un problema determinado. Por otro lado, si el soñante presencia la fuga de otra persona, el sueño refleja una situación comprometida: el protagonista conoce una verdad escondida y teme las consecuencias que pueda comportar revelarla.

Funda ■ Una funda –sea del tipo que sea– es sinónimo de aislamiento; por tanto, soñar con ésta refleja el deseo del durmiente de evadirse de los problemas del mundo real.

Funeral ■ Soñar con un funeral simboliza el renacimiento, pues todo final lleva a otro principio. Indica superación del dolor y nos insta a confiar en el futuro. Por lo tanto, aunque aparentemente se trate de una imagen desoladora, lo cierto es que soñar con un funeral se asocia a un mensaje positivo. No en vano, nos sugiere que, a partir de ahora, podremos enterrar todo lo relacionado con el pasado y mirar hacia el futuro. (Ver Cementerio y Muerte).

❖ Ocasionalmente, estos sueños son premonitorios. Por ejemplo, Abraham Lincoln predijo su propia muerte días antes de ser asesinado. Vio en sueños su propio cadáver en una de las habitaciones de la Casa Blanca. Sin embargo, la mayoría de las veces, los sueños en que aparecen funerales representan el estado de nuestra mente.

Furia ■ Los sueños nos dan la oportunidad de expresar aquellos sentimientos y emociones que reprimimos en la vida real. A lo mejor, albergamos cierta agresividad que desconocemos. En este sentido, el sueño puede estar avisándonos de que debemos dejar de ser sujetos pasivos y empezar a pasar a la acción. Asimismo, quizá escondemos sentimientos de infravaloración o celos respecto a alguien de nuestro entorno. || Cuando soñamos que una persona está furiosa con nosotros, ella puede simbolizar todo lo que nos desagrada de nuestra propia personalidad.

❖ La furia en los sueños presagia que vamos a tener que enfrentarnos a un reto vital. Además, augura decepciones y ataques al carácter del soñante. Sin embargo, si nos enfadamos con un extraño, quiere decir que obtendremos buenas noticias inesperadas. Probablemente, se trate de una invitación.

Fusta ■ Una fusta es un símbolo de poder ante los demás. Si el soñante lleva una fusta en la mano, puede interpretarse como un signo de seguridad, pero también como una actitud de intransigencia hacia las personas que le rodean en su vida cotidiana. Por el contrario, ser golpeado por otra persona con una fusta, refleja temor y complejo de inferioridad.

Futuro ■ Un sueño basado en el futuro es muy complejo. Refleja las esperanzas y expectativas del soñante, pero también sus temores y dudas. La experiencia puede ser tanto positiva como negativa. Si el sueño resulta grato, es señal de que el soñante está satisfecho con la dirección que está tomando su porvenir. Si es desagradable, indica temor y sentimiento de culpa por la manera en que se lleva a cabo su presente en la vida real. || Algunos sueños nos llegan en forma de mensajes proféticos y parece que nos revelan hechos que ocurrirán en el futuro. Otras veces, tenemos la convicción de haber soñado indicentes que nos ocurren. Sin embargo, es muy difícil detectar si realmente lo soñamos o no.

❖ Se recomienda no tomarse estos sueños como una premonición, pues, a menudo, el inconsciente deforma bastante la información.

FUEGO

Laura soñó lo siguiente: *«Estaba en mi cama rodeada de llamas. El fuego se extendía por mi habitación arrasándolo todo, quemando todas mis cosas... pero yo no podía moverme, estaba paralizada por el miedo. De repente, me di cuenta de que el fuego no me hacía daño, las llamas me acariciaban la piel sin quemarme. Eso me hizo sonreír y pensar: "Mi piel es como un traje de amianto. Soy resistente al fuego". Salí de la habitación atravesando las llamas, silbando, convencida de haber sido dotada de un poder mágico contra el fuego.»*

Soñar con fuego puede indicar que nuestra reserva de entusiasmo y de energía están en crisis. Quizá en nuestra vida real estamos viviendo alguna **situación que nos pone a prueba**. Si el fuego del sueño es bien recibido, nos está animando a plantearnos las dificultades de manera más positiva. Cuando Laura tuvo este sueño atravesaba una situación familiar difícil: acababa de tener una niña y debía hacerse cargo de su madre, que se había roto el fémur y estaba al borde de una depresión. El fuego le estaba alentando para que fuera **más optimista y enérgica**. El hecho de que se presentara de forma descontrolada, invadiendo su habitación, alertaba a Alicia de que actuara con **precaución** y tomara una actitud más relajada.

Un sueño en el que salimos sanos y salvos del fuego, como el ave fénix, indica crecimiento ante las dificultades. El inconsciente trataba de tranquilizar a Laura recordándole su fortaleza y habilidad para superar los reveses de la vida. Ella se las arregló para que su madre colaborara en el cuidado de su bebé, sentada en su silla de ruedas. Esta nueva responsabilidad hizo que la madre se sintiera útil, a pesar de su lesión, y olvidara su incipiente depresión.

G

Gacela ■ Desde los tiempos primitivos, la gacela ha aparecido en el inconsciente colectivo como un animal que huye de un león o de otra fiera. Por lo tanto, simboliza la persecución de los placeres y la vertiente agresiva del inconsciente. ‖ Paralelamente, las cualidades de la gacela son la belleza, la rapidez, la agilidad y la agudeza visual. Así, en términos oníricos, simboliza el alma o, más frecuentemente, la mujer. Por ello, debemos interpretar este sueño de forma literal: la actitud que mantengamos frente a la gacela reflejará la que tenemos en nuestra relación afectiva.

Gafas ■ El sueño deberá ser interpretado según las connotaciones personales atribuidas a este objeto en el sueño. Alguien acomplejado de llevarlas, seguramente reconocerá en este episodio onírico un motivo de tristeza y vergüenza. Si el soñante pierde o se le rompen las gafas, ello alude a la pérdida de su amor propio o buena reputación. Pero también puede tratarse de un comentario sobre lo bien o mal que ve los acontecimientos y problemas de la vida diaria. ‖ Si lleva cristales graduados, significa que no ve las cosas tal como son y que, por lo tanto, necesita aumentar su percepción de la realidad. ‖ Las gafas oscuras indican que nos escondemos de la verdad y tratamos de huir de la realidad cotidiana y de las experiencias que ésta nos proporciona.
❖ Las gafas denotan en el que sueña un conflicto con el modo de ver las cosas. ‖ También simbolizan clarividencia.

Gajos ■ Verse desgajando una naranja, un ajo o cualquier otro alimento señala una situación económica poco estable. Puede ser un aviso para que seamos cautos a la hora de gastar dinero.

Galletas ■ Soñar con galletas dulces sugiere que se da demasiada importancia a asuntos frívolos y banales: demasiado placer y poco esfuerzo en la vida.
❖ Hacer galletas pronostica un período de disputas familiares por asuntos triviales, así como mala salud. Para una mujer joven, elaborarlas es señal de que está demasiado preocupada por no encontrar la pareja ideal. Comerlas, en cambio, sugiere que se podrán suavizar los malos momentos gracias al apoyo de amigos y familiares. Sacarlas del horno invita al durmiente a tener esperanzas.

Gallina ■ Desde tiempos inmemoriales, la gallina es símbolo de la superficialidad debido a su cacareo y a su pasividad. No es casualidad que la palabra «gallinero» se asocie a un lugar en el que imperan los rumores, cuchicheos y maledicencias. Por este motivo, la presencia de una gallina en nuestros sueños puede sugerir que alguien está realizando comentarios malévolos sobre nosotros a nuestras espaldas. ‖ La cosa cambia si soñamos con una gallina que pone un huevo. En estos casos, las imágenes oníricas auguran algún beneficio en breve. ‖ El sueño también puede atribuirse a un exceso de preocupación por nuestra pareja, hijos o amigos hasta el punto de convertirnos en una «gallina clueca».

Gallo ■ Es un símbolo solar, ave de la mañana, emblema de la vigilancia y de la actividad. Durante la Edad Media, fue un icono cristiano de gran importancia, como lo demuestra su masiva presencia en la veleta más elevada, sobre las torres de las catedrales (alegoría de la custodia y la resurrección). ‖ Si soñamos con un gallo que anuncia el amanecer, podemos interpretarlo como un renacer, como el inicio de una nueva etapa en nuestra vida. ‖ El freudismo lo identifica con la pura sexualidad masculina, agresiva y orgullosa. La escuela junguiana reconoce en él un símbolo de luz, de nacimiento, por su estrecha conexión con el alba.
❖ En general, el canto de un gallo se asocia a la llegada de buenas noticias y el éxito amoroso.

Gamuza ■ Ver una gamuza u otros objetos confeccionados con ella augura riqueza obtenida gracias al esfuerzo personal. ‖ Si lo que se sueña es el animal, entonces deberemos ser más pacientes con la consecución de nuestras metas.

Ganado ■ Soñar con ganado de cualquier clase augura riqueza y abundancia. Cuanto mayor sea el ganado, más grande será este patrimonio. (Ver REBAÑO)
❖ Ver ganado paciendo augura fortuna. Animales delgados prevén tiempos duros; gordos, futuro próspero. Un rebaño numeroso, agitación.

Ganar ■ Los sueños que reflejan la necesidad de ganar simbolizan el ansia y, en ocasiones, el temor de no estar a la altura del listón que nos hemos fijado. Si en el sueño nos lastimamos por querer ganar, ello quiere decir que la ambición nos está perjudicando la salud. Debemos limitar nuestra actividad y alejarnos de cualquier competición.
❖ Los oráculos oníricos manifiestan que el significado de este sueño es el opuesto al que sugiere literalmente.

Gancho ■ Un gancho expresa la necesidad de ocuparnos de asuntos desatendidos antes de que sea demasiado tarde. ‖ Sufrir una agresión con un gancho denota que dichos asuntos nos son muy desagradables. En añadidura, podrán enrarecerse nuestras relaciones personales por tener que hacernos cargo de ellos.

Ganso ■ Psicológicamente, sugiere estupidez y torpeza.
❖ Según los oráculos más tradicionales, soñar que oímos graznidos de gansos y que éstos nos molestan vaticina la muerte de algún familiar. Verlos nadar denota un aumento gradual de fortuna. En cambio, si están muertos, se sufrirán pérdidas y grandes disgustos.

Garaje ■ Utilizar un garaje para nuestro vehículo anuncia una etapa en la que deberemos escoger entre varias opciones. ‖ La preocupación por esta disyuntiva se atenúa si el garaje está al aire libre o el vehículo no es el propio. Por otro lado, entrar en un garaje predice una larga temporada de tensiones y nerviosismo; salir de él indica que los conflictos han llegado a su fin.

Garbanzos ■ Los garbanzos son símbolo de sencillez y de abundancia a la vez. Casi siempre reflejan un estado de cómoda placidez sin despilfarros innecesarios. En general, es un sueño positivo. En todo caso, su significado se relaciona con el de COMER. El contexto de la escena onírica será clave para su interpretación.

Garganta ■ A través de la garganta tragamos lo que viene del exterior. Si, como los avestruces, engullimos sin masticar, quiere decir que no comprendemos lo que se nos propone. Una rigidez excesiva indicaría la presencia de una fuerte represión.

Garra ■ Como en otros sueños, no hay para éste una única interpretación: si la garra es de ave, tendremos serias dificultades para llevar adelante nuestros proyectos; si es de felino, sufriremos un pequeño disgusto con la familia; y si es de perro o lobo, alguien cercano propagará habladurías sobre nosotros.

Garrafa ■ Es un contenedor donde se almacena un líquido que representa bienes materiales o espirituales. El estado de la garrafa: llena, vacía, rota o derramada, será un reflejo de la situación determinada del soñante en su vida real. (Ver BOTELLA)

Garrote ■ Es un símbolo de brutalidad y de agresividad que pone al soñante sobre aviso acerca de sus relaciones personales. Quizá sea el momento de darles un repaso y tratar de solucionar problemas o de cambiar de actitud.

Gas ■ Es un símbolo de energía transformadora. Iluminarse o cocinar con gas es un indicio de satisfacción respecto al flujo de los acontecimientos de la vida cotidiana. Sin embargo, soñar con una explosión de gas se interpreta como un aviso de peligro inminente. Puede ser que el soñante se vea en la necesidad de mirar a su alrededor y determinar qué actitudes o circunstancias resultan peligrosas.

Gasolina ■ La gasolina es, normalmente, un buen augurio: evidencia la fortaleza y la energía adquiridas tras las dificultades. Sin embargo, puede tener un matiz pesimista si vemos un depósito vacío, ya que indica que nos faltan estímulos para proseguir con la lucha diaria. || La gasolinera es señal de que necesitamos un descanso para reflexionar acerca de nuestro futuro.

Gato ■ Símbolo de lo femenino. Soñar que un gato busca nuestras caricias indica que alguien está intentando seducirnos. Si nos araña, debemos esperar celos profesionales. || Del color del animal procede su simbolismo secundario. Así, los gatos negros suelen asociarse a las tinieblas y a la muerte, aunque esta clase de analogías sólo sirve para personas supersticiosas.
❖ En la mitología, la figura del gato se asociaba a los dioses paganos de la fertilidad, quienes representaban el poder y la sabiduría de la naturaleza. De un modo similar, para los egipcios, los gatos eran sagrados y custodiaban las almas de los muertos. No fue hasta la llegada de los cristianos, cuando empezó a considerárseles los parientes malignos de las brujas. Por esta razón, muchos libros sobre sueños aseguran que los gatos presagian desventuras.

Gema ■ Las piedras preciosas son, casi siempre, símbolos de bienestar y de riqueza, ya sea material o espiritual. Su imagen está cargada de significados mágicos. Los demás elementos que aparezcan en el sueño ayudarán en el proceso de interpretación.
❖ La gema se considera un fragmento de luz coloreado hecho piedra, una gota de energía cósmica solidificada y cargada de virtudes mágicas y protectoras. Por eso, esotéricamente, durante milenios, se ha utilizado como talismán y amuleto. || La imagen onírica de la gema promete en general fortuna, riqueza y posición social elevada.

Gemelo ■ Los gemelos representan la polaridad de la psique, como la extroversión o la introversión, o nuestras partes masculina y femenina. En términos oníricos, si soñamos con una persona exactamente igual a nosotros –ya sea un doble o bien un hermano gemelo– significa que necesitamos volver a nuestra esencia y recuperar la armonía interna. || También puede revelar problemas de identidad o serios desequilibrios de personalidad.
❖ Muchas culturas antiguas creían que los gemelos eran personajes divinos. Según otra superstición, éstos tenían padres diferentes, uno de los cuales, era un dios o un espíritu. El sueño puede estar mostrándonos, en este sentido, nuestro lado más espiritual. || Si una mujer sueña que da a luz gemelos es augurio de engaños.

Marta soñó: «*Estaba acariciando a Gea [su preciosa gatita persa] cuando se volvió hacia mí y me dijo: "guapa, más que guapa". Me quedé encantada de que mi gata supiera hablar, siempre había sospechado que era muy lista… pero ¡aquello era demasiado! De repente, su carita felina se transformó en la de Juan, pero ahora no hablaba, emitía terribles ladridos y sacaba espumarajos por la boca. Traté de abrazarlo y tranquilizarlo pero se me escurrió de las manos como una lagartija.*»

Una de las fuerzas más mágicas e intensas de nuestro mundo onírico es la de la transformación: animales que se convierten en personas; personas que se transforman en árboles, monstruos o en otras personas; edificios que desaparecen... Estas **transformaciones** son, casi siempre, una señal de cambios psicológicos en nuestras vidas. Cuando Marta tuvo este sueño acababa de tener una pequeña discusión con su novio. Este sueño le estaba advirtiendo de que debía ser más considerada y atenta con él. Soñar que un gato busca nuestras caricias indica que **alguien está intentando seducirnos** o que se siente fuertemente atraído por nosotros. En el caso de Marta reflejaba la devoción y el amor que sentía su novio por ella. Sin embargo, el hecho de que se transformara en un perro feroz, primero, y después en una escurridiza lagartija, señala que el cariño también podía esfumarse o transformarse en rencor si ella no ponía de su parte. El hecho de que acariciara dulcemente a su gatita y de que ésta hablara para alabarla indica la capacidad de Marta para **transmitir afecto** y la certeza de que todo se arreglaría mediante el diálogo.

Genio ■ Si un genio nos concede algún deseo, nos llegará una ayuda providencial. Gracias a ella, lograremos alcanzar nuestros objetivos.

Gente ■ Soñar que se está en medio del gentío y que ello nos impide movernos con facilidad, sugiere que nos sentimos incapaces de dirigir nuestra vida. || Si en el sueño aparece gente que conocemos, nuestro inconsciente puede estar alertándonos de las cualidades que admiramos y que deseamos obtener. Los sentimientos que nos produzca la interacción con esas personas serán aquellos que estamos adoptando en la vida actual. || Si, de entre la gente, no conocemos a nadie, quizá sea una manera de enfrentar algunos de nuestros aspectos interiores. Es nuestro deber preguntarnos qué significan y cómo se acoplan con nuestro Yo en la realidad.

❖ Los libros de sueños de la antigüedad aseguran que, mientras la gente onírica sea afable y vaya bien vestida, tendremos buena suerte.

Germinar ▪ Ver cómo germina una planta en sueños es un buen presagio, pues indica que nuestros proyectos podrían materializarse en breve. (Ver AGRICULTURA)

Gigante ▪ Podemos decir que, en el aspecto más profundo y ancestral, el mito del gigante alude a la existencia de un ser inmenso, primordial, de cuyo sacrificio surgió la creación. El gigante –figura cosmogónica frecuente en las culturas antiguas– no es ni benévolo ni malévolo, simplemente es una magnificación cuantitativa de lo ordinario; por eso, según los casos, hay gigantes legendarios protectores y otros agresivos. ‖ En la psicología junguiana, su presencia parece que se corresponde con el símbolo del padre, como representante del espíritu que pone obstáculos a lo instintivo. ‖ Otras interpretaciones dotan al gigante de carácter sexual. Si un hombre tiene este sueño, puede representar que sus necesidades sexuales son desproporcionadas.

❖ Los gigantes oníricos presagian éxitos comerciales.

Gimnasia ▪ El ejercicio físico ofrece la oportunidad de desarrollar nuestro cuerpo. Este entrenamiento puede ser necesario pero, si soñamos que hacemos ejercicio, el inconsciente también puede sugerir que deberíamos entrenar la mente para desplegar todo su potencial. ‖ El sueño también puede poner en tela de juicio la buena forma física del soñante, y esté sugiriendo la necesidad de ejercitar el cuerpo.

Girasol ▪ Los girasoles indican que estamos en disposición de obtener toda la energía y fuerza necesarias para realizar nuestros proyectos, pero también que esta racha será de corta duración. ‖ Debemos, pues, tener presentes los objetivos principales y aprovechar los momentos de «gloria». (Ver CAMINO)

❖ Olicia –que por celos hizo condenar a muerte a su hermana, transformada por Apolo en incienso– sufrió también su propia metamorfosis; se convirtió en girasol, siempre obligada a volver la cabeza hacia el dios de quien estaba locamente enamorada y que la había abandonado por su rival.

Gitanos ▪ Los gitanos a veces representan los prejuicios que tenemos sobre las personas de esta raza. De

este modo, si pensamos que no podemos confiar en ellos, éstas serán las emociones evocadas en el sueño. Pero si, sencillamente, los consideramos un pueblo nómada y de costumbres diferentes a las nuestras, el sueño revelará nuestros anhelos de libertad y rebeldía. ‖ Además, este pueblo misterioso, repleto de viejas leyendas e historias ocultas, puede representar aquella parte de nuestro Yo que aún no hemos descubierto. ‖ Por otro lado, el sueño quizá sugiere que hemos de tener en cuenta el futuro.

❖ Debido a las profecías que rodean a la tradición gitana, es posible que el sueño nos esté dando pistas sobre hechos futuros. Y, como este pueblo se asocia con la buena suerte, el destino pronto nos sonreirá.

Globo ▪ Soñar con un globo invita a reflexionar sobre las ideas de totalidad, libertad y ligereza. Debemos, pues, meditar con serenidad y contemplar lo que nos preocupa desde miras más amplias. ‖ Si se trata de un globo infantil y al soñante se le escapa de las manos, tal vez en la vida real está dejando escapar buenas ideas. En cambio, si lo deja escapar mientras admira su vuelo, indica un progreso intelectual. Pero si el globo revienta denota pensamientos superfluos. ‖ La visión del globo terráqueo augura viajes en breve, aunque también puede revelar una desmesurada ansia de poder. ‖ Subir en globo durante un sueño, por otro lado, indica que estamos atravesando un buen momento pero que no debemos perder de vista la realidad cotidiana.

❖ Soñar con una travesía en globo augura un viaje desafortunado. Por otra parte, también puede significar que lo vemos todo desde una perspectiva superior. La condición del paisaje que está debajo de nosotros puede decirnos mucho sobre nuestra vida y circunstancias.

Gloria ▪ Cuando soñamos con la gloria es porque no estamos muy satisfechos con nuestra situación en la realidad. Este tipo de episodios evidencia falta de madurez. (Ver TRIUNFO)

Glotonería ▪ La interpretación de este sueño está relacionada con la de COMER y con la de DEVORAR. En todo caso, no es un sueño positivo. Tanto si el glotón es el soñante, como si el soñante ve a un glotón delante de él, el sueño denota, bien una ansiedad desmedida, o bien una actitud acaparadora.

Gnomo ▪ El encuentro con un grupo de gnomos en un bosque simboliza la búsqueda de unos valores y unos principios muy diferentes de los que conforman nuestra realidad actual. En estos momentos, estamos persiguiendo una utopía. Ésta podría hacerse realidad si somos capaces de dejarnos llevar por la imaginación.

Gobierno ■ Este sueño puede representar nuestra fuerza psicológica más poderosa. Nos invita a reflexionar sobre qué cualidades nos gobiernan en la vida real. Es importante que las identifiquemos todas, ya sean honestas o codiciosas. ‖ Igualmente, este sueño también puede darnos una idea de lo que pensamos acerca de la sociedad o de cómo organizamos nuestro día a día. ‖ Verse a uno mismo en el gobierno, significa que controlamos excelentemente nuestra vida. Sin embargo, conviene tener en cuenta a la oposición, que puede presentarse en el sueño de forma más o menos directa. ❖ Soñar que ocupamos un puesto poderoso en el gobierno augura una temporada incierta.

Golondrina ■ La golondrina es una alegoría de la primavera. Porque permanece siempre en las alturas, encarna la pureza y la santidad; y por sus costumbres migratorias, la soledad y la libertad. (Ver PRIMAVERA) ❖ Según la tradición gitana, es un signo de prosperidad y diversión. En el nido pronostica fortuna y felicidad.

Golpes ■ Si recibimos golpes de la mano de alguien, este sueño simboliza las contrariedades que tendremos que soportar; pero, si no vemos a nuestro adversario, anuncia el fin de los problemas. En el caso de que seamos nosotros los que golpeamos, se trata de los contratiempos que causaremos a los demás. Golpear a alguien, en añadidura, presagia discusiones. ‖ Chocar oníricamente contra algo y darnos un buen golpe indica que nuestros actos e ideas son inconsistentes. De todos modos, nuestras opciones de triunfo están en función de nuestra capacidad para encajar los golpes. (Ver BOFETADA)

Gorila ■ Este animal representa nuestros instintos, especialmente, los impulsos sexuales. Si en nuestros sueños somos capaces de dominarlos, ello será señal de buena salud psicológica. En cambio, si luchamos contra él, estaremos expresando el bloqueo que ciertas represiones nos causan.

Gorrión ■ Los gorriones expresan inconsistencia y futilidad, ya sea en nosotros mismos o en las personas que nos rodean. En este último supuesto, las imágenes oníricas nos advierten de que alguna persona cercana está intentando beneficiarse a nuestra costa. ❖ Este humilde y simpático pajarito, quizá a causa de los daños que produce en los sembrados, se carga en el

sueño de negatividad. Si vuela, anuncia sucesos desagradables y promesas vanas; en la jaula, una conquista amorosa que se revelará como un error enorme. Ver muchos juntos es señal de ruina; oírlos gorjear, de desagradables habladurías.

Gorro ■ Soñar con un gorro anuncia el triunfo de las propias opiniones frente a las imposiciones de los demás. ‖ Para una mujer, llevarlo puesto augura un tiempo de diversión y estrechamiento de relaciones; pero, si lo lleva su pareja, deberá estar alerta ante su inconstancia. Un gorro de noche es sinónimo de agitación y nerviosismo; si es femenino, anuncia matrimonio; elegante, negocios provechosos; nuevo, una etapa de inseguridad; y viejo o roto, humillaciones.

Goteras ■ Soñar con una casa con goteras es un claro indicio de que nuestras emociones se descontrolan con facilidad y que, además, no las cuidamos lo suficiente. Conclusión: no debemos poner «parches» de urgencia a nuestras relaciones, sino que tendríamos que procurar edificar nuestros sentimientos sobre bases más sólidas. En definitiva, las goteras revelan falta de atención a nuestras emociones.

Granada ■ Se asocia a la fecundidad, la sensualidad y el placer. Si la vemos abierta en sueños, es una invitación a gozar de la vida.

Granito ■ Refleja firmeza y aplomo. Es un sueño que indica un alto grado de seguridad y de confianza en uno mismo a la hora de realizar el trabajo o perseguir las metas que nos hayamos marcado.

Granizo ■ El granizo indica angustia y temor hacia factores externos que inciden de forma negativa en la vida del soñante. Éste último es incapaz de hacerles frente. Posiblemente, sienta la necesidad de buscar la ayuda de terceros para salir victorioso de una situación desfavorable. ❖ Ver granizo es presagio de tristeza y dolor; comerse los granos, de mentiras encubiertas.

Granja ■ La granja simboliza nuestro patrimonio en general, siempre que soñemos que habitamos en ella. Si sabemos administrarla y convertirla en una empresa productiva, posiblemente también seremos capaces de hacer buenos negocios en la vida real. ‖ En cambio, si la vemos desaprovechada y abandonada, es una advertencia para que cambiemos el rumbo de nuestra actividad profesional.

Grava ■ Indica un camino lento, cubierto de pequeñas dificultades que retrasan el recorrido y ponen trabas para alcanzar los objetivos deseados.

Grieta ■ Soñar con una grieta anuncia pérdidas económicas y un cierto desequilibrio interior. Deberíamos revisar nuestros propósitos, principios y sentimientos, pues no estamos siendo demasiado consecuentes con nosotros mismos. (ver CASA, ENFERMEDAD)

Grillo ■ Soñar que oímos el cantar de los grillos revela que estamos atravesando un período de paz y tranquilidad. Cuando estamos preocupados, este sonido puede convertirse en un martirio, por lo que nos conviene relajarnos y dejar de dar vueltas a los problemas.
❖ Según los oráculos, el día siguiente al sueño se revelará particularmente difícil, sobre todo, si el durmiente está enfermo. Indica también una cosecha escasa.

Gris ■ Es el símbolo de la indiferencia y la falta de determinación. Soñar con este color puede ser una advertencia de una crisis de valores que amenaza con hacernos perder el rumbo. ‖ No es extraño, por ello, que el gris también represente elementos simbólicos como la niebla o la ceniza. En términos oníricos, la niebla simboliza los miedos y las angustias almacenados en las profundidades del inconsciente.

Grito ■ Los gritos que oímos o que emitimos en el transcurso de un sueño indican peligro. Suelen hacer referencia a la presencia cercana de algún tipo de amenaza o de algo que pueda comprometer nuestra seguridad (ya sea física o emocional). ‖ En general, al gritar liberamos una fuerte tensión interior. Este sueño puede ser una advertencia de que nos hallamos en una situación límite debido a presiones de cualquier clase.

Grúa ■ Su interpretación se relaciona con la de CONSTRUCCIÓN. Es indicativo de un estado favorable; se cuenta con las herramientas necesarias para llevar a cabo los proyectos que el soñante se ha propuesto realizar.

Grulla ■ Desde China hasta las culturas mediterráneas, la grulla es una alegoría de la justicia, la longevidad y la fidelidad.
❖ Emblema de la regeneración periódica y de la salud, la grulla anuncia, por la inversión del contenido onírico, la enfermedad de un amigo. Según algunas claves, también significa discusión y traición.

Gruñido ■ Escuchar un gruñido es, casi siempre, una señal de alarma. Es posible que el soñante deba atender al entorno de su vida real para descubrir algo que no marcha del todo bien.

Grupo ■ La aparición dentro de los sueños de grupos con características bien definidas –ya se trate de conjuntos étnicos, raciales, nacionales o culturales– representa las cualidades, los atributos o los prejuicios que solemos asociar a estos grupos.

Gruta >Ver BODEGA y CAVERNA

Guadaña ■ Simboliza tanto la recolección de la cosecha como la muerte. Por ello, la presencia de una guadaña en sueños augura el final de una situación o etapa que dará lugar a otra. ‖ Se recomienda que llevemos a cabo nuestras decisiones en el momento adecuado, sin precipitaciones. Esta actitud nos conducirá a un final feliz.

Guantes ■ Los guantes pueden considerarse el vestido de las manos. Por ello, su significado dependerá de estas últimas. Si en el sueño utilizamos los guantes para adornar y resaltar las manos, serán signo de satisfacción por las obras realizadas; si, en cambio, los utilizamos para ocultarlas, entonces es signo de timidez, fruto de los errores cometidos; por último, si nos vemos realizando una actividad delicada con unos guantes rudos e incómodos, expresa que sufrimos un evidente complejo de inferioridad. (Ver MANOS).

Guardería ■ Es un sueño que trae de vuelta situaciones de la niñez. Si el entorno del sueño es agradable puede interpretarse como una necesidad de afecto y cobijo. Si, por el contrario, la sensación es de agobio, el sueño indica la excesiva protección que ejerce alguna persona muy cercana en la vida del soñante.

Guardián ■ Psicológicamente, los guardianes simbolizan las fuerzas que se concentran en los umbrales que separan los distintos estadios de evolución de una persona. De ahí se deriva que, para muchos analistas de sueños, esta figura represente al padre que nos obliga a cumplir las normas establecidas, pero que, al mismo tiempo, vela por nosotros, protegiéndonos de los peligros. ‖Soñar con un guardián, en consecuencia, revela falta de madurez, ya que todavía necesitamos una autoridad para sentirnos seguros.

Guerra ■ Toda guerra concierne a la lucha de la luz contra las tinieblas, del bien contra el mal. ‖En el plano psíquico, simboliza la lucha entre las acciones y los pensamientos del hombre, pues las personas siempre tendemos hacia la unidad interior. Según Jung, este sueño refleja un conflico interior; la guerra se libra entre nuestra parte consciente e inconsciente, entre las fuerzas instintivas y las normas sociales. || En términos oníricos, este sueño refleja la inseguridad y el miedo ante los acontecimientos de la vida, pero también pone de manifiesto nuestras ansias de rebelión contra las opresiones internas. Cuando no vemos el fin de la lucha, ello indica que el conflicto no está, precisamente, en vías de solución. (Ver EJÉRCITO y ENEMIGOS).

❖ Se advierte una época de dificultades y peligros. || El sueño también hace temer discusiones familiares.

Guía >Ver ATAJO, AVENIDA y CAMINO

Guillotina ■ Una guillotina pone de manifiesto las numerosas dificultades que el durmiente hallará en la vida real por culpa de sus enemigos. Sin embargo, si consigue huir de ella, será capaz de solventar todos los problemas y triunfar en la vida. (Ver CABEZA y DECAPITAR)

Guinda ■ Además de un carácter dulce, ver una guinda, o ponerla sobre un pastel, indica satisfacción por el cumplimiento de las esperanzas y objetivos que el soñante se había propuesto alcanzar.

Guirnalda ■ Los antiguos colgaban las guirnaldas en las puertas de los templos cuando se celebraba una fiesta. Estos elementos siempre han sido una señal de bienvenida y homenaje. Soñar con guirnaldas, de todas maneras, nos sugiere que no debemos dormirnos en los laureles porque la alegría es fugaz. (Ver COLLAR)

Guisantes ■ Esta variante de legumbres es un signo positivo en el terreno amoroso, dado que predice uniones sentimentales largas y duraderas. || Ver guisantes secos, sin embargo, alerta del descuido de nuestra salud; y comerlos augura un revés de la fortuna tras un período fructífero. || Plantar guisantes señala que se ha escogido la vía acertada para alcanzar las metas fijadas; recolectarlos, anuncia la llegada de los beneficios del trabajo duro.

Guitarra ■ Tradicionalmente, la guitarra ha permitido que las personas mostraran sus sentimientos, favore-

ciendo el acercamiento entre individuos. Soñar con este instrumento significa que debemos confiar un poco más en nosotros mismos, ya que no se necesitan grandes recursos técnicos para transformar el mundo. Bastan la habilidad, el entusiasmo, la pasión y el amor. || La guitarra es también un símbolo del cuerpo femenino debido a su forma y a la sensualidad de su tono. El sueño de un hombre que toca la guitarra o que está simplemente escuchándola puede conllevar una fantasía sexual o expresar el deseo de mejorar sus relaciones sexuales. Una mujer que tenga el mismo tipo de sueño quizá está anulando su parte más femenina en la vida real.

Gurú ■ El gurú puede representar nuestro Yo superior y nuestra sabiduría innata. En los sueños, suele tomar una forma religiosa –como Buda, Shiva o un santo–; o bien aparecerse mediante un anciano de larga barba, un sacerdote, un profeta, un mago o un rey. También puede adoptar una figura femenina (la Madre Tierra o una diosa). Por ejemplo, la Virgen María es el símbolo onírico de la compasión suprema y el amor al prójimo. Los sueños de este tipo anuncian que se abre ante nuestra vida una gran oportunidad espiritual.

❖ Tradiciones como los budistas tibetanos, los hindúes o los nativos americanos creen que nuestro guía interior es alguien que se comunica con nosotros a través de los sueños. Este guía puede provenir de nuestro propio ser o de alguna de las esferas de nuestro espíritu.

Gusano ■ Jung lo define como una figura negativa. Su carácter subterráneo y su locomoción reptante no le han dado precisamente «buena fama». Los gusanos, por lo tanto, simbolizan aquello que se ha corrompido. Soñar con ellos suele ser bastante desagradable || Hay que añadir, sin embargo, que los gusanos también son buenos para el jardín y para su abono, pues airean la tierra y se comen muchos insectos desfavorables. Además, como es sabido, las orugas –incluso las más espantosas– pueden transformarse en mariposas. Esta imagen nos dice, por tanto, que no debemos martirizarnos por nuestros defectos, puesto que en el seno de cada criatura hay un enorme potencial de transformación. (Ver MARIPOSA, METAMORFOSIS y ORUGA)

❖ Para los libros sobre sueños tradicionales, los gusanos auguran enfermedades infecciosas. Y, si soñamos que los destruimos, el presagio dice que recibiremos dinero.

Habas ■ Simbolizan la prosperidad; anuncian un incremento de los bienes materiales y de la felicidad conyugal.

❖ Las habas eran el alimento que los griegos destinaban a los muertos y ofrecían a Demeter; pero, sobre todo, el que dedicaban a Kore durante seis meses reina de los infiernos y esposa de Plutón. Como consecuencia de la tradición griega, a las habas se les atribuye un significado negativo de discordia y discusiones familiares.

Habitación ■ La habitación es símbolo de la individualidad, del pensamiento personal. Cada tipo representa los aspectos de nuestra mente y forma de ser. El salón es la consciencia; el sótano o la bodega, el inconsciente; y las habitaciones superiores, la aspiración espiritual del soñante. ‖ Su significado dependerá del estado en el que encontremos cada habitación. Así, si tiene ventanas, ello simboliza la posibilidad de comunicarnos con el exterior. En cambio, un cuarto cerrado y sin ventanas puede simbolizar la virginidad o la incomunicación. ‖ En términos oníricos, también se establecen equivalencias entre la habitación y el cuerpo físico, por lo que hay que analizar el ambiente que se respira en la estancia. No en vano, una habitación agradable augura bienestar y serenidad; en cambio, si carece de aberturas, refleja aislamiento, miedos e inseguridad. (Ver Casa)

❖ Existen muchas supersticiones al respecto. Según una de ellas, soñar con el propio dormitorio significa que visitaremos tierras lejanas.

Hablar ■ Hablar en sueños refleja la necesidad de comunicarse. Si lo que decimos no tiene sentido alguno, significa que intentamos atraer la atención de los demás, lo que evidencia una insatisfacción afectiva. Por el contrario, hablar con lógica y sensatez es una forma de ordenar los pensamientos. ‖ Por su parte, soñar que nos comunicamos a través de una lengua extranjera que desconocemos, puede sugerir una necesidad de analizar nuestros proyectos desde puntos de vista diferentes. Por último, si no entendemos las palabras que oímos, el sueño pone de manifiesto nuestro temor a las habladurías. (Ver Boca, Gritar y Lengua)

❖ Hablar en sueños con animales es presagio de sufrimiento; con otras personas, de riesgo y peligro; con los superiores, de alegría; con los enemigos, de salud. Hablar con la madre es un buen augurio. Si el durmiente sueña que alguien habla mal de él, eso predice proyectos ventajosos.

Hacha ■ Es un símbolo de poder y autoridad. Los sueños en los que aparece un hacha reflejan una agresividad latente que se exterioriza en actos de evidente primitivismo. ‖ Las escenas protagonizadas por un hacha manifiestan cólera y descontrol de los sentidos. Pueden anunciar el encuentro con alguien conflictivo e, incluso, peleas que amenacen la estabilidad de nuestras relaciones familiares. ‖ Un hacha que se emplea para cortar leña, puede expresar que necesitamos dividir un problema en pequeñas partes para resolverlo mejor. Talar un árbol, por otro lado, significa que nos deshacemos de las cosas antiguas para que puedan surgir otras nuevas.

❖ A parte de prevenir sobre algún peligro, este sueño tiene diversas interpretaciones populares. Si la hoja del hacha está reluciente, recibiremos una grata recompensa. De lo contrario, perderemos nuestro prestigio. Igualmente, un hacha presagia que pronto tendremos noticias de nuestros amigos. Por último, para una mujer, este sueño augura que encontrará al hombre de sus sueños pero que se verá sometida a vivir en la pobreza.

Hada ■ Las hadas representan los poderes extraordinarios del alma humana. En concreto, la prodigiosa capacidad de la imaginación. Por consiguiente, invitan a utilizar todas nuestras cualidades, anunciando proyectos nuevos que hasta el momento nos parecían irrealizables. No obstante, si nos recreamos excesivamente

en el mundo de las hadas –buscando así huir de nuestras frustraciones– corremos el riesgo de perder el sentido de la realidad. ‖ Para un hombre, soñar con un hada puede representar el lado femenino de su personalidad. Para una mujer, además, simboliza su instinto maternal.

❖ Algunas tradiciones creen que las hadas son seres reales que dirigen los poderes de la naturaleza. Existe una cultura que, cuando la tierra es estéril, invoca la ayuda de las hadas para que ésta florezca. De hecho, hay quien asegura que es posible comunicarse con ellas a través de los sueños.

Halcón ■ El halcón y el gavilán simbolizan la elevación espiritual, moral o intelectual. En el Antiguo Egipto, esta ave era emblema del alma humana. Sin embargo, en la Edad Media, el halcón se convirtió en alegoría de la mala conciencia del pecador. No en vano, se han hallado imágenes de esta época en las que aparecen halcones desgarrando liebres, es decir, atacando a los animales que simbolizan la fecundidad, pero también la lascivia. En el improbable caso de que soñemos con esta imagen (es decir, con el ataque de un halcón a un conejo), podemos interpretar la escena como un símbolo de la victoria del autocontrol sobre los deseos concupiscentes. Si, por el contrario, el halcón aparece volando, significa que podríamos recibir el encargo de un proyecto de gran envergadura que no debemos dejar escapar. En este caso, nuestra ambición se verá sometida a prueba. ‖ Dado que el halcón representa la elevación moral, deberemos estar por encima de ciertos intereses en el supuesto de que deseemos fervientemente alcanzar el poder. El éxito no está reñido con los valores elevados.

Hallazgo ■ Anuncia acontecimientos inesperados, frecuentemente de carácter muy positivo. Un encuentro repentino podría resolver parte de nuestras angustias.

Hamaca ■ Simboliza el descanso tras un esfuerzo extenuante o una experiencia fuera de lo habitual. (Ver CAMA)

Hambre ■ Si se confirma que el sueño no tiene un origen meramente fisiológico (a veces podemos tener ganas de comer mientras dormimos), el hambre puede indicar la presencia de una insatisfacción, en la mayoría de los casos, intelectual. Esta imagen, por lo tanto, representa el deseo del alma de encontrar respuesta a preguntas profundas. ‖ Cuando el sueño se repite muy a menudo y el hambre nunca es saciada, puede reflejar

HAMBRE

Felipe: «A menudo sueño que tengo mucha hambre y no encuentro comida por ningún lado: mi nevera está vacía o llena de objetos incomestibles –como un reloj, una pelota, un calcetín…–, Decido ir a la calle y comprar algo, pero las tiendas de alimentación están cerradas o cierran justo cuando yo voy a entrar. Entonces me enfado muchísimo. Otras veces sueño con una mesa llena de frutas exóticas y exquisitas, (higos, uvas, papayas, fresas…) pero cuando me llevo algo a la boca, se convierte en humo o desaparece. Entonces me despierto de muy mal humor, pero curiosamente no tengo hambre.»

Los sueños de comida tienen, a veces, un disparador meramente fisiológico. Sin embargo, en el caso de Felipe –que se despierta sin hambre– le estaban advirtiendo de otro tipo de necesidad, concretamente: **hambre de afecto y seguridad.** Cuando Felipe empezó a tener este tipo de sueños, hacía unos meses que había roto con su pareja. A pesar de haber sido su novia la que tomó la decisión, él se sentía fuerte y optimista y se jactaba de haberlo superado con facilidad. Sin embargo, su inconsciente le estaba recordando, a través de sus sueños, que estaba **emocionalmente seco** y que era más vulnerable de lo que se pensaba. La glotonería tiene, a veces, una connotación sexual: las frutas, en concreto, revelan un **deseo sensual no saciado.** El hecho de no encontrar alimentos o tiendas abiertas reflejaba su incapacidad para entender sus emociones y expresarlas.

problemas de tipo sexual y de comunicación con la pareja. Si el hambre queda satisfecha, es importante que prestemos atención a lo que la ha calmado, ya que ello podría ser básico en nuestra vida de vigilia. (Ver COMER y APETITO)

❖ La superstición popular dice que, cuanta más hambre experimentemos en sueños, más nos sonreirá el destino.

Harapos ■ Los harapos suelen denotar un exceso de preocupación por la propia imagen y falta de autoconfianza. Si no nos sentimos bien, verse vestido con harapos indica dejadez personal, decadencia moral y miseria. Cuando la sensación del sueño es agradable, en cambio, revela la superioridad del intelecto sobre todo lo físico o superficial. (Ver ROPA)

❖ Algunos oráculos predicen que sufriremos grandes pérdidas si tenemos este sueño. Otras interpretaciones lo consideran una señal de que tomaremos una sabia decisión.

Harén ■ Este sueño suele relacionarse con los apetitos sexuales, ya que refleja los deseos reprimidos que albergamos, así como también nuestras relaciones afectivas en general. En un hombre, este sueño puede advertirle sobre la presencia de circunstancias externas que le distraigan de sus verdaderos objetivos. || En una mujer, en cambio, puede representar el deseo de tener resueltos sus anhelos de posición social o de lujo, aunque para ello tenga que prescindir de su independencia o de su dignidad.

Harina ■ Símbolo de riqueza. Soñar con este producto significa que no nos faltarán recursos para vivir con toda comodidad. Pero, por otro lado, dado que la harina es un alimento que no puede comerse crudo, su significado también indica que aún habrá que esperar un poco. || En consecuencia, lo que el inconsciente pretende transmitirnos es que debemos aguardar el tiempo necesario para que nuestros proyectos se materialicen. Sólo los sabios dejan que todo fluya con naturalidad.

❖ Según la superstición popular, la harina es señal de muerte en el vecindario. Molerla hace temer pérdidas financieras; pero verla moler por otro es augurio de felicidad y riqueza. Estar cubiertos de harina denota negocios prósperos. Amasarla asegura a quien sueña que será un buen padre.

Heces >Ver EXCREMENTOS

Helada ■ Una helada impide el desarrollo de las plantas e incluso simboliza la destrucción. Lo más probable es que el sueño haga referencia a las emociones del que sueña: tal vez se comporta fríamente, o quizá alguien muestra esa actitud hacia él. || La belleza de una helada puede representar a una persona hermosa pero inalcanzable. || El sueño también puede anunciarnos alguna enfermedad relacionada con el frío, como un resfriado o una gripe. (ver FRÍO)

❖ Puede ser un aviso de que nuestra relación se está enfriando; se prevé soledad afectiva.

Helado ■ La frialdad del helado evoca cierta sensualidad y dulzura; quizá el sueño sugiere que deberíamos saborear la expresión de nuestras emociones en mayor medida. El disfrute sin inhibiciones del helado también hace aflorar nuestro lado más erótico y sensual.

Helecho ■ Es un sueño que indica la sensación de protección, proveniente de un factor externo. El soñante se siente apoyado y seguro en el entorno y de las personas que le rodean.

Hélice ■ Es un emblema de dinamismo. Soñar con la hélice de un barco o de un avión indica que somos optimistas, entusiastas e impulsivos. Cuanto más rápido gire, más velozmente avanzaremos en la vida. Como es obvio, dicha etapa no durará siempre, por lo que hay que aprovechar esta inyección de vitalidad.

Hemorragia ■ Es un claro símbolo de pérdida de energía vital. (Ver ENFERMEDAD)

Heno ■ Es símbolo de prosperidad y bienestar material. Segarlo, transportarlo o tumbarse sobre él, son todo signos de una buena situación económica. Verlo arder indica el temor a una etapa desfavorable y puede ser un aviso de prudencia y una advertencia de no realizar gastos innecesarios.

Herencia ■ Soñar con una herencia augura que recibiremos algo, pero este tipo de imágenes no suelen dar pistas sobre si lo que llegará será de índole positiva o negativa. Así, puede darse el caso de que por fin llegue la recompensa a nuestros sacrificios o que, por el contrario, heredemos deudas o enfermedades.

Herida ■ Pone de manifiesto daños psíquicos (a nuestro orgullo, dignidad, susceptibilidad, etc.) sufridos ante los ojos de los demás. Es precisamente ahí donde radica la causa de nuestro miedo: tememos que los que nos rodean descubran nuestras heridas. Si nos resignamos a padecer en silencio, lo único que conseguiremos con esta actitud será alimentar nuestro rencor y resentimiento. (Ver CICATRICES)

❖ Soñar ser heridos por un puñal significa peligro de sufrir ataques, o bien una operación quirúrgica. En cambio de espada, promete beneficios. Si la herida es provocada por desconocidos, surgirán problemas inesperados. Pero si cicatriza rápidamente indica que el soñador saldrá de los males gracias a sus propias fuerzas. Si es provocada por personas conocidas prevé herencias.

Hermafrodita ■ Verse a sí mismo como un hermafrodita puede indicar que la tendencia sexual del soñante no está, del todo, definida. Sin embargo, también puede reflejar la necesidad de potenciar el lado femenino, si el soñante es hombre, o el masculino, en el caso de que sea mujer.

Hermano/a ■ Los hermanos simbolizan tendencias muy marcadas de nuestra personalidad. Los sueños en los que aparecen hermanos –a pesar de que el soñador sea hijo único– presagian la necesidad de integrar en el Yo profundo ciertas cualidades de las que carecemos y que son necesarias para la comunicación con los demás. ‖ En consecuencia, este sueño quiere decir que deseamos buscar a alguien con quien compartir vivencias. Además, hay que tener en cuenta que, en los hermanos, suelen proyectarse los rasgos o defectos que no aceptamos en nosotros. Por ello, una interpretación correcta puede ser de gran ayuda para conocernos mejor.

❖ Soñar con un hermano puede representar que hemos encontrado un guía que nos lleve a nuestro Yo más profundo. Así, podremos resolver con más facilidad el problema que nos preocupa. ‖ La imagen onírica del hermano es, para algunas supersticiones, señal de traición e hipocresía.

Héroe ■ Soñar con un héroe o heroína es una señal de alerta sobre la necesidad de pedir ayuda a otras personas para resolver ciertos problemas. ‖ Sin embargo, si el héroe es el propio durmiente, lo que se hace patente es la imagen de fortaleza que tiene ante los demás. ‖ Muchas veces, en este sueño, el héroe representa nuestra parte consciente. Ésta se embarca en un viaje inconsciente para desafiar sus poderes. Igualmente, innumerables mitos e historias narran cómo los héroes se aventuran hacia tierras extrañas para conseguir un tesoro o rescatar a una bella doncella. Todo ello, son símbolos de la recompensa que recibiremos al investigar nuestro lado más oculto. ‖ Para una mujer, por último, soñar con la figura de un hombre hecho héroe puede evidenciar su lado masculino. Para un hombre,

encontrar a la princesa que buscaba puede manifestar que, por fin, ha dado con el aspecto femenino de su naturaleza.

❖ Algunas creencias oníricas consideran que este sueño augura que alguien que desprecia al soñante en la vida real pronto se enamorará de él.

Herramientas ■ Los sueños en los que aparecen herramientas tienen un significado claramente positivo. Éstas no acostumbran a evocar actividades desagradables. Pero, si el trabajo que estamos realizando con las herramientas nos disgusta, debemos interpretar el sueño como una invitación a superar nuestros propios límites.

Herrero ■ En algunas culturas, el oficio del herrero era sagrado, dado que se consideraba privilegio de rey. No en vano, siempre ha existido una estrecha relación entre la metalurgia y la alquimia. En la sociedad occidental, la figura del herrero se suele asociar con la acción de modelar los materiales más resistentes, ya sea en beneficio propio o de la comunidad. ‖ El sueño, pues, sugiere que podemos transformar muchas facetas de nuestra vida para llegar a ser lo que realmente ansiamos. ‖ El herrero también simboliza la pasión que forja nuestra personalidad (ver HIERRO)

❖ En Persia, el herrero aparecido en sueños es señal de fiebre violenta.

Hervir ■ En general, es un símbolo de transformación positiva. Señala un estado favorable para la curación de alguna enfermedad que comienza a remitir. También puede ser indicativo del regreso de una relación que se había enfriado.

Hiedra ■ Símbolo de la amistad, del amor sincero y duradero. También es un buen augurio para cambiar de residencia o para ocupar una nueva posición profesional.

❖ Según la superstición popular, augura felicidad duradera y amor eterno.

Hielo ■ Mientras el agua puede mostrar el flujo creativo de los sentimientos, la presencia del hielo en nuestros sueños indica poco entusiasmo y rigidez emocional. Deberíamos intentar vivir más intensamente y dar calor a los seres queridos. ‖ El hielo nos advierte del riesgo que corremos si nos endurecemos excesivamente en detrimento de los sentimientos. ‖ Es la petrificación del agua, que significa ausencia de fuerza vital y de amor. (Ver FRÍO y HELADA)

❖ Patinar sobre hielo presagia desastres.

Hiena ■ La hiena representa la cobardía y las bajas pasiones. No en vano, se trata de un animal carroñero y nocturno de potentes mandíbulas. Simbólicamente, se opone al halcón.
❖ La imagen onírica de la hiena anuncia enfermedad y lutos domésticos.

Hierba ■ Las hierbas, sea por su poder medicinal o por su veneno, aparecen con mucha frecuencia en las leyendas y cuentos folklóricos. ‖ Soñar que estamos tendidos sobre la hierba revela la necesidad de restablecer el contacto con nosotros mismos. Estamos desperdiciando la vida al seguir unas reglas que, a todas luces, son antinaturales. Este sueño nos invita a no perder la esperanza de un importante cambio transformador. ‖ Por otra parte, si nuestras imágenes oníricas nos muestran hierba seca y marchita es una señal desfavorable: significa que nos sentimos derrotados y que hemos renunciado a albergar nuevos proyectos. Las malas hierbas también representan nuestros peores hábitos y actitudes. Éstos pueden provenir de nuestro interior o de parte de los demás. Muy probablemente, el sueño nos esté mostrando la manera de recuperar la armonía.
❖ Si en nuestro sueño estamos arrancando la mala hierba y ésta no se compone ni de ortigas ni de cardos, los augurios son buenos. Pronto seremos muy afortunados.

Hierro ■ Mientras el oro y el mercurio se asocian a la espiritualidad, este metal se relaciona con la tierra y lo inferior. Simboliza la fortaleza, la falta de flexibilidad y el rigor excesivo. Estas ideas suelen vincularse a imágenes violentas, en las que el poder se adquiere a través de la fuerza física. (Ver Herrero)
❖ Este sueño posee augurios desfavorables, pues el hierro presagia angustia y dolor. ‖ Entre los persas, sin embargo, el hierro era muy estimado y visto en sueños prometía bienes y felicidad.

Hígado ■ El hígado de una persona simboliza las dos caras de la moneda: la alegría y el dolor. Lo que le suceda al hígado en el sueño indica las eventualidades a las que están sometidos estos dos conceptos antagónicos.
❖ En el caso de que pertenezca a un animal cornudo, el hígado augura éxito, empleos y dignidad.

Higo ■ Históricamente, los higos han representado la abundancia y la fertilidad, así como la sensualidad y los deseos sexuales. Pueden considerarse como un oasis en nuestra travesía del desierto, un oasis que debemos aprovechar con el máximo deleite.

❖ Frescos y maduras indican felicidad; secos, una suerte que va disminuyendo. Comer los frutos cogiéndolos directamente del árbol promete placeres amorosos.

Hijo ■ En los sueños, un hijo puede representar nuestra parte más juvenil y nuestro potencial. A lo mejor, reconocemos en él las esperanzas e ideales que tuvimos en el pasado. Asimismo, discutir con él indica que algo en nosotros se está rebelando. Si en el sueño nos llevamos bien con ellos o hay una reconciliación, indica que estamos claudicando ante ciertas exigencias o condiciones impuestas. ‖ También puede tratarse de nuestro propio hijo y el significado ser el literal.
❖ Soñar con una hija hermosa denota amigos interesantes; fea, devoción extraña. Un hijo, en cambio, denota trabajo.

Hilo ■ Es uno de los símbolos más antiguos de la humanidad. El hilo representa la conexión esencial en el plano espiritual, social, biológico, etc. Por ello, podemos interpretar el hilo como la cadena de circunstancias que se suceden en nuestra vida, conformando nuestro destino. ‖ Así pues, soñar con un hilo que no tiene fin augura salud y muchos años de vida. En cambio, si está roto, anuncia enfermedades o problemas físicos. La misma interpretación es aplicable a nuestras relaciones afectivas o al trabajo. ‖ Por otra parte, los hilos de metales nobles, como el oro y la plata, pronostican éxito obtenido gracias a la inteligencia y la sutileza.

Hinchar ■ Casi siempre indica la exageración desproporcionada de algo. Un miembro del cuerpo hinchado, por ejemplo, puede ser el reflejo de alguna enfermedad, pero también manifiesta que prestamos demasiada atención a lo que simboliza esa parte específica del cuerpo. Por otro lado, ver un objeto hinchado, asimismo, señala la importancia excesiva que le damos a su significado. Hinchar un balón es el aviso de que estamos llevando una situación determinada a límites insoportables.

Hinojo ■ El hinojo es un símbolo de la vista y del rejuvenecimiento, por lo que soñar con esta hierba puede ser un síntoma de clara mejoría en el caso de que padezcamos alguna enfermedad. ‖ También puede revelar nuestro deseo de parecer más jóvenes.

Hipocresía ■ Soñar que estamos rodeados de personas hipócritas nos previene de alguien que, bajo la apariencia de amigo, busca nuestra ruina. ‖ Si los hipócritas somos nosotros, deberíamos reconsiderar el tipo de relaciones que establecemos con los demás.

Hipopótamo ■ En el sistema jeroglífico egipcio, este animal representa la fuerza y el vigor. También está asociado a la idea de fertilidad. Si lo vemos sumergido en agua sucia o en lodo, el sueño apunta a nuestras bajas pasiones e impulsos viciosos. Estos impulsos no nos proporcionarán ningún placer si estamos dominados por ellos.
❖ Anuncia fuerza, vigor animal y fertilidad.

Hipoteca ■ Soñar con una hipoteca o con cualquier documento o gestión que implique un desembolso importante de dinero refleja el temor del soñante ante una situación económica difícil. También está implícito un sentimiento de culpa y de angustia por no haber logrado los objetivos propuestos.

Hocico ■ Generalmente, simboliza la relación del soñante con su entorno. Si el hocico es el de un animal doméstico, las circunstancias son favorables y ofrecen un contexto en que se siente cómodo y a gusto. Si es el hocico de una fiera amenazadora, el soñante se siente acongojado y sin posibilidad de cambiar aquello que le resulta hostil. Si se ve a sí mismo provisto de un hocico que le reemplaza la boca humana, el sueño expresa incomodidad con la imagen que el soñante proyecta hacia el exterior.

Hogar >Ver CASA

Hoguera ■ Soñar con una hoguera revela la necesidad de quemar los recuerdos, los prejuicios y todo lo que suponga un lastre para nuestra renovación y progreso. (Ver FUEGO)

Hoja ■ Cuando están verdes, simbolizan la prosperidad. Cuando se secan, no obstante, pueden anunciar problemas y enfermedades.
❖ Las hojas que caen auguran melancolía.

Hombre ■ Si es un conocido o un familiar, el sueño se limita a revelarnos los sentimientos que nos unen a él. Pero, si se trata de un desconocido, la interpretación dependerá de su aspecto. Así, un hombre joven augura problemas y disputas (sea cual sea el sexo de la persona que sueña), mientras que un anciano sugiere que recibiremos protección y consejos de un amigo. ‖ Según Jung, si una mujer sueña que es un hombre, éste representa la mitad racional, competitiva y agresiva de su personalidad.
❖ Si el hombre es guapo, todo irá bien, incluso podemos hacernos ricos. Si es muy feo, deberemos ser cau-

tos porque podemos tener problemas con nuestras amistades.

Hombros ■ Representan la fuerza y la capacidad de realización del ser humano. Si son anchos y fuertes, reflejan satisfacción, éxito y confianza en nosotros mismos; pero si son estrechos y débiles, indican falta de vitalidad, pesimismo e insatisfacción afectiva.

Homicidio >Ver ASESINATO

Honda ■ Tal como se narra en el mito bíblico de David y Goliat, la honda es el símbolo de la fuerza del débil que puede vencer al poderoso. Este tipo de sueños nos invita a tener más confianza en nosotros mismos.

Hongo ■ El hongo posee una compleja simbología. Representa el empeño de la vida por nacer, crecer y perdurar en el tiempo. Además, tiene facultades curativas, afrodisíacas y alucinógenas. Su interpretación es compleja y está sujeta al contexto en el que se desarrolle el sueño y a los demás elementos que en él aparezcan.

Horca ■ Soñar con una horca no es un buen augurio, puesto que anuncia problemas de todo tipo. Así, si el ahorcado es el durmiente, éste sufrirá la traición de un amigo; y si es un ser querido, deberá tomar una rápida decisión para evitar una desgracia. ‖ Si es un enemigo, en cambio, el triunfo del soñador será seguro en todos los ámbitos. ‖ Para una mujer joven, ver ahorcado a su novio significa que acabará casándose con un hombre cruel.

Hormigas ■ Cuando se asocian a imágenes oníricas agradables, las hormigas son sinónimo de trabajo previsor y laborioso. Pero, en muchas ocasiones, su multiplicidad provoca que el significado sea desfavorable. Así, si las vemos invadiendo nuestra casa, demuestran la angustia que estamos sufriendo por problemas que nos preocupan. Lo más grave es soñar que se apoderan de nuestro cuerpo: ello podría reflejar ciertos trastornos mentales. ‖ Soñar con hormigas puede ser también señal de una probable erupción cutánea.
❖ Las hormigas aladas auguran viajes peligrosos. Aplastarlas, destrucción de nuestra propia fortuna.

Hornear ■ Este sueño puede representar los planes que vamos a empezar y que se van gestando de manera paulatina. Si horneamos pan, pronto obtendremos grandes beneficios, pues éste simboliza el alimento y la salud.

❖ Según las antiguas supersticiones, los augurios de este sueño son buenos. Sin embargo, soñar que se nos quema el pan hace prever un aborto.

Horno ■ El horno puede augurar alimento en un futuro. De momento, pese a todo, debemos esperar con paciencia la recompensa. Para los psicólogos freudianos, el horno simboliza el útero y denota embarazo. Así, puede que estemos incubando nuevas ideas o actitudes. (Ver ALQUIMIA, COCINAR, FUEGO y HERRERO)
❖ Cocinar algo al horno es señal de cambios. Si el horno está caliente, el cambio será bueno pero, si esta frío, debemos ser precavidos.

Hortalizas ■ Representan la fecundidad y la inmortalidad. Son indicio de un buen momento afectivo, económico o espiritual. También son símbolos que reflejan la relación del soñante con su sexualidad, tanto si es hombre como si es mujer. Su imagen representa los órganos genitales masculinos y femeninos.
❖ Según algunas supersticiones, las hortalizas que tienen una forma genital masculina resultan afrodisíacas.

Hortensia ■ Esta flor es un símbolo que suele denotar frigidez.

Hospital ■ Soñar con un hospital puede ser, hasta cierto punto, alarmante, ya que pone de manifiesto el temor a padecer una enfermedad. Si en el sueño visitamos a un enfermo, debemos tener especial cuidado con nuestra salud, pues nuestro organismo nos está reclamando ayuda.
❖ En la antigua Grecia, se creía que los sueños no sólo diagnosticaban el estado de salud del soñante, sino que también tenían capacidad curativa. Esto fue afirmado por Hipócrates, considerado el padre de la medicina. || La medicina tibetana también toma nota de los sueños de sus pacientes para poder descubrir la causa espiritual de la enfermedad física.

Hotel ■ Si soñamos que vivimos en un hotel, seguramente tenemos ansias de una vida mejor y más despreocupada, sin tener que luchar para cubrir las necesidades básicas. Es probable que deseemos una existencia muy diferente a la real. En caso de que seamos los dueños o los administradores del establecimiento hotelero, querrá decir que aspiramos a tener poder sobre los demás. || Según otras interpretaciones, el hotel se relaciona con los cambios de domicilio y la falta de permanencia continuada. Así, puede representar la transición de unas circunstancias a otras o la pérdida de la propia identidad.

❖ Si el hotel es lujoso, se predice fracaso. Pero si es viejo y sórdido, pronto contaremos con la ayuda de la buena suerte.

Hoz ■ Al igual que sucede con la guadaña, la hoz simboliza tanto la recolección de la cosecha, como la muerte. Por ello, la presencia de una hoz en un sueño augura el final de una situación o etapa. Llevar a cabo nuestras decisiones en el momento adecuado, sin precipitarnos, nos conducirá a un final feliz.

Hucha ■ Su simbología tiene que ver con la acumulación de bienes materiales y la relación del soñante con el dinero. Llenar la hucha indica autodisciplina y precaución. Romperla puede ser el aviso de tener que realizar un gasto imprevisto. Perderla, miedo al despilfarro o a la ruina.

Huelga ■ La huelga indica que algo de nuestra personalidad se está sublevando frente a una situación determinada. Simboliza el hastío y la rebelión contra nuestra vida actual. Lo que nos aconseja este sueño resulta evidente: debemos cambiar lo que no nos gusta.

Huellas ■ Las propias huellas, cuando aparecen nítidas, señalan éxito rápido y bienestar. En caso contrario, son sinónimo de vacilación ante la toma de decisiones. || Si las huellas son de otra persona, debemos desconfiar de aquellos que parecen excesivamente interesados en nuestro trabajo: podrían estar buscando información con el fin de ascender a nuestra costa.

Huérfano ■ Ver a una persona huérfana indica compasión y deseo de protección hacia ella. Verse huérfano uno mismo indica aislamiento y soledad. Refleja necesidad de aceptación, afecto y protección.
❖ Este sueño presagia que sacaremos provecho de nuestros amigos ricos, pero que seremos desafortunados en los asuntos del corazón.

Huerto ■ El huerto donde crecen las hortalizas simboliza todo lo relacionado con nuestros pequeños deseos, en muchas ocasiones, inconfesables. Soñar con la siembra del huerto indica que estamos consiguiendo, poco a poco, esos pequeños objetivos que llenan la vida de sentido. Además, si recogemos los frutos de la huerta, existen posibilidades de recibir algún premio inesperado. (Ver AGRICULTURA)

Huesos ■ Los huesos suelen asociarse a la muerte y al pasado lejano. Auguran problemas, pérdida de ilusiones y, en general, indican que estamos atravesando un período de especial pesimismo y abatimiento. || Si soñamos con algún hueso roto, pueden estar tambaleándose los cimientos de nuestra vida real y poder personal.

❖ Las diosas que llevan un collar de huesos alrededor del cuello o de la cadera hacen referencia a la presión que ejerce el paso y la fugacidad del tiempo.

Huevos ■ Simbolizan la fecundidad, la renovación periódica de la naturaleza. Después de un período de espera, se abre ante nosotros un nuevo horizonte. Por ello, este sueño indica riqueza y prosperidad, excepto cuando los huevos están rotos; en este último caso, representarían el miedo a que los proyectos o relaciones afectivas no lleguen a buen fin. || Los huevos simbolizan, para la escuela junguiana, la reserva para el futuro, la economía; los freudianos, los asimilan con la vida en germen, con el renacimiento. || Soñar con encontrarlos en el nido denota un fuerte deseo de paternidad.

❖ Existe una superstición que dice que este sueño augura ofensas.

Huida ■ El hecho de huir en sueños indica que nos refugiamos en las apariencias y que, cuando las cosas no salen como quisiéramos, huimos. Huir implica, básicamente, miedo de aceptarnos como somos. El mensaje del sueño evidencia que debemos enfrentarnos a la realidad si queremos que los demás confíen en nosotros.

Humedad ■ En general, es un sueño negativo que refleja incomodidad y temor a que invadan nuestro espacio vital. También se relaciona con las emociones dolorosas y con sentimientos de tristeza y abandono.

Humillación ■ Humillarse ante otra persona denota que, en la vida real, se está actuando de forma insensata. Ello sólo nos reportará disgustos. || En caso de que el humillado sea un adversario, significa que lograremos ganancias inesperadas y que antiguas faltas nos serán perdonadas.

Humo ■ En algunas culturas se atribuye poder benéfico al humo, dado que se le supone poseedor de una cualidad mágica para ahuyentar las desgracias de los seres humanos. Si en el sueño imaginamos este humo como una columna blanca, ligera y sutil que se eleva hacia el cielo, es señal de que nos estamos elevando espiritualmente. || Por el contrario, si las sensaciones que nos depara son desagradables, esto puede apuntar a un estado de confusión mental. No en vano, éste impide ver con claridad y, en consecuencia, dificulta solucionar los problemas que surgen en el camino.

❖ A menos que el humo nos moleste, los presagios son desfavorables.

Hundirse ■ En ocasiones, denota que los sentimientos y las preocupaciones acaparan todo nuestro ser. O, tal vez, tememos que algo que significa mucho para nosotros llegue a su fin. Por ejemplo, una relación o un negocio. Este sueño podría estar mostrando nuestra decepción acerca de algún asunto de nuestra vida.

❖ Algunos astrólogos aseguran que soñar con hundirse significa que hemos gastado demasiado en nuestras compras.

Huracán ■ Representa un gran obstáculo que hay que superar. Para ello, tenemos ser cautos y no perder el norte, manteniendo los pies en el suelo en todo momento. (Ver ABISMO y AIRE)

I

Iceberg ■ Un enorme bloque de hielo representa los obstáculos que se interponen en el camino del durmiente. Estas barreras podrán aparecer, tanto en el terreno laboral, como en el familiar. Es un sueño, pues, de alerta y, a la vez, de ánimo para luchar contra esos impedimentos que dificultan nuestra felicidad. (Ver HELADA y HIELO)

Idea ■ En general es un sueño positivo que se relaciona con la creatividad. El inconsciente ha ido acumulando y procesando datos y la escena onírica nos presenta el fruto de ese trabajo. Puede ser un sueño muy útil en la vida real para resolver un problema determinado, o para el desarrollo de alguna actividad artística, intelectual o científica.

Ídolo ■ Si somos aclamados como ídolos pero no vemos el rostro de quienes nos felicitan, significa que estamos en peligro (la vanidad nos está perjudicando). ‖ En cambio, si las aclamaciones son escasas y vemos las caras de quienes nos elogian, el éxito será fugaz y sólo servirá para halagar nuestro ego. (Ver ACRÓBATA)

Iglesia ■ Las iglesias nos ponen en contacto con nuestra armonía interior, pues, como es sabido, se trata de lugares de recogimiento y meditación. Soñar que nos encontramos en una iglesia vacía y solitaria sugiere una necesidad de soledad e introspección. Si, por el contrario, esta iglesia es grande y está repleta de gente, el sueño nos anima a confiar más en los demás, en lo

que nos ofrece la sociedad. El sueño es muy positivo si el protagonista toma conciencia de su potencial y se decide a buscar nuevos proyectos para cambiar su futuro. ‖ El objetivo de la arquitectura de los edificios sagrados es simbolizar la unidad del alma con Dios. En términos psicológicos, estos edificios representan la mente humana en toda su plenitud. (Ver ABADÍA)
❖ Rezar en una iglesia promete alegría

Imagen ■ Una imagen religiosa denota inseguridad ante los propios recursos; la de los padres, dependencia familiar; y la de la pareja, tensiones en la relación.

Imán ■ Simboliza una atracción misteriosa que va más allá de la propia voluntad del soñante. Casi siempre se refiere a la atracción física entre dos personas, que puede resultar tan fascinante como peligrosa. Este sueño, a veces, se interpreta como una llamada a la precaución.

Imitación ■ La acción de imitar a alguien tiene dos significados opuestos: por un lado, la incapacidad del soñante para tomar sus propias decisiones y, por otro, un alto grado de originalidad. También puede interpretarse como una gran capacidad de adaptación al medio que rodea al soñante.

Impedido ■ Soñar con un impedimento indica que el camino elegido para realizar un proyecto está equivocado. Si nos vemos en una silla de ruedas, esto puede significar que estamos atravesando un período de inmovilidad, por lo que debemos esforzarnos para lograr nuestras metas. || En el caso de soñar que no podemos movernos del sitio en el que estamos por impedimentos incomprensibles, ello significa que nuestra vida no funciona o no avanza como debería. Conviene, pues, hacer balance.

Impermeable ■ Soñar con esta prenda pone de manifiesto el deseo del durmiente de estar protegido contra las adversidades. Por eso, si aparece sin él bajo la lluvia, ello denotará que se enfrenta a los peligros sin el apoyo de sus seres queridos. || Comprar un impermeable señala previsión; y quitárselo, seguridad de que una mala época ha llegado a su fin.

Impotencia ■ Soñar que no podemos realizar el acto sexual es señal de un sentimiento de impotencia; el problema básico es que nos sentimos faltos de entusiasmo y de energía para afrontar cualquier situación. Ello es síntoma de pereza, de una negligencia que acabará por afectar a nuestro trabajo y a nuestras relaciones personales. || Este episodio evidencia que nuestros ideales son muy elevados, pero que, en cambio, nos dejamos llevar por la comodidad y las opciones fáciles. La imposibilidad de conectar con nuestra esencia va en detrimento de nuestra creatividad.

Imprenta ■ Indica el miedo de que se publiquen aspectos secretos de la propia personalidad, o de que se revelen verdades ocultas que el soñador conoce. Puede ser un aviso del inconsciente a ser precavidos y a no hablar más de la cuenta.

Incendio ■ Soñar con un incendio evidencia que nuestra situación actual está llegando a un límite peligroso. No en vano, la imagen de una casa o un bosque que arde indica que debemos destruir los recuerdos, los prejuicios y todo lo que suponga un lastre para nuestro progreso y renovación. || Si las llamas nos amenazan, tememos enfrentarnos a un problema o proyecto; pero si nos abrasan, estamos desperdiciando o empleando mal nuestra energía y esfuerzos. Avanzar entre llamas sin quemarse manifiesta firmeza y capacidad para superar los obstáculos, así como un ardiente deseo por alcanzar la meta. (Ver Fuego)

Incesto ■ Según Carl Gustav Jung, el incesto simboliza el anhelo de unión con la esencia de uno mismo. Por este motivo, algunos dioses de las mitologías antiguas engendraban por medio de éste. En cualquier caso, este sueño es muy poco frecuente. || En términos oníricos, el incesto puede indicar varias cosas. Lo más normal es que nos recuerde la dependencia que tenemos de nuestra madre, así como el miedo que nos provoca la idea de separarnos de ella. Todo ello, revela inmadurez e incapacidad para tomar decisiones. También puede recordarnos, tal como afirmaba Jung, nuestro origen y el fuerte deseo de volver a él, de recuperar nuestra identidad y renacer. || El incesto con un hermano o una hermana, por último, representa la unión de nuestros lados femenino y masculino. (Ver Sexo)

❖ Antiguamente, este tema era tan tabú que ninguno de los libros sobre sueños hace referencia alguna acerca de él.

Incienso ■ Este sueño suele tener connotaciones religiosas o espirituales. Representa la elevación y la sutileza, así como también el deseo de la belleza inmaterial y el recogimiento en uno mismo. (Ver Humo)

Indigestión ■ Este sueño puede ser reflejo de una situación real. Una cena copiosa poco tiempo antes de irse a dormir puede originar algunas de estas pesadillas. Descartada esta opción, la indigestión es un símbolo de excesos. Es posible que el soñante se sienta culpable por derrochar sus recursos materiales, espirituales o afectivos.

Infancia ■ Regresar a la infancia por medio de los sueños indica, normalmente, una necesidad de protección. Es el deseo de volver a los tiempos en los que la madre cuidaba de nosotros sin tenernos que preocupar por nada. Este tipo de imágenes suele producirse cuando tenemos miedo de enfrentarnos a lo desconocido. El futuro nos produce inseguridad. || Si visitamos los barrios de nuestra niñez, ello tal vez puede ayudarnos a recuperar algún aspecto de nuestro pasado que no quedó totalmente resuelto, y al cual ahora hay que dar la cara para hallar la paz. En cualquier caso, la infancia permite el reencuentro con uno mismo.

Infidelidad ■ Ser infiel a la pareja en los sueños no significa, necesariamente, que esta situación vaya a producirse o se haya materializado, sino que estamos siendo infieles a nosotros mismos, traicionando nuestros propios principios. || No estamos cumpliendo con nuestros compromisos, con las metas que nos habíamos fijado. Nuestra pareja no es más que el reflejo de nuestro interior, de la parte más oculta de nuestra persona. En general, un acto de infidelidad muestra la disconformidad que sentimos ante algún tipo de norma. ‖ En el caso de que sí haga referencia a nuestra relación sentimental, este sueño denota decepción y necesidades insatisfechas. Si es nuestra pareja quien nos es infiel, a lo mejor significa que estamos negándole sus deseos emocionales.

❖ La superstición onírica dice que este sueño expresa lo contrario. Augura una feliz relación, llena de fidelidad.

Infierno ■ La idea del infierno posee un valor mítico y constante en la cultura humana. Está concebido, en primer término, como una forma de «subvida» (vida larvada de los muertos en el seno de la tierra). Luego, se sitúa como lugar de tormentos. Con este panorama, es evidente que –simplemente por analogía– pueda ser asociado a todo lo negativo de la existencia. ‖ Las representaciones del infierno aparecen en todas las religiones de la tierra, desde Egipto hasta el cristianismo. Fuego, instrumentos de tortura y demonios son sus expresiones iconográficas. No hay que olvidar que el infierno simboliza el mundo subterráneo de lo inconsciente, donde hemos condenado los impulsos que no deseamos admitir por motivos morales, culturales o, simplemente, por ignorancia. ‖ Al soñar con el infierno podemos sentir miedo o culpabilidad, lo que indicará que estamos reprimiendo alguno de nuestros actos o pensamientos. El mensaje de un sueño de este tipo es que debemos dejar de mortificarnos y proceder a limpiar el alma de toda negatividad.

❖ Los antiguos diccionarios oníricos dicen que este sueño nace de nuestros conflictos interiores. Sin embargo, añaden que también presagia mejoras en los negocios.

Inflar ■ Soñar que hinchamos globos significa que tendemos a alimentar ilusiones utópicas para no enfrentarnos a las cuestiones que nos reclaman con urgencia. Nos dedicamos a perder el tiempo y a soñar despiertos, huyendo de la realidad cotidiana. ‖ Por lo tanto, debemos centrarnos en conseguir que nuestra vida encuentre un objetivo concreto y factible, sin desperdiciar el tiempo en ideas irrealizables.

Infusión ■ Sus propiedades curativas indican al soñante que debe ser cauto, discreto y paciente a la hora de resolver sus asuntos. Quizá sea el momento oportuno para replantearse una posible actitud apresurada y agresiva hacia alguien de nuestro entorno.

Injusticia ■ Cometer una injusticia en sueños evidencia cierta tendencia al abuso que, a la larga, podría aca-

rrear graves consecuencias para el soñador. ‖ Sufrirla, en cambio, señala retraso en la consecución de los planes, además de perjuicios de todo tipo.

Ingredientes ■ Ver una serie de ingredientes dispuestos puede indicar la necesidad de poner en orden determinados aspectos de nuestra vida, ya sea en el trabajo o en el entorno familiar o doméstico. Es posible que nuestras relaciones personales requieran un repaso. Si vemos ingredientes en mal estado, puede ser que alberguemos un sentimiento de culpa por haber dejado pasar el momento oportuno para iniciar un proyecto concreto.

Iniciación ■ Estos sueños suelen representar la transición de una etapa psicológica a otra superior. Por ejemplo, el paso de la infancia a la adolescencia, el de la juventud a la mediana edad, o el de la mediana edad a la vejez. Por otro lado, la iniciación esconde el deseo del soñante de cambiar sus aspiraciones terrenales por otras de más espiritualidad.

❖ En la antigüedad, los rituales de iniciación eran algo muy común. Se utilizaban como una representación dramatizada de la estructura de la psique y de la vida.

Inmovilidad ■ En general es un sueño angustioso en el que el soñante intenta moverse y no lo consigue. Esta pesadilla puede tener su origen en un problema fisiológico o en la mala posición de algún miembro de su cuerpo mientras duerme. De no ser así, el sueño refleja una situación real en la que la inmovilidad, que puede ser espiritual o intelectual, sea el fruto de un complejo de inferioridad o de baja autoestima. En ese caso, habría que estudiar las causas para llegar al fondo del problema y darle una solución adecuada. Cuando el sueño no genera angustia, sino placidez, entonces se interpreta como señal de agotamiento físico o mental. En tal caso, advierte de la necesidad inminente de tomarse un descanso.

Inmune ■ Verse inmune ante un tipo de contagio que afecta a otras personas indica que el soñante cuenta con un alto grado de seguridad y confianza en sí mismo. Es un momento favorable para enfrentarse a problemas cotidianos de mayor o menor envergadura.

Inquietud ■ Sentirse inquieto mientras se duerme revela malestar y posibles dolencias. El sueño quiere dar a entender que debemos prestar más atención al cuidado de la salud. Algún aspecto de la vida privada está afectando a nuestra forma física, estamos somatizando todas aquellas influencias negativas que nos agobian en los quehaceres cotidianos.

Inquisición ▪ Generalmente es un sueño negativo, relacionado con sentimientos de culpa y de impotencia. Es posible que el soñante se sienta injustamente castigado o que haya juzgado con indolencia a una persona de su entorno.

Insectos ▪ Encarnan el resentimiento, el miedo y el desprecio hacia los demás. Por ello, soñar que los insectos invaden nuestra casa señala que tememos los rumores. Un insecto gigante indica que una persona nos oprime, ya sea un padre o un jefe autoritario. También, pueden simbolizar todos aquellos impulsos o deseos reprimidos. ‖ Por otro lado, los insectos representan los pequeños problemas de la vida diaria. En la *Metamorfosis* de Kafka (1912) el protagonista un día amanece siendo un insecto. Kafka se dedicó durante mucho tiempo a trabajos de oficina que detestaba. Este sueño, pues, puede representar cómo el terreno laboral nos transforma en algo insignificante, erradicando nuestra personalidad. ‖ En este sentido, las hormigas representan el conformismo social, manifestando que somos demasiado obedientes. Las moscas son las crisis, la putrefacción y la culpabilidad; las mariquitas, la felicidad en el trabajo; las langostas, la falta de alimento psicológico, la destrucción de la creatividad; y, por último, las avispas son las emociones y pensamientos furiosos.
❖ En el antiguo Egipto, se rendía culto al escarabajo, pues simbolizaba la creación. En los sueños, este insecto puede representar nuestra alma. ‖ En algunos cuentos, por otro lado, los insectos aparecen cuando la solución de la trama parece imposible y su ayuda es la única opción (por ejemplo, se les suele pedir que separen el grano de la arena o alguna tarea similar). En términos oníricos, por ello, simbolizan la precisión y el pensamiento meticuloso.

Inspección ▪ Imaginar que un inspector nos quiere supervisar el trabajo o las cuentas expresa el miedo de que se descubra un secreto o una debilidad de nuestro carácter. Si intentamos profundizar en todos los símbolos que acompañan la inspección, ello puede ser de gran utilidad para conocernos mejor.

Intento ▪ Indica intención y decisión para ponerse en marcha. Casi siempre es un sueño positivo que señala haber perdido la prevención y el miedo a lo desconocido y estar dispuesto a emprender un nuevo camino o a iniciar algún tipo de proyecto. El soñante tiene suficiente confianza en sí mismo para tomar la iniciativa y aceptar los riesgos que ello conlleva.

Internet ▪ Soñar que nos conectamos a Internet muestra el deseo de ver ampliado nuestro círculo de amistades y de vivir nuevas emociones. Sin embargo, también hace patente el miedo de no ser aceptados y de solucionarlo escondiéndonos tras el ordenador. ‖ No poder acceder a Internet denota nuestro fracaso a la hora de estrechar relaciones con otras personas.
❖ Los físicos creen que todo aquello que posee vida está interconectado por una finísima capa de energía. Lo que sucede en un lugar afecta al resto. Al sintonizar con esta red universal, es posible percibir los acontecimientos de cualquier parte del mundo. Los sueños, a veces, nos ofrecen la oportunidad de conectarnos a este Internet etéreo que posee la conciencia.

Interrupción ▪ Este sueño se relaciona con algún tipo de frustración o de decepción que padece el soñante en la vida real. Habría que analizar el contexto y los elementos que aparecen en el sueño para poder interpretarlo correctamente.

Intestinos ▪ Éstos se relacionan con todo lo visceral. A través de los intestinos absorbemos los alimentos y desechamos las sustancias no nutritivas, convirtiéndolas en excrementos. Por ello, en términos oníricos, representan la criba de nuestras experiencias diarias para extraer el conocimiento. (Ver Comer y Excrementos)

Inundación ▪ El agua simboliza la parte emocional de nuestro inconsciente. Así, soñar con una inundación indica que una emoción demasiado intensa nos ha desbordado, sobre todo si nos arrastra la corriente sin que podamos impedirlo. Debemos tratar de dominarla o buscar un medio de expresión o desahogo que nos permita sacarla sin explosiones emocionales, como el arte, la relajación... De esta manera, la inundación se convertirá en iluminación o inspiración. Si no las vigilamos, nuestras emociones pueden echar a perder más de un proyecto. ‖ No hay que olvidar, sin embargo, el efecto nutritivo del agua (como sucede con el bautismo). De este modo, el sueño puede representar el comienzo de una nueva etapa en nuestra vida. (Ver Agua y Ahogarse)
❖ La historia del Arca de Noé y otras similares representan la purga por obtener algo mejor. Tras una inundación, todo lo antiguo ha sido destruido. Es el momento para empezar de nuevo.

Invalidez ■ Verse inválido en sueños probablemente significa que nos sentimos como si algo o alguien nos hubiera robado nuestra autoconfianza. Por otro lado, este sueño también puede ser debido a que, en la vida real, no nos permiten actuar como queremos. Los propios sentimientos de negatividad, sin embargo, también pueden ser la causa de no poder movernos ni avanzar.
❖ Con paciencia, obtendremos el éxito.

Inventario ■ Este sueño indica la necesidad de hacer un inventario interno, pormenorizado y detallado, de las circunstancias que han dado forma a nuestra personalidad.

Invento ■ Si en el sueño diseñamos un invento, ello refleja la necesidad de salir de las pautas marcadas a priori. El inconsciente trata de decirnos que debemos indagar, buscar otras formas de expresión, de creatividad, ir más allá de todo convencionalismo. También expresa nuestras ansias de ser diferentes y dejar atrás la rutina.

Invierno ■ El invierno simboliza la esterilidad, el sueño. El mensaje, pues, es sencillo: debemos reflexionar y planificar nuestras actividades de cara al futuro, aprovechando esta época de aislamiento. (Ver DESIERTO, FRÍO y HIELO)

Invisible ■ Este tipo de sueño suele llevar aparejadas dos interpretaciones distintas: indica nuestra necesidad de pasar inadvertidos, o bien que la gente no valora lo que hacemos. En general, si no deseamos que nos vean, quiere decir que tenemos miedo a la sociedad y nos sentimos inseguros. (Ver Desaparición y Humo)
❖ En la antigua mitología griega, Perseo utilizaba un manto que le dotaba de invisibilidad. Oníricamente hablando, ésto puede representar la fuerza espiritual oculta que se necesita a la hora de explorar el inconsciente.

Invitación ■ Recibir una invitación revela un deseo de entablar nuevas amistades. Al mismo tiempo, también indica que nos gusta cumplir con las normas sociales de cortesía y diplomacia. Es importante prestar atención a este sueño. Puede ser el anuncio de un compromiso importante, ya sea profesional o afectivo. Por otro lado, tener un invitado manifiesta aquella parte oculta de nuestra personalidad que queremos integrar en nuestra vida consciente. Del mismo modo, un invitado puede representar los nuevos retos e intereses

INSECTOS

Silvia soñó: «*Estaba tumbada en mi cama cuando descubrí una cucaracha enorme en el techo de mi habitación, justo encima de mi cabeza. Era de color verde oscuro, emitía un tenue zumbido y movía sus largas antenas enérgicamente, rozándome la cara. Sentí pánico, pero no me atreví a moverme ni a gritar por miedo a asustarla o a que se lanzara sobre mí. Me quedé inmóvil, con los ojos cerrados, deseando que desapareciera.*»

Los insectos suelen reflejar nuestros **miedos o inseguridades**. Si son gigantes, a menudo, indican la opresión que sufrimos par parte de una figura autoritaria, por la que sentimos toda una serie de emociones, como repulsa, miedo, respeto… Silvia tardó varios días en entender el significado de su sueño. Lo hizo un día que estaba reunida con su jefe. Éste le estaba llamando la atención por un descuido y le recriminaba su incompetencia. El traje verde oscuro que llevaba puesto le hizo recordar su sueño. Entonces, lo vio claro. Aunque Silvia trabajaba mucho, sentía que para su jefe nunca hacía suficiente, quien aprovechaba el mínimo descuido para recordarle que no trabajaba bien. **Los tentáculos del enorme insecto** rozándole, reflejaban la atenta mirada de su jefe, siempre pendiente del más mínimo descuido para amonestarla. A pesar de lo injusto de la situación, Silvia no se atrevía a protestar, se limitaba a asentir con la cabeza, deseosa de que acabara lo antes posible. Tenía miedo de que su jefe se enfadara o, peor aún, la despidiera.

que tenemos. O, por el contrario, el sueño quizá nos está llamando la atención sobre aquellas circunstancias que son temporales, como los invitados. Pues éstos llegan, son entretenidos y, luego, se van.
❖ Según un dicho del I Ching, cuando se es un forastero, no se puede ser brusco ni despótico. Se debe, por tanto, ser cauteloso y reservado. Así, uno se protege de la maldad. Quizá este sea el consejo que nos esté dando nuestro sueño.

Inyección ■ Es un indicador de la relación que tenemos con personas de nuestro entorno. Generalmente representa la influencia, positiva o negativa, que alguien ejerce sobre nosotros. Si el sueño genera un sentimiento de angustia, revela el temor hacia esa influencia externa o el excesivo valor que damos a la opinión de los demás. ‖ Por otro lado, el sueño puede estar diciéndonos que inyectemos más entretenimiento y determinación en nuestra vida. La jeringa, además, está considerada como un símbolo fálico. Quizá lo que necesitamos es adoptar más entusiasmo en el plano sexual. ‖ Finalmente, las inyecciones simbolizan curación y protección. En este caso, debemos pensar en qué estado se encuentra nuestra faceta más espiritual.

❖ Una interpretación onírica de los años treinta considera que soñar que nos ponen una inyección significa que nos liberaremos de aquellos enemigos que traman algo contra nosotros.

Isla ■ La isla se asocia a las ideas de salvación y refugio, en caso de que el sueño sea agradable. Por otra parte, una isla puede convertirse en una cárcel por el aislamiento que se deriva de ella. ‖ En general, la isla muestra los deseos de huir de la realidad, así como el individualismo de cada uno. Si estamos incomunicados en ella, deberíamos intentar analizar nuestros sentimientos desde otras perspectivas, pues todo indica que no solemos contar con los demás a la hora de tomar decisiones. ‖ Además, teniendo en cuenta que el mar simboliza la mente inconsciente, la isla puede significar el deseo de mantenernos a salvo con nuestro Yo consciente en vez de querer investigar en nuestro interior. El mar, de acuerdo con los estudios de Freud, también simboliza la figura de la madre. Este sueño, por tanto, puede estar mostrando nuestras relaciones materno-filiales. Así, si la isla es engullida por el agua, puede que nos sintamos presionados por una madre demasiado autoritaria o por el descontrol de nuestras fuerzas inconscientes. (Ver ARMADURA, CASTILLO, ABANDONAR, AGUA y ERMITAÑO)

❖ Respecto a este sueño, los oráculos predicen comodidad y circunstancias favorables.

Izquierda ■ El hemisferio derecho del cerebro controla la parte izquierda del cuerpo. Representa nuestra parte instintiva, artística e intuitiva.

❖ Una antigua creencia dice que el demonio se coloca a la izquierda de las personas para tentarlas.

J

Jabalí ■ Como la mayoría de animales, su significado simbólico es polivalente. Por un lado, representa la intrepidez y el arrojo irracional; por el otro, es símbolo de desenfreno. Dado que se hace muy difícil luchar contra él (nunca se da por vencido), el sueño nos está indicando que, si reprimimos nuestros deseos, los instintos nos harán la vida imposible. Utilizando la fuerza del jabalí seremos capaces de conseguir todo lo que nos propongamos. ‖ Representa el impulso sexual libre, no sometido a la conciencia; es decir, la libido, que igual que el jabalí es desenfrenada, violenta e irracional.
❖ Símbolo negativo, el jabalí representa la personificación onírica de enemigos crueles e implacables. Si en el sueño, el jabalí es capturado o vencido augura alegrías y triunfo.

Jabón ■ Imaginar que nos lavamos con jabón indica que necesitamos «limpiar» ciertos aspectos de nuestra vida. Por el contrario, esta imagen también puede significar que los asuntos que nos tienen preocupados empiezan a aclararse. Un matiz importante: si lavamos ropa o alguna prenda personal, son nuestras relaciones afectivas las que necesitan una cura de «limpieza».

Jade ■ Como todas las piedras preciosas, está cargada de simbolismo mágico y espiritual. Para los taoístas, representa la inmortalidad del alma y el grado de perfección más alto al que puede llegar el espíritu. Verlo en sueños es señal de relaciones fieles, sanas, estables y duraderas.

Jaguar ■ Es un animal que tiene connotaciones sagradas y mágicas en algunas culturas aborígenes de Latinoamérica. Para éstas, representa poder y sabiduría. En general, no obstante, ver un jaguar en sueños indica una situación de peligro de la cual es difícil salir bien librado. El soñante atraviesa un momento de incertidumbre y angustia y no cuenta con los medios necesarios para solucionar los problemas que le aquejan.

Jamón ■ Soñar que comemos jamón puede interpretarse como la necesidad de alimentar nuestros instintos primarios. Este sueño, por otro lado, también nos aconseja tener cuidado con los gastos superfluos.

Jaqueca ■ Sufrir jaqueca en sueños anuncia pesares de poca gravedad, pero recurrentes.

Jarabe ■ Extremadamente dulce y empalagoso, puede ser un reflejo de la actitud que alguien adopta con nostros o de la nuestra propia. ‖ Tomar jarabe también muestra al durmiente que, tras una época de infortunios, va a poder solucionar todos sus problemas y vivir con cierta serenidad. Según otras interpretaciones, este sueño denota excesivo sentimentalismo y nostalgia.
❖ Algunas supersticiones asocian los sueños que contienen cosas dulces con todo aquello de carácter «sexy». Esto proviene del hecho de que el cerebro humano, cuando el individuo está excitado, produce una sustancia química que también se encuentra en el chocolate.

Jardín ■ El jardín es el ámbito en el que la naturaleza está sometida, ordenada y racionalizada. Por esta razón, constituye un símbolo del dominio de la conciencia sobre el caótico inconsciente (o sea, la selva). También, representa la previsión sobre la espontaneidad. ‖ Al mismo tiempo, la intimidad característica de los jardines (lugar propicio para enamorados) hace que estén considerados arquetipos del mundo interior, de la subjetividad y de los sentimientos. Así, soñar con un jardín bien cuidado puede indicar paz y armonía, mientras que verlo abandonado significa que nos estamos descuidando. El agua, los estanques y las fuentes que encontremos en el jardín serán la energía espiritual que constituye nuestra naturaleza. ‖ Por último, tras un período de dificultades, este sueño puede maniferstar una curación interior. (Ver Flores)
❖ Este sueño augura que el durmiente contraerá matrimonio con una bella mujer o con un hombre apuesto.

Jarra ■ Como todos los recipientes, es un símbolo de lo femenino y la conservación. En general, soñar con una jarra o un jarrón puede interpretarse como un toque de atención al soñador, ya que el mensaje, en este caso, versaría sobre la necesidad de atender a los sentimientos (nos hemos «secado» por un exceso de rigor). Dependiendo del líquido que contenga la jarra, su mensaje puede variar ligeramente. (Ver Beber y Copa)

Jaspe ■ La imagen del jaspe se relaciona con la fertilidad y, sobre todo, con el momento del parto. Es un importante símbolo de bienestar para las mujeres embarazadas y para las que desean ser madres.

Jaula ■ La jaula tiene diversos significados, en función de lo que albergue en su interior. Así, si contiene algún pájaro, este sueño presagia amistad y amor, denota que sabemos disfrutar de la vida. En cambio, si la jaula está vacía, la imagen expresa un claro sentimiento de desengaño y desilusión. ‖ Por otro lado, si nos vemos enjaulados durante el sueño, ello es señal de que el inconsciente quiere expresar sus quejas, pues, estamos sometiendo a la conciencia a una dura represión. Nos hemos convertido en jueces muy estrictos con nosotros mismos y limitamos excesivamente nuestros actos y pensamientos, lo que nos impide manifestarnos libremente. ‖ Sin embargo, si aparecen fieras salvajes enjauladas, hay que interpretar este sueño como la retención de conflictos internos que nos están atormentando, por lo que, en cierta manera, esta imagen onírica tiene cierta semejanza con la anterior (en la que nos vemos encerrados dentro de una jaula).
❖ Si nos introducen en una jaula con animales salvajes, el sueño advierte de que estamos en peligro de accidente.

Jazmín ■ Simboliza virtudes como la amabilidad y la delicadeza. (Ver Flores)

Jefe ■ La figura del jefe tiene varias connotaciones. Por un lado, representa falta de confianza en nosotros mismos y el miedo de tomar iniciativas propias. Es símbolo de un sentimiento de opresión y de inferioridad. Por otro, la presencia del jefe puede interpretarse como un guía interno que neutraliza nuestros impulsos instintivos y nos hace actuar con mayor cautela.
❖ Los primeros libros sobre la interpretación de los sueños fueron escritos por gente de clase alta. Así, decían que este sueño era una señal de incompetencia. En cambio, si el jefe era el propio soñante, entonces se auguraba un rápido ascenso de prestigio social.

Jeroglífico ■ Soñar con un jeroglífico es la forma que tiene nuestro inconsciente de recordarnos que, para conseguir nuestros objetivos, tendremos que superar muchas complicaciones. ‖ Estos problemas, sin embar-

JAULA

análisis del sueño

Eva soñó: «*Estaba en una hermosa jaula dorada, situada al borde de una terraza. Tenía un bonito paisaje frente a mis ojos: un valle muy verde repleto de flores de todos los colores y montañas altísimas en el horizonte. El cielo era de un azul intenso y brillante. Me sentía muy bien, segura y feliz en mi jaula y no paraba de cantar. De mi boca salían hermosas melodías en idiomas extraños.*»

Vernos enjaulados en sueños es señal de que el inconsciente se siente reprimido y desea una mayor liberación y libertad de expresión. Eva es una persona muy tímida que sufre en situaciones de interacción social. Su sueño estaba reflejando –a través de la jaula dorada– su **cómodo mundo de encierro** en sí misma, en el que ella se sentía segura y a salvo. Se trata de un sueño tranquilizador que le animaba a que dejara fluir sus emociones libremente, como una suave melodía. El paisaje idílico contemplado tras unos barrotes representaba los deseos de Eva que no podía alcanzar debido a su propia inhibición. El hecho de que cantara en idiomas desconocidos revelaba su **incapacidad para comunicarse** con los demás, y para entenderse ella misma.

go, pueden simplificarse si aclaramos nuestras ideas y vamos directos al grano en todos los asuntos.

Jinete ■ Soñar con un jinete pronostica que se recibirán noticias u obsequios inesperados a corto plazo. Si es una mujer quien lo sueña, tendrá problemas familiares por querer casarse con un hombre de inferior condición social. Ver un jinete caerse del caballo es signo de fracaso en los negocios y de importantes pérdidas económicas. ‖ Cuando el jinete es el propio durmiente, verá mejorar no sólo sus relaciones afectivas y familiares, sino también su prestigio en el terreno laboral.

Jorobado ■ La espalda simboliza la fuerza física y la resistencia. Si se encuentra curvada –tal como sucede en las personas jorobadas– refleja debilidad de carácter e insatisfacción emocional. Por este motivo, en caso de que en el sueño nos veamos con una joroba, ello puede indicar que estamos ocultando algo y nos sentimos inseguros.

Joyas ■ En muchas culturas, las joyas representan verdades espirituales. Así, las piedras preciosas, los collares o las pulseras son símbolos del saber superior. Pero, ¡cuidado!, no debemos engañarnos: en sueños, estos atributos positivos se invierten debido a la vanidad de la persona que luce las joyas. ‖ En términos oníricos, pues, dichos elementos son una advertencia de que no debemos fiarnos de las apariencias. Detrás de una imagen atractiva, puede esconderse una situación engañosa o, incluso, peligrosa. Soñar con joyas rotas expresa un claro sentimiento de frustración. ‖ Otras interpretaciones creen en la sinceridad de las joyas. Así, éstas representan la paciencia, la creatividad, la comprensión, la paz y el amor. Tradicionalmente, en este sentido, el oro y los diamantes eran la parte incorruptible del ser; los rubíes denotaban pasión; las esmeraldas, fertilidad; y por último, los zafiros, la verdad.
❖ Este sueño augura buena suerte.

Jubilado ■ Cuando se es joven, soñar con la jubilación muestra el deseo de olvidar las preocupaciones y de vivir más sosegadamente. Probablemente, soportamos una gran tensión y el subconsciente nos alerta de la necesidad de disfrutar de un período de calma. ‖ Si quien sueña con ello es una persona que, en la vida real, ya está jubilada, se trata sólo de un reflejo de su situación actual.

Judío ■ Puede que nos sintamos acosados por los prejuicios del entorno. Por el contrario, quizá los que ne-
cesiten ganar en tolerancia seamos nosotros mismos. ‖ A los judíos suele relacionárseles con temas de préstamos y débitos, puede que, en este sentido, debamos ser más cuidadosos con nuestro dinero. ‖ Si el soñante es judío, este sueño puede estar refiriéndose a su fe y a su relación con el resto de la comunidad.
❖ Soñar con una persona judía augura que nuestra vida prosperará o que ganaremos disputas judiciales. Los proverbios judíos, asimismo, contienen mucha sabiduría. Uno de ellos dice así: «No te preocupes por el mañana. Ni siquiera sabes qué te va a ocurrir hoy».

Juego ■ Si en sueños tomamos parte en un juego infantil, la interpretación es clara: nos refugiamos en el pasado para escapar de las responsabilidades del presente. ‖ En cambio, en el supuesto de que soñemos que estamos participando en algún juego de salón, esta situación revela que nuestras relaciones sociales son superficiales. ‖ Si, por otro lado, soñamos que estamos apostando nuestro patrimonio en algún juego de azar, significa que pretendemos que la casualidad solucione nuestros problemas. ‖ Por último, si sólo somos espectadores del juego –sin participar en él– la imagen es un síntoma de que nos estamos mostrando indiferentes ante ciertos problemas que nos atañen directamente. (Ver LOTERÍA, NAIPE, QUINIELA y RULETA)
❖ Según un dicho de un gurú indio, la vida es un sueño y debemos darnos cuenta de ello. Pero también es un juego, y es preciso que tomemos parte en él.

Juez ■ El juez representa la culpabilidad y los reproches que nos hacemos a nosotros mismos. A lo mejor nos atemoriza que nos descubran o que los demás se enteren de nuestros planes secretos. El sueño puede estar ayudándonos a tomar una decisión, a juzgar las circunstancias en las que nos encontramos. ‖ Otras veces, los jueces representan la sociedad y la manera en que ésta nos evalúa. Según Freud, la moralidad convencional, aprendida de nuestro entorno y nuestros padres, es quien juzga y censura nuestros instintos y deseos.
❖ Gracias a nuestra lengua afilada, haremos un nuevo amigo.

Juguetes ■ Soñar con juguetes se interpreta como un deseo reprimido de volver a là infancia. Indica miedo al compromiso y a las responsabilidades que nos presenta la vida adulta. El soñante se siente agobiado por la carga que lleva y busca refugio en un tiempo seguro, feliz y libre de obligaciones y responsabilidades. En caso de que este sueño sea una manera inconsciente de expresar nuestros sentimientos ocultos, debemos preguntarnos qué aspecto de nuestra vida representa cada juguete en concreto. || Por otro lado, puede que el sueño nos esté avisando de que jugamos con nuestra existencia y necesitamos un punto de vista más práctico y real.

❖ En general, se trata de un sueño favorable, pues augura felicidad para los niños y sus familias.

Juicio ▪ Si en sueños nos vemos sometidos a un juicio, ello simboliza la necesidad de pasar revista a nuestro comportamiento, a nuestra manera de tratar a la gente o a la forma en que enfocamos nuestros proyectos vitales. El juicio indica que no estamos satisfechos con nuestra manera de proceder. || Asimismo, un juicio también es un símbolo de la lucha entre el bien y el mal. En caso de que, en lugar de protagonizar el papel de acusados, estemos cumpliendo con el rol de juez, quiere decir que muy pronto deberemos asumir una gran responsabilidad.

❖ La mayoría de oráculos oníricos coinciden en que este sueño augura disputas legales.

Junco ▪ Por su debilidad característica, el junco representa la docilidad, la inmadurez y la inconstancia. En caso de soñar con este elemento, las imágenes oníricas nos están recordando que –pese a no actuar con mala voluntad– no se puede confiar en nosotros, ya que no somos capaces de mantener nuestra palabra. || A pesar de que pueda parecer contradictorio, la flexibilidad del junco también representa el valor de la sabiduría.

Juntar ▪ La acción de juntar partes refleja una situación en la que el soñante se ve como mediador o conciliador entre personas o grupos en conflicto. Es indicio de relaciones estables y compromisos firmes.

Juramento ▪ Soñar con un juramento sobre algo que nos afecta directamente indica un considerable nivel de inseguridad. No en vano, el juramento denota falta de confianza en el cumplimiento de lo pactado. Asimismo, también refleja dudas acerca de los compromisos adquiridos y el arrepentimiento provocado por una situación que nos puede condicionar en el futuro.

Justicia ▪ Su presencia en nuestros sueños señala ansiedad y preocupación por la situación que estamos viviendo. La aparición de esta idea puede derivar del hecho de que nos sentimos tratados injustamente en nuestra vida de vigilia. También podemos tener la sensación de que nosotros somos, precisamente, quienes estamos siendo injustos con los demás.

Juventud ▪ La edad que tenemos en los sueños es como un termómetro que marca nuestra edad psicológica. || Si nos vemos más jóvenes de lo que somos en realidad, es señal de que nos hallamos llenos de energía y nuevos proyectos. || Por el contrario, soñar con una edad mayor a la que se tiene, revela falta de entusiasmo. El pesimismo está minando nuestra vida, por lo que debemos actuar para erradicar este sentimiento negativo.

❖ Si en nuestro sueño vemos a una persona joven, habrá reconciliación en las disputas familiares. Si una madre sueña que su hijo vuelve a ser joven, experimentará un período de vigor y esperanza renovada.

K

Karaoke ■ Estar en un karaoke y no cantar denota que el durmiente desea establecer relaciones más abiertas y espontáneas con los demás, pero su timidez se lo impide. ‖ Por el contrario, verse cantando señala un deseo de protagonismo tan exagerado que se corre el riesgo de enemistarse con el entorno por querer imponer las propias opiniones. (Ver CANTAR)

Kilos ■ Vernos en sueños pesando algún objeto para determinar su peso en kilos, sugiere la evaluación de una situación a fin de determinar si es realmente seria (pesada) o insignificante (ligera). ‖ Ganar kilos en un sueño evidencia inmadurez; especialmente, miedo de tener que afrontar obligaciones sin sentirse preparado para ello. ‖ En caso de que los perdamos, significa que no sabemos defender nuestras opiniones y nos vemos sujetos a los deseos de los demás. (Ver ADELGAZAR y ENGORDAR)

Kiosco ■ Para poder interpretar este sueño es preciso recordar si estábamos comprando o vendiendo en el kiosco y qué tipo de mercancías estaban a la venta ¿Se trataba de un kiosco convencional de diarios y revistas? ¿O era más bien uno de esos kioscos en los que venden caramelos y golosinas? Si fijábamos nuestra atención en los titulares de la prensa, el sueño puede estar señalando nuestra necesidad de saber más sobre algún tema que nos inquieta. Si por el contrario comprábamos tebeos o caramelos, el sueño refleja la nostalgia que sentimos por nuestra infancia.

❖ Soñar con un kiosco anuncia la llegada de acontecimientos que obligarán al protagonista a tomar una serie de decisiones que cambiarán radicalmente su vida.

KARAOKE

Rosa soñó: *«Estábamos celebrando mi cumpleaños en un Karaoke. Al principio yo no quería salir a cantar. Sé que lo hago muy mal, así que me daba mucha vergüenza desafinar y que todos se rieran de mí. Pero mis amigos insistieron tanto que al final me vi obligada a hacerlo. Al fin y al cabo, toda esa gente estaba allí por mí. Por suerte pude elegir mi canción favorita y empecé a cantar desde la primera estrofa y ¡lo hacía realmente bien! La gente aplaudía entusiasmada, mientras yo seguía la letra en la pantalla para no perderme. Yo misma me sorprendía de mi voz. Estaba cantando una canción de Mariah Carey dificilísima y ¡lo hacía mejor que ella!»*

Cuando Rosa tuvo este sueño estaba muy preocupada por una importante reunión de negocios que tenía programada para la siguiente semana. . Hacía poco tiempo que trabajaba en esa compañía y le preocupaba la opinión que tendrían de ella sus jefes y colegas. El hecho de que no quisiera cantar en el karaoke revela su **miedo a hablar en público y ser juzgada**; sin embargo su inconsciente la estaba tranquilizando y animando a sacar lo mejor de ella.

L

Laberinto ■ El laberinto representa las obsesiones sin solución y los círculos viciosos en los que, a menudo, sumimos nuestra vida. Si soñamos con esta figura, por tanto, significa que tenemos dudas e indecisiones. Puede hacer referencia a la poca experiencia y a la inmadurez. ‖ Si conseguimos salir del laberinto, quizá sepamos resolver nuestros problemas. En caso de que alguien nos acompañe mientras buscamos la salida, el sueño advierte que debemos vigilar bien nuestras alianzas. ‖ En cambio, si sacamos del laberinto a otras personas, el sueño el positivo y significa que controlamos nuestra vida.
❖ En la mitología, el laberinto es un lugar de transformación donde las tendencias destructivas de la naturaleza son superadas. Un clásico ejemplo de esto es el mito en el que Teseo y Ariadna salen victoriosos del laberinto del Minotauro.

Labios ■ El significado de este sueño varía en función del aspecto de los labios. Así, unos labios mal formados señalan relaciones tensas con los amigos; grandes y bonitos, alegría y armonía con la pareja; finos, mal genio e intransigencia; gruesos, honradez; y caídos, el fracaso de los proyectos. (Ver Boca)

Laboratorio ■ Estar en él señala la falta de iniciativa para buscar soluciones a los problemas y la consiguiente necesidad de pedir ayuda a los demás. ‖ Si nos creemos alquimistas, nos veremos involucrados en proyectos ambiciosos que no nos reportarán beneficios económicos. En este sentido, la imagen del laboratorio también puede referirse a la transformación del ser. Además, en muchas ocasiones, se le relaciona con la experimentación psicológica y las nuevas formas de enfrentarse al mundo. A lo mejor necesitamos probar nuevas ideas y actitudes. El tipo de experimento que se llevaba a cabo en el sueño será obviamente importante y puede ofrecer otros símbolos a interpretar.
❖ La superstición dice que este sueño augura un episodio de salud desfavorable.

Laca ■ Soñar que nos aplicamos laca en el pelo indica una actitud rígida frente a nuestros propios criterios y, también, a la hora de juzgar a las personas que nos rodean.

Lacre ■ El lacre se asocia con la durabilidad de los compromisos. Sellar un sobre con lacre muestra la intención de cumplir a rajatabla con lo prometido. Abrirlo, señala su rotura, el cambio de parecer en un momento inesperado.

Ladrido ■ Al igual que los aullidos, graznidos y rugidos, los ladridos son una señal de alarma. Sobre todo, si no se ve de dónde provienen. Indican un sentimiento de inseguridad y temor hacia la posible influencia de factores externos negativos.

Ladrillo ■ Soñar con ladrillos puede indicar el deseo de construir un espacio propio, seguro y estable. Asimismo, puede sugerir la necesidad de reestructurar algún aspecto personal. En caso de problemas laborales, el sueño nos insta a erigir nuestros proyectos sin precipitaciones. Lo mejor es que construyamos nuestros propósitos sobre terreno firme. (Ver CONSTRUCCIÓN)

Ladrón ▪ Ver en sueños a un ladrón robando nuestras pertenencias significa que tenemos miedo de perder nuestras posesiones, ya sean de tipo sentimental, material o laboral. Por ejemplo, un compañero de trabajo puede haberse apropiado de todo nuestro mérito. ‖ En cambio, si somos nosotros los que estamos robando, ello indicaría celos hacia alguna persona. Es posible que nos estemos adueñando de bienes o sentimientos ajenos. ‖ Si en el sueño descubrimos al ladrón en el preciso instante de robar, el objeto que se lleva será de gran relevancia para una interpretación correcta.

❖ Los gitanos creen que soñar con robos significa que tenemos cargo de conciencia y culpabilidad. Sin embargo, si formamos parte de una banda de ladrones, denota que podemos confiar en nuestras amistades.

Lagarto ▪ Es un animal cuya imagen está cargada de simbología. En las culturas antiguas se le consideraba sagrado, pues, era la representación del alma que busca la luz. A partir de las investigaciones de Freud, se considera que tiene connotaciones sexuales y se le asocia con el pene (por su movilidad y forma alargada).

Lago ▪ Las aguas del lago simbolizan la vida, ya que su calmado fluir y su movimiento natural las vincula a nuestro devenir. Por el contrario, las aguas de un pantano representan las enfermedades, pues, sus violentos movimientos son fruto de una construcción artificial. ‖ En términos oníricos, podemos decir que los lagos son una manifestación del estado en el que se encuentra nuestro inconsciente: si sus aguas están tranquilas, es señal de paz interior; si, en cambio, están agitadas, ello indica trastornos emocionales. ‖ Si la vegetación cubre la orilla, el sueño manifiesta riqueza interior, creatividad y satisfacción afectiva; en cambio, si las orillas son áridas y pedregosas, nuestro desorden sentimental es evidente. Por último, pescar en el lago demuestra un deseo de encontrar compañía o pareja. ‖ Si nos vemos reflejados en sus aguas, el significado del sueño cambia totalmente, quizá refleje una actitud narcisista. (Ver AGUA, ARROYO, ESPEJO y FUENTE)

❖ En el budismo zen japonés, el lago es un símbolo de la mente. Si la superficie se mueve, no se puede ver el reflejo de la luna. Sin embargo, si el agua está en calma, la luna aparece. Del mismo modo, la mente debe

permanecer tranquila para percibir la iluminación espiritual.

Lágrimas ▪ Por sorprendente que parezca, soñar con lágrimas es un buen augurio: podremos retomar antiguos proyectos y obtener con ellos prosperidad económica y éxito social. Del mismo modo, los deseos más íntimos se verán satisfechos y viviremos una época de dicha y alegría. ‖ Asociadas simbólicamente con el esperma y la fertilidad del agua, en el ámbito psicoanalítico, las lágrimas corresonden a la fecundación.

❖ Los egipcios relacionaban las lágrimas con la fecundidad siguiendo el mito de la crecida del Nilo (artífice de la fertilidad de los campos); gracias a las lágrimas derramadas por Isis en la búsqueda de su marido asesinado.

Lamentos ▪ Oír quejas y lamentos en nuestros sueños puede ser el reflejo de una situación de la vida real. Es posible que el soñante esté atravesando un período de honda tristeza reprimida y los lamentos que escucha son los que a él le gustaría proferir. De no ser así, la causa de los lamentos obedece a un sentimiento de culpa que se manifiesta durante el sueño.

Lamer ▪ A parte de las connotaciones de tipo sensual y sexual que pueda tener este sueño, ser lamidos por un animal indica el estado de bienestar, comodidad y satisfacción que ostentan nuestras relaciones con aquellas personas más allegadas. Si la situación es desagradable en extremo, entonces, el sueño podría reflejar el temor del soñante a ver invadido su espacio vital.

Lámpara ▪ Símbolo del conocimiento y del estudio. La aparición de lámparas en los sueños indica que disponemos de mucha inspiración y de un gran caudal de buenas ideas. Dependiendo de cuánta luminosidad irradie la lámpara, mostrará nuestro grado de motivación por aprender y crecer personalmente. ‖ Así, si su luz es tenue, todo indica que nuestro rendimiento está bajo mínimos. No estamos utilizando nuestros recursos de manera adecuada. Nos dejamos dominar por la falta de ganas y la pereza. (Ver LUZ)

❖ En el Tarot, la carta del Ermitaño está representada por un viejo sabio que transporta una lámpara. Como en los sueños, nos advierte de que cada uno debe llevar encima su propia luz espiritual.

Lana ▪ Simboliza la sencillez, la felicidad apacible sin más ambiciones. Por otra parte, la presencia de lana en los sueños puede, asimismo, indicar una necesidad de cariño o protección. Si somos nosotros quienes la hilamos, deberemos estar dispuestos a ayudar en breve a alguien en apuros o a una persona enferma. || Por último, si una de nuestras amistades nos regala lana, es una invitación a convertirnos en algo más que amigos. Esta amistad nos puede traer grandes satisfacciones en todos los sentidos, aunque, principalmente, nos aportará la ternura que andábamos buscando.

Lanza ■ Símbolo de la guerra e icono sexual. Soñar que atacamos con una lanza a otras personas indica que empleamos la fuerza de nuestros argumentos para arremeter contra los demás. Nuestra intransigencia hacia lo que nos desagrada nos está provocando problemas. || En cambio, si soñamos que somos nosotros quienes resultamos heridos con una lanza quiere decir que buscamos continuamente el enfrentamiento.
❖ La lanza en el sueño hace temer contiendas. Llevarla indica seguridad; romperla, un trabajo infructuoso.

Lápida ■ Este sueño indica la inseguridad de la persona respecto a su futuro. Es la expresión de un deseo de hallar respuestas trascendentes. No sabemos hacia dónde se dirige nuestra vida y queremos saberlo. Estamos en crisis, concretamente, de identidad. Sin embargo, este sueño es positivo, porque indica que estamos madurando.

Lápiz ■ Es un sueño que tiene especial interés para quienes realizan actividades creativas, ya que se trata de un símbolo de autoexpresión. Verse apuntando o dibujando algo indica el deseo de concretar ideas dispersas, de ordenar y dar forma a proyectos incipientes. En ocasiones, aquello que se escribe o se dibuja es un dato clave para la concreción de un trabajo real.
❖ Si, en el sueño, el lápiz o bolígrafo que utilizamos no escribe, quiere decir que nos acusarán de haber sido inmorales.

Látigo ■ El simbolismo del látigo tiene vinculación directa con el del GARROTE y el del LAZO, ambos ligados a los conceptos de dominación y superioridad. Expresa la idea de castigo, como el garrote y la maza, y también la potestad de dominar. Lógicamente, los látigos también se relacionan con los ritos de flagelación. || En general, emplear un látigo significa que tendríamos que revisar nuestra actitud hacia los demás, pues todo indica que somos algo déspotas. Así, si nuestras relaciones sentimentales no gozan de buena salud, deberíamos reconsiderar nuestra postura. Por el contrario, si somos nosotros los que recibimos el castigo, quiere decir que nos sentimos humillados.

❖ Los oráculos oníricos dicen que, quien sueña que utiliza el látigo contra alguien, pronto tendrá problemas. Sin embargo, si es el soñante el receptor de los latigazos, prestará a alguien un buen servicio.

Laurel ■ El laurel es una bella planta aromática de virtudes terapéuticas, y míticamente relacionada con la medicina, la gloria y la soledad. En sueños representa la posibilidad de encontrar algo que nos oriente en nuestros asuntos, dado que el laurel es símbolo de triunfo. (Ver GLORIA)
❖ Verlo o adornarse de laurel promete abundancia y éxitos. Si el soñador es hombre, es augurio de matrimonio.

Lava ■ Este sueño revela un estado relacionado con grandes pasiones. Si la lava es incandescente, denota violencia incontrolada. Si está apagada, indica el momento de calma y serenidad que viene después de las fuertes tormentas.

Lavabo ■ La causa de este sueño puede ser fisiológica y que, simplemente, queramos ir al baño. El inconsciente, en este caso, reconoce la necesidad de nuestro cuerpo y utiliza el sueño para despertarnos. || Por otro lado, tener ganas de ir al lavabo significa que pretendemos deshacernos de antiguos comportamientos o cambiar de estilo de vida. Del mismo modo, el inconsciente puede estar avisándonos de que estamos incubando una enfermedad. El hecho de ir al lavabo sería una manera de eliminar toxinas.
❖ Soñar con el lavabo indica problemas legales relacionados con la propiedad.

Lavar ■ Si nos lavamos en sueños significa que necesitamos «limpiar» ciertos aspectos de nuestra personalidad, ya que albergamos sentimientos de culpa. || Por el contrario, esta imagen también puede significar que los asuntos que nos tienen preocupados se están empezando a aclarar. Un matiz importante: si estamos lavando ropa o alguna prenda personal, son nuestras relaciones afectivas e íntimas las que requieren más limpieza. Si lavamos los platos, indica la pureza espiritual de la que nos nutrimos. Si lavamos a otra persona, muestra nuestro deseo de que ésta sea mejor. (Ver AGUA)
❖ Lavar la ropa o prendas de lino blanco es un sueño muy prometedor. Lavarse a uno mismo también es un buen augurio, siempre que lo hagamos con agua clara y limpia. La ropa manchada, sin embargo, predice mala fortuna. Y, si en el sueño tomamos un baño vestidos, significa decepciones venideras.

Lazo ■ El significado de este símbolo varía en función del tipo de lazo. Si en nuestros sueños aparecen lazos de adorno, probablemente estamos en un momento en el que necesitamos que nos demuestren afecto y ternura. Nuestras emociones pasan por una fase de fragilidad y no estamos muy seguros de lo que sentimos. Igualmente, tampoco sabemos a ciencia cierta lo que los demás sienten por nosotros. Por este motivo, buscamos la seguridad en estas expresiones afectuosas. ‖ Si, en cambio, hay un lazo que nos aprieta el cuello impidiéndonos respirar con normalidad, quiere decir que estamos inmersos en un proceso angustioso que nos puede hacer perder los nervios. Nos sentimos amenazados por un peligro al que los demás no parecen conceder demasiada importancia.

Leche ■ Es un símbolo de la abundancia y de la fertilidad. Por esto último, soñar con leche puede reflejar nuestros instintos maternales. Del mismo modo, manifiesta el amor de una madre y el hecho de estar alimentando nuestras ideas. A lo mejor, el sueño está mostrando las necesidades espirituales que requiere nuestro interior. Si soñamos que damos leche a otras personas, representará los valores espirituales o la inspiración que transmitimos a los que nos rodean.
❖ Si bebemos leche, en especial la materna, este sueño presagia buena salud.

Lechuza ■ Representa la noche, el temor, el frío y la pasividad. La lechuza simboliza la sabiduría porque es una ave rapaz nocturna y precisa. Es un animal que sabe esperar antes de actuar. ‖ Tanto el búho como la lechuza, nos advierten de que debemos estar alerta y abrir bien los ojos, pues es posible que alguien intente engañarnos o nos prometa algo que no puede cumplir.

Leer ■ Leer en sueños refleja nuestro deseo de conocer los secretos, intenciones o pensamientos de los demás. Sin embargo, también puede revelar algún hallazgo, una sorpresa o el descubrimiento de un secreto. ‖ Las sensaciones que tengamos con la lectura (si nos aburrimos, estamos interesados, divertidos...) serán importantes para analizar el sueño. (Ver Biblioteca y Libro)

Legumbres ■ Como imagen de la sencillez de la comida casera, las legumbres muestran al soñador una vida tranquila y sin complicaciones. Ésta sólo se verá ofuscada en algunos momentos por problemas sin importancia. Tienen, no obstante, un significado negativo si están sembradas, puesto que anuncian tensiones y discusiones en el seno familiar.

Lencería ■ Antiguamente, la lencería se relacionaba con la riqueza pero, hoy en día, se interpreta en función de cómo aparece en el sueño. Si está limpia, recibiremos una inesperada cantidad de dinero; si está sucia, existe el peligro de sufrir una humillación pública; y si es negra, es señal de privaciones y deseos no satisfechos. ‖ Lavarla muestra inseguridad y atención excesiva a las opiniones ajenas; secarla, manifiesta deseos de novedad; y guardarla, la llegada de beneficios económicos a largo plazo.

Lengua ■ En general, soñar con una lengua significa que hablamos demasiado. Si nos la mordemos, debe interpretarse como una llamada a la prudencia. Este tipo de sueños suele indicar que estamos tomando conciencia de nuestros actos fallidos y que nos arrepentimos de algunas cosas. Si la lengua se traba, denota que no sabemos expresar nuestras necesidades de manera coherente. Si nos duele, probablemente el sueño aluda a que últimamente hemos estado hablando maliciosamente sobre una persona o contando mentiras. ‖ Para Freud la lengua tiene un claro significado sexual Por su forma y función erótica, la asimila al pene. (Ver Hablar y Boca)
❖ Si la lengua con la que soñamos es la nuestra, quiere decir que diremos mentiras. Si la lengua es ajena, otros mentirán acerca de nosotros. ‖ Soñar que no tenemos lengua denota incapacidad de defenderse ante las calumnias. Por último, una lengua infectada significa que hablamos con demasiada despreocupación.

Lentejuelas ■ Siempre se asocian a celebraciones, fiestas y disfraces. El sueño puede ser, tanto positivo como negativo. Y es que las fiestas, generalmente, se relacionan con los deseos de evasión y momentos de frivolidad. Los disfraces, asimismo, con la mentira y el engaño. ‖ Sin embargo, una fiesta puede ser la celebración de un acontecimiento que ha llegado a buen término. En ese caso, se interpreta como la satisfacción por el deber cumplido o como la necesidad de un merecido descanso tras la excesiva carga de responsabilidades.

Leña ■ Al igual que el fuego, la leña se asocia a conceptos como el ardor, la voluntad y la valentía. Por esta razón, ver montones de leña significa que nos llegará una ayuda providencial, una circunstancia fortuita que nos permitirá seguir adelante con nuestros planes. ‖ Si la leña está mojada y no se puede encender el fuego, deberemos tener cuidado: nuestras emociones pueden interferir en nuestros objetivos hasta el punto de arruinarlos.

León ▪ El león es, como «rey de los animales», el oponente terrestre del águila en el cielo. Por su condición salvaje, según Jung, representa las pasiones latentes y puede aparecer como signo del peligro de ser devorado por el inconsciente. || En términos oníricos, el león encarna el poder, el orgullo y la justicia, pero, con frecuencia, también aparece como un ser tiránico, cruel e insaciable. Puede sustituir en el sueño al padre, al maestro, al juez o al jefe. Por ello, dependiendo de su comportamiento, el sueño será positivo o negativo. || Es muy frecuente soñar que se lucha contra este animal hasta su muerte. Dicha escena representa el triunfo sobre el mundo; si el león resulta amenazante, seremos víctimas de nuestros propios instintos y pasiones; en cambio, si nos enfrentamos a él y lo vencemos, alcanzaremos nuestra meta. || Paralelamente, soñar con una familia de leones augura alegría y buenas relaciones familiares (Ver AUTORIDAD y DOMAR)

❖ Orgullo, generosidad y ambición son las características del quinto signo del zodíaco: un signo de fuego, solar, masculino, rey por vocación y actor en cada escenario de la existencia. Según la astrología, al signo de Leo le gusta ser el centro de atención; por lo que quizá nuestro sueño esté avisándonos de que somos demasiado egocéntricos y narcisistas. || En el Tarot, la carta del León simboliza la fuerza que puede ser controlada por la dulzura (cuya figura es una mujer vestida de blanco).

Leopardo ▪ Aunque su significado es similar al de las fieras que señalan un peligro inminente, el leopardo también es símbolo de orgullo, habilidad y fuerza. Y, más que una situación externa, indica aspectos de la personalidad del soñante que la escena onírica pone de manifiesto.

❖ En las claves esotéricas, el leopardo es presagio de buena suerte seguida de infortunio.

Letargo ▪ Verse aletargado puede tener dos interpretaciones. Si genera angustia, es señal de ansiedad. El soñante siente la necesidad de ponerse en marcha, pero, ya sea por agentes externos o por su propia incapacidad, no lo consigue. Si el letargo es agradable, puede ser una forma inconsciente de compensar un estado de agotamiento o de estrés al que se ve sometido el soñante en su vida cotidiana.

Letra ▪ En caso de que en sueños estemos escribiendo letras, indica la necesidad de aclarar ciertas situaciones pendientes; esta imagen puede sugerir la necesidad de dar explicaciones. (Ver ESCRIBIR y LEER)

LENGUA

análisis del sueño

Julio soñó: *«Soñé que me picaba mucho la lengua y no sabía como aliviarme. Trataba de rascármela con los dientes, pero las papilas gustativas, que parecían enorme granos rosados, se reventaban en mi boca dejándome un desagradable sabor amargo. Me la miré en el espejo y me sorprendió verla tan morada. Fue un sueño muy angustioso que me dejó un mal sabor de boca al despertar.»*

La lengua está fuertemente asociada al hecho de hablar. En el caso de Julio, el sueño era una advertencia para que **dejara de mentir**. En el momento del sueño, Julio había tenido problemas con unos amigos a causa de su tendencia a decir mentiras y hablar mal de unos a otros. Su inconsciente le estaba advirtiendo de la «suciedad» de su lengua y de que debía poner solución lo antes posible El mal sabor de boca es un reflejo de los problemas que podría ocasionarle su actitud.

Letrero ▪ Muchos sueños tratan de ayudarnos a la hora de resolver nuestros problemas. En este caso, nos muestra qué dirección debemos tomar en la vida. Según el destino que indique el letrero, obtendremos valiosas pistas para ello. || El letrero de nuestro sueño también puede ser un mensaje directo del inconsciente. Es importante saber si lo pudimos leer y si recordamos lo que estaba escrito, pues allí se concentran las claves para la interpretación del sueño. (Ver CARTEL)

❖ La tradición gitana asegura que soñar con un letrero de madera o de piedra denota que pronto superaremos un período de indecisión.

Levadura ▪ Aunque su significado puede ser similar al de HINCHAR, generalmente es un sueño positivo que revela un estado dinámico y de bienestar en el que se manifiestan los resultados positivos del trabajo cotidiano. También se relaciona con la maternidad y el deseo de procrear.

Levantarse ▪ Es un sueño muy positivo que manifiesta dinamismo y actividad. Revela el deseo del soñante de ponerse en marcha después de un estado de reposo. Intención de actividad, inicio de proyectos con las fuerzas renovadas. Levantarse después de una caída señala la fortaleza de querer seguir adelante a pesar de las dificultades.

Liana ■ Su interpretación es similar a la de BALSA. Una manera rápida y provisional de salir bien librado de una situación comprometida.

Libélula ■ Es un símbolo de ligereza, frivolidad e inconstancia.

Libertad ■ Soñar con la libertad evidencia un exceso de responsabilidades en la vida real. Asimismo, denota inseguridad ante decisiones importantes que tendremos que tomar en el futuro. Las ansias de libertad reflejan la necesidad del espíritu de vivir nuevas experiencias. ‖ Este sueño también puede indicar que existen muchas probabilidades de que nos veamos envueltos en circunstancias imprevistas, extrañas y, tal vez, incomprensibles.

Libros ■ Los libros simbolizan el conocimiento y las experiencias, por lo que debemos prestar atención al aspecto que ofrezcan en los sueños. En caso de que se trate de libros escolares que nos recuerden al pasado, el sueño expresa nuestra nostalgia por lo que ya no existe. ‖ En resumen, los libros simbolizan el ayer y el mañana, especialmente en el terreno afectivo. Así, si en el sueño aparecen muchos libros, quiere decir que debemos pasar revista a nuestra vida, analizar a fondo nuestro pasado y presente, y seguir adelante con entusiasmo hacia el destino. Un solo libro puede simbolizar el Libro de la Vida: sabiduría, aprendizaje y revelación. ‖ Este tipo de imágenes oníricas también sugiere que la solución de los problemas está en nuestro interior. ‖ Por último, soñar con un libro cerrado significa que, posiblemente, queremos mantener algo en secreto.
❖ Si soñamos con libros, en la realidad tendremos que esquivar cualquier tipo de maldad que nos aceche.

Licor ■ Expresa un deseo de libertad y desinhibición, así como las ansias de superar la timidez. También representa la debilidad de carácter y la insatisfacción afectiva.

Liderar ■ Soñar que lideramos algo muestra que estamos tomando el control en determinadas facetas de nuestra vida real. Por ejemplo, si en en sueño lideramos a un perro, puede que haga referencia a nuestra naturaleza sexual. ‖ Si los liderados somos nosotros, es nuestro deber preguntarnos qué principios psicológicos estamos siguiendo y si nos llevan por el buen camino.
❖ El sueño puede representar nuestros deseos. En este sentido, la tradición oriental dice que una persona dominada por sus ansias nunca conseguirá ser feliz. La dicha proviene de aquellos que saben dirigirse a sí mismos y poner límite a sus pretensiones.

Liebre ■ Debido a su gran fecundidad, se asocia a las relaciones sexuales y, por extensión, a los órganos genitales femeninos. ‖ Por otro lado, también se la considera una mensajera del inconsciente y la parte débil pero astuta de nuestra personalidad, aquella que se encuentra en el límite de nuestra consciencia e inconsciencia.
❖ Siempre se ha considerado a las liebres figuras de poca fortuna porque la creencia popular decía que eran brujas disfrazadas. Igualmente, si una mujer embarazada tenía este sueño, quería decir que su hijo tendría un labio leporino. Pese a todo, hay oráculos oníricos que aseguran que una liebre acercándose a nosotros augura buena suerte.

Ligereza ■ Soñar que nos sentimos muy ligeros significa que deseamos elevarnos espiritualmente, que aspiramos a una vida superior. Aunque también puede indicar una falta de firmeza en nuestras relaciones. (Ver BAILE, HUMO e INCIENSO)

Limón ■ Este sueño nos insta a seguir adelante a pesar de las dificultades, pues de los acontecimientos desagradables y amargos también podemos aprender si sabemos extraer su jugo.
❖ El gusto amargo de su zumo y la aspereza de su cáscara lo han convertido en símbolo de traición, engaño y amargura. Beber una refrescante limonada, en cambio, augura éxito y ganancias inesperadas.

Limosna ■ Si nos dan limosna en sueños, puede que fracase un proyecto económico que tenemos en curso. No obstante, también significa que nos conformamos con poco.‖ A pesar de que un sueño de estas características parezca que sólo tiene connotaciones relacionadas con el dinero, lo cierto es que puede tener vinculaciones con el ámbito espiritual. ‖ Si pedimos limosna pero no nos la dan, revela que estamos atravesando un período de precariedad. En cambio, si somos nosotros quienes damos limosna a otra persona, ello puede ser un augurio de ganancias inesperadas.
❖ La limosna es augurio de triunfo sobre las dificultades y de longevidad.

Limpiaparabrisas ■ Es un sueño que manifiesta la necesidad del soñante de ver las cosas claras. Es posible que atraviese una situación confusa en la realidad que le parece incómoda y angustiosa. Convendría analizar qué aspectos de su vida le resultan turbios y difíciles de entender.

Limpieza ▪ Este sueño, casi siempre, refleja la necesidad de purificar el cuerpo y el alma, desechando lo superfluo y conservando sólo aquello realmente necesario.

Linterna >Ver LÁMPARA y LUZ

Lirio ▪ El lirio representa la inocencia y la virginidad; siempre, eso sí, que la flor sea blanca. En caso contrario, el lirio simboliza los deseos.

Llagas ▪ Soñar con llagas es señal de que, en breve, sufriremos alguna enfermedad o tensión emocional. Sin embargo, si éstas sanan, significa que está próximo el fin de una época de trabajos y penalidades.

Llama ▪ La llama es, por lo general, un símbolo de purificación; por lo tanto, verla encendida denotará la llegada de paz y sinceridad a nuestras vidas. En contraste, que se apague será un anuncio de impedimentos para alcanzar esa serenidad.

Llamada ▪ Puede interpretarse de varias maneras, dependiendo de los acontecimientos que se sucedan y de los personajes que aparezcan en el sueño. Si es el soñante quien llama, representa la necesidad de recibir ayuda externa en un momento determinado. Escuchar una llamada y no prestar atención, o no poder acudir a ella, alude a un sentimiento de culpa por una actitud de indolencia o de ligereza. Acudir a la llamada, en cambio, señala disposición de ofrecer ayuda a las personas de su entorno. || Por otro lado, puede que se trate de nuestro inconsciente intentando llamar nuestra atención. Algo importante puede estar sucediendo sin que nosotros seamos conscientes de ello.
❖ Si soñamos que alguien llama a una puerta, pronto nos sonreirá la mejor de las fortunas.

Llanto ▪ Las lágrimas se asocian con la lluvia y, en consecuencia, también con la vitalidad y la fertilidad. Pero llorar en sueños puede tener otra interpretación menos favorable. Casi siempre, es un mecanismo de compensación del inconsciente, que libera las emociones reprimidas en estados de vigilia. En este caso, su significado alude al de DESAHOGO. El origen de este sueño, por tanto, puede ser una situación demasiado tensa que ha llegado a su límite de tolerancia; o bien el duelo por una pérdida material o espiritual que el soñante no ha asimilado del todo.

Llave ▪ La llave simboliza la solución a un problema. Puede que el sueño nos esté dando la pista adecuada para acabar con los obstáculos que nos impiden progresar. || Por otro lado, soñar que se abre una puerta con una llave implica la llegada de cambios importantes en la vida del sujeto; por el contrario, usarla para cerrar señala temor a la renovación. || Romper una llave pone de manifiesto una ruptura de relación con la pareja; perderla, anuncia retrasos e incluso incapacidad para alcanzar los objetivos marcados. Tirar las llaves pronostica el comienzo de una época de murmuraciones en la que nos veremos involucrados. Y, por último, poseer una gran cantidad de llaves predice la adquisición de muchos y variados conocimientos.
❖ Encontrar una llave en sueños es símbolo de buena fortuna. Si lo que encontramos es un juego entero, entonces los tratos de negocios serán muy provechosos.

Llegada ▪ La llegada es un acontecimiento que marca el inicio de situaciones nuevas. Tanto si el soñante llega a algún lugar, como si algo o alguien aparece de repente en su entorno cotidiano, este sueño puede ser provocado por un prolongado estado de letargo y monotonía. A lo mejor, la vida del soñante anhela un acontecimiento inesperado que cambie el rumbo de sus días.

Llorar ▪ Los sueños nos enfrentan a aquellos asuntos que solemos evitar en la vida real. En este caso, existe algo que nos entristece mucho, por eso, es muy importante que nos fijemos en el resto de símbolos que aparecen en el sueño para descubrir qué es lo que nos causa tanta pena. (Ver LLANTO y LÁGRIMA)
❖ Según los oráculos, el significado de este sueño es el inverso. Así, llorar nos reportará alegrías y risas.

Lluvia ▪ Signo de la fertilidad, la lluvia presagia abundancia y prosperidad cuando cae de forma abundante: puede que una nueva etapa vital esté por llegar; sin embargo, es indicio de obstáculos si se convierte en un aguacero. Si es fina pero continuada, los frutos de nuestro esfuerzo tardarán en llegar; mientras que, si es de barro, lo que se avecina son desgracias y riesgos. Ver nubarrones antes de llover denota miedo al fracaso de los proyectos; y, oír la lluvia desde casa, tendencia a delegar en otros la solución de nuestros problemas.
❖ Generalmente, soñar con lluvia se considera un buen augurio, a menos que caiga sobre el ganado. Es dicho caso, anuncia pérdidas en los negocios.

Lobo ▪ Se asocia a la ferocidad y a la crueldad. La presencia de un lobo en sueños es una advertencia para que desconfiemos de las personas que nos rodean, pues alguien nos podría traicionar. || El lobo, además, puede simbolizar aquellas tendencias que tememos de nosotros mismos, como la agresividad o el deseo sexual. Si una manada nos amenaza o ataca, ello es indicio de que nuestros instintos y emociones reprimidas intentan salir a la luz.

❖ En el cuento de *Caperucita Roja*, el lobo representa la faceta más cruel del hombre y el miedo al contacto sexual. Antiguamente, esta historia se la explicaban las madres a sus hijas para prevenirles de los peligros del sexo prematrimonial.

Locura ■ Los sueños que hablan de la locura del protagonista no son demasiado frecuentes. Si se da el caso, puede que sean una advertencia inconsciente sobre nuestro comportamiento inapropiado. La causa de ello, seguramente, es la ambición por querer destacar o parecer diferentes ante los demás, hartos de la rutina diaria. || Por otro lado, soñar que otra persona no está en sus cabales revela una grave preocupación. Puede manifestar que una situación de peligro relacionada con nuestras finanzas o con nuestro entorno familiar nos tenga muy inquietos. Este sueño también nos alerta de que debemos cuidar nuestra salud.

❖ Si soñamos que nos tropezamos con un lunático, tenemos la buena fortuna asegurada. Según algunos oráculos, presagia que conoceremos a alguien que influirá positivamente en nuestras vidas y nos hará prosperar.

Loro ■ Simboliza las críticas, murmuraciones, comentarios y calumnias que se hacen a nuestras espaldas.

Lotería ■ Los sueños en los que aparece la lotería, desgraciadamente, no son premonitorios. Es decir, si soñamos con ella, no significa que vayamos a acertar el número que nos permitiría nadar en la abundancia. || De todos modos, el sueño es positivo, pues soñar que nos toca el premio «gordo» indica gran seguridad en nuestra vida y confianza en los objetivos que nos hemos marcado. || Si, en cambio, soñamos que estamos apostando nuestro patrimonio en algún juego de azar, manifiesta que pretendemos que la casualidad solucione nuestros problemas. Nuestro inconsciente nos está avisando de que es un error esperar a que los conflictos se solucionen por sí solos. (Ver JUEGO, NAIPE y RULETA)

❖ Según muchas supersticiones, los augurios de este sueño son desfavorables.

Loto ■ La flor de loto está cargada de simbolismos espirituales y físicos. Para algunas culturas antiguas, significa la pureza espiritual que se mantiene inmaculada en medio de aguas estancadas y putrefactas. Pero, también, tiene connotaciones sensuales y sexuales. Se relaciona con estados armoniosos de la vida en pareja y con la fecundidad.

Lucha ■ Este sueño puede representar nuestras frustraciones más íntimas y nuestros sentimientos acerca de las circunstancias que nos rodean. En el fondo, luchamos porque la situación que vivimos no cumple en absoluto con nuestras expectativas.

❖ Según el gurú Sathya Sai Baba, la lucha interior no existe: todo viene provocado por el rastro que deja el pasado en nuestras vidas. La reminiscencia del ayer crea problemas aparentes en el tiempo presente y futuro. La cuestión es dejar fluir el amor y preocuparse menos. Así, la lucha que desempeñan nuestras entrañas irá disminuyendo. A menudo, dice este gurú, todo es producto de una ilusión.

Luciérnaga ■ Su imagen alude a una luz discreta que ayuda a encontrar el camino en medio de la oscuridad. Si el sueño resulta grato, indica que el soñador se siente seguro en su entorno, aunque a veces las condiciones sean adversas. Si el sueño genera angustia, puede ser una llamada de auxilio emitida por el inconsciente.

Lujuria ■ Los sueños lujuriosos son, casi siempre, el reflejo de deseos sexuales reprimidos. El inconsciente genera un mecanismo de compensación que se pone en marcha ante la carencia de relaciones sexuales reales o ante su existencia insatisfactoria.

Luna ■ Su simbolismo es muy amplio y complejo. En general, representa la naturaleza femenina, aunque también guarda relación con lo inconsciente y las emociones humanas. Esta complejidad deriva del hecho de que su significado depende de la fase lunar. || Cuando soñamos con la luna nueva, todo indica que está despertando en nosotros un nuevo amor; si la luna está en cuarto creciente, es un amor ardiente; si es luna llena, amor culminado; en cuarto menguante, la pasión se extingue. Y, en caso de que la luna esté rodeada por un halo, el sueño puede presagiar dolor y problemas de todo tipo, cuya gravedad sería mayor si se trata de un eclipse. (Ver BLANCO y ECLIPSE)

❖ Según la quiromancia, la región lunar de la mano (opuesta al pulgar) es el área donde se encuentran las líneas del viaje. Soñar con una luna, por tanto, presagia que pronto partiremos hacia algún lugar. Probablemente, a través del agua.

Luto ■ Es una manifestación de la muerte. Esto no quiere decir que el sueño sea premonitorio de tal acontecimiento. Más que nada, alude al deseo del soñante de ver terminada una situación indeseable que no sabe cómo llevar a buen término. Soñar con la muerte no es un sueño negativo. Casi siempre manifiesta la intención de renacer, de renovarse. (Ver ENTIERRO y MUERTE)

Luz ■ La luz se ha identificado tradicionalmente con el espíritu. Simboliza el conocimiento, la inspiración y la intuición. Por ello, si nuestros sueños son luminosos, significa que poseemos una gran confianza en nosotros mismos. En cambio, si son oscuros, ello revela la presencia de sentimientos de poca autoestima e inseguridad. Encender una luz en medio de la oscuridad, por otro lado, augura que tendremos conocimiento de algún secreto. ‖ Finalmente, hay que prestar atención a las diversas formas que toma la luz, pues, dependiendo de ellas, varía su lectura. Así, en el arco iris, representa la esperanza; en el sol, la felicidad, y, en la luna, el guía que proviene de nuestra parte más oculta e inconsciente. (Ver AMARILLO, CLARIDAD y LÁMPARA)

❖ La luz que vemos en sueños puede tener un gran significado espiritual. Quizá se trate de un viaje hacia la iluminación o de una experiencia en nuestro interior, parecida a la que tenían los místicos. ‖ En muchas ocasiones, se le da un sentido religioso. A Cristo se le suele llamar «la luz del mundo» y, sobre el nirvana de Buda, se dice que es «la luz ilimitada». Igualmente, las enseñanzas del yoga describen «la luz de los diez mil soles».

M

Macedonia ▪ Como mezcla de diversas frutas, la macedonia expresa, en los sueños, la llegada a nuestra vida de una gran variedad de acontecimientos o de personas. Este hecho será positivo o negativo en función del contexto en el que se desarrolle la escena onírica. ‖ Como cada fruta tiene su interpretación, deberemos prestar atención al tipo de fruta que compone nuestra macedonia. (Ver Fruta)

Madeja ▪ En el supuesto de que, en sueños, aparezca una madeja de hilo, ello puede indicar que nuestras ideas están un poco enmarañadas. Debemos dejar que fluyan sin tratar de limitarlas ni de resolverlas. El sueño refleja poca claridad con respecto a un proyecto que estamos a punto de realizar. (Ver Hilo y Lana)
❖ La madeja de seda señala cualidades que enriquecen interiormente al que sueña; de algodón, denota pobreza y asuntos enredados.

Madera ▪ Simboliza la materia prima a partir de la cual podemos crear nuevas formas sin que pierda su resistencia. La madera es, por tanto, la formación de la personalidad a lo largo de la vida. El significado del sueño varía en función del tipo de madera. Así, las ramas secas reflejan una personalidad diluida y presagian enfermedades. Transportar las ramas a hombros augura esfuerzos y penalidades que darán pocos frutos. Por el contrario, ver madera cortada y preparada para su uso (ya sea como leña o bien para la confección de muebles o esculturas) indica madurez y preparación.

Madre ▪ Los símbolos de la madre presentan una polivalencia notable. Así, por un lado, la madre aparece como imagen de la naturaleza (es decir, de la vida) e, inversamente, como representación de la muerte (para los egipcios, el buitre simbolizaba la madre). ‖ La madre guarda relación con, prácticamente, todas las etapas y circunstancias de la existencia. Representa siempre nuestro origen, nuestras raíces, la seguridad, el abrigo, el calor, la ternura, etc. Pero, al mismo tiempo, este símbolo también aparece al morir, es decir, cuando volvemos al seno de la madre tierra. ‖ Soñar con esta figura suele ser más frecuente durante la infancia. En los adultos, en cambio, la representación maternal aparece a través de referencias indirectas. A menudo, aquellas personas que no logran alcanzar la madurez siguen teniendo este sueño. ‖ También son frecuentes los ataques de rebeldía contra la madre. A través de estos episodios, se pone de manifiesto la insatisfacción adolescente, la necesidad de independencia y el deseo de desligarse de los vínculos maternos. Un sueño de estas características puede tener lugar a cualquier edad. ‖ Por otra parte, Freud hacía referencia en sus estudios al mito griego de Edipo, quien mató a su padre para casarse con su madre. Según el psicoanalista, Edipo había llevado a cabo semejante crimen arrastrado por un deseo incestuoso y porque envidiaba a su progenitor. En cuanto a las mujeres, Freud creía que sus sentimientos de inferioridad se basaban en los celos que éstas sentían hacia los hombres. (Ver Abrigo, Blanco, Fuente, Incesto y Luna)

❖ Las leyendas y mitos de muchas tradiciones contienen el símbolo de la madre. Ésta puede aparecer como un personaje lleno de bondad o, por el contrario, como el ser maligno del relato.

Maestro ■ La figura del maestro es muy importante. Representa los valores del conocimiento, la experiencia y la sabiduría. Este sueño, sin embargo, puede tener muchos matices. Por ejemplo, si nos vemos convertidos en estrictos maestros de escuela, propensos a castigar a los alumnos, es signo de poca seguridad. La causa puede provenir de un complejo de inferioridad latente que trata de equilibrarse mediante una actitud déspota y dictatorial. En la mayoría de los casos, tener un sueño de estas características no habla muy a favor de nuestra madurez. ‖ Si la imagen de este maestro es la de una persona seria, formal y erudita, significa que estamos en fase de formación y desarrollo intelectual. En caso de que el profesor nos inspire respeto y admiración (una figura paternal), el sueño expresa madurez emocional y estabilidad del protagonista. (Ver ABUELOS, ACADEMIA, AUTORIDAD, BIBLIOTECA y ERMITAÑO)

Mafia ■ Esta imagen revela que, en la vida real, estamos coartados por una o varias personas que impiden la manifestación espontánea de nuestra personalidad. Se trata, pues, de una señal de alerta para no acabar siendo una marioneta de los deseos ajenos.

Magia ■ Visualizar que estamos realizando algún truco de magia señala que hemos llegado al límite de nuestras posibilidades racionales y que no sabemos cómo afrontar las difíciles circunstancias que nos rodean. El «embrujo» de la magia nos hace creer que podremos solventar nuestros problemas fácilmente. (Ver HADA)

Maíz ■ El maíz es un símbolo de la prosperidad y la fertilidad. Soñar que comemos este cereal también puede poner de manifiesto una necesidad de alimentarnos espiritualmente.

Malabarismo ■ Este sueño nos dice que intentamos que todos los asuntos de nuestra vida estén activos y, además, en orden. Sin duda, a veces esto significa demasiado trabajo. En este sentido, resultaría más provechoso hacer las cosas poco a poco.
❖ Nuestra indecisión nos llevará al fracaso.

Maldad ■ Todo el mundo posee un lado oscuro dentro de su personalidad. Los actos y pensamientos de maldad que aparecen en los sueños, por tanto, provienen de nuestro interior. Normalmente, representan las fuerzas psicológicas más destructivas que albergamos, como los celos, la furia, la venganza o el odio. Si reconocemos ser dueños de estas tendencias, debemos aceptarlas y practicar sus opuestos en la vida real. Es decir, en caso de que detestemos oníricamente a alguien, demos más amor; si nos vengamos, perdonemos; si tenemos celos, seamos buenos y generosos.
❖ Según una vieja enseñanza del I Ching, la perseverancia en la bondad es la única forma de rebatir el mal.

Maleta ■ Nuestra maleta simbólica no es otra cosa que el material que consideramos imprescindible para VIAJAR por la vida. Por lo tanto, soñar que perdemos la maleta evidencia un temor a no conseguir realizar nuestros proyectos, ya sea por falta de medios o conocimientos; o bien, por la propia incapacidad. Si es demasiado pesada y apenas podemos arrastrarla, indica que necesitamos soltar lastre y revisar nuestros valores.

Maleza ■ Pasar con dificultad a través de la maleza señala una situación confusa y azarosa, llena de obstáculos que deben ser superados para que los proyectos lleguen a buen término. Extraviarse entre la maleza puede interpretarse como una situación desesperada en la que el soñante ha perdido el control y necesita ayuda externa.

Mamas ■ Ver mamas llenas de leche o mamar de ellas refleja un deseo de retroceso a la niñez. Este sueño puede tener varios orígenes. Probablemente, se deba a un sentimiento de inseguridad o de soledad, o a la necesidad de afecto y cobijo. Por otro lado, quizá el problema esté en la carga excesiva de responsabilidades o en un estado límite de estrés o ansiedad.

Manada ■ Una manada de animales es, generalmente, un buen presagio. Si es de búfalos, evidencia el gran potencial de nuestro interior; de elefantes, que debemos actuar con sensatez ante los nuevos retos; y de felinos, que se aproxima una época de emociones fuertes. ‖ En caso de que la visión de la manada nos atemorice, habrá que tener cuidado con las personas que nos rodean: podría surgir una alianza entre ellas desfavorable para nosotros.

Manantial ■ Los sueños en los que aparecen manantiales ponen de relieve nuestro deseo de regeneración y purificación. Eso sí, el aspecto de sus aguas nos revelará el estado de nuestras relaciones afectivas. Por tanto, beber de un manantial de agua clara indica que saciaremos nuestras necesidades físicas, espirituales o emotivas y que lograremos el éxito. Pero, si el manantial está seco o sus aguas están turbias, nuestro amor se debilita por momentos. (Ver Agua, Fuente y Dios).

Manchas ■ Las manchas son un símbolo de culpabilidad. Descubrir que tenemos una mancha en la ropa pone de manifiesto que necesitamos llevar a cabo una limpieza a fondo en nuestra vida cotidiana. La mancha podría estar relacionada con algún asunto turbio en el que hemos participado o en el que tenemos intención de tomar parte.

Manco ■ Soñar que alguna de nuestras extremidades superiores está amputada es señal de incapacidad para llevar a cabo alguna de las actividades que solemos realizar con este miembro. Tras todo ello, se oculta un temor que deberíamos intentar superar. ‖ No hay que olvidar, igualmente, que los brazos simbolizan nuestra habilidad a la hora de relacionarnos con los demás. Vernos sin brazos, por tanto, delata un problema afectivo grave.

Mandarina ■ Los sueños en los que aparecen frutas dulces y jugosas casi siempre aluden a la sensualidad y al placer. Pueden ser mecanismos de compensación del inconsciente o reflejos literales de una situación de bienestar en la vida real del soñante.

Mandíbula ■ La mandíbula o el mentón son símbolos de la fuerza de voluntad. Soñar que tenemos una mandíbula de grandes proporciones indica que nuestro tesón quizá ha derivado en testarudez. ‖ Por el contrario, si el mentón es anormalmente pequeño, el inconsciente nos está recordando la debilidad de nuestro carácter.

Manecillas ■ Ver en detalle las manecillas de un reloj o escuchar el sonido que hacen al moverse, casi siempre produce una sensación de angustia. El soñante está obsesionado con el paso del tiempo. A lo mejor, carecemos del mismo para realizar una labor que nos hemos propuesto; o bien nos sentimos culpables por haber perdido horas muy valiosas en cosas superfluas. (Ver Reloj)

Manguera ■ Por su forma alargada y cilíndrica, y su función surtidora de agua, la manguera es una clara imagen de índole sexual. Soñar con ella predice virilidad y potencia sexual para el hombre, y fecundidad para la mujer. Sin embargo, para interpretar mejor el sueño debemos analizar el resto de elementos del epi-

MALETA

Carlos soñó: «Buscaba mi maleta y no la encontraba por ningún lado. Estaba en el aeropuerto y mi avión estaba a punto de despegar. Los altavoces daban el último aviso para embarcar, y yo no podía recordar dónde la había dejado. Me sentía muy angustiado, en ella llevaba toda mi documentación, objetos de valor y dinero. Pero tampoco podía perder el avión porque me esperaba una importante reunión de negocios. Me pasé todo el sueño corriendo de un lado a otro, escudriñando cada rincón del aeropuerto, pero nada, la maleta no apareció y no pude partir; los billetes de avión estaban dentro.»

Cuando Carlos tuvo este sueño estaba sufriendo los primeros síntomas de una depresión leve. Se sentía muy triste, inseguro y a disgusto con su vida, pero no sabía qué hacer para mejorarla. Los sueños de búsqueda aluden a alguna carencia, algo que echamos en falta o que necesitamos para nuestra **estabilidad emocional**. La maleta, repleta de cosas importantes, refleja los valores con los que nos regimos en la vida, sin los cuales nos sentiríamos perdidos, como Carlos. Los aviones muestran nuestro **deseo de superarnos**, de elevarnos o trascender de nuestras preocupaciones cotidianas. El hecho de que lo perdiera indica que se sentía incapaz de avanzar, a pesar de sus continuos intentos (corriendo de un lado a otro, buscando por todos lados…).

Un mes después, Carlos empezó un tratamiento para **superar su tristeza** con un psicoanalista. Al cabo de unos días, encontró su maleta onírica en un sueño y consiguió coger el avión. En su mundo de vigilia, empezó a entender las causas de su malestar y a sentirse más satisfecho y seguro de sí mismo.

sodio como el agua o el elemento que regamos (plantas, objetos, etc.)

Maniobra ■ Manifiesta una situación comprometida en la vida del soñante. Éste se ve en la necesidad de cambiar intempestivamente sus planteamientos o su actitud para conseguir aquello que se propone, o para salir bien librado de una circunstancia adversa.

Maniquí ■ La visión de un maniquí señala la insatisfacción que siente el durmiente con su estatus social. Dicha posición va a poder cambiar en breve si aprovecha las oportunidades que se le presentan.

Mano ■ Las manos reflejan nuestra forma de usar los recursos. La mano derecha simboliza lo racional, lo lógico y lo analítico, mientras que la izquierda apunta a lo irracional, lo impulsivo y lo emotivo (para las personas zurdas, el significado se invierte). ‖ Cuando soñamos que nuestras manos son grandes y fuertes, ello es signo de seguridad, éxito y progreso. Si, por el contrario, las vemos pequeñas y débiles, expresa impotencia, inseguridad, resentimiento e insatisfacción. Unas manos blancas, suaves y limpias sugieren una vida cómoda y regalada. Si son toscas y sucias, encarnan el esfuerzo, el sufrimiento y el trabajo. Las manos peludas revelan primitivismo y un incontenible impulso sexual. ‖ También empleamos las manos para expresarnos. En el fondo, son extensiones de nuestra personalidad. Si descubrimos a qué se refiere cada gesto que llevamos a cabo en el sueño, sabremos la naturaleza de los sentimientos que queremos dar a entender. Por ejemplo: un puño cerrado denota agresividad, egoísmo o pasión; las manos cogidas manifiestan afecto; la mano sostenida en lo alto representa el perdón. (Ver Dedos y Guantes)
❖ Si soñamos con la palma de la mano, puede que nos preocupe el futuro. Según la quiromancia, sus formas y sus líneas contienen datos sobre nuestro destino. El sueño, por tanto, puede estar dándonos las pistas de nuestro futuro potencial. Por suerte, existe la opción de actuar voluntariamente. Lo que hagamos ahora servirá para mejorar lo que está por venir.

Mantel ■ Un mantel puesto sobre la mesa indica tendencia a ser excesivamente protectores. Concedemos mucha importancia a las cosas materiales. También expresa un cierto inmovilismo en la vida cotidiana. Somos conservadores y los cambios nos asustan. Si el mantel se encuentra manchado y arrugado, refleja problemas domésticos.

Mantequilla ■ Por su textura, es un símbolo de suavidad y facilidad. La mantequilla es algo que se derrite, que se funde en nuestro interior. Ello podría indicar que una situación angustiosa está llegando a su fin.

Manto ■ Los sueños en los que los mantos son protagonistas tienen varias interpretaciones. Así, por un lado, despojarse del manto simboliza la necesidad de quitarse de encima todo lo superfluo. En cambio, ponerse un manto significa que nos estamos alejando de lo esencial y no somos fieles a nuestro auténtico Yo (el manto, en este caso, realiza las funciones de disfraz). (Ver Abrigo y Disfraz)

Manzana ■ La manzana está relacionada con el sexo, simboliza el placer y lo sensual. Es la fruta prohibida, el pecado que cometieron Adán y Eva en el paraíso. En términos oníricos, revela nuestro deseo de disfrutar de los placeres terrenales. Si es sabrosa, indica satisfacción afectiva; si está verde, dificultades; si está podrida, frustraciones. Desde un punto de vista freudiano, comerse una manzana es sinónimo de apetito sexual. ‖ La manzana, sin embargo, también representa el conocimiento y la libertad de elección. Lo mismo que ganaron Adán y Eva cuando dejaron atrás la inocencia.
❖ Sobre todo si son rojas, soñar con manzanas tiene buenos presagios. Si están maduras y dulces, obtendremos recompensas; si están ácidas, podemos tener pérdidas a causa de nuestra propia necedad. Las manzanas caídas en el suelo auguran la falta de honestidad de nuestros amigos. Por último, si están podridas, todos nuestros esfuerzos serán en vano.

Mañana ■ Simboliza la actividad consciente, el trabajo y la alegría, así como la esperanza. Contemplar el mañana con valentía representa el triunfo sobre las dudas, los pesares o las turbaciones. Y soñar con un amanecer indica que comienza un período de mayor felicidad, en el que podremos dirigir a voluntad nuestras acciones.

Mapa ■ El mapa significa que hemos perdido el norte. Deseamos cambiar de ambiente y de circunstancias; no tenemos rumbo, no estamos satisfechos con nuestra situación actual. Este sueño evidencia la necesidad de meditar largamente para reconducir nuestra vida de forma que sea coherente con nuestra personalidad.

Maquillaje ■ Soñar que nos estamos maquillando indica que no nos sentimos a gusto con nuestra personalidad y que, por lo tanto, necesitamos cambiar nuestra manera de ser para convertirnos en personas exitosas. Adoptar una máscara puede ser útil para protegerse de los demás, pero esta actitud, a menudo, oculta nuestra verdadera personalidad. ‖ Si el maquillaje es muy exagerado (colores chillones y artificiales), el sueño también indica que pretendemos llamar la atención de forma ostentosa, tal vez viviendo por encima de nuestras posibilidades. (Ver Máscara)

Máquina ■ Desde los tiempos más remotos, las máquinas se han comparado con el cuerpo humano; por lo tanto, cuando en sueños aparece una, puede estar refiriéndose a nuestro bienestar físico, especialmente si la máquina no funciona bien, está agotada o necesita algún tipo de mantenimiento o reparación. Por lo tanto, en caso de que soñemos con máquinas, podemos interpretar estas imágenes como un informe del estado de nuestro cuerpo y nuestra mente. La forma en que éstas funcionan nos permitirá saber cómo nos encontramos de salud. ‖ El combustible de la máquina puede simbolizar nuestra energía o potencia sexual. ‖ Si el soñante se encuentra manejando una máquina, probablemente ello haga alusión a su capacidad para desenvolverse en la vida y hacer frente a los problemas. El significado de cada máquina depende de los elementos que la integran y del ritmo al que se mueve.

Mar ■ El mar y los océanos se consideran la fuente de la vida y el final de la misma. «Volver al mar» es como «retornar a la madre»: morir. El mar es uno de los arquetipos básicos, ya que también representa el inconsciente colectivo y el amor universal. Este sueño, por lo tanto, se relaciona con nuestro interior y su interpretación puede ser casi literal. Así, un mar en calma indica tranquilidad; si está agitado, augura dificultades; si caemos, enfermedad o problemas causados por pasiones desenfrenadas; si nos dejamos hundir, refleja una actitud pesimista ante la vida; si nos esforzamos por salir a la superficie, indica que estamos luchando con todas nuestras fuerzas. ‖ El mar también representa el caos originario, el inicio y final de todo. Su fluidez lo asemeja al inconsciente que no puede ser nunca sondeado hasta el fondo, aferrado ni comprendido del todo. Es la libertad sin límites y al mismo tiempo la dulzura confortante del útero materno. (Ver AGUA, AHOGARSE, AZUL, BARCO, LAGO, LUNA y MADRE)
❖ En los mitos primitivos, la existencia del mar era previa a la del mundo. Éste ejercía de útero para el resto de seres vivientes. El mar es símbolo de los materiales crudos y se asocia con el potencial creativo de nuestro ser. ‖ Desde una perspectiva espiritual, puede representar la totalidad. Nosotros somos cada una de las gotas que forman parte de él. ‖ Según algunas supersticiones, caerse al mar asegura buena salud; y zambullirse en él y emerger justo antes de despertarse asegura que las actuales dificultades serán superadas.

Marchitar ■ Ver flores marchitas indica un estado de duelo en el que el soñante siente nostalgia o frustración por el término de un período de bienestar.

Marea ■ La marea alta denota disgustos y disturbios; la baja, paz y tranquilidad. (Ver MAR)

Mareo ■ Experimentar la sensación de mareo en el sueño suele ser producto de una tensión baja o de la aparición de una carencia fisiológica. Conviene estar atentos a esta clase de avisos y vigilar la salud física.

Marfil ■ Su imagen se asocia con el sentido de fuerza y poder, pero también con las facultades mágicas de los amuletos fabricados con este material. Alude a la buena salud, al amor correspondido y a la longevidad. Además, tiene connotaciones de tipo sexual.
❖ La interpretación esotérica de este sueño también deriva de su uso talismático, según la tradición, precursor de larga vida, salud y amores felices.

Margarita ■ Simbolizan la sencillez y la ingenuidad.

Marido ■ Las referencias de este sueño pueden ser literales. Quizá nos preocupa nuestra relación de pareja o guardamos al respecto sentimientos inconscientes. Sin embargo, podemos estar proyectando otras cosas en este sueño. Nuestro marido onírico, a lo mejor, representa a nuestro padre o al lado masculino de nuestra naturaleza. ‖ Los sueños sobre maridos y esposas pueden referirse a un aspecto de nuestra personalidad que vemos reflejado en nuestra pareja; por lo tanto, si una mujer sueña con su marido, seguramente su sueño hará referencia a los aspectos más masculinos y enérgicos de su naturaleza, y las acciones del marido en el sueño serán acciones que a ella misma le gustaría llevar a cabo. ‖ Si un hombre sueña con el marido de una mujer, debería cuestionarse qué representa dicho hombre para él y cuáles son sus sentimientos con respecto a la mujer. Como siempre, el contexto del sueño es de gran relevancia para la interpretación del sueño.
❖ Si soñamos que estamos casados y no es así en la vida real, la superstición popular augura problemas. En cambio, verse al lado de un marido desconocido es un buen presagio que promete felicidad conyugal.

Marinero ■ Soñar que somos marineros significa que nuestras emociones están un poco alteradas y que, por lo tanto, deseamos huir de nosotros mismos. Las inquietudes y la sed de aventura que sentimos nos permitirán salir de la rutina, pero no debemos dejar que el deseo nos desboque. ‖ Por otro lado, teniendo en cuenta que el mar representa el inconsciente, el sueño puede estar reflejando nuestras ansias de explorarlo o de emprender un largo viaje. (Ver AGUA, AZUL, BARCO y MAR)
❖ Soñar con un marinero que está en tierra predice un nuevo romance; si está en un barco, llegarán noticias de lugares lejanos. Por otro lado, si una mujer sueña que es un marinero, la creencia popular presagia mala suerte.

Marioneta ■ Las marionetas tienen una simbología doble de significados opuestos. Por un lado, la inconsistencia de carácter, la carencia de iniciativas y la incapacidad de tomar las propias decisiones. Por otro, el poder y la habilidad para mover los hilos, es decir, para conseguir que los demás actúen bajo nuestras disposiciones y deseos. No es un sueño positivo porque pone de manifiesto situaciones, que en cualquier caso, no son claras ni deseables.

❖ Los augurios de este sueño dicen que obtendremos la felicidad gracias a nuestra gran capacidad para organizar a la gente. ‖ Hacer bailar a una marioneta promete negocios brillantes y fabulosas ganancias.

Mariposa ■ A pesar de que, entre los antiguos, era emblema del alma y de la atracción inconsciente hacia lo luminoso, actualmente la mariposa se asocia a la ligereza, a la inconstancia y a la imprudencia. ‖ Sin embargo, en caso de que soñemos con la transformación de una oruga en mariposa, ésta se convierte en señal de metamorfosis, cambio y regeneración. El sentido cambia, ya que indicaría que debemos confiar en nuestra capacidad hasta el final, sin permitir que nos venza el miedo o la desesperación. En definitiva, todo acabará por solucionarse. Así, lo que en principio parece negativo, puede terminar siendo totalmente positivo. ‖ Otras interpretaciones asocian a las mariposas al romance, la alegría, la libertad y el éxito. (Ver Gusano, Metamorfosis y Oruga)

❖ Chuang Chou, un pensador chino, plantea una curiosa cuestión filosófica respecto a un sueño de características parecidas a éste. Resulta que una noche soñó que era una mariposa y la escena onírica le pareció tan real que, cuando despertó, no sabía si era un hombre que había soñado ser mariposa o una mariposa que estaba soñando ser hombre. ‖ Los turcos creen que los muertos pueden regresar bajo este aspecto y, por lo tanto, cuidan de no matarlas.

Mármol ■ La presencia de mármol en sueños augura que todos nuestros esfuerzos por progresar se verán pronto recompensados. ‖ Si el mármol está en la cantera, tendremos éxito en el terreno laboral, pero nuestras relaciones afectivas serán breves y superficiales. Por contra, si el mármol aparece pulido, conseguiremos disfrutar de una relación amorosa sólida y profunda, aunque antes deberemos luchar contra el miedo al fracaso sentimental.

❖ Algunas interpretaciones tienen también en cuenta su color, y atribuyen al mármol negro el significado de dolor; y al blanco, el de riqueza y fortuna.

Marmota ■ Este animal simboliza el sueño, la pasividad y la pereza. Sin embargo, también señala paciencia en las adversidades.

Martillo ■ El martillo es el instrumento propio del herrero y está dotado de un poder místico de creación. Soñar con esta herramienta quiere decir que, aunque nos esté costando un sacrificio, estamos trabajando adecuadamente para conseguir nuestros objetivos. El martillo, pues, puede interpretarse como un símbolo de la constancia en el trabajo. Además, se le relaciona con la virilidad, la autoridad y la fuerza. ‖ Para Freud, el hecho de clavar un clavo con un martillo simbolizaba el acto sexual.

❖ El dios teutónico Tor, controlador del tiempo y los cultivos, ostentaba un martillo que, después de lanzarlo, regresaba a su mano. En este sentido, el martillo representa el poder y la fuerza espiritual.

Masaje ■ Soñar que se da o que se recibe un masaje puede tener connotaciones de tipo sexual y afectivo. En general, señala carencias en la vida del soñante. El masaje onírico, por tanto, se desarrolla dentro de un sistema de autocompensación. ‖ Sin embargo, también puede ser aviso de una enfermedad que aún no se ha manifestado de forma evidente. Si el sueño se repite con frecuencia, convendría estar atentos a posibles problemas de salud. La correcta interpretación de este sueño depende de las circunstancias del soñante en la vida real y del análisis de todos los elementos y acontecimientos que se presenten en él.

Máscara ■ Soñar que nos disfrazamos con una máscara revela que no nos sentimos a gusto con nuestra personalidad. En consecuencia, nos ocultamos detrás de un elemento artificial para convertirnos en personas exitosas. ‖ Aunque recurrir a una máscara puede servir para protegerse de los demás, esta actitud deja en un segundo plano nuestra verdadera forma de ser. Debemos preguntarnos a nosotros mismos por qué razón nos la ponemos. Es necesario aunar todo el coraje posible para ser quienes realmente somos.

❖ Según la tradición árabe, aquel que tenga un alma pura nunca se sentirá decepcionado por sus sueños. De lo contrario, querrá decir que nos estamos engañando a nosotros mismos.

Matar ■ Si soñamos que matamos a alguien, significa que nos hallamos ante un grave conflicto entre nuestros deseos y los principios morales que nos vemos obligados a cumplir. El sueño también revela la tentativa inconsciente de reprimir una parte no aceptada de la propia mente; por lo que quizá estemos matando algún aspecto de nuestra propia naturaleza que nos desagrada. Un buen ejemplo de este caso es el de un hombre que sueña que mata a una mujer. Probablemente, la verdadera causa sea que quiere rechazar a toda costa su lado femenino. ‖ Este tipo de sueños deben analizarse muy cuidadosamente, ya que revelan la necesidad de profundizar en nuestro interior y buscar alguna salida aceptable para no llegar a una situación violenta. ‖ El sueño también podría estar motivado por un sentimiento negativo hacia alguien que nos lleva a desahogarnos de esta manera en sueños.

❖ Habrá disputas y tendremos que sacrificarnos.

Matorral ■ Su significado es similar al de MALEZA en tanto que representa obstáculos que deben ser superados. También alude a situaciones o a parcelas de la personalidad que resultan oscuras y misteriosas. Adentrarse en el matorral para descubrir qué hay en su interior, o esquivarlo y pasar de largo, serán claves que reflejen la actitud del soñante respecto a las circunstancias que envuelven su vida en el momento.

Matrimonio ■ No sólo simboliza la unión afectiva del protagonista con otras personas, sino también el equilibrio interno entre la polaridad masculina y femenina. Además, el sueño puede representar la relación que mantienen nuestros dos hemisferios cerebrales (es decir, el que rige la intuición y el que rige la razón analítica). Por todo ello, este tipo de imágenes revela conflictos internos que repercuten en la personalidad. ‖ Los sueños «literales» sobre la vida conyugal evolucionan a lo largo de la vida: primero suelen versar sobre el deseo de encontrar la media naranja; después, cuando la boda es inminente, aparecen elementos ligados al compromiso; posteriormente, los sueños hacen referencia a un proyecto en común basado en el amor y el respeto mutuos. (Ver BODA)

Mecánico ■ Soñar que llevamos el coche al mecánico manifiesta la necesidad de ayuda para resolver un problema práctico. Aunque el soñante no se ve capaz para solucionarlo por sus propios medios, el hecho de tener que recurrir a terceros no le genera angustia ni culpabilidad. La imagen del mecánico, en ocasiones, se asocia con la del médico. Es posible que exista alguna enfermedad aún no diagnosticada.

Medalla ■ Al igual que DIPLOMA, la medalla es un símbolo de distinción y reconocimiento. Su aparición en sueños puede interpretarse como un sentimiento de satisfacción por el deber cumplido o como la necesidad de obtener una recompensa injustamente negada. La interpretación depende de los sentimientos que el sueño despierte en el soñante y de las circunstancias en las que se esté desarrollando su vida real.

❖ Recibir una medalla como recompensa anuncia amor; llevarla puesta augura empresas llevadas a buen término.

Medianoche ■ Representa el momento más intenso que puede vivir nuestro inconsciente. Por este motivo, a través de la historia, se ha utilizado como hora simbólica en la que se reúnen los personajes de novelas de terror (brujas, vampiros, fantasmas, etc.). ‖ Estas figuras atemorizadoras no son más que la representación de nuestros aspectos oscuros, por lo que, lógicamente, alcanzan su punto álgido en la hora central de la noche. (Ver BRUJA, DEMONIO y HADA)

Medias ■ Símbolo de seducción erótica. El contexto del sueño nos acabará de indicar claramente su sentido.

❖ Las medias son señal de prejuicio y pérdidas financieras. Ponérselas refuerza el pronóstico de pérdida; quitárselas, por el contrario, denota suerte. Medias agujereadas revelan esperanzas vanas y una mala administración del hogar. Las medias de seda anuncian lujo de duración breve, pérdidas; de algodón, bienestar modesto. Ver medias colgadas expresa una falsa apariencia de riqueza; lavarlas promete ganancias.

Medicina ■ Ver o tomar medicamentos suele ser un sueño positivo que manifiesta una situación adversa y, a la vez, la intención de valerse de algún mecanismo para salir de ella. Si el soñante administra medicinas a otra persona, el sueño señala su deseo de ayudar o de transmitir conocimientos a alguien de su entorno.

Médico ■ Este sueño nos advierte de que nuestra actitud actual nos perjudica, pues no estamos valorando suficientemente nuestra salud. También puede significar que pronto recibiremos ayuda y protección de alguien.

Mediodía ■ De la misma forma que la medianoche representa el momento álgido de nuestros aspectos más oscuros, el mediodía simboliza la plenitud de nuestra parte más luminosa, es decir, de nuestras virtudes. Por todo ello, la aparición de un mediodía resplandeciente en un sueño indica la presencia de un momento de gran expansión personal. (Ver ÁNGELES, DIOS, LUZ, MAESTRO y MATRIMONIO)

Mejillas ■ Simboliza el estado de salud de la persona que sueña: llenas y rosadas sugiere alegría y buena salud; pálidas y descarnadas, dolor y luto. (Ver CARA)

Mejorana ■ Como ocurre con la mayoría de las hierbas aromáticas, la mejorana es símbolo de consuelo y de curación lenta pero cuidadosa. Puede representar un estado de convalecencia. Es el camino del soñante entre una situación difícil que acaba de abandonar y la completa recuperación de sus fuerzas y facultades.

Melocotones ■ Estos frutos representan la abundancia y la alegría.
❖ Buenos augurios de salud y placer: comerlo promete reconciliación con una persona amada; cogerlo es indicio de riqueza; verlo en el árbol, de tentación.

Melón ■ Este fruto anuncia, en general, enfermedades y relaciones tensas con el entorno. ‖ Comerlo nos advierte de que actuar con insensatez acarrea problemas a la larga; verlo plantado, alerta de que los problemas actuales acabarán por aportarnos beneficios.
❖ Soñar con comer un melón presagia al enfermo curación.

Memoria ■ Soñar que se pierde la memoria refleja una actitud de evasión o un sentimiento de culpa. Nos olvidamos de cosas que nos resultan demasiado violentas o de aquello que nos incomoda o nos avergüenza. Puede ser un momento oportuno para analizar aspectos de nuestra vida que no hemos podido o querido afrontar.

Mendigo ■ El inconsciente nos advierte, a través de este sueño, que estamos descuidando algún aspecto importante de nuestra personalidad. ‖ También puede indicar el inicio de una etapa de dificultades económicas.
❖ Según la interpretación esotérica, los sueños de pobreza son, generalmente, precursores de prosperidad, bienestar, amor y felicidad, o al menos aseguran al soñador que no deben tener motivos de preocupación. La superstición popular añade un consejo: si al despertar nos pica la mano, debemos frotarla sobre madera. Esto nos traerá suerte.

Mentira ■ Este sueño pone de manifiesto un sentimiento de desconfianza y de inseguridad en la vida real. Tanto si el soñante miente, como si sabe que quien le habla le está mintiendo, el sueño no es, en absoluto, positivo. Convendría analizar cuidadosamente la escena onírica para llegar a su correcta interpretación. Además, para buscar una solución, también hay que tener en cuenta la situación determinada que envuelve al soñante en la vida real. Quizá sea útil recordar que nunca se miente sin motivo.

Mercado ■ Soñar que compramos en un mercado significa que disponemos de muchos recursos que no aprovechamos. Debemos, pues, valorarnos más, ya que gozamos de un enorme potencial desaprovechado. ‖ El sueño también puede tener un origen más hondo: la necesidad de exteriorizar nuestro talento, nuestros deseos más elevados. Pero, ¡cuidado!: el mercado nos ofrece la posibilidad de adquirir lo esencial y, muy a menudo, salimos de él con cosas superfluas que desvían nuestros intereses y pueden aumentar nuestra confusión. ‖ Aquello que se vende en el mercado nos aclarará el tema del sueño. Las antigüedades representan nuestro pasado; las frutas y las verduras muestran nuestra capacidad para crecer interiormente; las cosas baratas suelen expresar que infravaloramos nuestros talentos. (Ver LABERINTO)
❖ Según la superstición popular, este sueño denota frugalidad. Para una mujer joven, significa cambios.

Mercurio ■ El mercurio (tanto el metal líquido, como el dios mitológico romano) representa la movilidad, la rapidez y la capacidad de adaptación.

Mermelada ■ La mermelada representa las cosas dulces de la vida. Por otro lado, según el dicho inglés: «Mermelada ayer, mermelada mañana, pero nunca hoy la mermelada», este sueño puede referirse a que no recibimos recompensa alguna por el trabajo duro y vivimos a expensas de promesas que nunca se van a cumplir.
❖ Si una mujer sueña que está haciendo mermelada, vivirá rodeada de amigos que la apreciarán.

Mesa ■ La mesa simboliza la amable confraternización. En los sueños, representa nuestras relaciones con el entorno. ‖ Si ésta es rectangular, manifiesta una estructura jerárquica basada en un líder, que normalmente está en uno de los lados o en el centro. Nuestra posición indicará qué lugar del escalafón ocupamos. En cambio, si la mesa es redonda, significa que todos los que se sientan alrededor de ella tienen el mismo rango. ‖ Pero, aparte de indicarnos nuestro «estatus», la mesa también puede significar otras cosas. Lo que se encuentre sobre ella hará referencia a aquello que llega a nuestra vida. Así, si está llena de manjares, el sueño augura prosperidad; si está vacía, problemas en el hogar; y, por último, si no se ha sentado nadie alrededor, sugiere que necesitamos sentirnos más unidos a nuestros familiares.

❖ La mesa augura comodidad doméstica y felicidad en la relación matrimonial.

Meta ■ El significado de este sueño está relacionado con el de CARRERA. La meta de la escena onírica puede ser una representación literal de los objetivos que se ha marcado el soñante en la vida real. Salvar los obstáculos y alcanzarla, o perder las fuerzas y renunciar a ella, serán indicativos de su estado de ánimo respecto a los proyectos que esté llevando a cabo.

Metamorfosis ■ Los sueños en los que los seres vivos experimentan cambios son símbolos de evolución. Si, por ejemplo, vemos la transformación de una oruga en mariposa, ello indica que debemos confiar en nuestra capacidad hasta el final, sin permitir que nos venza el miedo o la desesperación, pues todo acabará por solucionarse. ‖ Al mismo tiempo, también pueden darse metamorfosis de signo negativo, es decir, transformaciones que impliquen degeneración, o bien corrupción. El contexto de cada sueño indicará cómo interpretarlo. (Ver GUSANO, MARIPOSA y ORUGA)

Meteorología ■ El tiempo que aparezca en el sueño puede representar el estado de nuestra mente y de nuestras emociones. Un cielo tormentoso, por ejemplo, evidencia disputas y enfados; uno soleado, en cambio, denota felicidad; si llueve, es posible que nuestra tensión haya encontrado una salida para desahogarse; si nieva, entonces nuestra emociones están congeladas.

❖ Soñar con una meteorología agradable predice acontecimientos felices. Pero, si es desagradable, lo mismo emanará nuestra fortuna.

Mezclar ■ Soñar que mezclamos productos químicos, pociones o, incluso, bebidas, no simboliza la entrada de un nuevo elemento en nuestras vidas pero sí algo distinto que surge de la combinación de lo que ya tenemos. Puede, por ejemplo, reflejar la unión de nuestras facetas más opuestas y que, como resultado, adoptemos una actitud más flexible y tolerante. ‖ Según otra interpretación, este sueño indica que mezclamos el lado derecho y el izquierdo del cerebro. O, lo que es lo mismo, la lógica y la intuición, respectivamente.

❖ La carta de la Templanza del Tarot muestra un ángel vertiendo agua de una copa a otra. Asimismo, la carta de la Estrella, ilustra a una mujer echando agua en un estanque y, a la vez, sobre la tierra. El signo de Acuario también es portador de agua. Todo esto, como el sueño de mezclar, hace referencia al fluir de la vida. Es la conexión de lo consciente con el inconsciente y de los elementos masculinos y femeninos.

Microscopio ■ Mirar a través del microscopio puede indicar el deseo de ser minucioso a la hora de analizar una situación determinada. Pero, también, señala la tendencia a sobrevalorar detalles sin importancia, descuidando aquello que es relevante de verdad.

Miedo ■ El miedo en los sueños refleja un estado latente de ansiedad. La inseguridad, los temores y las preocupaciones están haciendo mella en nosotros de forma preocupante. ‖ En primer lugar, para interpretar este tipo de sueños de forma adecuada, debemos analizar los acontecimientos de los últimos días, sin descartar la posibilidad de que, recientemente, hayamos visto alguna película de terror o leído algún relato espeluznante que nos haya afectado a nivel inconsciente, filtrándose luego en nuestros sueños. A menudo, estas escenas espeluznantes despiertan puntos oscuros de nuestro pasado, reprimidos en el inconsciente. ‖ La función de estos sueños es recordarnos qué situaciones nos producen miedo. Son la oportunidad idónea para descubrir y resolver aquello que tanto nos atemoriza. ‖ Tener miedo en un sueño revela, según la escuela freudiana, un intenso complejo de culpa. (Ver ABISMO, ACCIDENTE y DEMONIO)

❖ La superstición popular sobre este sueño se asemeja mucho a los dictámenes de la psicología moderna. Si vencemos en sueños aquello que nos produce temor, lo mismo sucederá con las cosas que nos dan miedo en la vida real.

Miel ■ Puede representar dos cosas: en primer lugar, la dulzura, el bienestar, la riqueza y la felicidad; en segundo lugar, la miel también es el producto de un complejo proceso de elaboración que siguen las abejas con el fin de fabricarla. Su significado, por tanto, se asocia a la superación personal, al trabajo con esfuerzo. ‖ Por último, en Extremo Oriente, a las mentiras se les llama «miel envenenada».

❖ La miel es el alimento de los dioses. Este sueño puede estar indicando nuestro deseo de poseer consciencia divina.

Millonario ■ Es un sueño típico de frustración. Lo suelen experimentar las personas que no están satisfechas con sus posesiones materiales, intelectuales o afectivas. El mensaje que nos transmiten estas imágenes es que debemos descubrir y valorar todo lo que poseemos y lo que guardamos en nuestro interior. Se recomienda no malgastar el tiempo en cosas efímeras.

Mimbre ■ Soñar con objetos de mimbre es síntoma de la mala marcha de nuestros negocios y de la probabilidad de que fracasen. De este modo, será conveniente poner todos los medios a nuestro alcance para que esto no se produzca.
❖ Trenzarlo es pronóstico de indigestión

Mimo ■ Simboliza la comunicación sin palabras. Es posible que el soñante sienta la necesidad de conocer o de entender algo que, en ese momento, se le escapa. Sin embargo, no es un sueño negativo. Aunque la comunicación no sea verbal, la intención de comunicarse más allá de las palabras es muy valiosa y merece ser atendida.

Mimosa ■ Este árbol es un símbolo de los estados de ánimo melancólicos.

Mina ■ Las minas son una importante fuente de riqueza oculta. Por lo tanto, su aparición en sueños simboliza que es en nuestro interior o inconsciente donde podremos encontrar el tesoro más valioso. En general, un sueño de este tipo vaticina logros y mejoras.

Mirada ■ La mirada es otro de los medios de comunicación ajeno a las palabras. Puede constituir un arma de seducción o de represión, y un medio para expresar amor, comprensión, complicidad, rabia, odio, alegría, tristeza o desaprobación. Lo importante en la interpretación de este sueño son las sensaciones y los sentimientos que despierte en nosotros la mirada de la cual somos objeto.

Mirlo ■ Este pájaro parlanchín simboliza las murmuraciones.
❖ Oír silvar a un mirlo es señal de calumnias.

Misa ■ Escuchar una misa en sueños revela el advenimiento de una época de paz y armonía por parte del durmiente. Celebrarla, es señal de la capacidad del protagonista para dar apoyo moral y material a los más necesitados.

Misionero ■ Su presencia en los sueños señala la necesidad de buscar ayuda desinteresada y sincera. Su significado puede ser similar al de ABAD. Si el soñante se ve a sí mismo como un misionero, el sueño manifiesta su intención de prestar servicio y consuelo a las personas que le rodean

Mitología ■ Si en nuestros sueños aparecen personajes mitológicos (un hecho poco frecuente), debemos atribuirles el mismo significado que se les otorgó en la época en que fueron creados.

Mochila ■ La mochila tiene varias interpretaciones posibles. Por un lado, es un símbolo de viaje que refleja una situación provisional. Probablemente, el soñante se sienta desbordado y agotado por la rutina y desee un cambio en su vida. Por otro, también representa las cargas que, día a día, llevamos a cuestas. Las condiciones en que se encuentre la mochila y lo pesada o ligera que resulte serán datos claves para la correcta interpretación del sueño.

Molino ■ El molino es uno de los símbolos clásicos del trabajo constante y disciplinado. Si estuviera parado, el sueño nos estaría advirtiendo de que nos dejamos arrastrar por la pereza.

Momia ■ Según el entorno de la vida moderna, la aparición de una momia puede resultar terrorífica, sin embargo, la interpretación de este sueño resulta un poco más compleja. El inconsciente trae de vuelta aspectos de un pasado remoto que habían sido olvidados pero que, quizá, no fueron del todo resueltos en su momento. Es posible que salgan a la luz viejos sentimientos de culpa, temores, inseguridades y recriminaciones hacia personas que han tenido relación con nosotros a lo largo de la vida.

Monedas ■ Las monedas simbolizan todo aquello que deseamos íntimamente, pero que reprimimos de tal forma que la mente no se atreve ni a mencionar su nombre. Por ello, es frecuente que este tipo de sueños se refiera a amores ilícitos. ǁ Soñar que ganamos muchas monedas indica que lo que éstas representan tiene un valor superior al que nos pensábamos, pero, también, que nos hallamos en un período muy creativo. Por el contrario, imaginar que alguien que conocemos nos roba dinero significa que hemos exagerado nuestros sentimientos hacia esta persona. ǁ Perder monedas, si el sueño va acompañado de una sensación angustiosa, revela el temor a extraviar algo muy importante para el soñante.
❖ Las monedas de oro prometen grandes beneficios; de plata, contrariedad; de cobre, pobreza; falsas son indicio de deshonor y vergüenza.

Monedero ■ El monedero es un símbolo habitual de la sexualidad femenina. Puede hacer referencia a los genitales de la mujer o a su útero. Según Freud, igual que el monedero se abre y se cierra, la mujer tiene el poder de ceder o negarse sexualmente a los demás. ‖ Por otro lado, como el monedero suele contener dinero, también simboliza el tesoro de nuestro auténtico Yo. Si en sueños lo perdemos, puede que estemos sufriendo la pérdida de nuestra verdadera identidad. Soñar con un monedero vacío, asimismo, indica falta de seguridad.

❖ Si soñamos que abrimos nuestro monedero y vemos dinero dentro, obtendremos la felicidad. El presagio se intensifica si se trata de oro. Del mismo modo, da buena suerte encontrarse un monedero. Pero, si son otros los que lo encuentran, los augurios dicen que pronto recibiremos malas noticias.

Monja ■ Representan la devoción, la piedad y los sentimientos. Las figura de las monjas también expresa, sobre todo, pureza y castidad. ‖ Su presencia en los sueños revela una fuerte necesidad de comunicación con uno mismo. A menudo, anuncia la necesidad de pasar un tiempo en soledad. Si estamos atravesando una situación difícil, el sueño indica que debemos reflexionar largamente antes de tomar decisiones. ‖ Cuando un hombre sueña con un monje, puede que se trate del lado espiritual de su personalidad.

❖ Soñar con un monje anuncia viajes desagradables y discrepancias en el seno familiar. Si soñamos que somos una monja, experimentaremos decepciones en el amor. Pero, si nos encontramos con ella, augura felicidad sentimental.

Mono ■ Representa lo peor de nosotros mismos. Indica que nuestros instintos están a punto de desbocarse, pues el mono está considerado un animal inquieto, burlón y lascivo. Muy a menudo, este sueño está relacionado con el sexo: el inconsciente pugna por liberarse y dar rienda suelta a sus deseos más primarios. El mensaje que se asocia a estas imágenes es que debemos controlar nuestros impulsos, canalizándolos de la manera adecuada (sin, por ello, reprimirlos).

❖ En la India, los monos se asocian a aquellas actitudes humanas que se rinden ante sus preocupaciones, dudas y temores. El sueño puede estar diciéndonos que tratemos de encontrar la paz interior.

Monstruo ■ En los sueños, los monstruos adoptan dimensiones y formas mucho más espeluznantes que en cualquier película o novela de terror. Sin embargo, a pesar del miedo que puedan provocarnos, si su figura se repite reiteradamente en nuestros sueños, es necesario acercarse a ellos y tratar de conocerlos lo mejor posible, aunque sean espantoso, pues nos dará claras pistas de nuestros temores. Los sueños acostumbran a ser representaciones de nosotros mismos, por lo tanto, el temido monstruo puede ser una parte de nosotros mismo que nos asusta. También puede representar a personas de nuestro entorno con las que tenemos dificultades para relacionarnos: padres, jefe, pareja... o aspectos de la vida que nos asustan como el sexo, la vejez o la muerte. ‖ Habitualmente, los monstruos aparecen en los sueños infantiles. En este caso, representan el papel dominante y poderoso que juegan los adultos en la vida de los niños. Se recomienda enfrentarse a lo que representan estos monstruos en nuestra vida emocional.

❖ Según los viejos libros sobre sueños, vencer a un monstruo onírico significa que superaremos a nuestros enemigos y adquiriremos mayor importancia. ‖ Los antiguos pueblos del Tíbet creían que los monstruos más terribles eran guardianes divinos. Por ello, simbolizaban aquellos poderes del interior del ser que podían disuadir y derrotar a la ignorancia.

Montaña ■ Una elevación del terreno posibilita contemplar el entorno con más claridad. Si, en sueños, nos vemos subiendo a una montaña con entusiasmo, significa que estamos mejorando nuestra situación laboral, social o espiritual. Alcanzar la cumbre de la montaña es señal de que hemos logrado nuestro objetivo. ‖ Si el soñante se encuentra en la cumbre de una montaña, probablemente su sueño le esté indicando que no tiene en la vida demasiados problemas que le preocupen.

❖ Si nos esforzamos por subir una montaña, todas nuestras empresas resultarán exitosas. Pero, si nos rendimos y no llegamos a la cima, nuestros planes fracasarán. En la China, la montaña simboliza la paz inamovible a la que llega la mente tras la meditación.

Moras ■ Su simbología es algo compleja. Alude a la pureza virginal, al placer y al dolor. Las espinas de la zarza expresan el tormento; las frutas dulces son el goce, la fertilidad y la abundancia. Pueden interpretarse como una recompensa al esfuerzo y al sufrimiento. Sin embargo, habría que analizar todos los elemento del sueño y la imagen onírica en su conjunto para descifrar el mensaje del inconsciente.

Mordaza ■ Si tenemos la boca amordazada, el sueño manifiesta que no podemos expresarnos tal como nos sentimos respecto a un asunto determinado. Igualmente, puede haber algo importante que deseemos decir pero que no sepamos cómo. ‖ Sin embargo, el significado del sueño puede ser el opuesto: quizá nuestro inconsciente esté alertándonos de que nos mantengamos callados. (Ver BOCA)

❖ Los sueños en los que aparece un obstáculo que dificulta la comunicación suelen presagiar malos entendidos. Debemos ser cautos con las habladurías.

Morder ■ Este sueño es un símbolo de agresividad. Mediante el acto de morder, destruimos un elemento ajeno a nosotros con el fin de que forme parte de nuestro ser o, simplemente, con la intención de eliminarlo. A menudo, esto es provocado porque albergamos sentimientos de furia o rencor que necesitamos expresar. ‖ Si las víctimas del mordisco somos nosotros, a lo mejor estamos cargando con un problema o pasamos por un período difícil. Si es un animal quien nos muerde, debemos preguntarnos qué aspectos de nuestra naturaleza representa dicho animal. (Ver BOCA, DIENTES y MANDÍBULA)

❖ Soñar con mordeduras significa que sufriremos una pérdida por culpa de un enemigo. ‖ Recibir un mordisco prevé celos y disgustos.

Mosca ■ Estos insectos encarnan el resentimiento, el miedo y el desprecio hacia los demás. Si soñamos que invaden nuestra casa, significa que tememos los rumores. Las moscas también pueden simbolizar los impulsos o deseos reprimidos. ‖ Por la asociación de las moscas con la suciedad y la enfermedad, también podemos interpretar este sueño como un mensaje del insconciente para que vigilemos la salud y hagamos limpieza. ‖ Del mismo modo, una mosca zumbante y pesada puede indicar la existencia de una persona inquieta e irritante en nuestra vida. Si la mosca somos nosotros, quizá deberíamos preguntarnos si no estamos revoloteando demasiado sobre asuntos ajenos.

❖ Según la tradición popular, ver moscas en sueños es augurio de éxito. En cambio, verlas sobre la comida denota peligro.

Mostaza ■ La mostaza se asocia a la irritabilidad y a la excitación. Si este sueño se repite demasiado a menudo, quizá estemos viviendo con demasiada intensidad.

❖ Soñar que se come mostaza y notar cómo arde la boca en el sueño denota amargo arrepentimiento por una mala acción que ha causado dolor.

Motocicleta ■ La velocidad, la agilidad, la sensación que nos produce el viento cuando nos azota la cara, to-

do ello se asocia a la motocicleta. Así, podemos decir que, en general, esta figura alude a la libertad más pura, al deseo de reafirmar nuestra identidad.

Muchedumbre ■ Soñar que se está en medio de una gran muchedumbre y que ello nos impide avanzar y movernos con facilidad, sugiere que nos sentimos incapaces de dirigir nuestra vida. Igualmente, a lo mejor el sueño nos está diciendo que necesitamos un poco de espacio. ‖ El gentío, por otro lado, podría representar los problemas y preocupaciones que no paran de presionarnos en la realidad.

❖ Si la mayoría de los integrantes de la muchedumbre van bien vestidos o llevan ropa de colores vivos, pronto conoceremos a una gran cantidad de nuevos amigos.

Mudanza ■ Soñar que estamos haciendo una mudanza sugiere que deseamos cambiar nuestra forma de pensar o modificar nuestras costumbres. El inconsciente nos dice que debemos llevar a cabo una renovación importante. Por supuesto, esto implica el abandono de ciertos aspectos del pasado. Si nos quedamos cruzados de brazos, nunca encontraremos lo que buscamos.

Mudez ■ Es un sueño que manifiesta dificultades, tanto si es el soñante quien la padece, como si alguna otra persona se ha quedado muda. Señala incapacidad para la comunicación y el entendimiento con el entorno. En ocasiones, son sueños muy angustiosos en los cuales el soñante quiere gritar con todas sus fuerzas y no lo consigue. En esos casos, indican una situación en la que se ve reprimido su deseo de expresarse libremente. ‖ Según Carl Jung, las personas silenciosas que aparecen en un sueño representan un desequilibrio entre las emociones y el intelecto del durmiente. Una de las dos partes está anulando a la otra, dejándola impotente y sin habla.

❖ Soñar que somos mudos significa que nos cuesta convencer a los demás de nuestras opiniones y planes.

Muebles ■ El mobiliario de una casa puede simbolizar los elementos que forman el carácter del soñante. Por lo tanto, si se compraba algo nuevo o estaba renovando algo, seguramente el mismo proceso está ocurriendo en su vida; tal vez su personalidad y su mente se están desarrollando, dando cabida a nuevos hechos y actitudes. La compra de mobiliario demasiado pesado y difícil de manejar puede representar que estamos cargando con una responsabilidad innecesaria. ‖ Los muebles reflejan también el ambiente específico de nuestro hogar. Cada uno posee una función y un significado, por lo que deberemos interpretarlos por separado.

Muérdago ■ Es una planta parásita asociada a la encina, dotada de notables virtudes hipotensas. Los celtas, como símbolo de fuerza proveniente del cielo, la definían como la planta de la inmortalidad, porque sus ramas más altas son siempre verdes. Siguiendo la concepción céltica, este sueño se presenta como un claro augurio de regeneración, fortaleza, bienestar y salud.

Muerte ■ Este tipo de sueños no tienen por qué ser premonitorio ni guardar ninguna relación con la muerte física, más bien debe interpretarse como señal del final de una etapa. Manifiesta el inicio de algo nuevo, pues toda muerte implica un cambio, una transformación o renacer. Así, los sueños en los que morimos señalan cambios radicales en nuestra vida o en nuestra personalidad. ‖ Ver a personas o animales morir, puede reflejar aquellas partes de nosotros mismos que se transforman. Por ejemplo, si es nuestra madre quien muere, quizá estemos rechazando nuestro instinto más maternal. Así soñar con la muerte es sobre todo una señal de cambio; tal vez de un cambio psicológico profundamente arraigado que nuestro inconsciente ha observado antes de que nosotros nos diéramos cuenta de que se había producido. ‖ Soñar que un ser querido fallece también significa que seremos capaces de prestarle una valiosa ayuda en un momento crucial y perturbador de su vida, al tiempo que refleja nuestro miedo de perderla. (Ver ACCIDENTE, AHOGARSE, ASESINAR, GUADAÑA y LUNA)

❖ Encontrarse en sueños con alguien que ha fallecido en la vida real forma parte del doloroso proceso de curación. A veces, esta pérdida también se representa oníricamente a través de un divorcio, un ataque o un rechazo por parte de la persona que tanto amábamos. Todo ello proviene de la propia superación y aceptación de la muerte. ‖ Otros casos no se pueden explicar mediante metáforas y alegorías, sino que dependen de las creencias de cada uno. Se trata de aquellos en los que el durmiente asegura haberse comunicado en sueños con personas ya fallecidas.

Mujer ■ La interpretación de este sueño varía en función del sexo del soñador. Si se trata de una mujer, éste revelará su propia personalidad. Así, en caso de que la protagonista del sueño sea una desconocida, ello indicará sus tendencias y deseos inconscientes. La mujer de sus fantasías, por tanto, encarna el modelo de sí misma que le gustaría proyectar. En otras ocasiones, la figura femenina hace referencia a la madre de la soñadora: la manera de interaccionar con ella en el sueño aportará mucha información acerca de su relación materno-filial

en la realidad. ‖ En un hombre, a pesar de que todo indique lo contrario, soñar con mujeres desconocidas o verse a él mismo como mujer no siempre tiene connotaciones de tipo sexual o de conflicto de identidad. Puede tratarse de la representación del lado más intuitivo y sensible de su personalidad. (Ver MADRE)

❖ Ver muchas mujeres en sueños aporta fama y riqueza. Más específicamente, una mujer fea augura preocupaciones; y una guapa, en cambio, felicidad. ‖ Si una mujer sueña que está embarazada, pronto obtendrá buenas noticias; si sueña que es un hombre, dará a luz un hijo.

Mula ■ La mula representa el cuerpo como soporte vivo de las actividades humanas. Por este motivo, en caso de que el animal parezca débil, tendremos que cuidar nuestra salud. ‖ Una mula muerta puede expresar la falta de base para nuestros proyectos y la consecuente inviabilidad de los mismos.

❖ La imagen onírica de la mula indica maldad de los enemigos. Si está cargada anuncia problemas; sin carga es un buen presagio para los negocios.

Muletas ■ En muchos casos, representan una amistad sólida y competente, puesto que las muletas simbolizan el soporte (moral o económico) exterior a nosotros. Ésta es la razón por la que las muletas aparecen con tanta frecuencia en las pinturas de Salvador Dalí. Quizá el sueño está cuestionando el apoyo que recibimos de las personas que nos rodean en la vida real o el que nosotros ofrecemos a los demás.

Muñeca ■ Este sueño (muy especialmente si lo experimenta una mujer) representa la nostalgia infantil, el deseo de sentirse protegido y cuidado y, sobre todo, el ansia de eludir las responsabilidades del presente. En ocasiones, las imágenes protagonizadas por muñecas sugieren que la soñadora se enfrenta a situaciones que la sobrepasan. ‖ Si el soñante es un hombre, el sueño podría indicar de forma muy mordaz que su actitud hacia las mujeres es chapada a la antigua y adolescente. El sueño también podría referirse a los instintos maternales del durmiente. Si éste tiene hijos propios, quizá debería preguntarse si se comporta con ellos con la debida madurez.

❖ Las muñecas han jugado un importante papel en la historia. Desde del vudú, donde representan al enemigo y se les clava agujas, hasta la imagen de una niña contándole a una muñeca sus problemas. Todo se trata de lo mismo, son nuestras necesidades, miedos, deseos y esperanzas que buscan una vía de expresión. Durante la infancia, la confianza con una muñeca es mucho mayor que la que se tiene con un adulto. A lo mejor, en el sueño, estamos contándole a nuestra muñeca un gran secreto.

Muralla ■ El significado general de este símbolo es el de protección y trascendencia. La condición de la muralla como fortaleza sólida permite la introspección, la creatividad y la contemplación espiritual. En general, soñar con una muralla evidencia una necesidad de aislamiento.

Murciélago ■ Su presencia suele suscitar temor, debido a que es un animal que vive en la oscuridad. Sin embargo, en China es un emblema de felicidad y larga vida. Nosotros, en cambio, solemos asociarlo al miedo y a la medianoche. ‖ Los murciélagos, por otro lado, comparten la simbología del deseo sexual con el demonio. En términos oníricos, no obstante, suelen representar a alguien que está agotando al soñador, haciéndole perder la autoconfianza. ‖ También existe un elemento claustrofóbico (los murciélagos viven en cavernas y en la oscuridad). Tal vez el soñante tema enfrentarse a algo relacionado con su vida emocional.
❖ Este sueño presagia desastres. Los murciélagos vaticinan injuria y muerte. Debido a su ceguera, estos animales también son considerados profetas que previenen sobre peligros oculares. ‖ Otras supersticiones dicen que llevar encima un hueso de murciélago es el mejor antídoto para librarse de la mala suerte. Y, en algunas partes de Europa, la gente cree que llevar el ojo derecho de un murciélago dentro del bolsillo del chaleco dota de invisibilidad al portador.

Murmullos ■ Escuchar los murmullos de otras personas es un claro indicio de que surgirán habladurías en nuestro entorno que pueden perjudicarnos. ‖ Si somos nosotros quienes murmuramos, se hace evidente que albergamos malas intenciones hacia los demás.

Museo ■ Los museos representan nuestra historia pasada. Exhiben los acontecimientos más importantes de nuestra vida. ‖ Por otro lado, también son un símbolo de exquisitez y buen gusto. En este sentido, reflejan una inquietud cultural y la posibilidad de disfrutar de cosas profundas. ‖ Nuestro museo onírico puede también estar reflejando nuestra personalidad con símbolos de nuestras características psicológicas, que tal vez estemos observando en el presente desde un punto de vista objetivo. Conviene analizar cuál fue nuestra reacción frente al contenido del museo.

Música ■ En la mayoría de culturas, la música es sinónimo de creación, porque parece haber acompañado a este acto divino. En la India, en particular, Shiva crea el mundo danzando y tocando la flauta. El simbolismo de la música es de gran complejidad. En términos generales, podríamos decir que, o bien es un elemento integrador o, por el contrario, es disgregador. Así, si la música es melódica o armónica expresa placidez de espíritu; en cambio, si se trata de música estridente, sugiere una situación de caos; finalmente, si esta música constituye un fondo inquietante o irreconocible, revela angustia e inseguridad. ‖ El sonido de la música podría estar reflejando la atmósfera global que respira su vida: armoniosa, discordante, rítmica, impredecible o indebidamente estridente.
❖ Muchas melodías expresan el ambiente de los mundos de ultratumba, del inconsciente y de la muerte. Otras, tratan de simbolizar la armonía del universo. La música tiene un gran poder de representación espiritual. Muchos dicen haber oído las canciones de los ángeles en sueños.

Mutilación ■ Si soñamos que nos mutilan alguna extremidad, ya sea un brazo o una pierna, o que, de repente, nos falta alguno de estos miembros, es señal de que estamos desaprovechando nuestro talento. Tras todo ello, se oculta un temor que deberíamos intentar superar.

N

Nabos ■ Su simbología tiene acepciones contradictorias. Para algunos, es señal de mediocridad y pereza. Para otros, en cambio, representa la inmortalidad. Las condiciones determinadas en la vida del soñante y el análisis de los demás elementos del sueño serán claves para una interpretación adecuada del mismo.

❖ Soñar con nabos constituye un buen augurio de riqueza, trabajo bien remunerado y fortuna afectiva. Anuncia curación a los enfermos.

Nacimiento ■ Soñar con un nacimiento augura el inicio de algo nuevo, ya sea una amistad, un trabajo, un proyecto o un negocio. Es el principio de una evolución, de algo que puede satisfacer nuestros anhelos más profundos. Dichas imágenes sugieren que comienza para nosotros un período de mayor felicidad en el que podremos dirigir nuestras acciones a voluntad. ‖ Si es una mujer la que sueña con un nacimiento puede reflejar sus deseos y sentimientos acerca de la maternidad. ‖ Para Jung, este tipo de sueños representaba una etapa muy importante en el proceso de individualización. El nacimiento, en este caso, es básico para la maduración y la plenitud de la psique humana. Así, resulta imprescindible para el desarrollo psicológico.

❖ Para las personas casadas, este sueño presagia buena suerte. Para las mujeres solteras, en cambio, augura problemas.

Nadar ■ El agua simboliza el inconsciente, por tanto, nadar significa que confiamos en él y nos brindamos a su camino. Estamos seguros de lo que hacemos y vivimos receptivos al poder creativo de la mente. ‖ En caso de que buceemos, denota que formamos un único equipo con el inconsciente. Esta conjunción se fortalece si, en el sueño, somos capaces de respirar bajo el agua.

❖ Nadar con fuerza en agua clara presagia éxitos en el terreno del amor y en el de los negocios. Si, en cambio, nos hundimos o luchamos por mantenernos a flote, el significado es el contrario.

Naftalina ■ Alude a las cosas que han estado guardadas durante un largo período de tiempo. Éstas necesitan que corra el aire. Posiblemente, sea un momento oportuno en la vida del soñante para ventilar viejos asuntos que quedaron olvidados, pero que todavía ocupan un lugar en su vida.

Naipe ■ Si estamos apostando nuestro dinero a los naipes, quiere decir que pretendemos que sea la casualidad la que solucione nuestros problemas. El inconsciente nos está avisando del error que estamos cometiendo y nos invita a *descartar* la posibilidad de que los problemas se resuelvan por sí solos. ‖ Si estamos jugando una partida de cartas y demostramos habilidad y destreza, éstas serán las cualidades que ostentamos en nuestra vida. A lo mejor, el sueño nos está diciendo que adoptemos en la realidad la misma valentía, estrategia y don de la oportunidad que precisan los naipes. Juegos como el Veintiuno (o «Blackjack») muestran que no debemos dejar escapar las ocasiones adecuadas. Otros, aluden a la necesidad de paciencia a la hora de hacer tratos. ‖ Hay que tener en cuenta, asimismo, otro detalle importante: el origen simbólico del juego de los naipes. La baraja de 56 cartas se compone de 14 figuras por cada uno de los cuatro palos: oros (círculos, discos, ruedas), bastos (mazas, cetros), espadas y copas. El oro simboliza las fuerzas materiales; el basto, el poder de mando; la copa, el amor, y la espada, la acción. Hay que tener en cuenta esta simbología en caso de reconocer en el sueño alguno de estos palos. (Ver Juego, Lotería, Quiniela y Ruleta)

❖ En una baraja de cartas, cada figura tiene un significado. En términos oníricos, los diamantes representan la riqueza; los tréboles indican trabajo; los corazones auguran felicidad en el amor, y las espadas, por último, presagian problemas venideros.

Nalgas ■ Esta parte del cuerpo acostumbra a ser una mala señal. Tanto si es bella, como si es deforme y está caída, augura todo tipo de calumnias y humillaciones. En el primer caso, nos advierte de una posible infidelidad de la pareja; en el segundo, de un acto vergonzoso.

Naranja ■ La fruta, en general, representa la alegría, el bienestar y las relaciones sexuales. La naranja, en este sentido, no constituye ninguna excepción.

Narciso ■ Símbolo de una actitud autocontemplativa, introvertida y egocéntrica. La advertencia del inconsciente es obvia: si nos dormimos en los laureles (es decir, si nos dejamos tentar por la vanidad) lo perderemos todo. ‖ Otras interpretaciones más positivas asocian los narcisos a la primavera y al renacimiento. En este caso, el sueño indica que llega un tiempo de crecimiento, optimismo y esperanza. Esto último se basa en el color amarillo y la bella simetría de estas flores, cuya simbología remite a la luz de la inspiración y a la totalidad psicológica, respectivamente.

❖ La tradición celta de la ciudad de Gales considera que un ramo o un campo de narcisos significa que, en un futuro, recibiremos más oro que plata. Un narciso aislado, en cambio, augura mala fortuna.

Nariz ■ Representa la voluntad y la determinación. Si soñamos con una nariz exageradamente grande, significa que tendemos a meternos donde no nos llaman y a hablar más de la cuenta muchas veces, sin conocimiento de causa. Este hecho refleja nuestra falta de confianza. Si la nariz es muy pequeña, denota candidez, inseguridad y pasividad. En caso de que tengamos

la nariz rota o ensangrentada, nuestros planes se verán frustrados. (Ver Cara).

Nata ■ La nata es el símbolo de la dulzura y la inconsistencia. Soñar con comerla anuncia momentos placenteros que durarán poco. Si batimos la nata, se hace patente que tenemos el control sobre nuestra propia vida; pero, si sólo la vemos, esperamos que los demás actúen por nosotros. Si la nata está servida en la mesa, por otro lado, viviremos tiempos de prosperidad en los negocios.

Naufragio ■ Ahogarse en un naufragio pone de manifiesto un sentimiento de angustia, que lleva prolongándose durante tiempo, a causa de algún proyecto que no ha prosperado o de alguna relación personal que ha fracasado y que nos lleva a pensar que «todo está perdido». Normalmente, un sueño de este tipo indica que hemos asumido demasiadas responsabilidades. Por consiguiente, puede interpretarse como un aviso de que deberíamos descansar o tomarnos unas cortas vacaciones. Hemos llegado al límite de nuestras fuerzas y necesitamos recargarnos energéticamente. (Ver Agua, Barco y Nave)

Náusea ■ Sentir náuseas mientras dormimos avisa de la llegada de grandes peligros a nuestra vida, por lo que habrá que estar atentos a cualquier indicio preocupante.

Navaja ■ Pelear con una navaja augura un posible conflicto relacionado con nuestros ideales. Representa un corte, herida, o ruptura violenta, probablemente a traición.

Nave ■ Una nave onírica puede representar nuestro curso vital y, dependiendo de cómo sea ésta, sabremos el estado de nuestra mente. Si se trata de una nave para realizar cruceros, el sueño aludirá a la agradable calma que estamos atravesando. Si es un buque de guerra, quizá estemos demostrando excesiva agresividad. La aparición de un bote salvavidas en la escena señala nuestra necesidad de salir de una tormenta de sentimientos y problemas en la vida real. Si, en cambio, es un submarino, el sueño indica nuestro deseo de explorar el inconsciente. ‖ Por otro lado, las naves también simbolizan la capacidad de comunicarse con personas que, por su forma de pensar, sentir o vivir, se encuentran lejos de uno. Por este motivo, una travesía por mar significa que hemos empezado una nueva etapa vital o una nueva relación amorosa. Por el contrario, en este mismo sentido, una nave que naufraga nos advierte del peligro de una ruptura sentimental. (Ver Agua, Barco y Naufragio)

❖ Una nave atracada en el muelle o navegando con el mar en calma, augura mucha felicidad en el amor. Si soñamos que hay tormenta, esta felicidad se retrasará. En el caso de que naufraguemos, recibiremos malas noticias.

Navidad ■ Un sueño en el que tiene lugar una entrañable fiesta navideña puede señalar nuestro deseo de reafirmar valores tradicionales como: la unión familiar, la amistad, la generosidad o el optimismo. Sin embargo, el sueño también puede referirse a sentimientos que conllevan falta de afecto y soledad, especialmente si no nos gustan estas fiestas. ‖ La Navidad simboliza un nacimiento espiritual que puede manifestarse como la decisión de cambiar ciertos aspectos de nuestra vida. Es también una forma de sumergirnos en la tradición y vivir momentos entrañables con la familia. Muchas personas, por su parte, relacionan la Navidad con la infancia. Soñar repetidamente con las fiestas navideñas puede deberse a la existencia de carencias afectivas.

Negocios ■ El sueño puede estar advirtiéndonos de que tomemos una actitud más «de negocios» ante nuestras circunstancias. Quizás deberíamos ser más astutos, desafiantes o cautos. La cuestión está en aprovechar la experiencia que tenemos y emplearla en nuestro favor. ‖ Si en el sueño los negocios van bien, es posible que estemos a gusto con nuestra situación del momento. Si, por el contrario, hay problemas, quiere decir que nos sentimos inseguros.

❖ Antiguamente, si se tenía este sueño, los sabios recomendaban precaución frente a la gente deshonesta.

Negro ■ El color negro representa la ausencia de luz, el temor y la ignorancia. También se asocia a la muerte, al dolor y a la tristeza. Cuando este color predomina en los sueños, significa que nos estamos dejando arrastrar por el pesimismo y el desconcierto. (Ver Desierto, Medianoche y Muerte)

Nenúfar ■ Un estanque lleno de nenúfares puede augurar una experiencia sentimental muy agradable. Significa que nuestras relaciones de pareja pasarán por una época de gran bienestar, tranquilidad y armonía, pero también que nos podemos enamorar repentinamente. Considerado por algunas civilizaciones como signo de la fortuna, el nenúfar representa la fuerza de la pasión.

NAVAJA

Verónica soñó: *«Caminaba tranquilamente por la calle, confiada y tranquila, cuando de repente apareció frente a mí un atracador con una navaja en la mano. Me dijo que le diera el bolso si no quería que utilizara el arma. Reaccioné inmediatamente sujetándole la mano, pero sus dedos se transformaron en afilados cuchillos. Aunque me asusté mucho, le sujeté la otra mano y le grité: ¡No! El atracador desapareció al momento.»*

Verónica tuvo este sueño cuando atravesaba un **momento laboral difícil**; acababan de trasladarla a otro departamento. Se sentía insegura y creía que no sería capaz de poder hacerse cargo de sus nuevas funciones. Además, su nuevo jefe no parecía muy contento con ella. La navaja, o cualquier utensilio cortante, nos indica un posible conflicto relacionado con **nuestra valía personal**. El sueño le estaba advirtiendo a Verónica de las dificultades que tendría que atravesar para defender su espacio laboral. Sin embargo, su actitud en el sueño le estaba indicando que tenía capacidad y fortaleza para superarlo. Lejos de derrumbarse, Verónica trabajó muy duro ganándose la confianza de todos. Meses más tarde, su jefe reconoció su valía con un ascenso.

Nevera >Ver Estantes y Frío

Nido ■ Como es sabido, el nido representa el hogar familiar y la vida doméstica. La interpretación del sueño depende de las circunstancias en que se encuentre el nido. Si está vacío, expresa abandono y soledad; en cambio, si está lleno de víboras, apunta a una traición. Además, por ser un lugar donde se incuban huevos, el nido también representa a la madre y a lo femenino en general. Del mismo modo, puede que estemos desarrollando nuevas ideas y oportunidades en nuestro interior. (Ver Casa, Madre y Mujer).

❖ Si en nuestro sueño el nido está lleno de huevos, quiere decir que viviremos una época próspera.

Niebla ■ La niebla es símbolo de lo indeterminado, de la fusión de los elementos aire y agua, de cada fase concreta de la evolución. En términos oníricos, la niebla simboliza los miedos y angustias almacenados en las profundidades del inconsciente. No es, por tanto, el momento más adecuado para emprender una nueva iniciativa, dado que tenemos una visión confusa de la situación. Igualmente, no hay que olvidar que la niebla suele asociarse al color gris, es decir, al símbolo de la indiferencia y la falta de determinación. Soñar con este color puede ser una advertencia de que se avecina una crisis de valores en nuestra vida. Quizá no veamos las cosas demasiado claras o de la manera que son realmente. Esta desorientación puede finalizar si procuramos ser más enérgicos y decisivos.

❖ Si la niebla es densa, los augurios son poco ventajosos. Si se va aclarando, obtendremos el éxito.

Nieve ■ La nieve, cuando cubre la tierra, simboliza la sublimación de esta última. Junto con el cielo, forma un eje blanco y azul de carácter místico. En general, la presencia de la nieve en nuestros sueños indica poco entusiasmo y rigidez excesiva. Deberíamos vivir más intensamente y dar más calor a nuestros seres queridos. ‖ La nieve también guarda relación con el anhelo humano de soledad o elevación. No hay que olvidar que su blancura, además de ser símbolo de vida y de muerte, también se asocia a la purificación y transformación. Ello puede representar que tenemos delante un nuevo comienzo. ‖ Si la nieve se derrite, pueden estar disolviéndose nuestros miedos y problemas en la vida real. Si sufrimos una avalancha, a lo mejor nos empiezan a superar las emociones que hemos mantenido reprimidas durante mucho tiempo.

❖ Si soñamos que estamos viendo caer la nieve, pronto recibiremos una carta. Según algunas creencias, la carta será de aquella persona con quien contraeremos matrimonio en un futuro. Muchos oráculos consideran que este sueño trae muy buena suerte.

Niño ■ Ver un niño en sueños significa que nos sentimos felices y vivos, con muchas posibilidades y ganas de crear. Es una manera de preparar el terreno para futuros cambios en nuestra personalidad. ‖ No obstante, también puede indicar un deseo de volver a los orígenes y descubrir nuestra verdadera personalidad. Por otra parte, soñar que se retrocede a la infancia refleja necesidad de cariño y protección. Puede revelar, por lo tanto, cierta inmadurez ante la vida. ‖ En este sentido, según Carl Jung, soñar con niños es una metáfora de aquellas cosas de la infancia que ya hemos olvidado. A lo mejor, la imagen onírica nos está advirtiendo de que deberíamos aprender a jugar de nuevo o a tener una actitud más inocente. (Ver Juego, Juventud y Nacimiento).

❖ En la historia y en la mitología, a menudo aparecen niños divinos que, a la larga, se convierten en héroes o sabios. Es el caso de Hércules, quien estrangula dos serpientes siendo ya muy pequeño; o el de Jesús, que

luego es el Cristo que salva a la humanidad. Estos niños simbolizan el verdadero Yo del ser humano: vulnerable, pero con una gran capacidad de transformación. En el sueño, quizá esto se refiera a nuestro potencial espiritual.

Noche ■ Según los griegos, la noche era la madre de los dioses porque consideraban que las tinieblas habían precedido a la formación de todas las cosas. Como consecuencia, al igual que el agua, la noche también tiene un significado de fertilidad, de simiente. En nuestra cultura, la tradición ha relacionado la noche con el inconsciente. Por otra parte, también se la suele vincular al color negro, a la muerte, a la ignorancia, a la maldad y a la desesperación. Soñar con ella, de este modo, presagia situaciones engañosas, artificiales, poco claras y sórdidas, especialmente en lo que se refiere a los asuntos relacionados económicos y sentimentales. ‖ Como sucede con la muerte, la noche puede expresar que algo está llegando a su fin, o bien que surgirán algunas limitaciones que deberemos asumir.

❖ Una vieja superstición dice que podemos evitar las pesadillas colgando nuestras medias o nuestros calcetines al borde de la cama. Según la tradición gitana, a menos que el cielo esté estrellado, soñar con la noche anuncia desesperación.

Nogal ■ Su simbología se relaciona con las premoniciones y las facultades de adivinación. El fruto que guarda un tesoro escondido puede interpretarse como la recompensa al riesgo y al trabajo duro.

Nómada ■ Es un sueño que puede resultar positivo o negativo según el caso. El nómada representa al viajero, al aventurero que es capaz de moverse por el mundo ligero de equipaje. No tiene grandes necesidades y puede llevar consigo todo cuanto le hace falta. En ese sentido, la figura del nómada significa libertad. Por otro lado, manifiesta una extensa situación provisional y precaria. También, expresa desapego hacia los lugares y los seres queridos e incapacidad para establecerse y echar raíces. El carácter, junto con las circunstancias de cada soñante, ayudará a la interpretación de este sueño.

Nombres ■ Los nombres que aparecen en los sueños pueden contener juegos de palabras que nos llevan a descubrir su verdadero significado. Es importante que les prestemos atención y procuremos adivinar su intención oculta.

❖ Existen supersticiones específicas para cada nombre. Por ejemplo, si soñamos que nos llamamos «Jorge», nunca seremos ahorcados. En el caso de que el nombre sea «Inés», nos volveremos locos.

Norte ■ El norte simboliza el rumbo, la orientación, aquello que da sentido a nuestra vida. Su presencia en sueños nos induce a reflexionar sobre qué es lo que deseamos realmente. Sin embargo, este punto cardinal también representa el frío y la oscuridad, pues el sol nunca pasa por el norte. (Ver Atajo, Avenida, Camino y Frío)

Notario ■ Soñar con un notario predice preocupaciones por un pleito que tendrá pocas probabilidades de ganarse. Si el notario extiende un acta, puede incluso anunciar miseria.

Noticias ■ Recibir noticias en sueños puede ser indicativo de una situación de soledad y aislamiento, voluntario o involuntario. El soñante, en este caso, desea tener algún contacto con el exterior, o bien está buscando un cambio en las circunstancias que envuelven su vida.

Nubes ■ Las nubes son un claro indicio de dificultades. Sin embargo, al contrario de lo que parece a primera vista, puede considerarse un buen presagio. El sueño nos está diciendo que, a pesar de los contratiempos, podemos conseguir el éxito en nuestros proyectos mediante el esfuerzo y la perseverancia. También augura la fertilidad después del estancamiento. || Según otras interpretaciones, las nubes representan nuestro humor. Si son muy blancas y parecen de algodón, entonces denotan alegría y espiritualidad. Si son negras y siniestras, indican depresión o furia. Las nubes, además, pronostican lluvias y, con ellas, la oportunidad para liberar tensiones.
❖ Muchas tradiciones advierten que debemos despejar nuestras «nubes de ignorancia» para dejar paso a la iluminación espiritual. Del mismo modo, las nubes protegían a los dioses griegos del Olimpo. Sólo nuestra intuición puede atravesar esa barrera y alcanzar el conocimiento superior.

Nudo ■ Soñar con nudos significa que estamos sometidos a algún tipo de atadura, es decir, a algún impedimento que está retrasando o limitando nuestros proyectos. Nos hallamos ligados a las circunstancias actuales, presos del entorno. Nos sentimos coaccionados y nos falta entusiasmo, lo cual limita nuestra creatividad. || Según otras interpretaciones, los nudos representan los problemas que estamos intentando

resolver. Además, también pueden simbolizar la unión de dos personas o de los aspectos femeninos y masculinos de nuestra personalidad.
❖ La superstición popular ha asociado siempre los nudos a los problemas. Por ejemplo, en una boda, la novia debe llevar suelto el cordón de un zapato para ahuyentar a las brujas que quieren «desatar» su virginidad. Del mismo modo, en Escocia, se cree que el cuerpo de un difunto no puede introducirse en el ataúd si hay nudos en su ropa. Ello impediría el descanso en paz de su espíritu. || En términos oníricos, este sueño augura que toparemos con asuntos que desbordarán nuestra ansiedad.

Nuez ■ La forma de este fruto seco sugiere el cráneo y el cerebro humanos. También simboliza el esfuerzo necesario para lograr aquello que anhelamos. || La cáscara de la nuez, por otro lado, representa el ego que debe ser destruido para que surja el Yo espiritual (el fruto). Si la nuez está verde, es imposible abrirla. En cambio, si madura bien, un pequeño golpe la puede destapar. Del mismo modo, la espiritualidad emerge cuando la persona está realmente preparada.
❖ Según la superstición popular, este sueño augura que recibiremos dinero.

Números ■ En el sistema simbólico, los números no son expresiones meramente cuantitativas, sino «ideas-fuerza», con una caracterización específica para cada uno de ellos. Sin embargo, estas representaciones son desconocidas para la mayoría de personas, por lo que, en términos oníricos, los números suelen simbolizar, simplemente, el cálculo, la exactitud y el orden. Nuestros sueños, en este sentido, nos recuerdan que vivimos en un estado poco armónico, más bien caótico. Se trata de una llamada al orden interno. || Por otro lado, dependiendo del número que aparezca, el sueño manifestará las diferentes etapas de nuestro crecimiento espiritual y las diversas energías arquetípicas del inconsciente colectivo. || El cero es el vacío no manifestado y la inmensidad indescriptible del espacio, sin tiempo ni límites. Su símbolo es el círculo, la totalidad perfecta. || El uno inicia la acción. Es la fuente de la vida o la unidad de la creación. Se asocia con la figura del punto. || El dos es diversidad. Es el número de la dualidad y de la divina simetría. Gracias a él, se unen los opuestos, como lo femenino y masculino, el padre y la madre, el yin y el yang o el cielo y la tierra. || En la Antigua Grecia, el tres era el número perfecto. Es la conjunción del cuerpo, la mente y el espíritu. Su figura es el triángulo, que representa la fuerza creativa.

También puede referirse a la Santa Trinidad. || El símbolo del número cuatro es el cuadrado. Este es el número de la estabilidad y la armonía. Además, relaciona las estaciones del año, los cuatro elementos y las cuatro funciones mentales que Jung describía (pensamiento, sentimiento, sentido e intuición). || El cinco representa el enlace entre el cielo y la tierra. Su símbolo es el pentágono. || El seis simboliza la armonía interior y la perfección. Su figura es el hexágono o la estrella de David. || El siete es el número que completa las cosas. En el mito de la creación, el mundo se forma en seis días y el séptimo se termina. Según una antigua creencia, el alma se renueva cada siete años. De ahí que romper un espejo traiga siete años de mala suerte, pues éste representa el alma. || El ocho, para los chinos, es un número afortunado que trae mucha suerte. Representa la regeneración y los nuevos comienzos. || En la India, el nueve es el número de Dios, el de la vida y la muerte. En Occidente, representa la eternidad. || Por último, el diez, deibido a los Diez Mandamientos, se le considera el número de la ley.

❖ Los libros sagrados, como la Biblia, contienen muchas referencias numerológicas. La Numerología estudia el significado místico de los números. Originalmente, se basaba en los alfabetos hebreo y griego: a cada número, se le otorgaba una letra. Si se suman los equivalentes numéricos de las letras de los nombres propios o los números de las fechas de nacimiento, se obtiene mucha información. A través de esta práctica, se puede saber la personalidad, las cualidades y el destino de cada uno. Algunas veces, la Numerología se ha aplicado para la interpretación de los sueños. || Hay determinados rasgos humanos asociados a cada número. El uno es la iniciación; el dos, el atractivo; el tres, la comunicación; el cuatro, la afición por el hogar; el cinco, la experiencia; el seis, la calma; el siete, la filosofía; el ocho, los negocios, y el nueve, la libertad.

O

Oasis ■ Un oasis simboliza la abundancia y la creatividad en medio de la aridez del desierto, es decir, en medio de nuestros problemas. Por este motivo, si en sueños atravesamos un desierto y vemos un oasis a lo lejos, significa que se acerca el final de un contratiempo que nos ha estado preocupando. (VER AGUA y DESIERTO)

Obediencia ■ Este sueño indica un acto de subordinación. Puede ser positivo o negativo dependiendo de la sensación que el acto de obediencia genere en el soñante. Si denota firmeza y disciplina, es una llamada de atención positiva del inconsciente. Pero, si el soñante se siente humillado o rebajado, el sueño refleja una situación de inconformismo o de falta de autoexpresión que debe ser atendida.

Obelisco ■ Como símbolo ascensional de los rayos solares, el obelisco posee el mismo significado onírico: honor, riqueza y claridad. || Su figura también se asocia al falo y alude a todo lo que tiene que ver con la sexualidad masculina: energía creadora, fortaleza y poder. Según sea el caso, puede interpretase como deseos sexuales reprimidos, necesidad de reconocimiento o bienestar de una situación. Estudiar los demás símbolos del sueño y la totalidad de la escena onírica será muy útil para su interpretación.

Obesidad ■ Soñar que estamos obesos, pero nos encontramos a gusto con nuestro cuerpo, significa que estamos satisfechos con nuestra forma de ser y nuestros proyectos. || Si soñamos que una multitud de personas obesas nos rodea, quiere decir que disponemos de todo lo necesario para alcanzar este bienestar que tanto ansiamos.

Objetivo ■ Este sueño hace referencia a los objetivos o ambiciones del soñante. Verse cumpliendo en sueños los objetivos marcados anuncia que, en la vida real, también se lograrán. Por el contrario, no alcanzarlos es una mala señal, ya que se producirán contratiempos que retrasarán nuestros planes. Sin embargo, si en el sueño se subraya la palabra en sí, quizá el sueño nos esté indicando que debemos ser más objetivos a la hora de considerar los problemas.

Obra ■ Si rehacemos con nuestras propias manos la casa donde vivimos, significa que tenemos la necesidad de llevar a cabo una labor de reconstrucción muy profunda. Este sueño nos está revelando la necesidad de un cambio de ambiente, de realidad. (Ver CONSTRUCCIÓN)

Obreros ■ Los obreros de un sueño pueden representar áreas de nuestra propia personalidad que no hemos explotado todavía. La actitud de éstos en el trabajo onírico será de gran importancia para su interpretación. ¿Eran eficientes en su labor o acaso se mostraban vagos e ineficientes? || Ver obreros trabajando también señala el advenimiento de una época de esfuerzo y penalidades para el durmiente, tras la cual disfrutará de grandes beneficios. ‖ Si los obreros se declaran en huelga o su actitud es negativa con el protagonista, entonces se hace evidente que éste último debe cambiar de estrategia para alcanzar sus metas.

Observatorio ■ Poder mirar el universo desde un observatorio significa ponerse en un plano más elevado desde el cual se tiene una perspectiva diferente de las cosas. Es un sueño positivo. Puede interpretarse como un deseo de elevación o como una situación en la que el soñante ha alcanzado un nivel superior de crecimiento espiritual y de comprensión de su entorno cotidiano.

Obsesión ■ Soñar que estamos obsesionados por algo apunta a proyectos frustrados. Posiblemente, estamos abarcando más de lo que podemos y, además, no controlamos nuestros impulsos.

Obstáculo ■ Soñar con elementos que obstaculizan nuestro progreso indica que no estamos muy seguros de poder conseguir nuestras metas en la vida real. Es necesario que dejemos atrás esta falta de autoconfianza y no hagamos tanto caso a lo que los demás pueden pensar de nosotros. Lo más probable es que, con miedos e indecisión, seamos nosotros mismos los que originemos dicho obstáculo.
❖ A menudo nos imaginamos que los obstáculos son mayores de lo que realmente son. En este sentido, es probable que los impedimentos que aparecen en el sueño ganen en tamaño a los de nuestra vida actual.

Oca ■ La oca se relaciona con el destino, tal como demuestra el juego de la oca, que no es otra cosa que una representación lúdica del símbolo que encarna este animal. Tanto en dicho juego, como en el sueño, los participantes-durmientes tienen que superar los peligros y las fortunas de la existencia antes de retornar al seno materno. ‖ Algunos psicólogos identifican la oca con la figura de un amigo indiscreto.
❖ Soñar que tenemos una oca en casa augura poder, honores y ganancias en los negocios. Decapitarla asegura satisfacciones y felicidad.

Oculista ■ Visitar al oculista en sueños puede ser el reflejo de un problema físico relacionado con la vista. De no ser así, pone de manifiesto que el soñante sabe que tiene ciertas limitaciones para entender lo que sucede a su alrededor. Así, éste tiene la intención de ponerse en manos de alguien que sea capaz de ayudarle a ver, de abrirle los ojos. (Ver Gafas)

Odio ■ Si en el sueño albergamos mucho odio, quizá ello se refiera a un sentimiento negativo que forma parte de nuestra personalidad. La persona o cosa odiada es lógicamente importante, pero se deben analizar otros factores en profundidad a fin de interpretar correctamente el sueño y llegar a la causa de esta emoción. Una vez identificado el objeto real de nuestro odio habremos resuelto parcialmente el problema.
❖ Sentir odio hacia un desconocido es una mala señal para todo lo relacionado con los asuntos materiales: habrá muchas posibilidades de que nos arruinemos en los negocios. ‖ Odiar a un ser querido, en cambio, denota disputas familiares y afectivas; y a nosotros mismos, insatisfacción e inseguridad respecto a la propia valía.

Oeste ■ Representa el descanso y la caída de la tarde, lo cual anuncia paz y tranquilidad. Este sueño insta a relajarse y a superar los problemas por los que se atraviesa. (Ver Cruz)

Ofensa ■ El sueño podría referirse a alguna ofensa que haya recibido últimamente y a la postura que adoptó, si fue desmesurada o, por el contrario, poco eficiente. En el caso de que alguien sea grosero con nosotros, quizá deberíamos reconsiderar la opinión que tenemos de esta persona. ‖ Recibir una ofensa durante un sueño puede ser también una señal de que no tenemos la conciencia muy tranquila. El mensaje es fácil de interpretar: debemos rectificar nuestra actitud o la vida nos acabará pasando factura.

Oficina ■ Los sueños que se desarrollan en el entorno laboral suele describir nuestra conducta y manera de exhibirnos ante el mundo. Igualmente, las oficinas son lugares organizados con todo clasificado y puesto en orden. A lo mejor, el sueño nos advierte de que deberíamos dar un repaso a la organización de nuestra vida real. ‖ Un sueño sobre la oficina en la que trabajamos puede muy bien referirse a la propia personalidad, o quizá nos está recordando la forma cómo dirigimos nuestros asuntos o nuestro sentido práctico. Si nos encontramos en una oficina desconocida, quizá en la vida real comparamos nuestro estilo de vida con el de otras personas, así como nuestras actividades e ideales.
❖ Si soñamos que estamos en una oficina y nos sentimos felices, se augura prosperidad. Si nos hacen salir de ella, pronto obtendremos decepciones.

Ogro ■ El origen de este personaje (muy frecuente en cuentos folclóricos y leyendas) se encuentra en Saturno, quien devoraba a sus hijos a medida que Cibeles los traía al mundo. ‖ En caso de que nuestros ogros oníricos nos asusten, significa que estamos haciendo daño a los que nos rodean y, tal vez, también a nosotros mismos. Además, la figura del ogro denota ignorancia y debilidad de carácter.

Ojos ■ Los sueños en los que aparece un sólo ojo indican el deseo de saber y encontrar la verdad. Dos ojos sugieren que, probablemente, estamos a punto de obtener una revelación importante. ‖ Perder la vista, es señal de que tememos ser engañados. Este sueño denota inseguridad e impotencia ante las circunstancias que atravesamos. ‖ El ojo representa también la esfera masculina, con la consiguiente identificación de ceguera e impotencia; tener algo hincado en el ojo corresponde simbólicamente al coito. La historia de Edipo que enceguece después de darse cuenta que ha esposado sin saberlo a su propia madre, como lo había predicho el oráculo, parece confirmar esta correlación ojo-sexualidad. ‖ Sin embargo, según otras interpretaciones, los ojos son «las ventanas del alma», un símbolo de sabiduría que ofrece pistas sobre nuestro estado espiritual. Su condición nos dará infinidad de información. Por ejemplo, si los ojos brillan, existe una sana vida interior; ello también puede indicar consciencia psíquica y perspicacia. Si son verdes, en cambio, es probable que alberguemos sentimientos de envidia en nuestro interior. (Ver Gafas)

❖ En la tradición mística, los ojos son un símbolo de consciencia superior. Se cree que la gente tiene un tercer ojo situado sobre las cejas, en el centro de la frente. Éste percibe otras dimensiones y realidades espirituales. De hecho, coincide en posición con la glándula del cerebro que produce las sustancias químicas que controlan la consciencia. Muchos dicen que, hace siglos, este ojo era verdadero pero que, con el tiempo, acabó por ser enterrado en la frente. De hecho, una especie de lagartijas de Nueva Zelanda aún conserva este tercer miembro ocular sobre la cabeza.

Olas ■ Representa la actividad a veces amenazadora y tempestuosa de la conciencia, pero también simboliza una emoción trascendente, abierta y expresiva. ‖ Notar que nos dejamos llevar por las olas indica una actitud pasiva ante las circunstancias, ya que las minucias nos apartan fácilmente de nuestros objetivos. Por el contrario, las olas encrespadas anuncian un posible conflicto emocional. Todo indica que surgirán celos y envidias, y que la agresividad puede estallar en cualquier momento. Sin embargo, esta situación será pasa-

OJOS

Ángeles soñó: «*Estaba sentada en un parque, leyendo un libro, cuando advertí decenas de ojos revoloteando a mi alrededor. Eran del tamaño de un garbanzo y tenían pequeñas alitas –como moscas–, en su parte trasera. Al principio, me hizo mucha gracia; eran de todos los colores y pestañeaban continuamente, cerrando y abriendo sus pequeños párpados cubiertos de largas pestañas. Pero pronto empecé a sentirme acosada. No dejaban de observarme fijamente, se colaban entre las páginas de mi libro. Decidí irme a casa, pero los ojos empezaron a volar detrás de mí, decididos a no dejarme en paz.*»

El sueño de Ángeles está muy relacionado con su profesión de actriz. Cuando tuvo este sueño tenía que rodar su primera escena de desnudo y se sentía muy insegura. Sabía que en el momento del rodaje habrían **muchas personas mirando**: director, cámaras, maquillador… y le preocupaba no estar a la altura. El libro del sueño reflejaba su deseo de prepararse bien para el momento, de estudiar y ensayar bien todas las técnicas para hacer una actuación convincente y profesional. Sin embargo, los ojos acechándole en todo momento, impidiéndole leer, era un mensaje de su inconsciente advirtiéndole de que **el miedo podría bloquearla**.

En el momento de la escena, Ángeles recordó el sueño y lo entendió perfectamente. La idea le hizo sonreír e inmediatamente se relajó. Se olvidó de los ojos que habían a su alrededor y se concentró en su papel. La escena salió bien a la primera, y cuando el director gritó: ¡Corten!, todos aplaudieron.

jera. ‖ Por otro lado, soñar que andamos sobre las olas augura que sabremos vencer los obstáculos que nos separan de la meta. (Ver Agua, Lago y Mar)

❖ Soñar con olas denota, según algunas supersticiones, una necesidad de limpieza interior.

Olivo ■ Símbolo de la paz. Mantiene el mismo significado en muchos pueblos de Oriente y Europa. También se asocia con la fortaleza y la fecundidad.

❖ Si vemos este árbol repleto de aceitunas, es que pronto asistiremos a una reconciliación. (Ver Aceite y Aceitunas).

Olla ■ La olla es un símbolo de vida hogareña y familiar, al igual que otros utensilios semejantes como las sartenes, cazuelas, etc. Si vemos una olla sobre el fuego, es que nos cuesta llevar una vida sencilla y sin grandes preocupaciones. En caso de que el sueño no sea muy agradable, la olla puede sugerir temor ante la responsabilidad de sacar adelante la familia.

Olores ■ Muy pocas veces soñamos con olores que no provengan del espacio físico donde nos encontramos durmiendo. De no ser así, los olores de los sueños tienen un alto contenido sensual. Es posible que el inconsciente haya puesto en marcha el mecanismo de compensación que responde a la carencia de relaciones sexuales satisfactorias. || Aunque los olores demasiado penetrantes o desagradables son muy poco frecuentes, en el caso de que los percibiéramos, quiere decir que reaccionamos ante las actitudes ajenas o propias.
❖ Cada olor tiene un significado específico. El alcanfor alude al escándalo; el jengibre, a los asuntos de amor; el jazmín, a la verdadera experiencia espiritual; la lavanda, a la felicidad en las relaciones, y la nuez moscada, al engaño. || En general, un mal olor significa enfermedad; y bueno, salud. Perfumarse denota belleza y orgullo. Advertir un buen aroma emanado por otra persona promete nuevas amistades; pero si alguien detecta nuestro mal olor es indicio de amistades perdidas.

Ombligo ■ Además de las connotaciones sexuales que pueda tener en el contexto del sueño, el ombligo es símbolo de la conexión. Es el lazo entre el propio cuerpo y el vientre materno y, por tanto, también, del contacto con la tierra, con lo oscuro y con el inconsciente. Puede interpretarse como el deseo de alejarse de aquello que nos es familiar, con miras a explorar terrenos desconocidos. También alude al anhelo de procreación.

Operación ■ Si soñamos que estamos a punto de someternos a una intervención quirúrgica y, de repente, nos levantamos de la mesa de operaciones con el convencimiento de que nos hemos curado, significa que tenemos autoconfianza. Creemos en la resolución de un problema que, en principio, parecía irremediable. Así, encontraremos la solución adecuada sin la intervención de otra fuerza que no sea nuestra voluntad. || Además de esto, la visión del bisturí nos instará a actuar con precisión, decisión y firmeza para poner fin a esta situación que tanto nos preocupa.

Opuestos ■ En los sueños, los opuestos que aparecen son metáforas de los aspectos contrarios que contiene nuestra mente. Se trata de lo masculino y lo femenino, la extroversión y la introversión, la actividad y la pasividad... Todo ello se representa a través de figuras como la luz y la sombra, la izquierda y la derecha, el hombre y la mujer. El cerebro está divido en dos hemisferios que realizan funciones diferentes. La mejor opción es hacer que ambos trabajen armoniosamente como un todo en nuestro favor.

Órdenes ■ Recibir órdenes de un desconocido plantea problemas de integración en el medio; mientras que, si parten de un familiar, denota falta de seguridad e incomprensión. || Cuando somos nosotros los que damos órdenes a un ser querido, se producirán tensiones en nuestro entorno por un exceso de intransigencia. Si el sujeto es un compañero de trabajo, tendremos un ascenso laboral y social fulgurante.

Ordeñar ■ Este sueño indica que sabemos sacar provecho de los bienes espirituales o materiales que poseemos. También es un símbolo de fertilidad y de bienestar familiar.
❖ Verse ordeñando una vaca señala un momento de prosperidad y un fuerte sentimiento de satisfacción.

Oreja ■ Representa la audición y, por lo tanto, la comunicación. La presencia de una sola oreja en sueños significa que debemos prestar más atención a las indicaciones de nuestra voz interior. Esta imagen también debería hacernos reflexionar sobre la necesidad de mostrarnos más abiertos y escuchar, sobre todo, los consejos de la gente mayor. || Según la teoría en la que se basa la auriculoterapia (acupuntura del oído) este órgano, por su semejanza con el feto, simboliza la totalidad del individuo. || El psicoanálisis freudiano asimila las orejas a la vagina y reconoce en el acto de horadarlas, el símbolo de la desfloración. Así, si una mujer sueña que no tiene orejas o que padece otitis, señala el rechazo inconsciente de secundar los deseos sexuales de su pareja.
❖ Pronto recibiremos nuevas noticias. Pero, si en el sueño nos duele la oreja, no debemos fiarnos de la persona que nos las dé.

Orgía ■ Soñar que participamos en una orgía refleja nuestras ganas de abandonar temporalmente el comportamiento sumiso frente a las normas establecidas. || Quizá el sueño también nos esté recordando que nuestras relaciones sexuales son demasiado conservadoras y que deberíamos relajarnos un poco más en este aspecto de nuestra vida. || Tenemos «sed» de caos. Esto es algo común en la humanidad, tal como demuestran las fiestas de Carnaval, en las que el orden social no importa. Debemos encontrar una forma de desahogar las inhibiciones reprimidas que pesan en nuestro inconsciente antes de hacer algo de lo que nos podamos arrepentir.

Orientación ■ En caso de que en el sueño tengamos que elegir un camino o una orientación geográfica determinada, es importante recordar cuál hemos escogido, ya que la dirección tomada puede ser vital para reconducir nuestra vida en la realidad.

Orilla ■ En términos oníricos, la orilla es el punto donde se encuentran el inconsciente (mar) con la mente consciente (playa). El sueño también puede estar representando la posibilidad de un viaje. Éste puede ser físico (en barco), o simbólico (a través de nosotros mismos). Si nos encontramos oteando el horizonte en busca de algún barco, quizá estemos preocupados por no alcanzar alguna aspiración o deseo que anhelamos. Estar en la orilla buscando conchas u otros objetos ocultos en la arena puede reflejar nuestro deseo de ampliar nuestros recursos interiores. (Ver AGUA y MAR)
❖ Una playa vacía simboliza una oportunidad. Una playa con mucha gente augura que pronto nos sentiremos arropados y seguros.

Orina ■ En muchos casos, soñar que tenemos ganas de orinar deriva, simplemente, de las necesidades fisiológicas que experimentamos mientras dormimos. A veces, este sueño también hace referencia a nuestros deseos sexuales. || La orina, no obstante, puede representar todo aquello de lo que nos deshacemos o rechazamos. Estamos intentando hacer limpieza en nuestro interior, por eso dejamos atrás lo que creemos que no vale la pena. (Ver DEFECAR)
❖ Durante muchos siglos, la orina ha sido considerada la protección por excelencia contra los fantasmas y los espíritus malignos. También se creía que, si una chica orinaba en los zapatos de un hombre, éste se enamoraría perdidamente de ella.

Oro ■ El oro es la imagen de la luz solar y, por lo tanto, de la inteligencia divina y de la vida. En consecuencia, este material simboliza todo lo superior, además del tesoro escondido de nuestro verdadero Yo (es decir, los bienes espirituales y la iluminación suprema). || De todas maneras, su connotación mercantilista puede alterar todos estos significados, por lo que también se asocia al dinero y a las joyas. (Ver MONEDAS y JOYAS)
❖ Para los alquimistas, el oro representa el tesoro que resulta de la transformación del espíritu. En la mitología, aparece como el premio espiritual tras el vencimiento de los dragones y monstruos de la ignorancia.

Orquesta ■ Símbolo de un conjunto en actividad. Como muchos otros sueños, debe tomarse en sentido inverso. Es decir, si dirigimos una orquesta, significa que no somos buenos compañeros de equipo. El sueño nos dice que, aunque seamos grandes profesionales, tenemos que aprender a trabajar más en grupo. Nos conviene delegar funciones en las personas de nuestro entorno. De esta manera, se sentirán partícipes de nuestros asuntos.

Orquídea ■ Esta flor exótica es símbolo de la feminidad. Se asocia a la vanidad, pero también a la fertilidad. En la antigua China, se consideraba que tenía facultades mágicas para alejar los males relacionados con la esterilidad.

Ortigas ■ Simbolizan la traición y la crueldad. Sin embargo, notar el picor producido por el contacto de esta planta indica descontento con uno mismo e incapacidad de hacer felices a los demás.
❖ Según la tradición popular, ver una planta de ortigas constituye un indicio negativo de falsedad, traición y desilusión. Tener urticaria, en cambio, por inversión del contenido onírico, es señal de prosperidad y felicidad familiar

Oruga ■ Las orugas son el emblema de aquello que se ha corrompido. Soñar con ellas suele ser bastante desagradable y angustioso. || Sin embargo, como es sabido, las orugas se transforman en mariposas. Ésto nos recuerda que no debemos martirizarnos a causa de nuestros defectos. No en vano, todas las criaturas, incluidas las personas, pueden llegar a cambiar y transformarse en seres bellos y maravillosos. (Ver GUSANO, MARIPOSA y METAMORFOSIS)

Oscuridad ■ Tradicionalmente, se identifica con el principio del mal y las fuerzas ocultas, sin embargo soñar con la oscuridad refleja posiblemente nuestro estado de ánimo, tal vez algo deprimido o pesimista. Si la oscuridad nos asusta, quizá tememos indagar en las partes desconocidas de nuestro interior. Si nos perdemos en ella, el sueño está representando nuestros sentimientos de inseguridad, desesperación o depresión. || Si se trata, en cambio, de «la oscuridad que precede al alba», nuestro inconsciente es optimista y sus perspectivas son más halagüeñas de lo que creemos. Una luz al final de un tunel, o las estrellas y la luna brillando en el firmamento, es un indicio de que nuestras aspiraciones y deseos son positivos y que buscamos urgentemente una luz que nos oriente en la vida y nos indique adónde tenemos que ir. || Durante la oscuridad, es cuando el inconsciente vive más intensamente. Por este motivo, la noche es el momento simbólico en el que se reúnen personajes de novelas de terror como brujas, fantasmas, etc. Estas figuras aterradoras no son más que la representación de nuestros aspectos ocultos, o sea, las fuerzas inferiores que mencionábamos al principio.

❖ El oráculo chino del I Ching, utilizado por Carl Jung como ayuda para las interpretaciones oníricas, dice que, cuando la oscuridad es tan grande que ya no se ve absolutamente nada, es imposible que se haga mayor. Así, las cosas sólo pueden mejorar.

Oso ■ Simboliza todo lo instintivo. Se le considera la representación del aspecto peligroso del inconsciente. El oso es el ejemplo del hombre cruel y primitivo. De todas maneras, si el sueño es agradable, podría representar la protección materna. Bajo su imponente figura, quizá se oculta un alma bondadosa. En este último caso, el inconsciente transmite la necesidad de dar expresión a nuestras cualidades. Tenemos que exteriorizar esos pensamientos nobles que, en ocasiones, escondemos detrás de una aparente suficiencia.

Ostras ■ Representan la humildad que es capaz de producir en su interior la perla de la perfección espiritual. El caparazón simboliza la fecundidad y el erotismo. También son el símbolo del seno materno que encierra la perla: indican fertilidad, pero también soledad y lejanía en mares desconocidos. (Ver PERLA)

Otoño ■ Época serena que sugiere paz y melancolía. El otoño invita a la reflexión, al conocimiento reposado, a la maduración interior. Después del esplendor del verano, esta estación inspira cierta decadencia elegante. Poco a poco, se va acercando el invierno o, lo que es lo mismo, el final de la vida. El otoño, tan dado a la introspección, permite afrontar este término ineludible valorando positivamente lo que hemos tenido, sin pensar en lo que nos faltará dentro de un tiempo. En consecuencia, este sueño nos insta a utilizar los conocimientos y experiencias pasadas para solucionar los problemas del presente. || Los sueños que se refieren a esta estación de la caída de las hojas, a menudo están relacionados con la etapa de la vida próxima a al vejez o con el temor a la llegada de ésta. Dichos sueños suelen ocurrir a las personas de mediana edad, y aunque a menudo son melancólicos, raras veces son profundamente tristes. Simbolizan una reconciliación con la edad como parte natural del ciclo de la naturaleza.

Oveja ■ Es señal de pasividad, conformismo, y falta de iniciativa. Tendemos a delegar las responsabilidades que nos atañen a otras personas con el fin de evitar compromisos. O bien, damos justo lo que se espera de nosotros. || Soñar con esta situación (aunque se nos presente de forma metafórica) indica que nuestra actitud, en el fondo, no nos satisface en absoluto. || Por otra parte, la oveja también significa la pureza y la inocencia, dos atributos positivos. Sin embargo, también puede representar la ignorancia y la ceguera. || En el caso de que aparezca un pastor, el sueño puede referirse al poder que tiene el amor a la hora de unificar tendencias divergentes.

❖ Ver muchas ovejas es indicio de calamidad; pero si pertenecen al durmiente promete grandes riquezas. Una oveja blanca constituye un buen presagio; negra, uno malo.

Ovni ■ Carl Jung creía que los ovnis eran figuras con un significado semejante al de la resurrección de Cristo: representaban la esperanza en la era de la tecnología. Según él, la forma de los ovnis era circular porque, igual que otros símbolos, se refería a la totalidad del Yo superior. Así, teniendo en cuenta que el inconsciente poseía la capacidad de aparecerse a través de multitud de imágenes distintas, los ovnis podían ser una de ellas. || En términos oníricos, por tanto, los ovnis quizá estén manifestando nuestro deseo por alcanzar el verdadero propósito espiritual de la vida.

P

Pacer ■ Ver animales paciendo en un campo indica un período de placidez y de descanso reparador. Parece que las cosas vuelven a encauzarse después de un tiempo de tormenta.

Paciente ■ El sueño puede ser un reflejo de la realidad o un aviso de una enfermedad que estamos incubando. También puede ser una llamada a que seamos más pacientes y conservemos la calma en todo momento.

❖ Está de camino una agradable sorpresa.

Pacto ■ Establecer un pacto con una o varias personas es sinónimo de madurez y de responsabilidad. Ello aportará grandes satisfacciones al sujeto en un futuro no muy lejano.

Padre ■ La interpretación de un sueño cuya imagen central es nuestro padre depende en gran medida de la relación que tengamos con él en la vida real. A un nivel simple, el sueño tal vez nos está ofreciendo un aviso «paternal» que deberíamos considerar. O tal vez haga referencia al aspecto masculino de nuestra personalidad, animándonos a que seamos más enérgicos. Si el padre del soñante era ineficaz como tal, el sueño puede referirse a una búsqueda inconsciente de la figura del padre. En cambio, si era una persona demasiado estricta, tal vez el sueño le está avisando para que no reproduzca esta forma de actuar consigo mismo o con sus propios hijos. ‖ Soñar con la muerte de nuestro padre puede reflejar nuestro deseo de romper lazos familiares y empezar a ser más independientes. ‖ El padre representa el dominio, las leyes y las normas. En los sueños, suele aparecer a través de figuras como un rey, un emperador, un anciano sabio, el sol o un arma. Por todo ello, simboliza el mundo de los preceptos morales y las prohibiciones que ponen obstáculos a los instintos. Así, en los sueños, el padre suele encarnar la moral tradicional y el principio de autoridad. No es de extrañar, pues, que en la adolescencia (época de formación) sean muy comunes los sueños en los que aparece la imagen paterna, normalmente bajo formas hostiles y déspotas. Según Jung, este símbolo jugaba un papel psicológico crucial en el desarrollo del individuo. ‖ En contraposición con la madre, que representa la protección, la seguridad y la ternura, el padre simboliza valores muy ligados a lo masculino: el riesgo, la aventura, la lucha, el esfuerzo, la investigación racional, el cálculo, etc. ‖ En este aspecto, Freud resaltaba la importancia del antiguo mito griego de Edipo. Si el sujeto no conseguía desligarse apropiadamente de la influencia paterna, ésta desencadenaba en un complejo. Según sus teorías, en la infancia (en especial de los cuatro a los siete años) los niños viven una etapa de deseo incestuoso hacia la madre. El complejo surge cuando no consigue superar esta fase y empieza a albergar sentimientos de rencor, viendo la figura paterna como un rival al que derrotar. Sin embargo, el complejo de Edipo suele resolverse por sí solo durante la pubertad. (Ver ÁGUILA, AUTORIDAD, ESPADA, FUEGO, LUZ y MAESTRO)

Pagar ■ El sueño puede indicar que nos estamos haciendo cargo de nuestra situación, por dura que ésta sea.

❖ El hecho de «pagar» muestra los trabajos del karma, y que cada causa tienen su efecto. Todo tiene un coste. Por ejemplo, la glotonería trae problemas de salud; el egoísmo genera soledad; y la codicia material, pobreza de espíritu. La felicidad está en el punto medio entre las pertenencias y la austeridad. Hay que aceptar que las cosas no son nuestras, que todo lo que poseemos nos lo presta el mundo. A menudo, cuando no se tiene nada, es cuando se tiene todo.

Paisaje ■ Los paisajes de los sueños son escenarios simbólicos en los que deben tenerse en cuenta todos y cada uno de los elementos que lo conforman. Por ejemplo, para una persona agobiada por los problemas financieros, una cresta montañosa puede significar un gráfico de beneficios y pérdidas económicas. ‖ Ahora bien, para comprender el sentido simbólico de un paisaje hay que distinguir lo dominante de lo accesorio. Así pues, cuando un elemento reina sobre todos los demás y los unifica (el mar, el desierto, etc.), debemos interpretar el sueño en función de este componente superior. Pero si, en cambio, el paisaje ofrece variedad y equilibrio entre los diferentes elementos, entonces hay que analizarlo como si de un cuadro se tratara, prestando atención a las formas de los objetos (planas, puntiagudas, redondas, etc.), así como a los colores que más resaltan.

Paja ■ Si soñamos con una gran cantidad de paja almacenada, ello indica abundancia de bienes. En caso de que aparezca esparcida, es un reflejo de mala organización que podría derivar en problemas económicos.

❖ Dormir sobre un montón de paja es augurio de tristeza e injusticia. Del mismo modo, tener relaciones sexuales sobre ella es advertencia de miseria y malas relaciones.

Pájaros ■ Los pájaros son un símbolo de espiritualidad desde la época del Antiguo Egipto, y no sólo en Occidente, la tradición hindú también afirma que los pájaros representan los estados superiores del ser. ‖ En términos oníricos, podemos decir que, en general, soñar con aves pone de manifiesto los deseos de libertad del durmiente. Cada pájaro, no obstante, tiene su propia simbología. El águila, por ejemplo, se asocia a las ambiciones de conquista y poder. ‖ Por otro lado, si soñamos con una bandada de pájaros que vuela alto en el cielo, significa que, muy posiblemente, lograremos alcanzar nuestras metas. Asimismo, el sueño aconseja

centrar los objetivos que nos planteamos, pues quizá estemos abarcando demasiadas cosas a la vez. ‖ Si el pájaro está enjaulado, deberemos preguntarnos si es así como nos sentimos en la vida real. Quizá el pájaro sea el propio soñante y éste refleje sus anhelos de libertad e independencia. ‖ Según la escuela freudiana, quien sueña con pájaros es víctima de deseos eróticos no satisfechos. La junguiana, en cambio, lo relaciona con el alma. El pájaro representa el pensamiento y las ideas que vuelan libremente. (Ver Ave y Alas)

❖ Ver pájaros en sueños es presagio de prosperidad y salud; si además oímos su canto el augurio es todavía más favorable. Capturarlos promete felicidad; pero enjaularlos constituye un presagio de desgracia. Los pájaros parlantes denotan éxito y buenos negocios.

Palacio ■ Signo de riqueza, ostentación y poder. Si en nuestros sueños aparece un palacio, ello es sinónimo de ambición, pues demuestra que creemos merecer el más alto destino. ‖ La imagen de un palacio también indica el deseo de avanzar posiciones en la escala social hasta lograr el lugar ansiado.

❖ Todos los cuentos poseen su palacio, su castillo encantado, el lado oscuro del corazón donde conviven monstruos y tesoros.

Palanca ■ En la religión masónica, la palanca es un utensilio de trabajo que simboliza conocimiento y dominio de la técnica. Alude a la necesidad o a la capacidad de valerse de un mecanismo para solucionar un problema determinado.

Palidez ■ Verse en sueños más pálido que de costumbre puede ser el aviso de una enfermedad que no ha sido descubierta aún. Descartada esta opción, la palidez indica desvanecimiento y disminución de la fuerza espiritual o mental. Ver a otros palidecer puede ser reflejo del miedo a perderlos, a que desaparezcan o a que cambien de actitud hacia nosotros.

Palma ■ Es un símbolo de ascensión, regeneración e inmortalidad. Su presencia en los sueños indica la satisfacción del triunfo, o estar muy cerca de conseguirlo.

❖ Asimilada a los valores de la fecundidad, la victoria y el triunfo del bien, la palma promete satisfacción de los deseos, alegrías y descendencia a las mujeres casadas.

Palo ■ El palo es un instrumento de poder y, por tanto, un símbolo de voluntad y acción. Si en nuestros sueños nos vemos sujetando un palo con firmeza, la escena sugiere que hemos decidido ponernos manos a la obra para resolver algún problema; si, en cambio, nos golpean con éste, la escena puede anunciar un conflicto debido a una falta de iniciativa.

Paloma ■ Como es sabido, la paloma es símbolo de paz, así como también de ternura, amor, fidelidad y esperanza. Simboliza la espiritualidad, el amor platónico y el alma libre.
❖ Su presencia en sueños augura felicidad en las relaciones amorosas. En caso de que veamos la paloma en pleno vuelo, posiblemente recibiremos noticias de un ser querido.

Pan ■ El pan simboliza los alimentos en general, así como el esfuerzo, según dicta la Biblia: «Ganarás el pan con el sudor de tu frente». Por ello, cuando aparece en sueños, siempre representa aspectos esenciales para nosotros. ‖ Dar pan a alguien revela nuestra capacidad para perdonar y nuestros deseos de compartir. En cambio, soñar que sólo tenemos pan para comer significa que nos sentimos pobres interiormente. ‖ Del mismo modo, debemos prestar atención a la forma que presenta en nuestros sueños, ya que, en ocasiones, ésta adquiere connotaciones sexuales, sobre todo, entre los soñadores adolescentes. La escuela freudiana lo identifica con el cuerpo de la persona amada o con el pene. La junguiana, en cambio, reconoce en él una alusión al alimento espiritual.

Pantalones ■ Símbolo de autoridad y prestigio. Soñar que alguien se pone nuestros pantalones implica miedo de que esa persona usurpe nuestra posición o autoridad. Si los pantalones se nos han quedado cortos o tenemos un aspecto ridículo con ellos, significa que tememos no estar a la altura de las circunstancias. ‖ En caso de soñar que compramos unos pantalones, manifiesta que deseamos alcanzar un mayor poder; si están rotos, posiblemente nuestros proyectos tienen serias lagunas; perderlos, por último, revela nuestro temor a las opiniones ajenas.

Pantano ■ A diferencia de los lagos, las aguas de un pantano representan las enfermedades, ya que sus violentos movimientos y sus aguas estancadas son fruto de lo artificial. (Ver LAGO)

Pantera ■ La pantera puede simbolizar a una mujer que está al acecho y que representa un gran peligro (acoso sexual, traición, venganza, etc.).
❖ Se trata de un símbolo onírico que alude a la ingratitud de amigos y familiares.

Pantuflas ■ Representan los sentimientos y las emociones más íntimas del soñante. Caminar en pantuflas por la casa puede ser señal de cansancio físico o mental, pero también indica un estado distendido de cómoda intimidad. Encontrarse en la calle llevando pantuflas en lugar de zapatos, refleja inseguridad, vergüenza o miedo al ridículo. El soñante teme no estar a la altura de las circunstancias que envuelven su vida real.

Pañuelo ■ Si recurrimos a él para secar nuestras lágrimas, el pañuelo tiene una función de consuelo; quizá nuestro inconsciente esté clamando la necesidad de alguien para que nos consuele y haga de «paño de lágrimas».
❖ Ver un pañuelo señala, en general, el deseo de vivir una relación sentimental, si bien esta interpretación puede matizarse. En caso de que el pañuelo sea rojo, la relación amorosa será escandalosa y provocará todo tipo de murmuraciones; pero, si es blanco, será honesta y acabará en matrimonio. ‖ Perderlo es anuncio de la ruptura con la pareja; y romperlo, de discusión grave. ‖ Si el pañuelo es de seda, se disfrutará de la compañía de los amigos en cualquier ocasión; y, si es de algodón, la dicha familiar será segura. ‖ Cuando es una mujer joven quien sueña con un pañuelo, correrá el riesgo de ser engañada por un hombre que tratará de conquistarla.

Papel ■ Una hoja de papel en blanco puede simbolizar un nuevo comienzo en nuestra vida. O, también, indica que deseamos expresarnos a través de la escritura o del arte. En caso de que el papel sea un documento, puede referirse a algún asunto de nuestro pasado. ‖ La presencia de un papel en sueños, asimismo, debe relacionarse con su contenido escrito. Sin embargo, si no logramos distinguirlo, la cosa cambia. No en vano, una hoja de papel impulsada por el viento indica que nuestras ilusiones o nuestros propósitos carecen de solidez y que, probablemente, perderemos las oportunidades que se nos presenten. ‖ Si nos vemos detrás de una montaña de papeles, representa que vivimos agobiados por el estrés, el exceso de responsabilidad y las grandes preocupaciones. El papel mojado, por último, es símbolo de pérdida de prestigio. (Ver BIBLIOTECA y CUADERNO)
❖ Según los oráculos oníricos, un papel en blanco presagia un período de dolor. Sin embargo, el papel con contenido escrito augura mucha alegría en el amor.

Paquete ■ Soñar que recibimos un paquete augura el encuentro con algo inesperado. Sin embargo, si no lo abrimos, quiere decir que las dudas que manteníamos respecto a algún proyecto se confirman, por lo que deberemos abandonar el mismo antes de estrellarnos. || Por otro lado, el contenido que extraemos del paquete puede representar algún aspecto de nuestra mente del que empezamos a ser conscientes o nuestros talentos ocultos. En este sentido, el paquete simboliza el propio autodescubrimiento.

❖ Nos encontraremos por sorpresa con alguien que hace mucho tiempo que no vemos.

Paracaídas ■ Soñar con un paracaídas muestra la necesidad del sujeto de verse amparado en un mal momento. Precisa con urgencia la ayuda de sus amigos, pero no es capaz de pedirla. || Si el paracaídas desciende lentamente, es señal de que ansía acabar con una relación sentimental, aunque no se atreve a hacerlo.

Paraguas ■ Por lo general, es un signo de inmadurez. Soñar que nos cobijamos bajo un paraguas indica que evitamos las dificultades de la vida, es decir, que no nos enfrentamos a ellas. En otras palabras, el paraguas sugiere que estamos eludiendo responsabilidades. || En otras interpretaciones más específicas, se dice que el paraguas simboliza la autoprotección interior. La lluvia es la vía de escape gracias a la que se expresa nuestra tensión emocional y nosotros estamos preparados para afrontarla.

❖ Si soñamos que perdemos el paraguas, los augurios son buenos: predice un valioso regalo proveniente de una relación. Sin embargo, si nos lo encontramos, experimentaremos una gran pérdida en los negocios.

Paraíso ■ Se trata de un sueño maravilloso, plácido, tranquilo, y en ocasiones, incluso romántico. Ello puede ser un aviso de que quizá necesitemos más tranquilidad y sosiego en nuestra vida cotidiana. O tal vez el sueño nos esté diciendo que somos muy afortunados porque en la vida real estamos viviendo en un paraíso terrenal. || La idea del paraíso se halla en todas las culturas. Podemos definirlo como un estado espiritual de absoluta felicidad y equilibrio que queremos alcanzar. || Soñar con el paraíso puede denotar ansias de gozar de una vida regalada que carezca de trabajo y responsabilidades. Al igual que el paraguas, es un claro signo de inmadurez, ya que tendemos a dejarnos llevar por la indolencia y la fantasía. || Si soñamos que nos destierran del paraíso, podría hacer referencia al final de algo agradable, o incluso a un sentimiento de culpabilidad.

❖ Si en nuestro paraíso onírico aparecen palmeras, la buena suerte que augura este sueño se dobla. Entre los marineros, se cree que presagia un viaje seguro y afortunado.

Parálisis ■ Soñar con una parálisis indica falta de disposición para asumir ciertos compromisos con la sociedad y con nosotros mismos. La poca confianza en las propias posibilidades lleva a dejar de actuar y a sentirse progresivamente paralizado. Por culpa de este estado de ánimo, en nuestros sueños aparecemos como seres que no pueden moverse y, por lo tanto, decidir por sí mismos. || Si soñamos que son otros los que están paralizados, ellos pueden representar aquellos aspectos de nosotros mismos que no exteriorizamos. Del mismo modo, si soñamos con un animal paralizado, éste puede hacer referencia a nuestros instintos y sentimientos sexuales inhibidos.

❖ Existe una creencia que asegura que las pesadillas son espíritus enormes que se sientan encima de nosotros mientras dormimos. Así se explica la causa de sentirse paralizado. Antiguamente, en Europa, la solución para las pesadillas consistía en dormir con un cuchillo al lado de la cama porque los espíritus temían el hierro y el acero.

Pararrayos ■ Este sueño nos advierte de que tenemos que ser precavidos para evitar desastres.

Pared ■ Una pared representa un obstáculo que nos impide alcanzar lo que queremos. Esta obstrucción la podemos encontrar en la vida real o dentro de nosotros mismos. Puede que nos estemos comportando como una auténtica pared de ladrillos, rechazando cualquier muestra de afecto. || Por otro lado, puede simbolizar un problema que todavía no podemos resolver. En estos casos, lo mejor es no obsesionarse y esperar con paciencia. || En el caso de que nos veamos a nosotros mismos construyendo una pared, el sueño intenta avisarnos de que necesitamos una protección adicional para defendernos de los contratiempos de la vida diaria. Si, por el contrario, nos vemos derribándola, tal vez anhelamos más libertad o necesitamos escapar de un ambiente claustrofóbico.

❖ La pared presagia dificultades y obstáculos relacionados con el dinero. Sin embargo, todo irá bien si encontramos una puerta o un hueco donde atravesarla.

Pareja ■ Este sueño suele expresar la necesidad de aunar la parte masculina y la femenina de nuestra mente. Se trata de una referencia a nuestro otro Yo. Si el soñante es una mujer, el sueño es una alusión a la parte más masculina y racional de su naturaleza. Si es un hombre, a su parte más intuitiva y femenina. ‖ El sueño también puede referirse a la actitud que adoptamos hacia nuestra pareja o hacia nuestra propia sexualidad. El contexto y el resto de elementos que aparezcan en el sueño serán de gran importancia para analizarlo en profundidad.

❖ La tradición alquimista buscaba la transformación espiritual de la psique. La conjunción de nuestros aspectos femeninos y masculinos, en este sentido, hacen surgir a un único ser que simboliza la totalidad.

Parientes ▪ Con frecuencia los familiares simbolizan facetas de nuestra personalidad o características personales de las que estamos o no orgullosos. La interpretación de este sueño variará si se trata de familiares cercanos o parientes lejanos, y de lo que éstos simbolizan para nosotros. Quizá se trataba de una reunión familiar con motivo de algún acontecimiento (como una boda o un funeral), en la que nos sentíamos fuertemente arropados y protegidos o, por el contrario, rodeados de familiares poco íntimos en los que podemos identificar gran cantidad de defectos que detestamos. (Ver Abuelo, Familia, Hermano, Madre y Padre)

Paro ▪ Es un sueño que no necesariamente tiene que ver con la situación laboral del soñante. Indica un período de estancamiento, voluntario o no, que se vive con impaciencia y ansiedad. Convendría estudiar las circunstancias que generan este tipo de angustia para lograr salir de este compás de espera que el inconsciente muestra en sueños.

Parque ▪ Soñar que paseamos por un parque significa que disfrutaremos de tiempo libre tras superar momentos de trabajo duro y penalidades. Si el paseo se hace acompañado de la persona amada, se vivirá con ella un matrimonio largo y feliz. ‖ Si el parque está sucio y la vegetación descuidada, se producirán sucesos súbitos e imprevistos que retrasarán nuestros planes. ‖ En el caso de que entremos ilegalmente en un parque o jardín particular, el sueño puede estar diciéndonos que quizá nos estamos entrometiendo demasiado en la vida de alguien.

Parto ▪ Soñar con un parto indica, en la mayoría de las ocasiones, que tenemos grandes deseos de convertirnos en padres. Pero, al mismo tiempo, también puede sugerir el alumbramiento de algún proyecto o empresa que se estaba gestando desde hacía tiempo. El denominador común de este tipo de sueños es el esfuerzo y el sufrimiento que antecede a todo nacimiento.

❖ Un parto fácil y rápido es indicio de prosperidad y alegría. Si se complica es un aviso de que se avecinan tiempos difíciles.

Pasajero ▪ En ocasiones, dedicamos demasiado esfuerzo a cargar con la actitud parásita de los demás. Así, nuestros amigos y familiares se convierten en pasajeros de nuestro propio cuerpo, coartando nuestra libertad. ‖ Si los pasajeros somos nosotros, puede significar que no controlamos en absoluto nuestra vida y que siempre aceptamos las decisiones del entorno.

❖ Si en el sueño aparecen pasajeros cargados de equipaje acercándose a nosotros, nuestra situación mejorará. Si se alejan, se predice un deterioro de nuestras condiciones vitales.

Pasaporte ▪ Al igual que otros documentos, el pasaporte revela nuestra identidad, es decir, nuestra personalidad pública. Si en el sueño lo perdemos, ello denota una profunda desorientación, así como una total falta de motivación para emprender iniciativas. ‖ El pasaporte también nos lleva a tierras extranjeras y al mundo desconocido del inconsciente. Así, este sueño puede significar que iniciamos un periodo de análisis de la propia personalidad. A lo mejor, estamos apunto de emprender el viaje del autoconocimiento. ‖ Si soñamos que nos examinan y sellan el pasaporte, puede significar aprobación de algún nuevo proyecto o plan.

❖ Según los oráculos, los pasaportes en los sueños no se relacionan con los viajes en absoluto. De hecho, anuncian que nuestra vida amorosa mejorará.

Pasillo ▪ Indica un estado de transición. El sueño puede ser grato o aterrador, dependiendo de lo fluido o lo tortuoso que resulte el recorrido y de la existencia de luz o no al final del pasillo. Es importante el análisis de todos los elementos que aparezcan a lo largo del pasillo porque reflejan el estado emocional del soñante en ese momento de tránsito. Sin embargo, la clave definitiva está en las sensaciones que aparezcan mientras se sigue el camino hacia lo desconocido. ‖ Correr a lo largo de un pasillo sin divisar, en ningún momento, el final puede mostrar la necesidad de escapar de una situación angustiosa que se repite demasiado en la realidad. Igualmente, a lo mejor se refiere a las actitudes que debemos dejar atrás para pasar de una fase vital a otra.

❖ Los pasillos y pasajes son lugares donde la energía se mueve con rapidez pero nunca se acumula. Este sueño, por tanto, puede denotar que corremos el peligro de perder toda nuestra energía y vitalidad.

Pasos ■ Oír pasos que se acercan o se alejan de nosotros, sin poder ver a quien camina, indica el temor a que algún agente externo que no controlamos invada, o afecte negativamente, nuestro espacio vital. Denota inseguridad hacia el entorno que nos rodea. Quizá el sueño nos advierta de que deberíamos dar un paso adelante en algún área de nuestra vida.

Pastel ■ Comer pasteles en sueños es sinónimo de felicidad. Sin embargo, comer dulces de forma compulsiva –es decir, con glotonería– revela un sentimiento de ansiedad y frustración. || Otro sueño característico, al que suele acompañar una fuerte sensación de culpabilidad, es cuando robamos pasteles y nos escondemos para comerlos. Esta imagen alude a un exceso de sentimentalismo que nos lleva a tener conflictos con personas más realistas que nosotros. || Si el pastel aparece dividido en porciones significa que hay cosas que debemos compartir. A lo mejor estamos siendo demasiado egoístas con ciertas personas de nuestra vida. || Por último, el pastel puede referirse a nuestra vida emocional, al pedazo de cariño y afecto que necesitamos de los demás pero que no nos es dado.

Pastor ■ El pastor simboliza la figura del guía de almas, pues conduce un rebaño. Cuando aparece en nuestros sueños, el inconsciente nos llama la atención sobre el potencial que albergamos como líderes o dirigentes.

Patinar ■ Soñar que patinamos nos previene de que estamos entrando en una situación de inestabilidad, pues este tipo de sueños simboliza el riesgo. Si la sensación resulta desagradable, es de temer que la inestabilidad por la que atraviesa el protagonista en la vida real acabe de una manera desfavorable (por ejemplo, con importantes pérdidas económicas). || Por el contrario, si las escenas de patinaje nos parecen agradables desde el punto de vista estético, probablemente saldremos fortalecidos de la situación conflictiva que nos preocupa. Y lo más importante de todo: distinguiremos con mayor claridad nuestra orientación existencial a partir de ese momento.

Patio ■ Que aparezca un patio en nuestros pensamientos oníricos es una buena señal, ya que presagia uniones sentimentales fuertes y duraderas. Sin embargo, no es tan positivo que el patio esté vacío, sucio, o bien lleno de trastos abandonados. En el primer caso, podrían sufrirse pérdidas económicas de consideración; en el segundo, abundantes chismorreos que nos perjudicarán.

Pavo Real ■ Representa la vanidad y la fragilidad de las apariencias.

Payaso ■ Al igual que el bufón, el payaso representa lo opuesto a la autoridad. Simboliza el instinto, lo desinhibido y el infantilismo. || Si soñamos con un payaso anónimo, la imagen nos alerta de la falsa camaradería de otras personas. En caso de que el payaso tenga los rasgos de alguien conocido, éste es el individuo contra el que nos previene el sueño. || Pero si somos nosotros quienes nos vestimos de payaso, debemos vigilar, puesto que nuestra actitud hará que la gente no nos tome en serio. Tal vez crean que siempre estamos fingiendo y ocultando nuestros sentimientos. || Aun así, si el sueño resulta agradable, no hay nada que objetar: el inconsciente nos sugiere que nos riamos de nuestras preocupaciones porque su gravedad es relativa.

❖ En las cartas del Tarot, el Loco se representa como el Joker del resto de barajas. Pone de manifiesto el lado inconsciente de la personalidad con todo su potencial para la transformación.

Paz ■ Soñar que estamos en paz con nosotros mismos es signo de madurez. Ha llegado un momento en el que somos conscientes de que los defectos se compensan con las virtudes. El equilibrio personal pasa por aceptarse tal como uno es.

Pecado ■ Al margen de la religión o las creencias que profese el soñante, soñar con el pecado casi siempre es indicativo de un sentimiento de culpa. Aunque al despertar no nos sintamos culpables en absoluto, nuestro subconsciente nos está acusando, de manera que convendría investigar cuáles son sus causas para poder liberarnos de esta sensación.

Pecho ■ Si la persona que sueña con el pecho de una mujer es un hombre, la imagen podría indicar su necesidad de ternura y comprensión. En cambio, si quien tiene el sueño es una mujer, puede ser el síntoma del inicio de un embarazo. || Por otro lado, teniendo en cuenta que respiramos a través del pecho, el sueño quizá haga referencia al punto central de nuestra vida. (Ver Senos).

❖ Un pecho bello y sano es pronóstico de alegría; de grandes dimensiones augura deudas económicas.

Pedalear ■ Su interpretación se asocia a la de Bicicleta. Indica un estado en que el soñante depende sólo de su propio esfuerzo para poner en marcha los proyectos que desea realizar.

Peinarse ■ Soñar que nos estamos peinando indica que nuestra apariencia física nos preocupa. Este tipo de imagen nos debe poner en alerta: acicalarse de forma exagerada es señal de falsedad en las relaciones humanas. No en vano, cuando modificamos nuestra imagen, podemos evitar afrontar nuestras carencias momentáneamente. Tarde o temprano, sin embargo, la máscara deberá caer y nuestro disfraz no podrá ocultar durante más tiempo la realidad.

Pelea ■ Una pelea es el resultado de una situación que ha llegado al límite y que no puede resolverse de forma pacífica. En ese caso, su significado es el mismo que el de DISPUTA o GUERRA. Pero, también, se puede asociar con el de DESAHOGO. El soñante se siente incómodo o agredido por alguien de su entorno, pero en estado de vigilia no quiere, o no puede, expresar su inconformismo. Así, el inconsciente libra una batalla interna y la representa en una escena onírica.

Pelícano ■ Simboliza la autoridad, la responsabilidad y el sacrificio por los demás; se dice que cuando el pelícano no encuentra alimento para sus hijos, los nutre con su propia sangre. Por estas connotaciones se relaciona con el amor paternal. Indica un sentimiento de generosidad hacia personas cercanas al entorno del soñante, pero también puede ser señal de un exceso de responsabilidades que lo abruman. En este caso, el sueño se interpreta como la necesidad de un merecido descanso.

Película ■ La causa de este sueño puede ser, simplemente, que hayamos visto la televisión o hayamos ido al cine justo antes de irnos a dormir. A lo mejor, nos hemos identificado con algo que hemos visto y ello nos ha sorprendido inconscientemente. En términos oníricos, la evocación de una película puede constituir una buena ocasión para plantear una situación propia. En este caso, el sueño debe interpretarse como cualquier otro. || Si aparecemos viendo una película, es posible que la escena nos esté mostrando nuestros pensamientos desligados de nuestra persona. Somos capaces de observarnos a nosotros y a nuestra vida sin implicarnos emocionalmente.

❖ Las supersticiones modernas dicen que encargarse de la dirección de una película augura la llegada de un gratificante regalo.

Peligro ■ A veces, durante el sueño, nos invade una sensación de peligro alarmante que no se concreta en nada tangible. Es posible, por lo tanto, que el inconsciente nos esté avisando de que sufrimos problemas físicos que desconocemos. En otras ocasiones, este peligro se materializa en una situación concreta (accidentes, agresiones, etc.), en cuyo caso tendremos que ver lo que sugiere dicha amenaza en particular para poder interpretarla.

❖ Encontrarse en peligro es indicio de éxito; evitarlo, según el simbolismo invertido, predice infortunio.

Pelo ■ Si soñamos con un exceso de vello en el cuerpo, la imagen alude a nuestro primitivismo. Somos esclavos de la sensualidad y nuestros instintos siempre vencen a la razón. En cambio, si carecemos por completo de pelo en el cuerpo, el sueño revela nuestra sensiblería y debilidad de carácter.

❖ Según la tradición popular soñarse enteramente recubierto de pelos es un buen presagio de salud.

Pelota ■ Soñar que se juega con una pelota revela el deseo de escapar de las responsabilidades del presente, tal vez buscando refugio en el pasado. || Sin embargo, el sueño también podría tener connotaciones sexuales, sobre todo en el caso de los hombres. El soñante deberá cuestionarse cómo se sentía en el sueño: ¿era la estrella del partido o, por el contrario, siempre le metían goles?, ¿dominaba diestramente la pelota o corría continuamente detrás de ella? Las respuestas le darán claves para interpretar su situación en el juego de la vida.

Peluca ■ A menos que se suela llevar peluca en la vida real, verse con una en sueños indica la alteración de la propia imagen. Algo de lo que proyectamos hacia el exterior no se corresponde con nuestros verdaderos deseos, sentimientos o emociones. Señala la intención de esconder, disfrazar o distorsionar. || Ver a otra persona llevando una peluca expresa un sentimiento de desconfianza hacia ella, o el temor a que cambie su actitud o sus sentimientos. || Para un hombre, la calvicie es, a menudo, compañera del temor a la impotencia. Una peluca puede ser en este caso una muestra del deseo de ocultar un sentimiento de inseguridad o de disfrazar alguna otra faceta de su personalidad de la cual se avergüence.

❖ Existen muchas interpretaciones acerca de esta figura. Una peluca rubia, por ejemplo, augura que tendremos muchos admiradores; una oscura aporta lealtad; una blanca, riqueza; y una morena predice que la persona con la que contraeremos matrimonio será pobre.

Pendientes ■ Según la cultura a la cual se pertenezca, los pendientes pueden ser indicativos de cierto rango social. Pero, también, es un sueño que refleja la relación del soñante con la imagen que proyecta de sí mismo. Su significado se asocia con el de ADORNO. Por otro lado, aluden a la frivolidad y a la ligereza.

❖ Aunque la tradición ancestral dice que a través de los agujeros practicados en el lóbulo de la oreja para introducir los pendientes salen todos los malos humores y las energías negativas del cuerpo, la tradición más moderna atribuye a esta imagen onírica un presagio de muerte.

Pene ■ No es muy frecuente que la forma de un pene como tal aparezca en un sueño. Normalmente aparece camuflado bajo formas fálicas. La clara aparición de este órgano masculino es una afirmación sexual tan contundente que si ello provoca miedo o angustia, el soñante debería reflexionar sobre su actitud hacia la sexualidad. (Ver FALO)

Peonza ■ La peonza puede ilustrar cómo nos tomamos la vida: dando mil vueltas a cada una de las decisiones que debemos tomar. Este sueño recomienda serenidad y simplicidad.

Pera ■ Las peras, al igual que el resto de las frutas, representan la abundancia, la fertilidad y la sensualidad.

❖ Símbolo erótico, la pera madura pronostica relaciones satisfactorias y felices; verde, en cambio, expresa dificultades (porque es áspera y dura).

Perder ■ Soñar con la pérdida de un objeto denota represión, timidez, complejo de inferioridad, vergüenza y, en definitiva, miedo. El sentimiento de pérdida va ligado al de culpa. También, debemos preguntarnos qué significa para nosotros aquello que hemos extraviado. ‖ Si quienes nos perdemos somos nosotros, simboliza el comienzo de una nueva fase vital y expresa nuestro nerviosismo por tener que dejar atrás lo que hasta ahora nos ha resultado familiar. No obstante, este significado puede ser el inverso: en la realidad no sabemos qué dirección tomar. En dichos momentos de total confusión, es aconsejable irse marcando pequeñas metas y, poco a poco, realizarlas.

❖ Perder algo advierte de que nos podemos cortar con un objeto afilado por accidente.

Peregrino ■ Simboliza la búsqueda, la expiación, la purificación y el homenaje. Emprende el viaje en la pobreza, con humildad, por lo que participa en un rito de iniciación que lleva a la iluminación y la santidad. Es importante analizar el motivo de la peregrinación y,

también, saber quién nos acompaña: si es otra persona o un animal. Ambos casos nos informarán sobre los aspectos de nuestra naturaleza que nos llevamos en nuestro viaje interior. (Ver BASTÓN, CRUZ, ENCRUCIJADA y ORIENTACIÓN)

Perfume ■ Sea o no posible que un sueño nos transmita el olor real de un perfume, lo que si es posible es que nos traiga recuerdos asociados con él. El perfume es un símbolo de la presencia espiritual, ya que alimenta el recuerdo y la nostalgia. Si es suave, indica delicadeza; si es fuerte, rudeza. (Ver AROMA)

Periódico ■ Al ser un instrumento de comunicación impreso, el periódico onírico puede indicar el deseo de buscar más información en nuestra vida antes de tomar una decisión sobre algún asunto importante que nos preocupa. (Ver DIARIO)

Perla ■ El filósofo chino Lao Tse dijo una vez: «El elegido va con vestidura peluda, pero en el pecho oculta una joya». La situación se puede extrapolar a la de la perla escondida en la ostra, es decir, a la perfección espiritual que se oculta bajo el caparazón. ‖ Por otro lado, la perla también representa lo femenino, el amor y la belleza. Cuando forma parte de joyas o collares, indica grandeza material y exhibicionismo. Y, si en el sueño se rompe un collar de perlas y éstas se dispersan, quiere decir que algo se ha desmembrado en nuestra vida de vigilia. Posiblemente, revela nuestro miedo a no conseguir finalmente aquello por lo que tanto hemos luchado. (Ver CONCHA)

❖ Enhebrar perlas en un collar es augurio de soledad.

Perro ■ A lo largo de la historia, lo perros han ayudado al hombre a cazar y a conducir sus rebaños. Son el emblema de la fidelidad, la amistad y la compañía. Además, denotan el buen entendimiento con nuestra naturaleza. ‖ Soñar con un perro puede reflejar el deseo de sentirse amado y protegido, de tener a alguien con quien compartir la vida.‖ En función de cómo aparezca el can en el sueño, sin embargo, cambia la interpretación de su significado. No hay que olvidar que se trata de un animal que se comporta con agresividad si no lo sabemos tratar o si considera que amenazamos la propiedad que defiende. En este caso, puede estar manifestando un conflicto interior con nuestro lado más instintivo. Si estira de la correa que le ata, denota que nuestras emociones ya no pueden más. A lo mejor necesitamos exteriorizar nuestra furia respecto a un asunto que nos entristece.

❖ Según un oráculo onírico, este sueño augura ruina. En particular, la tradición afirma que un perro gentil, alegre y bien educado es augurio de engaños. Si el animal ladra y muerde, el sueño señala injurias, traiciones y adversidades.

Persecución ■ Como cuando soñamos que caemos, sentirse perseguido proviene de nuestra propia inseguridad. Así, es una de las imágenes más frecuentes que se producen mientras dormimos. Este sueño, principalmente, indica el poder que tienen sobre nosotros los hechos o sentimientos del pasado, ya que los conflictos que se derivan de estas situaciones pretéritas siguen vigentes y nos impiden avanzar hacia el futuro. Podría tratarse de episodios de la infancia o de la adolescencia que siguen alojados en nuestra memoria y que han tomado la forma de culpas u obsesiones.

❖ Los nativos americanos creen que, si tenemos este sueño, deberíamos encarar a nuestro perseguidor y luchar contra él para desenmascararle. Siguiendo este consejo, es muy posible que descubramos que nuestros miedos no son tan amenazantes.

Persianas ■ Las persianas simbolizan la relación que tenemos con el exterior. Abrirlas indica disposición y voluntad de comunicarse. Cerrarlas, un estado de aislamiento o de encierro. Dejar que entre la luz a través de sus lamas manifiesta cierta prevención o temor de ver invadida la intimidad.

Pesadilla ■ Si sufrimos pesadillas, es evidente que la inseguridad, los temores y las preocupaciones están haciendo mella en nosotros. No obstante, para interpretar este tipo de sueños correctamente, deberíamos intentar recordar si hemos visto recientemente alguna película de terror o leído algún relato espeluznante que nos haya afectado inconscientemente. || No en vano, estos mecanismos de tipo narrativo tienen la capacidad de despertar puntos oscuros del pasado que se hallan reprimidos en el inconsciente. Su función, pues, es la de recordarnos qué tipo de situaciones nos producen miedo.

Pescador ■ La figura del pescador se asocia a la predicación y al apostolado. Pero, además, el pescador es el que extrae elementos de las profundidades, es decir, del inconsciente. En esa medida, la figura del pescador puede ser de gran ayuda en el camino del propio conocimiento. Debemos atender a los elementos que logra sacar del fondo de nosotros mismos y lo que éstos simbolizan.

Petardo ■ El ruido de los petardos es una señal de alarma sobre imprevistos que podrían causarnos un gran perjuicio, tanto en el terreno laboral, como en el afectivo. Debemos estar, pues, alerta ante cualquier indicio sospechoso que aparezca en nuestro entorno.

Petrificarse ■ En casi todos los relatos mitológicos, la petrificación es el castigo de los dioses a una mirada que ha transgredido los límites permitidos. En ese caso, el sueño es indicativo de un sentimiento de culpa. Por otro lado, hay ocasiones en las que el soñante trata de reaccionar ante una situación violenta, o simplemente intenta moverse, y no lo consigue. Estos sueños reflejan un estado de paralización involuntaria que puede ser física, emocional o intelectual. Convendría analizar las circunstancias que envuelven su vida para descubrir la causa de dicha inmovilidad.

Pez ■ Por asimilación al mar, numerosas culturas han considerado que los peces son sagrados. De hecho, en los ritos asiáticos, se adoraba a los peces; y a los sacerdotes, por este motivo, les estaba prohibido comer pescado. || Teniendo en cuenta que los peces habitan en las profundidades, también se ubican en el plano inconsciente y su interpretación se asocia a la de AGUA. Por ello, cuando emergen a la superficie, también lo hacen a la conciencia como señal de peligro o para recordarnos emociones ocultas o vivencias pasadas. || Soñar que intentamos atrapar un pez con las manos y éste se nos escapa expresa frustración y desilusión. Los peces representan todo aquello que queremos coger y nos resulta escurridizo. || Además, son indicativos de estados de soledad y aislamiento. Ver peces en el interior de una pecera denota nostalgia por la libertad. Es posible que el soñante se sienta emocional o afectivamente retenido y su sueño revele un deseo reprimido de liberación. || La escuela freudiana vincula exclusivamente el pez a la sexualidad y lo asocia con el falo. Sin embargo, la sangre fría que lo caracteriza parece contradecir este simbolismo, atribuyéndole connotaciones de frigidez o impotencia. || Por último, cabe destacar la relación de los peces con la fertilidad. Puede que el sueño nos anuncie que estamos experimentando un período de crecimiento personal. Los peces se oponen al punto de vista material y mundano de la vida cotidiana.

❖ El pez simboliza a Cristo. En muchas otras religiones, los peces también han servido para representar a sus divinidades. Son la abundancia espiritual que alimenta a todo el mundo. El sueño puede estar resaltando todas estas cualidades en nosotros mismos.

Pico ■ Su simbología es compleja porque se relaciona con la capacidad de comunicación, con la alimentación y con la agresividad. Ver un pico reemplazando nuestra boca señala un conflicto de la propia imagen. Verlo en otra persona puede indicar la exaltación de una determinada característica que nos resulta molesta o exagerada. Los demás símbolos y el entorno de la escena onírica ayudarán a la interpretación de este sueño.

Pie ■ Son el soporte fundamental de las personas, lo que nos aguanta en posición erguida. Por ello, su buen estado representa seguridad y estabilidad. ‖ Soñar que vemos unas huellas delante nuestro es una invitación a avanzar en el sentido que nos marcan estas últimas. Si vemos que nos amputan un pie, posiblemente estamos perdiendo el equilibrio, ya sea desde el punto de vista físico o mental. ‖ El sueño quizá nos advierta de que deberíamos ser más prácticos y realistas, manteniendo los pies en el suelo. Por otro lado, puede referirse a que estamos reconsiderando la dirección que toma nuestra vida o cuestionando en qué se basa nuestra existencia. ‖ Para un cristiano, soñar con lavarse los pies denota perdón. En la India, los pies de los gurús son considerados la parte más sagrada y divina de su cuerpo. (Ver AMPUTACIÓN, CRUZ, ORIENTACIÓN y ZAPATOS)
❖ En China se dice que todos los grandes viajes empiezan con un solo paso. El sueño recomienda que nos movamos con precaución, dando un único paso cada vez.

Piedra ■ La piedra es símbolo del ser, de la cohesión y de la coherencia con uno mismo. Su dureza siempre ha sido vista como lo contrario de lo biológico, sometido a las leyes del cambio, la decrepitud y la muerte. ‖ A pesar de las apariencias, la piedra también tiene un significado inverso al de ARENA. Este elemento, en definitiva, es un emblema de la resistencia, la tenacidad, la perseverancia y la eternidad del ser. Del mismo modo, estas cualidades pueden desembocar en frialdad, testarudez y rechazo a la renovación. ‖ Como elemento pesado, una piedra puede simbolizar las duras cargas y responsabilidades que tenemos en la vida real. ‖ Por otro lado, una piedra rota en muchos fragmentos representa desmembramiento, desintegración psíquica, enfermedad, muerte y derrota. Si soñamos que las piedras llueven del cielo significa que nuestro corazón se está endureciendo. Por último, las piedras preciosas simbolizan la transmutación de lo opaco en transparente, de lo imperfecto en perfecto. (Ver ROCA)
❖ Las piedras en el camino hacen referencia a la gente torpe y poco manejable que impide nuestro progreso vital. Si tiramos piedras, el sueño indica acusaciones. Según algunos oráculos, si las recolectamos, heredaremos tierras. Por último, encontrar piedras preciosas augura buena suerte.

Piel ■ Nuestra piel es una parte esencial de la imagen que proyectamos del cuerpo hacia los demás. Si soñamos que ésta no tiene muy buen aspecto, ello podría sugerir que tememos dar una mala impresión o que incluso nos avergonzamos de algo y albergamos la ilusión de poderlo ocultar. ‖ También, se asocia a la idea del paso del tiempo. Por tanto, soñar con una piel arrugada es la expresión de nuestro temor a la vejez y a la pérdida de atractivo físico. ‖ En cambio, si la piel es suave y tersa, ello sugiere sensualidad, delicadeza, caricias, etc. En definitiva: necesidad de afecto.
❖ Algunas de las mujeres de Omán creen que soñar con una piel pálida augura la llegada de una gran cantidad de joyas. ‖ Soñar que cambiamos la piel es augurio de disgustos.

Piernas ■ Las piernas representan el movimiento. En otro plano más metafísico, también se las relaciona con la capacidad de recuperación ante las desgracias. ‖ Las piernas simbolizan, igualmente, el soporte del cuerpo, es decir, de nuestra vida: planes, objetivos, proyectos, etc. Si en el sueño nos viéramos sin las extremidades inferiores o éstas fueran débiles y no pudieran moverse, es señal de que tenemos escasa confianza en nuestras posibilidades a la hora de acometer cualquier empresa. Por el contrario, verse con unas piernas fuertes denota seguridad en uno mismo.
❖ Según la interpretación tradicional, si en el sueño tenemos una pierna de madera, se auguran nuevas preocupaciones. Por fortuna, este sueño es muy poco frecuente.

Píldora ■ Puede que, en la vida real, hayamos encontrado el remedio justo para poseer armonía interior. Si en el sueño somos adictos a algún tipo de píldoras, probablemente indique que tenemos un comportamiento emocional demasiado impulsivo. Este hecho puede estar dañándonos.
❖ Algunas personas creen que, a través de píldoras alucinógenas, se despierta la conciencia superior. Evidentemente, no es un camino adecuado para conseguirla. La concentración y la meditación siempre serán vías mucho más inocuas y servibles.

Pino ■ Representa la longevidad. El abeto, concretamente, simboliza la amistad verdadera.

Pintura ■ Este sueño tiene interpretaciones muy distintas según nos refiramos a la pintura como material o como arte. En el primer caso, pintar con brocha una pared evidencia conformismo ante la vida; y, ver cómo lo hacen unos profesionales, el buen fin de proyectos largamente concebidos. || En el segundo caso, habrá que atender a la corriente en la cual se inscriba la pintura en cuestión, pues aquello que se represente puede estar describiendo nuestra situación en la realidad. Así, si la pintura es realista, la sinceridad marcará todas nuestras relaciones; pero, si es abstracta, la tensión y las disputas minarán nuestro entorno. Según sean los colores más brillantes o más oscuros obtendremos mucha información. Por ejemplo, el rojo denota agresividad, mientras que el azul manifiesta melancolía. Por otro lado, este sueño también puede indicar la necesidad de expresar todo nuestro potencial creativo.

❖ En general, significa que nos gusta nuestro trabajo. Si, en cambio, nos manchamos de pintura, otros nos criticarán.

Piojos ■ Representan todo aquello que nos es desagradable y que sentimos demasiado próximo, como una invasión de nuestro espacio vital. Se asocian con las personas a las que nos unen fuertes lazos familiares en contra de nuestra voluntad.

Pipa ■ Fumar en pipa oníricamente es un símbolo de confort comúnmente asociado al acto de mamar y que, por tanto, connota inseguridad. También puede simbolizar las ansias que el soñante tiene de evadirse. Sin embargo, será muy significativo el efecto que este acto nos produzca en el sueño ¿Disfrutábamos del aroma que desprendía la pipa encendida? ¿O más bien nos desagradaba? Quizá sea un aviso de que empezamos a estar cansados de nuestra inseguridad o dependencia con respecto a algo o a alguien.

Pirámide ■ En algunas culturas, la pirámide simboliza la unión entre lo terrenal y lo divino, además de representar un potencial de energía que fluye a favor del individuo para alcanzar las metas propuestas. El buen o mal estado de la pirámide, así como su posición correcta o invertida, son señales de factores externos que inciden de forma positiva o negativa en la vida del soñante.

❖ Una pirámide en pie es indicio de dignidad y riqueza; invertida, en cambio, indica ruina. Salir de ella presagia honores; y encontrarse en la cima, futuras grandezas.

Pirata ■ Este sueño indica que el soñante alberga algún sentimiento de culpa o vergüenza por haberse apropiado de algo que no le pertenecía en la vida real. Deberá preguntarse si ha saqueado algo o si quizá ha robado la pareja a alguien. La palabra clave es «piratear»; por lo tanto el sueño no tiene una interpretación positiva. Quizá alguien sin escrúpulos se está aprovechando de nosotros, o nosotros de él.

❖ Los piratas pueden ser románticos, pero también son violentos y peligrosos. El sueño se interpreta como una advertencia para que obremos con cautela.

Piscina ■ Su significado se asocia con el de AGUA y el de LAGO. Sin embargo, la piscina está más relacionada con el ocio y la diversión. En este sueño es importante la profundidad, lo turbia o cristalina que se vea el agua y los personajes que deambulen por las orillas de la piscina. En estos elementos, se esconden las claves para la correcta interpretación.

Piso ■ Los pisos de un edificio representan los niveles de conciencia del soñante. El ático es la espiritualidad y, la planta más baja, el inconsciente. Los pisos que están entremedio ponen de manifiesto las distintas etapas mentales que experimentamos. (Ver CASA)

❖ Si soñamos que estamos en el piso más alto, obtendremos éxitos.

Pistola ■ Además de la relación que su significado tiene con el de ARMA, la imagen de la pistola se asocia con el pene. Por tanto, indica fuerza y virilidad. En general, señala un deseo reprimido, o bien la necesidad de exaltar el lado masculino, tanto si el soñante es hombre, como si es mujer. || En caso de que matemos a alguien con la pistola, la víctima puede representar todos los aspectos de nuestra personalidad que nos desagradan o no queremos aceptar. Si matamos a un animal, denota que reprimimos nuestros instintos abogando por la razón. Si la víctima somos nosotros, a lo mejor alguien nos está haciendo la vida imposible en la realidad.

Pizarra ■ Verse en la obligación de ponerse delante de a la pizarra para explicar algo, generalmente, indica un sentimiento de inseguridad acerca de los propios planteamientos. De lo contrario, hace referencia al temor de tener que dar cuenta de dichos planteamientos a las personas de nuestro entorno.

Planeta ■ Ver planetas en los sueños refleja la relación del soñante, no ya con un entorno cercano, sino con el

universo que le rodea. El espíritu ha alcanzado en sueños una posición elevada, desde la cual contempla su
situación como parte del cosmos. Puede ser un momento propicio para formular preguntas existenciales
acerca del significado de la vida. En todo caso, denota
un alto grado de espiritualidad.

PLANTA

Mónica soñó: *«Yo era una intrépida bióloga a la que habían encargado la misión de analizar unas plantas exóticas,
muy difíciles de encontrar, que crecían en el Amazonas.
Para conseguirlas, debía sumergirme en un profundo pantano de aguas turbias muy peligroso, repleto de serpientes
venenosas. Aún así no lo dudé ni por un momento; me
lancé de cabeza al lago con un machete en la boca ante la
atenta mirada de un nativo, con pinturas blancas en la
cara, que sujetaba desde la orilla una cuerda atada a mi
pie. No tardé nada en salir con una sonrisa de triunfo en
mi cara y cinco ejemplares de esas curiosas plantas en mi
mano. Me senté a examinarlas y descubrí asombrada que,
en el interior de sus capullos, la planta contenía calaveras
con forma humana diminutas.»*

Cuando Mónica tuvo este sueño debía enfrentarse a una
situación muy complicada: le habían detectado un bulto
maligno en su pecho izquierdo, y debía someterse a tratamiento. Aún así, no se derrumbó, confió en la **fortaleza de
su cuerpo y espíritu** e hizo todo lo posible por combatir la
enfermedad. El agua estancada y turbia de su sueño reflejaba las dificultades que tendría que atravesar debido a su
problema de salud. Sin embargo, su inmersión en ella, a
pesar del peligro, ponía de manifiesto el **talante luchador**
de Mónica. El nativo, con pinturas blancas –como el color
de la bata de su médico–, y la cuerda que le unía a él,
representaba su lazo con la medicina, su otra tabla de salvación junto a su fuerza de voluntad.

El hecho de que consiguiera su misión no era más que
un anuncio del feliz desenlace de su enfermedad. Al cabo
de seis meses, consiguió superarla definitivamente. Las
calaveras aluden a nuestras **dudas espirituales** sobre el
principio y el fin de la vida, inquietud que sentía Mónica
con respecto a su destino. Las plantas, al igual que las
calaveras, son símbolos de vida, crecimiento y desarrollo
personal. El sueño le estaba anunciando a Mónica que, a
pesar de las dificultades, la experiencia le haría crecer,
evolucionar y comprenderse mejor a sí misma.

Planta ■ Imagen del nacimiento de la vida. Un sueño
relacionado con el crecimiento de las plantas probablemente esté relacionado con el crecimiento y desarrollo
de uno mismo. Las plantas expresan la evolución del
cosmos y la aparición de las primeras formas de existencia. Otro aspecto esencial de las plantas es su ciclo
anual, que hace patente el misterio de la muerte y la
resurrección. ‖ En los sueños, las plantas suelen representar nuestros sentimientos y emociones.
❖ Soñar con plantas medicinales asegura alegría y éxitos.
Plantarlas, constancia en los negocios y en la profesión .

Plata ■ Se relaciona con la luna, el color blanco, el
agua, la pasividad, lo femenino y la sinceridad. Representa algo que tiene valor para el soñante: puede que
sus necesidades económicas, o bien sus recursos emocionales. Su presencia en nuestros sueños es positiva
excepto cuando está ennegrecida, ya que esta circunstancia augura graves pérdidas. (Ver AGUA, BLANCO,
DESNUDEZ, DINERO y MUJER)
❖ La plata no está considerada un metal demasiado
afortunado. Si en sueños encontramos plata en nuestro
monedero, se presagian pérdidas económicas.

Plátano ■ Uno de los símbolos fálicos más conocidos,
tanto por su forma, como por su textura.

Plato ■ Si tenemos una gran capacidad de entrega a los
demás, probablemente en alguno de nuestros sueños
haya aparecido un plato. No en vano, este elemento
expresa que estamos dispuestos a servir a nuestros semejantes. ‖ Si el plato está lleno de manjares, representa el alimento que tenemos en nuestro interior (ternura, solidaridad, etc.); en cambio, si el plato está
vacío, deberemos buscar la manera de llenarlo. ‖ Si
nos vemos lavando una gran pila de platos, el sueño
puede sugerir cierto aburrimiento y monotonía. Soñar
que rompemos platos es, en cambio, un mecanismo
del inconsciente para descargar la tensión acumulada
y proporcionarnos algo de calma y tranquilidad.
❖ Soñar con platos es un óptimo presagio de salud y
riqueza. Nunca nos faltará un plato en la mesa.

Playa ■ Por lo general, el inconsciente asocia la playa a
dos elementos muy diferentes: al lugar que alcanzamos cuando nos salvamos de un naufragio, y al espacio
para pasar el tiempo libre. En el primer caso, la playa
simboliza el apoyo con el que contamos para superar
nuestros problemas, mientras que, en el segundo, representa la necesidad de tomarnos un descanso. (Ver
ARENA, ISLA, MAR y ORILLA)

Plaza ■ La plaza pone de manifiesto el tipo de relación que el soñante tiene con el exterior. Una plaza vacía indica aislamiento; una plaza llena de gente señala el temor a ver invadida la propia intimidad y, también, a verse confundido entre la muchedumbre (el anonimato). De todas formas, en la interpretación de este sueño, es determinante el sentimiento de angustia o placidez que experimente el durmiente.

Plumas ■ Al igual que las alas, las plumas simbolizan, desde tiempos inmemoriales, la espiritualidad, la imaginación y el pensamiento. Además, expresan nuestro deseo de demostrar calidez y ternura a alguien cercano. || En términos oníricos, las plumas auguran éxito, consecución de objetivos y superación de dificultades. Por consiguiente, este tipo de imágenes debe animar a la persona a lanzarse a la acción. Si la pluma flota en el aire, denota nuestras ansias por ascender en el conocimiento espiritual o aumentar nuestra ambición intelectual. Su ligereza, igualmente, representa el buen estado de nuestro corazón y los placeres de los que disfrutamos en la vida. || El mensaje es bien claro: debemos dejarnos llevar, como la pluma, por esa corriente de aire afortunada que ahora tenemos a nuestro alcance. (Ver Ave)
❖ Muchas culturas, como los incas o los nativos americanos, se hacían tocados con plumas para representar la autoridad espiritual y la sabiduría que poseían.

Policía ■ Lo más probable es que el sueño se refiera a nuestra propia conciencia. Quizá somos conscientes de que últimamente nuestro comportamiento deja bastante que desear, y por ello estemos tratando de arrestarnos a nosotros mismos. || La policía encarna la protección, el cumplimiento de las normas establecidas, la estructura y el control. Soñar con un policía denota inseguridad y dependencia. Si nos detiene con razón, evidenciaría la presencia de un sentimiento de culpabilidad. Pero, si nos acusa de algo que no hemos hecho, expresaría las injusticias que sufrimos en la vida real: las represiones a las que estamos obligados (muy a menudo, sexuales). || Si rompemos las reglas, en cambio, el sueño demuestra que necesitamos reafirmarnos y deseamos traspasar los límites que otros nos imponen.
❖ Según la tradición, soñar con un oficial de policía presagia que alguien que amamos nos ayudará.

Polillas ■ Indican la peligrosa fascinación hacia un destello de luz. Es posible que el sueño sea un aviso de cautela ante la ligereza del soñante. Probablemente, éste se exceda en admiración o afecto hacia una persona que, en realidad, le genera desconfianza. O, por el contrario, puede que muestre un comportamiento demasiado despreocupado en relación con los bienes materiales.

Polluelos ■ Manifiestan el sentimiento de afecto o la ternura que alguien despierta en el soñante. También aluden a estrechas relaciones familiares, a la maternidad y al excesivo sentido de protección.

Polvo ■ Es el signo de la máxima destrucción de la materia. Por lo tanto, el polvo tiene un sentido negativo, relacionado con la muerte. || Soñar con objetos llenos de polvo también es un símbolo de abandono y dejadez. Pone de manifiesto el rechazo hacia aquello que hace mucho que ni siquiera tocamos. Esto puede contener aspectos de nosotros mismos que ignoramos o hemos olvidado. Del mismo modo, dichos aspectos a lo mejor son positivos y se refieren al talento: el sueño nos alerta de las habilidades artísticas, musicales o creativas que no utilizamos. Los objetos que estén cubiertos de polvo nos darán una pista del significado onírico final. (Ver Abandonar y Cenizas)
❖ Según la tradición gitana, cuanto más polvo aparezca en el sueño, menores serán las irritaciones con las que nos tendremos que enfrentar.

Pozo ■ El pozo simboliza la comunicación que se establece con el subconsciente; por tanto, el aspecto que presente éste en el sueño denotará cómo está nuestro interior. Si es un pozo bien conservado y lleno de agua, estaremos seguros de nosotros mismos; pero, si está mal construido o agotado, nos sentiremos infravalorados y deprimidos. || Emblema del útero, el pozo denota en el que sueña un deseo de regresión, de volver al origen en busca de una total satisfacción afectiva. || Extraer agua anuncia el encuentro con una persona que nos ayudará a cumplir nuestros deseos; y caer en uno, la llegada de una época de gran tensión que podría frustrar nuestros proyectos.
❖ Las imágenes del I Ching consideran que soñar con un pozo trae buena suerte. Jung se inspiró en este oráculo chino en alguna de sus teorías psicológicas.

Pradera ■ Sugiere libertad, amplitud y alegría. (Ver Césped, Flores y Hierba)

Precipicio ■ Soñar con precipicios suele indicar que sufrimos vértigo. Este vértigo puede ser físico, si estamos tendidos en el borde de la cama; emocional, lo que apunta a una falta de control sobre los sentimientos; existencial, por la ausencia de metas que den sentido a nuestra vida; o bien provocado por la necesidad de tomar una decisión sin tener claro cuál es la opción más adecuada. En este último caso, lo aconsejable es concedernos el tiempo preciso para elegir correctamente y evitar, así, cualquier tipo de apresuramiento. || Por otro lado, si soñamos que escalamos el precipicio, quiere decir que nos estamos esforzando por resolver un problema que nos preocupa mucho. Una vez arriba, descubriremos que el camino es suave y uniforme.

❖ Si soñamos que conseguimos escalar un precipicio, es augurio de buena fortuna para todos los proyectos que queramos poner en marcha.

Premio ■ Puede que estemos satisfechos de nosotros mismos y así nos lo haga saber nuestro inconsciente. Es posible que hayamos progresado mucho en nuestro desarrollo personal o que nuestros objetivos más importantes se hayan cumplido.

❖ Pronto llegará dinero a nuestras manos.

Presa ■ Soñar con una presa de agua puede significar que tenemos algunas emociones retenidas dentro de nosotros que necesitan salir. Si vemos una presa que revienta, entonces quiere decir que hemos perdido el control y que, quizá, hayamos desatado demasiado nuestra furia. Las emociones nos arrollan. Una buena solución es intentar ser amable y expresar nuestros sentimientos de manera gentil y controlada.

❖ Los libros victorianos sobre sueños interpretan las obstrucciones, impedimentos y obstáculos como presagios de problemas que pronto tendrán lugar. Las presas, por tanto, entran dentro de esta categoría.

Préstamo ■ La causa de este sueño puede ser nuestra preocupación económica en la vida real. Pero también puede sugerir que recurrimos demasiado a nuestros recursos emocionales. A lo mejor estamos en una época en la que nuestra necesidad básica es que nuestros amigos nos presten un poco de ayuda y apoyo.

❖ Según una extraña y vieja superstición inglesa, soñar que devolvemos un préstamo mientras nos reímos presagia muy buena suerte.

Prestidigitador ■ Manifiesta habilidad y capacidad de ejercer fascinación sobre las personas que nos rodean. Es un sueño que revela la manera de relacionarnos con los demás. El prestidigitador puede ser la representación de una parcela de nuestra propia personalidad, o bien la imagen de alguien que conocemos. En todo caso, su figura alude a la atracción, la manipulación y el engaño.

Primavera ■ Simboliza la felicidad, el optimismo y el renacer. Este sueño suele producirse cuando, tras sufrir una crisis, el inconsciente nos recuerda que el porvenir siempre es sinónimo de esperanza. Nuevos proyectos y actitudes vitales asomarán a nuestra vida. || Esta estación también revela el estado alegre de nuestro espíritu. (Ver FLORES y PLANTAS)

❖ Soñar que está llegando la primavera es señal de empresas afortunadas y alegres compañías. Sin embargo, soñar que se ve aparecer la primavera de manera antinatural es presagio de inquietudes y pérdidas.

Príncipe ■ Vernos convertidos en príncipes o princesas revela un deseo de primacía, de triunfo y de conquista de los valores personales. Por este motivo, es un sueño muy frecuente entre los jóvenes, ya que muestra las ambiciones y las aspiraciones incipientes (aún no realizadas) del soñador. Simboliza la figura del héroe y la heroína, dotados de las cualidades más bellas y deseables. Es la representación del coraje, la fuerza y la inteligencia en la versión masculina; y de la dulzura y la belleza en la femenina. Común a ambos es una profunda capacidad de amar con devoción y fidelidad.

Prisionero ■ Los sueños en los que somos prisioneros aluden a una limitación de nuestra energía y nuestra capacidad creadora. También están relacionados con los cambios que tienen lugar en el exterior, cambios que no podemos disfrutar desde nuestra cárcel. En cualquier caso, hay que reflexionar sobre las causas de la reclusión. (Ver CÁRCEL y JAULA)

Procesión ■ Este sueño muestra la necesidad de progresar constantemente sin ligarse a los asuntos terrenales. La procesión recuerda, asimismo, los grandes éxodos de Israel y la travesía del desierto. Toda procesión es un rito que da corporeidad a la idea de ciclo, como lo prueba su retorno al punto de partida. || Si soñamos con una procesión, ello indica que deseamos purificarnos, expiar nuestras culpas. Es importante analizar el motivo de nuestro peregrinaje.

Promesa ■ Si el soñante se ve a sí mismo haciendo una promesa, el sueño revela, bien la necesidad de afianzar un compromiso, o bien el temor de incumplirlo. Si alguien le promete algo al soñante, indica su desconfianza y el sentimiento de inseguridad que ello le genera.

Prostituta ■ Soñar con la compañía de una prostituta nos avisa de que estamos olvidando nuestros principios y que ello nos perjudicará a la larga. ‖ Este sueño también puede sugerirnos que, de una forma u otra, nos estamos prostituyendo: en el trabajo, por ejemplo, emocional o moralmente. Para un hombre, este sueño puede representar su actitud con el sexo femenino. Cualquier clase de atracción o de adversión puede ser el reflejo de nuestro sentimiento real en relación con el tema del sueño. Quizá este episodio pretenda invitarnos a reflexionar sobre nuestros valores.

❖ Para una mujer, este sueño pronostica una vida sentimental llena de contratiempos e infelicidad.

Prueba ■ Este es un sueño negativo que pone de manifiesto nuestra vulnerabilidad social, es decir, aquello que tememos mostrar o comunicar a los demás. A lo mejor sentimos que nuestro rol vital está pasando por una dura prueba o está siendo evaluado. Los sueños de este tipo suelen tener lugar después del comienzo de un nuevo trabajo o tras la toma de nuevas responsabilidades que nos abruman. ‖ Igualmente, es posible que, en él, los demás se rían de nosotros, no seamos capaces de hacernos escuchar, o presintamos un desastre inminente. Todas estas imágenes evidencian nuestra fragilidad a la hora de desenvolvernos en el entorno. ‖ Si, mientras llevamos a cabo la prueba, la gente que nos observa se revuelve en sus asientos y habla, significa que no sabemos sacar adelante nuestras ideas. Si no tenemos espectador alguno, denota la falta de reconocimiento que tenemos.

❖ Muchos sueños relacionados con los actores, actrices y escenarios poseen augurios ventajosos. Pero, si éstos son pobres y aparecen desorientados, la buena suerte se desvanecerá. Soñar que se habla en público es muy positivo, pero, si lo hacemos desde un estrado, se presagian enfermedades y fracasos.

Puente ■ El puente es aquello que media entre dos puntos separados. Por eso el pontífice, tal como indica su etimología, representa una especie de puente entre Dios y el hombre. En multitud de pueblos, el puente es el elemento que liga, simbólicamente, lo sensible y lo suprasensible (en China, por ejemplo, se considera el símbolo de la unión del cielo y la tierra). ‖ Sin este significado místico, el puente simboliza una transición. Soñar con este símbolo es señal de que estamos evolucionando o viviendo un cambio. Quizá se trate de un trabajo, una mudanza o una relación sentimental que pronto comenzará. En este caso será de vital importancia preguntarnos si el puente onírico era firme y si lo cruzábamos con seguridad. Igualmente, puede referirse a algo más espiritual: a la acogida de nuevos valores

PUERTA

Mireia soñó: *«Soñé que estaba en un pasillo oscuro rodeado de habitaciones a ambos lados. En las paredes colgaban retratos antiguos de personas que parecían seguirme con la mirada. Estaba aterrada. Sabía que era una prueba y que debía escoger una puerta y entrar por ella, pero me daba miedo equivocarme; sospechaba que si escogía mal, podía precipitarme al vacío. De repente, una de las puertas se abrió. Decidí entrar. Me encontré con corredor amplio y luminoso al final del cual podía ver otra puerta dorada. Me dirigí a ella, esta vez sin miedo y con la seguridad de que me aguardaba algo maravilloso en su interior. Entré confiada y descubrí que estaba en mi propia habitación. Me sentí segura y tranquila, pero muy cansada. Me tendí sobre mi acogedora cama y me abandoné a un plácido sueño. Entonces me desperté.»*

El sueño de Mireia refleja un momento muy concreto en su vida en el que debía tomar **decisiones importantes** que afectarían a su futuro. Su empresa le había ofrecido un ascenso laboral que implicaba un traslado al otro lado del mundo: Australia. El pasillo oscuro y tenebroso refleja su situación en el momento del sueño, llena de dudas y miedos. Los retratos antiguos de personas que parecían mirarle señalaba **la presión a la que se sentía sometida**. Sin embargo, la puerta luminosa abriéndose representa la oportunidad que el destino le estaba ofreciendo; sugiriéndole que estaba a punto de cruzar el umbral de una nueva etapa de su vida.

Puerta dorada era la confirmación de que su decisión de marcharse sería la correcta. Su inconsciente le estaba animando a que aceptara. El hecho de que la puerta condujera a su propia habitación le estaba transmitiendo el mensaje de que **no temiera los cambios**, porque allí le esperaba también su hogar.

y al entierro del pasado. Otra posibilidad es que estemos tratando de unir dos elementos de nuestra vida o llenar un vacío.

❖ Según el gurú Sathya Sai Baba, la vida es un puente que atraviesa un mar lleno de cambios. Debemos cruzarlo, pero nunca construir nuestra casa sobre él. El sueño puede estar representando nuestro viaje vital.

Puerta ■ Es un símbolo hermoso y lleno de significado, especialmente si se está abriendo. En tal caso, generalmente representa el desarrollo personal y deseo de explorar nuestro interior, o sugiere que estamos a punto de cruzar el umbral de una nueva fase de la vida o de empezar un nuevo e importante proyecto. || Si en el sueño nos cierran la puerta en las narices, tal vez tengamos el sentimiento de haber sido excluidos o ignorados por otras personas. || En caso de que no podamos abrirla, es un aviso de que, por el momento, no debemos intentar alterar la situación en la que estamos. Si la puerta es muy estrecha, posiblemente tengamos que renunciar a una parte de nuestras exigencias para lograr salir adelante. || Para Freud, este sueño tiene una clara lectura sexual: la puerta representa la vagina. En consecuencia, si es estrecha es símbolo de dificultades sexuales, y el acto de abrirla y cerrarla continuamente es una clara alusión al coito.

❖ El pomo de una puerta augura buena suerte inesperada; las bisagras, problemas familiares. Una puerta cerrada, pérdida de oportunidades; abierta, fortuna; giratoria, la llegada de un período monótono, y una trampilla, noticias impactantes.

Puerto ■ Muestra nuestros deseos de evasión, de huir de la realidad, pues representa el principio o el final de un viaje. Estos deseos no implican una voluntad real de cambio. || También simboliza la seguridad. Puede que estemos viviendo una etapa tormentosa y necesitemos un poco de calma y resguardo. El reposo nos ayudará a recuperar fuerzas y a enfrentarnos de nuevo a las cosas con energía renovada para que todo llegue a «buen puerto». || En el caso de que, además de la imagen del puerto, emprendamos una travesía en barco, el sentido del sueño será el opuesto al que acabamos de mencionar. Ahora todo indica que estamos comenzando una etapa distinta en nuestra vida.

❖ Entrar en un puerto presagia la llegada de un período de seguridad. Pero, si salimos, una de nuestras amistades se romperá.

Pulgas ■ Simbolizan pequeñas molestias, reales o imaginarias. (Ver INSECTOS)

❖ Soñarse invadido de pulgas es señal de mala conciencia, envidia, pérdidas y obstáculos. En particular, verlas revela habladurías; atraparlas, necesidad de reordenar la propia vida; ser picado, ganancias, y matarlas, problemas varios y ansiedad.

Pulpo ■ Este sueño es bastante negativo, ya que la presencia de un pulpo en nuestro inconsciente indica que estamos siendo víctimas de fuertes tentaciones que nos pueden perjudicar. Dicha situación puede conducirnos al abismo más absoluto. (Ver ABISMO e INFIERNO)

Puñal ■ Dado que puede ocultarse, el puñal simboliza el anhelo de agresión, la amenaza tácita e inconsciente. A diferencia de la espada, el corto tamaño del puñal demuestra su escasa nobleza y las limitaciones de su poder ofensor. || En términos oníricos, soñar que nos hieren con un puñal guarda relación, en ciertas ocasiones, con alguna ruptura violenta, probablemente a traición. Puede conllevar dolor emocional. (Ver CUCHILLO)

Puño ■ Símbolo de la amenaza y la tozudez.

Púrpura ■ Color rojo oscuro y algo morado que denota dignidad, triunfo, honores y felicidad amorosa.

Putrefacción ■ Psicológicamente, la putrefacción es la destrucción de los restos mentales que entorpecen la evolución espiritual. La putrefacción transmite, pues, la idea de la nueva vida que surge tras la podredumbre. No hay que olvidar que, para dar lugar a algo nuevo, se precisa una descomposición de lo previo. Este sueño puede parecer angustioso pero, en realidad, transmite grandes esperanzas al protagonista.

Q

Queja ■ Quejarse en sueños es señal de que se está pasando por problemas afectivos o económicos en la vida real y se es incapaz de pedir ayuda para resolverlos. El sueño, por tanto, es una expresión de nuestra pena y un aviso para acudir a los demás en los momentos difíciles. || Sin embargo, este sueño también puede advertirnos de nuestra tendencia a quejarnos siempre y nos esté sugiriendo que dejemos de lamentarnos acerca de algún asunto del pasado.

Quemadura ■ Las quemaduras reflejan una herida interna que nos hemos causado nosotros mismos por descuido. Éstas suelen indicar mala salud y sentimientos de culpabilidad y decepción. Deberíamos purificar nuestro cuerpo y nuestra mente. || Paralelamente, las quemaduras también indican la existencia de muchos recursos que se están desperdiciando. (Ver FUEGO)
❖ Quemarse con agua caliente augura una relación afectiva positiva.

Querella ■ Contrariamente a la vida real, las querellas de los sueños son un signo positivo, ya que anuncian amistades profundas y duraderas. || Ver a dos personas de sexo opuesto querellándose augura el nacimiento de una apasionada relación amorosa; pero, si los protagonistas son dos mujeres, entonces se avecina una época de tensiones y disputas.

Querubín ■ Los querubines son una de las nueve categorías de ángeles que aparecen en las Sagradas Escri-

turas. Dado que su función consiste, básicamente, en insuflar amor y sabiduría en el corazón de los hombres, soñar con ellos ha de interpretarse como una invitación al altruismo y a vivir las emociones de forma desinteresada. || Los querubines anuncian circunstancias felices relacionadas con los valores más elevados de nuestra personalidad. Disponemos de los elementos necesarios para dar un gran salto y crecer.

Queso ■ Como es sabido, el queso es un alimento que surge a partir de la fermentación de la leche, es decir, a partir de una base líquida que se convierte en un producto sólido. Por ello, su simbolismo es claro: el queso representa la posibilidad que tiene todo sentimiento de convertirse en algo mucho más firme por medio de la constancia y la fidelidad.
❖ Soñar que se come queso predice gran decepción y dolor. En particular, el queso fresco prevé contrariedad, traición y pérdida del amante.

Quimera ■ Una quimera es una fantasía, algo inalcanzable. Su símbolo –un animal mitológico con cabeza de león, cuerpo de cabra y cola de dragón– representa la perversión, ya que nos invita a confiar en nuestros delirios en detrimento de la realidad. || Llevado al extremo, la quimera puede conducirnos a una pérdida de contacto con el mundo real. Sin embargo, soñar con quimeras tampoco puede considerarse algo totalmente negativo: simplemente, refleja la necesidad de vivir algo distinto, de luchar contra la monotonía que nos atenaza. El inconsciente nos insta a poner en marcha nuestra imaginación.

Quimono ▪ Vernos vestidos con esta prenda augura la derrota de nuestros adversarios tras un trabajo duro y constante. También muestra que es el momento idóneo para comenzar una relación sentimental. ‖ Si es otro quien lleva puesto el quimono, entonces debemos estar alerta ante una persona de nuestro entorno que, bajo una apariencia seductora, querrá engañarnos.

Quiniela ▪ Los sueños en los que acertamos una quiniela –u otros juegos de azar– no suelen ser premonitorios. De todas maneras, este tipo de escenas son positivas, ya que el premio certifica que tenemos seguridad en la vida. ‖ En caso de que la quiniela con la que soñamos no sea la ganadora, el mensaje también es ventajoso, pues nos recuerda que, lo que hoy no resulta, puede lograrse mañana. Si, por otro lado, estamos apostando nuestro patrimonio en algún juego de azar, el sueño nos advierte que estamos dejando a la casualidad la resolución de nuestros problemas. (ver JUEGO, LOTERÍA, NAIPE y RULETA).

Quiste ▪ Soñar con un quiste en el pecho puede significar una falta de sensibilidad hacia alguien que está sufriendo. Nos estamos comportando fríamente con una persona que necesita toda nuestra ternura. ‖ Cualquier quiste en otra parte del cuerpo refleja una situación molesta y desatendida que debe ser resuelta antes de que se vuelva en nuestra contra.

Quitamanchas ▪ Un quitamanchas significa que no debemos guardarle rencor a alguien con quien hemos mantenido un enfrentamiento.

Quitanieves ▪ Imaginar una máquina de este tipo es un buen síntoma, pues expresa la llegada de recursos con los que conseguir los objetivos marcados. ‖ Sin embargo, si el quitanieves está averiado o es incapaz de hacer su trabajo, fracasaremos pese a haber contado con los medios adecuados.

R

Rabia ■ La rabia en sueños evidencia el mismo estado en la vida real, aunque tal vez no hemos podido o querido manifestarlo. Tendríamos que tratar de buscar el origen de este sentimiento y tratar de expresarlo de forma controlada a quien nos lo ha causado. Ver a alguien rabiando anuncia la traición de una persona muy querida para nosotros. (Ver FURIA)

Rabo ■ En el caso de que nos crezca un rabo, nuestro sueño podría aludir a alguna mala acción que hemos llevado a cabo últimamente, de manera que nuestro inconsciente nos perciba como un ser demoníaco. También podría interpretarse como un símbolo fálico o ser una alusión sexual masculina (Ver FALO)

Radar ■ Es un elemento que puede interpretarse como símbolo de intuición, o de un tipo de comunicación que va más allá de las palabras. El soñante atraviesa por un momento de especial sensibilidad que le permite percibir situaciones que se escapan a los sentidos.

Radio ■ Lo que suene o se diga por la radio puede tratarse de mensajes de nuestro inconsciente. Estamos sintonizando con su frecuencia y deberemos tomar nota de lo que se escucha para saber qué correspondencia tiene con nuestros sentimientos durante la vigilia. Con frecuencia ponemos la radio de fondo sin prestar demasiada atención a lo que dice. Por tanto, podemos considerar la posibilidad de que el sueño nos esté animando a escuchar con atención algo que en estos mo-

mentos nos están diciendo y que por un motivo u otro ignoramos. || Por otro lado, soñar que nos entrevistan en una emisora de radio pone de manifiesto una extremada necesidad de comunicación. Pensamos que no nos prestan suficiente atención. El sueño quizá nos está indicando que debemos exteriorizar sin temor nuestras opiniones y creer más en nosotros mismos.
❖ Las supersticiones más recientes dicen que escuchar la radio en un sueño presagia una reunión o un encuentro inminentes.

Radiografía ■ Soñar con una radiografía es señal de que una persona que creíamos de confianza extenderá rumores sobre nosotros y nos perjudicará gravemente.

Raíces ■ Simbolizan los lazos con la tierra, pero, también, aquello que está oculto en el inconsciente. Conflictos con otros o con la propia personalidad, que necesitan ser atendidos.

Rama ■ Simboliza lo cotidiano. Soñar con ramas en flor augura la llegada de un período positivo; si están verdes, es una advertencia para que no nos precipitemos en nuestras decisiones; si están secas, indica pérdida de energía física, y si están cortadas, señala que hemos olvidado nuestros objetivos principales. (Ver ÁRBOL)

Ramo ■ Un ramo de flores es un homenaje a la amistad, la sinceridad, la cortesía y el afecto. (Ver FLORES).

Rana ■ La rana simboliza la transición entre la tierra y el agua, y a la inversa. Por ello, soñar con este animal expresa nuestra capacidad para adaptarnos a cualquier cambio o circunstancia. Posiblemente, nuestros instintos están reclamando aventuras, deseamos una situación o un trabajo diferentes. || Por otra parte, las ranas también se asocian a algo desagradable debido a su tacto, a la monotonía de su croar y a su vida en aguas verdes y medio estancadas. El sueño puede ser una reacción ante ciertas compañías no deseadas que nos vemos obligados a frecuentar.

Rapiña ■ Una ave de rapiña es, casi siempre, un aviso de alarma que advierte sobre un peligro cercano. Indica desconfianza y temor del soñante hacia una amenaza externa que se cierne sobre él.

Rapto ■ Soñar que somos víctimas de un rapto significa que debemos movilizarnos rápidamente si no queremos vernos atrapados en situaciones angustiosas que coarten nuestra libertad de decisión. El sueño también puede estar avisándonos de que alguien (posiblemente nuestro secuestrador onírico, que también puede simbolizar una parte de nuestra personalidad) está imponiéndonos sistemáticamente sus criterios. Tenemos que tratar de arreglar los problemas más acuciantes en lugar de lamentarnos en silencio. La clave es no permitir que los demás decidan por nosotros.

Rata ■ Las ratas guardan relación directa con la enfermedad y la muerte. En Egipto y China encarnaban la deidad maléfica de la peste. || Soñar con ratas no es precisamente agradable, pues éstas simbolizan las pasiones degeneradas que nos van consumiendo, como es el caso del rencor, los celos, el odio, la avaricia, etc. Se trata de aquellos pensamientos y sentimientos que ocultamos o rechazamos, pero que tenemos dentro. || Si en el sueño nos mostramos agresivos con la rata es señal de que tenemos capacidad suficiente para dominar la situación. || Sin embargo, el sueño también puede hacer referencia a una determinada actitud del soñante, quizá éste se esté comportando en la vida real como una auténtica rata de alcantarilla y su inconsciente se lo recrimine.

❖ Algunas supersticiones creen que las ratas contienen almas humanas. Por tanto, sus acciones deben ser observadas en los sueños y, luego, corregidas si las hallamos en nuestro comportamiento.

Ratón ■ El ratón, en ocasiones, se asocia al demonio. Representa nuestros instintos. Del mismo modo, puede ser un símbolo de timidez o de aquellas pequeñas preocupaciones que nos «roen» psicológicamente.

❖ La plaga de ratones y ratas del cuento El FLAUTISTA de Hamelin puede ser interpretada como una alegoría de la superación de los instintos sobre el pensamiento racional.

Rayo ■ El rayo es el fuego celeste en su forma activa, símbolo de la potencia creadora. Esta connotación divina provoca, por tanto, que el rayo represente aquellas circunstancias que nos vienen impuestas y que cambian radicalmente nuestra vida. El rayo es también símbolo de la rapidez (veloz como un rayo), de las sabias intuiciones y de las explosiones emotivas.

❖ Soñar que somos alcanzados por un rayo es un augurio favorable de metas alcanzadas. Un rayo sobre nuestra casa, en cambio, indica peligro y acontecimientos inesperados.

Rayos x ■ Este sueño demuestra que hemos visto claramente las intenciones de un problema o un asunto que nos preocupaba. Suele hacer referencia a nuestra capacidad de percepción, a intuir lo que de verdad motiva y mueve a la gente. Por otro lado, el sueño puede manifestar un problema de salud del que aún no somos conscientes.

❖ No existe ninguna interpretación tradicional para los rayos x. Sin embargo, resulta interesante el hecho de que Marie Curie, la descubridora de la radioactividad, estuviera muy interesada en el espiritismo, el misticismo y el mundo de los sueños.

Rebaño ■ El rebaño es una imagen que denota, sin lugar a dudas, inseguridad y falta de personalidad, motivo por el cual buscamos insistentemente nuestra integración en un grupo. El sueño tal vez nos está censurando por ir detras del rebaño, sin intentar pensar y actuar por nosotros mismos. || Este sueño también quiere decir que deseamos salir del ambiente protector en el que habitualmente nos desenvolvemos, a pesar de que esta posibilidad nos da mucho miedo por el temor que nos produce la soledad. Sin embargo, tenemos que aprender a confiar en nosotros mismos.

Rebosar ■ Un recipiente que rebosa puede interpretarse de varias maneras. Por un lado, es señal de abundancia; por otro, refleja emociones desbordadas y sin control. En este caso, el significado del sueño se relaciona con el de LLANTO y con el de DESAHOGO. Es posible que el soñante haya llegado al límite de su resistencia emotiva o afectiva.

Receta ■ El tipo de receta que veamos en el sueño será determinante para su interpretación. Si es una receta de cocina, es posible que necesitemos dar un empuje de entusiasmo al trabajo o a la relación con alguna persona de nuestro entorno. Si es una receta médica, nos vemos en la necesidad de recurrir a la ayuda de un tercero para solucionar algún problema que se nos escapa de las manos.

Rechazo ■ Puede que no queramos aceptar una influencia o una situación que nos es impuesta en la vida real. Si somos nosotros los rechazados, entonces el sueño revela que hemos ocultado sentimientos de infravaloración o nos hemos alejado de nuestro entorno por falta de confianza. ‖ A veces, todo esto se produce en un plano sexual. Según los estudios de Freud, somos nosotros quienes nos autorechazamos: nuestro Yo consciente no integra las necesidades sexuales del inconsciente. En este sentido, sería como si nos estuviéramos castigando a nosotros mismos.
❖ Algunos oráculos oníricos creen que el significado de este sueño es el inverso. Por tanto, el rechazo augura éxitos.

Recipiente ■ El sentido de este sueño dependerá de las características del recipiente: si es grande, es sinónimo de avaricia; pequeño, de conformismo; lleno, de éxito; vacío, de mala suerte, y roto, de desavenencias con la pareja.

Reconciliación ■ Soñar que nos reconciliamos con algún ser querido con quien estamos distanciados o peleados en la vida real indica que es un buen momento para hacer las paces con esa persona. ‖ En caso de que no tengamos rencillas con nadie, pero, aun así, soñemos con una reconciliación, es un síntoma de que buscamos hacer las paces con nosotros mismos. Probablemente, en nuestro interior se debaten diversas tendencias opuestas que nos están desequilibrando.

Recordar ■ Un sueño en el que recordamos algo que, en el estado de vigilia, tememos olvidar, puede ser un aviso del inconsciente para que realmente no lo olvidemos. En ocasiones, despertamos de forma brusca para asegurarnos de que nuestra memoria no nos haya gastado una broma pesada que nos pueda traer consecuencias negativas.

Red ■ Una red sirve para cazar, pescar o atrapar algo. En sueños, refleja la necesidad de apoderarse de lo ajeno, ya sean personas, sentimientos u objetos. Si soña-

mos que caemos en una red, significa que nos sentimos atrapados e indefensos, ya sea por una relación afectiva o por una situación laboral determinada. ‖ En caso de soñar con una red de pesca llena de peces, significa que debemos tener paciencia para recoger los frutos de nuestro trabajo. Por el contrario, si está vacía, implica que nos hallamos ante circunstancias adversas. (Ver CAZA, LADRÓN, PECES y PESCAR)
❖ Según la tradición popular, las constelaciones son la red impuesta por el cielo para que nadie pueda salirse del universo.

Reencarnación ■ En caso de que, en sueños, tengamos la sensación de estar viviendo existencias anteriores (o bien que nos reencarnamos en algo o alguien), significa que necesitamos ir más allá de nuestras circunstancias actuales. La curiosidad que tenemos por saber el futuro propicia esta clase de sueños. ‖ En Oriente se cree que el hombre, una vez ha alcanzado el nivel adecuado de espiritualidad, puede percibir el recuerdo de vidas pasadas. Éstas, entonces, acuden a la memoria humana a través de la meditación y de los sueños.
❖ El actor hollywoodiense Sylvester Stallone está convencido de que vivió durante la Revolución Francesa; el cantante Engelbert Humperdinck cree que, en un tiempo pasado, fue un emperador romano; y un vidente californiano le dijo a la estrella del pop Tina Turner que era la reencarnación de la mujer de un faraón egipcio.

Reforma ■ Si soñamos que hacemos reformas en la casa, ello puede indicar la necesidad de un cambio de aspecto o de imagen. Por lo visto, hay algo en nosotros que se ha deteriorado y precisa un buen repaso.

Refugio ■ Buscar ansiosamente un refugio para protegerse de las inclemencias del entorno, o de una persecución, indica un estado de inseguridad, y la necesidad de buscar ayuda y protección. El soñante puede haber sido rechazado socialmente y sentirse aislado en el plano afectivo o, tal vez, esté buscando protegerse de personas desleales y falsas que le rodean. Del mismo modo, el sueño denota un gran deseo de esquivar los problemas. Huyendo, desde luego, disminuyen las probabilidades de su resolución.
❖ Soñar con gente desplazada, sea cual sea el motivo, augura el fracaso de planes bien concebidos.

Regadera ■ Se relaciona con la fertilidad del agua. También refleja el trabajo laborioso que espera conseguir recompensas a largo plazo. Por otro lado, su imagen se asocia con el llanto incontenible. En esa medida, su significado sería similar al de DESAHOGO o al de REBOSAR.

❖ Siguiendo la simbología esotérica del agua, soñar con regar se traduce en un presagio de ganancias. En particular, si se trata de flores indica la llegada inminente de un nuevo y feliz amor para el soñante.

Regalo ■ El intercambio de regalos refleja la relación que tenemos con el entorno. Soñar que nos hacen un regalo puede significar que los demás nos tienen en cosideración y nos ofrecen su ayuda o que tendrá lugar en nuestra vida un acontecimiento no solicitado ni esperado. En cualquier caso, es un augurio de buena suerte, tanto en los asuntos materiales, como en el amor. || En cambio, si somos nosotros quienes regalamos, existen dos interpretaciones opuestas. Por un lado, indica que somos generosos. Por otro, es sinónimo de tensiones y disputas de cualquier orden. || La manera en que el regalo esté envuelto, y en lo que éste consista, aportará valiosa información complementaria.

❖ Recibir un regalo en sueños augura desventajas. Pero, si lo damos nosotros, significa que pronto empezaremos un nuevo proyecto.

REÍR

análisis del sueño

Joaquín: *«Se trata de un sueño que tengo muy a menudo. Explico un chiste graciosísimo y empiezo a reírme yo solo sin parar. Me sorprendo de mi ingenio y sentido del humor y me felicito por ello. Ja, ja, ja, ja... ¡Soy tan gracioso! Entonces me despierto muerto de la risa, deseando compartirlo con alguien. Horas más tarde cuando pienso en él para explicárselo a algún amigo, me parece una gran tontería sin gracia.»*

Los sueños de humor, raras veces tienen sentido a la luz del día. Sin embargo, despertarse riendo es una de las sensaciones más placenteras que nos puede regalar el inconsciente. En el caso de Joaquín, estos sueños tratan de **relajar la tensión diaria** a la que se veía sometido. Como controlador aéreo, Joaquín trabaja bajo una gran presión, en la que el sentido del humor o la distracción no tienen cabida. En el mundo onírico, su inconsciente desata su **lado más divertido y humorístico** como una medida de compensación. Cuando Joaquín tiene estos sueños se levanta alegre y optimista, afrontando su jornada laboral con menor tensión.

Reina ■ La figura de la reina puede simbolizar a la madre del soñador o a cualquier otra poderosa figura femenina de la que dependamos. || Si una mujer adulta sueña que ejerce de reina, puede interpretarse como una manifestación de ambición desmedida, o bien como la culminación de su proceso de maduración personal. || Si la reina es destronada, indica falta de seguridad por parte de quien sueña, pese a la aparente autoridad que le ha sido otorgada. || Según Carl Jung, las extrañas escrituras de los alquimistas eran símbolos que favorecían la integración de todos los elementos de nuestra personalidad. La reina, de este modo, personificaba las fuerzas femeninas que se hallan dentro de nuestra psique.

❖ Verse convertida en reina asegura poderes a la soñante, pero no felicidad.

Reír ■ Despertarse riendo de un sueño, o recordar una imagen onírica en la que reíamos despreocupadamente, es una de las sensaciones más placenteras que nos puede regalar el inconsciente. Casi siempre obedece al mecanismo de compensación ante un momento límite de estrés o de angustia. Pero también puede ser un reflejo de nuestro buen humor y talante en la vida real. Sin duda, un sueño así nos hará empezar el día con mayor optimismo y alegría || Cuando la imagen nos presenta a otro que se ríe de nosotros es posible que una parte de nuestra personalidad descalifique o repruebe nuestro comportamiento en el estado de vigilia. También es señal de miedo a hacer el ridículo.

Reja ■ Soñar con una reja implica, la mayoría de las veces, dificultades. Hasta cierto punto, es un buen presagio, ya que significa que podemos conseguir el éxito en nuestros proyectos mediante el esfuerzo y la perseverancia. (Ver PRISIÓN y JAULA)

Rejuvenecer ■ Este sueño refleja el deseo de volver atrás, a un tiempo feliz; o bien, la necesidad de retomar asuntos que quedaron sin resolver en el pasado. También es un símbolo de vitalidad, indica un momento en el que se recuperan esperanzas y fuerzas que se creían perdidas. Se trata de un sueño tranquilizador en el que se advierte al soñante que aún es joven y fuerte para su edad, o bien no es tan viejo como se siente.

Relaciones ■ La gente que aparece en nuestros sueños, sobre todo los desconocidos, suele representar facetas de nosotros mismos. En este sentido, observar la verdad acerca de uno puede resultar bastante impactante. La relaciones y la interacción que mantengamos con este grupo onírico de gente mostrará la armonía que albergamos interiormente. Asimismo, manifestará aquellas partes de nuestra personalidad que dejamos salir a la luz. Por ejemplo, si un hombre sueña con una mujer, puede indicar que éste necesita aceptar el lado femenino de su naturaleza. Del mismo modo, si es una mujer la que sueña con un hombre, quizá deba comportarse de una manera más masculina. ‖ No hace falta decir que el sueño también puede estar representando una situación de la vida real y nuestros sentimientos al respecto.

❖ La manera en la que actúe la gente que aparece en el sueño nos dirá mucho sobre los acontecimientos futuros. Si se comportan amablemente, augura momentos felices; si su conducta es malintencionada, deberemos ser precavidos porque puede acaecer un desastre a nuestro alrededor.

Relámpago ▪ Simboliza, a la vez, la fuerza creadora y destructora de la divinidad. Indica un flujo potentísimo de energía que puede resultar benéfico, si va unido al agua, o devastador, si arrasa con lo que encuentra a su paso. La imagen del relámpago se asocia con la de la tormenta, la fuerza violenta de la lluvia y el viento que, paralelamente, destruye, fecunda y purifica. ‖ Manifiesta un momento turbulento y difícil al que sobrevendrá la calma. Es posible que hayamos sido sorprendidos por las circunstancias. ‖ Por otro lado, el relámpago puede destruir, pero también mostrar su gran brillo e iluminación. En este caso, puede representar las ideas y la inspiración que albergamos. Asimismo, el relámpago sugiere que muchas de las fuerzas que controlan nuestra vida se hallan fuera de nuestro control.

❖ Ya en los relatos mitológicos más antiguos aparecen dioses de los truenos y relámpagos. Se cree que su origen está en las divinidades del hombre del Neolítico. Como muchos otros símbolos provenientes de mitos arcaicos, los relámpagos poseen connotaciones sexuales. Cuando el relámpago golpea el suelo, representa a la Madre Tierra siendo fecundada por el dios del cielo.

Reloj ▪ Como máquina, está ligado a las ideas de «movimiento perpetuo», automatismo, mecanismo, etc. El reloj puede representar el destino humano, ya que es la medida de nuestro tiempo. Su sonido, además, recuerda al latido del corazón, lo que le identifica con el lado emocional de nuestra personalidad. ‖ Puede manifestar que nuestra vida está gobernada por la rutina artificial que ha creado la sociedad organizada. En este sentido, deberíamos vivir más despreocupadamente y pensar menos en los plazos y en las fechas. ‖ En el caso de que veamos un reloj atrasado, es señal de que tenemos tendencia a dejar asuntos pendientes. Si se adelanta, quiere decir que tendemos a sufrir estrés y nos conviene relajarnos un poco. Si el reloj marca una hora precisa, indica que estamos perdiendo el tiempo y que ya ha llegado el momento de decidirnos a actuar; aunque también puede ser una advertencia de que seamos más puntuales. Si muestra que queda un minuto para la medianoche, entonces denota nuestro deseo de anticipar una situación que nos afecta. Si está parado, manifiesta el estatismo de nuestras emociones. ‖ Soñar con varios relojes que marcan horas distintas es sinónimo de desorden y confusión. Por último, soñar con un cronómetro evidencia que no tenemos nuestros sentimientos bajo control. (Ver Manecillas y Tiempo)

❖ El movimiento regular del reloj indica que todo va por buen camino. Pederlo en sueños indica cambios en nuestra vida o la posibilidad de empezar una nueva etapa de crecimiento. Escuchar las campanadas de un reloj presagia la llegada de malas noticias.

Remar ▪ Soñar que remamos en aguas turbulentas es un símbolo de confusión sentimental. Estamos consumiendo nuestras fuerzas en una pasión no correspondida que, posiblemente, sea destructiva. Si, por el contrario, remamos en aguas tranquilas, el sueño se asocia –como todos los de agua en calma– a un estado interior de bienestar, confianza y seguridad.

Renacer ▪ A menudo se dice que, para obtener un verdadero desarrollo, lo antiguo debe morir. En el hueco que ello deja, nacerá algo nuevo. ‖ Este sueño indica que hemos descubierto otras metas, valores o expresiones por los que apostar y que empieza un capítulo distinto en nuestra vida. El futuro presenta un cambio importante.

❖ La mayoría de tradiciones utilizan los símbolos del bautismo para representar la entrada en la vida espiritual. Uno de los más bellos es el Ave Fénix. Aunque se consume con su propio fuego, renace de entre las cenizas. Así, todo esto manifiesta nuevas esperanzas y una gran transformación interior.

Rendición ▪ La rendición surge a causa de una pérdida de orientación. El sueño aconseja replantear las tareas que se llevan a cabo en el presente. El problema es que este sueño, en ocasiones, no es muy agradable. Y es que rendirnos equivale a dejar de luchar, a resignarnos a que sean otros los que decidan por nosotros, es decir, a acatar órdenes externas.

Reparar ■ Este sueño indica que nos estamos recuperando de algo que nos entristeció en el pasado. Estamos en un periodo de renovación. El objeto que estemos reparando simbolizará el asunto que queremos superar.
❖ Según algunas creencias, remendar la ropa que llevamos puesta en sueños augura muy mala suerte.

Reptiles ■ Los reptiles simbolizan lo más primitivo, voraz y resbaladizo de nuestra personalidad: nuestros bajos instintos. La sangre fría de estos animales es sinónimo de falta de sentimientos y consideración hacia los demás. ‖ En el caso de soñar que nos devora un reptil, significa que los instintos están dominando nuestros actos. Por el contrario, si vencemos a un reptil, es señal de que estamos luchando para dominar nuestros aspectos más bajos.

Resbalar ■ Es una manifestación de inseguridad y miedo. Resbalar en sueños nos previene de que estamos entrando en una situación de inestabilidad no exenta de riesgos. Si la sensación resulta desagradable, es de temer que llegará un período de gran desconcierto (por ejemplo, de importantes pérdidas económicas).
❖ Resbalar en el hielo significa una breve alegría seguida de una súbita tristeza.

Rescate ■ Generalmente, manifiesta una circunstancia de la vida real que exige un esfuerzo superior al normal. Sobre todo, cuando se debe llevar a cabo algún tipo de empresa o proyecto que el soñante se ha impuesto. ‖ Por otro lado, la persona o la cosa que rescatemos puede ser un aspecto de nuestra personalidad que hayamos rechazado previamente y esté buscando el modo de expresarse. Si somos nosotros los rechazados, entonces debemos analizar la escena onírica en su totalidad. Por ejemplo, ser salvados de las garras de un animal feroz, puede que indique que tememos algo relacionado con nuestros instintos o nuestra naturaleza. Y si nos rescatan de una tormenta en el mar, evidencia lo cerca que hemos estado de ahogarnos en nuestras propias emociones. La persona que nos saca del apuro, probablemente, simbolice las cualidades psicológicas y las actitudes que deberíamos aplicar en nuestra vida real.
❖ La tradición más común dice que todos tenemos el potencial necesario para ser héroes o superhombres. Dentro de nuestro interior, se esconden los recursos que nos hacen capaces de conseguir lo que queramos. De este modo, nada es imposible.

Respirar ■ La respiración es el indicativo más preciso de nuestro estado emocional y físico. Puede reflejar una situación en la que el soñante, en la vida real, tiene problemas respiratorios. La causa puede ser una mala posición al dormir o una enfermedad ya diagnosticada de antemano. De no ser así, soñar que se respira con dificultad señala un momento de fatiga en el que nos vemos rodeados de circunstancias adversas que nos ahogan. Por el contrario, si soñamos que respiramos profunda e intensamente, el sueño revela un estado de bienestar en un entorno positivo que estimula el desarrollo de nuestra personalidad y de nuestros proyectos.

Retraso ■ Soñar que llegamos con retraso a una estación de tren o autobús es un sueño muy recurrente. Esta imagen simboliza que, por culpa de nuestra pereza e inhibición, estamos dejando pasar oportunidades. Llegar tarde o con retraso a algún sitio también indica que existe un desfase entre nuestro ritmo interior de trabajo y el curso de los acontecimientos.

Retrato ■ Vernos retratados refleja el mundo visible en su realidad formal. Por ello, podemos decir que un autorretrato nos permite vislumbrar nuestra verdadera personalidad o lo que desearíamos ser. En general, este tipo de sueños muestra falta de comunicación con el interior de uno mismo. Si nos devuelven una imagen positiva de nosotros, quiere decir que estamos satisfechos con nuestra manera de ser. En caso contrario, el sueño evidencia que tenemos miedo a descubrir algo oculto en nosotros. Por último, soñar que se retrata a una persona manifiesta sentimientos hacia ésta.

Retrete ■ Estos sueños aluden a la intención de limpieza y purificación. Suelen ser sueños positivos en los que el soñante busca los medios para desechar lo superfluo, para liberarse de todo aquello que sobra, no sólo física, sino también espiritual y emocionalmente. Encontrarse en el retrete puede indicar el momento propicio para deshacerse y superar viejos temores, complejos y culpas. (Ver LAVABO)

Reunión ■ Ver personas reunidas señala el temor a no ser aceptados tal como somos y a ser excluidos de nuestro entorno social. ‖ Por el contrario, participar en una reunión y expresar las propias opiniones denota seguridad en uno mismo y capacidad para alcanzar las metas propuestas.

Revolución ■ Soñar que tomamos parte en una revolución manifiesta que, interiormente, nuestras actitudes y comportamientos están en plena agitación. Es una llamada a que seamos lo que nosotros queremos y no lo que imponen las normas de la sociedad.

❖ Este sueño augura problemas en el campo de los negocios. Si la revolución es sangrienta, quiere decir que estamos asumiendo demasiados riesgos financieros.

Rey ■ El rey simboliza, en su sentido abstracto, al hombre universal y arquetípico. Como tal, posee poderes mágicos y sobrenaturales. Expresa también el principio rector, la suprema conciencia, la virtud de juicio y el autodominio. Por otro lado, la coronación equivale a la realización, a la victoria y a la culminación. De aquí que todo hombre pueda ser nombrado rey en los instantes culminantes de su existencia. || En caso de que el soñante sea una persona joven, el rey puede representar a su padre o a otra figura similar; por el contrario, en un adulto, éste se corresponde con el protagonista del sueño. En este último caso, el sueño puede anunciar que estamos alcanzando la madurez o, también, el éxito profesional. || Carl Jung empleó el extraño y simbólico lenguaje de los alquimistas para muchas de sus interpretaciones. En este sentido, el rey es la personificación humana del trabajo. || Su aparición en los sueños, por otro lado, puede tener diversos significados. Si está enfermo, representa actitudes fuera de lugar y, a veces, el conflicto entre nuestra razón y nuestros instintos; si es un rey decrépito, significa una consciencia limitada; y si se desvanece o vuelve junto a su madre, se trata del retorno al inconsciente.

Rezar ■ Señala la presencia de un sentimiento de culpa, aunque también la necesidad de ayuda externa para solucionar un problema del que no sabemos salir. Pese al aparente desamparo, confiamos en que la suerte nos sea propicia. (Ver Magia)

Riendas ■ Representan la posibilidad de dirigir el carro o los caballos, como fuerzas vitales de nuestra existencia. Las riendas simbolizan la relación que se establece entre la inteligencia y la voluntad.

Rincón ■ A veces nos sentimos frustrados por cosas que no tienen solución. Nos sentimos arrinconados e impotentes. El esfuerzo para emerger es doble pues, además de haber sido forzados a tomar una decisión, debemos ser capaces de controlar la situación.

❖ Los rincones suelen ser considerados lugares donde se acumula toda la energía negativa.

Riñones ■ Emblema de la fuerza, el poder y la resistencia física.

Ritual ■ Los rituales simbolizan las transiciones de la vida. Asimismo, conforman una representación que nos invita a escaparnos de los límites que impone la consciencia. En este sentido, podemos disfrutar a nuestras anchas del mundo de la imaginación. || Según los estudios de Carl Jung, en los sueños, las imágenes de los ritos de fertilidad emergen del inconsciente colectivo. De este modo, el sueño trata de separar lo inconsciente de lo consciente para que podamos contactar con nuestro Yo más instintivo.

❖ Los rituales chamánicos llevan al individuo a un estado de ensueño donde éste desarrolla poderes proféticos y de clarividencia. Así, se aconseja tomar nota de los sueños al despertar, no fuera a ser que contuvieran información premonitoria.

Río ■ La corriente del río simboliza la energía vital. Un río de aguas claras que fluye es símbolo de alegría y satisfacción. En caso de soñar con este elemento, todo indica que nuestra vertiente afectiva está perfectamente equilibrada. Pero, si las aguas del río onírico son turbias, posiblemente estamos padeciendo conflictos emocionales. En cambio, si el río está seco, el sueño representa el recelo que arrastramos por culpa de algún desengaño. || Según el psicoanálisis junguiano, el río representa la vida, el destino. En el caso de que el soñador se entretenga en la orilla, denota un cierto temor a la existencia. En cambio, si algo agradable le atrae hacia la orilla opuesta, sugiere que para alcanzar la meta, deberá superar unas pruebas y aprender a dominar las corrientes del espíritu || El psicoanálisis freudiano, en cambio, asimila el río a la figura del padre. || Por último, cruzar un río denota un cambio de estilo de vida. (Ver Agua y Peces)

❖ En su novela *Siddhartha*, Herman Hesse escribe acerca del río. Dice que podemos aprender mucho de él: cómo escuchar con el corazón y cómo esperar con el alma sin pasión, ni deseos, ni juicios, ni opiniones que nos turben.

Riqueza ■ El significado de la riqueza es opuesto a lo que manifiesta. A nadie escapa que soñar con riquezas materiales resulta de lo más agradable y placentero. Sin embargo, hay que tomar este tipo de imágenes oníricas con precaución. La posesión temporal nos puede llevar a pensar que es definitiva y que, por tanto, durará siempre. Ello no es así, tal como se encarga de demostrar la realidad. || En definitiva, un sueño de esta clase puede recordarnos que no nos debemos acomodar en una situación determinada de abundancia, ya que la posibilidad de que esta última se transforme en época de escasez resulta del todo factible.

Rival ■ Los pensamientos oníricos en los que aparecemos luchando contra nuestros rivales reflejan de forma bastante literal los problemas de la vida real. De esta manera, soñar que los vencemos significa que nos hemos decidido a actuar. ‖ En cambio, si sólo hablamos con ellos, el inconsciente nos está sugiriendo que resolvamos las cosas pacíficamente. Pero, si el rival nos ataca y no combatimos, indica que no sólo aceptamos la derrota sino que, además, tampoco hacemos nada por cambiar el signo de la lucha.

Robar ■ Ver en sueños a un ladrón robando nuestras pertenencias significa que tenemos miedo de perder nuestras posesiones. Por otro lado, si en el episodio somos nosotros los que estamos robando, ello indicaría celos hacia alguien. Tal vez estemos intentando adueñarnos de bienes o sentimientos ajenos; o bien nos hemos propuesto metas tan altas que ahora debemos incumplir las normas para alcanzarlas.
❖ Algunas supersticiones asocian este sueño con los problemas amorosos.

Roble ■ Este árbol representa el poder y la fortaleza. En los sueños, debe interpretarse como la presencia de una gran energía interior que nos permitirá afrontar todas las dificultades. ‖ En caso de soñar con un roble seco o muerto, ello es señal de que nuestro carácter se está debilitando ostensiblemente.

Robot ■ El sueño puede estar diciéndonos que tenemos un comportamiento mecánico y que hemos perdido la habilidad de expresar nuestros sentimientos. Debemos prestar atención al carácter de nuestras actitudes: probablemente, éstas sean rígidas y frías. ‖ Por otro lado, la automatización puede provenir del trabajo que desempeñamos. A menudo, las tareas que nos obligan a realizar en el entorno laboral se vuelven mecánicas y rutinarias.
❖ Los robots no aparecen en los antiguos libros sobre sueños, pero sí se han convertido en figuras arquetípicas modernas. En esta era tecnológica, dichas máquinas simbolizan el miedo a deshumanizarnos. Además, pueden hacer referencia al hecho de que la muerte sea algo inevitable.

Roca ■ La roca simboliza el ser, la permanencia, la seguridad y la cohesión con uno mismo. Su dureza es lo contrario de los seres vivos, sometidos a las leyes del cambio, la decadencia y la muerte. Simboliza, en general, la unidad y la fuerza. ‖ Si soñamos que estamos navegando hacia las rocas, puede que pronto nos encontremos en una situación peligrosa. En este caso, lo más aconsejable sería cambiar de métodos a la hora de realizar nuestros asuntos. (Ver Piedra)
❖ Las sirenas que, con sus cantos, conducían a los marineros hacia la muerte en las rocas son el símbolo del lado perverso de la intuición. El peligro de las rocas, pues, nos recuerda que no podemos despreocuparnos demasiado en la vida real.

Rocío ■ Sinónimo de pureza, virginidad y bendición divina. Su significado se asocia a Agua, Amanecer y Lluvia.
❖ Según la mitología, las gotas de rocío son las lágrimas del Alba (Eos) por sus hijos perdidos; un signo de dolor que, por inversión, predice felicidad, herencia y fortuna.

Rodillas ■ Soñar que nos arrodillamos ante alguien es signo de sumisión. También refleja un sentimiento de inferioridad. Por lo tanto, las rodillas simbolizan la posición social del soñador. (Ver Piernas)
❖ Soñar con rodillas es un presagio desafortunado. Si, además, están doloridas augura una terrible calamidad.

Roedores ■ Los roedores, a menudo, guardan relación directa con la enfermedad y la muerte. (Ver Rata y Ratón).

Rojo ■ Es el color de la sangre, del fuego, de la pasión, de la guerra y de los instintos sexuales. Cuando este color domina en los sueños, significa que estamos dispuestos a actuar visceralmente, ya sea con amor o con odio.

Ropa ■ La ropa refleja la importancia de la apariencia. Puede mostrar nuestra verdadera personalidad o esconder sus imperfecciones. Asimismo, revela deseos de elegancia, notoriedad y conquista amorosa. El color y el tipo de prenda aportarán más datos sobre el significado de este sueño. ‖ Así, llevar ropa de colores muy vivos evidencia la necesidad de llamar la atención de los demás, y, por lo tanto, una falta de seguridad. Los colores más cálidos también denotan felicidad y optimismo. Los oscuros y fríos indican secretos y depresión. ‖ Si nuestra ropa está desgastada, a lo mejor debemos replantearnos algunos de nuestros hábitos y actitudes. En este sentido, puede que necesitemos mejorar nuestra forma de ser. ‖ Cuando soñamos que nos cambiamos de ropa, quiere decir que pronto experimentaremos novedades en nuestra vida. Y, si ésta nos resulta estrecha, quizá algún asunto nos esté restringiendo demasiado: puede que una relación sentimental o el puesto de trabajo. (Ver Camisa, Desgarrar, Desnudez, Harapos, Maquillarse y Pantalones).

❖ Las primeras interpretaciones oníricas que se han encontrado dicen que soñar con una mujer desnuda predice buena suerte, pues nos aportará satisfacciones inesperadas. En cambio, soñar que llevamos puesta demasiada ropa, significa que nuestras necesidades vitales no están cubiertas. Soñar con ropa nueva, por último, augura una pelea doméstica.

Rosa ■ Son muchos los significados que encierra esta flor, pues simboliza la riqueza espiritual, la perfección, la delicadeza y, también, los sentimientos. Por todo ello, suele asociarse fundamentalmente al amor y a cómo nos sentimos respecto a nuestras relaciones emocionales pasadas y presentes. ‖ Así, soñar que alguien nos regala una rosa indica que atravesamos un momento de plenitud afectiva. Sin embargo, si nos pinchamos con sus espinas, el sueño refleja temor a las relaciones sexuales. ‖ Freud, por último, asociaba esta flor con la forma de los genitales femeninos y, por su color más común, con la menstruación.

❖ Desde la época romana, la rosa es el símbolo del amor. Dicho pueblo, además, creía que esta flor protegía a los muertos de los espíritus malignos. Por este motivo, existía la costumbre de decorar las tumbas con rosas. En términos oníricos, augura seguridad y protección. Muchos oráculos, asimismo, creen que los presagios de este sueño son todos ventajosos.

Rostro ■ Si soñamos con nuestra propia cara, el sueño puede representar aquella parte de nosotros que mostramos a los demás, pero que es totalmente opuesta a nuestro verdadero Yo. Esto último se agudiza si, en el sueño, nos estamos maquillando. Por otro lado, soñar con un rostro atractivo pronostica una época de paz y felicidad junto a los seres queridos. En cambio, si resulta desagradable, sólo nos cabe esperar la llegada de imprevistos que perjudicarán seriamente nuestra economía.

❖ Según los oráculos oníricos, soñar con nuestro rostro anuncia que un secreto saldrá a la luz. Si está hinchado, recibiremos dinero; si está pálido, en cambio, pronto nos sentiremos decepcionados.

Rubí ■ El rubí es la piedra de la felicidad, de la intensidad vital y del amor. Por eso, soñar con un rubí expresa el deseo de vivir una aventura apasionada con un amor intenso que nos colme de felicidad.

❖ Roja como la sangre, esta bella piedra cuando aparece en sueños, predice alegrías e inesperados obsequios.

Rueda ■ Es un símbolo ligado siempre al movimiento perpetuo, a aquello que una vez iniciado prosigue inexorablemente su curso. Por su forma circular, simboliza algo acabado que otorga seguridad y protección. Además, su movimiento giratorio se vincula a nuestra evolución psíquica y a la llegada de una nueva etapa. Por lo tanto, si la rueda gira sin problemas, es señal de éxito y de una evolución personal favorable. Si está pinchada o encuentra obstáculos en el camino, evidencia que las cosas no marchan como nos gustaría.

❖ Este sueño puede ser una invitación a entrar en la verdadera naturaleza de la realidad.

Ruido ■ El ruido puede provenir del diálogo interior que llevan a cabo nuestros propios pensamientos. Para que esto no ocurra, la práctica de la meditación antes de acostarse ayuda a incrementar la paz y la calma mentales. ‖ El ruido, por otro lado, también puede deberse a que nuestro inconsciente quiere llamar nuestra atención para que valoremos un asunto concreto al que no damos importancia en la vida real.

❖ Algunos oráculos consideran que soñar con ruidos muy fuertes presagia la obtención de un nuevo trabajo.

Ruinas ■ El significado de las ruinas es literal: representan la destrucción, el fin de la vida. Muchas personas experimentan esta visión con cierta melancolía. Sin embargo, dicha destrucción a lo mejor era necesaria para empezar a edificar de nuevo otras cosas distintas. Si en nuestros sueños aparece un monumento o templo en perfecto estado, ello es señal de que tendremos éxito en nuestros próximos proyectos. Si encontramos ruinas antiguas o reliquias sagradas en sueños, puede simbolizar que hemos descubierto los tesoros que guardamos dentro. Así, acabamos de hallar la antigua sabiduría inconsciente que albergamos en nuestro interior. (Ver Abandonar, Frío, Muerte y Piedra)

❖ Descubrir ruinas enterradas aseguran una vejez cómoda y serena. Caminar sobre ruinas, en cambio, augura pérdidas financieras.

Ruleta ■ Soñar que estamos apostando nuestro patrimonio a la ruleta significa que dejamos la solución de nuestros problemas en manos del azar. (Ver Juego, Lotería y Quiniela)

Ruptura ■ En caso de soñar que se rompe algún objeto o vínculo sentimental significa que estamos dejando atrás una etapa de nuestra vida. Algo está llegando a su fin y debemos aceptarlo. Soñar que rompemos cosas de forma voluntaria puede ser un mecanismo del inconsciente para descargar agresividad y calmar la tensión acumulada.

❖ Soñar con la ruptura onírica de espejos hace presagiar una pérdida de dinero; de vidrio, una pelea entre mujeres; de platos, una indigestión.

S

Sábanas ■ Unas sábanas limpias o nuevas denotan éxito en los negocios y prosperidad; mientras que, si están sucias o rotas, auguran ruina económica y fracaso sentimental. ‖ Lavarlas muestra el deseo de entablar nuevas y mejores amistades, y cubrirse con ellas, de evitar cualquier tipo de desavenencia con el entorno.

Sabio ■ Si soñamos que un sabio erudito nos alecciona, quiere decir que estamos en fase de formación y de desarrollo intelectual. En caso de que la figura del profesor nos inspire respeto y admiración, la imagen sugiere madurez emocional y equilibrio por nuestra parte. Debemos escuchar los consejos que nos dé el sueño. Se trata de nuestro inconsciente haciéndonos de guía. (Ver ABAD, ABUELO, ACADEMIA, AUTORIDAD, BIBLIOTECA y ERMITAÑO)
❖ Para algunos oráculos, este sueño augura que pronto recibiremos noticias.

Sacerdote ■ Un sacerdote puede representar la religión y sus normas más tradicionales. Quizá estamos en un período en el que nos autojuzgamos moralmente. ‖ Por otro lado, el sacerdote puede manifestar nuestra propia sabiduría espiritual. En este sentido, soñar que un sacerdote nos está confesando es una invitación a acercarnos a verdades más trascendentes, a conectar con nuestra verdadera esencia. Sólo así, conseguiremos encontrar la manera de revelarnos a nosotros mismos qué es lo que queremos hacer con nuestra vida.

❖ Cualquier sueño en el que aparezca un sacerdote tiene augurios ventajosos. Suele significar el fin de una disputa que lleva tiempo preocupándonos.

Saco ■ Un saco lleno pronostica suerte, éxito y felicidad; en cambio, vacío es sinónimo de pérdidas económicas y enfermedad. Cuando el saco parece viejo o en mal estado, quiere decir que habrá un retraso en la consecución de las metas. ‖ El psicoanálisis reconoce en el saco una imagen del útero y, por extensión, de la mujer.

Sacrificio ■ Si la víctima del sacrificio somos nosotros, el sueño puede ser un reflejo de nuestra actitud en la vida real. Es posible que siempre nos hagamos los mártires o tengamos tendencia a autoculparnos. En este caso, probablemente sentiremos que el resto de la gente nos infravalora, olvidando nuestro talento y nuestras cualidades. ‖ Si somos nosotros los que llevamos a cabo el sacrificio, debemos considerar qué es lo que sacrificamos. Un animal puede significar nuestro instinto natural; y una persona que conocemos, un aspecto de nosotros mismos que no queremos aceptar. ‖ En términos espirituales, el ego debe ser sacrificado para que nuestro Yo divino pueda salir a la luz.
❖ En la antigüedad, los rituales que contenían sacrificios eran un medio para apaciguar a los dioses y aportar fertilidad a la tierra. Se sacrificaban personas por el bien de la unidad cósmica y social. En Egipto, Osiris fue descuartizado por su hermano Seth; en Grecia, Or-

feo fue despedazado por un grupo de mujeres; en el cristianismo, Jesús fue crucificado. Estos actos de entrega divina aún existen en la vida humana moderna.

Sal ■ La sal simboliza la conservación. Si aparece en sueños, puede indicar que nuestras ambiciones están totalmente estancadas e inmóviles. Por lo tanto, sería conveniente abandonar la pasividad y tratar de alimentar nuestras ilusiones. El sueño refleja que vivimos de manera demasiado conservadora. || Por otro lado, la sal en los sueños también puede albergar otros sentidos como el de la esencia espiritual de la vida: preservadora e indestructible, lo que permanece tras la descomposición del cuerpo humano. Asimismo, quizá hace referencia a la tristeza o al inconsciente, pues las lágrimas y el agua de mar la contienen. Por último, si estamos ofreciendo o recibiendo este producto, ello es señal de amistad.
❖ La sal se ha empleado, a lo largo de la historia, como un símbolo de iluminación espiritual. Cuando se mezcla con agua y apartamos sus cristales, el sabor salado permanece. Lo mismo sucede con el alma de los hombres: el individuo puede morir o desaparecer, pero su esencia se conserva intacta.

Salamandra ■ La imagen de la salamandra se asocia con la inmortalidad y con la pasión. También es un símbolo que representa la capacidad de adaptación a situaciones o circunstancias desconocidas. Señala un alto grado de autoestima y seguridad en el soñante.

Salchicha ■ Ver este alimento anuncia el próximo reencuentro con un antiguo amigo, lo cual marcará el comienzo de una etapa de alegría y felicidad. || Si hacemos salchichas, el éxito de nuestros proyectos estará asegurado; mientras que, si las comemos, disfrutaremos de paz familiar. Por contra, si las vendemos, sufriremos el dolor de un suceso desgraciado.

Saliva ■ La saliva posee un simbolismo bastante complicado, por lo que su interpretación no resulta sencilla. Así, en ocasiones, se vincula a las murmuraciones y a los insultos que tememos recibir. Pero, paralelamente, también posee significados positivos. Un ejemplo: en caso de que nos manchemos con nuestra propia saliva, quiere decir que contamos con los recursos suficientes para solucionar cualquier conflicto, pese a que nos falte confianza en nosotros mismos.

Salón ■ Cuando la totalidad del sueño se desarrolla en nuestra casa y, más concretamente, en el salón, puede apuntar a la necesidad de reunirnos más a menudo con nuestros seres queridos. Por muy atareados que estemos, tendríamos que intentar no perder de vista a la familia y a los amigos, cuya compañía es básica para gozar de una vida equilibrada.

Salmón ■ El salmón, capaz de nadar a contracorriente, es un emblema de la fuerza, el valor y el coraje.
❖ Según una lectura esotérica, ver en sueños a un salmón presagia un litigio; venderlo indica discusiones y desacuerdos familiares.

Salpicaduras ■ Generalmente, son un aviso del inconsciente. Una llamada a la precaución a la hora de emitir opiniones o juicios que, más adelante, se pueden volver en contra nuestra.

Saltar ■ Si saltamos hacia arriba, la imagen simboliza nuestras ansias de superación, de alcanzar una mejor posición social o profesional. Así, debemos ser más enérgicos y no actuar siempre según la voluntad de los demás. En cambio, soñar que saltamos al vacío indica que deberíamos meditar de forma más concienzuda antes de emprender cualquier iniciativa pues, aunque nos atrevemos con todo, a veces nos complicamos la vida por falta de prudencia. (Ver Dificultades y Escalar)
❖ Según la superstición, si tropezamos mientras saltamos, superaremos las dificultades y, eventualmente, obtendremos éxitos.

Saludar ■ El saludo a un amigo o conocido revela el deseo de mantener buenas relaciones con las personas de nuestro entorno. || Si el saludado es un adversario, existe un evidente deseo de reconciliación; mientras que, si es una mujer, será seguro el éxito de los proyectos más difíciles.

Salvación ■ Ser salvado, o salvar a alguien de un peligro inminente, casi siempre, señala necesidad de aprobación, aceptación, cariño y protección. El soñante está pasando por un bajo momento afectivo en la vida real. Sin embargo, los demás símbolos oníricos y el contexto del sueño aportarán datos importantes para interpretarlo correctamente.

Salvaje ■ La figura de un hombre salvaje semidesnudo es frecuente en casi todas las culturas y se relaciona con seres míticos como «el hombre de las nieves», los ogros, etc. Este arquetipo simboliza, pues, el componente salvaje y primitivo que anida en nosotros, así como nuestro miedo de avanzar. En este último sentido, puede interpretarse como un aviso de nuestro inconsciente. Éste nos recuerda que, quizá, no somos suficientemente maduros para llevar a cabo ciertos proyectos que tenemos en mente. ‖ Este sueño también puede referirse a nuestra sexualidad. Quizá trata de decirnos que deberíamos comportarnos con más delicadeza y tacto en nuestras relaciones sexuales.

❖ Aunque creamos que nuestra parte más salvaje y primitiva no puede ayudarnos en nada, lo cierto es que puede sernos muy útil. Sobre todo, porque nos recuerda, desde el corazón, sin materialismo ni superficialidad, qué vale la pena y qué no.

Sandía ■ Signo de fecundidad. Señal afirmativa cuando estamos participando en un negocio.

Sangre ■ La sangre derramada simboliza el sacrificio. Todas las materias líquidas que los antiguos ofrecían a los muertos, a los espíritus y a los dioses (leche, miel, vino) eran imágenes o antecedentes de la sangre. Ésta era su más preciado don, y estaba presente en las culturas clásicas a través del sacrificio del cordero, el cerdo y el toro. Además, es un símbolo de vida. ‖ Si soñamos que nos desangramos, puede que suframos cansancio físico o que nos sintamos emocionalmente agotados. Por otro lado, también puede indicar un cambio profundo en nuestra personalidad. ‖ En cualquier caso, la sangre representa, desde la pasión y el amor, hasta la furia y la violencia. Es una advertencia para que reflexionemos sobre nuestras acciones, pues tal vez estemos olvidando nuestros valores. (Ver ROJO).

❖ En la antigüedad, durante los rituales se solía beber la sangre de los animales sacrificados. Ello manifestaba la unión de fuerza y poder del hombre con la de los dioses. En este sentido, soñar que bebemos sangre puede augurar que recibiremos energía y vitalidad renovadas.

Sanguijuelas ■ Este sueño representa a las personas o agentes externos que acaban con nuestros recursos vitales. Suele provocar mucha angustia, pues el soñante ve cómo se desangra su propio cuerpo. Ser capaz de arrancar las sanguijuelas o eliminarlas será indicativo de un sentimiento de seguridad y confianza en uno mismo, pese a la adversidad de las circunstancias que se presenten en su vida.

Santo ■ Soñar con un santo es siempre un buen presagio, ya que nos recuerda que disponemos de los recursos necesarios para disfrutar de una vida feliz. No nos faltarán ni el dinero ni los amigos, por lo que sería una imprudencia escoger el mal camino. Igualmente, el santo podría ser el mensajero de nuestro Yo superior, el guía que necesitábamos para valorar nuestra situación de una manera más espiritual.

❖ Para un cristiano devoto, este sueño puede ser un encuentro directo con el espíritu de un santo que desea ayudarle. Del mismo modo, en la India se dice que, tanto un gurú vivo, como aquellos que ya han fallecido, pueden servir a sus fieles a través de los sueños. En un sentido espiritual, los sueños ofrecen orientación y enseñanza para la vida real.

Sapo ■ Este sueño posee el mismo significado que el de la RANA, pero sólo en sus aspectos más negativos.

Sauce ■ Este árbol simboliza la tristeza y la inmortalidad; y es por analogía, pronóstico de dolor y lágrimas.

Secreto ■ Si soñamos que nos confían un secreto que nos hemos comprometido a no revelar, significa que pasaremos por una situación incómoda. Posiblemente, no sólo atravesamos una etapa emocional complicada, sino que, además, estamos involucrados en algo que no nos agrada demasiado.

Secta ■ Si soñamos que nos capta una secta, es un claro indicio de que no tenemos las ideas claras. El inconsciente nos está avisando de que no debemos ceder al chantaje emocional de ninguna persona. Debemos tratar de vencer la debilidad que anida en nuestro carácter y tomar nuestras propias decisiones.

Sed ■ Puede reflejar una necesidad fisiológica real, sobre todo en los estados febriles. De lo contrario, la sed simboliza un claro anhelo espiritual, incluso místico. Sin embargo, si en el sueño saciáramos esta sed bebiendo agua turbia o caliente, la imagen anuncia desengaños, decepciones y desilusión en general.

Seda ■ Este sueño se asocia a la sensualidad y tiene importantes connotaciones eróticas. También alude al narcisismo y al fetichismo. Según el color y las demás características de la tela, puede señalar pureza, pasión, perversidad o deseo de atracción.

Sello ■ Un sello es una señal de propiedad y de individualidad, además de un emblema que marca la diferencia. Simboliza la autoridad, la protección y el secreto. (Ver AUTORIDAD y CARTA)

Selva ■ Una selva simboliza el inconsciente. Sus animales, nuestros instintos más primitivos e indómitos.

Debemos fijarnos en el significado de los elementos que aparecen en la escena onírica para obtener una correcta interpretación.

❖ Si nos perdemos en la selva, el sueño augura problemas. En caso de que encontremos el camino para salir de ella, éstos se desvanecerán.

Semáforo ▪ Como en la vida real, el semáforo de los pensamientos oníricos es una señal de alerta; sobre todo, si está rojo o ámbar. En este caso, avisa de la llegada de un peligro inminente y de la necesidad de estar alerta. Si está en verde, anuncia que es el momento propicio para comenzar nuevos proyectos y entablar relaciones más profundas. ‖ Pero el semáforo también puede estar representando el código moral y social, con todas las resistencias, las inhibiciones y los obstáculos que frenan la evolución de las personas y su realización. El soñador deberá decidir, en este caso, si debe desobedecer esta señal o no, y si es prudente saltarse el semáforo en rojo.

Sembrar ▪ Este sueño simboliza una nueva etapa de nuestra vida. Dispondremos de los medios necesarios aunque, para ello, tendremos que aprender a manejar las herramientas. La labor será dura pero, si aplicamos todo nuestro potencial, nos esperan satisfacciones de todo tipo. Si estamos sembrando un terreno árido, indica que no hemos escogido el trabajo que más nos conviene y que, por lo tanto, deberíamos replantearnos nuestra profesión.

Semillas ▪ Las semillas simbolizan la vida en potencia, los proyectos, la capacidad creativa. Este sueño augura el crecimiento de un proyecto, idea o circunstancia que requiere toda nuestra intuición y creatividad. Asimismo, denota un progreso inminente, tanto en el terreno laboral, como en el emotivo-personal. Para un matrimonio, puede ser signo de embarazo. (Ver GERMINAR y PLANTAS)

❖ Según los libros más antiguos sobre sueños, las semillas auguran un aumento de prosperidad.

Senos ▪ Representan la maternidad, la dulzura y la seguridad. Este sueño revela una necesidad afectiva y un deseo de volver al resguardo de la infancia. Para una mujer, la imagen puede significar un embarazo; para un niño, protección; para un hombre, relaciones sexuales muy satisfactorias. ‖ Por su condición nutritiva, los senos también pueden hacer referencia a aquellas ideas y planes que alimentamos en nuestro interior. En cuanto a la visión de Freud, éste alerta de la posibili-

dad de que el soñante todavía dependa demasiado de la figura materna. (Ver BEBÉ, MADRE, MUJER y PECHO).

❖ Si una mujer sueña que sus senos están caídos y tienen mal aspecto, quiere decir que vivirá una decepción amorosa. En el caso de que sean blancos y macizos, se hará rica.

Sentarse ▪ El sueño puede estar indicándonos que tomamos una actitud demasiado pasiva ante algún asunto en la vida real. Posiblemente, esta indiferencia de acción acabará causándonos problemas.

❖ Si soñamos que estamos sentados sobre un asiento de altura, tendremos buena suerte. Si es bajo, augura desilusiones.

Separación ▪ Puede ser el reflejo literal de una situación que atraviesa el soñante, pero que no está del todo definida. Es posible que lleve una relación sentimental demasiado estrecha o agobiante y necesite un respiro o un distanciamiento definitivo.

Serpiente ▪ La serpiente es una de las figuras más antiguas y de las que encierran mayor simbolismo. Por lo general, se las asocia a lo fálico y a los dioses paganos de la fertilidad. Puesto que las serpientes viven reptando sobre el suelo, son un emblema del cuidado de la tierra y de los peligros que guarda el mundo subterráneo. Desde una perspectiva cristiana, son un símbolo oscuro y pecaminoso que tienta a los hombres a ganar en conocimiento. ‖ Por otro lado, estos animales pueden ser nuestros miedos ocultos o el principio de una etapa de conflictos internos y externos. En este último caso, como es obvio, tendremos que sufrir experiencias desagradables. No obstante, al final, todo ello nos proporcionará una sabiduría que, de otro modo, difícilmente hubiéramos alcanzado en un período tan breve. ‖ Si caemos en un hoyo lleno de serpientes, el sueño representa todas las preocupaciones que nos amenazan. ‖ Las serpientes, por último, a veces, simbolizan las palabras venenosas y las insinuaciones de la gente que nos rodea.

❖ En la representación del dios Mercurio (el símbolo de la profesión médica hoy en día) aparecen serpientes entrelazadas. Para los griegos, la serpiente poseía poderes curativos. De un modo similar, en la India, la cobra es la figura divina de la iluminación y se asocia al dios Shiva.

Seto ▪ Este sueño puede representar las restricciones y los obstáculos físicos o psicológicos que dificultan nuestro progreso vital. ‖ Si soñamos que podamos un seto, puede sugerir que hemos aceptado que dicho obstáculo es inamovible y nos disponemos a superarlo, por muy mal que esté la situación.

❖ Soñar que podamos un seto significa que, pronto, tendremos buena suerte.

Sexo ■ Los sueños sobre temas sexuales son muy frecuentes y no siempre son fáciles de interpretar. A menudo, hay que encuadrarlos en el propio ámbito amoroso. Es decir, si tenemos problemas en nuestra vida sexual, las escenas oníricas que producimos mientras dormimos reflejarán estas preocupaciones. Del mismo modo, en los temas sexuales, la influencia de la infancia resulta de lo más poderosa, ya que es durante este período cuando uno puede empezar a concebir el sexo como algo sucio o pecaminoso. ‖ El campo de las relaciones íntimas ofrece más sueños recurrentes. Así, a veces, algunas personas heterosexuales sueñan que hacen el amor con alguien del mismo sexo. En la mayoría de los casos, estos sueños representan el deseo del protagonista de poseer las características de la pareja sexual del episodio. ‖ Durante los días previos a una boda, los novios también acostumbran a experimentar sueños eróticos en los que imaginan que hacen el amor con terceras personas. Todas estas escenas están directamente relacionadas con el temor y la ansiedad que produce en muchos individuos la inminencia de un compromiso como el del matrimonio. ‖ En general, podemos decir que soñar que mantenemos una relación sexual con nuestra pareja o con alguien conocido puede revelar una atracción hacia dichas personas, pero también puede ser fruto de una situación de ansiedad. Sin embargo, si soñamos que hacemos el amor con un desconocido, posiblemente estamos insatisfechos con ciertos aspectos de nuestra vida, ya que buscamos en el exterior lo que no hallamos en nuestro propio seno. (Ver Adulterio, Amor, Besar, Harén e Incesto).

❖ Una extraña superstición dice que, si soñamos estar en un burdel, mejorará nuestra vida doméstica. Si cambiamos de sexo, se auguran éxitos dentro de la familia.

Sierra ■ La sierra manifiesta el deseo de cortar, de dar por terminado un asunto. Ya sea un conflicto personal, un proyecto laboral o una relación familiar. El soñante debe analizar los aspectos negativos de su vida y estudiar las consecuencias de sus actos porque, posiblemente, el problema tenga una solución menos drástica de la que expresa el inconsciente.

Silencio ■ No es un sueño demasiado frecuente. Denota paz interior y madurez emotiva. El silencio tam-

SERPIENTE

Alicia: *«Solía tener sueños recurrentes en los que aparecían terroríficas serpientes. Después de estos sueños, me despertaba empapada en sudor y muy nerviosa. Si ocurría a media noche iba a beber un vaso de agua con el temor de encontrar en la cocina una serpiente acechándome. Durante cierto tiempo cesaron estos sueños, pero, poco después, volvieron a repetirse de manera aún más violenta.»*

Alicia creció en una familia muy conservadora que excluía las **relaciones sexuales** prematrimoniales. Durante tres años mantuvo una relación amorosa, aunque no sexual, y durante ese tiempo se vio acosada por sueños de serpientes. Cuando finalizó la relación, acabaron los sueños; pero más tarde volvió a enamorarse y a sentirse **sexualmente inhibida**; entonces, los sueños de serpientes volvieron con más intensidad.

Las serpientes de sus sueños eran un claro símbolo fálico que le estaban advirtiendo de su incapacidad para disfrutar plenamente de su sexualidad, debido a su educación. Cuando Alicia comprendió esto, comenzó a enfrentarse a **su monstruo particular** y a preparar su camino hacia una relación satisfactoria. Los sueños de serpientes empezaron a remitir y cuando ocurrían ella trataba no angustiarse y entender su significado.

bién refleja desapego hacia los intereses materiales y un gran crecimiento interno.

Silla ■ Indica un alto en el camino. Puede ser la respuesta del inconsciente a un estado de cansancio físico, o la necesidad del soñador de hacer una pausa y reflexionar sobre el rumbo que ha tomado su vida. En cualquier caso, las circunstancias que lo envuelvan en el estado de vigilia, junto con la interpretación de otros símbolos que aparezcan en la escena onírica, servirán para entender el mensaje y tomar la decisión más adecuada.

Simio ■ El carácter de los simios suele ser gentil, así que este sueño puede simbolizar aquella parte de nuestro interior que desea tener un comportamiento más simple y natural. Si el simio nos da miedo, representa el lado oscuro y reprimido de nuestra personalidad.

❖ Este sueño denota que habrá gente que nos decepcionará, pues pronto sufriremos un engaño. En los negocios, debemos ser muy cuidadosos con las promesas que nos hagan, podrían ser falsas. Si el simio se ha subido a un árbol, alguno de nuestros allegados mentirá sobre nosotros provocando grandes problemas futuros.

Sirena ■ Figura simbólica encarnada por la mujer-pez. El mito de las sirenas es uno de los más antiguos, pues, ya en la antigua Grecia existían relatos acerca de ellas. Representan la parte femenina de la mente y evidencian el misterio que envuelve a la psique humana. Las sirenas traen la sabiduría secreta de las profundidades del inconsciente (el mar). ‖ Si un hombre tiene este sueño, puede que tenga miedo de su feminidad o de sus pensamientos ocultos. En una mujer, manifiesta las dudas sobre la naturaleza del propio sexo. ‖ Además, debido a la seducción que ejercen los cantos de las sirenas sobre la energía masculina, representan las tentaciones o los deseos pasionales. Soñar con cantos de sirena augura un posible engaño amoroso.
❖ La mitología posee muchas figuras que son, en parte, humanas y, en parte, animales. La mitad superior figura la mente consciente; la inferior, el primitivismo y la irracionalidad que necesita la consciencia. Originalmente, estos símbolos fueron concebidos para demostrar que la naturaleza humana y la animal son inseparables.

Sol ■ El sol simboliza la actividad consciente y el gobierno racional de nuestra vida. La observación de su recorrido nos invita a considerar las distintas fases cíclicas de nuestra existencia. Así, soñar con un sol naciente refleja el inicio de una etapa de felicidad y prosperidad; en caso de que desprenda mucha luz y calor, presagiará bonanza económica; pero, si está oscurecido o sin brillo, augura pérdidas; si está oculto entre las nubes, es señal de tristeza y de problemas inesperados; por último, una puesta de sol anuncia el fin de un período.
❖ El primer dios del género humano fue el sol. Él era capaz de acabar con la oscuridad y, por lo tanto, con los peligros de la noche. Siempre ha sido considerado una bendición. En el Tarot, la carta del Sol representa alegría y exuberancia. Por lo general, toda la tradición onírica dice lo mismo: este sueño presagia la llegada de tiempos felices.

Soldado ■ Los soldados simbolizan el deber, las obligaciones y la jerarquía social en la que vivimos. Reflejan una sensación de sometimiento del que, posiblemente, deseamos liberarnos. ‖ A los soldados también se les asocia con la agresividad y el espíritu de conquista. En este sentido, el sueño puede indicar cómo imponemos nuestros sentimientos ante los demás en la vida real. Por otro lado, puede que estemos preparando una

batalla sobre algún asunto o que necesitemos defendernos de un ataque emocional. Debemos ser muy precavidos a la hora de usar nuestro poder. (Ver BOTAS, EJÉRCITO, ENEMIGO y GUERRA)
❖ Para un hombre, este sueño significa que cambiará de trabajo. Para una mujer, es un aviso sobre una relación despreocupada. Según algunos oráculos, augura un pleito. En cambio, para los gitanos, quiere decir que pronto nos honrarán.

Sombra ■ Generalmente, la sombra se asocia con lo oscuro y lo maligno. Para algunos psicólogos, representa lo que está oculto en el inconsciente, lo que no deseamos ser. Probablemente, se trate de las emociones y aspectos que rechazamos de nosotros mismos. Se recomienda intentar sacar a la luz todo lo escondido. Así, comprobaremos que tampoco es tan difícil superarlo. ‖ Sin embargo, la interpretación de este sueño es compleja porque, a pesar de lo ya dicho, la sombra de un árbol puede ser una imagen positiva que genera alivio y protección al soñante. En este caso, se trataría de un sueño de compensación ante una circunstancia adversa. Los demás símbolos oníricos y el contexto en que éste se desarrolle aportarán pistas para que pueda ser correctamente interpretado.
❖ Muchas supersticiones creen que la sombra forma parte del alma humana. Pisarla o tirar piedras sobre ella es señal de mala suerte y de la posibilidad de causarle daño a alguien. Si se trata de nuestra propia sombra, debemos ser precavidos.

Sombrero ■ Puesto que sirven para cubrir la cabeza, los sombreros son un símbolo de lo que ésta alberga (o sea, el pensamiento). Del mismo modo, hacen referencia al rol que jugamos en la vida. Y, si nos lo cambiamos, indica un cambio de actitud o de dirección en nuestra existencia. Es posible que estemos dándole vueltas al hecho de asumir más responsabilidades en el trabajo o, incluso, a buscar otro puesto laboral distinto. ‖ Según Freud, los sombreros (y guantes) representaban los genitales femeninos debido a su capacidad para rodear parte del cuerpo. En cambio, Jung consideraba que el sombrero, a diferencia de la corona, confiere a las personas una expresión determinada. Así, el tipo de sombrero diversifica los significados del sueño. Un sombrero de copa manifiesta que deseamos salud o que somos demasiado pretenciosos; uno de béisbol, que queremos ser más jóvenes o atléticos; uno de paja, que esperamos adoptar una actitud más natural y despreocupada ante las cosas; una gorra militar indica exceso de autoritarismo; por último, si llevamos un sombrero ridículo, se trata de una advertencia sobre la postura grotesca que mantenemos en la situación representada en el sueño. ‖ En general, imaginar que nos vestimos con sombrero muestra una falta de seguridad en lo que hacemos y miedo a ser juzgados por los demás.

❖ Los predecesores de Freud creían que, si una mujer sueña que lleva un sombrero de hombre, desea mantener relaciones con el propietario de dicho sombrero. Y, si soñamos que lo perdemos, pronto contraeremos matrimonio.

Sombrilla ■ Dado que las sombras proyectan la parte oscura de la mente (miedo, inseguridad, etc.), soñar que utilizamos una sombrilla simboliza el temor a no gozar de credibilidad ante los demás. Deberíamos intentar no hacer tantas elucubraciones sobre qué piensa de nosotros la gente del entorno.

Sonidos ■ Si los sonidos que oímos son fuertes, es probable que nuestro inconsciente esté tratando de llamarnos la atención respecto a algún asunto. El sonido de una corneta, por ejemplo, representa un aviso para que seamos más combatientes y estemos alerta ante la importancia de los problemas. Un silbato, por otro lado, indica que alguien ha revelado nuestros planes clandestinos o que somos demasiado obedientes, como los perros que acuden a la llamada de sus dueños. Escuchar sonidos apagados o voces casi imperceptibles sugiere que debemos prestarnos más a lo que nos dice la sabiduría de nuestro interior. ‖ Sin embargo, a veces, los sueños incorporan los sonidos de la vida real, como la alarma del despertador o el tráfico de la calle.

❖ Según los que creen en la posibilidad de los viajes astrales, tras las primeras experiencias, se suele escuchar un chasquido muy fuerte y muy molesto, sobre todo cuando el retorno al cuerpo físico es demasiado rápido. Con el tiempo y la práctica, esto desaparece.

Sonrisa ■ El sueño puede estar expresando nuestra aprobación respecto a algunas decisiones que hemos tomado. Es posible que nos sintamos satisfechos con nuestros éxitos y logros. El futuro nos traerá felicidad, debemos aprovecharla.

❖ A lo mejor el sueño nos está diciendo que sonriamos un poco más. Un gurú indio llamado Paramahansa Yogamanda en su libro *La búsqueda eterna* anima a sus lectores a ser millonarios de sonrisas pues, de cara a los demás, resultan muy contagiosas.

Soplar ■ Para los primitivos, soplar es un acto creador que aumenta la fuerza de algo o cambia su rumbo. A priori, nosotros difícilmente asociaríamos el acto de soplar con esta interpretación (acto creativo). Pero, en realidad, soñar que estamos soplando unas brasas para reavivar el fuego significa que deseamos mantener viva la actividad, el entusiasmo, el amor, la amistad, etc. Este significado no se diferencia demasiado del que hubieran dado nuestros antepasados.

❖ Soplar sobre el fuego presagia calumnias; hacerlo ruidosamente con la boca, maledicencia.

Sótano ■ Los edificios representan la personalidad del soñador y el sótano, al igual que cualquier otra estancia subterránea, es un símbolo del interior del cuerpo, de los niveles mentales más profundos. Por eso, se asocia con la parte oculta de nuestra forma de ser, la que se guarda celosamente lejos de la mirada ajena. Es el depósito de nuestros miedos, problemas y sentimientos de culpa o pena. Una vez logremos sacar a la luz del día el contenido de este depósito, no habrá poder que pueda resistirnos. ‖ En términos oníricos, soñar con un sótano lleno de alimentos o tesoros quiere decir que disponemos de suficientes recursos para resolver nuestros problemas. Es decir, no nos hace falta pedir ayuda externa. En cambio, si vislumbramos un sótano repleto de cacharros, tal vez estemos juzgando erróneamente nuestra situación actual, por lo que deberíamos abstenernos de participar en asuntos poco claros.

❖ La superstición popular dice que soñar con un sótano lleno de vino significa que obtendremos beneficios de manos poco fiables.

Subir ■ Subir a algún lugar en sueños indica que somos capaces de superar cualquier obstáculo que la vida nos ponga por delante. Este tipo de imágenes revela la ascensión a un plano superior. Dicha situación nos permitirá mejorar nuestras relaciones personales. (Ver ASCENSOR, COLINA y SALTAR).

Subterráneo ■ Lo subterráneo, normalmente, simboliza el inconsciente. Las cosas que están encubiertas, enterradas, o que emergen de la tierra, representan las cualidades que provienen de las profundidades de nuestra personalidad. Puede ser un sueño positivo o negativo. Penetrar en el interior de la tierra quizá resulta aterrador pero, en ocasiones, es útil para conocer secretos y verdades ocultas que, de otro modo, se nos escaparían. Además, conseguir salir de un túnel subterráneo y alcanzar la luz representa un triunfo sobre la adversidad. Para interpretar este sueño es importante atender a las sensaciones que genera en el soñante, y a los acontecimientos que en él se suceden.

❖ Este sueño augura pérdidas económicas.

Suciedad ■ Soñar que estamos sucios suele indicar que nos sentimos culpables por algún motivo y que necesitamos llevar a cabo una limpieza a fondo en nuestra vida. La suciedad podría estar relacionada con asuntos turbios en los que hemos participado o en los que tenemos intención de tomar parte. || Por otro lado, también se asocia a nuestros instintos sexuales. Quizá nos sintamos disgustados con esta faceta en nuestra vida real. Es posible que este sentimiento de culpabilidad provenga de la infancia. A menudo, los padres se refieren a la temprana actividad sexual de sus hijos como una cosa «sucia», y esta idea puede afectar al subconsciente del niño. Si el soñante sentía repulsión por la suciedaad, ello puede significar que no desea conocer determinadas áreas de su propia sexualidad.

Sudor ■ Puede ser el resultado de un estado febril del soñante. Pero, descartada una dolencia física, en general, es un sueño positivo que alude a la purificación mediante el trabajo duro y el esfuerzo corporal. También se puede interpretar como el temor a que algún aspecto escondido de la personalidad salga a la luz y provoque que los demás nos rechacen.

Sufrimiento ■ Soñar con el sufrimiento –tanto propio como ajeno– es un mal presagio, ya que señala tensiones y disputas con los seres queridos. Además, denota traiciones en el entorno laboral que podrían resultar muy perjudiciales para nuestros intereses.

Suicidio ■ Desde el punto de vista existencial, el suicidio es un símbolo de la destrucción del mundo. Como reza la doctrina que popularizó Sartre, el valor de la realidad es exclusivo del ámbito de la existencia. Sin embargo, en ciertas culturas como la japonesa, suicidarse por razones éticas se considera una acción meritoria. || Soñar con el suicidio puede simbolizar un desahogo agresivo contra nuestra persona a la que castigamos por algún motivo o la necesidad de suprimir un aspecto del propio carácter con el que no nos sentimos a gusto. || También indica que, de alguna forma, nos resistimos a aceptar los problemas que nos afectan o a vivir de manera distinta a nuestros deseos. Deberíamos interpretar este sueño como una severa advertencia: no estamos asumiendo nuestros compromisos y sólo pretendemos evadirnos de la realidad. || Por último, el acto de destruir un objeto con el que uno se halla profundamente identificado puede señalar un anhelo latente de suicidio.

❖ Los oráculos oníricos dicen que este sueño augura decepciones.

Sur ■ El sur representa la iluminación, el éxito y la gloria, pues, es el punto cardinal en el que el sol alcanza su máximo esplendor. (Ver Cruz, Encrucijada y Orientación).

Susto ■ Soñar que vivimos una situación de espanto suele indicar que aún no hemos asimilado algunos sucesos que nos resultan dolorosos. El inconsciente trata de decirnos que debemos hacernos fuertes ante cualquier eventualidad. Si huimos de la situación que nos aterroriza, estaremos retrasando lo que, inevitablemente, debe tener lugar.

T

Tabaco ■ Fumar tabaco pronostica éxito en los negocios y en los estudios, aunque escasa suerte en el amor. Verlo seco nos alerta de los chismorreos de personas cercanas; en la planta, señala que no es un buen momento para entablar nuevas amistades.

Taberna ■ Dirigir una taberna en sueños muestra que, en la vida real, se están empleando medios poco honrados para alcanzar las metas propuestas. || Entrar en un establecimiento de este tipo evidencia el deseo de evadirse de los problemas diarios y el abuso de placeres breves y superficiales.

Tabique ■ Construir un tabique es, en general, una buena señal, ya que muestra la llegada de cambios muy positivos en la vida del protagonista. No obstante, si su construcción responde al deseo de aislarnos del entorno, es que existe un problema de comunicación con los demás que podría conducirnos a la soledad. || Si derrumbamos el tabique, en cambio, significa que anhelamos abrirnos a otras personas y entablar nuevas relaciones sociales o afectivas.

Tabla ■ Ver una tabla denota que dispondremos de medios para llevar a buen fin nuestros proyectos, puesto que el ambiente de nuestro entorno será propicio para ello. Cortarla es sinónimo de la llegada de imprevistos que retrasarán nuestros planes; y no poder utilizarla por estar en mal estado augura discusiones que nos sumirán en una gran tristeza. || Por último, hacer acopio de tablas indica que es un buen momento para asociarnos con otras personas y llevar adelante un negocio complejo.

Taburete ■ Dada su utilidad (tanto para sentarnos como para elevarnos a sitios altos) a pesar de su tamaño reducido, este sueño anuncia que, en breve, recibiremos una pequeña ayuda que nos resultará muy beneficiosa.

Taller ■ Puede que estemos asumiendo algún nuevo cargo laboral y el sueño nos aporte los indicios y herramientas necesarios para mejorar nuestros métodos. Por otro lado, soñar con un taller lleno de obreros significa que pronto se cumplirán nuestros proyectos más ambiciosos; mientras que, si está vacío, deberemos poner más interés en el trabajo. || Si somos nosotros quienes nos ocupamos del taller, dispondremos de medios para salir de la situación actual.

❖ Soñar con obreros o con un taller es muy buena señal. Augura felicidad en los negocios y en el amor.

Talón ■ Torcernos el talón en sueños significa que estamos a punto de cometer un importante error en algún asunto en el que estamos involucrados. || La imagen también refleja que nos cuesta tomar decisiones a causa de nuestra inseguridad.

Tamaño ■ El aumento o la disminución del tamaño de las cosas o las personas que aparecen en nuestros sueños señala la importancia que han cobrado para nosotros. Ver que una persona se reduce hasta hacerse invisible indica el miedo que tenemos de perderla. Ver que su tamaño aumenta de una manera exagerada es señal de la influencia excesiva que ejerce sobre nosotros.

Tambor ■ Oír un tambor nos alerta de que un amigo o familiar se halla en apuros y necesita nuestra ayuda urgentemente. ‖ Tocarlo, en cambio, pone de manifiesto nuestra capacidad para comunicarnos y entablar relaciones con las personas más dispares.

Tamiz ■ Tamizar es sinónimo de depurar y perfeccionar: integrar lo elegido y despreciar lo superfluo. El sueño, por lo tanto, nos invita a seleccionar aquellos asuntos y personas que nos interesan de veras. Ello incluye, asimismo, nuestros pensamientos, deseos y proyectos. (Ver Harina).

Tapiz ■ Soñar que tejemos un tapiz indica que estamos viviendo de acuerdo con nuestros planes, empleando, para ello, mucha paciencia y constancia. ‖ En caso de que el tapiz sea muy ligero, indica que nos tomamos la vida de forma superficial; mientras que, si es espeso y bello, muestra todo lo contrario. Es decir, este último tapiz nos recuerda que nuestra forma de existencia es abundante y rica. (Ver Cuadro e Hilo)

Tarta ■ Ver en sueños que nos regalan una tarta augura la posibilidad de que, próximamente, aparezca una excelente oportunidad de trabajo. Asimismo, puede señalar que recibiremos unas ganancias extraordinarias con las que no contábamos.

Tatuaje ■ Hacerse un tatuaje puede indicar un importante grado de dependencia con respecto al motivo que nos hemos tatuado. Paralelamente, este sueño también pone de manifiesto la necesidad de hacer cosas distintas a las habituales. ‖ De todas formas, aunque deseamos un cambio en nuestra vida, desconocemos qué es exactamente lo que queremos modificar. Este sueño refleja, asimismo, confusión. Por un lado, ansiamos vivir como los demás pero, por el otro, nos gustaría ser diferentes. ‖ Según otras interpretaciones, este sueño hace referencia a alguna situación emocional que nos ha marcado y no podemos olvidar. Del mismo modo, quizá se trate de una pauta de comportamiento que hemos integrado, totalmente, en nuestra personalidad.
❖ El sueño puede tener una naturaleza sexual. «Tatuaje» es una palabra maorí y, hasta hace poco, era considerado por este pueblo como un tratamiento definitivo

de belleza y sensualidad. En la Polinesia, de hecho, mucha gente luce todo el cuerpo tatuado (excepto los ojos). Para muchas culturas como ésta, los tatuajes son un símbolo sexual y de virilidad.

Taxi ■ Soñar que conducimos un taxi expresa nuestra necesidad de compartir proyectos e ideas con los demás. Probablemente, nos sentimos poco atendidos, ya que tenemos la impresión de que algo no funciona en nuestras relaciones sentimentales.

Taza ■ Soñar con una taza es, generalmente, señal de que participaremos en un proyecto agradable que puede reportarnos muchas satisfacciones. Sin embargo, las interpretaciones varían en función del tipo de taza. Si es de porcelana, disfrutaremos de paz y tranquilidad; pero, si es de plástico, las estrecheces económicas y los conflictos nos atormentarán. ‖ Una taza llena es un augurio de ganancias inesperadas; vacía, de mala suerte, y rota, de desavenencias familiares.

Teatro ■ Los sueños son, en sí mismos, obras de teatro representadas por los miedos, problemas y esperanzas de nuestra imaginación. El teatro, por tanto, es un sueño dentro de otro sueño. ‖ Igualmente, las obras teatrales son la escenificación de moralejas, críticas y observaciones que ayudan a alcanzar el ansiado equilibrio emocional y psicológico. Desde las tragedias griegas, siempre ha existido un deseo de plasmar las emociones más íntimas a través del teatro con el fin de obtener sabiduría, resignarnos ante lo inevitable, etc. Así, soñar que vemos una función de teatro augura una etapa de beneficios y satisfacciones en general. Del mismo modo, debemos intentar descifrar qué significa cada elemento que aparece. ‖ Si no participamos en la representación, denota que vivimos con demasiada pasividad. Por el contrario, estar en el escenario señala el deseo de tomar las riendas de nuestra vida. Para ello, debemos analizar y fijar la atención en lo que suceda durante la obra, pues, su argumento nos revelará la esencia del sueño. Además, el papel que nos asignen en la función puede ser muy revelador.
❖ Aquellos sabios que han alcanzado un alto grado de consciencia aseguran que la vida es como una obra de teatro. Nosotros representamos un pequeño y corto papel dentro de la totalidad del juego cósmico. Cuando morimos, nos quitamos el disfraz y volvemos a nuestra verdadera identidad. ‖ Una curiosa superstición al respecto dice que, si soñamos que se nos caen los dientes, daremos a luz un niño que será famoso en el mundo del teatro.

Tejado ■ Un tejado es un signo de protección ante las circunstancias externas. Por el contrario, puede perjudicarnos en un sentido: su amparo nos priva de la posibilidad de enriquecernos con nuevas experiencias. ‖ Dependiendo de la sensación que tengamos (agradable o desagradable), el significado del sueño se inclinará por una u otra posibilidad. En este último caso, el inconsciente nos comunica que deberíamos abrir nuestra mente a nuevas ideas pues, de lo contrario, no avanzaremos suficientemente.

Telaraña ■ La tela que teje la araña puede simbolizar la trampa en la que nos estamos precipitando en la vida real. También representa la soledad, la incomunicación y las disputas. ‖ Por otro lado, si la araña de nuestro sueño ha tejido una hermosa tela que al contemplarla nos produce admiración, es señal de que las fuerzas del universo están a nuestro favor para ayudarnos en nuestros proyectos. ‖ Por último, soñar que las telarañas invaden nuestra casa revela que la nostalgia se apodera frecuentemente de nuestra mente, lo que nos impide disfrutar del presente. Estamos demasiado ocupados con episodios del pasado y nuestra energía se desperdicia en cosas que ya no tienen solución.

Telas ■ Generalmente representan riqueza. El estado, el material y los colores de las telas señalan la relación del soñante con sus bienes materiales. Si aparece un telar, indica que disponemos de los medios necesarios para obtener beneficios económicos.

Teléfono ■ El teléfono encarna la comunicación con nuestros seres queridos. Por consiguiente, la conversación onírica reflejará la calidad de nuestra relación con la persona o personas en cuestión. ‖ Por otra parte, soñar que no respondemos al teléfono a pesar de sus insistentes llamadas revela que estamos desoyendo los avisos de nuestro inconsciente. Debemos, pues, estar atentos a lo que nos transmite, puede que contenga mucha información acerca de nuestros miedos y esperanzas.
❖ Mucha gente cree que soñar con una llamada telefónica es un signo de buena suerte, pues anuncia ventajas en los negocios. Sin embargo, si somos nosotros los que realizamos la llamada, una cita importante se pospondrá. Las llamadas entre grandes distancias auguran felicidad.

Televisión ■ La televisión puede representar nuestra mente con su flujo de pensamientos. Es posible que nos estemos observando de una manera objetiva. En ese caso, lo que aparezca en la pantalla nos dirá mucho acerca de nuestro inconsciente. ‖ Por otro lado, soñar que la televisión está encendida mientras dormimos significa que no controlamos nuestra energía de manera adecuada. Tenemos mucha información y, sin embargo, no acabamos de asimilar lo que es realmente importante. (Ver TEATRO)
❖ La superstición onírica moderna dice que, si disfrutamos viendo la televisión en sueños, lograremos éxitos. Si, por el contrario, el sentimiento es desagradable o nos aburrimos considerablemente, habrá gente que nos llevará por mal camino.

Tempestad ■ La tempestad, como todo lo que desciende del cielo, tiene carácter sagrado. En términos oníricos, una tempestad deja entrever la posibilidad de que surjan dificultades en nuestras relaciones personales. ‖ Debemos tratar de frenar los impulsos autodestructivos que experimentamos en algunas ocasiones, ya que el conflicto puede estallar en cualquier momento. En cualquier caso, tenemos que buscar la forma de reconciliarnos con nuestro Yo interno. Sólo así hallaremos la calma.

Templo ■ El templo simboliza lo sagrado, todo aquello que no está en nuestra mano poder controlar, por tanto, ver un templo en sueños augura tristezas a corto plazo. Para los enamorados, es señal de que, si se casan, su matrimonio será corto y desdichado.

Terciopelo ■ El terciopelo es símbolo de riqueza y sensualidad. Mucha gente lo vincula al erotismo. Este sueño revela una evidente necesidad afectiva.

Ternero >Ver BEBÉ y CORDERO

Termómetro ■ Este sueño puede ser un aviso de nuestro estado físico: quizá estemos resfriados y tengamos algunas décimas. Pero también puede significar que nuestra temperatura, metafóricamente hablando, está demasiado alta; tal vez provocada por la atracción que sentimos por alguien. ‖ También es posible que la presencia de un termómetro en sueños refleje una preocupación por descifrar unos hechos concretos, o tal vez aluda a que estamos tratando de «tomar la temperatura» a algún nuevo proyecto o idea que tenemos en mente. ‖ Por otra parte, no hay que olvidar que el termómetro contiene mercurio, así que tal vez sería interesante investigar el papel de este dios en la mitología romana o la influencia de este planeta en la astrología.

Terremoto ■ El terremoto participa del sentido general de toda catástrofe: es una mutación brusca que puede causar estragos, pero que también puede –en el plano simbólico– ser benefactora. Dado que un terremoto representa un fuerte desequilibrio en las circunstancias vitales (genera inseguridad y temor), soñar con este fenómeno debe animarnos a dar un giro radical a nuestros proyectos. ‖ Del mismo modo, la posibilidad latente del terremoto puede ser algo que se encuentra bajo nuestra consciencia y que nos da miedo. Seguramente, se trata de todos aquellos sentimientos que reprimimos en la vida real y hemos relegado a un nivel inconsciente. ‖ Por último, esta imagen también puede avisarnos de que estamos poniendo en peligro nuestra salud, así que deberíamos tratar de relajarnos. (Ver ABISMO, CATÁSTROFE y RESCATAR)
❖ La superstición onírica interpreta este sueño como un cambio de circunstancias.

Tesoro ■ Desenterrar un tesoro o encontrar dinero simboliza un redescubrimiento de alguna parte de nosotros mismos. Puede ser algo que hayamos ocultado o apartado previamente. Ésta quizá sea la oportunidad adecuada para volver a activar nuestras aspiraciones. Los tesoros siempre simbolizan algo por lo que vale la pena luchar, a pesar de todas las dificultades que surjan en el camino. Por ello, debemos intentar alcanzar nuestros objetivos, aunque el esfuerzo nos cueste un importante sacrificio. ‖ Al final, seremos recompensados y obtendremos grandes satisfacciones. La paciencia y la constancia deben ser nuestras virtudes. (Ver DINERO, DIAMANTE, FUENTE, JARDÍN, JOYAS, OASIS, ORO, PARAÍSO y ROSA)
❖ Las viejas supersticiones, en este sueño, no coinciden con las modernas. Si desenterramos un tesoro, indica que alguien a quien amamos y en quien confiamos no nos merece en absoluto. Sin embargo, si encontramos oro en cualquiera de sus formas, entonces, todo irá bien.

Testamento ■ Soñar que se hace testamento anuncia una época de disputas familiares por intereses económicos. Las desavenencias podrán ser tan grandes que muchas relaciones afectivas se romperán.
❖ Perder un testamento es señal de miseria y contrariedades de todo tipo; y destruirlo, de sufrimiento por una posible traición.

Tiburón ■ El tiburón siempre ha sido considerado por la cultura occidental como un enemigo del hombre. Soñar con él representa un peligro inminente. Es una llamada del inconsciente a ser precavidos y cautos hacia agentes externos que inciden negativamente en nuestra vida.

Tiempo ■ Muchos enfermos terminales sueñan con relojes que van marcando el pasar de las horas que, inexorablemente, les acerca a la muerte. Por otro lado, la sensación de falta de tiempo en el transcurso de un sueño es una clara indicación de que vivimos demasiado deprisa. Si se detiene, revela la necesidad de dialogar a fondo con nosotros mismos. En cambio, en caso de que soñemos que nos sobra tiempo, significa que estamos poco motivados, y que nos hemos alejado de nuestro objetivo principal.
❖ A medida que nos acercamos a la verdad espiritual, el tiempo va cobrando menor importancia. A veces, en los sueños, el pasado, el presente y el futuro se mezclan entre sí para ofrecer una única sensación. Cuando nos concentramos, sucede lo mismo. Cuanta menos conciencia tengamos del paso del tiempo, más profunda será la meditación de nuestra mente.

Tienda ■ Un comercio puede simbolizar el surtido de oportunidades y recompensas que la vida nos ofrece. Sin embargo, soñar que la tienda está cerrada o que no tenemos suficiente dinero para nuestras compras, indica que nos sentimos incapaces de alcanzar lo que queremos. En este sentido, el sueño nos recomienda que no nos tracemos metas tan altas y seamos más realistas. ‖ Si la tienda es de campaña, entonces es un símbolo de evasión y protección. Es muy posible que este sueño también augure cierta incomodidad pero, de esta experiencia, extraeremos conocimiento. No en vano, la tienda puede sugerirnos que deberíamos aislarnos para conocernos más a fondo.
❖ Para un comerciante, soñar con una tienda es signo de mala suerte. Quiere decir que sufre la presión de los acreedores. Para el resto de gente, el sueño presagia prosperidad, siempre y cuando no compremos nada. De este modo, si soñamos que trabajamos en una tienda, la fortuna nos sonreirá.

Tierra ■ Los sueños asociados con la tierra, como aquellos en los que nos encontramos echados en el suelo, muestran que debemos ser más realistas. En este sentido, es preferible que nos ciñamos a los asuntos que nos conciernen directamente y dejemos de lado los caprichos. ‖ Por otro lado, la tierra es la manifestación tangible de nuestra voluntad. Así, soñar que estamos cubiertos de tierra significa que tenemos una misión que cumplir. Por el contrario, cultivarla indica que debemos trabajar duro para llevar a buen fin un proyecto. En caso de que la tierra que trabajamos esté seca, ello quiere decir que nos falta fuerza y entusiasmo. Si soñamos con el planeta Tierra, puede significar que nuestro Yo verdadero aún no está del todo realizado.

❖ La madre tierra representa la mente inconsciente. Ella es el útero que contiene el potencial para el desarrollo futuro. Los mitos sobre el descenso al interior de la tierra son alegorías que describen la exploración de nuestro lado más oculto y desconocido. Si la apariencia de la madre tierra resulta temerosa, es posible que nos dé miedo que las fuerzas del inconsciente descontrolen el orden de nuestra vida. La madre tierra, asimismo, fue en la antigüedad un símbolo de fertilidad. Soñar con tierra estéril, por tanto, anuncia que debemos plantar algunas semillas si queremos preservar nuestro futuro.

Tigre ▪ Casi siempre representa aspectos ocultos de la propia personalidad, normalmente, aquello que nos atemoriza. También es símbolo de fuerza y agresividad. Por eso se asocia con la liberación de los instintos más primarios: un caudal de energía que se puede volver en contra nuestra. Un tigre domesticado, en cambio, refleja el triunfo de la razón sobre las pasiones.

❖ En el poema infantil *Tigre, tigre* de William Blake, el animal representa la existencia material. Su carácter atemorizador es el sufrimiento que experimenta la gente cuando deja atrás la inocencia.

Tijeras ▪ La presencia de unas tijeras en los sueños indica que deseamos poner fin o cortar una relación, actividad o aspecto de nosotros mismos. Pese a que indica que poseemos un espíritu enérgico y decisivo, debemos acabar cuanto antes con esta situación, ya que podría perjudicarnos notablemente. ‖ Aunque no se trata de un sueño muy frecuente, las tijeras también pueden expresar el nacimiento de un proyecto laboral en equipo.

❖ La tradición onírica suele interpretar los sueños sobre tijeras como un enemigo que nos hará daño. Sin embargo, en caso de que las tijeras estén limpias y relucientes, no tenemos nada que temer.

Tilo ▪ Representa la tranquilidad, la serenidad, la amistad y la ternura.

Timón ▪ El timón representa la posibilidad de dirigir un barco o, lo que es lo mismo, la energía vital que rige nuestra existencia. Es un símbolo de la relación que se establece entre la inteligencia y la voluntad.

TERREMOTO

Guillermo soñó: «*Estaba paseando en bicicleta cuando mundo empezó a temblar bajo mis pies. En seguida comprendí que se trataba de un terremoto, y me entró el pánico. La gente corría presa del pánico en todas direcciones y yo no sabía qué rumbo coger. Los edificios se derrumbaban a mi alrededor llenando la calle de escombros. De pronto, el suelo se abrió bajo mis pies y, antes de que pudiera reaccionar, la tierra me engulló en su abismo. Me desperté gritando y con sudores fríos.*»

Los sueños de desastres suelen ser pesadillas en las que nos despertamos sobresaltados, bañados en sudor y con dificultades para volver a dormirnos. Son sueños que **tratan de agitarnos por dentro**, y transmitirnos algún mensaje de forma contundente y efectiva. Sin embargo, no siempre entendemos lo que tratan de decirnos. Por lo general, suelen aludir a un cambio interno del soñante, a una **transformación psíquica** que nace de la destrucción de un proceso anterior. Guillermo tuvo este sueño pocos días antes de hacer pública su homosexualidad. Su caída al abismo representaba la difícil situación en la que se encontraba y su temor a dar un paso tan decisivo en su vida.

Tinta ▪ La tinta simboliza la prosperidad, pues, nos permite escribir y enriquecer el intelecto. Pero, si nos manchamos, ello augura dificultades imprevistas. (Ver DIFICULTADES, MANCHAS y PAPEL)

Tirano ▪ Este puede ser el arquetipo negativo de la figura paterna. Quizá tememos acabar siendo así. ‖ Igualmente, el sueño puede significar que nos obligan a hacer cosas en contra de nuestra voluntad. El tirano, en este caso, será la persona o la situación que está coartando nuestra libertad en la vida real.

❖ Los oráculos oníricos dicen que el significado de este sueño es el contrario al que sugiere. Por tanto, pronto conoceremos a alguien amable y bondadoso.

Títeres ▪ Los títeres son muñecos dirigidos por impulsos ajenos a ellos mismos. Su presencia en sueños indica, claramente, que necesitamos retomar el control de nuestra vida. Si imaginamos que somos nosotros quienes manejamos los títeres, el sueño nos aconseja que permitamos a los otros expresarse libremente.

Tonel ■ Su significado se asocia al de GARRAFA. Representa el estado de los bienes materiales y espirituales. Toneles llenos de vino indican riqueza y bienestar. Toneles rotos o vacíos señalan el temor a la ruina, o un estado económico o espiritual que deja mucho que desear.

Topo ■ Un topo evidencia la tendencia del durmiente a esconderse de los problemas cotidianos y a relegar su solución a otras personas. Es, por lo tanto, un sueño que refleja inmadurez y que anima a superarla.

Torbellino ■ Dependiendo de su sentido, el movimiento en espiral característico del torbellino representa la creación o la destrucción del mundo. Cuando su velocidad nos supera, significa que las circunstancias nos dominan sin que podamos hacer nada. Dichas circunstancias pueden ser familiares, sociales o profesionales. El sueño nos conmina a invertir esta fuerza, de forma que seamos nosotros quienes tengamos el control de nuestra vida.

Tormenta ■ Una tormenta puede indicar un conflicto emocional o una confusión gestándose en nuestro interior. Además, hace referencia a la furia y la frustración que no encuentran desahogo.
❖ Las supersticiones dicen que este sueño simboliza un obstáculo que nos aleja de lo que deseamos. Si nuestra casa resulta dañada por una tormenta, tenemos cerca a gente con malas intenciones.

Toro ■ El toro simboliza las fuerzas más poderosas y primitivas de los instintos primarios. Soñar con un toro bravo señala que disponemos de gran capacidad creativa. Si nos persigue, significa que ya no podemos contener por más tiempo nuestros impulsos. Debemos encontrar una forma de liberar éstos últimos, pues, de lo contrario, pueden conducirnos a un desequilibrio interno. ‖ No hay que olvidar que el toro es uno de los símbolos más frecuentemente utilizados para hacer referencia al instinto de procreación y al desenfreno sexual. En este sentido, si un hombre sueña con un toro, éste representará su propia virilidad. Si, en cambio, es una mujer, hará referencia a alguien del sexo opuesto. En caso de que el toro sea salvaje e indómito, entonces nuestras pasiones están descontroladas. Si soñamos con una corrida de toros, expresa el poder que tenemos sobre nuestros sentimientos lujuriosos y negativos.
❖ En la mitología, el toro es considerado el símbolo de la fertilidad. Por otro lado, antiguamente existía la creencia de que el estruendo que producían las tormentas provenía de los rugidos de un toro. Asimismo, este animal se asociaba al poder creativo de la primavera. ‖ Soñar con un toro, por tanto, es un signo de fertilidad y poder sexual.

Torpedo ■ Una explosión suele ser un aviso de alarma, bien por un peligro inminente, o bien porque expresa el deseo de acabar de forma violenta con una situación que ha llegado a su límite y resulta insoportable. También es posible que en el lugar donde dormimos suene un ruido estruendoso y el inconsciente lo asimile como parte de la escena onírica que se desarrolla en ese momento en nuestros sueños.

Torre ■ La torre simboliza la ascensión. En la Edad Media, torres y campanarios podían servir como atalayas, pero tenían un significado de escalera entre la tierra y el cielo (en aquellos tiempos, la altura material se asociaba a la altura espiritual). ‖ Por otro lado, las torres también simbolizan el alejamiento del mundo en que vivimos, es decir, la defensa de las agresiones exteriores. Una torre sólida significa que estamos afrontando perfectamente los retos que nos reserva la vida; una torre medio derruida, en cambio, representa lo contrario.
❖ Ver una torre muy alta augura buena suerte. Pero, si descendemos de ella, presagia fracasos.

Tortuga ■ Está relacionada con la lentitud, la longevidad y la protección. Por su escasa velocidad, la tortuga podría representar la evolución natural, en contraposición a la evolución espiritual. ‖ En cierta manera, este animal también es el opuesto de otro símbolo: ALAS. Éstas últimas representan el vuelo como espiritualidad y elevación, mientras que la tortuga se asocia a valores como la pesadez, la involución, la oscuridad, el estancamiento, etc.

Trabajo ■ Soñar con la búsqueda de trabajo denota la necesidad del protagonista de sentirse útil. Posiblemente, estamos insatisfechos con nuestra actividad actual y tratamos de hallar la forma de cambiarla. ‖ En caso de que acabemos encontrando trabajo, augura un posible cambio de orientación profesional.

Tráfico ■ Un embotellamiento de coches puede expresar que nuestra vida no evoluciona como quisiéramos. Nos sentimos estancados. ‖ Si soñamos que somos agentes de tráfico, entonces muestra nuestro deseo de imponer nuestras propias normas en la sociedad. Contrariamente, a lo mejor creemos que nuestro rol social no está hecho para nosotros o que los demás nos aíslan. En este caso, debemos encarar el problema.

❖ Si soñamos con un gran embotellamiento de tráfico, quiere decir que, con mucha paciencia, nuestros problemas se resolverán.

Traje ■ Un traje puede representar nuestro deseo de impresionar a alguien. Posiblemente, se trate del buen estado de nuestra autoconfianza o del lado que mostramos en el terreno laboral.

❖ Según la tradición gitana, llevar un traje en sueños augura éxitos.

Trampa ■ Soñar que caemos en una trampa indica que confiamos demasiado en la providencia, razón por la que, tal vez, estemos perdiendo el control de nuestra vida. ‖ Al mismo tiempo, esta trampa también puede ser fruto de la incoherencia, pues solemos hablar de lo que no sabemos. Evidentemente, en este caso, somos nosotros mismos quienes nos la tendemos.

Trampolín ■ El trampolín representa un medio para alcanzar los objetivos que nos hemos propuesto. Saltar desde el trampolín indica disposición y condiciones favorables para lanzarse a emprender un nuevo proyecto. Casi siempre son sueños positivos que reflejan la confianza que el soñante tiene en sí mismo y en el medio que le rodea.

Trapecio ■ Símbolo del vaivén de la fortuna, soñar con él augura la llegada de una época feliz y sosegada tras pasar por múltiples contrariedades. Finalmente, obtendremos el fruto del esfuerzo y el trabajo duro.

Trébol ■ Emblema de la Trinidad, por lo que su presencia siempre es benefactora. En los sueños, el trébol augura una época de buena suerte y prosperidad.

Tren ■ Nuestro futuro está encarrilado. Dado que el tren sigue una ruta fija, este sueño sugiere que estamos recibiendo ayuda y orientación en nuestro viaje vital. ‖ Como medio de transporte colectivo, por otro lado, esta imagen simboliza la necesidad de compartir proyectos, ideas o pensamientos. De ello se deduce la necesidad de relacionarnos más a menudo con nuestros seres queridos, huyendo del aislamiento que nos amenaza. ‖ Por el contrario, ser el único ocupante de un tren es señal de gran timidez o de egoísmo. Si el tren se nos escapa, indica una esperanza de cambio frustrada o un deseo de salir de la situación actual, pero sin tener clara la nueva orientación. ‖ Para Jung, la figura de los vehículos públicos expresa que el soñante no ha encontrado aún su propio camino y su forma de

actuar es la misma que el resto de la gente. Según Freud, todos los sueños que implican movimiento representan las relaciones sexuales. De hecho, Freud creía que el tren era un símbolo fálico.

❖ En la antigüedad, soñar con viajes auguraba un cambio de fortuna. Ésta mejoraba si el destino estaba en lo alto de una colina o de una montaña. Y, si el viaje se desarrollaba a lo largo de una línea recta, la buena suerte también acudiría muy pronto a nuestras vidas.

Trenza ■ Al igual que los nudos, las trenzas simbolizan las relaciones íntimas y la dependencia mutua. Por este motivo, soñar que tenemos unas trenzas muy largas podría anunciar que, próximamente, nos veremos implicados en una situación confusa. Es probable que sea debido a nuestra forma de actuar, cuyo enredo fomenta la discordia entre las personas de nuestro entorno.

Trepar ■ Este sueño indica que, en la vida real, intentamos alcanzar una meta muy alta o queremos escapar de algo que nos atemoriza. Es posible que estemos apunto de obtener los éxitos que hemos buscado durante mucho tiempo. La ambición nos acompaña, pero puede que no estemos muy seguros de nosotros mismos. Se recomienda seguir teniendo humildad y modestia. En caso de que nos mostremos egoístas y trepemos demasiado, corremos el riesgo de que alguien nos vuelva a hacer caer. La arrogancia no sirve de ayuda. ‖ Las paredes o montañas que debemos superar simbolizan los obstáculos de la vida real. Si los vencemos rápidamente, el sueño augura victorias. De lo contrario, denota que será una labor difícil que exigirá todos nuestros esfuerzos. ‖ En definitiva, aquello que no se consigue a la primera y necesita un ascenso gradual, pronto nos reportará satisfacciones más consolidadas. ‖ Según Freud, los sueños en los que trepamos son el reflejo de lo que nos cuesta complacer nuestros deseos sexuales.

❖ Los oráculos oníricos dicen que trepar por una escalera y llegar al último tramo, en sueños, augura éxito en los negocios.

Triángulo ■ El triángulo simboliza la perfección, la total integración del cuerpo, la mente y el espíritu. Por esta razón, los sueños en los que aparece esta figura geométrica deben interpretarse como la antesala de un período en el que podríamos gozar de gran abundancia en todos los sentidos. ‖ El triángulo también revela al soñador que éste conseguirá todos sus objetivos, por muy elevados que sean.

Tribunal ▪ Si nos vemos sometidos a un juicio, la presencia del tribunal indica que estamos realizando un análisis de nuestros actos muy riguroso. Debemos intentar no ser tan duros con nosotros mismos.

Trigo ▪ Soñar con un campo de trigo augura riqueza, así como la culminación de nuestros proyectos. El bienestar será proporcional a la cantidad de trigo que aparezca en el sueño. Este tipo de imágenes nos permitirá certificar que los esfuerzos siempre son recompensados.

Trinchera ▪ Simboliza la necesidad de protección. El soñante se siente agredido por personas o acontecimientos que no puede controlar y busca defenderse. En todo caso, no es un sueño negativo porque indica que aún no se ha rendido ante el peligro y existe la intención de contraatacar. El soñante podría salir bien librado de una situación turbulenta.

Trofeo ▪ Ver, en sueños, que entregamos un trofeo a alguien significa que sabemos reconocer los méritos de los demás. Es un síntoma evidente de que nuestras relaciones profesionales están mejorando. En caso de que seamos nosotros quienes recibamos el trofeo, ello indica que, posiblemente, nos convendría llevar a cabo una cura de humildad (a pesar de que merezcamos el reconocimiento).

Trompeta ▪ La trompeta simboliza el anhelo de fama y gloria. Puede anunciar toda clase de acontecimientos que serán de gran importancia. || Si están sonando trompetas, debemos interpretar el sueño como la coronación de nuestros esfuerzos. Es muy probable que nuestra vida experimente un cambio importante en un corto período de tiempo. || Si su sonido es más fuerte de lo normal, quizá se trate de nuestro inconsciente intentando llamar nuestra atención. En este sentido, debemos revisar nuestras ideas y comportamientos o fijar la vista en aquello que, normalmente, ignoramos.
❖ Si estamos tocando o escuchando una trompeta, los oráculos dicen que el sueño presagia decepciones.

Trono ▪ Vernos sentados en un trono indica que ocupamos un sitio que no nos corresponde. Estamos viviendo por encima de nuestras posibilidades y no actuamos de forma consecuente.

Trueno ▪ Los truenos son nuestros sentimientos de furia. Puede que hayamos tenido, o vayamos a tener, una discusión. Es muy posible que nuestras relaciones sean bastante tormentosas. || Oír tronar también augura la amenaza de un peligro que llegará a nuestra vida de forma inminente. Si el trueno va acompañado de un relámpago, podríamos sufrir la traición de un amigo.
❖ En la antigua Grecia, se creía que la causa de las tormentas eran las disputas entre Zeus y su esposa Hera. En la mitología sumeria, la tormenta se asociaba al rugido del toro y a los ritos de fertilidad. El sueño representa nuestra indómita y poderosa fuerza psíquica.

Tubo ▪ Es un conducto por donde fluyen cosas. En este sentido, puede simbolizar un medio para obtener riquezas o crecimiento intelectual. || Si nos vemos en el interior del tubo, por otro lado, su significado será similar al de PASILLO: vivimos un momento de transición. Dicho recorrido puede resultar agradable o desagradable, depende de la sensación que se experimente en el sueño.

Tulipán ▪ Indica esperanza de la llegada de un tiempo feliz y duradero. Por otro lado, como casi todas las flores, los tulipanes tienen un alto contenido de sensualidad. Pueden ser la expresión del mecanismo de compensación del inconsciente por la insatisfacción o la carencia de relaciones sexuales.

Tumba ▪ Algo en nuestro interior ha muerto y debemos averiguar de qué se trata y por qué ha vuelto a aparecer por medio del inconsciente. || Asimismo, este sueño nos invita a reflexionar sobre un estado terminal, sobre lo que significa para nosotros la mortalidad. Si se repitiera mucho, podría ser un indicio de neurosis. || En el supuesto de que veamos nuestro propio cuerpo en la tumba, significa que estamos reestructurando nuestra vida. Por lo tanto, el sueño augura un profundo cambio de existencia.
❖ Las supersticiones dicen que experimentaremos una pérdida, pero no necesariamente una muerte. Quizá muramos espiritualmente y, luego, volvamos a nacer. El pueblo celta, de hecho, consideraba que los cementerios eran el útero de la Madre Tierra y que, de ellos, surgía la nueva espiritualidad humana. Otras interpretaciones más tardías manifiestan que este sueño augura decepciones y, curiosamente, también noticias acerca de un matrimonio.ç

Tumor ▪ Su interpretación es similar a la de ABSCESO. Indica una carga, interior o exterior, que se nos hace pesada y odiosa. Suele ser un sueño angustioso en el que vemos una parte de nuestro cuerpo deformada o exageradamente grande. Convendría hacer un análisis de nuestra vida para descubrir qué es aquello que nos resulta tan molesto y poder solucionarlo de la forma más adecuada.

Túnel ■ El túnel encarna nuestro mundo interior. Por este motivo, si soñamos con un túnel en el que sólo hay oscuridad, significa que deberemos poner en alerta todos nuestros sentidos para salir al exterior. Nuestra angustia existencial nos impide ver la luz. || En caso de que, finalmente, seamos capaces de vislumbrar un destello de claridad, indica que superaremos con nuestra fuerza de voluntad todos los impedimentos del camino. Nuestra conciencia está ampliando su radio de acción. (Ver LUZ, NEGRO y PUENTE)

Túnica ■ La túnica simboliza el Yo o el alma, o sea, la zona en contacto más directo con el espíritu. Dado que representa la personalidad, es importante que analicemos el color de la túnica, así como su textura. (Ver MANCHAS, MANTO y ROPA)

Turquesa ■ Soñar con esta piedra preciosa anuncia paz y armonía en el seno de la familia, así como prosperidad en los negocios. Sin embargo, si la turquesa es robada, existirán desavenencias con los amigos que no se lograrán superar. || Para una mujer, soñar que le regalan una turquesa puede ser señal de que sus posesiones aumentarán notablemente gracias a un matrimonio ventajoso.

U

Ubre ■ Soñar con las ubres de una vaca expresa plenitud y lozanía. En caso de soñar que bebemos de dichas ubres, la imagen indica que gozamos de mucha energía para vivir la vida con intensidad.

Úlcera ■ Tenemos dificultades para digerir ciertas experiencias, esto es lo que se deduce de un sueño en el que padecemos una úlcera. Además, estas dificultades aumentan por nuestra incapacidad para exteriorizar nuestra situación. || Debemos luchar contra nuestros fantasmas interiores. El primer paso será, por lo tanto, expresar nuestros sentimientos. Sólo así podremos purificarnos.

Último ■ Vernos ocupar el último puesto en cualquier tipo de evento denota que, en nuestro entorno laboral, no se tienen en cuenta nuestras opiniones, ni somos suficientemente valorados.

Umbral ■ Si, en sueños, cruzamos el umbral de una puerta, pronto comenzará una nueva etapa en nuestra vida. Dado que puede ser un paso trascendental para nosotros, es importante que meditemos concienzudamente cualquier decisión que vayamos a tomar. Una vez atravesemos el umbral para adentrarnos en terreno desconocido, no habrá marcha atrás. || En el caso de que no podamos traspasar este umbral, es señal de que, de momento, no debemos alterar nuestra situación. Probablemente, todavía no estamos suficientemente preparados para ello.

Ungüento ■ Soñar con ungüentos predice que superaremos los malos momentos gracias a la fuerza de voluntad y al trabajo duro. Si lo preparamos nosotros mismos, tendremos que hacer frente a la adversidad sin la ayuda de nadie; si lo vemos elaborar, contaremos con los amigos; y si nos untamos con él, nos hallaremos envueltos en disputas ajenas. || Un ungüento de olor agradable indica que viviremos un buen período en el terreno sentimental; pero si es maloliente, no sabremos comunicarnos con las personas del entorno. || Las propiedades del ungüento también pueden ser curativas. En ese caso, puede haber entrado algo en nuestra vida que nos aporta calma y alivio respecto a las heridas del pasado.
❖ Los augurios de este sueño predicen el conocimiento de nuevos amigos.

Unicornio ■ La tradición asocia este animal simbólico a un caballo blanco, o multicolor, con un solo cuerno que le brota de la frente. Los unicornios albergan la conjunción de la variedad y demuestran que, en la unidad, está la esencia del todo. Son la encarnación mítica de nuestra imaginación interior. Igualmente, representan el poder, la gentileza y la pureza. || Este sueño quizá nos anuncia la inspiración y las maravillas que guardamos dentro. También, puede augurar una oferta interesante, ya que, en ocasiones, guarda relación con el cuerno de la abundancia.
❖ Los oráculos oníricos dicen que los unicornios presagian el contacto con asuntos oficiales.

Uniforme ■ El sueño puede poner de manifiesto nuestros sentimientos conformistas. O, por el contrario, quizá nos alerte de que debemos ser menos individualistas y tener en cuenta las necesidades de todo el grupo que nos rodea. || Si soñamos que llevamos un uniforme militar, indica que intentamos diluir nuestra responsabilidad en nuestra comunidad. En caso de que este uniforme esté repleto de galones, denota que somos autoritarios: imponemos nuestros criterios por la fuerza sin dejar que los demás expresen su opinión.
❖ Según la superstición popular, este sueño augura un viaje lleno de aventuras y de especial interés para nuestros problemas afectivo-matrimoniales.

Universidad ■ Soñar que vamos a la universidad significa que deseamos alimentar nuestro intelecto para desarrollar toda nuestra capacidad. El sueño indica que, posiblemente, estamos desperdiciando el tiempo en minucias, cuando, en realidad, tenemos a nuestro alcance experiencias que pueden ser muy enriquecedoras.

UNIFORME

Ricardo soñó: *«Llevaba puesto un uniforme militar y mi familia desfilaba siguiendo mis órdenes: "Un, dos, tres, ¡ar! media vuelta, ¡ar!". Todos ellos se mostraban firmes, rígidos y obedientes, y yo me sentía muy orgulloso de mi poder de mando. Desfilábamos por la calle y los vecinos nos miraban desde las ventanas con caras de admiración.»*

Ricardo tuvo este sueño en un momento en el que su familia se desintegraba. Su mujer estaba siendo muy dura en las negociaciones del divorcio, y su hija adolescente amenazaba con irse a vivir con su novio y dejar los estudios. El sueño revelaba su **deseo de poner orden** en su vida familiar y evitar que las circunstancias escaparan de su control. Su inconsciente le estaba recomendando que fuera algo más estricto y enérgico en hacer valer sus opiniones. Hasta el momento Ricardo había cedido siempre a los deseos de su mujer y su hija, y su vida se estaba descontrolando. El hecho de que los vecinos aprobaran su conducta desde las ventanas reflejaba la **necesidad de reconocimiento** de Ricardo, que se sentía solo en ese momento tan importante de su vida.

Uña ■ El aspecto externo de las uñas de una persona dice mucho de su salud física y psíquica. Así, soñar con unas uñas sucias y mordidas evidencia una ansiedad mal controlada. || Si, por el contrario, las uñas están bien cuidadas, indica que sabemos dominar los nervios y que tenemos suficiente voluntad para cumplir con nuestros objetivos.

Urna ■ Una urna vacía sugiere cierto egocentrismo respecto a las relaciones de pareja. Nos encerramos en nosotros mismos sin dejar que nadie –ni siquiera la persona con la que compartimos la existencia– vea lo que hay escondido en nuestro interior. || En cambio, una urna llena de papeles indica una acusada tendencia a dejar pendientes nuestros proyectos.

Urraca ■ Este sueño presagia robos, envidias y rumores, que son precisamente los frutos de este pájaro de mal agüero.

Usurero ■ Ver a un usurero en sueños alerta de la posibilidad de ganar mucho dinero, aunque de forma poco honesta. || Por contra, ser nosotros los usureros presagia malas relaciones con nuestros allegados y la posibilidad de padecer grandes humillaciones.

Utensilio ■ Los utensilios predicen, en general, el fracaso de los proyectos por un uso inadecuado de los medios disponibles. Cuando están rotos, anuncian la enfermedad de los seres queridos. || En cambio, si éstos están hechos de madera o de metal, presagian prosperidad y dicha en cualquier ámbito.

Útero ■ Según algunos psiquiatras, soñar que volvemos al útero materno significa que tenemos una gran necesidad de protección. Los úteros también se simbolizan en cavernas, habitaciones o lugares seguros. Proporcionan el retiro y el aislamiento adecuado de los problemas diarios.
❖ Este sueño puede ser muy espiritual y expresar el despertar de la conciencia.

Uva ■ En forma de racimos, las uvas simbolizan la fertilidad (por su carácter frutal) y el sacrificio (por el vino, en especial si es del color de la sangre). Toda la simbología relacionada con las uvas y el vino es positiva. Por esta razón, soñar que prensamos uvas para hacer vino presagia un período de abundancia y bienestar económico.

análisis del sueño

V

Vaca ■ A pesar de que no es muy frecuente que aparezca en sueños, la vaca se relaciona con la maternidad, la bondad, la paciencia y la fertilidad. Así, las vacas gordas auguran riqueza, mientras que si están delgadas, los beneficios se harán esperar. ‖ Igualmente, puede denotar una actitud tolerante. Quizá el sueño nos advierte de que debemos aminorar la marcha y reflexionar más sobre nuestras decisiones. Las vacas, por otro lado, también se asocian a la dignidad, la fuerza y la resistencia pasiva. ‖ Para un hombre, simbolizan su parte femenina; para una mujer, puede ser un reflejo de sus instintos maternales.

❖ Para los hindúes, las vacas son sagradas y representan la protección y los cuidados de su dios. Krisna, de hecho, fue quien enseñó a los pastores que no debían adorar a las divinidades que no podían ver con los ojos, sino a las vacas. En ellas, residía Dios.

Vacaciones ■ Soñar que se está disfrutando de unas vacaciones muestra la necesidad de reposo del durmiente. El subconsciente nos está avisando de que, si no nos tomamos un descanso, acabaremos agotados o enfermos. ‖ Este tipo de sueños también suele representarse a través de imágenes de ansiedad, como la pérdida de un avión, el exceso de equipaje o un desastre durante las vacaciones. Sin duda, tenemos que aprender a tomárnoslo todo con más calma.

❖ Si una mujer joven, que ha sido rechazada por su pareja en la vida real, sueña con unas vacaciones, pronto conseguirá conquistar a esa persona de nuevo.

Vacío ■ Soñar con el vacío (una idea abstracta) indica el estado en el que está nuestra mente. Expresa falta de motivación a la hora de hacer las cosas. Debemos intentar llenar este vacío con nuevos proyectos, objetivos e ilusiones. ‖ Si soñamos con una habitación, una caja, una casa o un recipiente vacíos, expresa una carencia emocional. Según Freud, el origen de estos sentimientos está en la propia represión de las personas.

❖ Las empresas que nos propongamos realizar en momentos como estos resultarán inútiles.

Vacunar ■ En los sueños, las vacunas alertan de la llegada de serios problemas a la vida del durmiente. Es necesario, pues, atender a visiones como ésta para evitar cualquier tipo de desgracia. Sin embargo, el sueño hace referencia a problemas con solución, que se pueden prevenir con un poco de cuidado.

Vagabundo ■ A pesar de que pueda sugerir lo contrario, soñar que nos hemos convertido en vagabundos no tiene por qué relacionarse, necesariamente, con el fracaso. Esta imagen también puede indicar un deseo profundo de dejarlo todo y eludir las propias responsabilidades. Deseamos sentirnos libres y un vagabundo ilustra perfectamente este anhelo.

Vajilla ■ Soñar con una vajilla bonita y bien conservada denota buenas relaciones familiares y sentimentales; mientras que, si está sucia o rota, indica una época de conflictos. ‖ Comprar una vajilla muestra el deseo de ampliar nuestro círculo de amistades; limpiarla, de reconciliarnos con antiguos amigos; y romperla, de expresar nuestros sentimientos a alguien que nos ha hecho daño. Para una mujer, soñar con una vajilla es augurio de un matrimonio feliz.

Valla ■ Puede que sintamos que hay barreras obstruyendo nuestro camino. En este sentido, nuestra capacidad de acción o de expresión se encuentra vallada. La causa puede ser una relación insatisfactoria en la que no podemos comportarnos como somos realmente. De un modo similar, nuestro trabajo o nuestras circunstancias pueden estar restringiendo nuestro crecimiento personal. Es nuestro deber intentar derribar dichas vallas y barreras para que aflore nuestra identidad sincera.
❖ Un valla es un obstáculo y, por tanto, la antigua tradición onírica dice que este sueño augura dificultades futuras.

Valle ■ Por su carácter fértil, opuesto al desierto y a la alta montaña, el valle es el símbolo de la vida, el lugar místico de los pastores y de los monjes. Representa el carácter acogedor de la madre tierra. Al estar situado entre montañas, define nuestra dirección y nuestras limitaciones. Viajar a lo largo de un valle suele simbolizar el paso de unas circunstancias a otras. Es posible que encontremos dificultades durante dicha transición, pero al final hallaremos beneficiosos cambios espirituales. ‖ En términos oníricos, el valle también representa el lugar donde nuestra alma recobra su energía. Por lo tanto, anuncia un período de tranquilidad y felicidad.
❖ Como símbolo onírico-espiritual, el valle representa el juicio y la importancia de la modestia.

Vampiro ■ Soñar que nos ataca un vampiro significa que alguien cercano intenta aprovecharse de nosotros. Pero, si somos nosotros mismos quienes ejercemos el papel de vampiros, ello es una clara señal de que nos dejamos llevar por unas pasiones e instintos cada vez más voraces. Habría que intentar dominarlos ya que, de lo contrario, nuestro equilibrio interno podría resentirse. (Ver MEDIANOCHE, MIEDO y MURCIÉLAGO)

Vapor ■ Si aparece vapor en nuestros sueños, es muy probable que tengamos que realizar un viaje imprevisto para solucionar un problema profesional. ‖ Vernos envueltos en vapor alerta de las intrigas de una persona muy allegada que busca nuestra ruina.

Vaso ■ Un vaso lleno de agua augura el inicio de un período sentimental próspero y feliz. En cambio, si está vacío, es señal de que no sabemos expresar nuestras emociones. Brindar con un vaso, por último, indica nuestro deseo de compartir el amor y la felicidad.

Vecinos ■ Soñar que nos peleamos con los vecinos revela un conflicto interior. Es posible que estemos actuando a espaldas de nuestra conciencia. En cambio, si mantenemos una buena relación onírica con ellos, indica que nos estamos reconciliando con nuestro entorno.

Vejez >Ver ABUELOS, JUVENTUD y OTOÑO

Vela ■ Una vela encendida indica que tratamos de establecer conexión con la esencia de nuestro ser. Si la vela está apagada, el sueño nos está sugiriendo que utilicemos nuestra energía en cosas positivas, en actividades que nos beneficien directamente. Posiblemente, estamos desperdiciando nuestro potencial en asuntos que no nos reportan satisfacción alguna.

Veleta ■ Indica inconstancia, indecisión y dudas. La veleta se encarga de indicarnos en qué dirección sopla el viento y, como es sabido, el sentido de este último varía constantemente. A pesar de la incomprensión que nuestra actitud pueda generar, será necesario que cambiemos de rumbo tantas veces como sea necesario a fin de situarnos, definitivamente, en el lugar que nos corresponde.

Vello ■ El vello es símbolo de energía y potencia sexual; por tanto, que un hombre se vea sin él hace evidente su inseguridad ante los imprevistos y su temor al rechazo. ‖ Cuando una mujer se ve con exceso de vello, es señal de que se aproxima una época de disputas y adversidades.

Velo ■ Es una invitación al conocimiento, pues sirve para ocultar el rostro y sugiere, al mismo tiempo, aquello que se oculta. Paralelamente, soñar con un velo también nos debe incitar a luchar contra lo que nos avergüenza de nosotros. En la mujer, denota juego erótico y seducción. Y, según Freud, simboliza el himen femenino y el temor a las relaciones sexuales.
❖ Las monjas, a veces, llevan velos. En términos espirituales, este sueño podría representar un rechazo a las cosas mundanas. ‖ Por otro lado, la superstición onírica dice que soñar con un velo negro augura una ruptura amorosa. Uno blanco, en cambio, presagia matrimonio.

Velocidad ■ Soñar que nos movemos a gran velocidad puede expresar un miedo oculto a la muerte, el cual, muy probablemente, viene dado por el falleci- miento reciente de un ser querido. Sin embargo, tam- bién puede ser una alusión al ritmo trepidante de nuestra vida; quizá deberíamos frenar un poco.

Venda ■ La venda simboliza el dolor y la ceguera. En los sueños, este elemento podría indicarnos que alguien intenta enriquecerse a costa de nuestro sufrimiento. Asimismo, puede sugerir que no vemos con claridad la situación en la que nos hallamos, lo cual podría causar- nos desengaños económicos y afectivos.

Vender ■ Soñar con la venta de muchas mercancías significa que nuestros recursos son prácticamente ilimi- tados. Por este motivo, el sueño nos invita a desarro- llarlos. Este tipo de escenas también revela la necesi- dad de comunicarnos, de transmitir lo que sabemos y lo que hemos vivido a los demás.

Veneno ■ Soñar con veneno suele aludir a la aparición de una época negativa en la vida del durmiente. Mani- pularlo presagia que los disgustos llegarán de forma to- talmente imprevista; y sentirse envenenado, que nos serán muy dañinos. ‖ Intentar envenenar a alguien de- nota el deseo de alcanzar los objetivos marcados por cualquier medio.
❖ Este sueño indica sufrimiento a causa de las fecho- rías de los demás.

Venganza ■ Albergar sueños de venganza no habla demasiado a favor de la persona que duerme. Sin em- bargo, no hay que dramatizar: este tipo de imágenes sólo indica la impotencia que siente el individuo ante sus propias limitaciones.

Ventana ■ La ventana es una abertura al mundo exte- rior y, tanto el paisaje que muestra, como la luz que por ella se introduce, simbolizan el porvenir que nos espera. Así, un paisaje agradable y luminoso revela que tendremos la energía y la motivación necesarias para llevar a cabo nuestros proyectos. Sin embargo, si es os- curo, ante nosotros se cierne un futuro más bien in- cierto. ‖ Por otra parte, tener miedo a asomarnos por la ventana indica inseguridad y temor a las consecuen- cias de algo que hemos hecho. Y soñar que espiamos a través de las rendijas de una persiana es señal de repre- sión y curiosidad. Finalmente, si entramos o salimos por una ventana, en lugar de hacerlo por la puerta, quiere decir que hemos tomado una decisión equivo- cada. ‖ Para Freud, las ventanas son símbolos sexuales femeninos.

❖ Si observamos una escena alegre desde una ventana, el sueño presagia felicidad. Pero, si somos testigos de un suceso horrible, tendremos problemas. Ver una ventana rota augura decepciones.

Ventrílocuo ■ Es posible que, en la vida real, estemos poniendo nuestras palabras en boca de otros. O, quizá, sólo escuchamos lo que nos conviene. El hecho de proyectar la propia voz simboliza nuestro deseo de in- fluir en las opiniones del resto de la gente. ‖ Por otro lado, la imagen del ventrílocuo supondría una falta de comunicación entre nuestro verdadero Yo y aquel que presentamos al mundo.
❖ Pronto sufriremos una traición. Según los oráculos, debemos ser precavidos en los tratos que llevemos a cabo.

Verano ■ El verano simboliza la plenitud y la riqueza, por lo que este sueño augura que, en breve, podremos recoger los beneficios de nuestro trabajo. Es la estación de la felicidad, la satisfacción y el placer; a menos que al soñante le resulte insoportable el calor (Ver Estaciones)

Verdura ■ Sanas y sencillas, las verduras aluden a un estilo de vida simple, sin complicaciones (sobre todo si son frescas o están cocidas).
❖ La verdura en sueños tiene un significado positivo, puesto que anuncia éxito en los negocios y satisfaccio- nes en el amor. También prevé el cumplimiento de los deseos más ocultos y, en general, el fin de cualquier ti- po de mal.

Vergüenza ■ Los sueños suelen poner de manifiesto nuestras debilidades y temores ocultos. Quizá nos sen- timos sin autoconfianza o dudosos respecto a nuestra vida sexual, y este sentimiento haya trascendido a nuestros sueños.
❖ Algunas supersticiones antiguas dicen que este sue- ño representa justo lo contrario de lo que aparenta. Así, cuanta más vergüenza sintamos, mayores serán nuestros éxitos y nuestra decisión.

Verja ■ Soñar que se salta una verja es síntoma de que, en breve, se alcanzarán todos los objetivos; y trepar por ella, que se emplearán medios poco lícitos para su obtención. ‖ Caerse de una verja anuncia el adveni- miento de algún revés, tanto económico como de sa- lud; y permanecer sentado en ella, que esperamos la resolución de los problemas con escaso interés. ‖ Final- mente, cuando una mujer sueña que construye una verja, pronto tendrá un hogar sólido y feliz.

Vértigo ■ El vértigo simboliza, claramente, el temor del protagonista a enfrentarse a una situación que desconoce o que no tiene bajo su control. Deberíamos correr ciertos riesgos, ya que la inseguridad nos paraliza.

Verde ■ Es el color de la vegetación, la calma, la relajación y la tonificación. Simboliza la vida, la esperanza y la inmortalidad, aunque también puede indicar veneno o peligros inesperados cuando se asocia con la jungla. Por ello, representa los instintos irracionales. ‖ Si soñamos que este color aparece en medio de un paisaje desierto, significa que estamos atravesando una etapa estéril, pero que pronto saldremos de la misma. No obstante, un exceso de verde evidencia que nos dejamos llevar por los instintos. Si estamos pendientes de alguna resolución, la presencia de este color nos aconseja esperar a que maduren las cosas.

Vestíbulo ■ El vestíbulo es el centro de una casa. Si lo atravesamos en nuestro sueño, representa el comienzo de una autoexploración interior.
❖ Soñar con un vestíbulo grande y largo augura un período de preocupaciones.

Vestidos ■ Los vestidos son la imagen que la persona proyecta en su medio social; por tanto, según cómo aparezcan en nuestros sueños, así será la concepción que tenemos de nosotros mismos. Vernos mal vestidos es señal de que no nos sentimos integrados en el medio; con un traje sucio o roto, que tenemos mala conciencia por haber actuado de manera poco loable; con un vestido anticuado, que somos demasiado estrictos, y con ropa llamativa, que nos gusta sentirnos el centro de atención. ‖ Soñar que se tienen muchos vestidos denota un exceso de frivolidad; pero, si la protagonista es una mujer, ésta se verá engañada por un hombre en quien había depositado sus esperanzas.

Viaje ■ Dormir ya es, de por sí, un viaje al centro de uno mismo. En consecuencia, hay muchos significados asociados a este sueño. Por lo general, éste representa nuestro viaje vital. Encontrarnos en medio de una carretera amplia sugerirá el buen estado de nuestros progresos. Si, en cambio, la carretera está llena de piedras, querrá decir que el camino es arduo y difícil. Un entorno lujoso, por otro lado, indica que estamos a gusto con nuestra situación; pero, si es un desierto árido, expresa soledad y falta de creatividad. La dureza o la suavidad del recorrido manifestará lo tensos o relajados que estamos, respectivamente. ‖ El destino del viaje puede ser conocer nuestro verdadero Yo. Si las tierras que encontramos a nuestro paso nos resultan extrañas y desconocidas, todo puede tratarse de una invitación del inconsciente para que lo exploremos. ‖ En la mitología, un viaje hacia el oeste significa un retorno a nuestros antepasados, mientras que, si es hacia el este, denota rejuvenecimiento. La interpretación de los lugares, ciudades o países con los que nos vamos topando añadirán una valiosa información.
❖ Las antiguas interpretaciones oníricas coinciden con las modernas. Por ejemplo, la facilidad con que realicemos el viaje será la misma que nos encontraremos, en un futuro, en la vida real. En añadidura, los místicos medievales decían que soñar con un alegre grupo de amigos emprendiendo un viaje significa que pronto experimentaremos un feliz período existencial.

Víctima ■ El sueño suele desarrollar los sentimientos ya existentes en la vida real. Es posible que haya gente que nos mortifique. O, por el contrario, quizá hayamos sido nosotros los que hayamos estado castigando a los demás y, ahora, el sueño nos pague con la misma moneda. En este caso, se trataría de la expresión de nuestra culpabilidad.
❖ Según la mayoría de los oráculos oníricos, el significado de este sueño es el inverso. Seremos las víctimas, si soñamos que mortificamos a otros; y viceversa.

Vid ■ Símbolo de plenitud, representa la sensualidad e indulgencia del soñante. De un modo similar, puede representar la vendimia y, con ella, un período de prosperidad. Si el sueño está relacionado con asuntos de salud, entonces la vid quizá figure el sistema nervioso.
❖ Cualquier sueño relacionado con una vid o con la uva se considera ventajoso mientras éstas florezcan. Una vid que todavía está verde, pero llena de racimos, significa que se harán realidad nuestros sueños más preciados.

Viento ■ Un viento violento puede ser sinónimo de amenaza para nuestros planes. Nuestros proyectos no son estables y estamos luchando en una guerra que está perdida de antemano. Si, en cambio, soñamos con una ligera brisa, ello es señal de que nuestra conciencia está evolucionando de manera adecuada. El viento sopla a nuestro favor, lo cual significa que nuestros objetivos se están cumpliendo y, además, que contamos con el reconocimiento de los demás. ‖ Por otro lado, el viento también puede poner de manifiesto el desequilibrio y la inconstancia de nuestras emociones. Posiblemente, necesitemos un cambio.

❖ Soñar con viento presagia problemas. Sin embargo, de resultas, haremos feliz a alguien.

Vientre ■ Simboliza la maternidad y la necesidad de cariño y protección. Soñar que tenemos el vientre hinchado indica que estamos saturados por las responsabilidades. Si nos duele, significa que intentamos eludir un problema o situación que creemos que no tiene nada que ver con nosotros.

Villano ■ Esta figura puede representar una parte de nuestra personalidad que necesita reformarse. El villano, seguramente, simboliza nuestra faceta rebelde y nuestro deseo oculto de saltarnos las normas sociales. Por otro lado, puede que manifieste los sentimientos de venganza que albergamos o nuestras ansias de boicotear los planes de alguien en concreto. Igualmente, quizá la causa de este sueño sea que queremos superar un vicio como fumar o beber.
❖ Soñar con un villano augura que recibiremos un regalo o una carta de la persona a quien amamos.

Vinagre ■ El vinagre en sueños siempre tiene una lectura negativa, puesto que augura disputas y todo tipo de situaciones desagradables. ‖ Beber vinagre expresa desavenencias familiares por asuntos materiales; y verterlo, la escasa importancia de nuestras opiniones personales en el entorno. ‖ Condimentar las comidas con vinagre es signo de mala suerte: si lo hacemos con vinagre rojo, el fracaso llegará al terreno amoroso; mientras que, si es blanco, los problemas serán relativos a la esfera económica.

Vino ■ Representa la liberación del inconsciente y, por añadidura, de las represiones. Así, soñar que bebemos vino con moderación refleja el anhelo de alcanzar un nivel espiritual superior. ‖ Pero, si nos vemos bebiendo demasiado, o incluso ebrios, significa que deseamos materializar nuestras ambiciones de poder y riqueza a cualquier precio. ‖ Por otro lado, el vino tinto representa la sangre y, en consecuencia, la fuerza vital. Beberlo augura salud y el comienzo de una fase más satisfactoria. Igualmente, su color rojo se asocia a los sentimientos pasionales. ‖ Una vieja botella de vino simboliza la madurez. (Ver Uvas)
❖ En Francia y California, se cree que pasar el vino en la mesa en la misma dirección que las agujas del reloj da mala suerte. En términos oníricos, beber vino es señal de un hogar confortable. Si lo derramamos, alguien resultará herido. Y, si nos emborrachamos, pronto obtendremos un gran éxito.

Violación ■ Soñar con una violación simboliza una pérdida de control sobre la realidad. Estamos viviendo una situación en la que nuestro amor propio se siente herido. ‖ Para un hombre, puede tratarse de una representación sádica de su deseo sexual. Es posible que albergue sentimientos de venganza de cara al sexo opuesto. ‖ Para una mujer, puede representar los miedos sexuales o las plasmación masoquista de sus fantasías.
❖ Hasta los libros victorianos sobre sueños contemplan esta imagen. Según la superstición, si una mujer sueña con una violación, su orgullo resultará herido. En caso de que sea una amistad cercana quien la sufra, quiere decir que escucharemos noticias impactantes.

Violencia ■ Si soñamos que tenemos un comportamiento violento, puede que alberguemos sentimientos ocultos de resentimiento hacia alguien que nos impide progresar. Por otro lado, puede que estemos negando algo dentro de nuestro interior. Este sueño nos enseña que debemos ser más tolerantes con nuestros sentimientos y aceptar los fracasos que nos acontecen. De lo contrario, reprimiremos demasiadas emociones. ‖ Si en el sueño nosotros somos las víctimas de la violencia, entonces, quiere decir que nos estamos castigando y nos consideramos los culpables de algún asunto en la vida real. En caso de que nos dé la sensación de que todo está en nuestra contra, no debemos perder la esperanza porque, pronto, puede cambiar nuestra suerte.
❖ El significado de este sueño es el inverso al que sugiere. Si somos atacados violentamente, la superstición augura tiempos mejores.

Violeta ■ Esta flor simboliza la modestia. El color violeta, por su parte, se relaciona con el otoño, es decir, con el tránsito de la vida a la muerte.

Virgen ■ Este sueño puede ser fruto de la nostalgia. Quizá estamos observando el pasado, cuando experimentamos por primera vez el dolor y la complejidad de las relaciones humanas. Del mismo modo, una virgen puede representar algo puro e inocente en la vida real.
❖ En los sueños, la Virgen María representa al alma. Es la guía espiritual que conduce al hombre a la plenitud personal.

Visita ■ Soñar que vamos de visita a casa de alguien expresa nuestra necesidad de comunicarnos con los demás. Nos interesamos por las actividades comunitarias y tenemos ganas de compartir cosas con los que nos rodean. Sin embargo, una visita puede ser tanto un placer como un aburrimiento, y nuestro sueño puede mostrarnos ambas posturas. El sueño también puede ser una llamada de atención para que nos preocupemos más por alguien a quien hemos desatendido últimamente.

Viudo ■ No tiene por qué ser un sueño profético. Quizá nos está advirtiendo de una situación de descuido o abandono por parte de nuestra pareja. Aunque tal vez signifique que debemos aprender a desenvolvernos solos y ser algo más independientes.

❖ Verse viudo o viuda anuncia momentos de sufrimiento por habladurías que se originarán en el entorno y que podrán enemistarnos con terceras personas. Debemos intentar descubrir quién quiere hacernos daño

VOLAR

Montse soñó: «*Descubrí con asombro que podía volar. Tan sólo debía dar tres pasos e impulsarme un poco hacia delante; ni siquiera tenía que agitar los brazos. El viento marcaba mi dirección y yo me dejaba llevar La sensación era increíble, me sentía feliz, libre, poderosa… A mi alrededor no había pájaros, ni ruidos; estaba yo sola en la inmensidad del cielo azul, sobrevolando un mar en calma de un azul aún más intenso. De repente, vi un grupo de delfines saltando alegremente sobre unas olas plateadas. Me desperté sonriendo, con una sensación muy agradable.*»

Soñar que volamos está asociado con la libertad, el deseo de elevarnos de las ataduras terrenales y vencer la gravedad de la realidad. Es un sueño de evolución, que revela nuestra **necesidad de expresarnos libremente**, de crear... Montse, diseñadora de profesión, tuvo este sueño días antes de acabar el diseño de una importante revista, muy artística y vanguardista, reconocida con varios premios… Días antes se había sentido muy presionada y cansada; sin embargo, su sueño le estaba tranquilizando y revelando su **capacidad creativa y su fuerza de expresión**. Los delfines son un símbolo de inteligencia que se relacionan con la claridad y pureza de pensamiento. El hecho de que estuvieran saltando en el agua (entrando y saliendo) indicaba el grado de conexión que Montse había conseguido entre su lado consciente e inconsciente.

Los sueños de vuelos responden también a un **interés de evolucionar espiritualmente**. Curiosamente, por esa época, Montse había dado algunos pasos en esa dirección, con cursos de crecimiento y superación personal en los que aprendió mucho de sí misma.

para que nuestras relaciones con los demás no salgan perjudicadas.

Volar ■ Imaginar que volamos señala, en general, la llegada de cambios que nos resultarán muy beneficiosos. La acción de volar, pues, implica un deseo de evolucionar, de conectar con la esencia de nuestro Yo interno para progresar espiritualmente. Asimismo, denota que nos hemos deshecho de algo que ha estado preocupándonos. Es un sueño del que se suele despertar con optimismo y fuerzas renovadas, con una estimulante sensación de libertad. Indica también la necesidad de descubrir, de inventar, de hacer cosas nuevas. || Este tipo de imágenes augura éxito, consecución de objetivos y superación de dificultades, por lo que anima al soñador a lanzarse a la acción (es hora de volar por uno mismo). Sin embargo, no hay que olvidarse del mito griego de Ícaro, quien quiso llegar demasiado alto y la ambición le llevó a un destino fatal. Además, si la protagonista es una mujer joven, anuncia la ruptura de relaciones con su pareja.

❖ En la antigüedad, si una persona soñaba con volar, se consideraba que había entrado en la esfera de los dioses inmortales. Los nativos americanos, los babilonios, los hindúes, los budistas tibetanos y muchos otros pueblos creen que todo el mundo tiene la capacidad de abandonar su cuerpo físico mientras duerme. Durante estos viajes astrales, el cuerpo psíquico puede volar a otras dimensiones, comunicarse con personas de un campo espiritual distinto o aprender de las almas que un día fueron ángeles y divinidades. Algunos científicos creen que estos viajes son factibles y que existe la posibilidad de comprobarlos empíricamente.

Volcán ■ Representa el estallido de las pasiones ocultas y reprimidas. Dependiendo del contexto del sueño, podremos saber si esta erupción será positiva o negativa. En cualquier caso, debemos tomar precauciones, ya que nuestra agresividad, y el despertar de nuestros sentimientos destructivos, nos podrían jugar malas pasadas. En este sentido, es importante no inhibir durante mucho tiempo las propias emociones. De lo contrario, antes o después, explotarán. || Si el volcán está apagado, ello significará que estamos en plena regresión. (Ver CATÁSTROFES y TERREMOTO)

❖ Soñar con un volcán preludia un período de paz y felicidad. La superstición también dice que, si casi nos envuelven las llamas, esta felicidad aumentará.

Vomitar ■ Vernos vomitando en un sueño es señal de que deseamos eliminar algún aspecto de nuestra vida que no podemos soportar. Seguramente, se tratará de sentimientos que nos entristecen: una situación o un comportamiento ajeno. ‖ En algunos casos, vomitar expresa que no estamos a gusto con nosotros mismos. Algo de nuestra vida o de nuestras actitudes nos repulsa tanto que no podemos seguir adelante. Debemos hacer un trabajo de limpieza interna.

❖ Según los antiguos textos, este sueño anuncia que el pobre sacará provecho de las pérdidas del rico.

Voz ■ Este sueño puede tener diferentes connotaciones. Así, si oímos una voz que no reconocemos, puede tratarse de nuestro inconsciente que trata de transmitirnos algo de vital importancia. Todo lo que necesitamos se halla en nuestro interior: simplemente, debemos aprender a escuchar en los momentos adecuados. ‖ Por otro lado, soñar que perdemos la voz refleja una notable falta de determinación y seguridad en uno mismo. (Ver GRITAR, SONIDOS y LLAMADA)

X

Xenofobia ■ Actuar de forma xenófoba con una persona desconocida evidencia los propios miedos e inseguridades, puede que en el terreno amoroso o en el laboral. Ser rechazado por una actitud de este tipo denota nuestro temor a no ser aceptados tal como somos.

Xilófono ■ Si soñamos con este instrumento, viviremos momentos felices y distendidos. No obstante, si aparece roto o en mal estado, podríamos sufrir algún tipo de contratiempo por no haber atendido a los consejos de una persona experta.

Y

Yacimiento ■ Los sueños en los que aparecen yacimientos son un reflejo del potencial que albergamos. Este tipo de imágenes debe reconfortarnos en los momentos de apuro: disponemos de muchos recursos para solventar los problemas. Simplemente, debemos hallar la forma más adecuada de aprovecharlos.

Yate ■ Soñar que poseemos un yate significa que deseamos escapar de las responsabilidades para gozar de una vida fácil. El entorno consumista que nos rodea nos está perjudicando, e impide que seamos nosotros mismos. Dicho esto, necesitaremos recurrir a nuestra esencia para avanzar espiritualmente.

Yema ■ Si en nuestros sueños aparece una yema de huevo, significa que gozamos o gozaremos de buena salud, especialmente si hemos padecido una enfermedad hace poco.

Yelmo ■ El yelmo es la parte de la armadura que empleaban los soldados medievales para protegerse la cara. Soñar con este elemento, por tanto, está relacionado con nuestro deseo de ocultarnos para sentirnos protegidos. Probablemente, queremos pasar desapercibidos ante los demás, ya sea por humildad o por represiones. (Ver ARMADURA y MÁSCARA)

Yermo ■ Este sueño puede significar un tiempo de asentamiento y comienzo espiritual. Grandes hombres de la historia, como Jesús, los lamas tibetanos o los sabios hindúes, permanecieron largas etapas de retiro en tierras desérticas para acercarse a su verdadera naturaleza. Alejados de las distracciones mundanas, reconocieron su interior divino. Nuestro sueño expresa los mismos sentimientos.

Yeso ■ Ver este material augura una temporada de estrecheces económicas que originarán tensiones con la pareja. || Si aparece en forma de escayola, un peligro inminente se cierne sobre nosotros.

Yogur ■ Comerlo en sueños es indicativo de una salud inmejorable tras haber pasado por momentos delicados.

Yugo ■ El yugo es un símbolo de imposiciones, servidumbre y disciplina. Representa una circunstancia vital que nos obliga a hacer algo que no deseamos. El inconsciente nos recuerda que podemos tratar de cambiar esta situación buscando nuevos alicientes. Sin embargo, pueden ser muchas las cosas que nos imponga este yugo, tanto externas como internas.

Yunque ■ El yunque está hecho para soportar los golpes del herrero que moldea el hierro. Soñar con esta herramienta indica que debemos aguantar la presión a la que estamos sometidos, pues, a la larga, nuestro esfuerzo se verá generosamente recompensado.

Z

Zafiro ■ El zafiro es una piedra con una gran simbología celestial. Representa la bondad, así como otros valores positivos, dado que es de color azul. (Ver AZUL, JOYAS y PIEDRA)

Zambullirse ■ En general, el agua suele representar el inconsciente. Zambullirse en ella simboliza nuestra inserción en las partes más ocultas de nuestra mente.
Por otro lado, el sueño puede estar alentándonos para que seamos más oportunistas y nos tiremos a la piscina respecto a un asunto determinado.
❖ En muchos mitos, el héroe se zambulle en el fondo del mar y, luego, sale a la superficie con un gran tesoro. Oníricamente hablando, esto representa el Yo que se aventura a explorar el inconsciente y halla su valioso y verdadero ser.

Zanja ■ En caso de que soñemos con una zanja en la tierra provocada por el agua, significa que los sentimientos que albergamos están abriendo brecha en nuestro interior.

Zapatos ■ Simbolizan las cosas «bajas», tanto en el sentido de humildad, como en el de mezquindad. Si soñamos que compramos unos zapatos, ello pone de manifiesto que necesitamos protección. Si los zapatos son estrechos o nos hacen daño, es que todavía no estamos preparados para dar todo lo que se espera de nosotros. En cambio, si nos van grandes, significa que tenemos muchos recursos a nuestro alcance, pero no

sabemos cómo canalizarlos de manera adecuada. ‖ Las prendas de ropa en las que se introduce alguna parte del cuerpo eran para Freud símbolos sexuales. En este sentido, los cuentos de hadas utilizan el mismo lenguaje. Cuando Cenicienta pone su pie en el zapato, no hace sino evidenciar su deseo sexual hacia el príncipe.
❖ Según la superstición popular, perder un zapato presagia una enfermedad. Es posible que esta creencia provenga de una antigua costumbre inglesa que consistía en quemar un viejo zapato maloliente en la chimenea para ahuyentar posibles infecciones domésticas. Por último, los zapatos recubiertos de polvo pronostican un viaje inesperado; y los que están relucientes, felicidad en el amor.

Zarzamora ■ Gracias a su carácter silvestre y a su peculiar sabor, la zarzamora es un símbolo de seducción. De este modo, no sólo nos puede dar felicidad, sino que, en ocasiones, también puede ponernos en apuros.

Zodíaco ■ El zodíaco es siempre un sueño positivo: anuncia paz y dicha en todas las esferas personales. ‖ Estudiarlo augura la obtención de grandes beneficios tras entablar relación con personas influyentes; y dominarlo, un ascenso laboral y social sin precedentes en nuestra vida. ‖ Si soñamos con nuestro propio signo zodiacal, es probable que se trate de una representación de nosotros mismos. Si aparecen el resto de figuras, deberemos que prestar atención a las cualidades que éstas simbolizan y qué relación tienen con nuestra vida o nuestra personalidad.

❖ Algunos oráculos oníricos aseguran que soñar con los signos del zodíaco presagia que pronto emigraremos.

Zoológico ■ La visita a un zoológico denota sorpresas agradables y buena suerte en cualquier tipo de proyecto. ‖ Si es una mujer quien sueña con un zoológico, ésta vivirá un romance apasionado que acabará en boda; si es un hombre, logrará conquistar a la mujer que él elija. ‖ Por otro lado, debido a los animales enjaulados que contiene, el zoológico puede representar nuestra naturaleza. Cada animal será un aspecto de ésta. Tenemos que valorar qué sentimientos aparecen representados.

❖ Los zoológicos predicen viajes y estancias agradables en países extranjeros. Si en el sueño nos acompaña un niño, se augura muy buena suerte.

Zorro ■ Debido a su reputación de animal astuto, este sueño podría asociarse con algún tipo de maquinación en la vida del soñante.

❖ Símbolo frecuente del diablo en la Edad Media, expresa los impulsos inferiores y las tretas del adversario.

Zumo ■ Soñar con un zumo expresa la posibilidad de sacar partido de las iniciativas en las que participamos. Todo indica que estamos en un momento óptimo, aunque ello no significa que las cosas nos llegarán sin esfuerzo. Deberemos exprimir nuestros recursos.

Bibliografía

ALMUTII, Huth, *Sueños*, Abraxas, 1998.

ARANCIO, Angiola, *Cómo interpretar los sueños*, Editorial de Vecchi, 1998.

ARTEMIDORO, *El libro de la interpretación de los sueños*, Ediciones Akal, 1998.

BARRET, David V., *Sueños*, Editorial Juventud, 1997.

BECKER, R. de, *Les machinations de la nuit (sueños históricos célebres, religiosos, políticos y culturales)*, París, 1965.

BENTLEY, Peter, *El libro de los sueños*, Ediciones B, 1998.

BORILE, Silvana, *Sueños premonitorios y presentimientos*, Editorial de Vecchi, 1996.

BULKELEY, Kelly y Alan SIEGEL, *Cómo interpretar los sueños infantiles*, Espasa Calpe, 2000.

CARDANO, Gerolamo, *El libro de los sueños*, Asociación de Neuropsiquiatría, 1999.

CARRANZA, Armando, *Enciclopedia de los sueños*, Planeta, 1996.

COWAN, James, *Aborigine dreaming*. Thorsons, 2003.

COXHEAD, David, y Susan HILLER, *Sueños*, Thames & Hudson, 1976.

DELANEY, Gayle, *El mensaje de los sueños sexuales*, Robinbook, 1995.

DUDLEY, Geoffrey A., *Los sueños*, Editorial El Ateneo, 1997.

FONTANA, David, *Aprende a soñar*, Ediciones Oniro, 1997.

FONTANA, David, *El libro de los sueños; cartas oníricas, almohadilla onírica; diario de sueños*, Ediciones B, 1998.

FONTANA, David, *El poder secreto de los sueños*, Oceano, 2000.

FONTANA, David, *Sueños*, Ediciones B, 1998.

FOURCHE-TIARKO, J.A y H. MORLIGHEM, *Les communications des Indigènes du Kasaï avec les âmes des morts*, Inst. royal colonial belgue, Bruselas, 1939.

FRANZ, Marie-Louise von, *Sobre los sueños y la muerte*, Editorial Kairós, 1999.

FREUD, Sigmund, *La interpretación de los sueños*, Alianza Ed., 1997.

FREUD, Sigmund, *Los sueños*, Editorial Tecnos, 1988.

FREUD, Sigmund, *Nuevas aportaciones a la interpretación de los sueños*, Alianza Editorial, 1986.

GIMÉNEZ, Quiona, *Diccionario esencial de sueños*, Oceano, 2000.

GOOGISON, Lucy, *Los sueños femeninos*, Integral, 1999.

HEARNE, Keith, y MELBOURNE, David, *Understanding Dreams*. New Hollander, 1999.

INDMAN MILLER, Gustavus, *10.000 sueños interpretados*, Ediciones Scriba, 1998.

HOLZER, Hans, *Interpretación práctica de los sueños*, M. Roca, 1981.

JULIEN, Nadia y Luc UYTTENHOVE, *Diccionario de sueños; Diccionario de supersticiones y presagios*, Salvat Editores, 1999.

JUNG, C.G., *Recuerdos, sueños, pensamientos*, Editorial Seix Barral, 1999.

JUNG, C.G., *L'homme à la découverte de son âme (estructura y funcionamiento del inconsciente)*. 2ª ed., Ginebra, 1946.

JUNG, C.G., *L'âme et la vie*, París, 1963.

JUNG, C.G., *Types psychologiques*, Ginebra, 1950.

LAVIE, Peretz, *El fascinante mundo del sueño*, Crítica, 1997.

LÓPEZ BENEDI, J.A., *Cómo interpretar los sueños*, Obelisco, 1996.

MANIN MORRISSEY, Mary, *Construye tu campo de sueños*, Ediciones Obelisco, 1999.

MARSHALL SMITH, Michael, *Sueños*, Grijalbo Mondadori, 1998.

MICHELAZZO, Maria, *Cómo recordar los sueños*, De Vecchi, 1998.

MONNERET, Simon, *El sueño y los sueños*, Mensajero, 1996.

MORIN, E., *Le Cinèma*, Paris, 1960.

MULLER, Werner, *Les religions des Indies d'Amèrique du Nord (Les religions amèrindiennes)*, París, 1962.

NELSON, Susy, *Guía práctica para interpretar los sueños*, Editorial de Vecchi, 1997.

PAPUS, *El Tarot de los Bohemios (París, 1889)*, Kier, B. Aires, 1957.

PARKER, Julia, *El mundo secreto de los sueños*, Paidós, 1998.

ROJAS GONZÁLEZ, Margarita, *Taller de sueños*, Pirámide, 1999.

RUIZ, Celia, *Pesadillas y sueños infantiles*, Susaeta, 1999.

SALAS, Emilio, *El gran libro de los sueños*, Martínez Roca, 1997.

SALOMON, Marcus, *La nueva enciclopedia de los sueños*, Ediciones Robinbook, 1999.

SCHOLTEN, Max, *Interpretación de los sueños,* Ultramar Editores, 1996.

SERGIO, Jorge, *Qué son los sueños*, Ediciones Continente, 1996.

SIEGEL, Alan B., *Los sueños que pueden cambiar su vida*, Tikal ediciones, 1995.

SHANKAR, Indira *Diccionario de los sueños*, Editorial Acervo, 1990.

TANOUS, Alex, *Sueños y poder psíquico*, Booket, 1998.

TAPIA, Javier, *El mensaje está en los sueños*, Abraxas, 1999.

THYLBUS, *Los sueños y su interpretación profética*, Iberia, 1983.

TOFFOLI, Angela, *Los secretos de los sueños*, De Vecchi, 1998.

TOSCANO SÁNCHEZ, Estefanía, *100 mensajes a través de los sueños*, Olalla Ediciones, 1997.

TUAN, Laura, *El gran diccionario de los sueños,* De Vecchi, 1998.

VV.AA., *Le rêve et les sociètès humaines*, París, 1967.

VV.AA., *Sources orientales II, Les songes et leur interprètation*, París, 1959.

VIREL, André, *Histoire de notre image*, Ginebra, 1965.

VON DER WEID, Jean-Noel, *El sueño y los sueños*, Acento Editorial, 1994.

WALKER, J.F., *Los mil y un sueños de la A a la Z*, Editorial Sirio, 1996.

Direcciones en Internet

Dream spell: el encantamiento del sueño maya

http://www.geocities.com/Athens/1596/mayas.html

Conociendo y practicando este juego muchas personas han podido contactar con la parte más profunda de su propio ser. Pueden descubrir su verdadero propósito en la vida, vencer algunos desafíos, brindar un servicio radiante e, incluso, transformar su vida.

Dreamtraveller. La clave está en tus sueños

http://www.dreamtraveller.net/mas.htm

El significado de los sueños más frecuentes.

Analiza tus sueños

http://www.geocities.com/Area51/Starship/1555/index.htm

Todos los temas ordenados de la A a la Z.

El club de los sueños

http://www.uco.es/~fm2rodaj/onironautas.htm

Continuum onírico, fórmula cualitativa de los sueños, sueños y memoria, interpretación, sueños premonitorios, autoinducidos, lúcidos, inventos y creaciones soñadas, literatura de almohada, galería infinita de relatos, autopsicoanálisis, telepatía, sueños y cinema, conexión onírica.

Interpretación de Sueños

http://www.geocities.com/Area51/Portal/7811/sue.html

«Sueños lúcidos»

http://astrologia.ciudadfutura.com/suenos/cursolucid.cfm
Web para compartir experiencias sobre el mundo del sueño en donde se anuncia un curso sobre sueños lúcidos.

Escidva

http://www.escidva.com/pagina_n9.htm
Primer club de onironautas castellanoparlantes para desarrollar al máximo el potencial de los sueños lúcidos compartiendo experiencias, artículos, trabajos, trucos, consejos.

Imagenes de este libro

2 «La Virgen», Gustav Klimt (1913), Národní Galerie, Praga; 6 «Contentment», Maxfield Parrish (1927) © Maxfield Parrish, VEGAP, Barcelona 2003; 8 «Sueño causado por el vuelo de una abeja alrededor de una granada un segundo antes de despertar», Salvador Dalí (1944) © Fundación Gala-Salvador Dalí, VEGAP, Barcelona 2003; 12 «La condición humana» © René Magritte, VEGAP, Barcelona 2003; 15 «Danae», Gustav Klimt (1907), Galería Welz, Salzburgo; 21 «Noche estrellada», V. Van Gogh (1889); 28 «El bello mundo», © René Magritte, VEGAP, Barcelona 2003; 30 «The Enchanted Prince», © Maxfield Parrish (1934) VEGAP, Barcelona 2003; 34 óleo sobre lienzo (Joan Ponç, 1974) ; 47 «The splash» (fragmento), David Hockney, 1966; 48 «La habitación», V. Van Gogh (1889), Art Institute of Chicago; «El grito», Edvard Munch (1893) The Munch Museum/The Munch Ellingsen Group, © VEGAP, Barcelona 2003; 51 «Little Nemo», Wilson McCay (1905); 52 «La entrada en la ciudad», Paul Delvaux (1940) © Paul Delvaux, VEGAP, Barcelona 2003; 54 portada de Hipgnosis para el disco «Elegy», de The Nice (1971); 55 pósters psiquedelia: «Blowing in the Mind» (1967, Martin Sharp), «Middle Earth Club» (1968) y «5th Dimension Club» (1967), Hapshash and The Coloured Coat); 56 pintura para M. Slam; arte huichol; 57 «Bond of union», M.C. Escher (1956) © Cordon Art BV, Baarn, Holanda; 58 «Philippino Food», comic de Ed Badajos (1971); 59 «Wish you were here», imagen de Hipgnosis para álbum de The Pink Floyd (1975); 62 «The sleeping princess», John Duncan © John Duncan, VEGAP, Barcelona 2003; 73 «Puddle» («Charco»), M.C. Escher (1952) © Cordon Art BV, Baarn, Holanda; 76 «La gitana dormida», Henri Rousseau (1897); 78 «Un poquito después de la muerte, (1989), óleo de Vicente Pascual Rodrigo (colección particular); 79 «La tentación de San Antonio», Salvador Dalí (1946) © Fundación Gala-Salvador Dalí, VEGAP, Barcelona 2003; 81 «Un jardín para Venus», Ljuva (Popovic Alekes Ljubomir; 84 «Shaft n.º 6», H.R. Giger (1966-1968); 86 «Pallas Athenea», Gustav Klimt (1898); 87 portada de Hipgnosis para 'Misplaced ideals', álbum de Sad Café; 90 «Yo y la aldea», Marc Chagall (1911) Museum of modern art, Nueva York © Marc Chagall, VEGAP, Barcelona 2003; 96 «El Beso», Gustav Klimt (1907-1908) Österreische Galerie, Viena; 98 «House of stairs», M.C. Escher (1951) © Cordon Art BV, Baarn, Holanda; 99 «Dream Garden», Antoni Tàpies (1949) © Fundació Antoni Tàpies, VEGAP, Barcelona 2003; 100 «Flaming June», Frederic Leighton (1895) The Maas Gallery; 106 «The meaning of life/Swimmer in the desert», Hipgnosis (1973); 107 «Mirón», Carles Baró © Carles Baró, Barcelona 2001; 110 «Arbol de la Vida», Gustav Klimt (1905-1909) Österreische Galerie, Viena; 127 collage publicitario del diseñador japonés Tanadori Yokoo para Dartimon (1976); 128 «Forks in the back», Hipgnosis (1982) Österreische Galerie, Viena. **Resto de dibujos, imágenes y fotografías**: Age Fotostock, Stockphoto, Cordon Press, archivo Océano. © Editorial Océano, S.L. 2003.